V&R

Analysen und Dokumente

Band 58

Wissenschaftliche Reihe des Stasi-Unterlagen-Archivs
im Bundesarchiv

Der »große Bruder«

Studien zum Verhältnis von KGB und MfS 1958 bis 1989

Herausgegeben von
Douglas Selvage und Georg Herbstritt

Mit 13 Abbildungen

Vandenhoeck & Ruprecht

Bibliografische Information der Deutschen Nationalbibliothek:
Die Deutsche Nationalbibliothek verzeichnet diese Publikation in der Deutschen Nationalbibliografie; detaillierte bibliografische Daten sind im Internet über http://dnb.de abrufbar.

Theaterstraße 13, D-37073 Göttingen, ein Imprint der Brill-Gruppe
(Koninklijke Brill NV, Leiden, Niederlande; Brill USA Inc., Boston MA, USA;
Brill Asia Pte Ltd, Singapore; Brill Deutschland GmbH, Paderborn, Deutschland;
Brill Österreich GmbH, Wien, Österreich)
Koninklijke Brill NV umfasst die Imprints Brill, Brill Nijhoff, Brill Hotei, Brill Schöningh, Brill Fink, Brill mentis, Vandenhoeck & Ruprecht, Böhlau, Verlag Antike und V&R unipress.

Umschlagabbildung:
KGB-Chef Jurij Andropow (links) und Erich Mielke beim Sektempfang anlässlich der Auszeichnung Mielkes mit dem Lenin-Orden durch Andropow und der Unterzeichnung der Vereinbarung über die Zusammenarbeit zwischen dem MfS und dem KGB im Haus 22 des zentralen Dienstkomplexes des MfS in Berlin-Lichtenberg, 1973.
(Bildnachweis: BArch, MfS, SdM, Fo 258, Bild 57)

Druck und Bindung: Hubert & Co BuchPartner, Göttingen
Printed in the EU

Vandenhoeck & Ruprecht Verlage | www.vandenhoeck-ruprecht-verlage.com

ISSN 2198-1108
ISBN 978-3-525-31733-4

Inhalt

Douglas Selvage

Einleitung

Mehr als 30 Jahre nach dem Untergang der DDR und ihres Ministeriums für Staatssicherheit (MfS) wissen wir immer noch erstaunlich wenig über die Beziehungen des sowjetischen Geheimdienstes KGB zum MfS.[1] Am gründlichsten sind noch die Jahre 1950 bis 1958 wissenschaftlich erforscht. Das betrifft also den Zeitraum von der Gründung des MfS bis zum Beginn seiner formellen Selbstständigkeit gegenüber dem sowjetischen Bruderorgan 1958; in jenem Jahr ersetzte das sowjetische Komitee für Staatssicherheit (KfS bzw. KGB) seine zahlreichen Berater beim MfS durch eine geringere Anzahl an Verbindungsoffizieren.[2]

1 Die beiden einschlägigen Gesamtdarstellungen von Bernhard Marquardt bieten nur einen groben und lückenhaften Überblick der Beziehungen. Siehe Marquardt, Bernhard: Die Zusammenarbeit zwischen MfS und KGB. In: Materialien der Enquete-Kommission »Aufarbeitung von Geschichte und Folgen der SED-Diktatur in Deutschland«, Bd. VIII. Deutscher Bundestag (12. Wahlperiode). Baden-Baden 1995, S. 297–361; ders.: Die Kooperation des Ministeriums für Staatssicherheit (MfS) mit dem KGB und anderen Geheimdiensten. In: Materialien der Enquete-Kommission »Überwindung der Folgen der SED-Diktatur im Prozeß der deutschen Einheit«, Bd. VIII, 2. Deutscher Bundestag (13. Wahlperiode). Baden-Baden 1999, S. 1966–2007. Die Dissertation von Jürgen Borchert über die Zusammenarbeit der beiden Dienste in den 1970er- und 1980er-Jahren richtet ihr Hauptaugenmerk auf die Zusammenarbeit der HA XVIII des MfS, zuständig für die Wirtschaft, mit dem KGB. Siehe Borchert, Jürgen: Die Zusammenarbeit des Ministeriums für Staatssicherheit (MfS) mit dem sowjetischen KGB in den 70er- und 80er-Jahren. Ein Kapitel aus der Geschichte der SED-Herrschaft. Münster 2006. Vgl. außerdem Popplewell, Richard J.: The KGB and the control of the Soviet Bloc. The case of East Germany. In: Intelligence and National Security 13 (1998) 1, S. 254–285 sowie das Kapitel »Sowjetische Geheimdienste in Deutschland«. In: Kowalczuk, Ilko-Sascha; Wolle, Stefan: Roter Stern über Deutschland. Sowjetische Truppen in der DDR. Berlin [2]2010, S. 126–132. In den letzten Jahren veröffentlichte der BStU-Projektbereich »Internationale Zusammenarbeit des MfS« mehrere wissenschaftliche Studien zu Einzelthemen und -fällen aus den Beziehungen MfS – KGB. Siehe z. B. Reichardt, Ann-Kathrin: Schmuggler, Spitzel und Tschekisten. Wie Stasi und KGB den Bibelschmuggel in die Sowjetunion bekämpften (BStU, BF informiert; 43). Berlin 2020; Selvage, Douglas; Süß, Walter: Staatssicherheit und KSZE-Prozess. MfS zwischen SED und KGB (1972–1989). Göttingen 2019; Nehring, Christopher: Kleine Brüder des KGB. Die Kooperation von DDR-Auslandsaufklärung und bulgarischer Staatssicherheit (BStU, BF informiert; 42). Berlin 2019; Selvage, Douglas; Nehring, Christopher: Die AIDS-Verschwörung. Das Ministerium für Staatssicherheit und die AIDS-Desinformationskampagne des KGB (BStU, BF informiert; 33). Berlin 2014.

2 Zu diesem früheren Zeitraum siehe z. B. Engelmann, Roger: »Keine Maßnahmen sollen getroffen werden gegen die Meinung unserer Freunde«. Die Staatssicherheitspolitik der DDR in den 1950er-Jahren zwischen sowjetischer Hegemonie und eigenen Konzepten. In: Diedrich, Torsten; Süß, Walter (Hg.): Militär und Staatssicherheit im Sicherheitskonzept der Warschauer-Pakt-Staaten. Berlin 2010, S. 77–89; Engelmann, Roger: »Schild und Schwert« als Exportartikel. Die Sowjets

Die Quellenlage hat die Erforschung dieses frühen Zeitraums begünstigt. Denn in den Überlieferungen von SED und MfS finden sich für die frühen 1950er-Jahre punktuell sehr aussagekräftige Unterlagen.[3] Vor allem aber haben die russischen Archive etliche Dokumente über die Präsenz und die Tätigkeit des KGB und seiner Vorgänger[4] auf deutschem Boden bis Mitte der 1950er-Jahre freigegeben und diese wurden veröffentlicht und in Publikationen von Historikern analysiert.[5] Dagegen sind die Akten des sowjetischen Geheimdienstes aus den KGB-Jahren (1954–1991) im Archiv seiner Nachfolgeorganisation[6] verblieben und für externe Forscher praktisch unzugänglich. Die Mitarbeiter des Ministeriums für Staatssicherheit bzw. des Amtes für Nationale Sicherheit der DDR bemühten sich ihrerseits 1989, die Akten der internationalen Abteilung (Abteilung X) des MfS zu zerstören,[7] und nicht wenige maßgebliche Dokumente über die Zusammenarbeit MfS – KGB fehlen in den Beständen des Stasi-Unterlagen-Archivs.

und der Aufbau der DDR-Geheimdienste. In: Krieger, Wolfgang (Hg.): Geheimdienste in der Weltgeschichte. Spionage und verdeckte Aktionen von der Antike bis zur Gegenwart. München 2003, S. 248–259; Engelmann, Roger: Diener zweier Herren. Das Verhältnis der Staatssicherheit zur SED und den sowjetischen Beratern 1950–1959. In: Suckut, Siegfried; Süß, Walter (Hg.): Staatspartei und Staatssicherheit. Zum Verhältnis von SED und MfS. Berlin 1997, S. 51–72; Tantzscher, Monika: »In der Ostzone wird ein neuer Apparat aufgebaut«. Die Gründung des DDR-Staatssicherheitsdienstes. In: Deutschland Archiv 31 (1998) 1, S. 47–56. Siehe auch den Literaturüberblick in: Gieseke, Jens: Die Stasi 1945–1990. München 2011, S. 315–321, 341 f.

3 Diese Unterlagen wurden insbesondere von Engelmann gründlich ausgewertet. Vgl. hierzu seine oben genannten Veröffentlichungen.

4 Nämlich das Volkskommissariat für innere Angelegenheiten (Narodnyi komissariat wnutrennych del, NKWD) von 1941 bis 1946 und das sowjetische Ministerium für Staatssicherheit *(Ministerstwo Gossudarstwennoi Besopasnosti,* MGB*)* von 1946 bis 1953. Für einen kurzen Zeitraum, 1953–1954, wurde das MGB als Staatssekretariat ins Ministerium des Innern der UdSSR eingegliedert.

5 Siehe z. B. Foitzik, Jan; Petrov, Nikita W.: Die sowjetischen Geheimdienste in der SBZ/DDR von 1945 bis 1953. Berlin 2009; Petrov, Nikita: Die Apparate des NKVD/MVD und des MGB in Deutschland (1945–1953). Eine historische Skizze. In: Plato, Alexander von (Hg.): Sowjetische Speziallager in Deutschland 1945 bis 1950. Berlin 1998, S. 143–157; Petrov, Nikita: Die sowjetischen Geheimdienstmitarbeiter in Deutschland. Der leitende Personalbestand der Staatssicherheitsorgane der UdSSR in der Sowjetischen Besatzungszone Deutschlands und der DDR von 1945–1954; Biografisches Nachschlagewerk. Berlin 2010; Hilger, Andreas: Von Banden und Klassenfeinden. Stalins Tschekisten in Deutschland 1945–1955. In: Hilger, Andreas (Hg.): Sowjetisierung oder Neutralität? Optionen sowjetischer Besatzungspolitik in Deutschland und Österreich 1945–1955. Göttingen 2006, S. 143–167.

6 Das ist der Föderale Dienst für die Sicherheit der Russischen Föderation (*Federalnaja sluschba besopasnosti Rossijskoi Federazii,* FSB).

7 2005 schrieben Mitarbeiter der Archivabteilung des BStU: »Ende 1989 plante man, zahlreiche Unterlagen [der Abteilung X] zur Vernichtung abzutransportieren. Vorbereitend zerrissen MfS-Mitarbeiter in dieser Endphase viele Vorgänge per Hand und verpackten sie in Papiersäcke. Erhalten geblieben sind neben den in diesem Findbuch aufgeführten Unterlagen 128 Säcke bzw. Bündel (zusammen etwa 80 lfd. M.) solcher vorvernichteten Papiere. Diese konnten bisher aus Kostengründen und wegen des hierfür erforderlichen ganz erheblichen Personalaufwandes nicht rekonstruiert werden.« Vorläufiges Findbuch zur Abteilung X. »Internationale Verbindungen« des

Trotzdem haben sich dort insbesondere für den Zeitraum 1969 bis 1989 aussagekräftige Unterlagen über die Zusammenarbeit MfS – KGB erhalten. In den Akten der anderen Diensteinheiten des MfS findet man gerade für diese beiden Jahrzehnte zahlreiche Dokumente über das Zusammenwirken mit den Diensteinheiten des sowjetischen Bruderorgans. Viele der Akten der Abteilung X wurden zudem nur von Hand zerrissen und in den letzten zehn Jahren rekonstruierten die »Puzzler« der Abteilung Archiv des damaligen BStU manuell weit über 1 000 Dokumente über die Zusammenarbeit MfS – KGB aus dieser Abteilung X. Diese Arbeit kam Walter Süß und mir in unserem Buch über die Stasi und den KGB im KSZE-Prozess zugute.[8] Eine Monografie über die Beziehungen MfS – KGB in den Jahren 1969 bis 1989 scheint inzwischen durchaus machbar zu sein.[9]

Für den Zeitraum 1958 bis 1968 ist die Aktenüberlieferung im Stasi-Unterlagen-Archiv spärlicher. Es haben sich deutlich weniger Sachakten zu der Thematik erhalten. Relevante Dokumente aus diesem Jahrzehnt befinden sich meistens verstreut in personenbezogenen Vorgängen. Diese Dokumente sind schwer auffindbar, weil es sich oft nur um einige Seiten in umfangreichen Aktenvorgängen handelt, deren KGB-Bezug außerdem auf den ersten Blick nicht unbedingt zu erkennen ist.

Diese Ausgangslage wurde für die Projektgruppe zur Geschichte der Beziehungen MfS – KGB in der Forschungsabteilung des BStU zu einer Herausforderung: Wie konnten wir an relevante Unterlagen über die Beziehungen MfS – KGB kommen, ohne alle personenbezogenen Aktenvorgänge des MfS aus den Jahren 1958 bis 1968 durchzusehen? Es waren schließlich zwei maßgebliche Quellenüberlieferungen, die uns zu relevanten MfS-Akten für unser Thema führten:

Die erste maßgebliche Quelle für unsere Recherchen und dieses Buch waren die Wasilij-Mitrochin-Papers im Archiv des Churchill College bei der britischen Cambridge University. Mitrochin, der bis 1984 als Archivar beim KGB tätig war, hatte seit 1972 Notizen aus Tausenden von Akten der für Auslandsspionage (Aufklärung) zuständigen I. Hauptverwaltung (I. HV) des KGB gemacht und nach Hause geschmuggelt. Mithilfe des britischen Geheimdienstes floh er 1992 mit seiner Familie nach Großbritannien. Seine Notizen aus dem KGB-Archiv dienten als Grundlage nicht nur für mehrere Spionage-Untersuchungen bzw. -prozesse im Westen, sondern auch für einige Publikationen von ihm, die wich-

Ministeriums für Staatssicherheit der DDR, bearb. von Marko Pollack und Doreen Bombitzki (BStU, Abteilung Archivbestände). Münster 2005, S. 11.

8 Mehr als 1 000 neue Aktensignaturen wurden seit der Veröffentlichung des oben genannten vorläufigen Findbuchs für die Abteilung X, bestehend hauptsächlich aus manuell rekonstruierten Akten, von der Abteilung Archiv des BStU für die Forschung freigegeben. Zur Auswertung dieser Akten siehe Selvage; Süß: Staatssicherheit und KSZE-Prozess, S. 28.

9 Die Dissertation von Borchert (2006) ist als Gesamtdarstellung unzureichend. Vgl. auch Anm. 1.

tigsten davon in Zusammenarbeit mit dem Geheimdiensthistoriker Christopher Andrew von der Cambridge University.[10]

Nach Mitrochins Tod im Jahre 2004 schenkte seine Familie dem Archiv des Churchill College seinen Nachlass, der 2014 für die wissenschaftliche Forschung freigegeben wurde – das sogenannte »Mitrochin-Archiv«. Als ich im März 2015 in diesem Bestand recherchierte, war ich überrascht, dass Mitrochin viele Auszüge aus KGB-Akten über Deutsche und Deutschland gemacht hatte, obwohl kein einzelner Ordner in seinem Nachlass diese geografische Bezeichnung trug, im Gegensatz zu anderen östlichen, westlichen und südlichen Ländern. Andrew und Mitrochin hatten in ihrem *Schwarzbuch des KGB* der Bundesrepublik und indirekt der Deutschen Demokratischen Republik (DDR) und dem MfS zwar ein eigenes Kapitel gewidmet,[11] doch in seinen archivierten Notizen fand sich noch sehr viel mehr über beide deutschen Staaten und ihre Bürger. Die meisten Einträge waren einfach Namen und Geburtsdaten von Deutschen mit Decknamen oder der erfassenden Diensteinheit der sowjetischen Aufklärung, manchmal zusammen mit Einzelheiten über ihre Tätigkeit für den KGB oder, viel seltener, gegen die Sowjetunion. Solche Hinweise griffen wir auf und recherchierten im Stasi-Unterlagen-Archiv weiter. Sofern es in den MfS-Akten eine korrespondierende Überlieferung gab, tendierte diese stets dazu, die Informationen aus Mitrochins Notizen zu bestätigen. Die Zuverlässigkeit der Mitrochin-Aufzeichnungen wurde zuvor schon durch mehrere Forschungsarbeiten,[12] Geständnisse von in seinen

10 Siehe Andrew, Christopher; Mitrochin, Wassili: Das Schwarzbuch des KGB. Moskaus Kampf gegen den Westen. München 1999, S. 18 ff.; Andrew, Christopher; Mitrochin, Wassili: Das Schwarzbuch des KGB 2. Moskaus Geheimoperationen im Kalten Krieg. Berlin 2006.

11 Andrew; Mitrochin: Das Schwarzbuch des KGB, S. 535–567.

12 Zum Beispiel bezeichneten die Historiker, die die bekannte Reihe von Studien über die Aktivitäten des dänischen Inlandsnachrichten- und Sicherheitsdienstes (*Politiets Efterretningstjeneste*, PET) während des Kalten Krieges herausgaben, das Mitrochin-Archiv als wertvolle Quelle für ihre Studien über die dänische Spionageabwehr gegen den KGB, solange sie quellenkritisch benutzt wurde. Es diente als Gegenüberlieferung für die Akten im PET-Archiv zur Tätigkeit des KGB in Dänemark. Siehe Mariager, Rasmus M.; Tamm, Ditlev: Politiets efterretningsvirksomhed på det politiske område 1945–1989. Sammenfatning af PET-Kommissionens beretning [Polizei-Geheimdienst im politischen Bereich 1945–1989. Zusammenfassung des Berichts der PET-Kommission]. Kopenhagen 2009, S. 77, 97.

Notizen genannten Spionen[13] sowie Spionageermittlungen und -prozesse außerhalb Deutschlands[14] bestätigt.

Die zweite maßgebliche Quelle für unsere Forschung waren die zum Teil erhaltenen Sicherungsvorgänge (SVG) »Freunde« der Bezirksverwaltungen und der Berliner Zentrale des MfS.[15] In den Sicherungsvorgängen »Freunde« listeten die Abteilungen XII und die Leitungen der Bezirksverwaltungen für Staatssicherheit Personen auf, für die die Verbindungsoffiziere des KGB sich aus irgendeinem Grund interessierten. Auf diese Weise wurden die eingetragenen Personen für den KGB »reserviert« und durften vom MfS nicht rekrutiert werden. Wenn Mitarbeiter anderer MfS-Diensteinheiten bei der Abteilung XII zu Personen anfragten, die bereits für den KGB erfasst waren, dann leitete die Abteilung XII die Anfrage sowie gegebenenfalls weitere Informationen über die angefragte Person an den KGB weiter, so als ob der KGB eine Abteilung innerhalb des MfS gewesen wäre.

Diese Vorgehensweise wirft ein bezeichnendes Bild auf die Zusammenarbeit von KGB und MfS – ob sie signifikant für das gesamte Verhältnis der beiden »Bruderdienste« war, war eine der Fragen, die im vorliegenden Sammelband untersucht werden sollte. Dieser Band stellt die Forschungsergebnisse vor, die die von mir geleitete Projektgruppe bis 2019 erarbeitet hat.

Wir gingen unter anderem von den folgenden Forschungsfragen aus:

1. Inwieweit und in welchen Bereichen leisteten das sowjetische und das ostdeutsche »Bruderorgan« einander einseitige oder gegenseitige Hilfe? Wie eng war die Zusammenarbeit? Wo stieß sie an ihre Grenzen?
2. Welche Aufgaben erfüllte das MfS auf Befehl oder Bitte des KGB?
3. Gab es international eine Arbeitsteilung zwischen dem MfS und dem KGB beziehungsweise unter den »Bruderorganen« im sowjetischen Block?

13 So gaben zum Beispiel die britischen Staatsbürger Melitta Norwood und John Symonds infolge der Enthüllungen Mitrochins öffentlich zu, dass sie für den KGB spioniert hatten. Die britische Regierung entschied, sie nicht strafrechtlich zu verfolgen. Siehe Bellaby, Mara D.: Great-Granny Prosecution Sought, AP [Associated Press] News, 13 September 1999, https://apnews.com/1f8f22ca67e438f60e76fcb7335f755c (letzter Zugriff: 20.7.2021). Auch der ostdeutsche KGB-Agent Alexander Dittrich alias Jack Barsky wurde auf Grundlage des Mitrochin-Archivs enttarnt und gestand der US-amerikanischen Bundespolizei »Federal Bureau of Investigation« (FBI) seine Tätigkeit. Siehe Barsky, Jack: Der falsche Amerikaner. Ein Doppelleben als deutscher KGB-Spion in den USA. Holzgerlingen 2018.

14 Auch der ehemalige Mitarbeiter der US-amerikanischen, für Funk- und elektronische Aufklärung zuständigen National Security Agency, Robert Lipka, bekannte sich aufgrund der Enthüllungen Mitrochins der Spionage für den KGB schuldig. Andrew; Mitrochin: Das Schwarzbuch des KGB, S. 30 f. Ein ehemaliger Angestellter der US-Armee George Trofimoff wurde u. a. auf Grundlage der Notizen Mitrochins wegen Spionage verurteilt. Marquis, Christopher: Retired Army Employee, 74, Is Found Guilty of Spying. In: New York Times v. 27.6.2001, S. A12.

15 Zu den SVG »Freunde« siehe den Beitrag »Freundschaftsdienste der Abteilung XII des MfS für den KGB« von Cornelia Jabs in diesem Band.

Alle Beiträge dieses Bandes wurden von den Mitarbeiterinnen und Mitarbeitern der Projektgruppe verfasst. Sie umfassen eine breite Palette an Fallbeispielen, die zur Beantwortung dieser Fragen beitragen. In der Summe leisten sie einen Beitrag dazu, die Rolle des sowjetischen KGB in der DDR und im geteilten Deutschland besser einschätzen und verstehen zu können.

Als erster Aufsatz dieses Sammelbandes stellt mein Beitrag über die Beziehung MfS – KGB neue Erkenntnisse aus dem Mitrochin-Archiv vor, insbesondere über die KGB-Präsenz in der DDR. Er geht über das schon Veröffentlichte im *Schwarzbuch des KGB* hinaus.[16] Der KGB betrieb zum Beispiel Aufklärung in der DDR nicht nur aus offenen, »legalen« Positionen von der KGB-Vertretung in Karlshorst oder der sowjetischen Botschaft in Ostberlin aus, sondern auch aus »illegalen« Positionen durch verdeckte Residenturen,[17] von denen weder das SED-Regime noch das MfS wissen sollten. Die bekannteste dieser illegalen Residenturen stellte die Gruppe »Lutsch« (deutsch: »Strahl«) dar, worüber nach 1989 verschiedene Legenden entstanden. Dieser Aufsatz belegt, dass sie schon 1974 und nicht erst Mitte der 1980er-Jahre gegründet wurde und ihre Hauptaufgabe darin bestand, die deutsch-deutschen Beziehungen und die Westpolitik der DDR auszuspionieren. Das heißt, ihre Tätigkeit zielte nicht unbedingt darauf ab, reformorientierte DDR-Kader in der Ära Gorbatschow zu unterstützen oder Einflussagenten für ein wiedervereinigtes Deutschland auszuwählen oder auszubilden.[18] Ferner zeigt der Aufsatz, dass der KGB, ebenso wie die sowjetische Führung, viele Entwicklungen in der Ära Honecker – insbesondere in den deutsch-deutschen Beziehungen – sehr kritisch einschätzte und kontinuierlich über die Machtkämpfe und Streitigkeiten in der SED-Führung nach Moskau berichtete. Der KGB leitete auch Beschwerden des Ministers für Staatssicherheit Erich Mielke, seines Stellvertreters Markus Wolf und der Führungsriege der SED über sowjetische Verstöße gegen die Souveränität der DDR an die sowjetische Führung nach Moskau weiter, obwohl seine eigene Tätigkeit oft der Stein des Anstoßes war.

16 Andrew; Mitrochin: Das Schwarzbuch des KGB, S. 375–377, 535–567.

17 Das Bayerische Landesamt für Verfassungsschutz schreibt zum Begriff »Residentur«: »Eine Residentur ist ein getarnter nachrichtendienstlicher Stützpunkt im Operationsgebiet. Befindet sich der Stützpunkt in einer offiziellen oder halboffiziellen Vertretung (z. B. Botschaft, Handelsvertretung) spricht man von einer Legalresidentur. Hiervon zu unterscheiden ist eine illegale Residentur, die aus einer Gruppe von konspirativ arbeitenden Agenten besteht.« Siehe https://www.verfassungsschutz.bayern.de/ueberuns/service/glossar/residentur/index.html (letzter Zugriff: 20.7.2021). Siehe auch Müller-Enbergs, Helmut (Hg.): Inoffizielle Mitarbeiter des Ministeriums für Staatssicherheit. Teil 2: Anleitungen für die Arbeit mit Agenten, Kundschaftern und Spionen in der Bundesrepublik Deutschland. Berlin 1998, S. 49.

18 Vgl. zum Beispiel Reuth, Ralf Georg; Bönte, Andreas: Das Komplott. Wie es wirklich zur deutschen Einheit kam. München 1993, S. 212, 261; Czichon, Eberhard; Marohn, Heinz: Das Geschenk. Die DDR im Perestroika-Ausverkauf. Ein Report. Köln 1999, S. 75–78. Zu »Lutsch« siehe auch Andrew; Mitrochin: Das Schwarzbuch des KGB, S. 376.

Im zweiten Aufsatz dieses Bandes analysiert Cornelia Jabs die oben schon erwähnten Sicherungsvorgänge »Freunde« des MfS sowie andere »Freundschaftsdienste der Abteilung XII des MfS für den KGB«. Das Führen der »Freunde«-Vorgänge und das Beauskunften daraus folgte besonderen Regeln, wie der Beitrag von Jabs erläutert. Denn MfS-Mitarbeiter sollten nur mit Genehmigung des KGB über solche Erfassungen erfahren. Ferner zeigt ihr Beitrag, dass die Abteilung XII dem KGB auch als »zentrale Informationsstelle [...] und Dienstleister beim Aufbau eigener IM-Netze« diente. Der KGB bediente sich demnach recht großzügig des Potenzials der MfS-Registratur, was im MfS mitunter skeptisch bis widerwillig wahrgenommen wurde.

Als dritter Aufsatz dieses Bandes folgt mein Beitrag »Die DDR als operative Basis für die Aufklärung des KGB«. Er baut ebenfalls auf den »Freunde«-Vorgängen des MfS und insbesondere auf jenem der Bezirksverwaltung Karl-Marx-Stadt auf. Darin wird analysiert, wie der KGB nicht nur Gebrauch von den Dienstleistungen des MfS machte, sondern auch selbstständig auf DDR-Territorium agierte, um seine IM-Netze für die Aufklärung in Richtung Westen auf- bzw. auszubauen. Ergänzend konnten Akten der Bezirksverwaltung Leipzig ausgewertet werden. Sie dokumentieren, wie das MfS dem KGB als Tipper und Werber diente – das heißt, das MfS wies den KGB auf geeignete Personen für eine inoffizielle Zusammenarbeit hin und rekrutierte sie eventuell auch für den KGB.[19] Das MfS übergab dem sowjetischen »Bruderorgan« sogar eigene Hinweispersonen,[20] inoffizielle Mitarbeiter (IM),[21] Führungs-IM[22] und Residenten[23] in der DDR und im Ausland. Zudem agierte der KGB in der DDR selbstständig bei der Rekrutierung von DDR- und Bundesbürgern sowie in der DDR lebenden Ausländern. Zu diesem Zweck warb er eigene ostdeutsche Führungs-IM beziehungsweise Residenten oder ließ sich vom MfS solche Personen übergeben. Sie agierten dann unabhängig vom MfS und halfen dem KGB dabei, ein eigenes Agentennetz in der DDR zu unterhalten. Sie warben und führten ostdeutsche, bundesdeutsche und ausländi-

19 Das MfS benutzte die Begriffe »Tipper« und »Werber« für IM-Kategorien, die die oben genannten Aufgaben ausführten. In der Beziehung zum KGB fand sich das MfS in diesen Funktionen wieder. Zu Begriffsdefinitionen siehe Das MfS-Lexikon. Begriffe, Personen und Strukturen der Staatssicherheit der DDR. Hg. v. BStU. Berlin [3]2016, S. 333, 371.

20 Eine »Hinweisperson« war für das MfS eine Person, die es perspektivisch als IM rekrutieren wollte. Zu diesem Zweck sammelte es Informationen über die gegebene Person, um ihre Zuverlässigkeit und Eignung für eine IM-Tätigkeit zu prüfen. Müller-Enbergs (Hg.): Inoffizielle Mitarbeiter. Teil 2, S. 133–137.

21 IM waren »Personen, die für die Lösung der Aufgaben des Ministeriums für Staatssicherheit zur geheimen Zusammenarbeit verpflichtet werden und für ihren Einsatz und den ihnen gestellten konkreten Aufgaben bestimmten Anforderungen genügen müssen«. Siehe MfS, IM-Richtlinie »1/59«, 17. Juni 1959. In: ebenda, S. 293.

22 Führungs-IM führten selbst einen oder mehrere IM. Ebenda, S. 51.

23 Ein Resident war ein hauptamtlicher oder inoffizieller Mitarbeiter des MfS, der eine Residentur führte. Siehe Das MfS-Lexikon, S. 275.

sche Bürger für den KGB. Oft gaben sie sich dabei aus Gründen der Tarnung als MfS-Mitarbeiter aus; das heißt, der KGB trat auch unter der »fremden Flagge«[24] MfS auf, sodass die derart Angeworbenen den sowjetischen Hintergrund nicht erkannten. Der KGB und seine ostdeutschen »Helfer« konkurrierten in der DDR ganz direkt mit dem MfS bei der Rekrutierung inoffizieller Kräfte für Spionage im westlichen Ausland. Die meisten »KGB-Helfer« leiteten Residenturen oder arbeiteten für sie oder residenturähnliche Strukturen des KGB unter dem Dach der Kriminalpolizei in den Bezirksbehörden und Kreisämtern der Deutschen Volkspolizei (DVP). Der Beitrag zeigt, wie das Vorhaben des Staatssicherheitsministers Erich Mielke ab Ende der 1970er-Jahre fehlschlug, den KGB von der Bildung solcher Residenturen bei der DVP abzubringen und die Tätigkeit des KGB auf dem Territorium der DDR im Allgemeinen in geordnete und für das MfS überschaubare Bahnen zu bringen.

Der zweite Aufsatz von Cornelia Jabs widmet sich dem Thema »Spionieren unter Freunden – Der KGB im Forschungszentrum Werkzeugmaschinenbau (FZW) Karl-Marx-Stadt«. Er bietet eine Fallstudie für das schon erwähnte Konkurrenzverhältnis zwischen MfS und KGB bei der Rekrutierung und Nutzung von DDR-Bürgern für die Westspionage. Beide Geheimdienste konkurrierten miteinander beim Aufbau ihrer IM-Netze im FZW, um über deren Westkontakte an wissenschaftlich-technische Erkenntnisse von Weltniveau zu gelangen. Der KGB war bereit, Mitarbeiter des Forschungszentrums konspirativ hinter dem Rücken des MfS zu nutzen, darunter Personen, an deren politischer Loyalität und Zuverlässigkeit das MfS zweifelte. Das Fallbeispiel des Forschungszentrums zeigt außerdem, wie sich die KGB-Dienststellen in der DDR zum eigenen Vorteil beim IM-Netz des MfS bedienten, sogar gegen den aktiven Widerstand des MfS. Dieser Aufsatz von Jabs bestätigt die Schlussfolgerung aus vorangehenden Beiträgen, dass der KGB auf dem Territorium der DDR auch nach 1958 eine praktische Vorrangstellung gegenüber dem MfS besaß und sie bis zum Ende nie aufgab.

Der Aufsatz von Matěj Kotalík »›Eine Geburtsurkunde ist vorhanden.‹ Die Kooperation des KGB, des MfS und ihrer osteuropäischen Partnerdienste bei der Legalisierung von West-Agenten« befasst sich mit einer weiteren Hilfeleistung des MfS für den KGB (bzw. die anderen »Bruderorgane«) sowie einem weiteren Beispiel der »Selbstbedienung« des KGB auf dem Territorium der DDR. In diesem Falle geht es um die »Legalisierung« von »Illegalen« (d. h. in den Westen übersiedelten IM) des KGB. Das MfS half dem KGB dabei, seine »Illegalen« mit gefälschten Dokumenten und Lebensgeschichten (sogenannten Legenden) auszustatten, damit sie im nichtsozialistischen Ausland unentdeckt leben und

24 Rekrutierung unter einer »fremden Flagge« ist eine spezielle Methode der Werbung durch Geheimdienste, in der sie sich gegenüber IM- oder Agenten-Kandidaten als andere Institution ausgeben, z. B. als Geheimdienst der anderen Seite, Konzern oder politische Partei oder Organisation. Siehe ebenda, S. 95.

agieren konnten. Dem KGB und dem MfS kamen dabei die offene Grenze nach Westberlin bis 1961, das Fehlen sprachlicher Hürden und das grundgesetzlich verbriefte Recht für DDR-Bürger auf die deutsche Staatsbürgerschaft der Bundesrepublik zugute. Kotalík stellt die verschiedenen Kategorien von »Illegalen« vor und illustriert damit nebenbei die sehr eigentümliche Geheimdienstwelt. Als »spektakulärste Erkenntnis« aus seinen Recherchen in den Mitrochin-Papers bezeichnet Kotalík die Tatsache, dass die sowjetischen Tschekisten auch ohne Wissen des MfS eigenständig Legalisierungen in der DDR vornahmen, indem sie unter anderem eigenmächtig Einträge in den ostdeutschen Personenstandsregistern (wie Geburten-, Eheschließungs- und Sterbebüchern) vornahmen oder von ihren ostdeutschen IM ausführen ließen.

Legislative, technische und bürokratische Änderungen in den 1960er- und 1970er-Jahren – darunter die Bekämpfung von Staatenlosigkeit, der internationale Austausch von Personendaten und insbesondere die Einführung der elektronischen Datenverarbeitung (EDV) – verminderten zunehmend den Erfolg solcher Legalisierungen und führten dazu, dass nicht wenige Übersiedlungs-IM der östlichen Geheimdienste aufflogen. Der geografische Schwerpunkt für die Legalisierungen des KGB verlagerte sich daher offenbar zum Teil auf den globalen Süden. Das MfS stand dem KGB zu Diensten, sowohl bei der Suche nach geeigneten Ländern als auch mit seinem Zugang zu mosambikanischen Registern.

Die letzten drei Aufsätze des Sammelbands legen ihren Schwerpunkt auf die Aktivitäten der beiden Geheimdienste außerhalb der DDR und ihr nur zum Teil erfolgtes beziehungsweise erfolgreiches Zusammenwirken.

Mein Beitrag »Brüderliche Zusammenarbeit und ihre Grenzen: Stasi, KGB und die Gesellschaft für Menschenrechte« (GfM) befasst sich mit der Zusammenarbeit des MfS mit dem KGB beim Ausspionieren und geheimdienstlichen Bekämpfen der konservativen westdeutschen Menschenrechtsorganisation GfM. Im Zentrum dieser Zusammenarbeit standen, wie die Mitrochin-Papers und die Stasi-Unterlagen übereinstimmend dokumentieren, die aktiven Maßnahmen der für Aufklärung zuständigen Hauptverwaltung A (HVA) des MfS und der I. Hauptverwaltung des KGB. Beide Aufklärungsorgane brachten in der Bundesrepublik zum Beispiel gefälschte Briefe unter dem Namen der GfM und konkurrierender Organisationen in Umlauf. Allerdings bewerteten KGB und Stasi den relativen Erfolg dieser aktiven Maßnahmen unterschiedlich. Die durch Mitrochin überlieferten KGB-Aussagen über die gemeinsame Operation gegen die GfM sind ein Beispiel dafür, wie der KGB die Wirksamkeit aktiver Maßnahmen überschätzte. Der KGB betrachtete die Abspaltung einer Arbeitsgruppe für Menschenrechte (AfM) von der GfM als gemeinsamen Erfolg seiner Zusammenarbeit mit dem MfS. Er glaubte, man habe mit dieser Aktion die Wirksamkeit der GfM geschwächt. Das MfS schätzte die Lage anders ein: Trotz der Spaltung, zu der es vielleicht auch ohne geheimdienstliche Maßnahmen gekommen wäre, nahm die öffentlichkeitswirksame Kritik von GfM und AfM an der Menschenrechtslage in der DDR spürbar zu.

Eine weitere Fallstudie über die Tätigkeit des MfS als Dienstleister für den KGB liefert mein Beitrag »KGB, MfS und Andrej Sacharow 1975 bis 1980«. Auf Anfrage des KGB sollte das MfS dabei helfen, durch Desinformation den Ruf des sowjetischen Menschenrechtsaktivisten und Friedensnobelpreisträgers Andrej Sacharow international zu schädigen. Es war deshalb offenbar kein Zufall, dass zwei von der HVA verdeckt geförderte westdeutsche Publikationen, *Extra-Dienst* und *Blätter für deutsche und internationale Politik,* kritische Beiträge über Sacharow und seine Verwandten veröffentlichten, die der KGB-Linie zur Diskreditierung Sacharows entsprachen. Das MfS entwickelte schließlich ein eigenständiges Interesse daran, Sacharow und seine westlichen Unterstützer zu bekämpfen, nachdem ein dänisches Komitee, das auf Wunsch Sacharows eine Anhörung über Menschenrechtsverletzungen in der Sowjetunion organisiert hatte, die DDR ins Visier nahm.

Der letzte Beitrag des Sammelbandes, verfasst von Mieszko Jackowiak unter Mitarbeit von Georg Herbstritt, analysiert in vergleichender und transfergeschichtlicher Perspektive die Reaktion der sowjetischen und ostdeutschen Bruderorgane auf den rumänischen Sonderweg innerhalb des Ostblocks. Die Mitrochin-Unterlagen in Cambridge stellen die wichtigste Quelle für ihre Analyse dar, aber ihre Forschungsergebnisse gehen – wie in den anderen Beiträgen auch – über die Darstellung im *Schwarzbuch des KGB* deutlich hinaus.[25] Indem Jackowiak und Herbstritt auch MfS-Akten und weitere Unterlagen nutzen, unterziehen sie die Mitrochin-Papers zugleich einer quellenkritischen Überprüfung. Inhaltlich zeigt der Beitrag, wie die HVA mit zwei bis drei Jahren Verzögerung dem Beispiel des KGB von 1966 folgte und ihre eigene legal abgedeckte Residentur im »Freundes-Feindes-Land« Rumänien gründete. Die Aufklärungsinteressen beider Geheimdienste waren sehr ähnlich. Sie sammelten Informationen über die außenpolitischen Aspekte der Autonomiebestrebungen der kommunistischen Regierung in Bukarest sowie die innenpolitische Stabilität des Landes. Es gab aber auch wichtige Unterschiede. Der KGB interessierte sich sehr für die nationalen Minderheiten Rumäniens, während die HVA eher auf die Austragung der deutsch-deutschen Rivalität unter der deutschen Minderheit fokussierte, anstatt auf die Lage der Rumäniendeutschen selbst. Im Gegensatz zum KGB plante die HVA nach derzeitigem Kenntnisstand auch keine aktiven Maßnahmen – hauptsächlich verdeckte Propaganda und Desinformation – gegen die rumänische Regierung. Und anders als beim KGB kamen die Spionageoperationen der HVA erst 1983 auf Hochtouren, nachdem Mielke allen Diensteinheiten des MfS infolge der Wirtschaftskrise Rumäniens die Zusammentragung von umfassenden Informationen über die innere Lage des Landes befahl.

Die Beiträge in diesem Sammelband bestätigen, dass das MfS auch nach seiner formellen Gleichberechtigung mit dem KGB 1958 ein »Diener zweier Herren«

25 Andrew; Mitrochin: Das Schwarzbuch des KGB, S. 374 f.

Abb. 1: Das Zusammentreffen von Erich Mielke mit KGB-Major Wladimir Putin und dem 1. Sekretär der SED-Bezirksleitung Dresden Hans Modrow symbolisiert die Position des MfS als »Diener zweier Herren«.[26]

geblieben ist.[27] Es agierte weiterhin nicht nur als »Schild und Schwert« der SED,[28] sondern auch als »Kampfabteilung der ruhmreichen sowjetischen Tscheka« (Mielke)[29] und Dienstleister für den KGB. Das war insbesondere im Bereich der Aufklärung der Fall. Es ging hier nicht nur um die Weiterleitung Zigtausender Spionageinformationen der HVA an den KGB und die Teilnahme der HVA an den Kampagnen im Rahmen von aktiven Maßnahmen des KGB,[30] sondern auch

26 Links im Bildvordergrund der Leiter der MfS-Bezirksverwaltung (BV) Dresden Horst Böhm; dahinter v. l. n. r.: Winfried Linke (StV Operativ der BV Dresden), verdeckt (wahrscheinlich Roland Kloß, 1. Sekretär der SED-Parteiorganisation der BV Dresden), Hardi Anders (1. StV des Leiters der BV Dresden), Günter Möller (Leiter der HA Kader und Schulung des MfS), Rudolf Braatz (Leiter der Abt. Kader und Schulung der BV Dresden), Erich Mielke, unbek., Wladimir Putin (KGB-Dienststelle Dresden), unbek., unbek., Hans Modrow, Lasar Matwejew (Leiter der KGB-Dienststelle Dresden und Verbindungsoffizier bei der BV Dresden, hier von Modrow teilweise verdeckt). Das Foto entstand offenkundig anlässlich der Gratulationsfeier zum 50. Geburtstag Horst Böhms am 11.5.1987 in Dresden.

27 Zu dieser Rolle vor 1958 siehe Engelmann: Diener zweier Herren, passim.

28 Süß, Walter: »Schild und Schwert« – Das Ministerium für Staatssicherheit und die SED. In: Henke, Klaus-Dietmar; Engelmann, Roger (Hg.): Aktenlage. Die Bedeutung der Unterlagen des Staatssicherheitsdienstes für die Zeitgeschichtsforschung. Berlin 1995, S. 83–97.

29 Schlusswort Mielkes auf der Kreisdelegiertenkonferenz im MfS zur Vorbereitung des X. Parteitags vom 20. bis 21.2.1981; BArch, MfS, ZAIG Nr. 3967, Bl. 1–54, hier 13.

30 Zu den Informationsweitergaben der HVA an den KGB siehe Konopatzky, Stephan: SIRA – System der Informationsrecherche der Hauptverwaltung A des Ministeriums für Staats-

um die Hilfeleistungen aller Bezirksverwaltungen des MfS und der Zentrale bei der Rekrutierung und »Reservierung« von geeigneten Personen als KGB-Agenten auf dem Territorium der DDR und bei der Legalisierung von KGB-IM für die Übersiedlung nach dem Westen. In den meisten nachweisbaren Fällen war das MfS sogar bereit, seine eigenen IM und Residenten an den KGB zu übergeben.

Trotz dieser Unterwerfung des MfS agierte der KGB auf dem Territorium der DDR bei der Rekrutierung und Legalisierung von Agenten auch selbstständig. Und obwohl das MfS die meisten außen- und sogar innenpolitischen Informationen, die es besaß, freiwillig an den KGB weitergab, gründete der KGB, offenbar ohne Wissen des MfS, seine eigenen verdeckten Residenturen in der DDR, um die politischen und wirtschaftlichen Entwicklungen in dem verbündeten Staat – sogar auf höchster Ebene – auszuspionieren. Der KGB bediente sich ferner nicht nur der Möglichkeiten und der operativen Basis des MfS, sondern auch der Kapazitäten des Innenministeriums und der Volkspolizei, um seine IM-Netze für die Aufklärung im Westen zu stärken und weiter auszubauen. Es gehörte zum Alltag des KGB, das MfS und das MdI gegeneinander auszuspielen, um seine Interessen durchsetzen zu können. Oft erfuhr das MfS von der Existenz eines ostdeutschen KGB-IM in der DDR, der sogar unter »fremder Flagge« des MfS agierte, nur infolge einer operativen Panne dieses IM. Das MfS musste sich dann oft mit den Folgen dieser Panne für sich selbst, die DDR oder auch den KGB auseinandersetzen.

Der Schluss liegt nahe: Der KGB betrachtete das MfS praktisch als seinen Diener und die DDR nicht hauptsächlich als souveränen Staat, sondern vielmehr als westlichen Vorposten des sowjetischen Imperiums in Europa und als geeignete Schleuse für Spionage und Subversion in Richtung Westen. Das MfS war gleichberechtigt nur in dem Sinne, dass es selbstständig den Zwecken des KGB und der UdSSR dienen durfte und selbst für die Stabilität des sowjetischen Vorpostens DDR sorgte. Dafür bekam es immerhin viel Lob vom »großen Bruder«.

Als Autor und Leiter der Projektgruppe »MfS – KGB« in der damaligen Abteilung Bildung und Forschung des BStU bin ich vielen Personen zu Dank verpflichtet, insbesondere unserem ehemaligen Abteilungsleiter Helge Heidemeyer, der dieses Forschungsvorhaben vom Anfang bis zum Ende unterstützte; den Mitarbeitern der

sicherheit der DDR. Hg. BStU. Berlin 2019, S. 31, 131, im Internet unter https://www.bstu.de/assets/bstu/de/Publikationen/Verzeichnis_SIRA_Informationsrecherche-HVA_2019_barrierearm.pdf (letzter Zugriff: 20.7.2021). Zu den Hilfeleistungen des MfS für die verdeckte Propaganda des KGB siehe außer den entsprechenden Beiträgen in diesem Band auch z. B.: Johnson, A. Ross: Radio Free Europe and Radio Liberty. The CIA Years and Beyond. Stanford 2010, S. 208–218; Selvage, Douglas: SA-CIA-HVA. Dr. Emil Hoffmann and the »Jungle of the Secret Services« (1934–1985). In: Spiekermann, Uwe (Hg.): The Stasi at Home and Abroad. Domestic Order and Foreign Intelligence (Bulletin of the German Historical Institute Washington, Supplement 9). Washington DC 2014, S. 115–138; Selvage; Süß: Staatssicherheit und KSZE-Prozess, S. 149–154, 272–280, 443–446; Selvage; Nehring: AIDS-Verschwörung, passim; Nehring: Kleine Brüder des KGB, S. 55–110.

Projektgruppe, darunter allen Autorinnen und Autoren in diesem Sammelband sowie der Projektmitarbeiterin Ann-Kathrin Reichardt, die ihre eigenständige Publikation zu unserem Thema schon veröffentlicht hat;[31] den Mitarbeitern des Archivs des Churchill College an der Cambridge University und den Mitarbeitern der Abteilung Archiv des Stasi-Unterlagen-Archivs und den Archivaren in den Außenstellen des Stasi-Unterlagen-Archivs, insbesondere in Chemnitz, Dresden und Leipzig, die umfangreiche Recherchen für unser Projekt durchführten.

Die Mitarbeiter der Projektgruppe und ich selbst bedanken uns insbesondere bei Georg Herbstritt, unserem Kollegen und Mitherausgeber dieses Sammelbandes. Er half uns, indem er alle hier vorliegenden Beiträge wissenschaftlich überprüfte und redigierte, darunter die Beiträge von drei Nichtmuttersprachlern, und unterstützte uns mit vielen zielführenden Ratschlägen für die Recherche und Erforschung des Themas.

31 Reichardt: Schmuggler, Spitzel und Tschekisten.

Douglas Selvage

Kleiner Bruder. Das Ministerium für Staatssicherheit und die SED im Licht des Mitrochin-Archivs

1992 wurde Wasilij Mitrochin mit seiner Familie vom britischen Geheimdienst MI6 aus Russland ausgeschleust. Mitrochin, ehemaliger Archivar der für Aufklärung zuständigen I. Hauptverwaltung des KGB, hatte zuvor im selben Jahr eine britische Botschaft im Baltikum aufgesucht und seine Notizen aus den Akten der sowjetischen Aufklärung den Briten angeboten. Ab 1972 hatte er den Umzug des Archivs der sowjetischen Aufklärung – ungefähr 300 000 Akten – von der Lubjanka in Moskau in das neue Hauptquartier der I. Hauptverwaltung in Jasenewo beaufsichtigt. Bis zu seiner Pensionierung 1984 hatte er handschriftliche Notizen von Tausenden von KGB-Dokumenten gemacht und sie von seinem Arbeitsplatz herausgeschmuggelt. Basierend auf den Angaben in seinen Notizen, erfolgte nach seiner Übersiedlung eine Welle von Verhaftungen von ehemaligen und noch aktiven Spionen des sowjetischen beziehungsweise des russischen Geheimdienstes in Großbritannien und anderen westlichen Ländern.[1]

Der MI6 arrangierte 1995 das erste Treffen Mitrochins mit dem britischen Geheimdiensthistoriker Christopher Andrew von der Cambridge University, mit dem er anschließend ein gemeinsames Buch verfasste.[2] Es erschien 1999 auf Englisch[3] und zwei Jahre später auf Deutsch als *Das Schwarzbuch des KGB*. Mitrochin verfasste einige weitere selbstständige Publikationen[4] und zwei Jahre nach seinem Tod 2004 erschien sein zweites gemeinsames Buch mit Andrew. Seine Familie schenkte seinen Nachlass den Churchill Archives an der Cambridge University und nach einer Sicherheitsüberprüfung durch den MI6 wurden seine abgetippten Notizen – aber nicht die handschriftlichen Originale – 2014 für die Forschung freigegeben. Diese Notizen bilden die archivalische Grundlage für dieses Kapitel.

1 Andrew; Mitrochin: Das Schwarzbuch des KGB, S. 18 ff.

2 Ebenda, S. 26.

3 Mitrokhin, Vasili; Andrew, Christopher: The Mitrokhin Archive. The KGB in Europe and the West. London 1999.

4 Siehe z. B. Mitrokhin, Vasili (Hg.): The KGB Lexicon. The Soviet Intelligence Officer's Handbook. London 2002; ders.: »Chekisms« – Tales of the Cheka. A KGB Anthology. London 2008; ders.: The KGB in Afghanistan (Cold War International History Project Working Paper No. 40). Washington 2009; Mitrokhin, Vasili; Andrew, Christopher: Mitrokhin Archive II. The KGB and the World. London 2006. Deutsche Übersetzung: Das Schwarzbuch des KGB 2. Moskaus Geheimoperationen im Kalten Krieg. Berlin 2006.

Die Geschichte der Beziehungen Stasi – KGB muss wegen der Notizen Mitrochins nicht neu geschrieben werden. Doch die bisherige Forschung wird an drei wichtigen Punkten bestätigt. Erstens genoss das MfS unter den osteuropäischen »Bruderorganen« das größte Vertrauen des KGB.[5] Zweitens wurden Quantität und Qualität der Informationen der HV A an den KGB hoch eingeschätzt.[6] Drittens unterstützten das MfS, insbesondere die HV A, den KGB bei seiner Westarbeit, ob in Form der Aufklärung oder der aktiven Maßnahmen.[7]

Darüber hinaus erfährt man im Mitrochin-Archiv auch viel Neues über die gegenseitigen Beziehungen beider Geheimdienste beziehungsweise die allgemeine Einstellung des KGB gegenüber der DDR. Dieses Kapitel fokussiert auf vier Punkte, die von den bisherigen Forschungserkenntnissen abweichen oder zumindest ungenügend berücksichtigt wurden. Erstens führte der KGB Aufklärung gegen die DDR nicht nur von »legalen«, sondern auch von »illegalen« Positionen aus. Das heißt, der KGB sammelte Informationen über die DDR nicht nur über offizielle Kontakte mit dem MfS und verschiedenen ostdeutschen Amtsträgern, sondern auch insgeheim durch verdeckte geheimdienstliche Methoden. Dieses Vorgehen stellte die 1958 vom KGB an das MfS übertragene geheimdienstliche Souveränität über das Territorium der DDR infrage. Zweitens regten sich der Erste Sekretär der Sozialistischen Einheitspartei Deutschlands (SED) Walter Ulbricht und der Minister für Staatssicherheit Erich Mielke immer wieder darüber auf, dass der KGB – über seine verdeckte Spionage hinaus – durch verschiedenartige Handlungen sowohl die Souveränität der DDR als auch die Gleichberechtigung des MfS als Geheimdienst immer wieder infrage stellte. Drittens bestätigen die KGB-Unterlagen, dass die Mitglieder des SED-Politbüros, darunter Mielke, Ministerpräsident Willi Stoph und Ulbrichts Nachfolger als Erster Sekretär Erich Honecker, die Souveränität der DDR selbst unterminierten, indem sie immer wieder in internen Machtkämpfen um die Einmischung der Kommunistischen Partei der Sowjetunion (KPdSU) in die inneren Angelegenheiten der DDR zu ihren Gunsten warben. Viertens zeigen Mitrochins Notizen aus KGB-Akten, dass das sowjetische »Bruderorgan« mehrere Entwicklungen in der Ära Honecker sehr negativ einschätzte, trotz der offiziellen Beteuerungen Mielkes gegenüber dem KGB, alles in der DDR unter Kontrolle zu haben.[8]

5 Andrew; Mitrochin: Das Schwarzbuch des KGB, S. 536, 547, 555–557, 567.

6 Ebenda, S. 376 f.

7 Ebenda, S. 535–567.

8 Siehe z. B. Loseblattsammlung von den Gesprächen Mielkes mit dem KGB-Vorsitzenden Wiktor Tschebrikow, 23.5.1984 in: BArch, MfS, Abt. X Nr. 2473, Bl. 3–52, hier 18 ff.

Geheimdienstliche Souveränität des MfS? KGB-Spionage gegen die DDR

Zu einer Zäsur in den Beziehungen MfS – KGB kam es im November 1958, als »die Sowjets ihren Beraterapparat im MfS von 76 auf 32 Offiziere [...] reduzierten und die Verbliebenen auf den Status von Verbindungsoffizieren herunterstuften«.[9] Die Verbindungsoffiziere bildeten fortan die »Gruppe des Komitees für Staatssicherheit beim Ministerrat der UdSSR zur Koordinierung und Verbindung mit dem MfS« in Karlshorst und fokussierten ihre Tätigkeit auf Spionage und andere verdeckte Operationen in Richtung Westen sowie auf Abwehrarbeit für die in der DDR stationierten sowjetischen Streitkräfte.[10]

Bis dahin hatten die sowjetischen Berater die Diensteinheiten des MfS bei der inneren Sicherheit und der Aufklärung im Ausland formell und praktisch angeleitet. Von der Gründung des Ministeriums 1950 bis 1953 hatten sie das MfS »regelrecht dominiert«[11] und unter dem zweiten Minister für Staatssicherheit Ernst Wollweber (1953–1957), der früher für die Sowjets als Kundschafter im Einsatz gewesen war, hatten sie ihren Einfluss weitgehend erhalten.[12] Erst mit der Absetzung Wollwebers im November 1957 und der Übernahme des Ministerpostens durch Erich Mielke, der als Favorit des 1. Sekretärs der SED Walter Ulbricht galt, hatte die SED gegenüber dem KGB die Oberhand bei der Anleitung des MfS gewonnen.[13] Obwohl das MfS sich verpflichtete, die Verbindungsoffiziere und ihre Vorgesetzten in der KGB-Vertretung bei der Erfüllung ihrer Aufgaben in Richtung Westen und bei der Militärabwehr auf ostdeutschem Territorium zu unterstützen, hatte Ulbricht – zumindest formell – seit 1958 die geheimdienstliche Souveränität für die SED und das MfS auf dem Territorium der DDR durchgesetzt.[14]

Trotz der Empfindlichkeiten des MfS und der SED stellte der KGB die geheimdienstliche Souveränität des MfS über das Territorium der DDR tagtäglich infrage, indem er bis zu ihrem Untergang gegen die DDR spionierte. Von Mitrochin erfährt man zum Beispiel, dass ab 1967 zwei vor dem MfS geheim gehaltene »illegale

9 Engelmann: Diener zweier Herren, S. 51–72, hier 71.

10 Ebenda, S. 71 f.

11 Ebenda, S. 52.

12 Ebenda, S. 59 f.

13 Ebenda, S. 70 f. Siehe auch Engelmann, Roger; Schumann, Silke: Der Ausbau des Überwachungsstaates. Der Konflikt Ulbricht – Wollweber und die Neuausrichtung des Staatssicherheitsdienstes der DDR 1957. In: Vierteljahrshefte für Zeitgeschichte 43 (1995) 2, S. 341–378, hier 352–355.

14 Engelmann: Diener zweier Herren, S. 71 f. Engelmann schreibt aber: »Von einer Autonomie des MfS gegenüber dem KGB kann auch später insbesondere in den Schlüsselbereichen Militärabwehr (HA I), Spionageabwehr (HA II) und Aufklärung kaum gesprochen werden. Auf diesen hochsensiblen Feldern sicherte sich das sowjetische Sicherheitsorgan unmittelbaren Einblick und Einfluss bis in die achtziger Jahre hinein.« Ebenda, S. 72.

Residenturen«[15] des KGB, »Arsenal-1« und »Arsenal-2«, auf ostdeutschem Territorium tätig waren. Die Residenturen, die aus hauptamtlichen Mitarbeitern des KGB und ihren Agenten bestanden, hatten unter anderem den Auftrag, Informationen über die politische und gesellschaftliche Lage in der DDR und insbesondere die Stimmung der Bevölkerung zu sammeln.[16] Für beide Residenturen spionierten auch die »Illegalen« – das heißt Offiziere des KGB mit Deckidentitäten, erfundenen Lebensgeschichten und Falschausweisen von Drittländern. In den Jahren 1962 bis 1966 arbeitete zum Beispiel das Illegalen-Ehepaar »Wladimir« und »Berta« für »Arsenal-1« – nämlich der Russlanddeutsche Iwan Dmitrijewitsch Unrau, der als Heimkehrer aus der Ukrainischen SSR unter der Deckidentität »Hans Emil Redweiks« eingereist war, und seine Ehefrau Irina Ewseewna Unrau, die mit Inhabern von konspirativen Wohnungen in der DDR zusammenarbeitete.[17]

Die Aufklärungsarbeit des KGB in der DDR erhielt 1975 Verstärkung mit der Gründung der illegalen Residentur »Firma«. Obwohl der mutmaßliche Resident Aleksandr Demjanowitsch Zacharow unter diplomatischer Deckung in der Ostberliner Botschaft der Sowjetunion agierte, tarnte sich sein Stellvertreter und führender operative Mitarbeiter der Residentur von 1976 bis 1981 Konstantin Fjodorowitsch Afanas'ew (Jg. 1920) alias »Walerij« als Vertreter der Industrie- und Handelskammer der UdSSR in der DDR.[18] Die »Firma« wurde direkt der

15 Zu den »illegalen Residenturen« siehe Anm. 17 in der »Einleitung«. Siehe auch Müller-Enbergs (Hg.): Inoffizielle Mitarbeiter. Teil 2, S. 49.

16 Siehe Mitrokhin Collection, Churchill Archives Centre, Churchill College, Cambridge University: Manuscript Extracts from KGB First Chief Directorate Files (nachfolgend als »Mitrokhin Collection, Cambridge University« bezeichnet): MITN 3/4, Bl. 122, Eintrag 278.

17 Mitrokhin Collection, Cambridge University, MITN 2/13/1, Bl. 13, Eintrag 61. Vgl. auch Andrew; Mitrochin: Das Schwarzbuch des KGB, S. 758, Anm. 26. Von 1966 bis 1981 bereitete »Wladimir« andere »Illegale« für ihre Arbeit im Westen, u. a. mit Sprachunterricht in Deutsch vor. 1968 reiste er unter einer Deckidentität als Westdeutscher zusammen mit anderen KGB-Illegalen in die Tschechoslowakei, um das Land während des »Prager Frühlings« auszukundschaften, und stellte sich 1973 der vom KGB neuerlich rekrutierten Sekretärin beim Bundesnachrichtendienst (BND) in Paris Heidrun Hofer (KGB-Deckname: »Rosie«) in Innsbruck als angeblichen Führer einer patriotischen Untergrundbewegung von Neonazis vor. Er sagte Hofer, deren Vater in der deutschen Abwehr gedient hatte, dass er Admiral Wilhelm Canaris persönlich gekannt habe. Hofer wurde 1974 in die BND-Zentrale in Pullach versetzt, wo sie bis zu ihrer Verhaftung 1977 Informationen an andere KGB-Illegale in der Bundesrepublik weitergab. Siehe Andrew; Mitrochin: Das Schwarzbuch des KGB, S. 353, 552 f.

18 Mitrokhin Collection, Cambridge University, MITN 2/18, Bl. 13 f., Eintrag 47. Zur Deckung Zacharows siehe ebenda, MITN 2/11/1, Bl. 23, Eintrag 135; Mitrokhin; Andrew: The Mitrokhin Archive, S. 454. Die Deckung »Walerijs« war glaubhaft, weil er schon seit 1969 eine ähnliche Deckung in der UdSSR als stellvertretender Leiter der Verwaltung für internationale und ausländische Ausstellungen bei der Industrie- und Handelskammer benutzt hatte. Siehe Mitrokhin Collection, Cambridge University, MITN 2/18, Bl. 13 f., Eintrag 47. Nach Angaben des Zentralen Moskauer Ausstellungskomplexes »Expocenter«, der damals zur Verwaltung gehörte, war Afanas'ew von 1969 bis 1996 Mitarbeiter seiner Verwaltung. Siehe der Eintrag zu ihm im Internetauftritt des Expocenters: https://9may.expocentr.ru/ (letzter Zugriff: 20.7.2021).

I. Hauptverwaltung unterstellt und selbst die KGB-Vertretung in Karlshorst erfuhr nichts von ihrer Existenz. Die »Firma« bekam den Auftrag, die politischen und operativen Verhältnisse in der DDR und insbesondere die Entwicklung bilateraler Beziehungen zwischen der DDR und der Bundesrepublik zu erforschen.[19] Die Deckung Afanas'ews als Vertreter der Industrie- und Handelskammer legt nahe, dass deren Schwerpunkt das Ausspionieren der deutsch-deutschen Wirtschaftsbeziehungen bildete. Obwohl die Angaben Mitrochins zur »Firma« mit dem Jahr 1981 enden, agierte sie wahrscheinlich bis zum Ende der DDR.

Die Arbeit der Residenturen »Arsenal-1 und -2« wurde 1974 von einer neuen »Linie« *(napravlenie)* in der KGB-Vertretung übernommen, die unter dem russischen Decknamen »Lutsch« – deutsch: »Strahl« – agierte. Diese Gruppe »Lutsch« wurde damit beauftragt, Quellen unter DDR-Bürgern anzuwerben und Informationen über die politische Stimmung in der mittleren Führungsebene der Partei, unter den Kulturschaffenden und den Arbeitern und in der Bevölkerung im Allgemeinen zu gewinnen. Besondere Aufmerksamkeit wurde angeblichen Versuchen der USA gewidmet, den Aufbau des Sozialismus in der DDR zu torpedieren, sowie den Beziehungen zwischen ost- und westdeutschen Bürgern und den Einfluss dieser Beziehungen auf die innenpolitische Lage in der DDR.[20] Nach 1989 behauptete Markus Wolf – im Gegensatz zu seinem Nachfolger als Leiter der für Aufklärung zuständigen Hauptverwaltung A (HVA) des MfS Werner Großmann –, von so einer geheimen Gruppe der »Moskauer Zentrale« gewusst zu haben. Er habe aber erst Mitte der 1980er-Jahre von ihr erfahren und glaubte zu wissen, dass sie hauptsächlich Kontakte in Westberlin und der Bundesrepublik aufgebaut hätte. Wolf zufolge habe die Gruppe erst 1988 eine Anweisung von Moskau bekommen, sich verstärkt um DDR-Kontakte zu bemühen.[21] Doch in Wirklichkeit hatte die Gruppe »Lutsch« schon 14 Jahre früher damit begonnen, und es war sogar ihre Haupttätigkeit.

Das Mitrochin-Archiv enthält Hinweise zum Beispiel über das Netz von vertrauenswürdigen Kontakten eines mutmaßlichen operativen Mitarbeiters der Gruppe »Lutsch«, des Westberliner Korrespondenten der sowjetischen Zeitung *Trud* Sergej Borisowitsch Buneew. Er habe in den Jahren 1979 bis 1983 Verbindungen hauptsächlich zu mittleren und höheren Funktionären des Freien Deutschen Gewerkschaftsbundes (FDGB) aufgenommen. Dazu kamen seine Kontakte zu einem Mitglied des Präsidiums des Bundesvorstandes des FDGB (Deckname: »Greis«), der auch persönlicher Referent eines Mitglieds des SED-Politbüros war.

Afanas'ew habe auch nach Mitrochin 1959 in der Bonner KGB-Residentur gearbeitet. Siehe Mitrokhin Collection, Cambridge University, MITN 2/11/2, Bl. 80, Eintrag 238.

19 Mitrokhin Collection, Cambridge University, MITN 2/18, Bl. 13 f., Eintrag 47.

20 Mitrokhin Collection, Cambridge University, MITN 3/4, Bl. 112, Eintrag 264.

21 Förster, Andreas: Auf der Spur der Stasi-Millionen. Die Wien-Connection. Berlin 1998, S. 29 f.

»Greis« verfügte demnach über Verbindungen zum Umfeld von Honecker und Mittag und galt für den KGB als »besondere Informationsquelle«.[22]

Im Nachlass Mitrochins finden sich darüber hinaus keine weiteren Aufzeichnungen zur Gruppe »Lutsch«. Nach Angaben des Bundesamts für Verfassungsschutz (BfV), die sehr den Aussagen von Wolf ähneln, tarnten sich in der zweiten Hälfte der 1980er-Jahre die KGB-Mitarbeiter der Gruppe als Journalisten, Außenhändler und Diplomaten der sowjetischen Botschaft und Konsulate in der DDR und in Westberlin.[23] Dem Verfassungsschutz zufolge soll die Gruppe ihre Arbeit in der Endphase der DDR auf die Rekrutierung von Quellen in der mittleren Ebene der ostdeutschen Wirtschaft und Gesellschaft umorientiert haben. Die Gruppe habe sich damit auf den Regierungswechsel und die Wiedervereinigung Deutschlands vorbereitet. Die Angaben des Verfassungsschutzes passen eher zu den Angaben Mitrochins als die nach 1989 verbreitete Legende von einem *aktiven* Beitrag der Gruppe »Lutsch« beim Austausch der Eliten in Staat und SED oder sogar zum Umsturz in der DDR.[24]

Unabhängig von »Arsenal-1 und -2« und der Gruppe »Lutsch« versuchten Mitarbeiter der Karlshorster KGB-Vertretung spätestens ab 1969, Funktionäre des Partei- und Staatsapparats der DDR als Informationsquellen zu gewinnen. In den späten 1960er-Jahren erhielt die KGB-Vertretung eine Anweisung, die ihren Offizieren grünes Licht gab, geheimdienstliche und vertrauliche Beziehungen mit einzelnen Politikern der SED aufzubauen.[25] Die Anweisung entsprach den Wünschen des damaligen KGB-Bevollmächtigten in der DDR Iwan Anisimowitsch Fadejkin, der 1969 vom Moskauer »Zentrum« weitere Befugnisse angefordert hatte. Er wollte nicht nur die Aktivitäten und Absichten von antisowjetischen und subversiven Zentren in der DDR aufklären, sondern auch die Lage in der Partei- und Staatsführung der DDR sowie in der Führung des MfS und des Ministeriums des Innern (MdI). Im Falle des MfS und des MdI wollte Fadejkin insbesondere mehr über die Qualität ihrer Zusammenarbeit mit dem KGB erfahren.[26]

Die ostdeutschen Quellen, die der KGB auf diese Weise nutzte, werden in den Notizen Mitrochins als *»doweritel'nye swjasi«* oder »vertraute Kontaktpersonen«

22 Mitrokhin Collection, Cambridge University, MITN 2/2, Bl. 26, Eintrag 127.

23 Vgl. auch Friis, Thomas Wegener; Müller-Enbergs, Helmut: Herbstrevolution und Nachrichtendienst. Das stille Ableben der Geheimpolizeien in der DDR im Laufe des Jahres 1989. In: Küsters, Hanns Jürgen (Hg.): Der Zerfall des Sowjetimperiums und Deutschlands Wiedervereinigung. The Decline of the Soviet Empire and Germany's Reunification. Köln, Weimar, Wien 2016, S. 181–220, hier 216–220. In den Notizen Mitrochins gibt es keine Bestätigung der Geheimdiensttätigkeit der einzelnen sowjetischen Diplomaten, Journalisten und Handelsfunktionäre, auf deren Mitarbeit bei »Lutsch« Müller-Enbergs und Friis auf Grundlage sonst nicht verfügbarer Quellen des BfV und des Bundesnachrichtendienstes hinweisen.

24 Vgl. z. B. Reuth; Bönte: Das Komplott, S. 212, 261; Czichon; Marohn: Das Geschenk, S. 75–78. Zu »Lutsch« siehe auch Andrew; Mitrochin: Das Schwarzbuch des KGB, S. 376.

25 Mitrokhin Collection, Cambridge University, MITN 3/4, Bl. 124, Eintrag 281.

26 Mitrokhin Collection, Cambridge University, MITN 2/19/1, Eintrag 265.

bezeichnet – eine KGB-Bezeichnung,[27] die mit den »Kontaktpersonen« des MfS[28] vergleichbar ist. Diese ostdeutschen Funktionäre mussten nicht wissen, dass sie es mit dem KGB zu tun hatten. Vermutlich glaubten sie, dass sie einfach mit sowjetischen Kollegen sprachen. Davon kann man zum Beispiel im Fall von Bruno Mahlow ausgehen, damals stellvertretender Direktor der Abteilung Internationale Verbindungen des ZK der SED, der laut Mitrochin als Vertrauensperson des KGB erfasst worden war.[29] Gewichtiger ist die Angabe Mitrochins, dass der KGB als Spitzenquelle ein Mitglied des Politbüros, eine Vertrauensperson »Murt« mit guten Beziehungen zu Honecker, Sindermann und anderen führenden Persönlichkeiten der SED, rekrutiert habe. »Murt« habe an die sowjetischen »Freunde« über Streit und Meinungsunterschiede in der Partei- und Staatsführung der DDR berichtet.[30]

Der stellvertretende Leiter der für die Bekämpfung der Dissidenz (im Stasi-Jargon: »politisch-ideologische Diversion« und »politische Untergrundtätigkeit«) zuständigen Hauptabteilung XX des MfS in den Jahren 1969 bis 1982, Hans Ludwig, wurde vom KGB ebenfalls als Vertrauensperson bezeichnet, weil er die sowjetischen »Freunde« über Kontakte der ostdeutschen Führung zu westdeutschen Politikern sowie die Beziehungen der Mitglieder des SED-Politbüros zueinander informierte.[31] Leider notierte Mitrochin nicht, für welchen Zeitraum der KGB Ludwig als Informationsquelle betrachtete. In einer Rede Mielkes aus der zweiten Jahreshälfte 1979 zur Zusammenarbeit mit der KGB-Vertretung hatte der Staatssicherheitsminister die Leiter aller Diensteinheiten des MfS instruiert, den Verbindungsoffizieren des KGB nur solche Informationen weiterzugeben, die sie tatsächlich »für ihre Tätigkeit *benötigen*«.[32] Obwohl Mielke weiterhin »Kameradschaftlichkeit« beim Zusammenwirken seiner Offiziere mit dem KGB erwartete, gab er zu verstehen: »Dabei hat Kameradschaftlichkeit nichts mit Vertrauensseligkeit, kumpelhaftem Verhalten und Schwatzhaftigkeit zu tun.«[33]

27 Mitrochin bot die folgende Begriffserklärung des KGB für *doweritel'nye swjasi* an: »Individuals of foreign nationality who, without being agents, communicate to intelligence officer's information of interest to them and carry out confidential requests, which in substance are of an intelligence nature, on the basis of ideological and political affinity, material interest, friendly or other relations which they have established with the intelligence officers. Confidential contacts do not have any obligation towards the intelligence officer (or intelligence service).« Mitrokhin: The KGB Lexicon, S. 34.

28 Es geht hier um den Begriff »Kontaktperson«, wie er von der HVA benutzt wurde. Siehe Müller-Enbergs, Helmut: »Kontaktperson«. In: Das MfS-Lexikon, S. 207.

29 Mitrokhin Collection, Cambridge University, MITN 2/19/1, Eintrag 341.

30 Ebenda, Eintrag 344.

31 Ebenda, Eintrag 244.

32 Mielke, Ausführungen des Genossen Minister auf der Dienstkonferenz zu Fragen des Zusammenwirkens zwischen dem MfS und der Vertretung des KfS der UdSSR beim MfS der DDR, o. D. [Sommer 1979]; BArch, MfS, ZAIG Nr. 18738, Bl. 22–92, hier 78 f.; Hervorhebung durch Douglas Selvage.

33 Ebenda, Bl. 90.

Trotz dieser Ausführungen Mielkes muss Ludwigs Weitergabe von Informationen an den KGB keinesfalls als Verrat am MfS oder an der DDR verstanden werden. Er habe, so die Notizen Mitrochins, den KGB nur in engen Grenzen über die Aktivitäten der Stasi informiert, indem er unter anderem seinen Zugang zu MfS-Akten – entsprechend den Anforderungen Mielkes – auf das operativ Notwendige beschränkte.[34] Vor 1979 war die Lage innerhalb des MfS bezüglich der Weitergabe von solchen politischen Informationen an den KGB offenbar unklar. Den Notizen Mitrochins zufolge gehörte nicht nur das MfS im Allgemeinen, sondern auch Mielke selbst zu den besten Quellen der KGB-Vertretung hinsichtlich des laufenden Kampfes zwischen Ulbricht und Honecker um die Parteispitze in den Jahren 1969 bis 1971.[35] Wie unten gezeigt wird, blieb Mielke persönlich bis zu seinem Rücktritt als Minister für Staatssicherheit im November 1989 für solche Interna aus dem SED-Politbüro eine Spitzenquelle des KGB.[36]

Die Grenzen der Souveränität: KGB, MfS und SED (1958–1974)

Die Spionage des KGB gegen die DDR blieb ein – für das MfS teilweise offenes – Geheimnis. Ulbricht und Mielke waren jedoch immer wieder darüber aufgebracht, wenn der KGB anderweitig durch seine Taten sowohl die Souveränität der DDR als auch die Gleichberechtigung des MfS als Geheimdienst infrage stellte. Im Mitrochin-Archiv werden zwei besonders kritische Zwischenfälle zwischen dem KGB und den Ostdeutschen in der Ära Ulbricht geschildert.

Im ersten Falle beschwerte Ulbricht sich über das Prozedere des ersten Agentenaustauschs auf der Glienicker Brücke am 10. Februar 1962. Damals wurden der in den USA festgenommene sowjetische Spion William Fisher alias Rudolf Iwanowitsch Abel gegen den US-amerikanischen U-2-Piloten Francis Gary Powers ausgetauscht. Moskau habe dabei, so Ulbricht, nicht genug getan, um die Souveränität der DDR zu unterstreichen, und das ostdeutsche Außenministerium schickte eine entsprechende Denkschrift an Moskau. Der KGB verteidigte sich. Er habe versucht, die notwendigen Gesten zu machen, indem Powers vom Grenzkontrollpunkt der DDR aus über die Glienicker Brücke nach Westberlin ging. Analog sei man im Falle des wegen Spionage verhafteten US-amerikanischen Studenten Frederic Pryor verfahren, der als Teil des Austausches gleichzeitig über einen ostdeutschen Grenzkontrollpunkt nach Westberlin entlassen wurde. Die Nutzung der ostdeutschen Grenzkontrollpunkte genügte aus Sicht Ulbrichts

34 Mitrokhin Collection, Cambridge University, MITN 2/19/1, Eintrag 244.

35 Ebenda, Eintrag 290.

36 Siehe unten, insbes. S. 35–38. Siehe auch Selvage; Süß: Staatssicherheit und KSZE-Prozess, S. 230, 414–417.

aber nicht, um die Souveränität der DDR zu unterstreichen. Die Mitarbeiter des ostdeutschen Innenministeriums hätten, so Ulbricht, Powers bis zur anderen Seite der Brücke begleiten müssen.

Die Vorgehensweise des KGB beim Austausch von Abel und Powers brachte auch Probleme für das MfS mit sich. Mielke sei auf einer Sitzung des SED-Politbüros im Februar 1962 in die Kritik geraten. Er habe Ulbricht und Honecker erklärt, dass »die Verhandlungen über den Austausch höchst geheim, inoffiziell stattgefunden hatten, deutsche Staatsbürger nicht betroffen hatten und die Amerikaner deshalb in eine Mitwirkung offizieller Vertreter des MdI der DDR nicht eingewilligt hätten«. Weil Ulbricht und Honecker mit seiner Erklärung unzufrieden gewesen seien, habe ein besorgter Mielke die sowjetischen »Freunde« um Hilfe bei der Klärung der Sache mit Ulbricht gebeten. Der KGB war offenbar überrascht, weil er alles über den Austausch Abel – Powers mit Mielkes Stellvertreter Bruno Beater koordiniert hatte. Zwei Hauptamtliche des MfS hätten unter Führung des KGB an dem Austausch – der KGB-Operation *»Ljutenzija«* – teilgenommen, und wenn etwas schiefgelaufen wäre, hätten sie wahrscheinlich, ebenso sowie ihre »Genossen« vom KGB, das Feuer auf die Amerikaner auf der Brücke eröffnet.[37]

Im zweiten Fall entstanden Spannungen zwischen dem ostdeutschen und dem sowjetischen »Bruderorgan« selbst, als Fadejkin Mielke am 19. Juli 1968 um die Veröffentlichung eines *Prawda*-Artikels mit dem Titel »Die abenteuerlichen Pläne des Pentagons und der CIA« in der ostdeutschen Presse bat.[38] Daneben gab es einen weiteren Artikel über die angebliche Entdeckung eines »geheimen Lagers« mit US-amerikanischen Waffen für sudetendeutsche Kämpfer an der tschechischen Grenze zur Bundesrepublik, der für Mielke unproblematisch war.[39] Dieser von dem KGB inszenierte »Fund« sollte anschließend als Rechtfertigung für den Einmarsch des Warschauer Pakts in die Tschechoslowakei dienen, um dem »Prager Frühling« ein Ende zu setzen.[40]

37 Mitrokhin Collection, Cambridge University, MITN 1/6/2, Bl. 4–6.

38 Mitrokhin Collection, Cambridge University, MITN 2/19/1, Eintrag 261, Bl. 113 f.; Ragulin, W.; Tschuschkow, I.: Awantjuristitscheskie plany Pentagona i ZRU. In: Prawda v. 19.7.1968, S. 4.

39 Tajnye sklady orushija na granize s FRG [Geheime Waffenlager an der Grenze zur BRD]. In: Prawda v. 19.7.1968, S. 4. Der Artikel wurde im *ND* nachgedruckt: Geheimes Waffenlager bei Karlovy Vary. In: ND v. 20.7.1968, S. 1.

40 Nach den Notizen Mitrochins aus KGB-Akten soll eine Operativgruppe der Direktion »W« (verantwortlich für »Sonderaufgaben«, darunter Attentate und paramilitärische Operationen) aus der Karlshorster KGB-Vertretung das Waffenversteck im Nachbarland Tschechoslowakei eingerichtet haben. Die Operativgruppe habe nach Mitrochin aus den KGB-Offizieren Genijan Tichonowitsch Panasjuk, Aleksej Nikolajewitsch Botjan und Wiktor Petrowitsch Rjabow bestanden. Siehe Mitrokhin Collection, Cambridge University, MITN 1/1, Bl. 125. Zu Panasjuk siehe ebenda, MITN 2/11/2, Bl. 116–118, Eintrag 320. Zu Botjan siehe ebenda, MITN 2/16/3, Bl. 268, Eintrag 519 f. Zu Rjabow siehe Andrew; Mitrochin: Das Schwarzbuch des KGB, S. 15. Ab 1969 war Rjabow stellvertretender Leiter eines Trainingskurses in der Höheren Schule des KGB für operative und Aufklärungsgruppen während Kriegszeiten. Siehe das Internetportal des

Der Stein des Anstoßes für Mielke war der erste Artikel, der von geheimen Plänen des Pentagons für eine Invasion der DDR und der ČSSR durch die NATO sprach. Diese Pläne würden auf genauen Angaben über die Stärke des tschechoslowakischen und des ostdeutschen Militärs und deren Staatssicherheitsdienste basieren. Der Leiter der sowjetischen Aufklärung Aleksandr Michailowitsch Sacharowskij habe Ulbricht mit den angeblichen Plänen des Pentagons bekannt gemacht, ohne dass Mielke oder das MfS eine Kopie dieser Information bekommen hätten. Noch beleidigender für den Staatssicherheitsminister sollte die Behauptung gewesen sein, dass die polnische Aufklärung im vorigen Jahr den Plan der »Imperialisten« beschafft habe. In der SED-Führung habe sich die Frage verbreitet: Wenn die sowjetische Aufklärung solche Informationen hat, warum teilt sie sie nicht mit Mielke und dem MfS?[41]

Mielke habe Fadejkin zwar sofort versprochen, dass der Artikel im *Neuen Deutschland* nachgedruckt würde, und dies erfolgte am 20. Juli 1968.[42] Er sei aber »zutiefst beleidigt«, dass Sacharowskij ihm das US-Geheimdokument vorenthalten habe. Mielke habe Fadejkin erklärt: »Nicht nur verheimlichen wir nichts vor Ihrer Führung, sondern wir geben Ihnen sogar alle wichtigsten Dokumente. [...] Wahrscheinlich werde ich die Verfahrensweise bei der Übergabe an Sie von Geheimdokumenten, die unsere Agenten beschaffen, revidieren müssen.« In Abwesenheit von Markus Wolf, der auf einer Reise in Bulgarien gewesen sei, habe Mielke dessen Stellvertreter Hans Fruck angewiesen, keine Informationen mehr an die KGB-Verbindungsoffiziere weiterzugeben. Nach zwei Stunden habe Mielke zwar seinen Befehl zurückgenommen. Den »Freunden« in Karlshorst wurde aber gleichzeitig mitgeteilt, dass dies die »letzte Warnung« sei. Als der KGB-Verbindungsoffizier für Aufklärung Wadim Witoldewitsch Kutschin später bei Wolf wegen dieses Zwischenfalls nachhakte, sei er überrascht gewesen zu erfahren, dass der Schritt Mielkes eigentlich von Wolf ausgegangen sei.[43]

Trotz dieser »letzten Warnung« hatten die SED- und die MfS-Führung immer wieder Anlass, sich gegenüber Moskau über die Verletzung der ostdeutschen Souveränität zu beschweren. Die Notizen Mitrochins aus den KGB-Akten liefern zum Beispiel zusätzliche Einblicke in ein schon bekanntes Spannungsfeld zwischen Ostberlin und Moskau – nämlich die Offenheit Moskaus gegenüber der neuen Ostpolitik von Willy Brandt. Honecker habe vor dem Abschluss des Moskauer Vertrags zwischen Bonn und Moskau 1970 versucht, einen für die DDR vorteilhaften Verhandlungspunkt über Westberlin einzubringen. Breschnew habe

russischen Historikers und ehemaligen KGB-Mitarbeiters Oleg Mozohin, http://shieldandsword.mozohin.ru/kgb5491/specnaz/CUOS.htm (letzter Zugriff: 20.7.2021). Zur Rolle des KGB bei der Einrichtung des Waffenverstecks vgl. auch Andrew; Mitrochin: Das Schwarzbuch des KGB, S. 357.

41 Mitrokhin Collection, Cambridge University, MITN 2/19/1, Eintrag 261, Bl. 113 f.

42 Abenteuerliche Pläne des Pentagon. »Prawda«: USA treffen geheime Vorbereitungen für eine Aggression in Europa. In: ND v. 20.7.1968, S. 3.

43 Ebenda.

dies aber abgelehnt. Man dürfe das Boot nicht überladen, sagte Breschnew. Es sei schon jetzt zu voll und könne kentern.[44]

Nach der Unterzeichnung und Ratifizierung der Ostverträge sowie des Grundlagenvertrags zwischen Bonn und Ostberlin habe Wolf sich im Januar 1974 beim damaligen Leiter der sowjetischen Aufklärung Fjodor Konstinatowitsch Mortin wegen der fehlenden Koordinierung einiger außenpolitischer Schritte Moskaus gegenüber der Bundesrepublik beschwert. Es gebe in der DDR-Führung äußerste Zweifel an dem politischen Vorgehen Moskaus in Bezug auf die Bundesrepublik und Westberlin. Es sei in der DDR nicht nachvollziehbar, aus welchem Grund die Sowjetunion einmal der DDR empfehle, eine entgegenkommende Politik gegenüber der Bundesrepublik zu führen, aber nun plötzlich eine Verschärfung empfehle – zum Beispiel im Zusammenhang mit der Errichtung des Umweltbundesamts in Westberlin. Wolf habe »eine rechtzeitige Mitteilung an die DDR-Führung über jegliche politischen, wirtschaftlichen und anderen Schritte der Sowjetunion in Bezug auf die DDR und Westberlin« gefordert. Die Botschaft Wolfs sei an Breschnew weitergeleitet worden.[45] Sie blieb aber ohne nachweisbare Wirkung. Später in demselben Jahr berichtete der KGB, dass Honecker sich beim Vorsitzenden des Ministerrates Horst Sindermann beschwert habe, dass Moskau der ostdeutschen Führung unzureichende Aufmerksamkeit schenke. Obwohl die DDR im Interesse der sowjetischen Freunde »Westberlin verkauft beziehungsweise verraten und ihre Grenzen geöffnet habe«, finde Breschnew keine Zeit, um ihn, Honecker, zu empfangen, während er mit Egon Bahr, damals Bundesminister für besondere Aufgaben beim Bundeskanzler und Brandts Chef-Unterhändler mit dem Osten, ein vierstündiges Gespräch habe führen können.[46]

Obwohl die Führungen von SED und MfS sich öfter wegen verschiedener Verstöße Moskaus gegen die Souveränität der DDR beschwerten, zeigen die Notizen Mitrochins, dass sie selbst von der begrenzten Souveränität der DDR ausgingen oder sie zumindest hinnahmen, wenn es um interne Machtkämpfe ging. Eine der wichtigsten Quelle des KGB für Interna aus der SED, die Mitrochin öfter zitiert, war der sowjetische Botschafter Pjotr Abrassimow. Er bekam immer wieder Besuch von einzelnen Mitgliedern des SED-Politbüros, die ihre Konkurrenten diskreditierten und um die Einmischung Moskaus in die inneren Angelegenheiten der DDR zu ihren Gunsten warben. Im Februar 1969 bekam er zum Beispiel Besuch von Stoph und Honecker, die sich über Walter Ulbricht beschwerten – konkret über dessen Pläne, an Willy Brandt zu schreiben, sowie über dessen Erklärung, dass die Bundesrepublik »nicht Ausland für die DDR« sei.

44 Mitrokhin Collection, Cambridge University, MITN 2/10 Bl. 125, Eintrag 162.

45 Mitrokhin Collection, Cambridge University, MITN 3/4, Bl. 74, Eintrag 181.

46 Der KGB erfuhr von den Bemerkungen Honeckers gegenüber Sindermann, indem er offenbar den Leiter des Sekretariats des Ministerrates der DDR Harry Möbis abschöpfte. Siehe Mitrokhin Collection, Cambridge University, MITN 3/4, Bl. 73, Eintrag 179.

Honecker habe einen weiteren Punkt aus Ulbrichts wirtschaftspolitischer Agenda aufgegriffen, der für Moskau ärgerlich war. Ulbricht sei an der Forderung der DDR schuld, Moskau solle mehr für das Uran aus Wismut bezahlen. Ulbricht habe, so Honecker, von einer »räuberischen Ausbeutung« der Naturschätze der DDR durch Moskau gesprochen. Abrassimow, der offenbar die Motivation seiner Besucher durchschaute, antwortete, dass man das hohe Alter des 76-jährigen Ulbricht in Betracht ziehen müsse. Darauf sollen Honecker und Stoph erwidert haben, dass der Inhaber eines so hohen Amtes wie Ulbricht spätestens mit 70 Jahren in den Ruhestand gehen solle.[47] Wie immer war Moskau offenbar auch in diesem Falle bereit, sich in die inneren Angelegenheiten der DDR einzumischen. Als sich der Streit zwischen Ulbricht und Honecker 1970 weiter anheizte, bekam Fadejkin in Karlshorst eine kryptische Botschaft von der KGB-Zentrale in Moskau. Sie erinnerte ihn daran, dass die weitere Entwicklung der Führungskrise in der DDR von den Entscheidungen der Organe des MfS, des Innenministeriums und der Nationalen Volksarmee abhängen würde.[48]

Der KGB und der »Moskauer Flügel« des SED-Politbüros

Die von Mitrochin zitierten KGB-Informationen legen nahe, dass weder der KGB noch die Partei- und Staatsführung der Sowjetunion geheimdienstliche Mittel einsetzen mussten, um von Meinungsunterschieden in der SED-Spitze zu erfahren. Es war zum Beispiel kennzeichnend, dass »Murt« nie bei Honecker in den Verdacht geriet, Interna des Politbüros an Moskau auszuplaudern. Honecker verdächtigte dagegen – ganz richtig – ein anderes Mitglied des Politbüros, Werner Krolikowski, missliebige Informationen über ihn nach Moskau zu liefern.[49]

Krolikowski fungierte als inoffizieller Anführer des »Moskauer Flügels« des SED-Politbüros, der seit dem Ende der 1970er-Jahre die wachsende wirtschaftliche Abhängigkeit der DDR von der Bundesrepublik und die damit verbundenen Zugeständnisse der DDR im humanitären Bereich kritisierte. Diese Politik Honeckers und insbesondere seines ZK-Sekretärs für Wirtschaftsfragen Günter Mittag entsprach nicht der vom Politbüro der KPdSU für die DDR vorgeschriebenen Linie der konsequenten »Abgrenzung« der DDR von der Bundesrepublik. Zum Moskauer Flügel des SED-Politbüros gehörten auch Stoph und Alfred Neumann. Krolikowski zählte auch Mielke anfangs dazu, weil der Staatssicherheitsminister seine Meinung zu Mittag und der Westpolitik Honeckers teilte.[50]

47 Mitrokhin Collection, Cambridge University, MITN 2/19/1, Eintrag 264. Für eine kurze Zusammenfassung des Treffens siehe Andrew; Mitrochin: Das Schwarzbuch des KGB, S. 376.

48 Mitrokhin Collection, Cambridge University, MITN 2/4, Bl. 73, Eintrag 117.

49 Mitrokhin Collection, Cambridge University, MITN 2/19/1, Eintrag 320.

50 Amos, Heike: Die SED-Deutschlandpolitik 1961 bis 1989. Ziele, Aktivitäten und Konflikte. Göttingen 2015, S. 347. Mielke erklärte 1992 in einem Interview mit *Der Spiegel*, als er in

Mielke wurde in seiner Opposition zur Wirtschafts- und Deutschlandpolitik Mittags und Honeckers offenbar vom »Bruderorgan« KGB bestärkt. Wolf beschrieb in seinen Erinnerungen, wie sich der KGB-Vorsitzende Jurij Andropow bei einem Treffen mit Mielke und einer MfS-Delegation in Moskau im Februar 1980 misstrauisch über die vertraulichen Verhandlungen und die sich intensivierenden Beziehungen zwischen der DDR und der Bundesrepublik äußerte.[51] Eine weitere Warnung des KGB kam zwei Monate später. Die Operativgruppe des MfS in Moskau, die unter anderem Koordinierungsaufgaben mit dem sowjetischen »Bruderorgan« wahrnahm, leitete eine Nachricht des KGB weiter. Es gäbe, so der KGB, Vertreter in der DDR, »die durch verstärkte Kreditnahme und Kooperationsgeschäfte mit westlichen Konzernen bewusst oder unbewusst starke Abhängigkeiten von den imperialistischen Staaten« schüfen.[52]

Obwohl keiner der Genossen aus dem Moskauer Flügel wagte, Honecker im Politbüro offen zu widersprechen, stellen die Notizen Mitrochins klar, dass sie ihre Kritik erfolgreich in Moskau hinterbrachten. Ab 1978 erscheinen Krolikowski und Stoph in den Notizen Mitrochins als die häufigsten Bittsteller gegenüber Moskau. Sie beschwerten sich über die wirtschaftliche Annäherung der DDR an die Bundesrepublik, die von Honecker und dem ZK-Wirtschaftssekretär und SED-Politbüromitglied Günter Mittag betrieben werde. Stoph habe Abrassimow erklärt, dass Honecker viel über seine Loyalität gegenüber Moskau und der sozialistischen Gemeinschaft rede, aber er versuche mit Unterstützung Mittags eine »souveräne« DDR, verkörpert in seiner Person, zu verteidigen.[53] In demselben Jahr wurde vom KGB berichtet, dass Krolikowski in »sehr kampflustiger Stimmung« sei und der Kreis um Stoph in Anspielung auf Mittags Namen scherze, »Wer kommt nach Mittag?«[54] Die erhoffte Unterstützung aus Moskau gegen Mittag und Honecker bekam er aber nicht.

Untersuchungshaft saß wegen des Mordes an 2 Polizisten im Jahr 1931: »Es gab keine Fraktion. Allerdings gab es einige Mitglieder des Politbüros, die mit Honeckers Politik und mit seinem Führungsstil unzufrieden waren.« Er sagte weiter: »Probleme bereitete uns die Öffnung nach Westen, für die Honecker eintrat. Mir war klar, dass die ständige Zunahme von Besuchen aus der BRD – von Politikern ebenso wie Privaten – zersetzend wirken musste.« Vgl. »Ich sterbe in diesem Kasten.« Der frühere Stasi-Chef Erich Mielke über Erich Honecker und den Untergang des SED-Regimes. In: Spiegel v. 31.8.1992, S. 38–53, hier 41.

51 Wolf, Markus: Spionagechef im geheimen Krieg. Erinnerungen. München 1997, S. 324–329. Im Stasi-Unterlagen-Archiv wurde bislang kein Protokoll von dem Besuch in Moskau im Februar 1980 gefunden, an dem auch Wolf teilgenommen hatte.

52 Hertle, Hans-Hermann: Die DDR an die Sowjetunion verkaufen? Stasi-Analysen zum ökonomischen Niedergang der DDR. In: Deutschland Archiv 42 (2009) 3, S. 476–495, hier 479.

53 Mitrokhin Collection, Cambridge University, MITN 2/20/1, Eintrag 120.

54 Mitrokhin Collection, Cambridge University, MITN 2/18, Bl. 92, Eintrag 346.

Im Bundesarchiv Berlin sind mehrere an Moskau adressierte Beschwerden Krolikowskis gegen Honecker und Mittag aus den Jahren 1980 und 1981 überliefert,[55] doch daraus geht nicht hervor, ob sie in Moskau angekommen sind und wenn ja, über welche Kanäle.[56] Die Notizen Mitrochins schaffen hier zumindest in einem Fall Klarheit. Denn darin heißt es, Krolikowski habe während eines gemeinsamen Urlaubs in Kiew vom 18. bis 21. Juni 1981 dem langjährigen sowjetischen Diplomaten und Deutschlandexperten Alexander Bogomolow, damals Mitarbeiter im »Sektor DDR« in der Internationalen Abteilung des ZK der KPdSU, eine entsprechende Mitteilung für Breschnew mündlich oder schriftlich mitgegeben.[57] Mitrochin schrieb die Äußerungen Krolikowskis an Bogomolow aus einem KGB-Bericht wie folgt ab:

> Das Mitglied des SED-Politbüros und stellvertretende Vorsitzende des Ministerrates der DDR W. Krolikowski sprach vertraulich über die Lage in der DDR, die wirtschaftliche Lage, die gegenseitigen Beziehungen im Politbüro, Honecker und Mittag und die Fragen, die Honecker wahrscheinlich in seinen Gesprächen mit der sowjetischen Führung vorbringen wird. Honecker sagte zu den Ausführungen L. I. Breschnews über die gefährliche Natur der Auslandsschulden der DDR im Westen: Er [Breschnew] hätte das damals dem [1. Sekretär der Polnischen Vereinigten Arbeiterpartei Edward] Gierek sagen sollen.[58]
> Honecker behandelt Politbüro-Mitglieder und Minister, als wären sie Zinnsoldaten. Wir werden in die Irre geführt, Zehntausende von Parteiarbeitern wissen nichts von den Schandtaten, die passieren. Es gibt welche, die nichts wissen möchten, weil sie keine Verantwortung übernehmen müssen, es macht das Leben leichter.
> Um die Unterstützung der Politbüro-Mitglieder zu sichern, erhöhte E. Honecker unsere Gehälter um 1 500 Mark monatlich. Zu demselben Zweck wurden die parlamentarischen Diäten verdoppelt.
> Wenn die sowjetische Führung Honecker retten will, muss sie ihn zu einer ehrlichen Politik zwingen. Das kann aber nur erreicht werden, wenn G. Mittag aus der Führung entfernt wird.
> Die Frage ist, was tun in dieser schwierigen Situation? Wenn wir versuchen, die Dinge einzeln in Ordnung zu bringen, wird jeder von uns sofort aus der Führung entfernt. Ich sehe einen Ausweg wie folgt:

55 Siehe z. B. die Schreiben Krolikowskis in: Stiftung Archiv der Parteien und Massenorganisationen der DDR im Bundesarchiv (SAPMO-BA), DY 30/25758 bzw. DY 30/25759 und DY 30/25760.

56 Amos: Die SED-Deutschlandpolitik, S. 349.

57 Mitrokhin Collection, Cambridge University, MITN 2/20/2, Eintrag 261. Ganz offensichtlich teilte Bogomolow Krolikowskis negative Meinungen über Honeckers Politik gegenüber der Bundesrepublik und der Sowjetunion. Siehe Mletschin, Leonid: Rewoljuziju raswedka ne sametila [Die Aufklärung bemerkte die Revolution nicht], Peterburgskij dialog [Petersburger Dialog] 4:12 (Oktober 2019), S. 11; Bogomolow, Alexander: Ohne Protokoll. Amüsantes und Bitteres aus der Arbeit eines sowjetischen Diplomaten in Deutschland. Berlin 2000, S. 156–159.

58 Das heißt auf dem Treffen Honeckers mit Breschnew auf der Krim im August 1981 (siehe unten).

> Das Politbüro des ZK der KPdSU appelliert mit einem Schreiben an das Politbüro des ZK der SED (ähnlich dem Schreiben an das ZK der PVAP [Polnischen Vereinigten Arbeiterpartei], aber mit Rücksicht auf die Besonderheiten der Probleme der DDR). In diesem Falle werden wir im Politbüro offen reden. Honecker wird sich der Mehrheit nicht widersetzen. In diesem Falle muss nicht nur G. Mittag aus dem Politbüro ausgeschlossen werden, sondern auch J. [sic!], Verteidigungsminister Heinz] Hoffmann und L. Lange [sic!].[59] Das wird nicht schwierig sein.
> Ich denke: Wenn wir zum Kreuze kriechen, werden wir mit der heiligen Tat vollkommen glücklich sein.[60]

Der KGB teilte offenbar die Einschätzung Krolikowskis. Er berichtete von »antisowjetischen« und »gesamtdeutschen« Tendenzen im SED-Politbüro, deren Hauptträger die »siamesischen Zwillinge« Honecker und Mittag seien. Krolikowski habe davor gewarnt, dass Honecker gegenüber China in eine Position der Nähe abgleite, wie sie bereits Rumänien innehabe.[61] Trotzdem traf der von Krolikowski gewünschte Brief aus Moskau nicht ein. Breschnew begnügte sich damit, Honecker auf seinem nächsten Treffen mit ihm auf der Krim im August 1981 erneut hinsichtlich der wachsenden Verschuldung der DDR bei der Bundesrepublik und der zunehmenden Zahl deutsch-deutscher Kontakte zu kritisieren.[62]

Mielke, der Moskauer Flügel und der KGB

Stoph kritisierte Mielke während eines privaten Gesprächs am 13. November 1980, weil er nicht alle Mitglieder des Politbüros über die geheimen Machenschaften Honeckers und Mittags gegenüber Bonn informiert hatte. Das war die Reaktion Stophs auf eine Information Mielkes, wonach Honecker in einem Gespräch mit dem Leiter der Ständigen Vertretung der Bundesrepublik Günter Gaus am 7. November nicht die harte Linie gegenüber der Bundesrepublik vertreten habe, die man aus dem offiziellen ostdeutschen Protokoll des Gesprächs, das Honecker an das Politbüro verteilt hatte, lesen konnte. Trotz Honeckers Ankündigung der sogenannten Geraer Forderungen an Bonn, die auf die völkerrechtliche Anerkennung der DDR durch die Bundesrepublik hinausliefen, habe Honecker Gaus gesagt – so Mielke –, dass »er hoffe, dass es mit den deutsch-deutschen Beziehungen bald wieder weitergehen kann wie zuvor!«[63] Auf die Kritik Stophs

59 Vermutlich war hier die Kandidatin des Politbüros Ingeburg Lange gemeint.

60 Mitrokhin Collection, Cambridge University, MITN 2/20/2, Eintrag 261.

61 Ebenda, Eintrag 122.

62 Hertle, Hans-Hermann; Jarausch, Konrad (Hg.): Risse im Bruderbund. Die Gespräche Honecker – Breschnew 1974 bis 1982. Berlin 2006, S. 197 ff.

63 Notiz von Werner Krolikowski über ein Gespräch zwischen Willi Stoph und Erich Mielke am 13. November 1980. In: Przybylski, Peter: Tatort Politbüro. Die Akte Honecker. Hamburg 1992, S. 345–348, hier 345.

erwiderte Mielke, dass es für ihn schwer wäre, die anderen Politbüro-Mitglieder zu informieren, da Honecker »festlege, wer noch informiert werden darf«.[64] Mielke hatte offenbar vor Honecker Angst. Er meinte, Honecker würde »eine Reihe Genossen aus dem PB [Politbüro] lieber heute als morgen entfernen« – darunter Stoph und ihn selbst. Honecker tue das nur deshalb nicht, deutete Mielke an, weil Moskau das nicht zulassen würde.[65] Das war – wie oben erwähnt – auch die Botschaft Krolikowskis an Bogomolow in Kiew im Juni 1981.

Krolikowski war aber, so wie Stoph, von dem offenbar fehlenden Einsatz Mielkes gegen Mittag und Honecker enttäuscht. Mitte 1982 warnte Krolikowski in einer Notiz für sich und offenbar einen sowjetischen Empfänger: »Es zeigt sich immer stärker, wie Erich Mielke für EH [Erich Honecker] und GM [Günter Mittag] arbeitet, ihr Machwerk gedankenlos oder bewusst unterstützt. Man muss das in der Haltung ihm gegenüber berücksichtigen und wachsam sein.«[66] Das Misstrauen Krolikowskis gegenüber Mielke wuchs immer weiter, insbesondere nachdem Mielke »seine Kanäle« in Person von Alexander Schalck-Golodkowski einsetzte, um die beiden Milliardenkredite mit dem bayerischen Ministerpräsidenten Franz Josef Strauß und der Regierung Helmut Kohls in den Jahren 1983 bis 1984 auszuhandeln. Mielke verteidigte die Kreditaufnahme und seine Rolle dabei gegenüber dem KGB. Er sah offenbar keinen anderen Ausweg, die Staatspleite der DDR oder weitere Kürzungen im Lebensstandard der Ostdeutschen zu vermeiden. Beides hätte negative Konsequenzen für die Sicherheit und Stabilität des SED-Regimes gehabt, wofür Mielke als Staatssicherheitsminister eine besondere Verantwortung trug.[67]

Die Einschätzung Mielkes durch Stoph und Krolikowski stand im Gegensatz zu dessen Selbsteinschätzung. In einer Selbstkritik, adressiert an das Zentralkomitee der SED nach dem Sturz Honeckers 1989, beschwor Mielke sogar seine größere Loyalität gegenüber Moskau.[68] Er hätte schon früher im SED-Politbüro offen Stellung gegen Honecker ziehen sollen.[69] Er habe aber, so Mielke, »persönlich meine guten Verbindungen zum KfS der UdSSR in der richtigen Richtung

64 Ebenda, S. 346.

65 Ebenda, S. 345 f.

66 Krolikowski: Zur Lage in der DDR, 16.6.1982, in: SAPMO-BA, DY 30/25759, Bl. 75.

67 Zur Meinung Krolikowskis zu den Milliardenkrediten siehe Amos: Die SED-Deutschlandpolitik, S. 452 f. Zu der Rolle Mielkes in den Verhandlungen und seiner Rechtfertigung der Kredite gegenüber Moskau siehe Selvage; Süß: Staatssicherheit und KSZE-Prozess, S. 401–421.

68 Schriftsatz Mielkes adressiert an das ZK der SED, o. D.; BArch, MfS, ZAIG Nr. 36876, Bl. 3–13, hier 7. Dem Inhalt nach zu urteilen, verfasste Mielke den Text offenbar nach seiner Entlassung als Minister für Staatssicherheit am 7. November 1989 und vor seiner Festnahme am 7. Dezember wegen »Schädigung der Volkswirtschaft« und »Hochverrat durch verfassungsfeindliche Aktionen«. Zu Mielkes Verhaftung siehe Otto, Wilfriede: Erich Mielke – Biographie. Aufstieg und Fall eines Tschekisten. Berlin 2000, S. 486–493.

69 Schriftsatz Mielkes adressiert an das ZK der SED, o. D.; BArch, MfS, ZAIG Nr. 36876, Bl. 5 f.

genutzt«. Er hatte nämlich Informationen über Honeckers Politik an den KGB weitergeleitet. Mielke erklärte: »Die sowjetischen Genossen kannten die Lage bei uns.«[70] Das heißt, er habe die notwendigen Informationen nach Moskau geschickt und (vergeblich) auf ein Signal aus Moskau gewartet, Honecker zu stürzen.

Das hatte er offenbar mehr als ein Jahrzehnt lang getan. Doch in den Aufzeichnungen Mitrochins wird an keiner Stelle diese Tatsache erwähnt, dass Mielke – unabhängig von Krolikowski – ständig geheime Informationen über die Verhandlungen Honeckers, Mittags und anderer führender Politiker der SED mit westdeutschen und ausländischen Politikern an den Leiter der KGB-Vertretung in Karlshorst weitergab. Nachdem Honecker Mielke 1971 zum Kandidaten des Politbüros und 1976 zum Vollmitglied gemacht hatte, leitete Mielke insbesondere seit 1976 die offiziellen Protokolle jener Gespräche, die an alle Politbüro-Mitglieder verteilt wurden, routinemäßig an die KGB-Vertretung weiter.[71] Es ist nicht ausgeschlossen, dass Honecker von dieser Praxis Mielkes wusste und sie sogar als Ausdruck der Transparenz gegenüber dem »großen Bruder« genehmigt hatte. Mielke leitete aber auch – offensichtlich hinter Honeckers Rücken – westdeutsche oder andere vom MfS beschaffte Gesprächsprotokolle an die »Freunde« weiter. Im Gegensatz zu den offiziellen ostdeutschen Protokollen wurden diese nicht von Honecker, Mittag oder anderen überprüft oder »korrigiert«. Der Leiter der KGB-Vertretung in Karlshorst, Generaloberst Wasilij T. Schumilow, bekam zum Beispiel Gaus' Niederschrift von seinem Gespräch mit Honecker im November 1980, die Mielke als »Streng Geheim! Persönlich!« eingestuft hatte.[72] Das war dasselbe Dokument, über dessen Inhalt Mielke aus Furcht vor Honecker mit anderen Politbüro-Mitgliedern außer Stoph nicht sprechen wollte. Mielke sandte an Schumilow auch ein ausführliches Protokoll (offenbar von westdeutscher Seite) über ein Gespräch Mittags, das dieser im Auftrag Honeckers im April 1980 mit Bundeskanzler Helmut Schmidt auf der Hannover-Messe geführt hatte.[73] Das Gespräch hatte den Moskauer Flügel provoziert, weil Mittag Schmidt informierte, dass Honecker trotz der Opposition Moskaus an seinem geplanten Treffen mit Schmidt in der DDR festhielt.[74]

Ebenso verfuhr Mielke während der Verhandlungen der DDR mit Strauß und der Bundesregierung über die Milliardenkredite. Er schickte 1983 regelmäßig

70 Ebenda, Bl. 7.

71 Siehe die entsprechenden Einträge in den Postausgangsbüchern des Sekretariats des Ministers (SdM) Mielke für »Freunde-Informationen« an die KGB-Vertretung in Karlshorst in: BArch, MfS, SdM Nr. 551 f., 558.

72 Siehe lfd. Nr. 562 vom 7.11.1980 im Postausgangsbuch des SdM für »Freunde-Informationen«; BArch, MfS, SdM Nr. 551, Bl. 388.

73 Siehe lfd. Nr. 312 vom 22.4.1980 im Postausgangsbuch des SdM für »Freunde-Informationen«; ebenda. Auch weitergeleitet wurde eine allgemeine Information über Mittags Besuch und ein Protokoll von einem Gespräch Mittags mit Egon Bahr.

74 Süß, Walter: Die Staatssicherheit im letzten Jahrzehnt der DDR. Geschichte der Staatssicherheit (BStU, MfS-Handbuch). Berlin 2009, S. 8–11.

Vermerke von Schalcks Verhandlungen mit Strauß und dem Staatsminister im Bundeskanzleramt Philipp Jenninger über den ersten Milliardenkredit an Schumilow.[75] Im Frühjahr 1984, als die sowjetische Politik unter KPdSU-Generalsekretär Konstantin Tschernenko zu einer härteren Linie gegen die Bundesrepublik und die USA überging, leitete Mielke weiterhin sensible Informationen über deutsch-deutsche Gespräche an den KGB weiter – unter anderem über Treffen Honeckers mit westdeutschen Politikern, die das MfS »inoffiziell« von Honeckers Sekretär Frank-Joachim Hermann beschafft hatte.[76] In einigen dieser Gespräche hatte Honecker angedeutet, dass es einen Zusammenhang zwischen dem ersten Milliardenkredit und seiner Genehmigung einer Welle von Ausreiseanträgen von DDR-Bürgern 1984 gegeben hatte.[77] Wie immer die westdeutschen Politiker die Aussagen Honeckers verstanden hatten, für den KGB und Moskau mussten sie sehr problematisch klingen. Mielke informierte Schumilow und dessen 1. Stellvertreter Gennadij Fjodorowitsch Titow auch über die Verhandlungen über den zweiten Milliardenkredit 1984, wenn auch offenbar nur mündlich.[78] Diese laufende Weitergabe von Informationen über die deutsch-deutschen Verhandlungen Honeckers und seiner Beauftragten legt nahe, dass Mielke ein Doppelspiel gegenüber Honecker und Moskau betrieb. Er war immer noch Diener zweier Herren.

75 Siehe z. B. lfd. Nr. 43 vom 10.5.1983 im Postausgangsbuch des SdM für »Freunde-Informationen«; BArch, MfS, SdM Nr. 552, Bl. 222; lfd. Nr. 52 vom 27.5.1983; ebenda, Bl. 225; lfd. Nr. 58 vom 6.7.1983; ebenda, Bl. 226.

76 Siehe das Postausgangsbuch des SdM für Informationen an die »Freunde« (d. h. den KGB): BArch, MfS, SdM Nr. 552, Bl. 254, Tgb.-Nr. 22; Bl. 256, Tgb.-Nr. 28 f.

77 Siehe Selvage; Süß: Staatssicherheit und KSZE-Prozess, S. 416, Anm. 155.

78 Diese Tatsache ist aus einem Gespräch Mielkes mit Andropows Nachfolger als KGB-Vorsitzender Wiktor Tschebrikow in Moskau am 26.6.1984 zu entnehmen. Mielke bemerkte etwas akribisch: »Mit W. T. Schumilow besteht eine sehr gute Zusammenarbeit. Mit ihm kann man alle Fragen, auch die delikatesten und internsten [sic!] Fragen besprechen, die er auch direkt dem Vorsitzenden [Tschebrikow] übermittelt. Wir hatten die interessierendsten [sic!] Fragen übermittelt, um darauf – wenn möglich – eine Antwort zu erhalten. Einige Dinge haben sich in den letzten Monaten verändert, einige sogar in den letzten Wochen. Angola, Irak – Iran und andere Gebiete. In den letzten Tagen sind einige neue Faktoren hinzugekommen. Bitte dies zu berücksichtigen.« Notiz über ein Gespräch des Genossen Minister mit dem Vorsitzenden des Komitees für Staatssicherheit der UdSSR am 26.7.1984 in Moskau; BArch, MfS, Abt. X Nr. 2473, Bl. 57 bzw. Abt. X Nr. 2128, Bl. 30–50, hier 30. In einem nur zum Teil protokollierten Vieraugengespräch mit Tschebrikow erklärte Mielke weiter: »Der neueste Stand über Bonn wird über Gen. [Gennadij Fjodorowitsch] Titow [Stellvertreter des Leiters der KGB-Vertretung in Karlshorst – DS] nach Moskau übermittelt.« Siehe Einige Hinweise und Bemerkungen aus dem 4-Augen-Gespräch des Gen. Minister mit dem Vorsitzenden des KfS am 26.7.1984 in Moskau, 1.8.1984; BArch, MfS, Abt. X Nr. 2128, Bl. 51 f., hier 51.

Abb. 2/3: Erich Honecker empfängt in seinem Büro im Gebäude des ZK der SED am 22. Dezember 1986 den Leiter der KGB-Vertretung beim MfS, Wasilij Schumilow (links). Oben mit Erich Mielke (3. v. r.) und Egon Krenz (1. v. r.). Die Aufnahmen entstanden anlässlich der Auszeichnung des Generalleutnants Schumilow mit dem Karl-Marx-Orden. Schumilows Amtszeit als Leiter der KGB-Vertretung endete kurz danach. Egon Krenz, 1989 kurzzeitig Nachfolger Honeckers, war damals Mitglied des Politbüros und als Sekretär des SED-Zentralkomitees zuständig für Sicherheitsfragen.

Abb. 4: Der Leiter der KGB-Vertretung beim MfS, Gennadij Titow (links), und Erich Mielke bei einer Auszeichnungsveranstaltung im Haus 18 des MfS in Berlin-Lichtenberg[79]

79 Undatierte Aufnahme. Titow fungierte 1984–1987 als 1. Stellvertreter des Leiters der KGB-Vertretung beim MfS und von März 1987 bis Ende November 1989 als deren Leiter.

Der kritische Blick des KGB: Die DDR in der Ära Honecker

Der KGB betrachtete nicht nur das deutsch-deutsche Verhältnis, sondern auch die ostdeutsch-sowjetischen Wirtschaftsbeziehungen sowie die sozialen und politischen Entwicklungen in der DDR in der Ära Honecker mit einem äußerst kritischen Blick. Den Notizen Mitrochins zufolge stellten sowjetische Beobachter in der DDR immer mehr infrage, ob die langjährige »Freundschaft« mit der Sowjetunion noch ein Herzensanliegen der Ostdeutschen war.

Honecker warf zum Beispiel 1978 erneut die Frage des Preises auf, den Moskau für Uran aus Wismut zahlte. Einem KGB-Bericht zufolge kommunizierte Abrassimow sein Missfallen in einem Telegramm nach Moskau, das unter anderem an Breschnew ging. Der sowjetische Botschafter habe darin die Ironie hervorgehoben, dass Honecker 1969 die selbe Forderung Ulbrichts ausgenutzt habe, um seinen Konkurrenten in Moskau zu diskreditieren. Abrassimow formulierte demnach: »Wie es scheint, findet hier eine Abkehr des Gen[ossen] E[rich] Honecker von seinen früheren Beteuerungen in dieser Hinsicht statt und von seinem Verständnis dafür, dass das Uran der ›Wismut‹ für die Sicherstellung der Verteidigungsfähigkeit der sozialistischen Gemeinschaft und vor allem der DDR gebraucht wird.«[80] Abrassimow drückte seine Empörung aus, indem er behauptete, die Forderungen Honeckers gingen einher mit der Vernachlässigung der ostdeutsch-sowjetischen Freundschaft vonseiten Ostberlins. Es gebe, so Abrassimow, »wenig Aufmerksamkeit für die Verbreitung der russischen Sprache in der Republik«. Er wird des Weiteren mit diesen Sätzen zitiert:

> Traurig ist, dass unter den führenden Freunden [in der DDR] nur Einzelne die russische Sprache beherrschen, doch auch die ziehen es vor, keinen Gebrauch davon zu machen. In Anbetracht des Folgenden könnte es scheinen, dass viel [geschehen] sei: die 33 Jahre, die nach dem Krieg vergangen sind, die breiten Kontakte mit den deutschen Genossen auf allen Ebenen, das große Kontingent von deutschen Bürgern, die ihre Ausbildung in der Sowjetunion absolviert haben, regelmäßige Sendungen in russischer Sprache im DDR-Fernsehen usw. Man muss frank und frei bemerken, dass es möglich wäre, eine größere Verbreitung und Verwendung der russischen Sprache in der DDR als Mittel zur Annäherung unserer Völker zu erwarten.[81]

Honecker ging jetzt sogar noch weiter als zuvor Ulbricht. Er wollte nicht nur den für Moskau sehr vorteilhaften Verrechnungskurs für Uran-Exporte aus Wismut,

80 Mitrokhin Collection, Cambridge University, MITN 2/20/1, Eintrag 123. Inzwischen hatte sich die Beziehung Honeckers zu Abrassimow erheblich verschlechtert. Honecker habe sich, so ein Bericht des KGB, 1976 über Abrassimow ausgelassen, dass die Zeit der Hohen Kommissare für Deutschland vorbei sei. Mitrokhin Collection, Cambridge University, MITN 2/19/1, Eintrag 343.

81 Mitrokhin Collection, Cambridge University, MITN 2/18, Eintrag 348.

sondern auch den für die Stationierungskosten sowjetischer Streitkräfte in der DDR ändern. Honecker schlug vor, den Wechselkurs für ostdeutsches Uran und die Stationierungskosten der sowjetischen Streitkräfte auf den sonst üblichen Kurs für den ostdeutsch-sowjetischen Handel zu halbieren. Ein Rubel wäre dann nicht mehr mit 11,06 DDR-Mark verrechnet worden, sondern nur noch mit 5,50 Mark. Das hätte die Sowjetunion nach ihren Einschätzungen 860 Millionen Mark jährlich gekostet. Obwohl Stoph die Frage des Wechselkurses später gegenüber dem sowjetischen Premier Aleksej Kosygin aufwarf und mehrere Gespräche stattfanden, entschied Moskau erst Mitte 1979, einen neuen Kurs von 1:7,5 hinzunehmen.[82]

Mitrochins Notizen aus KGB-Akten bilden nicht nur die Unzufriedenheit Moskaus mit bestimmten Aspekten der Deutschland- und Wirtschaftspolitik der SED-Führung ab, sondern auch die Sorge Moskaus über die daraus erwachsenden Auswirkungen in der ostdeutschen Gesellschaft. Viele der Kritikpunkte in KGB-Akten entsprachen denen, die auf höchster Ebene Breschnew gegenüber Honecker vortrug.

Der KGB betrachtete mit Sorge die zunehmenden Kontakte zwischen Ost- und Westdeutschen infolge der Entspannungspolitik. Wegen der »massenhaften Besuche« von Westdeutschen in der DDR beziehungsweise des Einflusses westlicher Sender auf die ostdeutsche Bevölkerung hätten, so der KGB, 35 000 ostdeutsche Bürger 1977 Anträge auf ständige Ausreise in den Westen gestellt. Im selben Jahr sei nur ein Drittel der 937 Fluchtversuche in den Westen verhindert worden. Insgesamt schätzte der KGB zu diesem Zeitpunkt, dass 500 000 Ostdeutsche feindlich gegenüber der bestehenden Ordnung eingestellt seien. Deshalb werde der »Feind« langfristig Stützpunkte für seine Tätigkeit in der DDR finden.[83] Wie der KGB auf diese Zahlen kam, bleibt unklar. Nach internen ostdeutschen Statistiken belief sich zum Beispiel die Anzahl der Antragsteller auf ständige Ausreise in den Westen Ende 1977 auf 13 279 Personen (und Ende 1976 auf 19 521),[84] nicht auf 35 000.

Der KGB leitete auch Informationen aus geheimen Meinungsumfragen mit beunruhigenden Angaben nach Moskau weiter. Nach einer solchen Umfrage hätten zum Beispiel mehr als 20 Prozent der befragten ostdeutschen Fabrikarbeiter 1975 gemeint, dass die »Freundschaft« mit der Sowjetunion die Autonomie der

82 Karlsch, Rainer: Reparationsäquivalente Leistungen? Stationierungskosten und Zuschüsse für den Uranbergbau. In: Timmermann, Heiner (Hg.): Die DDR – Erinnerung an einen untergegangenen Staat (Dokumente und Schriften der Europäischen Akademie Otzenhausen, Bd. 88). Berlin 1999, S. 159–190, hier 178 f.; Mitrokhin Collection, Cambridge University, MITN 2/20/1, Eintrag 123. Trotzdem beliefen sich die Nettozuschüsse des DDR-Haushalts für die sowjetischen Streitkräfte in der DDR und die SDAG Wismut in den 1980er-Jahren auf ungefähr 1,2 bis 1,5 Milliarden Mark jährlich. Karlsch: Reparationsäquivalente Leistungen, S. 188.

83 Mitrokhin Collection, Cambridge University, MITN 2/19/1, Eintrag 270.

84 Siehe Hanisch, Anja: Die DDR im KSZE-Prozess 1972–1985. Zwischen Ostabhängigkeit, Westabgrenzung und Ausreisebewegung. München 2012, S. 405.

DDR eingrenze und mehr Vorteile für die Sowjetunion als für die DDR mit sich bringe. Eine Mehrheit habe angegeben, das politische Ziel, »die Arbeitermacht zu errichten«, nicht zu verstehen.[85]

Das Illegalen-Ehepaar des KGB, Walentin Wiktorowitsch und Swetlana Michailowna Barannik (Deckname: »Orlows«)[86], das sich Anfang der 1980er-Jahre in der DDR aufhielt, berichtete über seine damaligen Eindrücke aus Ostdeutschland, wobei es dabei keine geheimen Informationen übermittelte:

> Derzeit erscheine [vielen Menschen] in der DDR das Sich-Anpassen als das geringste und kleinste Übel, und meistens als der einzige Weg, persönliche Ziele zu erreichen. Ein junger Mensch, der studieren möchte, zeige seinen Wert als Aktivist, aber sobald er Student wird, denke er daran, wie er sich dem wieder entziehe.
> Gespräche mit Leuten aus dem Westen fänden nicht auf gleicher Augenhöhe statt, sondern ähnelten einer Erkundung von Verurteilten [...].[87]

Die »Orlows« berichteten über die Volksmeinung in Form von Fragen und Witzen:

> Warum gebe es keinen positiven und attraktiven Gegenvorschlag des Westens, der von allen akzeptiert würde? Das Leben im Land sei reglementiert, warum [gebe es] so viele Tabus? Warum dürfe man seine Meinung nicht frei äußern und zeigen, ohne dass man Provokationen verdächtigt werde?
> Man sage: ›Bei uns gibt es keine Zensur, wir dürfen alles schreiben und sagen, was die Parteiführung erlaubt.‹[88]

Die beiden KGB-Illegalen waren auch von der Arbeitsmoral in der DDR nicht besonders beeindruckt. Sie behaupteten:

> Zu jedem Fest und Jubiläum werde zu einer Steigerung der Aktivität aufgerufen, würden unzählige neue Initiativen und erhöhte gegenseitige Verpflichtungen vorgenommen, wenn es alles in allem ausschließlich um die alltägliche und selbstverständliche Arbeit gehe. Eine ähnliche Praxis diskreditiere die Jubiläumsfeierlichkeiten.[89]

Die »Orlows« schnitten ferner ein ständiges Thema aus den Gesprächen Breschnew – Honecker an – nämlich die Intershops und den praktischen Umlauf der D-Mark als Zweitwährung in der DDR. Die Intershops übten einen »zersetzenden Einfluss auf die Bevölkerung aus, denn sie beweisen eine Überlegenheit der westlichen Wirtschaft, indem [die Gesellschaft] Waren und Gehälter ›dort‹ und ›da‹ und nicht zugunsten ›hier‹ vergleiche.« Sie führten als Beispiel den Autor und Moderator der Sendung »Der schwarze Kanal« im DDR-Fernsehen Karl-Eduard

85 Sword and Shield, S. 271 f.

86 Zum Ehepaar Barannik alias »Orlow« siehe Andrew; Mitrochin: Das Schwarzbuch des KGB, S. 649; Mitrokhin Collection, Cambridge University, MITN 2/16/3, Bl. 233, Eintrag 500.

87 Mitrokhin Collection, Cambridge University, MITN 2/16/3, Bl. 233, Eintrag 500.

88 Ebenda.

89 Ebenda.

von Schnitzler an. Er »lasse in seinen Sendungen kein gutes Haar an der BRD, während er selbst seinen täglichen Einkauf nicht in üblichen DDR-Läden, sondern in ›Intershops‹ und Läden in Westberlin mache«.[90]

Ein weiterer Punkt, der vom KGB thematisiert wurde, aber nicht in den Spitzengesprächen Breschnew – Honecker vorkam, war die Rolle der Kirchen in der DDR. Der KGB kritisierte das »gutmütige Verhältnis der deutschen Freunde zur Kirche« beziehungsweise den »niedrigen Stand der atheistischen Propaganda« nach der Aussprache Honeckers mit der Leitung der evangelischen Kirche der DDR im März 1978. Obwohl diese Aussprache nur ein taktisches Manöver gewesen sein sollte, hatte sie aus Sicht des KGB die Autorität der Kirche gehoben. In seinen Berichten beschwerte sich der sowjetische Geheimdienst, dass die junge Generation in der DDR durch die Kirche im »Geiste des Friedens« erzogen worden sei und sich von der »militärisch-patriotischen Vorbereitung« auf den Oberschulen fernhalte. Die Beziehung der evangelischen Kirche in der DDR zu ihren Glaubensbrüdern in der Bundesrepublik war dem KGB ebenfalls ein Dorn im Auge. Die Koordination zwischen Staat und Kirche während der Feier des Luther-Jahres 1983 war aus Sicht des KGB »besorgniserregend«. Der KGB sah nur einen positiven Punkt in den Beziehungen Staat – Kirche in der DDR, nämlich in der Person des katholischen Bischofs von Dresden–Meißen Gerhard Schaffran, der »progressive Ansichten« vertrete.[91]

Fazit

Die Notizen Mitrochins aus KGB-Akten über das Verhältnis MfS – KGB sowie die Beziehungen KPdSU – SED zeigen, wie die Souveränität der DDR immer wieder direkt oder indirekt zum Thema in den ostdeutsch-sowjetischen Beziehungen wurde. Ohne Genehmigung und zum Teil ohne Wissen des MfS spionierte der KGB verdeckt gegen die DDR auf ihrem eigenen Territorium und stützte sich dabei auf eine Reihe von »illegalen« Residenturen – unter anderem »Arsenal-1«, »Arsenal-2«, die »Firma« und die inzwischen legendenhafte Gruppe »Lutsch«. In den Jahren nach 1958 wurde der KGB von der negativen Reaktion Ostberlins auf seine vermeintlichen Verstöße gegen die Gleichberechtigung des MfS beziehungsweise die Souveränität der DDR öfter überrascht, wie am Beispiel der Formalitäten beim Austausch Powers – Abel 1962 auf der Glienicker Brücke oder der Nichtweitergabe des (vermutlich erfundenen) geheimen Planes der USA für

90 Ebenda.

91 Mitrokhin Collection, Cambridge University, MITN 2/1, Bl. 91 f., Eintrag 8. Tatsächlich zeigte sich Schaffran gegenüber Staat und Partei etwas entgegenkommender als die anderen katholischen Bischöfe in der DDR. Vgl. Schäfer, Bernd: Staat und katholische Kirche in der DDR. 2., durchges. Aufl., Köln u. a. 1999, S. 394–396, 412 f.

einen Angriff auf die Tschechoslowakei und die DDR 1968 an das MfS deutlich wurde. Der manchmal etwas verzweifelt wirkende KGB betrachtete die Führung der DDR bei solchen Fragen als überempfindlich. Das war insbesondere der Fall, weil der KGB öfter über die Versuche führender Politiker der SED berichtete, Moskau für ein Eingreifen in die inneren Angelegenheiten der DDR und ihre internen Machtkämpfe zu gewinnen. In solchen Fällen beschworen sie ihre Loyalität gegenüber Moskau sowie ihre Bereitschaft, die von Moskau bevorzugte Linie für die Außen-, Wirtschafts- und Deutschlandpolitik der DDR getreu durchzusetzen. Plötzlich schienen dann die Beschwerden über Verstöße Moskaus und des KGB gegen die Souveränität der DDR vergessen zu sein.

Der Blick des KGB auf das MfS und die DDR wurde natürlich durch die Wahrnehmung seiner Aufgabe verzerrt, für Loyalität und Stabilität im »äußeren Imperium«[92] Moskaus während des Kalten Krieges zu sorgen. Kleinere Abweichungen von dem sowjetischen Beispiel oder der sowjetischen Linie in der Innen- und Außenpolitik konnten zu einer sehr negativen Berichterstattung des KGB an die Zentrale in Moskau und das sowjetische Politbüro führen. Das war zum Teil der Fall in den 1980er-Jahren, als Abrassimow und die »Orlows« sich in ihren Berichten über die vermeintliche Vernachlässigung der Freundschaft zur Sowjetunion sogar durch Eliten der SED beklagten. Es ist möglich, dass Mitrochin sich hauptsächlich Notizen über die ostdeutsch-sowjetischen Beziehungen aus solchen KGB-Akten machte, die Spannungen zwischen der DDR und der UdSSR thematisierten und die er deshalb interessant fand. Trotzdem bestätigen die Notizen Mitrochins, auch wenn es sich nur um Notizen aus einer Auswahl aus einigen KGB-Akten handelt, dass es häufiger Streit zwischen Moskau und Ostberlin sowie innerhalb der SED-Führung über die Souveränität der DDR und deren Grenzen gab. Der KGB diente nicht nur als Berichterstatter über solche Zwischenfälle; vielmehr wurde er öfter selbst – zum Teil als Folge seines eigenen Tuns – ungewollt darin verwickelt.

92 Zu der DDR als Bestandteil oder »Provinz« des »äußeren Imperiums« Moskaus siehe z. B. Wettig, Gerhard: Sowjetische Deutschland-Politik 1953 bis 1958. Korrekturen an Stalins Erbe, Chruschtschows Aufstieg und der Weg zum Berlin-Ultimatum. Berlin 2011, S. 10, 66, 72, 75; Hertle: Die DDR an die Sowjetunion verkaufen, S. 484.

Cornelia Jabs

Freundschaftsdienste der Abteilung XII des MfS für den KGB

Die Abteilung XII des Ministeriums für Staatssicherheit (MfS) wird häufig als Archivabteilung bezeichnet. Sie und die gleichnamigen Diensteinheiten in den Bezirksverwaltungen waren jedoch keine Archive im herkömmlichen Sinn. Denn sie waren auf die spezifischen Zwecke einer Geheimpolizei, also auf die »operative« Nutzung von überwiegend personenbezogenen Informationen ausgerichtet. In erster Linie hatten sie die Aufgabe, personenbezogene Daten und personenbezogenes Schriftgut zu erfassen, zu speichern und für geheimdienstliche Tätigkeiten, die sogenannten Bearbeitungen und Operationen, zugriffsfähig zu halten, das heißt, sie in der Regel längerfristig aufzubewahren, bei Bedarf interne Auskünfte zu erteilen und Unterlagen für erneute Nutzungen bereitzustellen. Sie führten dazu entsprechende Informationsspeicher und Findhilfsmittel. Damit stellten sie sicher, dass die gesammelten Daten über einzelne Menschen und Personengruppen sowie Sachverhalte greifbar und recherchierbar blieben und das MfS seine geheimpolizeilichen Überwachungs- und Verfolgungsmaßnahmen koordiniert durchführen konnte.[1] Da innerhalb des MfS das Prinzip der inneren Konspiration galt und keine Abteilung allzu viel von einer anderen Abteilung wissen durfte, mussten die Abteilungen XII bei der Übermittlung von Daten im Interesse der Geheimhaltung bestimmte Arbeitsschritte beachten.

Derartige Dienstleistungen erledigten die Abteilungen XII auch für die im MfS tätige Vertretung des sowjetischen KGB und ihre Verbindungsoffiziere. Der folgende Beitrag zeigt auf, wie weitgehend der KGB in den MfS-internen Datenaustausch der Abteilungen XII eingebunden war, welche Regelungen hierfür existierten und wie der KGB auf diese Weise das geheimpolizeiliche und geheimdienstliche Potenzial des MfS für seine Zwecke nutzen konnte.[2] Es

1 Siehe Springer, Philipp: Das Gedächtnis der Staatssicherheit. Entwicklung, Struktur und Funktion der Abteilung XII des MfS. In: Jedlitschka, Karsten; Springer, Philipp (Hg.): Das Gedächtnis der Staatssicherheit. Die Kartei- und Archivabteilung des MfS (Archiv zur DDR-Staatssicherheit, Bd. 12). Göttingen 2015, S. 25–150, insbes. 27–29.

2 Vgl. zu diesem Aspekt ebenda, S. 103–111. Auf die vielfältigen Möglichkeiten des KGB, an den Spionageerkenntnissen des MfS teilzuhaben, geht dieser Beitrag nicht ein, denn die Übermittlung derartiger Informationen lief nicht über die Abteilungen XII. Beispielsweise leitete die Auslandsspionageabteilung des MfS, die Hauptverwaltung A (HVA), alle wesentlichen Spionageinformationen an die Verbindungsoffiziere des KGB weiter und stimmte ihre Aktivitäten eng mit dem KGB ab. Siehe z. B. Nehring, Christopher: Die Zusammenarbeit der HVA mit der bulgarischen Aufklärung. Regionalfilialen des KGB? Dissertation. Heidelberg 2016; ders.:

wird sich zeigen, dass die Zusammenarbeit nicht auf Augenhöhe stattfand und wie schwierig es für Staatssicherheitsminister Erich Mielke war, die allgemeinen Regelungen in eine einheitliche und kontrollierbare Praxis zu überführen.

Grundlagen und Strukturen der Zusammenarbeit der Abteilung XII mit dem KGB

Seit 1958 war das MfS gegenüber dem KGB formal gleichberechtigt, doch die bis dahin bestehenden Vorrangrechte des KGB galten faktisch und nur wenig verdeckt weiter. In fast allen Hauptabteilungen, selbstständigen Abteilungen und in den Bezirksverwaltungen des MfS waren auf Leitungsebene sowjetische Verbindungsoffiziere des KGB eingesetzt, die die Interessen des KGB durchsetzten.[3]

Die allgemeinen Arbeitsgrundlagen der Vertretung des KGB beim MfS sowie seiner Verbindungsoffiziere waren die bilateralen Vereinbarungen beider Staatssicherheitsdienste zur Zusammenarbeit aus den Jahren 1959, 1973 und 1978.[4] In diesen Vereinbarungen waren unter anderem die Grundsätze des Informationsaustausches, der Werbung und Übernahme von IM, der Überprüfung und Erfassungen von Personen, der Konspiration und der sonstigen Zusammenarbeit wie beispielsweise auf dem Gebiet der sowjetischen Militärabwehr fixiert und die weitreichenden Befugnisse der sowjetischen Verbindungsoffiziere festgeschrieben.[5]

Der MfS-Überläufer Werner Stiller beim BND [Bundesnachrichtendienst]. Zur Kooperation der sozialistischen »Bruderorgane« in den Aussagen eines Insiders. In: Journal for Intelligence, Propaganda ans Security Studies 9 (2015) 2, S. 72–85, insbes. 79–82. Zuletzt regelte die DA Nr. HVA 1/88 die Weiterleitung von Informationen der HVA an den KGB. Laut Statistiken zur SIRA-Datenbank der HVA (SIRA: System der Informations-Recherche der HVA) betraf das etwa jede dritte Eingangsinformation der HVA. Vgl. Herbstritt, Georg: Bundesbürger im Dienst der DDR-Spionage. Eine analytische Studie (BStU, Analysen und Dokumente, Bd. 29). Göttingen 2007, S. 56, 299.

3 Vgl. dazu Engelmann: Diener zweier Herren, S. 51–72, hier 71 f.

4 Vereinbarung »Über die Gruppe des Komitees für Staatssicherheit beim Ministerrat der UdSSR zur Koordinierung und Verbindung mit dem MfS der DDR«, o. D. [Oktober 1959], BArch, MfS, SdM Nr. 423, Bl. 13–18. Vereinbarung über die Zusammenarbeit zwischen dem MfS der DDR und dem KfS beim Ministerrat der UdSSR, 6.12.1973; BArch, MfS, ZAIG Nr. 13730, Bl. 1–15. Protokoll über die Regelung des Zusammenwirkens zwischen dem MfS der DDR und der Vertretung des KfS beim Ministerrat der UdSSR beim MfS der DDR, 29.3.1978; BArch, MfS, BdL/Dok. Nr. 1862, Bl. 1–11, beide Dokumente online: https://www.stasi-unterlagen-archiv.de/informationen-zur-stasi/quellensammlungen/das-mfs-und-die-zusammenarbeit-mit-anderen-kommunistischen-geheimdiensten/ (letzter Zugriff: 20.7.2021).

5 Die Zusammenarbeit mit der sowjetischen Militärabwehr (d. h. der III. Hauptverwaltung des KGB), deren Sitz sich in Potsdam-Cecilienhof befand, schloss auch Fahndungen nach fahnenflüchtigen Angehörigen der Gruppe der Sowjetischen Streitkräfte in Deutschland ein. Die Absicherung sowjetischer Militärobjekte war geregelt in: DA Nr. 3/63 des Ministers vom 1.6.1963 sowie deren 1. Ergänzung vom 15.9.1964. Vgl. BArch, MfS, BdL/Dok. Nr. 002443; BArch, MfS, BdL/Dok. Nr. 00244. Die sowjetische Militäraufklärung hingegen unterstand

Für alle Fragen der Zusammenarbeit mit den Verbindungsoffizieren waren die jeweiligen Leiter der Diensteinheiten des MfS verantwortlich. Sie konnten diese Aufgaben jedoch an ausschließlich ihnen unterstellte Offiziere für Sonderaufgaben (OfS) übertragen.

Wichtige Aufschlüsse zu diesem Themenkreis gibt ein Redemanuskript des Ministers für eine MfS-interne Dienstkonferenz, das auf Sommer 1979 datiert werden kann.[6] Darin resümierte Erich Mielke die Erfahrungen insbesondere mit der Kooperationsvereinbarung von 1978. In dem Redemanuskript kommt unter anderem zum Ausdruck, dass es innerhalb des MfS keine einheitliche Verfahrensweise im Umgang mit den KGB-Verbindungsoffizieren und deren Unterstützungsersuchen gab. Mielke kündigte in seiner damaligen Rede daher an, die unterschiedliche Praxis einzelner Diensteinheiten sowie die bestehenden Regelungen der Zusammenarbeit des MfS mit der KGB-Vertretung beim MfS vereinheitlichen zu wollen.[7] Im Laufe des Jahres 1979 hatte er die Zentrale Auswertungs- und Informationsgruppe (ZAIG) des MfS mit entsprechenden Zuarbeiten beauftragt, die jedoch ohne greifbares Ergebnis blieben.[8] Die ZAIG erarbeitete in diesem Zusammenhang den Entwurf eines Ministerbefehls. Mielke ordnete darin ein einheitliches Verhalten aller MfS-Diensteinheiten gegenüber den KGB-Verbindungsoffizieren an und strebte an, eine lückenlose Kontrolle über diese Kooperation auf der Arbeitsebene zu erlangen. Von dem Befehl liegt nur ein undatierter Entwurf vor und wahrscheinlich wurde er nie erlassen.[9] Die konzeptionellen Unterlagen der ZAIG und Zuarbeiten einzelner Diensteinheiten ermöglichen jedoch wichtige Einblicke in die dienstliche Praxis.[10]

dem Ministerium für Verteidigung der UdSSR. Es bestanden dennoch Kontakte zum MfS auf Arbeitsebene. Ausführlich hierzu vgl. BArch, MfS, ZAIG Nr. 18738, Bl. 40–54, 87 f.

6 Mielke, Ausführungen des Genossen Minister auf der Dienstkonferenz zu Fragen des Zusammenwirkens zwischen dem MfS und der Vertretung des KfS der UdSSR beim MfS der DDR, o. D. [verm. 1979]; BArch, MfS, ZAIG Nr. 18738, Bl. 22–92. Zwei inhaltlich minimal abweichende Versionen des Redemanuskripts sind in Teilen überliefert. Vgl. BArch, MfS, Sekr. Neiber Nr. 632, Bl. 50–70. Weiterführende Unterlagen zur Dienstkonferenz konnten bisher nicht aufgefunden werden. Die ungefähre Datierung des Redemanuskripts ergibt sich aus der »Konzeption für die Vorbereitung einer Ordnung über den Austausch von Informationen zwischen den Leitern der Diensteinheiten des MfS und der Vertretung des KfS der UdSSR beim MfS der DDR«, o. D.; BArch, MfS, ZAIG Nr. 18738, Bl. 1–11, hier 4. Demnach musste ein Offizier der ZAIG bis zum 1.9.1979 auf Grundlage des Redemanuskripts Mielke eine Ausarbeitung vorlegen. Mielkes muss seine Rede demnach vor dem 1.9.1979 gehalten haben.

7 BArch, MfS, ZAIG Nr. 18738, Bl. 74.

8 Ebenda, Bl. 30, 63, 90–92.

9 Befehl [Entwurf ohne Nummerierung] über das Zusammenwirken der Leiter der Diensteinheiten des MfS mit der Vertretung des KfS der UdSSR beim MfS der DDR, o. D. [verm. 1979]; BArch, MfS, ZAIG Nr. 18738, Bl. 12–21.

10 ZAIG, Konzeption für die Vorbereitung einer Ordnung über den Austausch von Informationen zwischen den Leitern der Diensteinheiten des MfS und der Vertretung des KfS der UdSSR beim MfS der DDR, o. D. [verm. 1979]; ebenda, Bl. 1–11; ZAIG/4, Bemerkungen zum Problem Informationsbeziehungen auf der Ebene Bezirksverwaltung/Verwaltung – Verbindungs-

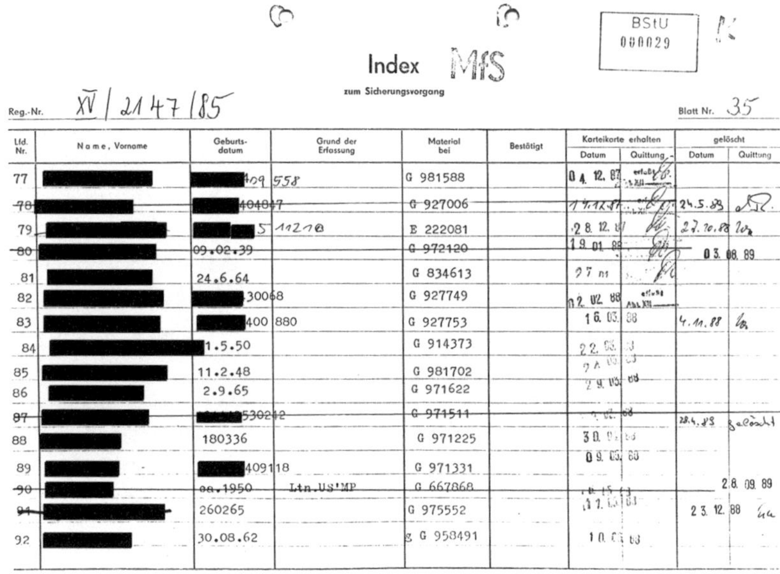

BStU 000029

Index MfS

zum Sicherungsvorgang

Reg.-Nr. XV/2147/85 — Blatt Nr. 35

Lfd. Nr.	Name, Vorname	Geburtsdatum	Grund der Erfassung	Material bei	Bestätigt	Karteikarte erhalten Datum	Karteikarte erhalten Quittung	gelöscht Datum	gelöscht Quittung
77		409	558	G 981588		04. 12. 87	erfaßt Abt. XII		
78		404047		G 927006		14.12.87		24.5.89	
79		5	11210	E 222081		28. 12. 87		27.10.88	
80		09.02.39		G 972120		19. 01. 88		03. 08. 89	
81		24.6.64		G 834613		[illegible]			
82		30068		G 927749		02. 02. 88	erfaßt Abt. XII		
83		400	880	G 927753		16. 03. 88		4.11.88	
84		1.5.50		G 914373		[illegible]			
85		11.2.48		G 981702		[illegible]			
86		2.9.65		G 971622		29. 03. 88			
87		530212		G 971511		[illegible]		28.4.89	gelöscht
88		180336		G 971225		30. [illegible]			
89		409118		G 971331		09. 05. 88			
90		ca.1950	Ltn.US'MP	G 667868		[illegible]		28. 09. 89	
91		260265		G 975552		[illegible]		23. 12. 88	
92		30.08.62		G 958491		10. [illegible] 88			

Abb. 5: Beispiel eines Indexbogens zum Sicherungsvorgang der Abteilung XII des MfS mit der Registriernummer XV/2147/85 (»Freunde-Vorgang«): hier Blatt Nr. 35 mit Daten zu erfassten Personen

Die Abteilungen XII spielten für den Datenaustausch zwischen den sowjetischen Verbindungsoffizieren und den operativen Diensteinheiten des MfS eine zentrale Rolle. In der Abteilung XII des MfS in Berlin war in den Jahren 1978 bis 1983 sowie 1987 bis 1989 Oberst Sergej Jakowlewitsch Ponin als Verbindungsoffizier des KGB langjährig im Einsatz.[11] In den Jahren dazwischen vom Herbst 1983 bis

offizier der Vertretung des KfS beim MfS der DDR, 15.3.1978; BArch, MfS, ZAIG Nr. 18160, Bl. 1–20; Abt. XII, Vorschlag zur Regelung der Überprüfung und Erfassung von Personen für die sowjetischen Freunde in den Karteien der Abteilung XII [verm. Ende 1979]; BArch, MfS, Abt. XII Nr. 7583, Bl. 5–9. GM Manfred Hummitzsch, Leiter der BV Leipzig, Notizen zu Fragen des Zusammenwirkens MfS – KfS, 15.3.1978; BArch, MfS, BV Leipzig, Leitung Nr. 01941, Bl. 1–10, 33–36. Niederschrift über Ausführungen des Leiters der BV Karl-Marx-Stadt GM [Siegfried] Gehlert zu Fragen des Zusammenwirkens MfS – KfS, 13.3.1978; BArch, MfS, BV KMSt, AKG Nr. 2313, Bl. 2–5, 8–11.

11 Zu Ponin siehe Oberst Heinz Roth, Leiter der Abt. XII, Vorbereitung einer Beratung mit Vertretern der 10. Verwaltung des KfS der UdSSR, 8.2.1988; BArch, MfS, Abt. XII Nr. 3050, Bl. 4–8, hier 5; Stellvertreter des Leiters der Abt. XII Joachim Moschner, Aktenvermerk über eine Beratung mit Angehörigen des sowjetischen Bruderorgans, 22.6.1979; BArch, MfS, Abt. XII Nr. 3789, Bl. 1 f. und die Angaben über ihn in: BArch, MfS, SdM Nr. 1572, Bl. 11, 34, 37 bzw. BArch, MfS, Abt. X Nr. 2733, Bl. 105. Zu Ponin siehe auch das Internetportal des russischen Historikers und ehemaligen KGB-Mitarbeiters Oleg Mozohin: http://shieldandsword.mozohin.ru/soyuznik/DDR/mfs5589/gliederung/xii.htm (letzter Zugriff: 20.7.2021).

mindestens Dezember 1986 übernahm Oberst Albert Alexandrowitsch Anissimow diese Rolle.[12] Der Verbindungsoffizier wurde in der Abteilung XII regelmäßig informiert und bekam leihweise Akten überlassen.[13] Wie das genau geschah, in welchem Umfang und mit welcher Zielrichtung die exklusiven Rechte genutzt wurden und ob in den Bezirksverwaltungen ähnlich verfahren wurde, kann wegen der lückenhaften Aktenüberlieferung nur ansatzweise rekonstruiert werden. Im Fokus des Interesses des KGB standen jedoch insbesondere die inoffiziellen Mitarbeiter (IM) des MfS und solche Personen, die potenziell für eine Zusammenarbeit mit dem KGB interessant und geeignet erschienen.

Erfassungen für den KGB

Bei der Erfassung von Personen galten im MfS genau festgelegte Regeln und Arbeitsabläufe, die eine koordinierte Arbeit innerhalb des MfS bei gleichzeitiger Geheimhaltung operativer Informationen auch innerhalb des MfS gewährleisten sollten. Interessierte sich ein MfS-Mitarbeiter für eine Person, weil er diese überwachen oder als inoffiziellen Mitarbeiter anwerben wollte, so fragte er mit einem entsprechenden Formular, dem sogenannten F-10-Suchauftrag, bei der Abteilung XII nach, ob diese bereits beim MfS registriert war. Die Abteilung XII erteilte dann die entsprechende Auskunft. War die betreffende Person beispielsweise bereits von einem anderen Mitarbeiter als IM angeworben worden, durfte nicht auch noch der anfragende Mitarbeiter diese als IM anwerben. Existierte eine bereits archivierte IM-Akte, konnte die Abteilung XII diese dem anfragenden Mitarbeiter unter bestimmten Voraussetzungen zur Verfügung stellen. Unter Umständen informierte die Abteilung XII in solchen Fällen zunächst die Abteilung, in der die IM-Akte geführt worden war, über diese Anfrage, sodass sie einer Weitergabe der Akte oder Auskünften daraus widersprechen konnte.[14] Die Abteilungen XII koordinierten insofern den Datenaustausch innerhalb des

12 Zu Anissimow siehe Springer: Das Gedächtnis der Staatssicherheit, S. 105–109. Zum Zeitraum seiner Tätigkeit als Verbindungsoffizier zur Abteilung XII siehe das Internetportal Mozohins: http://shieldandsword.mozohin.ru/soyuznik/DDR/mfs5589/gliederung/xii.htm (letzter Zugriff: 20.7.2021) sowie BArch, MfS, SdM Nr. 1572, Bl. 11, 166, 178, 180 und SdM Nr. 608, Bl. 294.

13 Lucht, Roland (Hg.): Das Archiv der Stasi. Begriffe (Archiv zur DDR-Staatssicherheit, Bd. 11). Göttingen 2015, S. 256.

14 Siehe Sektionen 2.1, 2.2 und 4.1 der entsprechenden MfS-Dienstanweisung Nr. 2/81 »zur einheitlichen Gestaltung der Erfassung und Überprüfung von Personen und Objekten, der Registrierung von Vorgängen und Akten sowie der Archivierung politisch-operativen Schriftgutes in den Abteilungen XII«, in der diese Prozedur festgelegt war. Die Dienstanweisung ist veröffentlicht in: Engelmann, Roger; Joestel, Frank (Bearb.): Grundsatzdokumente des MfS (BStU, MfS-Handbuch). Berlin 2004, S. 384–396; online abrufbar: https://www.stasi-unterlagen-archiv.de/informationen-zur-stasi/quellensammlungen/die-grundsatzdokumente-des-ministeriums-fuer-staatssicherheit/ (letzter Zugriff: 20.7.2021).

MfS, wobei die Regeln der inneren Konspiration das Prozedere kompliziert und schwerfällig machten.

In grundsätzlich vergleichbarer Weise erfassten die Abteilungen XII die Daten jener Personen, für die sich die Verbindungsoffiziere des KGB aus »politisch-operativen« Gründen interessierten. Die Erfassungen erfolgten auf Veranlassung der Verbindungsoffiziere, und zwar in speziellen Sicherungsvorgängen (SiVo) konspirativ und exklusiv für den KGB, ohne Angabe von Gründen.[15] Im MfS war für den KGB das Kennwort »Freunde« oder einfach »F« gebräuchlich, und die entsprechenden Sicherungsvorgänge wurden gelegentlich unter Verstoß der Konspiration als »Freunde«-SiVo bezeichnet. Auf zentraler Ebene des MfS legte die Abteilung XII im Jahr 1985 einen solchen Sicherungsvorgang auf Grundlage der üblichen MfS-Vorschriften für den KGB an.[16] Es galten jedoch abweichende spezielle Festlegungen.[17] Mindestens bis Juni 1988 wurde der 1985 angelegte »Freunde«-SiVo von Hauptmann Klaus Schumann[18] geführt. Ihm

15 Abt. XII, Informationsaufgaben der Abteilung XII für das sowjetische Bruderorgan, [16.12.1986]; BArch, MfS, Abt. XII Nr. 4465, Bl. 1 f.; mit Datierung vorhanden in: BArch, MfS, Abt. XII Nr. 7607, Bl. 104 f. Seit 1976 wurden entsprechend der »Ordnung über die Erfassung von Personen in der Abteilung XII auf Grundlage von Sicherungsvorgängen« vom 1.6.1976 in der Regel mehrere Personen in Listen aktiv erfasst (u. a. Reisekader, Funktionsträger, Ausländer). Oft wurde kein weiteres Material angelegt; mitunter war eine solche Erfassung eine Vorstufe für IM- bzw. Operative Vorgänge (OV). Vgl. https://www.stasi-unterlagen-archiv.de/assets/bstu/content_migration/DE/Wissen/MfS-Dokumente/Downloads/Grundsatzdokumente/ordnung-erfassen-personen.pdf (letzter Zugriff: 20.7.2021). Vgl. auch https://www.stasi-unterlagen-archiv.de/mfs-lexikon/detail/sicherungsvorgang/ (letzter Zugriff: 20.7.2021).

16 Dieser »Freunde«-SiVo wurde mit Beschluss vom 23.4.1985 unter der Reg.-Nr. XV/2147/85 auf Basis der DA Nr. 2/81 eröffnet. Abt. XII, Übergabe/Übernahme Protokoll, 16.11.1987; BArch, MfS, Abt. XII Nr. 7107, Bl. 104. Auf der Vorgangskarteikarte F 22, die die Abteilung XII zu diesem SiVo anlegte, ist kein Deckname eingetragen, sondern bewusst nebulös der Zweck des SiVo vermerkt: »Erfassung eines spezifischen Personenkreises«.

17 OSL Ingeburg Heinritz, Abt. XII, Arbeitsfestlegungen […] bei der Führung des Sicherungsvorganges XV 2147/85 unter Zusammenarbeit mit der befreundeten Dienststelle (KfS Berlin), 7.11.1986; BArch, MfS, Abt. XII Nr. 6572, Bl. 1–9. Formal zuständig war demnach die Abteilung XII/4 (Karteien), die Heinritz leitete. Zu Heinritz siehe Springer, Philipp: »Müde Einzelgänger« und »ganze Kerle«. Personalstruktur und Lebenswelt hauptamtlicher Mitarbeiter der Abteilung XII. In: Jedlitschka; Springer (Hg.): Das Gedächtnis der Staatssicherheit, S. 199–272, hier 237–241.

18 Klaus Schumann war ab 1.2.1982 in der Abt. XII/4 als Offizier für Speicherführung F 22 (Vorgangskartei) eingesetzt und dort mit nicht näher beschriebenen »zusätzlichen spezifischen Aufgaben betraut«. Zuvor war er als Mitarbeiter der HA VII seit 1969 »für die Durchführung der Abwehrarbeit und operativen Filtrierung für Überläufer aus NATO-Armeen und aufnahmeersuchende Ausländer sowie für die Wahrnehmung der operativen Interessen in der Arbeitsgruppe für Ausländerfragen im Büro für Pass- und Ausländerangelegenheiten im MdI verantwortlich«. Er erfüllte dort Aufgaben gem. Mielke-Befehl 6/77 hinsichtlich der »politisch-operativen Sicherung von Eheschließungen/Übersiedlungen nach nichtsozialistischen Staaten« im Zusammenwirken mit dem MdI. BArch, MfS, KS 1588/90, Zitate Bl. 52, 77.

folgten die Offiziere für Sonderaufgaben Oberstleutnant Dieter Domsch[19] sowie ab mindestens Februar 1989 sein Kollege Major Hans Joachim Werner[20]. Der Sicherungsvorgang ging auf eine ausdrückliche »Bitte der Freunde«, konkret des Verbindungsoffiziers bei der Abteilung XII Anissimow, zurück und wurde mit Genehmigung von Mielkes Stellvertreter Generalleutnant Gerhard Neiber eröffnet.[21] Da Doppelerfassungen zu vermeiden waren, durften nur solche Personen in dem SiVo registriert werden, die nicht bereits aktiv für eine Diensteinheit des MfS erfasst waren. War das der Fall, hatte der Leiter der Abteilung XII/4 sich bei der betreffenden MfS-Diensteinheit zu bemühen, »die Erfassung zugunsten der befreundeten Dienststelle zu erreichen«.[22] Die Erfassung zugunsten des KGB konnte auch im Wege der vorläufigen aktiven Erfassung (VaE) konspirativ vorgenommen werden.[23]

Die abweichenden Festlegungen zur üblichen Erfassungs- und Auskunftserteilung gewährleisteten eine weitgehende Konspiration der Aktivitäten des KGB.[24]

19 Dieter Domsch war ab 1967 kurzzeitig als Mitarbeiter der Abt. IV der HVA in die »Bearbeitung« von in die DDR geflohenen Angehörigen der Bundeswehr involviert. In der Abteilung XII war er in verschiedenen Leitungsfunktionen für Speicherführung und Recherche verantwortlich. BArch, MfS, KS II 294/89, Bd. 1, Bl. 45 f., 83–91.

20 Hans Joachim Werner war als Referatsleiter innerhalb der Karteiabteilung XII/4 ab Mai 1983 mit dem Aufbau von Sonderspeichern beauftragt. Zuvor war er von 1958 bis zum Mai 1980 in der HA XIX tätig, ab Oktober 1975 als Offizier für Sonderaufgaben. Von 1964 bis 1968 war er u. a. für die »Abwehrarbeit in einem wichtigen Objekt des M[inisteriums]f[ür]V[erkehrswesen] verantwortlich, in welchem vorwiegend Angehörige des Verkehrswesens für die internationalen Beziehungen in das sozialistische und kapitalistische Ausland beschäftigt« waren. BArch, MfS, KS 7840/90, Bl. 72, 100 f., 141 f.

21 Roth, Vermerk an GL Neiber [über ein Gespräch mit Genossen Oberst Anissimow über Erfassungspraxis durch sowjetische Freunde], 15.1.1985; BArch, MfS, Abt. XII Nr. 5812, Bl. 41–44, hier 43; ders., Vervollkommnung der Unterstützung der Abteilung XII für das sowjetische Bruderorgan, 10.4.1985; ebenda, Bl. 51 f.; Abt. XII, Vermerke über Rücksprachen bezüglich der aktiven Erfassung operativ interessanter Personen; ebenda, Bl. 60–62.

22 OSL Ingeburg Heinritz, Abt. XII, Arbeitsfestlegungen […] bei der Führung des Sicherungsvorganges XV 2147/85 unter Zusammenarbeit mit der befreundeten Dienststelle (KfS Berlin), 7.11.1986; BArch, MfS, Abt. XII Nr. 6572, Bl. 2.

23 Ebenda, Bl. 6; analog für die Bezirksverwaltungen: Roth, Aufstellung der Diensteinheiten der Bezirksverwaltungen des MfS, die die Sicherungsvorgänge für das sowjetische Bruderorgan führen, 22.6.1989; BArch, MfS, Abt. XII Nr. 3830, Bl. 2 f. Leiter [i. V. Moschner] der Abt. XII, Verfahrensweise bei Übergaben von Erfassungen für das sowjetische Bruderorgan, 14.4.1989; BArch, MfS, Abt. XII Nr. 6460, Bl. 22. Bei der VaE handelte es sich um eine aktive Erfassung einer Person, die sofort für einen Zeitraum von maximal 14 Tagen vorgenommen werden konnte. Zum Unterschied von aktiven und passiven Erfassungen von Personen sowie der Registrierung von Vorgängen und Akten vgl. Abkürzungsverzeichnis. Häufig verwendete Begriffe und Abkürzungen des Ministeriums für Staatssicherheit. Hg. BStU. 12. Aufl., Berlin 2020, S. 115–117, online: https://www.bstu.de/assets/bstu/de/Publikationen/AbkVerz_Auflage_12_barrierearm.pdf (letzter Zugriff: 20.7.2021).

24 OSL Ingeburg Heinritz, Abt. XII, Arbeitsfestlegungen […] bei der Führung des Sicherungsvorganges XV 2147/85 unter Zusammenarbeit mit der befreundeten Dienststelle (KfS

So war beispielsweise die in den Indexbögen in der Spalte »Material bei« genannte Nummer identisch mit der Kontrollnummer des jeweils der Erfassung vorausgehenden Auskunftsersuchens, des Suchauftrages F 10 zu der erfassten Person.

Sie diente in der weiteren Kommunikation zwischen dem vorgangsführenden Mitarbeiter der Abteilung XII und dem zuständigen Verbindungsoffizier des KGB als Verständigungscode bei späteren Überprüfungsanfragen anderer Diensteinheiten zu der im SiVo erfassten Person.

Der Sicherungsvorgang, den die Abteilung XII in der Berliner MfS-Zentrale für die sowjetischen »Freunde« führte, umfasste im September 1989 Daten zu 1 426 Personen, von denen 987 Staatsangehörige der DDR waren und 439 Bürger westlicher Staaten.[25] Es handelte sich um Personen, die für den KGB von Interesse waren, weil eine inoffizielle Agententätigkeit angestrebt und bei positiven Aufklärungsergebnissen gegebenenfalls realisiert wurde. Dabei standen DDR-Bürger im Fokus, die über interessierende Verbindungen in das sogenannte Operationsgebiet, also in das kapitalistische Ausland, verfügten und/oder dorthin ständig ausreisen wollten. Des Weiteren gibt es Hinweise darauf, dass in der DDR lebende Ausländer, Anwohner und Zivilbeschäftigte sowjetischer Militärobjekte des KGB sowie BRD-Bürger beziehungsweise Ausländer mit interessierenden Verbindungen in die DDR Zielpersonen des KGB waren. Die alphabetisch geführten Indexbögen sollten in zweifacher Ausführung erstellt werden, wobei die Originale bei dem Mitarbeiter der Abteilung XII blieben, der den »Freunde«-SiVo führte. Die Duplikate wurden im Bereich der Abteilung XII/5 (EDV-Recherche und technische Übermittlung) verwahrt, um bei eiligen Überprüfungsanfragen sofortige Verbindungsaufnahmen zu gewährleisten.[26] Im Stasi-Unterlagen-Archiv sind mehrere Duplikate der Indexbögen und des Schriftverkehrs zu dem zentralen »Freunde«-SiVo überliefert, die heute einen wichtigen Zugang zu diesem Thema ermöglichen. Die Originale der Indexbögen sind im Archiv dagegen nicht mehr vorhanden. Auffällige Lücken gibt es außerdem in der zentralen Personenkartei F 16: Die meisten Karteikarten zu Personen, die im zentralen »Freunde«-SiVo registriert waren, sind ebenfalls nicht mehr vorhanden, wie eine stichprobenhafte

Berlin), 7.11.1986; BArch, MfS, Abt. XII Nr. 6572, Bl. 1–9. Roth, Maßnahmen zur weiteren Unterstützung der Arbeit der sowjetischen Tschekisten, o. D.; BArch, MfS, Abt. XII Nr. 7107, Bl. 164–166.

25 Abt. XII, handschriftliche Statistik über Erfassungen im SiVo XV 2147/85, o. D.; BArch, MfS, Abt. XII Nr. 6572, Bl. 16, 21. Springer zitiert aus einer anderen Quelle eine weitaus geringere Zahl. Demnach wurden bis April 1987 lediglich 485 Personen erfasst. Möglicherweise bezog sich diese Zahl ebenfalls nur auf Personen ohne DDR-Staatsbürgerschaft. Vgl. Springer: Das Gedächtnis der Staatssicherheit, S. 106 f.

26 Abt. XII, Vorschlag zur Regelung der Überprüfung und Erfassung von Personen für die sowjetischen Freunde in den Karteien der Abteilung XII [verm. Ende 1979]; BArch, MfS, Abt. XII Nr. 7583, Bl. 5–9.

Recherche ergab.[27] Offenbar sollten Spuren der KGB-Tätigkeit getilgt werden. Das Fehlen der Indexbögen und Personenkarteikarten kann als Indiz dafür gewertet werden, dass diese Originale Ende 1989/Anfang 1990 gezielt entfernt wurden und womöglich dem KGB zusammen mit dem ab 1987 zu Überprüfungsanfragen geführten Schriftverkehr übergeben wurden.

In den MfS-Bezirksverwaltungen führten die Abteilungen XII – mit Ausnahme der Bezirksverwaltung Berlin – spätestens seit den 1960er-Jahren gleichartige Objekt- und Sondervorgänge, die ab 1976 in Sicherungsvorgänge übergingen.[28] Sie wurden »in der Regel im Auftrage der Leiter der Bezirksverwaltungen von deren persönlichen Referenten geführt, die auch ständigen Kontakt mit den sowjetischen Genossen unterhalten« und entsprechende Koordinierungsaufgaben erledigten.[29] Diese »Freunde«-SiVos enthielten ausschließlich Erfassungen für den KGB und beinhalteten »jeweils mehrere Hundert« Personen unterschiedlicher Staatsbürgerschaften.[30] Die Gründe für eine Erfassung durften im Interesse der Konspiration nicht vermerkt werden.

27 Die Stichprobe wurde im März 2021 im Archiv des BStU durchgeführt. Als Grundlage dienten 241 Personenerfassungen, die in den Duplikaten der Indexbögen aufgeführt waren. Keine der 241 Erfassungen war in den Indexbögen gestrichen oder als gelöscht gekennzeichnet, sodass davon auszugehen ist, dass die betreffenden Personen bis zum Schluss in dem »Freunde«-SiVo aktiv erfasst waren. Im Regelfall müsste zu jeder dieser 241 Personen eine F-16-Karteikarte in der zentralen Personenkartei des MfS existieren, die die Registriernummer XV/2147/85 des »Freunde«-SiVo trägt. Tatsächlich existiert aber nur zu 28 der 241 recherchierten Personen überhaupt eine Personenkarteikarte, das entspricht einem Anteil von 11,6 %. Und nur in 4 der 28 Fälle trägt die Personenkarteikarte die Reg.-Nr. XV/2147/85 – obwohl das eigentlich der Regelfall sein sollte; auf 5 weiteren der 28 Karteikarten ist eine andere Reg.-Nr. eingetragen. In den übrigen 19 Fällen ist jeweils eine Personenkarteikarte vorhanden, doch die rechts oben auf der Karteikarte vorhandene Reg.-Nr. wurde in untypischer Weise durch Wegschabungen oder Schwärzungen mit Kugelschreibern weitgehend unkenntlich gemacht; vereinzelt ist noch erkennbar, dass es sich um die Reg.-Nr. XV/2147/85 handelte. Offenkundig sollte hier eine Spur verwischt werden. Auf diesen 19 Personenkarteikarten befindet sich jeweils noch eine weitere Reg.-Nr./Erfassung, was der Grund dafür sein dürfte, dass diese Karteikarten nicht einfach gezogen und vernichtet wurden.

28 Roth, Aufstellung der Diensteinheiten der Bezirksverwaltungen des MfS, die die Sicherungsvorgänge für das sowjetische Bruderorgan führen, 22.6.1989; BArch, MfS, Abt. XII Nr. 3830, Bl. 2 f. Bormann, Abt. XII, Notiz zu Erfassungen für das sowjetische Bruderorgan, o. D.; BArch, MfS, Abt. XII Nr. 6572, Bl. 21. OSL Peter Bormann war der Leiter der Abt. XII/4 seit Juni 1987. Lucht, Roland: Karteien, Speicher, Datenbanken. Kern des Informationssystems der Abteilung XII. In: Jedlitschka; Springer (Hg.): Das Gedächtnis der Staatssicherheit, S. 167–198, hier 193.

29 Abt. XII, Vorschlag zur Regelung der Überprüfung und Erfassung von Personen für die sowjetischen Freunde in den Karteien der Abteilung XII [verm. Ende 1979]; BArch, MfS, Abt. XII Nr. 7583, Bl. 6 f.; Roth, Vermerk an GL Neiber [über ein Gespräch mit Genossen Oberst Anissimow über Erfassungspraxis durch sowjetische Freunde], 15.1.1985; BArch, MfS, Abt. XII Nr. 5812, Bl. 41.

30 Abt. XII, Vorschlag zur Regelung der Überprüfung und Erfassung von Personen für die sowjetischen Freunde in den Karteien der Abteilung XII [verm. Ende 1979]; BArch, MfS,

Wie eine Analyse der Indexbögen zum »Freunde«-SiVo der MfS-Bezirksverwaltung Karl-Marx-Stadt zeigte, waren dort in den zwölf Jahren von 1977 bis 1989 insgesamt 4730 Personen, meist kurzzeitig, erfasst. Im November 1989 waren in dem Vorgang 627 Personen aktuell (»aktiv«) registriert, darunter 205 aus dem Jahre 1989. Handschriftliche Bemerkungen in den Unterlagen legen nahe, dass die Erfassungen im Kontext von Aufklärungsmaßnahmen zu den registrierten Personen standen, die wiederum auf das Interesse des KGB an einer konspirativen Zusammenarbeit hindeuten.

Möglicherweise gab es über die Erfassung in Sicherungsvorgängen hinaus weitere »abgedeckte« Erfassungen für den KGB in den Bezirksverwaltungen, die jedoch Ausnahmen gewesen sein dürften.[31]

Im Jahr 1988 wurde »seitens des sowjetischen Bruderorgans« vorgeschlagen, für den Offizier für Sonderaufgaben Oberstleutnant Domsch einen zusätzlichen Sicherungsvorgang anzulegen. Dieser sollte konspirative »spezifische Erfassungen« für den KGB ermöglichen, etwa bei der Übernahme von Personen, die bereits für die HV A und andere Diensteinheiten des MfS aktiv erfasst waren. Spätere Überprüfungsanfragen sollten bei gleichzeitiger Benachrichtigung des Oberstleutnants Domsch nur hinsichtlich der parallel weiterhin bestehenden MfS-Erfassungen beauskunftet werden.[32]

Die Erfassung von IM und IM-Kandidaten des MfS für die »Freunde« erfolgte im Rahmen des grundsätzlichen Rechts des KGB, Bürger der DDR zur »geheimen Zusammenarbeit heranzuziehen«. Gemäß Artikel VII der Vereinbarung über die Zusammenarbeit zwischen dem MfS der DDR und dem KGB vom 6. Dezember 1973 war die Werbung und Übernahme von IM »nach entsprechender Übereinkunft mit der Leitung des MfS« möglich, »wenn es im Interesse der staatlichen

Abt. XII Nr. 7583, Bl. 6 f. Bisher sind folgende Registriernummern zu derartigen Vorgängen der Bezirksverwaltungen bekannt: BV Karl-Marx-Stadt: XIV 4151/60, BV Halle: VIII 111/67, BV Erfurt: BV Eft IX 28/72 und IX 1140/85, BV Dresden: Ddn XII 2135/74, BV Suhl: BV Shl XI 23/71, BV Potsdam: IV 547/61, BV Leipzig: XIII 1420/60. Der »Freunde«-SiVo der BV Karl-Marx-Stadt wurde von 1960 bis 1977 von der für Auslandsspionage zuständigen Abteilung XV geführt und dann erst von der Abt. XII der BV KMSt übernommen. Vgl. BArch, MfS, BV KMSt Nr. XIV/4151/60, Bl. 1.

31 Roth, Vermerk an GL Neiber [über ein Gespräch mit Genossen Oberst Anissimow über Erfassungspraxis durch sowjetische Freunde], 15.1.1985; BArch, MfS, Abt. XII Nr. 5812, Bl. 41. Dazu fanden sich bisher keine weiteren Hinweise oder Beispiele.

32 Domsch, [handschriftlicher] Vorschlag zum Anlegen eines Sicherungsvorganges zur Realisierung spezifischer Erfassungen, o. D.; BArch, MfS, Abt. XII Nr. 7107, Bl. 303–305. Es ist nicht ersichtlich, ob der Vorschlag umgesetzt wurde und ob es sich ggf. nur um Einzelfälle gehandelt haben könnte. Der Vorgang sollte unter dem Diensteinheitenschlüssel 991292 angelegt werden. Dieser weist die Abt. XII, LTG-D als vorgangsführende Diensteinheit aus. Während die Abkürzung LTG für Leitung gebräuchlich war, könnte der Zusatz »D« auf den vorgangsführenden OfS Domsch hindeuten oder als Abkürzung für das russische Wort »друзья« (*»drusja«*, dt.: »Freunde«) stehen. Vgl. zu diesem Diensteinheitenschlüssel auch BArch, MfS, Abt. XII Nr. 702.

Sicherheit der UdSSR und der DDR zu Aufklärungs- und Abwehrzwecken im Kampf gegen die Geheimdienste des Gegners erforderlich« war.[33]

Artikel VI des Protokolls über die Regelung des Zusammenwirkens des MfS mit der Vertretung des KGB vom 29. März 1978 konkretisierte die derartige »Nutzung« von DDR-Bürgern, die sich nicht nur auf das Staatsgebiet der DDR beschränkte. Sie waren auch für »Aufklärungs- und Abwehraufgaben in kapitalistischen Staaten und Westberlin, darunter bei Maßnahmen jenseits der Front in besonderen Perioden, sowie für die Erfüllung von Hilfsfunktionen (Ermittler, Verbindungsmann, Inhaber von konspirativen Wohnungen, Deckadressen)« und Aufgaben der Militärabwehr vorgesehen. Die Verbindungsoffiziere veranlassten die Erfassung dieser Personen in den Karteien des MfS »nach Abstimmung mit den Leitern« der jeweils für sie zuständigen operativen Diensteinheiten des MfS.[34] Diese vermeintlich gleichberechtigte Abstimmung sollte Doppelerfassungen vermeiden und auch verhindern, dass Personen vom KGB angeworben wurden, die bereits als IM für das MfS arbeiteten oder dafür vorgesehen waren. In der Praxis bot das keinen Schutz vor der Übernahme aktiv tätiger IM und IM-Kandidaten des MfS durch den KGB. Es gibt Beispiele dafür, dass die Verbindungsoffiziere des KGB die Abstimmung auf der Arbeitsebene der operativ zuständigen Diensteinheiten unterließen und selbst gegen Widerstände die Übernahme aktiv tätiger IM des MfS auf höchster Leitungsebene durchsetzten oder diese parallel und konspirativ, also ohne Kenntnis oder Zustimmung des MfS, als eigene Quellen nutzten.[35] In seiner Rede zur oben erwähnten Dienstkonferenz von 1979 betonte Mielke, die Abstimmung bezwecke in erster Linie die Unterstützung der »Freunde« bei der Aufklärung ihrer IM-Kandidaten.[36] Es seien »Fakten zu erarbeiten, die eine Zustimmung oder Ablehnung für die vorgesehene Werbung begründen«. Dass dabei anzustreben sei, »dass die Freunde bereits vor der Kontaktaufnahme bei uns anfragen«, zeigt, dass die »Freunde« auf diese Dienstleistung nicht den größten

33 Vereinbarung über die Zusammenarbeit zwischen dem MfS der DDR und dem KfS beim Ministerrat der UdSSR, 6.12.1973; BArch, MfS, ZAIG Nr. 13730, Bl. 8 f.

34 Protokoll über die Regelung des Zusammenwirkens zwischen dem MfS der DDR und der Vertretung des KfS beim Ministerrat der UdSSR beim MfS der DDR, 29.3.1978; BArch, MfS, BdL/Dok. Nr. 1862, Bl. 8 f.

35 Siehe hierzu u. a. die Fallstudie zu Volker Vier* im Beitrag »Spionieren unter Freunden – Der KGB im Forschungszentrum Werkzeugmaschinenbau Karl-Marx-Stadt« in diesem Band. (Hinweis: Datenschutzrechtliche Bestimmungen geboten es an mehreren Stellen, Personennamen zu pseudonymisieren. Solche Pseudonyme sind mit einem Sternchen* kenntlich gemacht.) Ein weiteres Beispiel ist die konspirative Doppelnutzung des Verwaltungsdirektors einer öffentlichen kulturellen Einrichtung einer Stadt im Bezirk Karl-Marx-Stadt. Diese wurde erst durch Zufall im MfS bekannt. Der KGB hatte auf die Erfassung seiner Quelle und die damit verbundenen Abstimmungen mit dem MfS verzichtet. BArch, MfS, BV KMSt, AGMS 352/86; BArch, MfS, BV KMSt, OfS Nr. 109, Bd. 2, Bl. 43–46.

36 Mielke, Ausführungen des Genossen Minister auf der Dienstkonferenz zu Fragen des Zusammenwirkens zwischen dem MfS und der Vertretung des KfS der UdSSR beim MfS der DDR, o. D. [verm. 1979]; BArch, MfS, ZAIG Nr. 18738, Bl. 64–73. Dort auch die folgenden Zitate.

Wert legten. »Aufgabe der Leiter muss es sein, den sowjetischen Tschekisten im gesamten Prozess der Suche, Auswahl und Gewinnung von IM sowie [...] zur Gewährleistung des Schutzes der Konspiration und Sicherheit der als IM geworbenen DDR-Bürger [. . .] aktive Hilfe und Unterstützung zu geben.«[37] In besonderem Maße galt das für Einsätze von IM, die der KGB im nichtsozialistischen Ausland, vor allem in der BRD, beabsichtigte. Sie erforderten eine erhöhte Sorgfalt und detaillierte Kenntnisse über das Einsatzland, die als »Regimekenntnisse« bezeichnet wurden. Es dürfe, so Mielke, »kein Hinweis unterschlagen werden, wenn ein DDR-Bürger aufgrund seiner Stellung und Funktion oder aus anderen Gründen objektiv für eine inoffizielle Zusammenarbeit – geschweige denn für einen Einsatz im Operationsgebiet – nicht geeignet ist«.[38] Diese Grundsätze fanden Eingang in den bereits erwähnten Befehlsentwurf des Ministers.[39]

Bemerkenswert sind Mielkes Ausführungen zur »inoffiziellen Nutzung von Bürgern der anderen Seite«. Denn die grundsätzlichen Vereinbarungen zwischen dem MfS und dem KGB sahen ausschließlich die »Nutzung« von Bürgern der DDR und der Sowjetunion vor. In der Praxis wurde demnach für die Arbeit »im und nach dem Operationsgebiet« der Personenkreis auf ausländische Staatsbürger, die in der DDR lebten, sowie auf Bürger »kapitalistischer« Staaten erweitert.[40]

Mielke erläuterte in seinem Referat des Weiteren, dass die IM und IM-Kandidaten des KGB konspirativ – insbesondere ohne Hinweise auf den tatsächlichen Erfassungsgrund – in den »Freunde«-SiVos zu erfassen waren. Wurde die Zusammenarbeit beendet oder auf eine Werbung verzichtet, hatte der Verbindungsoffizier des KGB theoretisch dem Leiter der vorgangsführenden MfS-Diensteinheit die Gründe zu nennen, die in einer Aktennotiz festzuhalten waren. Die Erfassung der Person in dem SiVo war durch die Abteilung XII zu löschen und alle dazugehörenden Unterlagen gesperrt abzulegen.[41] Dieses Vorgehen wich deutlich von den

37 Die Unterstützung bei der Sicherung der Konspiration bezog sich in erster Linie auf die »Bereitstellung operativ benötigter Personal- und anderer Dokumente im Rahmen der Aufgabenstellung der Linie E bzw. der entsprechenden Diensteinheit der HVA«. Vgl. BArch, MfS, ZAIG Nr. 18738, Bl. 73–75.

38 Mielke, Ausführungen des Genossen Minister auf der Dienstkonferenz zu Fragen des Zusammenwirkens zwischen dem MfS und der Vertretung des KfS der UdSSR beim MfS der DDR, o. D. [verm. 1979]; BArch, MfS, ZAIG Nr. 18738, Bl. 67.

39 Befehl [Entwurf ohne Nummerierung] über das Zusammenwirken der Leiter der Diensteinheiten des MfS mit der Vertretung des KfS der UdSSR beim MfS der DDR, o. D. [verm. 1979]; BArch, MfS, ZAIG Nr. 18738, Bl. 19 f.

40 Mielke, Ausführungen des Genossen Minister auf der Dienstkonferenz zu Fragen des Zusammenwirkens zwischen dem MfS und der Vertretung des KfS der UdSSR beim MfS der DDR, o. D. [verm. 1979]; BArch, MfS, ZAIG Nr. 18738, Bl. 31–34, 37–40, 64–67.

41 Ebenda, Bl. 70–72. Verstöße gegen diese Regelungen zur Konspiration sind zumindest für den »Freunde«-SiVo in Karl-Marx-Stadt nachweisbar. Dort gibt es kurze handschriftliche Vermerke zu den im Index erfassten Personen, die als Ergebnisse von Aufklärungsmaßnahmen im Vorfeld einer beabsichtigten Zusammenarbeit gedeutet werden (z. B. ungeeignet, keine Gelegenheit).

sonst üblichen Vorgaben ab, denn das MfS erfasste seine IM nicht in neutralen Sicherungsvorgängen, sondern legte eindeutig erkennbare IM-Aktenvorgänge an.

Das Referat Mielkes erlaubt die Schlussfolgerung, dass in den »Freunde«-SiVos Personen unabhängig von ihrer Staatsbürgerschaft erfasst waren, die vom KGB angeworben wurden, zur Werbung vorgesehen waren oder als IM vom MfS an den KGB abgegeben wurden. Das schließt andere Gründe für eine Erfassung jedoch nicht aus.

Bevor 1985 der zentrale »Freunde«-SiVo angelegt wurde, gab es auf der Ebene der MfS-Zentrale, im Unterschied zu den Bezirksverwaltungen, keinen Überblick darüber, welche Personen die Verbindungsoffiziere des KGB für ihre Zwecke in der zentralen MfS-Registratur in welcher Weise erfassen ließen. Das ist bemerkenswert, waren doch zahlreiche DDR-Bürger inoffiziell für den KGB tätig. Solche Personen sollten in den späten 1970er-Jahren aber zumindest in dezentralen Sicherungsvorgängen der einzelnen Hauptabteilungen erfasst werden, und zwar jeweils im SiVo jener Hauptabteilung, zu der der Verbindungsoffizier einen ständigen Kontakt unterhielt. Auf den Erfassungsunterlagen sollte der KGB-Bezug jedoch nicht vermerkt werden.[42] Ein Positionspapier der zentralen Abteilung XII kritisierte diesen Zustand und regte an, die Erfassungen für den KGB in gesonderten Sicherungsvorgängen und in eigener Zuständigkeit vorzunehmen, vergleichbar der langjährigen Praxis in den Bezirksverwaltungen. Auf diese Weise sollte auf der zentralen Ebene eine Übersicht darüber geschaffen werden, welche Personen in den MfS-Vorgängen für den KGB erfasst waren.[43] Dass es diese Übersicht bis dahin nicht gab, ist für einen Apparat wie das MfS durchaus überraschend und zugleich ein Indiz dafür, dass der KGB ganz nach eigenem Ermessen agierte.

Zur Konspiration dieser Sicherungsvorgänge wurden in dem Positionspapier weitgehende Maßnahmen vorgeschlagen, die später in den Festlegungen zu dem zentralen »Freunde«-SiVo von 1985 teilweise umgesetzt wurden. Die Indexbögen sollten beispielsweise von den vorgangsführenden Mitarbeitern »streng unter Verschluss« gehalten werden und die Einsichtnahme in die Indexbögen »auf zentraler Ebene dem Genossen Minister, dem für die Abteilung XII zuständigen Stellvertreter des Ministers und dem Leiter der Abteilung XII vorbehalten« sein.

Generell ist nicht auszuschließen, dass auf Ebene der Hauptabteilungen und selbstständigen Abteilungen des MfS einige IM des KGB regulär erfasst waren, also nicht alle IM des KGB in SiVos umregistriert wurden.

An einer speziellen Vereinbarung der von Mielke auf der Dienstkonferenz zum Jahresende 1979 geforderten einheitlichen Überprüfung und Erfassung von

42 So die Darstellung Mielkes in: Mielke, Ausführungen des Genossen Minister auf der Dienstkonferenz zu Fragen des Zusammenwirkens zwischen dem MfS und der Vertretung des KfS der UdSSR beim MfS der DDR, o. D. [verm. 1979], Bl. 70–72.

43 Abt. XII, Vorschlag zur Regelung der Überprüfung und Erfassung von Personen für die sowjetischen Freunde in den Karteien der Abteilung XII [verm. Ende 1979]; BArch, MfS, Abt. XII Nr. 7583, Bl. 6, dort auch die folgenden Zitate.

Personen für den KGB wurde jedenfalls nach 1978 unter Federführung der Zentralen Auswertungs- und Informationsgruppe (ZAIG) nach Angaben des Leiters der Abteilung XII ergebnislos gearbeitet.[44] Das Positionspapier mit Vorschlägen der Abteilung XII zur »absoluten Geheimhaltung« der Erfassungen für den KGB und diesbezüglicher Auskünfte sind offensichtlich in diesem Kontext zu sehen.[45] Darauf bezogen waren auch die Auskünfte des Leiters der BV Leipzig Generalmajor Manfred Hummitzsch an die ZAIG aus dem Jahr 1978. Die Frage der ZAIG nach den »Festlegungen zur inoffiziellen Nutzung von Bürgern der anderen Seite« beantwortete er – allerdings nur bezogen auf die von den »Freunden« inoffiziell genutzten DDR-Bürger – wie folgt: »Es wäre anzustreben, dass vonseiten des KfS inoffizielle Mitarbeiter aller Kategorien einschließlich IM-Vorläufe zentral in der Abteilung XII erfasst werden [...].«[46]

Die zunehmende Konspiration und Abschirmung des KGB innerhalb des MfS führte zu absurden und kontraproduktiven Konsequenzen. So schien der Leiter der originär zuständigen Abteilung XII, Oberst Heinz Roth selbst im Januar 1985 keinen verlässlichen und detaillierten Überblick über die Erfassungspraxis der Verbindungsoffiziere zu haben. Das lassen die vagen Auskünfte Roths vermuten, die er auf eine diesbezügliche Anfrage dem Leiter der ZAIG, Generalmajor Werner Irmler gab. Es kommt sogar die Frage auf, ob Roth überhaupt das einschlägige Protokoll über die Zusammenarbeit von MfS und KGB vom 29. März 1978 kannte beziehungsweise ob es ihm geläufig war. Irmler sah sich jedenfalls veranlasst, Roth umgehend einen Protokollauszug zur Verfügung zu stellen.[47] Dieser Vorgang ist

44 Roth, Vermerk an GL Neiber [über ein Gespräch mit Genossen Oberst Anissimow über Erfassungspraxis durch sowjetische Freunde], 15.1.1985; BArch, MfS, Abt. XII Nr. 5812, Bl. 41, 43. Mielke, Ausführungen des Genossen Minister auf der Dienstkonferenz zu Fragen des Zusammenwirkens zwischen dem MfS und der Vertretung des KfS der UdSSR beim MfS der DDR, o. D. [verm. 1979]; BArch, MfS, ZAIG Nr. 18738, Bl. 73. Abt. XII, Zusammenwirken MfS – KfS in Bezug auf Überprüfung und Erfassung von Personen in der Abteilung XII, 15.3.1978; BArch, MfS, Abt. XII Nr. 7583, Bl. 1 f. ZAIG, Konzeption für die Vorbereitung einer Ordnung über den Austausch von Informationen zwischen den Leitern der Diensteinheiten des MfS und der Vertretung des KfS der UdSSR beim MfS der DDR, o. D. [verm. 1979]. Befehl [Entwurf ohne Nummerierung] über das Zusammenwirken der Leiter der Diensteinheiten des MfS mit der Vertretung des KfS der UdSSR beim MfS der DDR, o. D. [verm. 1979]; BArch, MfS, ZAIG Nr. 18738, Bl. 19–21. ZAIG/4, Bemerkungen zum Problem Informationsbeziehungen auf der Ebene Bezirksverwaltung/Verwaltung – Verbindungsoffizier der Vertretung des KfS beim MfS der DDR, 15.3.1978; BArch, MfS, ZAIG Nr. 18160, Bl. 5.

45 Abt. XII, Vorschlag zur Regelung der Überprüfung und Erfassung von Personen für die sowjetischen Freunde in den Karteien der Abteilung XII [verm. Ende 1979]; BArch, MfS, Abt. XII Nr. 7583, Bl. 5–9. Siehe hierzu im Einzelnen auch S. 65.

46 GM Manfred Hummitzsch, Leiter der BV Leipzig, Notizen zu Fragen des Zusammenwirkens MfS – KfS, 15.3.1978; BArch, MfS, BV Leipzig, Leitung Nr. 01941, Bl. 4, 34.

47 Roth, Vermerk an GL Neiber [über ein Gespräch mit Genossen Oberst Anissimow über Erfassungspraxis durch sowjetische Freunde], 15.1.1985; BArch, MfS, Abt. XII Nr. 5812, Bl. 41. Auszug aus dem Protokoll über die Regelung des Zusammenwirkens zwischen dem MfS und der Vertretung des KfS, 29.3.1978; ebenda, Bl. 45–47.

bemerkenswert, da das Protokoll ein zentraler Gegenstand der Dienstkonferenz des Ministers Mielke war und Mielke dort eingangs betonte, dass die im Protokoll enthaltenen Festlegungen »alle Leiter [...] unbedingt kennen müssen« und von diesen »durchgearbeitet« worden seien.[48]

Nicht in jedem Fall ließ der KGB die von seinen in der DDR tätigen Mitarbeitern selbst geworbenen IM beim MfS registrieren. In welchem Umfang eigenständige und gegenüber dem MfS abgeschirmte IM-Netze des KGB in der DDR bestanden, ist weitgehend unerforscht.[49] Bei den im Zuge dieser Recherchen bekannt gewordenen Einzelfällen handelte es sich um herausgehobene Kader mit Leitungsaufgaben, häufig mit Zugang zu wichtigen personenbezogenen Unterlagen wie Kaderakten oder anderen sensiblen Daten. Sie arbeiteten ohne Kenntnis des MfS sowohl konspirativ für den KGB und konnten gleichzeitig inoffiziell für das MfS tätig sein. Als Diener zweier Herren saßen diese Personen zwar zwischen den Stühlen, fielen aber weich, wenn ihre geheime Mission für den »großen Bruder« im MfS eher zufällig bekannt wurde. Interessenkonflikte zwischen den Freunden waren allerdings per Definition ausgeschlossen, sodass die Tabuisierung zusätzlich schützte.[50]

Überprüfungen von Personen, Auskünfte und Akteneinsichten

Überprüfungen von Personen für den KGB sowie entsprechende Auskünfte aus und Einsichtnahmen in Karteien und Archivmaterialien des MfS erfolgten prinzipiell auf Grundlage der Dienstanweisung Nr. 2/81 des Ministers.[51] Grundsätzlich waren sie ebenfalls in den Vereinbarungen des MfS zur Zusammenarbeit mit dem KGB von 1973 und 1978 geregelt.[52] Beschränkungen der Überprüfungsanfragen

48 Mielke, Ausführungen des Genossen Minister auf der Dienstkonferenz zu Fragen des Zusammenwirkens zwischen dem MfS und der Vertretung des KfS der UdSSR beim MfS der DDR, o. D. [verm. 1979]; BArch, MfS, ZAIG Nr. 18738, Bl. 23.

49 Einen quellenbasierten Einblick in ein solches IM-Netz eröffnet der Beitrag von Douglas Selvage über »Die DDR als operative Basis für die Aufklärung des KGB« in diesem Band.

50 Siehe hierzu u. a. die Fallstudien zu Emil Eins* und Dieter Drei* im Beitrag »Spionieren unter Freunden – Der KGB im Forschungszentrum Werkzeugmaschinenbau Karl-Marx-Stadt« in diesem Band. In beiden Fällen verzichtete der KGB darauf, die DDR-Bürger, derer er sich inoffiziell bediente, in dem »Freunde«-SiVo registrieren zu lassen oder das MfS auf andere Weise in Kenntnis zu setzen. Vgl. auch den in Anm. 35 genannten Verwaltungsdirektor einer städtischen kulturellen Einrichtung.

51 Abt. XII, Informationsaufgaben der Abteilung XII für das sowjetische Bruderorgan, [16.12.1986]; BArch, MfS, Abt. XII Nr. 4465, Bl. 1 f. Zur DA Nr. 2/81 siehe Anm. 14.

52 Artikel II der Vereinbarung über die Zusammenarbeit zwischen dem MfS der DDR und dem KfS beim Ministerrat der UdSSR, 6.12.1973; BArch, MfS, ZAIG Nr. 13730, Bl. 5 f.; Artikel VI und VII des Protokoll über die Regelung des Zusammenwirkens zwischen dem MfS der DDR und der Vertretung des KfS beim Ministerrat der UdSSR beim MfS der DDR,

auf bestimmte Personenkategorien oder auf bestimmte Karteien und Speicher des MfS gab es nicht.[53] Umgekehrt konnten die operativen Diensteinheiten des MfS auch Überprüfungen von Personen in den Speichern des KGB veranlassen.[54] Wie handschriftliche Aufzeichnungen des für die Koordinierung zuständigen Oberstleutnants Domsch zeigen, gab es im Juli 1988 seitens des Verbindungsoffiziers Ponin Bestrebungen, derartige Überprüfungen sowjetischer Bürger in den Speichern des KGB nur noch in gut begründeten Fällen zu gestatten.[55]

Ende des Jahres 1979 wird die Praxis der Überprüfungen für die »Freunde«, die sich seit den 1950er-Jahren aus Sicht des MfS bewährt habe, analog der im MfS üblichen Verfahrensweise wie folgt beschrieben:

Prinzipiell erfolgte die Überprüfung auf Veranlassung der Verbindungsoffiziere mit dem im MfS üblichen Formular für Suchaufträge »F 10«. Als Auftraggeber wurde »Freunde« in das F-10-Formular eingetragen, also das allseits bekannte Synonym für den KGB. Im Falle einer bereits vorhandenen aktiven Erfassung wurde analog »wie für Diensteinheiten des MfS«, den anfragenden Verbindungsoffizieren die zuständige Diensteinheit für weitere Klärungen genannt. Über die zugeleitete Durchschrift des Suchauftrages war diese Dienststelle über die Anfrage der »Freunde« zu informieren und mit deren Einverständnis Auskünfte und gegebenenfalls Akteneinsicht zu gewähren. Generell lag es »in der Verantwortung der Leiter der erfassenden Diensteinheit, welche Auskünfte den sowjetischen Genossen über die Art der Erfassung gegeben werden«. Für Auskünfte aus gesperrten Archivablagen war die Zustimmung des Leiters der ablegenden Stelle erforderlich oder desjenigen Leiters, der die Sperrung veranlasst hatte.[56] Analog

29.3.1978; BArch, MfS, BdL/Dok. Nr. 1862, Bl. 8–10; Mielke, Ausführungen des Genossen Minister auf der Dienstkonferenz zu Fragen des Zusammenwirkens zwischen dem MfS und der Vertretung des KfS der UdSSR beim MfS der DDR, o. D. [verm. 1979]; BArch, MfS, ZAIG Nr. 18738, Bl. 78–80.

53 Mielke, Ausführungen des Genossen Minister auf der Dienstkonferenz zu Fragen des Zusammenwirkens zwischen dem MfS und der Vertretung des KfS der UdSSR beim MfS der DDR, o. D. [verm. 1979]; BArch, MfS, ZAIG Nr. 18738, Bl. 78. GM Manfred Hummitzsch, Leiter der BV Leipzig, Notizen zu Fragen des Zusammenwirkens MfS – KfS, 15.3.1978; BArch, MfS, BV Leipzig, Leitung Nr. 01941, Bl. 4.

54 Mielke, Ausführungen des Genossen Minister auf der Dienstkonferenz zu Fragen des Zusammenwirkens zwischen dem MfS und der Vertretung des KfS der UdSSR beim MfS der DDR, o. D. [verm. 1979]; BArch, MfS, ZAIG Nr. 18738, Bl. 80. Abt. XII, Zusammenwirken MfS – KfS in Bezug auf Überprüfung und Erfassung von Personen in der Abteilung XII, 15.3.1978; BArch, MfS, Abt. XII Nr. 7583, Bl. 2.

55 Domsch, [Entwürfe] Informationen und Übersichten zu Überprüfungen [...] in den Speichern der sowjetischen Dienststellen, o. D.; BArch, MfS, Abt. XII Nr. 7107, Bl. 198–220, 241–243, 251–254, hier 215.

56 Roland Leipold, Leiter der Abt. XII, Gegenwärtige Praxis der Überprüfungen von Personen durch die Freunde in der Abteilung XII, 7.12.1979; BArch, MfS, Sekr. Neiber Nr. 632, Bl. 4 f. Neiber, Information an Mielke, 11.12.1979; ebenda, Bl. 6 f., Zitat Bl. 6. Mielke, Ausführungen des Genossen Minister auf der Dienstkonferenz zu Fragen des Zusammenwirkens zwischen dem

schien auch in den Bezirksverwaltungen vorgegangen worden zu sein. Im März 1978 teilte beispielsweise der Leiter der BV Leipzig Hummitzsch auf Anfrage der ZAIG mit, dass die Anforderung archivierter Unterlagen zu begründen sei und »Originalakten wie z. B. IM-Akten, Vorgänge usw. […] nur dann vollständig ausgehändigt werden, wenn die Notwendigkeit tatsächlich besteht. Ansonsten genügen Auszüge, Ablichtungen, Schlussberichte usw.« Auskünfte setzten voraus, dass die Interessen der Diensteinheiten des MfS nicht verletzt würden.[57]

Lediglich für Auskünfte über Vorgänge der HV A sowie über IM der Hauptabteilungen und selbstständigen Abteilungen des Ministeriums in Berlin wies Mielke Ende 1977 abweichende Regelungen mündlich an. Das betraf schätzungsweise fünf bis zehn Anfragen pro Woche. Sie waren vorab vom Leiter der Abteilung XII persönlich »in jedem Einzelfall« mit den vorgangsführenden Diensteinheiten abzustimmen und in Ausnahmefällen sogar irreführend als »nicht erfasst« zu beauskunften, um dem KGB Einblicke in bestimmte Vorgänge zu verwehren.[58] Die Sonderstellung der HV A wurde auch in Fragen der Zusammenarbeit mit dem KGB deutlich. In seiner Funktion als Stellvertreter des Ministers und Leiter der HV A unterstrich Markus Wolf im August 1978 die anleitende und kontrollierende Rolle der HV A gegenüber den ihr unterstellten Abteilungen XV in den Bezirksverwaltungen:

> Die Kontrolle von Entwicklungsmaterialien und Vorgängen im Operationsgebiet und in der DDR, ihre Abstimmung und Koordinierung mit anderen Diensteinheiten des MfS oder den befreundeten Organen erfolgt über die HV A. Alle Übergaben von Vorgängen bedürfen der Bestätigung des Leiters der Bezirksverwaltung und des zuständigen Stellvertreters der HV A und werden zentral durch die HV A koordiniert. Auch bei der Informationsauswertung der Abteilungen XV werden erforderliche Koordinierungen mit den sowjetischen Bruderorganen […] zentral über die HV A auf der Grundlage bestehender Vereinbarungen geregelt.[59]

Sofern Diensteinheiten des MfS eine Person überprüfen wollten, die in einem der für den KGB geführten Sicherungsvorgänge der Bezirksverwaltungen erfasst war, erteilte die Abteilung XII den anfragenden Diensteinheiten die Auskunft »erfasst für Leiter der Bezirksverwaltung […]«, ohne Bezug auf die »Freunde« zu

MfS und der Vertretung des KfS der UdSSR beim MfS der DDR, o. D. [verm. 1979]; BArch, MfS, ZAIG Nr. 18738, Bl. 78 f.

57 GM Manfred Hummitzsch, Leiter der BV Leipzig, Notizen zu Fragen des Zusammenwirkens MfS – KfS, 15.3.1978; BArch, MfS, BV Leipzig, Leitung Nr. 01941, Bl. 4 f., 34.

58 Roland Leipold, Leiter der Abt. XII, Gegenwärtige Praxis der Überprüfungen von Personen durch die Freunde in der Abteilung XII, 7.12.1979; BArch, MfS, Sekr. Neiber Nr. 632, Bl. 4 f.

59 Generalleutnant Markus Wolf, Stellvertreter des Ministers, Befehl Nr. 6/78 des Genossen Minister – Grundsätze in der Arbeit mit den Abteilungen XV, 15.8.1978; BArch, MfS, ZAIG Nr. 17468, Bl. 33 f.

nehmen.[60] Für den zentral geführten »Freunde«-SiVo von 1985 galten – ähnlich wie bei den Erfassungen von Personen – auch für die Überprüfungsanfragen zu den dort erfassten Personen abweichende Regelungen.[61]

Durch den vorgangsführenden Mitarbeiter der Abteilung XII durften Auskünfte an anfragende Diensteinheiten des MfS nur in konspirativer Form hinsichtlich der tatsächlichen Erfassungsverhältnisse erteilt werden. Sie erfolgten nur mit Kenntnis des Verbindungsoffiziers beziehungsweise bei schriftlichen Auskünften nur in Absprache mit ihm. Wie bereits erwähnt, diente die in den Indexbögen in der Spalte »Material bei« jeweils für die betreffende Person genannte Nummer dabei als Verständigungscode zwischen dem Verbindungsoffizier und dem vorgangsführenden Mitarbeiter der Abteilung XII. Zuvor waren durch den vorgangsführenden Mitarbeiter die Gründe der Anfrage konspirativ zu erfragen und dem Verbindungsoffizier mitzuteilen. Für die Kommunikation mit dem Verbindungsoffizier Ponin gab es verbindliche Sprachregelungen.[62]

Die interne Verschleierung der Erfassungen für den KGB und konspirativ in dessen Auftrag durchzuführende Überprüfungen brachten die damit betrauten Mitarbeiter der Abteilung XII gegenüber den operativen Diensteinheiten des MfS häufig in Erklärungsnöte. Um berechtigten Nachfragen zur Art der Erfassung oder zum Grund einer Überprüfungsanfrage auszuweichen, wurden sogar Legenden erfunden.[63]

Die Verbindungsoffiziere übergaben in der Regel ihre Überprüfungsanfragen persönlich in den Abteilungen XII. In den Bezirksverwaltungen erledigten gelegentlich auch Dolmetscher oder die persönlich von den Leitern der Bezirksverwaltungen Beauftragten diese Aufgaben für die jeweiligen Verbindungsoffiziere, für die sie in der Regel auch die SiVos führten.

Des Weiteren konnten »bestimmte operative Diensteinheiten (Linie II) Überprüfungen für die Freunde abgedeckt durchführen, das heißt, dass die Abtei-

60 Abt. XII, Vorschlag zur Regelung der Überprüfung und Erfassung von Personen für die sowjetischen Freunde in den Karteien der Abteilung XII [verm. Ende 1979]; BArch, MfS, Abt. XII Nr. 7583, Bl. 6.

61 Vgl. im Folgenden OSL Ingeburg Heinritz, Abt. XII, Arbeitsfestlegungen […] bei der Führung des Sicherungsvorganges XV 2147/85 unter Zusammenarbeit mit der befreundeten Dienststelle (KfS Berlin), 7.11.1986; BArch, MfS, Abt. XII Nr. 6572, Bl. 1–9.

62 Roth, Instruktion zu Handlungen des KS-Offiziers bei einer unverzüglichen Verbindungsaufnahme mit Genossen Oberst Ponin, 3.6.1988; BArch, MfS, Abt. XII Nr. 6572, Bl. 19 f.

63 Vgl. Springer: Das Gedächtnis der Staatssicherheit, S. 110. Probleme gab es demnach, wenn lokal oder thematisch eigentlich zuständige Diensteinheiten des MfS Rückfragen an die erfassende bzw. recherchierende Abteilung XII hatten und daher um Entscheidungen oder um weitere Informationen zum Hintergrund von Suchaufträgen baten. Das war z. B. bei Übersiedlungsverfahren der Fall, die konspirativ im Auftrag des KGB abgewickelt werden sollten.

lung XII diese Überprüfungen nicht erkennen kann«.[64] Diese Überprüfungen flossen deshalb auch nicht in die Statistik der Abteilung XII ein.

Etwa Ende 1979 regte die Abteilung XII in ihrem »Vorschlag zur Regelung der Überprüfung und Erfassung von Personen für die sowjetischen Freunde in den Karteien der Abteilung XII«[65] im Interesse der »absoluten Geheimhaltung« Änderungen der eigentlich als bewährt beschriebenen Praxis an, und zwar dergestalt, »dass die Freunde weder bei Anfragen noch bei Auskünften über für die Freunde erfolgte Erfassungen in irgendeiner Weise in Erscheinung treten«. Dazu sollten die Suchaufträge der Verbindungsoffiziere direkt den Leitern der Abteilungen XII übergeben und dort gesondert bearbeitet werden. Das Recht des Zugriffs auf die ebenfalls gesondert aufzubewahrenden Durchschriften der Suchaufträge sei auf den Minister und seine Stellvertreter zu beschränken. Im Fall vorliegender Erfassungen sollten die betreffenden Diensteinheiten nicht mehr wie üblich über die Anfrage informiert werden. Darüber hinaus seien den Verbindungsoffizieren ohne weitere Informationen und Genehmigungen bei Bedarf Archivmaterialien zur Verfügung zu stellen. Ausnahmeregelungen waren lediglich für archivierte Untersuchungsvorgänge und »ausdrücklich« gesperrte Ablagen vorgesehen. Auskünfte daraus sollten die Verbindungsoffiziere direkt bei den jeweils zuständigen Diensteinheiten auf oberster Leitungsebene (HA/Leiter selbstständigen Abteilungen/BV) einholen. Ein solches Vorgehen hätte dem KGB einen weitgehend abgeschirmten Informationszugang verschafft und Absprachen auf die oberste Ebene beschränkt.

Es ist nicht bekannt, ob und wenn ja, in welchem Umfang diese Vorschläge umgesetzt wurden. Nach einer Weisung der Abteilung XII vom 20. Juli 1989 waren vom KGB-Verbindungsoffizier veranlasste Suchaufträge in den Karteien der Abteilung XII zwar datentechnisch mit der Kennung »Freunde« zu erfassen, alle Belege und Auskünfte dazu waren jedoch, abweichend vom Regelbetrieb, über die Abteilung XII/5 (EDV-Recherche und technische Übermittlung) zu übergeben.[66] Für die EDV-gestützte Bearbeitung von Suchaufträgen mit dem Programm »System der automatischen Vorauswahl« galten zu diesem Kennwort besondere Regelungen, die auf eine zusätzliche Konspiration ausgerichtet waren. So war die Recherche nur am Bildschirm möglich. Im Fall einer vorliegenden aktiven Erfassung für eine Diensteinheit des MfS war nicht die sonst übliche Information an die erfassende MfS-Diensteinheit vorgesehen, sondern die Übergabe der

64 Abt. XII, Informationsaufgaben der Abteilung XII für das sowjetische Bruderorgan, [16.12.1986]; BArch, MfS, Abt. XII Nr. 4465, Bl. 1 f.

65 Vgl. im Folgenden Abt. XII, Vorschlag zur Regelung der Überprüfung und Erfassung von Personen für die sowjetischen Freunde in den Karteien der Abteilung XII [verm. Ende 1979]; BArch, MfS, Abt. XII Nr. 7583, Bl. 5–9.

66 Fischer, Abt. XII, Bearbeitung von Suchaufträgen der Freunde, 20.7.89; BArch, MfS, Abt. XII Nr. 6572, Bl. 27 bzw. BArch, MfS, Abt. XII Nr. 1687, Bl. 1.

Recherche-Unterlagen an den »Offizier für Koordinierung und Sonderauskünfte«, der wiederum die Weiterleitung an den Verbindungsoffizier veranlasste.[67]

Zur Anzahl der Überprüfungsanträge des KGB beim MfS

Die Anzahl der von den sowjetischen Verbindungsoffizieren veranlassten Personenüberprüfungen mittels Suchaufträgen F 10 wurde auf Wunsch des Oberst Anissimow ab April 1985 in den Abteilungen XII des MfS und der Bezirksverwaltungen in manuell geführten Halbjahres-Statistiken mit der »Kennung F« beziehungsweise »Freunde« erhoben.[68] Die Gesamtzahl der vorgenommenen Überprüfungen schwankte in den Jahren 1988 und 1989 zwischen 10 000 und 18 000 pro Halbjahr, wobei circa zwei Drittel der Anfragen in den Bezirksverwaltungen bearbeitet wurden. Differenzierte Angaben einzelner Bezirksverwaltungen liegen für die Jahre 1988 und 1989 vor. Die Bezirksverwaltungen Potsdam, Rostock, Magdeburg, Leipzig, Halle und Karl-Marx-Stadt nahmen mit jeweils circa 1 000 Anfragen pro Halbjahr Spitzenwerte ein.[69]

Die Abteilung XII im MfS bezifferte Ende der 1970er-Jahre die Anzahl der Überprüfungsaufträge mit 50 bis 100, die die Verbindungsoffiziere Ponin beziehungsweise Anissimow täglich direkt in der Abteilung XII in Berlin einreichten. Dazu zählten auch Anfragen der Militäraufklärung und -abwehr. Hinzu kämen lediglich »eine geringe Anzahl Aufträge von den Verbindungsoffizieren der Bezirksverwaltungen an die jeweiligen Abteilungen XII«.[70] Diese Zahlen wurden unverändert im Januar 1985 wiederholt genannt.[71] Da bis dahin keine statistischen Erfassungen über die »Freunde«-Anfragen erhoben wurden, handelt es sich sehr wahrscheinlich um grobe Schätzwerte, die von den tatsächlich belegbaren Zahlen der letzten Jahre insbesondere für die Bezirksverwaltungen abweichen.

67 Abt. XII, Besonderheit Kennwort Freunde, [verm. 1989]; BArch, MfS, Abt. XII Nr. 1687, Bl. 3.

68 Roth, Vermerk an GL Neiber [über ein Gespräch mit Genossen Oberst Anissimow über Erfassungspraxis durch sowjetische Freunde], 15.1.1985; BArch, MfS, Abt. XII Nr. 5812, Bl. 42; ders., Vervollkommnung der Unterstützung der Abteilung XII für das sowjetische Bruderorgan, 10.4.1985; ebenda, Bl. 51 f.; ders., Statistische Erfassung der Suchaufträge der Freunde, 17.4.1985; ebenda, Bl. 59; [Verbindungsoffizier], Notiz u. a. bezüglich der statistischen Erfassung der Auskunftsersuchen, [verm. April 1985]; ebenda, Bl. 60; Abt. XII, Informationsaufgaben der Abteilung XII für das sowjetische Bruderorgan, [16.12.1986]; BArch, MfS, Abt. XII Nr. 4465, Bl. 1 f.

69 Vgl. diverse Angaben über Anzahl der Überprüfungen mit der Kennung »F« im Zeitraum 1988–1989; BArch, MfS, Abt. XII Nr. 4465, Bl. 3–11.

70 Roland Leipold, Leiter der Abt. XII, Gegenwärtige Praxis der Überprüfungen von Personen durch die Freunde in der Abteilung XII, 7.12.1979; BArch, MfS, Sekr. Neiber Nr. 632, Bl. 4.

71 Roth, Vermerk an GL Neiber [über ein Gespräch mit Genossen Oberst Anissimow über Erfassungspraxis durch sowjetische Freunde], 15.1.1985; BArch, MfS, Abt. XII Nr. 5812, Bl. 43.

Übernahmen von IM des MfS und deren Akten

Den in den MfS-Akten wiedergegebenen Beispielen zufolge konnten die sowjetischen Verbindungsoffiziere zu jeder Zeit und ohne schriftliche Begründung für eigene Zwecke interessant erscheinende inoffizielle Mitarbeiter und deren komplette Unterlagen, also alle Karteikarten und Akten, vom MfS dauerhaft übernehmen.

Unterlagen zu Einzelfällen legen nahe, dass dies bis Anfang der 1960er-Jahre offenbar unkompliziert »auf dem kleinen Dienstweg« und ohne Informationspflichten gegenüber dem Minister geschah. Bei Bedarf und auf spezielle Empfehlung der MfS-Partner hin sprachen die Verbindungsoffiziere die Übergaben direkt mit den zuständigen Leitern der Bezirksverwaltungen beziehungsweise den Leitern der jeweiligen Diensteinheiten ab. Obwohl der Leiter der Abteilung XII, Oberstleutnant Paul Karoos, im Juni 1961 daran erinnerte, dass »Übergaben von Akten und Vorgängen an die Fr. [Freunde] zum Verbleib nur von hier zentral« zu erfolgen hätten, wurden die Übergaben offenbar nicht nur in Ausnahmefällen lediglich mittels Berichtigungs- und Ergänzungsmitteilungen, der sogenannten Form 5, nachträglich der Abteilung XII in Berlin bekanntgegeben. Mit Hinweis auf die erfolgte Übergabe wurde um Löschung der Erfassung gebeten. Die Leiter der Bezirksverwaltungen veranlassten sogar die Vernichtung zentraler Karteikarten eigenmächtig. Nur in den Registrierbüchern wurde die Übergabe an den KGB mitunter vermerkt.[72] Diese Praxis änderte Mielke mit seiner Anweisung zur Übergabe von IM »an andere Organe« vom 6. Februar 1963.[73] Die seitdem ausnahmslos durch den Leiter der Abteilung XII zentral vorzunehmenden Übergaben von IM mit allen dazu vorliegenden Unterlagen bedurften nun in jedem Einzelfall Mielkes persönlicher Zustimmung.[74] Dazu hatte der Leiter der Abteilung XII neben allen vorhandenen Akten und Karteikarten zum IM im Auftrag des Ministers von der IM-führenden Diensteinheit eine Einschätzung der bisherigen Zusammenarbeit und eine Stellungnahme zur beabsichtigten

72 Vgl. Beispiele für Übergaben in: BArch, MfS, Abt. XII Nr. 5819, Bl. 63, 84–110, insbes. 97, 103 (Zitat); zu den Einträgen in den Registrierbüchern siehe ebenda, Bl. 107. Erläuterungen zu den Archivregistrierbüchern und den Übernahmeregistrierbüchern vgl. Lucht: Das Archiv der Stasi, S. 55, 230. Demnach wurde für jeden Archivbestand ein Archivregistrierbuch geführt, das spezifische Angaben zum dort befindlichen Archivgut enthielt, u. a. zu Löschungen. In den Übernahmeregistrierbüchern wurden Übernahmen von registrierten Vorgängen und Akten in der Regel beim Wechsel von Zuständigkeiten innerhalb des MfS nachgewiesen.

73 Mielke, [Anweisung betreffend die] Übergabe von inoffiziellen Mitarbeitern des MfS an andere Organe, 6.2.1963; BArch, MfS, BdL/Dok. Nr. 3999, 3. Exemplar/Original [ohne Verteiler], Bl. 1. Ein Verteiler, der alle relevanten MfS-(Haupt-)Verwaltungen und alle Bezirksverwaltungen einschloss, findet sich in: BArch, MfS, SdM Nr. 311, Bl. 14–16.

74 Ebenda. Später genügte grundsätzlich auch die Zustimmung von einem der Mielke-Stellvertreter. Vgl. z. B. Mielke, Ausführungen des Genossen Minister auf der Dienstkonferenz zu Fragen des Zusammenwirkens zwischen dem MfS und der Vertretung des KfS der UdSSR beim MfS der DDR, o. D. [verm. 1979]; BArch, MfS, ZAIG Nr. 18738, Bl. 34.

Übernahme einzuholen. Anschließend waren diese zusammengestellten Unterlagen dem Minister als Entscheidungsgrundlagen vorzulegen.[75] Später dehnte Mielke den Zustimmungsvorbehalt auf IM-Vorläufe und bedeutsame operative Informationen und Materialien insbesondere aus dem Bereich Aufklärung aus.[76] Bislang gibt es keine Hinweise darauf, dass infolge derartiger freundlicher Übernahmen von IM des MfS Umregistrierungen in die bekannten SiVos (bzw. deren Vorläufer) erfolgten.

Diese Vorgaben fanden Eingang in Mielkes Befehlsentwurf zum Zusammenwirken der Leiter der Diensteinheiten des MfS mit den Vertretern des KGB.[77] Die Abteilung XII war dabei ein Scharnier zwischen den Diensteinheiten des MfS und den Verbindungsoffizieren des KGB. Besonderheiten galten – wie bereits erwähnt – für Übergaben von Vorgängen der HVA und der von ihr zentral angeleiteten Abteilungen XV an das »sowjetische Bruderorgan«. Sie durften nur über die HVA erfolgen.[78]

Aus der Sonderablage des Leiters der Abteilung XII sind Einzelanweisungen des Ministers zur Übergabe von IM des MfS an den KGB überliefert, wobei die Abteilung XII für die Übergabe der IM-Akten zuständig war. In dieser Sonderablage sind auch einzelne eingezogene Karteikarten erhalten geblieben. Die Einzelanweisungen waren als Geheime Verschlusssachen (GVS) eingestuft.[79]

Hervorzuheben sind die üblicherweise bei Übergaben vorzunehmenden Übergabevermerke, die in den jeweiligen Registrierbüchern der Abteilungen XII der Bezirksverwaltungen vorgenommen wurden. Im Fall der Übergabe an den KGB waren die Vorgänge »als ›übergeben an andere Organe‹ auszutragen«.[80] Hierzu sind bislang aber nur wenige Beispiele gefunden worden, sodass unklar ist, ob diese Vermerke gängige Praxis waren. Immerhin standen diese dem Bemühen entgegen, die Eingriffe des KGB möglichst geheimzuhalten. Eine systematische Durchsicht der Registrierbücher könnte hier für mehr Klarheit sorgen, wäre jedoch sehr aufwendig.

75 Vgl. Beispiele aus den Jahren 1962 und 1963 für Übergaben von IM an den KGB in: BArch, MfS, Abt. XII Nr. 5819, insbes. Bl. 117–126.

76 Mielke, Ausführungen des Genossen Minister auf der Dienstkonferenz zu Fragen des Zusammenwirkens zwischen dem MfS und der Vertretung des KfS der UdSSR beim MfS der DDR, o. D. [verm. 1979]; BArch, MfS, ZAIG Nr. 18738, Bl. 62, 70, 80.

77 Befehl [Entwurf ohne Nummerierung] über das Zusammenwirken der Leiter der Diensteinheiten des MfS mit der Vertretung des KfS der UdSSR beim MfS der DDR, o. D. [verm. 1979]; BArch, MfS, ZAIG Nr. 18738, Bl. 20.

78 Generalleutnant Markus Wolf, Stellvertreter des Ministers, Befehl Nr. 6/78 des Genossen Minister – Grundsätze in der Arbeit mit den Abteilungen XV, 15.8.1978; BArch, MfS, ZAIG Nr. 17468, Bl. 33 f.

79 Vgl. BArch, MfS, Abt. XII Nr. 5819. Es handelte sich dabei vorwiegend um Übergaben von IM der Linie II an den KGB. Erläuterungen zur »Sonderablage Leiter Archiv« vgl. Lucht: Das Archiv der Stasi, S. 209–211.

80 Vgl. Anm. 73, Bl. 36–39, 103–107, 107 (Zitat).

Inwieweit Mielkes Anweisung aus dem Jahr 1963 zur Übergabe von IM von Anfang an konsequent umgesetzt wurde und wie wirksam sie auf Dauer war, bleibt offen. Aus den Folgejahren sind mehrere Beispiele überliefert, in denen die Abteilungen XII der Bezirksverwaltungen der zentralen Abteilung XII die Übergabe von IM an den KGB ohne ersichtliche Genehmigungsvermerke und wieder mittels Veränderungs-Ergänzungsauftrag F 5 erst nachträglich anzeigten.[81] Ebenso dürfte der mit der Anweisung angestrebte Genehmigungsvorbehalt gegenüber dem KGB eher symbolischen Charakter gehabt haben. In den Akten fand sich bisher nur ein einziger Hinweis auf einen Versuch des MfS, die Übernahme von IM »teilweise« zu verhindern; dieser Versuch ging von der BV Frankfurt/Oder aus.[82] Angaben oder Schätzwerte über die Anzahl der Übernahmen sind nicht bekannt. Gewiss war nicht unbedeutend, wie freundschaftlich die konkreten Kontakte auf der Arbeitsebene ausgeprägt waren.[83]

Wo und wie der KGB übernommene Akten lagerte und wie sie weiter verwendet wurden, ist aus den hier ausgewerteten Akten nicht ersichtlich. Die KGB-Verbindungsoffiziere konnten die von ihnen genutzten Unterlagen jedoch als gesperrte Ablage deklarieren.[84]

Etwas bizarr war die Gepflogenheit des MfS, einzelne IM zu besonderen Anlässen wie dem 50. Jahrestag der Oktoberrevolution wie ein Präsent dem KGB zu übergeben, ähnlich den üblichen sogenannten »Informationsgeschenken«.[85] In der BV Leipzig wurden dazu beispielsweise konkrete Absprachen mit dem Verbindungsoffizier Oberst Sergej Wasil'ewitsch Filimonow getroffen, sodass die konkreten Wünsche der sowjetischen »Freunde« beim Ausbau ihres IM-Netzes berücksichtigt werden konnten.[86]

Die mündliche Weisung Mielkes aus dem Jahr 1977, die durch seinen Stellvertreter Generalleutnant Alfred Scholz dem Leiter der Abteilung XII übermittelt wurde, auch Auskünfte an die »Freunde« über »Vorgänge der HV A sowie über IM der Hauptabteilungen und selbstständigen Abteilungen des Ministeriums in

81 Derartige Meldungen über unregelmäßig vollzogene »nachträgliche« Übergaben im Zeitraum von 1967 bis 1976 sind aus der BV Leipzig und anderen Bezirksverwaltungen überliefert. Vgl. BArch, MfS, Abt. XII Nr. 5812, Bl. 25 und BArch, MfS, Abt. XII Nr. 6286–6301.

82 Abt. XII, Informationsaufgaben der Abteilung XII für das sowjetische Bruderorgan, [16.12.1986]; BArch, MfS, Abt. XII Nr. 4465, Bl. 1 f.

83 Kusmin, Iwan N.: Weitgehende Abhängigkeit. Zum Verhältnis von KGB und MfS in der DDR. In: Deutschland Archiv 31 (1998) 2, S. 285–290, hier 287.

84 Vgl. Beispiel in: BArch, MfS, BV KMSt, SiVo XIV/4151/60, Teil I, Bl. 1. Vgl. Beispiel in: BArch, MfS, Abt. XII Nr. 5819, Bl. 112–116.

85 Grünert, HA II, Vorschlag [an Mielke] Übergabe des GM »Johne« mit Feindverbindung zum BND an die sowjetischen Freunde anläßlich des 50. Jahrestages der Großen Sozialistischen Oktoberrevolution, 4.10.1967; BArch, MfS, Abt. XII Nr. 5812, Bl. 26 f.

86 Hummitzsch, Niederschrift über eine Aussprache mit dem Verbindungsoffizier [...] Oberst [Sergej Wasil'ewitsch] Filimonow, 21.6.1967; BArch, MfS, BV Leipzig, Leitung Nr. 00995/01, Bl. 4 f.

jedem Einzelfall mit den zuständigen Leitern der erfassenden Diensteinheiten abzustimmen«, könnte als weiterer Versuch des Schutzes vor freundlicher Übernahme wichtiger Informationen und Mitarbeiter verstanden werden, denn »in einer geringen Anzahl von Fällen wurde im Ergebnis der Abstimmung die Auskunft ›nicht erfasst‹ erteilt«, wohl in der Hoffnung, keine Aufmerksamkeit zu erregen.[87]

Als ein weiteres Indiz für die vorsorgliche Abwehr der Interessen des KGB am inoffiziellen Netz des MfS lassen sich Ausführungen des Leiters der Abteilung XII, Oberst Roth vom Februar 1988 lesen. Roth konstatierte, der Verbindungsoffizier Oberst Ponin habe insgesamt »nur lückenhafte Kenntnisse über die Arbeit der Abteilung XII«. Ponin wurde offenbar bewusst nur in dem Umfang informiert, »wie dies für seine Tätigkeit [...] objektiv unumgänglich« erschien. Dieser allgemein im MfS geltende Grundsatz der internen Konspiration führte dazu, dass Ponin demnach unter anderem keine Informationen erhielt über »Größe, inhaltlichen Aufbau und Struktur der Karteien, [...] IM/GMS-Sonderkarteien, [...] interne[s] Sicherheitsregime der Abteilung XII, [...] interne Arbeitsorganisation«. Roth schlug vor, diese komplizierten Themen auch weiterhin »nicht darzulegen«; mit anderen Worten: Der Verbindungsoffizier Ponin sollte auch weiterhin nicht zu viel wissen.[88]

Während der Endphase der DDR erfolgten unkontrollierte Übergaben von Akten des MfS an den KGB. Aus naheliegenden Gründen waren IM-Akten von besonderem Interesse. Das Ausmaß der Übergaben ist unbekannt, doch wurden in den 1990er-Jahren einige Fälle gerichtsfest bekannt, in denen beispielsweise IM der HVA nach 1989 dem KGB übergeben wurden und für diesen weiterarbeiteten.[89]

87 Roland Leipold, Leiter der Abt. XII, Gegenwärtige Praxis der Überprüfungen von Personen durch die Freunde in der Abteilung XII, 7.12.1979; BArch, MfS, Sekr. Neiber Nr. 632, Bl. 5. Neiber, Information an Mielke, 11.12.1979; ebenda, Bl. 6 f. Christopher Nehring beschreibt Ausmaß und Grenzen der Kooperation zwischen der HVA und dem KGB sowie die weniger freundschaftlich wirkende Praxis der Überwerbung von inoffiziellen Mitarbeitern der HVA durch den KGB anhand eines Fallbeispiels. Vgl. Nehring: Der MfS-Überläufer Werner Stiller beim BND, hier S. 80 f.

88 Oberst Heinz Roth, Leiter der Abt. XII, Vorbereitung einer Beratung mit Vertretern der 10. Verwaltung des KfS der UdSSR, 8.2.1988; BArch, MfS, Abt. XII Nr. 3050, Bl. 6 f. Die Beratung mit der Verwaltung 10, der »Partnerabteilung« der Abt. XII, fand im Mai 1988 statt. Einen vergleichbar konspirativen Umgang mit Interna des MfS beschreibt Roger Engelmann bezüglich des gegenüber dem KGB geheim gehaltenen Einsatzes von Siemens-Großrechnern und der Verwendung der von Siemens entwickelten Software GOLEM im Rechenzentrum des MfS ab dem Jahr 1970. Vgl. Engelmann, Roger; Joestel, Frank: Die Zentrale Auswertungs- und Informationsgruppe (ZAIG) (BStU, MfS-Handbuch). Berlin 2009, S. 69.

89 Borchert: Die Zusammenarbeit, S. 223–230. Marquardt: Die Zusammenarbeit, S. 321–324; ders.: Die Kooperation, S. 1997 f. Dass derartige Übertritte von hauptamtlichen und inoffiziellen Mitarbeitern des MfS zum KGB vorbereitet wurden und stattfanden, belegt Georg Herbstritt am Beispiel der Abteilung XV der BV Neubrandenburg. Vgl. Herbstritt: Bundesbürger im Dienst der DDR-Spionage, S. 295–299.

Wie erwähnt, fehlen im Archiv die Originale der Indexbögen des zentralen »Freunde«-SiVos. Die Annahme ihrer Übergabe an den KGB Ende 1989/Anfang 1990 wird durch das häufige Fehlen oder Unkenntlichmachen der entsprechenden personenbezogenen F-16-Personenkarteikarten gestützt. Ohne Indexbögen und Personenkarteikarten sind diese Erfassungen kaum noch nachzuweisen und zu rekonstruieren.

Die Zusammenarbeit der Abteilung XII mit der sowjetischen Partnerabteilung

Im KGB erfüllte die Abteilung Registratur und Archiv vergleichbare Aufgaben wie die Abteilung XII im MfS. Das heißt, hier wurden Erfassungen und Registrierungen vorgenommen, Karteien erstellt und verwaltet, interne Überprüfungsanfragen beauskunftet, Unterlagen aufbewahrt und bei Bedarf zur Verfügung gestellt oder bei Wegfall des Interesses vernichtet.[90]

Die Leitung der Abteilung XII wurde im Laufe der Jahre immer wieder in bilaterale Besprechungen einbezogen, die zwischen Vertretern der Moskauer KGB-Zentrale und leitenden Mitarbeitern unterschiedlicher MfS-Diensteinheiten stattfanden. Die Abteilung XII gab bei solchen Anlässen Auskunft über Aspekte ihrer Arbeit, ohne jedoch viel vom KGB zu erfahren. Insofern handelte es sich um eine einseitige Angelegenheit.[91]

Der erste direkte Erfahrungsaustausch zwischen der Abteilung XII und der Abteilung Registratur und Archiv des KGB, die auch als »10. Abteilung« firmierte, fand erst im Mai 1988 in Ostberlin statt.[92] Im Zusammenhang mit dem Treffen wurden ausführliche Darstellungen über die Arbeitsweise beider Abteilungen

90 Die Abteilung Registratur und Archiv wird in den Unterlagen des MfS auch als 10. Verwaltung bzw. 10. Abteilung bezeichnet. Darüber hinaus war in der für Auslandsspionage zuständigen I. Hauptverwaltung (vormals Verwaltung) speziell die 15. Abteilung (bzw. Abt. XV) mit Archivaufgaben betraut, d. h. mit der Sammlung operativer Unterlagen, dem Führen der Operationskartei und sonstigen Archivaufgaben der I. Hauptverwaltung. Sie ist vergleichbar mit dem Referat 7 im Stab der HV A des MfS, das unabhängig von der Abteilung XII die Registratur und das Archiv der HV A verwaltete. Zum organisatorischen Aufbau des KGB vgl. Barron, John: KGB heute – Moskaus Spionageorganisation von innen. Bern 1984, S. 419–426, hier 424 sowie Hilger, Andreas: Sowjetunion (1945–1991). In: Kamiński, Łukasz; Persak, Krzysztof; Gieseke Jens (Hg.): Handbuch der kommunistischen Geheimdienste in Osteuropa 1944–1991. Göttingen 2009, S. 43–141, hier 57.

91 Oberst Heinz Roth, Leiter der Abt. XII, Vorbereitung einer Beratung mit Vertretern der 10. Verwaltung des KfS der UdSSR, 8.2.1988; BArch, MfS, Abt. XII Nr. 3050, Bl. 5. Joachim Moschner, Aktenvermerk über eine Beratung mit Angehörigen des sowjetischen Bruderorgans [u. a. 1. Verwaltung, Abteilung XV], 22.6.1979; BArch, MfS, Abt. XII Nr. 3789, Bl. 1 f.

92 Oberst Heinz Roth, Leiter der Abt. XII, Vorbereitung einer Beratung mit Vertretern der 10. Verwaltung des KfS der UdSSR, 8.2.1988; BArch, MfS, Abt. XII Nr. 3050, Bl. 5. Das Treffen fand vom 24. bis 27.5.1988 statt. Vgl. [Roth], Information zum durchgeführten Arbeitstreffen

erstellt.[93] Im Ergebnis des als nützlich eingeschätzten Treffens wurde festgestellt, dass sich Aufgaben und Arbeitsprinzipien grundsätzlich ähnelten und daher vergleichbare Erfahrungen vorlagen. Es wurden aber auch Unterschiede festgestellt. So nahm die 10. Abteilung beispielsweise keine Erfassungen für Diensteinheiten mit Aufgaben aus dem Bereich der Aufklärung vor. Darüber hinaus erfasste die 10. Abteilung alle IM zentral und mit Einzelheiten zu ihrer Person. Andere operative Erfassungen erfolgten nicht zentral, sondern in den jeweils zuständigen Registrierbereichen. Im Gegensatz zum MfS gab es keine Erfassung von Personen in Kerblochkarteien, Sicherungsvorgängen und operativen Personenkontrollvorgängen, insgesamt also ein offenbar weniger ausdifferenziertes Erfassungs- und Registrierungssystem. Für Personen in herausgehobener gesellschaftlicher oder beruflicher Stellung, mit besonderen Kontakten ins Ausland, Geheimnisträger, Reisekader und dergleichen, erfolgten gegebenenfalls sogenannte Signalerfassungen.[94]

Ein offenbar aus dem November 1989 stammender Themenkatalog für einen weiteren Erfahrungsaustausch war auf Fragen der archivischen Bewertung der Akten ausgerichtet, vor allem auf Fragen der Kassationen.[95]

Fazit

Die beim MfS eingesetzten Verbindungsoffiziere des KGB besaßen umfangreiche Befugnisse zur Überprüfung, Erfassung und »Nutzung« von DDR-Bürgern sowie zur Übernahme inoffizieller Mitarbeiter des MfS für ihre eigenen Zwecke. Die für archivische Aufgaben zuständige Abteilung XII im Ministerium und die analogen Abteilungen in den Bezirksverwaltungen dienten den Verbindungsoffizieren des KGB dabei als zentrale Informationsstellen und Dienstleister beim Aufbau eigener IM-Netze. Obwohl ein Höchstmaß an Konspiration auch innerhalb des MfS angestrebt wurde, fanden Kennwörter wie »Freunde«, »F« oder »andere Organe« Verwendung.

zwischen der Abt. 10 des KfS der UdSSR und der Abt. XII des MfS (handschriftlicher Entwurf), 1.6.1988; ebenda, Bl. 76–87.

93 [Roth], Abt. XII, Vortrag Leiter DE [Diensteinheit] zur Eröffnung des Erfahrungsaustausches, Mai 1988; BArch, MfS, Abt. XII Nr. 3050, Bl. 31–52. Abt. XII, Vortrag über [...] Grundprinzipien der Arbeit mit den Personendatenspeichern unter Anwendung der EDV, 20.5.1988; ebenda, Bl. 53–69.

94 [Roth], Information zum durchgeführten Arbeitstreffen zwischen der Abt. 10 des KfS der UdSSR und der Abt. XII des MfS mit Anlage: Zusammengefasste Erkenntnisse über Aufgaben und Arbeitsweisen der Abt. 10 des KfS der UdSSR (handschriftlicher Entwurf), 1.6.1988; ebenda, Bl. 76–104, hier 76–87. – Die oben genannten operativen Personenkontrollvorgänge bildeten häufig die Vorstufe zu operativen Vorgängen, in denen das MfS (vermeintliche) politische Gegner mit geheimpolizeilichen Methoden systematisch bekämpfte.

95 Abt. XII, Themen für einen Erfahrungsaustausch, o. D. [verm. November 1989]; BArch, MfS, Abt. XII Nr. 7608, Bl. 80–82.

Um die Interessen des KGB zu bedienen, erfasste das MfS exklusiv für die sowjetischen Verbindungsoffiziere »operativ-interessante« Personen, die damit für das MfS tabu waren und von diesem zum Beispiel nicht mehr angeworben oder in feindlicher Weise »bearbeitet« werden durften. Das betraf überwiegend DDR-Bürger, aber auch Bundesbürger und in der DDR lebende ausländische Staatsangehörige. Diese Erfassungen geschahen ab den 1960er-Jahren in den Bezirksverwaltungen in speziellen Objekt- und Sondervorgängen, die in Sicherungsvorgängen auf Leitungsebene übergingen. Erst seit 1985 gab es zusätzlich auch einen zentral im Ministerium geführten, vergleichbaren Sicherungsvorgang. Für die Vorgangsführung und für Auskünfte daraus galten besondere Festlegungen, die auf absolute Geheimhaltung gerichtet waren. Darüber hinaus waren auch sogenannte »abgedeckte« Erfassungen möglich, zu denen bisher keine weiteren Informationen vorliegen.

Nach gegenwärtiger Aktenlage sollten Personen, die konspirativ für den KGB in der DDR tätig werden sollten oder gegebenenfalls schon waren, oder die für einen späteren Einsatz im sogenannten Operationsgebiet geworben werden sollten, grundsätzlich in gesonderten Sicherungsvorgängen erfasst werden. Darüber hinaus mochte es auch andere Gründe geben, weswegen die KGB-Verbindungsoffiziere eine Person in einem Sicherungsvorgang erfassen ließen. Andererseits warb der KGB in der DDR auch inoffizielle Mitarbeiter an, ohne sie beim MfS erfassen zu lassen oder ließ zumindest in Einzelfällen IM des MfS unabgestimmt parallel für sich arbeiten.

Die »Freunde«-SiVos dokumentieren, dass die KGB-Verbindungsoffiziere für ihre geheimdienstliche Arbeit die Dienstleistungen der Abteilungen XII gerne in Anspruch nahmen, doch sie bilden die konspirativen Aktivitäten des KGB in der DDR keineswegs vollständig ab.

Über die vom KGB eigenständig betriebenen Werbungen inoffizieller Quellen hinaus konnte der KGB auch IM des MfS für seine Zwecke übernehmen. Spätestens ab 1963 wurde die bis dahin offenbar übliche Praxis der KGB-Verbindungsoffiziere, nützlich erscheinende IM unmittelbar von den zuständigen MfS-Diensteinheiten zu übernehmen, geändert. Infolge der Anweisung des Ministers vom 6. Februar 1963 durften alle Karteikarten und Akten zu den betreffenden IM nur noch zentral über den Leiter der Abteilung XII des MfS an die Verbindungsoffiziere übergeben werden. In jedem Einzelfall war vorab die IM-führende Diensteinheit anzuhören und auf dem Dienstweg die Genehmigung des Ministers oder eines seiner Stellvertreter einzuholen. Doch es gibt Zweifel, ob das in der Praxis immer so konsequent umgesetzt wurde. Darüber hinaus gab es im MfS weitere Ansätze zum Schutz der eigenen Quellen, wie beispielsweise die 1977 vom Minister mündlich angewiesene Ausnahmeregelung, wonach auch wahrheitswidrige Auskünfte an die »Freunde« über Vorgänge der HV A und IM-Vorgänge erteilt werden durften, was allerdings nach bisherigen Kenntnissen nur in Einzelfällen umgesetzt wurde.

Die Vermutung liegt nahe, dass nur in Ausnahmefällen Übernahmewünsche des KGB tatsächlich abgelehnt oder vereitelt werden konnten.

Fragen zu Art und Ausmaß des inoffiziellen Netzes des KGB in der DDR und der BRD werden weiterhin nicht nur im Hinblick auf das MfS, sondern auch auf das Ministerium des Innern zu untersuchen sein.

Douglas Selvage

Die DDR als operative Basis für die Aufklärung des KGB

Die für Auslandsspionage zuständige Hauptverwaltung A (HVA) des MfS nutzte das Territorium der DDR intensiv als operative Basis. Dieser Sachverhalt ist seit Langem bekannt. Das heißt, die HVA rekrutierte zum Beispiel rund die Hälfte ihrer bundesdeutschen inoffiziellen Mitarbeiter (IM) mit den Möglichkeiten, die sich auf dem Territorium der DDR ergaben. Sie analysierte die Hinweise von DDR-IM, die Daten aus dem Ein- und Ausreiseverkehr, die Informationen der Meldestellen in der DDR, verwandtschaftliche Beziehungen zwischen West- und Ostdeutschen sowie offizielle Kontakte von Westdeutschen und anderen Ausländern mit DDR-Institutionen, um auf diese Weise gezielt an westliche Staatsbürger heranzutreten und sie als Agenten zu rekrutieren. Darüber hinaus interessierte sich die HVA auch für DDR-Bürger, die für vier Schwerpunktaufgaben in Richtung Westen nützlich sein konnten: die Rekrutierung von Westbürgern als IM, die Rekrutierung von IM in der DDR für Arbeit im und nach dem Operationsgebiet, die Überwachung von Ausländern und Westbürgern in der DDR und Informationsbeschaffung aus und über den Westen.[1] Die Abteilungen XV der Bezirksverwaltungen sowie die Offiziere für Aufklärung in den Kreis- und Objektdienststellen des MfS suchten solche »operativ interessanten« Personen auf dem Territorium der DDR aus, überprüften sie und – falls sie die Überprüfung »bestanden« – versuchten sie als IM für die HVA anzuwerben.

Kaum bekannt ist das Ausmaß, in dem der KGB das Territorium der DDR als operative Basis in Richtung Westen für die eigene, sowjetische Aufklärung nutzte. Nach Angaben Wasilij Mitrochins zählte die KGB-Vertretung in der DDR im Jahre 1975 insgesamt 1 314 ostdeutsche Bürger zu ihrem Agenturnetz. 128 von ihnen dienten dem KGB als Residenten, 781 als Agenten (IM und hauptamtliche inoffizielle Mitarbeiter, HIM) und 405 als »vertraute Kontaktpersonen«. Hinzu kamen 234 Agenten aus westlichen Ländern. Für den sowjetischen Geheimdienst war die operative Präsenz in den Bezirken der DDR von großer Bedeutung für seine »Aufklärungsarbeit«, also für die Spionage im Westen. Von den 234 West-Agenten im Netz der KGB-Vertretung 1975 wurden immerhin 64 von den KGB-Dienststellen in den Bezirken der DDR geführt. Mit vielen von diesen Personen sei die Zusammenarbeit, so Mitrochin, unter der »fremden Flagge« MfS aufgebaut

1 Herbstritt: Bundesbürger im Dienst der DDR-Spionage, S. 211.

worden.[2] Nicht gezählt in diesen Statistiken für die Bezirke wurden die inoffiziellen Kräfte, die diese Dienststellen rekrutiert und an die I. Hauptverwaltung[3] des KGB übergeben hatten.

Hier stellt sich die Frage: Wie baute die sowjetische Aufklärung auf dem Territorium der DDR ein so umfangreiches Agentennetz für ihre Spionage im Westen auf? Und wie gelang es ihr mit so großem Erfolg, inoffizielle Kräfte anzuwerben? Und was für Auswirkungen hatte diese Werbungstätigkeit des KGB auf die Beziehungen zwischen MfS und KGB?

Das MfS als Tipper und Werber für den KGB

Staatssicherheitsminister Erich Mielke benannte in einer Rede auf einer Dienstkonferenz des MfS nach der Unterzeichnung eines Protokolls über die Regelung des Zusammenwirkens zwischen dem MfS und der KGB-Vertretung im März 1978[4] zwei maßgebliche Gründe für den Erfolg des KGB bei der Werbung von Agenten auf dem Territorium der DDR. Der erste Grund sei die Hilfe des MfS für den KGB beim Aussuchen (»Tippen«) und Rekrutieren (»Werben«) von geeigneten Personen für seine geheimdienstliche Arbeit.[5] Der zweite Grund, der unten noch erörtert wird, sei das selbstständige Rekrutieren von Personen durch den KGB ohne die Vermittlung des MfS.[6] Die Rekrutierungen zielten sowohl auf DDR-Bürger als auch auf Menschen, die sich nur vorübergehend in der DDR aufhielten.

Im Laufe seiner Rede listete Mielke die bisherigen – und künftigen – Formen der Unterstützung des MfS für die KGB-Vertretung und die sowjetische Militärabwehr bei der Rekrutierung von IM auf. Entsprechend dem unterzeichneten Protokoll (und der bisherigen Praxis) würde das MfS DDR-Bürger sowie westdeutsche und ausländische Besucher in der DDR für den KGB aussuchen, die dieses »für die Lösung von Aufklärungs- und Abwehraufgaben in kapitalistischen Staaten und Westberlin sowie für die Erfüllung von Hilfsfunktionen« benutzen

2 Siehe Mitrokhin Collection, Churchill Archives Centre, Churchill College, Cambridge University: Manuscript Extracts from KGB First Chief Directorate Files (nachfolgend als »Mitrokhin Collection, Cambridge University« bezeichnet): MITN 2/2, Bl. 80, Eintrag 87.

3 Die I. Hauptverwaltung des KGB war das Pendant zur Hauptverwaltung A (HVA) des MfS und für die Auslandsspionage zuständig.

4 Protokoll über die Regelung des Zusammenwirkens zwischen dem MfS der DDR und der Vertretung des KfS beim Ministerrat der UdSSR beim MfS der DDR, 29.3.1978; BArch, MfS, BdL/Dok. Nr. 1862, Bl. 1–11, hier 7, Dokument online: https://www.stasi-unterlagen-archiv.de/assets/bstu/content_migration/DE/Wissen/MfS-Dokumente/Downloads/KGB-Projekt/78_03_29_Protokoll_Zusammenwirken_MfS_KGB.pdf (letzter Zugriff: 20.7.2021).

5 Mielke, Ausführungen des Genossen Minister auf der Dienstkonferenz zu Fragen des Zusammenwirkens zwischen dem MfS und der Vertretung des KfS der UdSSR beim MfS der DDR, o. D. [Sommer 1979]; BArch, MfS, ZAIG Nr. 18738, Bl. 22–92, hier 34.

6 Ebenda, Bl. 31, 40.

könne. Hinzu komme ihre Nutzung »für die Bearbeitung von Mitarbeitern der drei westlichen Militärverbindungsmissionen« und »für Abwehrmaßnahmen im Zusammenhang mit der operativen Sicherung sowjetischer Militäreinheiten, Einrichtungen und Bürger«.[7] Konkret beinhaltete diese Hilfe des MfS für die KGB-Vertretung die Übergabe von »vorverdichteten Personenhinweisen für die Arbeit im und in das Operationsgebiet« an die sowjetischen Verbindungsoffiziere sowie – mit der Genehmigung Mielkes oder seiner Stellvertreter – die Übergabe von IM-Vorgängen sowie Vorlaufmaterialien.[8]

Als Fallbeispiel für diese Art »operativer Hilfe« für die sowjetischen »Freunde« werden im Folgenden die entsprechenden Bemühungen der MfS-Bezirksverwaltung Leipzig in den Jahren 1967 und 1968 geschildert. Daran schließt sich ein Vergleich zwischen dem Profil jener Personen an, deren Dossiers die Bezirksverwaltung Leipzig in diesen beiden Jahren dem KGB als potenzielle Quellen übergab, mit jenen im Sicherungsvorgang »Freunde« der Bezirksverwaltung (BV) Karl-Marx-Stadt in der zweiten Novemberhälfte 1989. Dies ermöglicht einen Einblick in die Werbungsprioritäten des KGB in der DDR. Sogenannte »Freunde-Vorgänge« wurden spätestens ab 1960 in jeder Bezirksverwaltung des MfS und ab 1985 in der MfS-Zentrale in Berlin geführt. In diesen Vorgängen registrierte das MfS exklusiv und konspirativ für den KGB die Daten von Personen, für die sich die Verbindungsoffiziere des KGB aus »politisch-operativen Gründen« interessierten, ohne genauere Angabe zu Gründen der Erfassung zu machen.[9]

Die Priorität des KGB bei der Werbung inoffizieller Quellen auf dem Territorium der DDR lag im Bereich der wissenschaftlich-technischen Aufklärung. Die BV Leipzig bekam zum Beispiel im März 1967 eine Anfrage des Verbindungsoffiziers des KGB in Leipzig, Sergej Wasil'ewitsch Filimonow. Er bat um die Kaderakten von elf (ausschließlich männlichen) Studenten an der Karl-Marx-Universität (KMU). Sechs von ihnen studierten Physik, vier Chemie und einer Pädagogik. Innerhalb einer Woche lieferte die BV Leipzig die angefragten Akten an die Leipziger KGB-Dienststelle, die diese Studenten offenbar als IM bzw. Übersiedlungs-IM werben wollte.[10] Doch damit war die Nachfrage der »Freunde« keinesfalls befriedigt.

7 Ebenda, Bl. 64.

8 Ebenda, Bl. 34.

9 Abt. XII, Informationsaufgaben der Abteilung XII für das sowjetische Bruderorgan, [16.12.1986]; BArch, MfS, Abt. XII Nr. 4465, Bl. 1 f., datiert in: BArch, MfS, Abt. XII Nr. 7607, Bl. 104 f. Zu diesen »Freunde-Vorgängen« siehe den Aufsatz von Cornelia Jabs »Freundschaftsdienste der Abteilung XII des MfS für den KGB« in diesem Band.

10 StV Operativ, BV Leipzig, an Leiter der Abteilung XX im Hause, 31.3.1967; BArch, MfS, BV Leipzig Nr. 374, n. p. Bezüglich des primären Interesses des KGB an Personen, die in wissenschaftlich-technischen Berufen tätig waren, siehe auch Oberst [Winfried] Linke, Stellvertreter Operativ der BV Dresden, Aktenvermerk, 10.2.1989; BArch, MfS, BV Dresden, StV Operativ Nr. 96, Bl. 1. Oberst Linke vermerkte in seiner Aufzeichnung die Unzufriedenheit des sowjetischen Verbindungsoffiziers im Bezirk Dresden, weil von den 25 studentischen Kandidaten, die die BV Dresden 1988 als Übersiedlungs-IM vorschlug, nur einer sich als geeignet

Anlässlich einer großen Verpflichtungskampagne der BV Leipzig für den KGB im Jahre 1967 zu Ehren des 50. Jahrestages der Oktoberrevolution verschickte der Leiter der BV Leipzig, Manfred Hummitzsch, eine weitere KGB-Anfrage an alle ihm unterstehenden Diensteinheiten. Filimonow habe, so Hummitzsch, unter anderem um die Übergabe von zwei IM »mit Spezialkenntnissen auf dem Gebiet der Chemie und Physik« gebeten, die in der Lage sein müssten, »mit Chemikern und Physikern aus dem Operationsgebiet fachliche Gespräche zu führen«.[11] Darüber hinaus interessierte sich Filimonow für drei bis fünf Hinweispersonen »mit folgenden Merkmalen: Studenten, Absolventen von Hoch- und Fachschulen, Sprachkenntnisse (Englisch, Französisch), unverheiratet (zumindest – wenn verheiratet – keine Kinder), politische Zuverlässigkeit, Richtung der Ausbildung: technische Berufe«.[12] Außerdem erbat Filimonow auch »Hinweise auf einreisende Personen aus Westdeutschland, welche in den Siemens-Werken in Erlangen beschäftigt sind«.[13] Für die Verpflichtungskampagne setzte die BV Leipzig sogar einen wissenschaftlichen Assistenten des Physikalischen Instituts der Karl-Marx-Universität Leipzig ein, der am Beginn einer spannenden Karriere als Spion für die HV A stand: Alfred Zehe alias IM »Welle«. Der Instrukteur-Werber »Welle« sollte die Hinweisperson »Alpha«, die eine Schlüsselposition im Kernforschungszentrum Jülich in der Bundesrepublik bekleidete, für den KGB anwerben.[14] Zehe, der nach seiner Verhaftung in den USA wegen Spionage 1985 auf der Glienicker Brücke ausgetauscht wurde,[15] konnte »Alpha« 1967 nicht rekrutieren. Das Risiko im Operationsgebiet sei zu hoch, so sein Führungsoffizier.[16]

Im Herbst 1968 richtete die KGB-Dienststelle eine weitere Anfrage an die BV Leipzig. Hummitzsch unterstrich daraufhin die Notwendigkeit, weitere Hinweise zu wissenschaftlichen Fachkräften (vorwiegend Chemiker, Physiker und

erwiesen habe. Ebenda. OSL [Gerald] Neumann, Leiter, Abt. XV, BV Schwerin, an den Leiter der BV Schwerin, Übersicht zu Aktivitäten und Maßnahmen zur Unterstützung der Arbeit der sowjetischen Tschekisten im Bezirk Schwerin durch die Abteilung XV, 21.10.1987; BArch, MfS, BV Schwerin, Leiter 3, Bl. 14–18.

11 OSL Hummitzsch, Leiter der BV Leipzig, Niederschrift über eine Aussprache mit dem Verbindungsoffizier der sowjetischen Tschekisten – Genossen Oberst Filimonow – am 19. Juni 1967; BArch, MfS, BV Leipzig, Leitung Nr. 995/1, Bl. 4 f., hier 4.

12 Ebenda, Bl. 5.

13 Ebenda, Bl. 4.

14 Ltn. Otto, Abt. XV der BV Leipzig, Verpflichtung, 7.7.1967; BArch, MfS, BV Leipzig, Leitung Nr. 995/1, Bl. 101.

15 Förster, Andreas: Der Regisseur fuhr im goldfarbenen Mercedes vor. In: Berliner Zeitung v. 12.6.1995, verfügbar online: https://web.archive.org/web/20100614064509/http://www.berlinonline.de/berliner-zeitung/archiv/.bin/dump.fcgi/1995/0612/reporter/0025/index.html (letzter Zugriff: 20.7.2021).

16 OSL [Paul] Bilke, Stellvertreter Operativ, Abt. XV der BV Leipzig, Rapport über die Erfüllung der Verpflichtungen zu Ehren des 50. Jahrestages der Großen Sozialistischen Oktoberrevolution und des 50. Jahrestages der Tscheka, 23.11.1967; BArch, MfS, BV Leipzig, Leitung Nr. 995/3, Bl. 33–40, hier 35.

Ingenieure) für die »Freunde« zu sammeln. Der KGB suche hierbei nur Männer im Alter zwischen 23 und 35 Jahren, die ledig oder kinderlos verheiratet seien und die sich »für einen Einsatz ins Operationsgebiet eignen bzw. nach dort abgesetzt werden können«.[17] Hummitzsch schrieb, dass auch Führungs-IM (FIM) des MfS sowie abgelegte (aber noch vertrauenswürdige) FIM, die den genannten Kriterien entsprächen, an den KGB übergeben werden sollten.[18] Hummitzschs Bereitschaft, erfahrene IM des MfS zugunsten des KGB aufzugeben,[19] veranschaulicht, wessen Interesse in der Beziehung MfS – KGB Priorität hatte.

Ein Vergleich des oben genannten Profils mit den Personen, die im Sicherungsvorgang (SVG) »Freunde« der BV Karl-Marx-Stadt in der zweiten Novemberhälfte 1989 erfasst waren,[20] bestätigt die Priorität des KGB für die Werbung von wissenschaftlich-technischen Fachkräften.[21] Insgesamt 333 DDR-Bürger waren damals im »Freunde-Vorgang« der BV Karl-Marx-Stadt erfasst, darunter 38 Rentner. Von den restlichen 295 gibt es zu 275 Personen Berufsangaben. Von diesen 275 waren 104 im Bildungsbereich tätig – hauptsächlich Studierende (74), aber auch andere Universitätsangehörige (17) und Lehrer (13). Im wissenschaftlich-technischen Bereich außerhalb einer Universität oder Hochschule waren 23 Ingenieure und 6 wissenschaftliche Mitarbeiter erfasst.[22] Das heißt, mehr als ein Drittel der im November 1989 im Sicherungsvorgang »Freunde« der BV Karl-Marx-Stadt erfassten berufstätigen DDR-Bürger war im wissenschaftlich-technischen Bereich tätig und konnte Aufgaben in der Wissenschafts- und Wirtschaftsspionage für den KGB erledigen – zum Beispiel »Aufklärung« in der DDR oder als Übersiedlungs-IM im Operationsgebiet, Rekrutierung von Personen in ähnlichen Bereichen unter den westdeutschen und ausländischen Besuchern in der DDR (bzw. außerhalb der DDR im Falle von Übersiedlungs-IM) oder die Auswertung von Unterlagen. Entsprechend des Charakters der Sicherungsvorgänge »Freunde« waren vermutlich die meisten der darin aufgelisteten Personen nur Hinweispersonen – das heißt Personen, deren Daten (z. B. Studentenakten) an den KGB übergeben wurden,

17 Oberst Hummitzsch, Leiter, BV Leipzig, an die Leiter aller Diensteinheiten, auch in KD und OD, 5.11.1968; BArch, MfS, BV Leipzig, Leiter Nr. 770, Bd. 2, Bl. 79.

18 Ebenda.

19 Siehe Leiter, BV Leipzig, Aufstellung von Personen, die evtl. geeignet sind, als GHI [Geheime Hauptinformatoren] für die sowjetischen Tschekisten zu arbeiten, 27.11.1968; BArch, MfS, BV Leipzig, Leiter Nr. 770, Bd. 2, Bl. 85.

20 Siehe die Auflistungen der für den KGB erfassten Personen, 20.–22. November 1989 in: BArch, MfS, BV KMSt, Reg.-Nr. XIV/4151/60, Teil 3, Bl. 96–106.

21 Die folgenden Statistiken entstanden aus der Zusammenführung und Sortierung der Angaben über die in dem Sicherungsvorgang »Freunde« der BV Karl-Marx-Stadt aufgelisteten Personen (Auflistungen der für den KGB erfassten Personen, 20.–22. November 1989 in: BArch, MfS, BV KMSt, Reg.-Nr. XIV/4151/60, Teil 3, Bl. 96–106) aus der Sonderkartei des Leiters der BV Karl-Marx-Stadt »für KGB erfasste Personen« (BArch, MfS, BV KMSt, Kartei des Leiters der BV).

22 Ebenda.

aber keinesfalls Personen, die schon rekrutiert wurden. Natürlich gab es darunter auch aktive IM, aber diese waren die Ausnahme.

Nicht nur 333 DDR-Bürger, sondern auch 197 Personen mit Wohnsitz in der Bundesrepublik beziehungsweise Westberlin waren im November 1989 im SVG »Freunde« der BV Karl-Marx-Stadt erfasst. Von den 173 Personen mit Berufsangaben waren 45 – mehr als ein Viertel – im Hochschul- und Bildungsbereich tätig, hauptsächlich als Studierende (42 Studierende und 3 Universitätsangestellte).[23] Westliche Studierende waren ein beliebtes Rekrutierungsziel des KGB. Denn wenn der Richtige rekrutiert wurde, konnte er noch zu Beginn seiner beruflichen Laufbahn beeinflusst und in eine geheimdienstlich interessante Institution gelenkt werden, sei es in der Politik, dem öffentlichen Dienst, dem Militär, der Wissenschaft oder der Wirtschaft.[24] An zweiter Stelle unter den erfassten Westdeutschen standen Angestellte westdeutscher Firmen, insgesamt 38 Personen, die unter anderem für solche beliebten Aufklärungsziele des Ostens wie die Hoechst AG (3 Personen), für Messerschmitt-Bölkow-Blohm, die Bayer AG oder Siemens (jeweils 2 Personen) arbeiteten. Wissenschafts- und Wirtschaftsspionage waren auch hier angesagt.[25]

Der KGB beauftragte das MfS auch mit dem Tippen und Anwerben von Quellen, die für die politische und militärische Aufklärung der Sowjetunion nützlich sein konnten. Diese beiden Spionagefelder standen offenbar auf Rang zwei und drei der KGB-Prioritätenliste, was die Nutzung der »operativen Basis« auf dem Territorium der DDR betraf. Mit dem Ziel, die politische Aufklärung zu stärken, bat Filimonow die BV Leipzig 1968 um Hinweise sowohl »über Personen aus Westdeutschland und Westberlin, welche in dortigen staatlichen Stellen tätig sind« als auch über »Personen ohne bestimmte Merkmale, die aus den Städten München, Frankfurt, Köln und Bonn in die DDR einreisen bzw. DDR-Bürger, welche enge verwandtschaftliche oder auch andere Beziehungen zu Personen haben, welche in den genannten Städten wohnhaft sind«.[26] Diese Anfrage wurde von der sowjetischen Militärabwehr im Bezirk Leipzig ergänzt, die ihrerseits um das »Tippen von Personen [bat], welche vorwiegend aus bayerischen Städten wie Bad Tölz, Hof, Pullach usw. in den Kreis Grimma einreisen bzw. Personen, welche nach dort Verbindung unterhalten«[27] – das heißt, Personen, die in der Nähe

23 Zu diesen Angaben siehe Anm. 21.

24 Vgl. Mitrokhin Collection, Cambridge University, MITN 1/7, Bl. 25.

25 Zu diesen Angaben siehe Anm. 21.

26 Hummitzsch, Niederschrift über eine Aussprache mit Filimonow, 19.6.1967; BArch, MfS, MfS, BV Leipzig, Leitung Nr. 995/1, Bl. 4 f., hier 4.

27 Hummitzsch, Niederschrift über eine Aussprache mit dem Leiter der Militärabwehr der auf dem Territorium des Bezirkes Leipzig vorhandenen militärischen Objekte der Sowjetarmee am 21. Juni 1967, 27.6.1967; ebenda, Bl. 2 f.

von Militärstützpunkten in der Bundesrepublik oder dem BND-Hauptquartier wohnten sowie ihre ostdeutschen Verwandten.[28]

Das Interesse des KGB an diesem Personenkreis hing nicht nur mit der Militärabwehr zusammen, sondern offenbar auch mit den Bedürfnissen der sowjetischen Aufklärung in der Bundesrepublik. Wladimir Gortanow, der ebenso wie Wladimir Putin in der zweiten Hälfte der 1980er-Jahre als Offizier in der KGB-Dienststelle in Dresden tätig war, erinnert sich, dass seine Kollegen und insbesondere Putin Einreisende aus der Bundesrepublik anwerben sollten, die in der Nähe der Standorte der amerikanischen Grünen Barette (Special Forces) in Bad Tölz, Wildflecken und Celle lebten. Die KGB-Führung in Moskau sei sicher gewesen, dass im Falle eines plötzlichen Raketenkernwaffenschlages des Gegners – dessen Früherkennung zu dieser Zeit die Hauptaufgabe der I. Hauptverwaltung war – die Grünen Barette als erste im Osten disloziert werden würden, wo sie bestimmte Stellungen zu erobern trachteten. Ihre Bewegungen zu beobachten sei deshalb eine Priorität des KGB in Deutschland gewesen. Die Offiziere der Dresdner KGB-Dienststelle hätten alle Einreiseanträge von Bundesbürgern in den Bezirk Dresden auf geeignete Kandidaten hin durchforstet. Das habe sie alle, sogar Putin, in die Verzweiflung getrieben, weshalb sie diese systematische Suche schließlich aufgegeben hätten, so Gortanow.[29]

An dritter Stelle unter den erfassten Westdeutschen im Sicherungsvorgang »Freunde« der BV Karl-Marx-Stadt im November 1989 stand der Bereich des

28 Ein weiteres Beispiel für solche Aufträge an das MfS datiert vom April 1986, als der Leiter der sowjetischen Militärabwehr im Bezirk Dresden den Leiter der BV Dresden um regelmäßige Hinweise zu einreisenden Westdeutschen bat, die bei der NATO oder anderen bewaffneten Organen arbeiteten, darunter Personen, die ihren Wehrdienst leisteten, Mitarbeiter von Firmen, die an der Erfüllung von militärischen Aufträgen beteiligt waren, sowie Personen, die in der Nähe von Militärstützpunkten wohnten. Siehe Schreiben von OSL Androsow, Leiter der sowjetischen Militärabwehr bei der 1. Gardepanzerarmee, an den Leiter der Bezirksverwaltung für Staatssicherheit (BVfS) Dresden, Generalmajor Böhm, 16.4.1986; BArch, MfS, BV Dresden, 1. StV d. L. Nr. 3, Bl. 355.

29 Usolzew, Wladimir: Mein Kollege Putin. Als KGB-Agent in Dresden 1985–1990. Berlin 2014, S. 67 f. Gortanow behauptet, dass er, Gortanow, früher den Aliasnamen »Usolzew« verwendete und auch noch heute benutze. Siehe Pribylowskij, Wladimir: Rasschifrowanii President. W Dresdene i nemnogo pozsh'e [Entzifferter Präsident. In Dresden und kurz danach], Anti-kompromat, https://web.archive.org/web/20200220132531/http://www.anticompromat.org/putin/dresden.html (letzter Zugriff: 20.7.2021). Während seiner Stationierung in Dresden in den Jahren 1982 bis 1987 nutzte Gortanow offenbar einen weiteren Aliasnamen (oder vielleicht doch seinen Klarnamen?) »Wladimir Nikolajewitsch Agartanow«. Siehe seinen damaligen Ausweis des MfS, den er für den Zutritt in den Dienstsitz der BV Dresden des MfS nutzte, in: BArch, MfS, BV Dresden, KuSch Nr. 7216, Bl. 1. Zur Priorität der Früherkennung eines nuklearen Überraschungsschlags (*Vnezapnoe Raketno-Jadernoe Napadenie*, VRJaN) für die sowjetische Aufklärung ab Mitte der 1980er-Jahre siehe Kramer, Mark: Die Nicht-Krise um »Able Archer 1983«. Fürchtete die sowjetische Führung tatsächlich einen atomaren Großangriff im Herbst 1983? In: Bange, Oliver; Lemke, Bernd (Hg.): Wege zur Wiedervereinigung. München 2018, S. 129–149, hier 136–140.

öffentlichen Dienstes – insgesamt 33 Personen. Von ihnen arbeiteten 14 in Landes-, Stadt- oder Gemeindeverwaltungen, elf bei der Polizei oder einem Landeskriminalamt, vier bei der Bundeswehr oder im Bundesverteidigungsministerium und vier bei anderen Bundesministerien.[30] Es ging hier nicht nur um politische und militärische Spionage, sondern auch um die Aufklärung von Regimeverhältnissen auf allen Ebenen der bundesdeutschen Verwaltung.[31]

Der KGB nutzte die »operative Basis« in der DDR nicht nur für die Anwerbung von Bürgern aus der Bundesrepublik oder der DDR, sondern auch aus Drittstaaten. So hatte die Bezirksverwaltung Karl-Marx-Stadt im November 1989 für die sowjetischen »Freunde« mehrere ausländische Studierende in der DDR erfasst.[32] Ob eine Werbung oder eine anschließende Nutzung dieser Personen durch den KGB erfolgte, bleibt unklar. Aus mehreren Einzelfällen, die Mitrochin in seinen Notizen zitiert und im Stasi-Unterlagen-Archiv überprüft wurden, ergibt sich das Bild, dass die meisten anfänglich erfolgreichen Werbungsversuche des KGB unter ausländischen Studierenden in der DDR letztlich scheiterten, und zwar spätestens, nachdem sie in ihre Heimatländer zurückgekehrt waren. Die Bereitschaft, während des Studiums in der DDR andere ausländische Studierende oder ostdeutsche Bürger zu bespitzeln oder sogar Aufträge für den KGB oder das MfS im Operationsgebiet Bundesrepublik zu erfüllen, ließ sich zumeist nicht auf die eigene Heimat übertragen. Ein Beispiel dafür ist der Fall des griechischen Zyprioten »Nik«, der von der BV Leipzig während seines Studiums rekrutiert und 1971 an die KGB-Vertretung in der DDR übergeben wurde. Er hatte Mitrochin zufolge Verbindungen zu »reaktionären Offizieren der Nationalen Garde« und zu Mitgliedern rechter Jugendorganisationen in Zypern. Auf Anforderung des KGB habe er Bekanntschaft mit einem Sekretär (»Nelli«) der westdeutschen Botschaft in Nikosia geschlossen. Trotzdem habe er die Hoffnungen des KGB nicht erfüllt und habe »Feigheit« gezeigt, indem er die Nutzung seiner Firmen- und

30 Zu diesen Angaben siehe Anm. 21.

31 Zu der versuchten Rekrutierung von geeigneten Westdeutschen, darunter Soldaten und Offiziere der Bundeswehr sowie Polizisten, siehe auch OSL [Gerald] Neumann, Leiter, Abt. XV, BV Schwerin, an den Leiter der BV Schwerin, Übersicht zu Aktivitäten und Maßnahmen zur Unterstützung der Arbeit der sowjetischen Tschekisten im Bezirk Schwerin durch die Abt. XV, 21.10.1987; BArch, MfS, BV Schwerin, Leiter Nr. 3, Bl. 14–18.

32 Darunter waren 2 Studenten und 2 Aspiranten der Bergakademie Freiberg aus Bolivien, Pakistan, den Philippinen und der Volksrepublik China, 4 Studenten und 2 Aspiranten an der Ingenieurhochschule Zwickau aus Ägypten, Algerien, Irak und der Jemenitischen Arabischen Republik und 3 Studenten an der TU Karl-Marx-Stadt aus dem Irak, Kolumbien und Mexiko. Zu diesen Angaben siehe Anm. 21. Im Zusammenhang mit einem Studenten am Forschungsinstitut für Leder- und Kunststoffe in Freiberg, der aus dem Nahen Osten stammte, erfassten der KGB – oder stellvertretend das MfS – nicht nur den Studenten selbst, sondern auch zwei seiner Familienangehörigen in seinem Heimatland in dem Sicherungsvorgang »Freunde«. Siehe die Personen mit demselben Familiennamen in: BArch, MfS, BV KMSt, SVG XIV/4151/60, Teil II, Bl. 110 bzw. ebenda, Teil III, Bl. 15.

Hausanschriften als Deckadressen des KGB abgelehnt habe. Deshalb wurde er 1979 aus dem Agentennetz des KGB ausgeschlossen.[33] Ebenso verhielt es sich mit »Ernesto«, einem Chemie-Ingenieur aus Kolumbien, der Anfang der 1970er-Jahre am Polytechnischen Institut Dresden promovierte. Er wurde vom KGB unter der »fremden Flagge« MfS angeworben und 1973 unter die sowjetische Flagge überführt, das heißt, der KGB offenbarte sich ihm gegenüber als der tatsächliche Auftraggeber. In Moskau wurde er in operativer Arbeit und Geheimschrift ausgebildet. Nach seiner Rückkehr nach Kolumbien im Jahre 1973 lehnte er aber Treffen mit dem KGB ab.[34]

Der obige Überblick über die Rekrutierungswünsche des KGB im Bezirk Leipzig 1967 bis 1968 sowie im Bezirk Karl-Marx-Stadt im Jahre 1989 zeigt, dass der KGB praktisch dieselben Kategorien von Personen für seine Aufklärung gewinnen wollte, wie die HV A. Von der HV A wurden Besucher aus dem Westen als »operativ« interessant betrachtet, die in westlichen Regierungsstellen, Universitäten und wissenschaftlichen Zentren, Redaktionen beziehungsweise Massenmedien, Militärobjekten oder bestimmten Wirtschaftsunternehmen arbeiteten. Interessant für die HV A waren auch Personen, die in der Nähe von »feindlichen Objekten« wie zum Beispiel Militärstützpunkten in der Bundesrepublik wohnten. Hinzu kamen DDR-Bürger, die Kontakt mit solchen Personen im Westen unterhielten.[35] Auf der einen Seite übergaben die Bezirksverwaltungen des MfS an den KGB Hinweispersonen, Werbungskandidaten und inoffizielle Mitarbeiter, die sie selbst hätten nutzen können. Auf der anderen Seite konkurrierten sie, wie nun gezeigt wird, mit dem KGB bei der Anwerbung geeigneter Kandidaten für Spionage im Operationsgebiet.

Die selbstständige Nutzung der operativen Basis der DDR durch den KGB

Neben der Hilfe des MfS als Tipper und Werber für die sowjetischen »Freunde« gab es einen zweiten Grund für den Erfolg der KGB-Vertretung beim Ausbau ihres IM-Netzes auf dem Territorium der DDR und von dort aus in den Westen hinein. Mielke erwähnte diesen zweiten Grund 1979 in seiner Rede auf der oben erwähnten Dienstkonferenz. Die neue Regelung mit der KGB-Vertretung von 1978, sagte er, würde nichts daran ändern, dass der KGB selbstständig auf dem Territorium der DDR – das heißt ohne die Vermittlung des MfS – IM rekrutieren

33 Mitrokhin Collection, Cambridge University, MITN 2/6/2, Bl. 137, Eintrag Nr. 488, sowie ebenda, MITN 2/18, Bl. 125, Eintrag Nr. 445. Siehe auch BArch, MfS, BV Leipzig, AIM 418/71, Reg.-Nr. XIII 982/64, Teil I, Bd. 1.

34 Mitrokhin Collection, Cambridge University, MITN 2/2, Bl. 11, Eintrag Nr. 47 sowie MITN 2/6/1, Bl. 5.

35 Müller-Enbergs (Hg.): Inoffizielle Mitarbeiter. Teil 2, S. 118 f.

dürfte.[36] Mielke hatte nicht vor, gegen dieses an sich selbst eingeräumte Recht der sowjetischen »Tschekisten« – das auf die Zeit des Besatzungsregimes und vor der Gründung des MfS zurückging – vorzugehen. Mielke hoffte aber – vergeblich –, auf Grundlage der neuen Regelung ein Mitspracherecht des MfS bei dieser Werbetätigkeit des KGB zu erwirken.[37] Sein oberstes Ziel sei, »die *Konspiration und Geheimhaltung weiter zu erhöhen und strikt zu wahren* sowie ein höheres Maß an Ordnung in den gegenseitigen Beziehungen zu gewährleisten«.[38]

Zu diesem Zweck setzte er als Schwerpunkt für das Zusammenwirken des MfS mit der KGB-Vertretung, die »Praktiken der Arbeit [der sowjetischen ›Freunde‹] mit Residenturen innerhalb der DVP [Deutschen Volkspolizei]« einzustellen.[39] Er erwähnte damit einen Sachverhalt, der in den 1990er-Jahren in Deutschland bekannt wurde und von dem Mitarbeiter des MfS, des Ministeriums des Innern (MdI) und bestimmte ost- und westdeutsche Bürger schon längst wussten: Der KGB hatte neben ehemaligen inoffiziellen und hauptamtlichen Mitarbeitern des MfS auch Volkspolizisten und Mitarbeiter des MdI für die eigenen Residenturen auf dem Territorium der DDR rekrutiert. Diese ostdeutschen »KGB-Helfer« agierten unter dem Dach des Dezernats I der Kriminalpolizei (»K I«) in den Bezirken und Kreisen der DDR. Die K I machte Sinn als Deckung für ihre Tätigkeit, weil die im Jahre 1964 gegründete K I mit der »Bekämpfung der Kriminalität mit speziellen Mitteln und Methoden« – das heißt hauptsächlich mit geheimdienstlichen Methoden, darunter der Arbeit mit Inoffiziellen Kriminalpolizeilichen Mitarbeitern – beauftragt wurde.[40] Die »KGB-Helfer« unter dem Dach der K I fungierten auch als Führungsoffiziere für ostdeutsche und einreisende westliche IM und Kontaktpersonen, die sie oft unter der »fremden Flagge« MfS rekrutiert hatten.[41] Bemerkenswert ist in diesem Zusammenhang, dass das Dezernat I der Kriminalpolizei zugleich auch vom MfS noch stärker durchdrungen war als die meisten anderen Bereiche der Volkspolizei; zahlreiche Mitarbeiter der K I waren als IM, gesellschaftliche Mitarbeiter für Sicherheit (GMS) oder Offiziere im beson-

36 Mielke, Ausführungen des Genossen Minister auf der Dienstkonferenz, o. D. [Sommer 1979], Bl. 31, 40.

37 Ebenda, Bl. 66 f.

38 Ebenda, Bl. 27. Unterstreichung im Original.

39 Ebenda, Bl. 69.

40 Lindenberger, Thomas: Volkspolizei. Herrschaftspraxis und öffentliche Ordnung im SED-Staat 1952–1968. Köln 2003, S. 73. Schon 1955 veranlasste der Innenminister die Bekämpfung der Kriminalität mit »tschekistischen« Methoden, und 1959 wurde eine entsprechende operative Abteilung in der Hauptabteilung Kriminalpolizei gegründet. Diese galt als Vorgänger der K I. Siehe ebenda, S. 72 f.

41 Bundesministerium des Innern: Verfassungsschutzbericht 1991. Bonn 1992, S. 176 f.; dass.: Verfassungsschutzbericht 1992. Bonn 1993, S. 183 f. Siehe auch Rostowzew, Aleksej: Rezidentura. Ja sluschil wmeste s Putinem [Residentura. Ich diente zusammen mit Putin]. Moskau 2016, S. 110.

deren Einsatz (OibE) an das MfS angebunden.[42] Trotz der Opposition Mielkes und der Einflussnahme des MfS dagegen blieben diese »DVP-Residenturen« die Hauptorganisationsform des KGB für seine Tätigkeit auf dem Territorium der DDR bis zum Untergang des SED-Regimes und in gewisser Weise auch darüber hinaus.[43]

Der KGB-Offizier Aleksej Rostowzew, der in den Jahren 1965 bis 1970 und 1972 bis 1977 in der KGB-Dienststelle des Bezirks Halle eingesetzt war,[44] schreibt in seinen Erinnerungen über solche »KGB-Helfer«, die man sowohl vom MfS als auch von der DVP übernommen hatte:

> In der Regel bekamen wir unsere wertvollsten Helfer von den deutschen Freunden. […] Hier muss ich einwenden, dass im Falle der Übergabe von MfS-Offizieren an uns […], die entlassen werden sollten bzw. schon entlassen worden waren, es sich hauptsächlich um Personen mit einem angeschlagenen Ruf handelte, die wegen Schnaps, Frauen oder sonst etwas verbrannt waren. Die ›Werbung‹ eines solchen Agenten lief wie folgt. Der Kandidat wurde zum Büro eines führenden MfS-Offiziers bestellt und ihm gesagt: ›Sie werden den sowjetischen Freunden helfen. Dient ihnen getreu. Wenn die sowjetischen Freunde mit Ihnen zufrieden sind, könnten wir eines Tages zulassen, dass Sie auf Ihre alte Stelle zurückkommen.‹ Kriminalpolizisten wurden auf eine ähnliche Weise rekrutiert. Der Chef des I. Dezernats der Bezirkspolizei bestellte den einen oder den anderen Kriminalisten, den wir mochten, zu sich und teilte ihm mit, dass er von nun an und für immer den sowjetischen Tschekisten auf informeller Basis helfen werde.[45]

Die Darstellung Rostowzews ist etwas übertrieben. Es kam zwar vor, dass bestimmte IM oder hauptamtliche Mitarbeiter des MfS und der Volkspolizei, die an die »Freunde« in den Bezirken übergeben wurden, für das MfS nicht (mehr) tragbar waren. Es gab solche Fälle, bei denen Alkoholkonsum,[46] außereheliche Bezie-

42 Das Arbeitsgebiet I der Kriminalpolizei. Aufgaben, Struktur und Verhältnis zum MfS. Hg. BStU. Berlin 1994, S. 38, https://www.stasi-unterlagen-archiv.de/informationen-zur-stasi/publikationen/publikation/das-arbeitsgebiet-i-de/show/Product/ (letzter Zugriff: 20.7.2021). Von den Angehörigen der BDVP Magdeburg waren z. B. 1985 36 % der Beschäftigten (hauptsächlich Offiziere) als IM bzw. GMS der Staatssicherheit erfasst. Nur bei der Schutzpolizei (50 %) und der Leitung der BDVP (66,6 %) gab es einen größeren Prozentsatz solcher Erfassungen. Siehe Wunschik, Tobias: Hauptabteilung VII: Ministerium des Innern, Deutsche Volkspolizei (BStU, MfS-Handbuch). Berlin 2009, S. 80 f., https://www.stasi-unterlagen-archiv.de/informationen-zur-stasi/publikationen/publikation/hauptabteilung-vii/ (letzter Zugriff: 20.7.2021).

43 Zu diesem Punkt siehe die Ausführungen zum Fall des »IM Tom« (unten).

44 Rostowzew: Rezidentura, S. 4–6, 22, 248, 262–264.

45 Ebenda, S. 110.

46 Der Offizier der BDVP Leipzig, der in den frühen 1960er-Jahren mutmaßlich wegen seines Alkoholkonsums aus dem Dienst entlassen und deshalb als ungeeignet für eine IM-Tätigkeit beim MfS eingeschätzt wurde, arbeitete von 1965 bis 1987 inoffiziell als Ermittler für die KGB-Dienststelle in Leipzig. Siehe Bestätigung zur Entlassung eines Kaders aus der Operativ-Abteilung der HVDVP [Hauptverwaltung Deutsche Volkspolizei], 6.10.1961; BArch, MfS, AP 11856/72, Bl. 7 und Hptm. Kosin, HAV III/I/U, Abverfügung zur Archivierung, 16.8.1972; ebenda, Bl. 106.

hungen oder Schulden[47] eine Rolle spielten. Die BV Dresden des MfS schrieb zum Beispiel 1983 über einen Kriminalpolizisten im Bezirk, der seit 1975 für die Dresdener KGB-Dienststelle als hauptamtlicher IM und wahrscheinlich auch als Resident arbeitete,[48] dass er wegen Korruptionsvorwürfen »nicht die erforderlichen Kriterien besitzt, um als ausgewählter Genosse des Dezernats I der BdVP [Bezirksbehörde der Deutschen Volkspolizei] spezifische operative Aufgaben mit einem sehr hohen Geheimnisgrad zu lösen«.[49] Andere Gründe konnten aber ebenfalls dafür entscheidend sein, dass sich das MfS von einem Mitarbeiter trennte, den der KGB dann übernahm. Da war zum Beispiel die versuchte Flucht der Tochter eines Stasi-Offiziers in den Westen[50] oder die Weigerung eines hauptamtlichen IM (HIM) des MfS, für eine neue Aufgabe im MfS seinen Wohnort zu wechseln.[51]

Die Übernahme solcher Personen durch den KGB stand diametral entgegengesetzt zu den Wünschen Mielkes. Er erklärte im Sommer 1979 auf seiner Dienstkonferenz zum Zusammenwirken des MfS mit der KGB-Vertretung: »Es darf nicht zugelassen werden, dass den sowjetischen Tschekisten solche DDR-Bürger für eine Werbung angeboten werden, mit denen wir früher einmal zusammengearbeitet haben und selbst nicht zurechtgekommen sind bzw. mit denen

Zu seiner Arbeit für den KGB siehe die Angaben unter Ernst Krause* in Anlage 2 (unten). Vgl. auch z. B. den Fall von Heinrich Fiedler*, der trotz seines angeblichen Alkoholkonsums dem KGB sowohl während seiner Dienstlaufbahn bei der Kripo in Karl-Marx-Stadt als auch danach als Rentner diente. Siehe BArch, MfS, BV KMSt, AP 966/81, Bl. 19–22 und Anlage 1 (unten). Datenschutzrechtliche Bestimmungen geboten es an mehreren Stellen, Personennamen zu pseudonymisieren. Solche Pseudonyme sind mit einem Sternchen* kenntlich gemacht.

47 Außereheliche Beziehungen und Schulden bei »Kriminellen« spielten vermutlich eine Rolle bei der Übergabe eines Kriminalpolizisten im Bezirk Dresden an die sowjetischen »Freunde«. Seine Kontakte in den Westen, die wahrscheinlich im Auftrag des KGB entstanden, brachten ihn auch ins Visier des MfS. Siehe OSL Pelz, Auskunftsbericht, 5.8.1985; BArch, MfS, BV Dresden, AOG 77/95, Bl. 253–256. Siehe auch den Eintrag unter dem Namen des Betreffenden in: BArch, MfS, BV Dresden,F 16. Die Karte bestätigt, dass er am 7.4.1982 im SVG »Freunde« der BV Dresden (Reg.-Nr. XII 2135/74) erfasst wurde.

48 Am 29.1.1975 wurde der Volkspolizist im »Freunde-Vorgang« der BV Dresden (Reg.-Nr. XII/2135/74) erfasst. Siehe die Angaben unter seinem Klarnamen in: BArch, MfS, BV Dresden,F 16. Zu ihm siehe auch MA d. AR I, die für die Freunde arbeiten, 1981; BArch, MfS, HA VII Nr. 979, Bl. 1.

49 BVfS Dresden, AKG/K, Operative Auskunft, 2.2.1983; BArch, MfS, BV Dresden, Abt. VII Nr. 1311, Bl. 17 f., hier 18.

50 So verhielt es sich im Fall von Horst Schmidt*, ehemaliger Mitarbeiter des MfS bei der OV Wismut. Siehe BArch, MfS, HA II Nr. 17947, Bl. 110 sowie Anlage 1 (unten).

51 So war es offenbar im Fall von Heinrich Müller*, der 1984 vom MfS entlassen und 1985 von der KGB-Dienststelle in Karl-Marx-Stadt angeworben wurde. Siehe OSL Vieweg, Leiter, Abt. KuSch, BV KMSt, Vorschlag zur Entlassung, 18.8.1984; BArch, MfS, BV KMSt, KS II 364/84, Bd. 1, Bl. 318. Zu seiner Tätigkeit für den KGB siehe Anlage 1 (unten). Ähnlich lief es bei der Entlassung eines Hauptmanns der KD Eisenach der BV Erfurt, der 1981 vom KGB übernommen wurde. Siehe BArch, MfS, BV Erfurt, KS II 54/81, Bl. 4, 67–70, 84.

wir selbst aus bestimmten Gründen nicht mehr zusammenarbeiten würden.«[52] Es kann wohl sein, dass die sowjetischen »Freunde« solche Personen von sich aus und gegen – oder ohne – den Rat des MfS rekrutierten. Auf jeden Fall wurden solche Personen für den KGB in den »Freunde-Vorgängen« des MfS bis zum Untergang der DDR erfasst.

Viel häufiger erfolgte eine Übernahme durch den KGB jedoch, wenn Offiziere des MfS oder der Volkspolizei in die Rente gingen. Der KGB warb sie als (Teilzeit-)Ermittler an.[53] Im Bezirk Karl-Marx-Stadt gewann die KGB-Dienststelle mehrere ostdeutsche Ermittler infolge der Auflösung der Objektverwaltung (OV) Wismut des MfS im April 1982.[54] Die OV Wismut war bis dahin für die geheimpolizeiliche Sicherung der Sowjetisch-Deutschen Aktiengesellschaft (SDAG) Wismut, die in der DDR in großem Umfang Uran abbaute, zuständig gewesen; diese Aufgabe übernahmen nun die Bezirksverwaltungen Karl-Marx-Stadt und Dresden.[55] Die Umstrukturierung der Arbeit beziehungsweise der Wechsel des Arbeitsplatzes führte dazu, dass viele hauptamtliche Mitarbeiter der Objektverwaltung Wismut in die Rente gingen und die IM »abgeschaltet« wurden. Manche suchten in dieser Situation nach neuen Möglichkeiten. Dass einige Arbeit beim KGB fanden, ist keinesfalls überraschend. Viele ostdeutsche Angestellte der Wismut waren irgendwann schon einmal für die »Freunde« tätig gewesen,[56] und das MfS arbeitete mit dem KGB bei der geheimpolizeilichen Absicherung des Uranbergbaus sehr eng zusammen.[57]

Putins Kollege bei der KGB-Dienststelle in Dresden, Gortanow erinnert sich etwas anders als Rostowzew an die VP-Residenten des KGB: »Jede Aufklärungsgruppe hatte einen Apparat von Residenten. Das waren die operativen Mitarbeiter der Kriminalpolizei der DDR, aus der sogenannten ›Ersten Verwaltung‹. Das war die Elitetruppe der Kriminalpolizei.«[58]

52 Mielke, Ausführungen des Genossen Minister auf der Dienstkonferenz zu Fragen des Zusammenwirkens zwischen dem MfS und der Vertretung des KfS der UdSSR beim MfS der DDR, o. D. [Sommer 1979]; BArch, MfS, ZAIG Nr. 18738, Bl. 22–92, hier 67.

53 Siehe Anlagen 1–2 (unten).

54 Siehe Anlage 1 (unten).

55 Siehe den Eintrag zu Objektverwaltung »W« in: Das MfS-Lexikon. Begriffe, Personen und Strukturen der Staatssicherheit der DDR. Berlin [3]2016, S. 246–248.

56 Das war vermutlich der Fall beim Ermittler für den KGB Helmut Lange* (siehe Anlage 1 unten). Vgl. die Angaben unter dem Klarnamen von Helmut Lange* (siehe Anlage 1) in: BArch, MfS, BV KMSt, Kartei des Leiters der BV: Für KGB erfasste Personen. Ein weiterer Ermittler für den KGB im Bezirk KMSt, Heinrich Müller* (siehe Anlage 1 unten), hatte vermutlich einer »Erzkontrollgruppe« der Generaldirektion der SDAG Wismut unter dem Generaldirektor für Kader und Sicherheit angehört. Diese Gruppe wurde von dem damaligen sowjetischen Direktor der SDAG Wismut, Semjon N. Woloschtschuk, Anfang der 1960er-Jahre gebildet. Siehe Aufzeichnung des Majors Böhm an Gehlert, 18.11.1983; BArch, BV KMSt, Leiter Nr. 4, Bl. 200 f., hier 200.

57 Boch, Rudolf; Karlsch, Rainer (Hg.): Uranbergbau im Kalten Krieg. Die Wismut im sowjetischen Atomkomplex, Bd. 1. Berlin 2011, S. 202–207, 217.

58 Usolzew: Mein Kollege Putin, S. 48.

Wie Gortanow andeutet, hatten viele der vom KGB angeworbenen Volkspolizisten einwandfreie Berufslaufbahnen.[59] Einige hatten schon Erfahrung als Zuträger für das MfS.[60] Der KGB wandte sich sowohl an MdI und Volkspolizei als auch an das MfS, um die besten hauptamtlichen und inoffiziellen Mitarbeiter ausfindig zu machen. An erster Stelle der Anforderungen Filimonows an die BV Leipzig im Jahr 1967 stand die

> Schaffung von 1–2 Residenten mit folgenden Merkmalen: Juristen, evtl. Rechtsanwälte oder andere wissenschaftlich ausgebildete Personen, mindestens 3 Jahre inoffizielle Beziehung zum MfS, Erfahrung in der Vorgangsbearbeitung, Höchstalter 45 Jahre, überprüft und an uns gebunden, politische Zuverlässigkeit, nach Möglichkeit bereits Erfahrungen als GHI [Geheimer Hauptinformator]; vorgesehen ist hauptamtliche Beschäftigung, Bezahlung: bis zu 1 500 MDN [Mark der Deutschen Notenbank] monatlich.[61]

Dienstleistungen des MfS bei der Deckung, Überprüfung und Ausreise von KGB-IM

Das MfS spielte bei der Deckung und Tarnung der ostdeutschen »KGB-Helfer« sowie anderer ostdeutscher und ausländischer IM des KGB eine wichtige Rolle, sofern es diese kannte. Auf seiner Dienstkonferenz im Sommer 1979 unterstrich Mielke die Rolle des MfS bei der »Gewährleistung des Schutzes der Konspiration und Sicherheit« der vom KGB angeworbenen Personen, insbesondere durch »die Erfüllung von Ersuchen der sowjetischen Tschekisten zur Bereitstellung operativ benötigter Personal- und anderer Dokumente im Rahmen der Aufgabenstellung

59 Zum Beispiel notierte die Abteilung VII der BV KMSt zu Peter Frei* »nichts Nachteiliges in politischer und moralischer Hinsicht«. Siehe den Eintrag unter seinem Klarnamen in: BArch, MfS, BV KMSt, Kartei der Abt. VII. Frei* diente von 1969 bis 1985 als HIM für den KGB. Siehe OSL Lange, Leiter der Abt. VII der BV KMSt, Aktennotiz, 4.4.1983; BArch, MfS, BV KMSt, Abt. VII Nr. 144, Bl. 66; OSL Uhlig, Dez. I, KMSt, Aktennotiz, 19.7.1985; BArch, MfS, BV KMSt, Abt. VII Nr. 144, Bl. 56 f. Für seine Arbeit bekam er 1981 ein Monatsgehalt von 650 Mark. Siehe den Eintrag unter seinem Klarnamen in: MA d. AR I, die für die Freunde arbeiten, 1981; BArch, MfS, HA VII Nr. 979, Bl. 1. Der VP-Resident des KGB Ernst Pfeiffer* im Bezirk Dresden hatte offenbar auch einen guten Ruf unter seinen VP-Kollegen. Siehe BVfS Dresden, AKG/K, Operative Auskunft, 3.2.1983; BArch, MfS, BV Dresden, Abt. VII Nr. 1318, Bl. 22 f., hier 23. Der Dresdener Volkspolizist wurde am 26.2.1975 im »Freunde-Vorgang« der BV Dresden (Reg.-Nr. XII/2135/74) erfasst. Siehe die Karte unter seinem Klarnamen in: BArch, MfS, BV Dresden, F 16. Siehe auch den Eintrag unter seinem Klarnamen in: MA d. AR I, die für die Freunde arbeiten, 1981; BArch, MfS, HA VII Nr. 979, Bl. 1.

60 Das war offenbar der Fall z. B. bei Albrecht Kern* (siehe Anlage 1 unten), der dem MfS 21 Jahre lang als IME »Veit Koch« diente. Siehe BArch, MfS, BV KMSt, Reg.-Nr. XIV/1210/82.

61 Hummitzsch, Niederschrift über eine Aussprache mit Filimonow, 19.6.1967; BArch, MfS, MfS, BV Leipzig, Leitung Nr. 995/1, Bl. 4.

der Linie E beziehungsweise der entsprechenden Diensteinheit der HV A«.[62] Auf Anfrage des KGB fertigten die Abteilung E des Operativ-technischen Sektors (OTS) des MfS in Berlin beziehungsweise die Referate E der Abteilungen Operative Technik (OT) der MfS-Bezirksverwaltungen operative Dokumente für die haupt- und nebenamtlichen Helfer des KGB an. Dazu gehörten zum Beispiel Dienstausweise unter Klar- und Aliasnamen, die die Betreffenden als Mitarbeiter der Kriminalpolizei (Kripo), der Räte der Bezirke und anderer Institutionen auswiesen. Fast alle DDR-Bürger, die als »KGB-Helfer« fungierten, besaßen Dienstausweise sowohl der Kripo als auch des Rates des Bezirks (RdB). Aktive Kriminalpolizisten, die für den KGB arbeiteten, bekamen fiktive Ausweise des Rates des Bezirks (oder gelegentlich des Rats der Stadt oder des Kreises), und Mitarbeiter eines Rates des Bezirks, die für den KGB als Ermittler tätig waren, bekamen in der Regel fiktive Kripo-Ausweise. Rentner, und vereinzelt auch DDR-Bürger mit anderen Berufslaufbahnen, die als Ermittler für den KGB tätig wurden, bekamen vom MfS sowohl fiktive Dienstausweise eines Rats des Bezirks als auch der Kripo. In mehreren Fällen, aber insbesondere dann, wenn DDR-Bürger als hauptamtliche Mitarbeiter des KGB tätig wurden, wurden diese »KGB-Helfer« auch mit zusätzlichen Ausweisen unter Aliasnamen, darunter auch Personalausweisen, ausgestattet.[63] Der Nutzen für die hauptamtlichen und inoffiziellen ostdeutschen Ermittler des KGB war offensichtlich. Ein Kripo-Ausweis verschaffte ihnen Zugang zu den Ermittlungsmöglichkeiten der Volkspolizei und konnte helfen, Ost- und Westdeutsche sowie Ausländer zum Sprechen zu bringen. Mit einem Ausweis eines Rates des Bezirkes (bzw. der Stadt oder des Kreises) hatten sie Zugang nicht nur zum Personenstandswesen der DDR, sondern auch durch die Abteilung Inneres zu aktuellen Informationen über Besuche von Westdeutschen und Ausländern in Form von Aufenthaltsgenehmigungen, Rückkehrer aus dem Westen in die DDR, Übersiedlungsanträge von ostdeutschen Bürgern und Eheschließungen von Ostdeutschen mit ausländischen Bürgern. Diese Informationen eröffneten dem KGB mehrere Möglichkeiten, um sein IM-Netz in der DDR, in der Bundesrepublik und im nichtsozialistischen Ausland auszubauen. Sie erlaubten es dem KGB, auch ohne Wissen des MfS Kandidaten für eine inoffizielle Zusammenarbeit zu überprüfen und anzuwerben.

Obwohl der KGB die Objekte seiner versuchten und erfolgten Werbungen – soweit es sich nicht um Übernahmen vom MfS handelte – lieber vor dem MfS geheim hielt,[64] beauftragte er das MfS oft mit verschiedenen Aufgaben, die die

62 Mielke, Ausführungen des Genossen Minister auf der Dienstkonferenz, o. D. [Sommer 1979]; BArch, MfS, ZAIG Nr. 18738, Bl. 74.

63 Siehe Anlagen 1–2 (unten).

64 Hier gibt es wieder divergierende Aussagen von ehemaligen Mitarbeitern der KGB-Dienststellen in den Bezirken der DDR. Rostowzew behauptet, das MfS habe alle oder fast alle IM des KGB auf dem Territorium der DDR gekannt, weil der KGB weitgehend von der Hilfe der ostdeutschen »Freunde« bei dem Auffinden und der Werbung von Personen abhängig

Identitäten dieser Personen preisgaben. Auf Anfrage des KGB überprüfte das MfS Hinweispersonen, IM-Kandidaten und sogar IM des KGB auf ihre berufliche und politische Entwicklung, gesellschaftliche Mitarbeit, auf Leumund und Charaktereigenschaften oder Verbindungen in die Bundesrepublik, nach Westberlin und in das kapitalistische Ausland sowie innerhalb der DDR.[65] Solche Überprüfungen waren im Sinne Mielkes, der bevorzugte, dass sie vor einer Anwerbung durch den KGB erfolgten, damit das MfS den KGB vor ungeeigneten Kandidaten schützen sowie seine eigenen Quellen vor einer Übernahme, Ausleihe oder eine Doppelt-Rekrutierung durch den KGB bewahren konnte.[66] Solche Überprüfungen durch den KGB erfolgten aber häufig erst einige Zeit nach einer erfolgreichen Anwerbung. Die Person, über die der KGB Informationen nachfragte, wurde als Konsequenz oft erstmalig in den entsprechenden Sicherungsvorgang »Freunde« des MfS eingetragen.

Öfter wandte sich der KGB an das MfS, um eine Genehmigung oder Beschleunigung eines Übersiedlungs- oder eines damit verbundenen Eheschließungsantrags einer seiner inoffiziellen Quellen zu erreichen, die offenbar Aufgaben für die »Freunde« im Westen erledigen sollten.[67] In seltenen Fällen wurden DDR-Bürger sogar als »Illegale« des KGB angeworben, die eine komplett neue Deckidentität (»Legende«) erhielten,[68] und das MfS half dem KGB hierbei üblicherweise.[69] Der KGB wandte sich auch immer wieder an das MfS, um für seine Quellen, bei denen es sich ja um DDR-Bürger handelte, eine Genehmigung

war. Rostowzew: Rezidentura, S. 126 f. Gortanow alias »Usolzew« schreibt dagegen, dass der KGB möglichst versucht habe, seine rekrutierten IM vor dem MfS geheimzuhalten, weil ihre Enttarnung sie gefährdet hätte. Usolzew: Mein Kollege Putin, S. 161. Es kann sein, dass sich die Praxis zwischen den verschiedenen KGB-Dienststellen in der DDR unterschied, da Rostowzew in Halle tätig war, Gortanow in Dresden.

65 Siehe z. B. die entsprechenden Anträge der KGB-Dienststelle in Leipzig in: BArch, MfS, BV Leipzig, Leiter Nr. 281, Bl. 1–151.

66 Mielke, Ausführungen des Genossen Minister auf der Dienstkonferenz, o. D. [Sommer 1979]; BArch, MfS, ZAIG Nr. 18738, Bl. 67.

67 Siehe z. B. Generalmajor Hummitzsch, Leiter der BV Leipzig, an den Leiter der KD Leipzig-Stadt Oberst [Norbert] Schmidt, 27.1.1981; BArch, MfS, BV Leipzig, Leitung Nr. 683, Bl. 4; Notiz, OSL Fischer an »Genosse General«, o. D.; BArch, MfS, BV Leipzig, Leitung Nr. 2602, Bl. 29. Im Falle einer DDR-Bürgerin drang die KGB-Dienststelle in Dresden auf ihre Übersiedlung in die Bundesrepublik im Jahr 1986, und die BV Dresden unterstützte das Vorhaben. Siehe Schreiben vom Leiter der BV Dresden GM Böhm an den Leiter der ZKG Generalmajor Niebling, 20.6.1986; BArch, MfS, BV Dresden, AP 2421/86, Bl. 47.

68 Mitrochin notierte aus KGB-Unterlagen, dass 22 DDR-Bürger im Jahr 1977 zu »Agenten-Illegalen auf Probezeit« ausgewählt und angestellt worden seien. Sie hätten zunächst mit den eigenen Personendaten bzw. denen von Ausländern, die zurzeit in der DDR wohnten, im Rahmen einer »Flucht« oder der »Familienzusammenführung« in den Westen geschickt werden sollen. Mitrokhin Collection, Cambridge University, MITN 2/12, Bl. 128, Eintrag 202. Für die Geschichte eines solchen DDR-Bürgers, der als »Illegaler« für den KGB im Westen – in diesem Falle den USA – eingesetzt wurde, siehe Barsky: Der falsche Amerikaner.

69 Zu solchen Fällen siehe den Beitrag von Matěj Kotalík in diesem Band.

für eine Reise in die Bundesrepublik oder nach Westberlin zu erhalten, sei es als Rentnerreise für ehemalige Geheimnisträger oder als Reise in »dringenden Familienangelegenheiten«.[70] Falls es bis dahin noch nicht erfolgt war, wurden diese Personen, deren Anträge schneller bearbeitet oder genehmigt werden sollten, in den entsprechenden »Freunde-Vorgang« des MfS eingetragen.

Die Arbeitsteilung beim Tippen und Werben in einer KGB-Dienststelle: Das Fallbeispiel Karl-Marx-Stadt

Wie wurde die Arbeit in den KGB-Dienststellen in den Bezirken der DDR organisiert, insbesondere im Zusammenhang mit dem Tippen und Werben von Bürgern der DDR und anderer Staaten? Dank den Auflistungen der für den KGB erfassten Personen für das Jahr 1989 der BV Karl-Marx-Stadt[71] und der überlieferten »Freunde-Kartei« des Leiters dieser BV[72] können allgemeine Aussagen hierzu gemacht werden.

Zuerst soll aber die allgemeine Struktur der KGB-Dienststelle geschildert werden. In jedem DDR-Bezirk gab es nur einen Verbindungsoffizier des KGB. Dieser war der KGB-Vertretung in Karlshorst unterstellt. Er leitete die KGB-Dienststelle in dem gegebenen Bezirk. Ihm unterstanden Offiziere der sowjetischen Aufklärung (d. h. der I. Hauptverwaltung des KGB). So wie die Leitung der sowjetischen Militärabwehr (d. h. der III. Hauptverwaltung des KGB) in Potsdam-Cecilienhof dem Leiter der KGB-Vertretung in Karlshorst unterstellt war, wurde die sowjetische Militärabwehr im jeweiligen Bezirk ebenfalls dem Verbindungsoffizier des KGB unterstellt. Das galt auch für jene ihrer Mitarbeiter, die außerhalb der Bezirksstadt in Objekten des sowjetischen Militärs arbeiteten. Ebenso waren auch die Offiziere der sowjetischen Militäraufklärung GRU[73] im Bezirk dem KGB-Verbindungsoffizier unterstellt, obwohl die GRU institutionell nicht zum KGB gehörte.[74]

70 Der oben erwähnte, aus der UdSSR stammende Arzt (Deckname: »Peter«), der offiziell in Rente war, bekam z. B. am 26.1.1984 auf Antrag der KGB-Dienststelle in Leipzig einen DDR-Reisepass mit einem Visum für mehrmalige Besuchsreisen in die Bundesrepublik, das mehrmals erneuert wurde. Siehe BArch, MfS, BV Leipzig, OT Nr. 166, Teil 11, Bl. 3 f., 12 sowie ebenda, Teil 12, Bl. 11 f. Der KGB hatte das MfS auch motiviert, die zuständigen KGB-Vertreter über geplante Rentnerreisen von DDR-Bürgern in die Bundesrepublik zu informieren, die in die Nähe von ausgewählten militärischen, geheimdienstlichen und zivilen Objekten führten. Siehe z. B. OSL Hummitzsch, StV Operativ der BV Leipzig an den Operativstab/Auswertungs- und Informationsgruppe, 2.2.1966; BArch, MfS, BV Leipzig, Leiter Nr. 686, Bl. 71.

71 Auflistungen der für den KGB erfassten Personen, 20.–22. November 1989 in: BArch, MfS, BV KMSt, Reg.-Nr. XIV/4151/60, Teil 3, Bl. 96–106.

72 BArch, MfS, BV KMSt, Kartei des Leiters der BV: Für KGB erfasste Personen.

73 Russisch: *Glawnoe Raswedywatel'noe Uprawlenie* oder Hauptverwaltung Aufklärung.

74 Rostowzew: Rezidentura, S. 485 f.

Der Verbindungsoffizier und seine Untergebenen in der KGB-Dienststelle bekamen Dienstausweise von der jeweiligen Bezirksverwaltung des MfS. Das bedeutete aber nicht, dass sie für das MfS tätig waren. Die Ausweise sollten ihnen vor allem Zugang zum Dienstsitz des MfS im Bezirk verschaffen. Die Dienstausweise enthielten keinen Vermerk auf ihre KGB-Zugehörigkeit. Aber sofern die KGB-Mitarbeiter, wie dies beispielsweise Wladimir Putin gemacht hatte, ihre realen Personendaten eintrugen, war aufgrund des russischen Namens oder des Geburtsortes der sowjetische Hintergrund erkennbar. Gemäß dem Protokoll über die Regelung des Zusammenwirkens des MfS mit der Vertretung des KGB vom 29. März 1978 wurde den KGB-Offizieren der Zugang zu MfS-Dienstgebäuden gewährt,[75] um bestimmte Aufgaben erledigen zu können. Zu diesen Aufgaben zählten der Austausch und die Einschätzung von verschiedenen geheimdienstlichen Informationen sowie »Mustern operativer Technik und Dokumentationen zu ihr«, die »Mitwirkung an der Vorbereitung und Durchführung von Arbeitstreffen« der Führung beider Staatssicherheitsdienste sowie die »Unterstützung bei der Realisierung der dabei abgestimmten Pläne, Vereinbarungen und Maßnahmen«, die »Koordinierung der gegenseitigen Hilfe in der operativen Arbeit«, die »Koordinierung der Maßnahmen zur abwehrmäßigen Sicherung von vereinbarten Schwerpunkten und Objekten der UdSSR« sowie zum Schutz »sowjetischer militärischer Einheiten, Einrichtungen und Bürger« in der DDR und wenn notwendig, die Einleitung und gemeinsame Durchführung von Fahndungsmaßnahmen.[76]

Obwohl in dem Protokoll von der »gegenseitigen Hilfe in der operativen Arbeit« gesprochen wird, dürfte diese gegenseitige Hilfe eher eine einseitige gewesen sein. Dies gilt insbesondere für die KGB-Offiziere, die das Territorium der DDR als operative Basis für die Aufklärung in Richtung Westen nutzten. Diesen Eindruck vermitteln die Vermerke, die von MfS-Seite über die regelmäßigen Beratungen mit KGB-Offizieren angefertigt wurden. Denn darin werden Personen aufgelistet, die das MfS für die Übergabe an den KGB vorgesehen hat.[77] Über operative Hilfe oder die Übergabe von KGB-Quellen an das MfS steht darin im Regelfall

75 Protokoll über die Regelung des Zusammenwirkens zwischen dem MfS der DDR und der Vertretung des KfS beim Ministerrat der UdSSR beim MfS der DDR, 29.3.1978; BArch, MfS, BdL/Dok. Nr. 1862, Bl. 1–11, hier 7, Dokument online: https://www.stasi-unterlagen-archiv.de/assets/bstu/content_migration/DE/Wissen/MfS-Dokumente/Downloads/KGB-Projekt/78_03_29_Protokoll_Zusammenwirken_MfS_KGB.pdf (letzter Zugriff: 20.7.2021).

76 Ebenda, Bl. 5.

77 Siehe z. B. OSL Sobeck, Stellvertreter für Aufklärung, an den Leiter der AG XV/BV-Leiter Genossen Oberst Ebert, Ergebnisse der Zusammenarbeit zwischen der Abteilung XV/Gera und den operativen Diensteinheiten der HVA sowie bei der gewährten Unterstützung durch die Erschließung der operativen Basis des Bezirkes für die Gesamtbelange der Aufklärung, 21.11.1988; BArch, MfS, BV Gera, Abt. XV Nr. 142, Bd. 3, Bl. 171 f., hier 172; OSL Neumann, Leiter, Abt. XV, BV Schwerin, an den Leiter der BV Schwerin, Übersicht zu Aktivitäten und Maßnahmen zur Unterstützung der Arbeit der sowjetischen Tschekisten im Bezirk Schwerin durch die Abteilung XV, 21.10.1987; BArch, MfS, BV Schwerin, Leiter Nr. 3, Bl. 14–18.

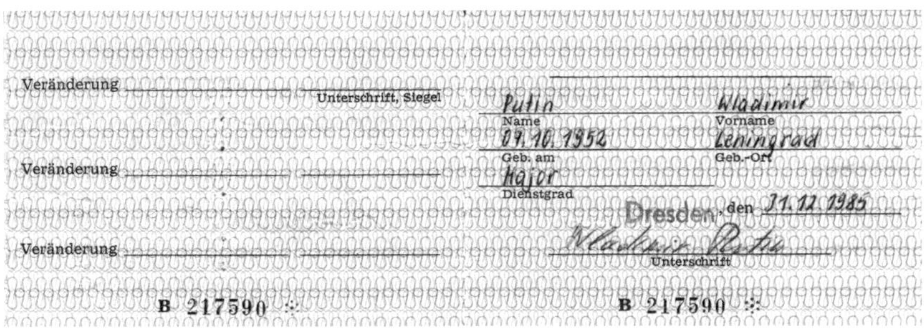

Abb. 6 u. 7: Dienstausweis der MfS-Bezirksverwaltung Dresden für den KGB-Major Wladimir Putin, Mitarbeiter der KGB-Dienststelle Dresden

nichts, obwohl dies natürlich auch vorkam, aber offenbar seltener und außerhalb dieser regelmäßigen Treffen.[78] Eine ähnliche Lage herrschte im Zusammenhang mit dem Zugang des KGB zu dem Dienstsitz des MfS im jeweiligen Bezirk. Die

78 In der Teilkartei der HVA »Rosenholz« gibt es mehrere Beispiele der Übergabe von Personen, die in SVG für die »Freunde« erfasst wurden, an die ostdeutsche Aufklärung – z. B. ein Student in Wuppertal, den die Abteilung XV der BV Magdeburg von der dortigen Dienststelle des KGB (vorläufige aktive Erfassung unter dem SVG »Freunde« VIII/428/67) übernahm. Bis 1988 avancierte er zur O-Quelle für das MfS an seiner Hochschule. Siehe BArch, MfS, RoHo, F 16, F 22 und Statistikbogen, Reg.-Nr. XV/539/87. Er war offenbar beiden Geheimdiensten aufgefallen wegen seines Besuchs bei einer Bekannten in Magdeburg in den frühen 1980er-Jahren. Siehe den Eintrag unter seinem Namen in: BArch, MfS, AR 2, VSH-Abt. VI. Im Bezirk Neubrandenburg übernahm die Abteilung XV von den »Freunden« (Reg.-Nr. III/432/67) eine Beamtin beim Senat der Stadt Bremen (IMA »Selma«, Reg.-Nr. XV/3356/85) und eine Führungskraft im Betonwerk in Malchin (IM »Uli«, Reg.-Nr. XV/3357/85). In Magdeburg übernahm die Abteilung XV von der KGB-Dienststelle (Reg.-Nr. VII/400/68) einen Elektroingenieur aus München (IM-Vorlauf bzw. OPK »Harfe«, Reg.-Nr. XV/752/83), eine Studentin an der Universität Bochum (IM-Vorlauf bzw. OPK »Drachen«, Reg.-Nr. XV/973/82) und eine Mitarbeiterin des Bezirkskabinetts für Kulturarbeit (IMS »Barbara Bergmann«, Reg.-Nr. VII/1339/79). In Leipzig übernahm die Abteilung XV einen Redakteur des Rundfunks der DDR (IM »Golf«, Reg.-Nr. XV/3558/81) vom KGB (Reg.-Nr. XIII/1420/60). Es gibt nur einen nachweisbaren Fall der Übernahme einer Person, die im zentralen bzw. Berliner Sicherungsvorgang der »Freunde« (Reg.-Nr. XV/2147/85)

KGB-Offiziere konnten in den MfS-Bezirksverwaltungen praktisch alle Karteien und Speicher des MfS benutzen.[79]

Die überlieferten Daten über die »Freunde« der KGB-Dienststelle in Karl-Marx-Stadt legen die Schlussfolgerung nahe, dass die KGB-Offiziere die operative Basis des Bezirks nach bestimmten Kriterien unter sich aufteilten: Unter geografischen Aspekten waren sie für je unterschiedliche Regionen des Bezirks zuständig, unter nachrichtendienstlichen Aspekten waren sie für unterschiedliche Stützpunkte für das Tippen und Werben (hauptsächlich Hochschulen und Betriebe mit Westverbindungen) zuständig beziehungsweise für unterschiedliche Aufgabenbereiche der Aufklärung (z. B. wissenschaftlich-technische, politische, militärische Ziele, Regimeverhältnisse oder äußere Abwehr).

Für den Verbindungsoffizier Walerij Wladimirowitsch Tschuwatin erfasste die BV Karl-Marx-Stadt im November 1989 offenbar diejenigen Personen, die für die sensibelsten Aufträge zuständig waren, insbesondere in den Bereichen der politischen Aufklärung und der äußeren Abwehr.[80] Viele Bundesbürger, die für den Verbindungsoffizier erfasst wurden, arbeiteten in sensiblen Bereichen – hauptsächlich als Sicherheits- und Ordnungskräfte oder in anderen Bereichen des öffentlichen Dienstes der Bundesrepublik (siehe Anlage 1). Die Industrie bildete offenbar einen weiteren Schwerpunkt der Aufklärungstätigkeit Tschuwatins. Neun für den Verbindungsoffizier erfasste Bundesbürger arbeiteten in der westdeutschen Industrie,[81] und 21 von den 46 DDR-Bürgern, die ihm zugeordnet waren, arbeiteten in Volkseigenen Betrieben (VEB) oder anderen Einrichtungen in der ostdeutschen Industrie.[82]

Die restlichen Offiziere in der KGB-Dienststelle fokussierten hauptsächlich auf die wissenschaftlich-technische Aufklärung, obwohl auch für sie potenzielle Quellen für die politische und militärische Aufklärung beziehungsweise die äußere Abwehr erfasst waren.

erfasst wurde, nämlich einen Bielefelder Studenten, der anschließend als IM »Erhard« der für die Bearbeitung der Hauptobjekte in den USA zuständigen HV A/XI/1 zugeteilt wurde.

79 Generalmajor Hummitzsch, Leiter der BV Leipzig an Oberst Dr. Bausch, ZAIG, 15.3.1978; BArch, MfS, BV Leipzig, Leitung Nr. 1941, Bl. 1–10, hier 4.

80 Siehe Anlage 1 (unten). Sein Vorgänger Oberst Walerij Iwanowitsch Popow (Jg. 1939) diente von Januar bis November 1989 als Verbindungsoffizier und Tschuwatin als sein Stellvertreter. Es bleibt unklar, wann genau Popow im November ging. Obwohl Tschuwatin seine MA-Nr. und die Verantwortlichkeiten für Popows früheres IM-Netz spätestens zum 20. November übernahm, nahm Popow noch an einer Dienstversammlung des BV-Leiters Gehlert in Karl-Marx-Stadt am 23. November teil. Siehe Erfasste Personen für MA 599 – Genossen Tschuwatin, Stand: 20.11.1989; BArch, MfS, BV KMSt, SVG XIV/4151/60, Teil III, Bl. 100 f.; Horsch, Holger: »Hat nicht wenigstens die Stasi die Stimmung im Lande gekannt?« MfS und SED im Bezirk Karl-Marx-Stadt (BStU, BF informiert; 19). Berlin 1997, S. 33.

81 Zu diesen Angaben siehe Anm. 21.

82 10 weitere Personen waren berufstätig in anderen Feldern an anderen Einrichtungen und in 9 Fällen wurde kein Arbeitsplatz angegeben. Auch 6 Rentner wurden für MA-Nr. 599 erfasst.

So verhielt es sich zum Beispiel bei Wladislaw Wladimirowitsch Negadow. Der Schwerpunkt seiner geheimdienstlichen Tätigkeit lag auf der Technischen Universität (TU) Karl-Marx-Stadt. Im November 1989 waren nicht nur 29 ostdeutsche Studierende sowie einer aus dem Irak an der TU für ihn erfasst, sondern auch sieben Angestellte der Universität. Zwei der fünf »KGB-Helfer« Negadows waren auch an der TU tätig. Sebastian Franke* bekleidete dort eine Stelle als Sicherheitsbeauftragter,[83] und Hans-Dietrich Thiele* wurde als wissenschaftlicher Assistent an der Universität legendiert.[84] Beide dienten Negadow wahrscheinlich als Führungs-IM. Die Schwerpunktsetzung auf die TU sowie andere Bildungseinrichtungen im Bezirk hatte naheliegenderweise zur Folge, dass auch ein US-amerikanischer Student an der Universität Tübingen sowie insgesamt 28 westdeutsche Studierende für Negadow erfasst waren, die wahrscheinlich Kontakt zu ihren ostdeutschen Altersgenossen hatten.[85]

Die Technische Universität Karl-Marx-Stadt war auch der Hauptschwerpunkt der geheimdienstlichen Arbeit von Nikolaj Nikolajewitsch Timoschkow, der seit November 1987 in der KGB-Dienststelle arbeitete.[86] Insgesamt waren 19 ostdeutsche und drei ausländische Studierende, zwei wissenschaftliche Mitarbeiter, ein Dozent, ein wissenschaftlicher Sekretär und drei Hochschullehrer (darunter einer aus der UdSSR) an der TU im November 1989 für ihn erfasst. Wenn man die Erfassungen für Negadow hinzuzählt, bildete die TU Karl-Marx-Stadt das wichtigste Zentrum für die Werbetätigkeit des KGB im Bezirk.[87] Studierende an anderen Bildungseinrichtungen standen ebenso auf der Liste Timoschkows wie einige Studierende in der Bundesrepublik.[88]

Die Regimeverhältnisse[89] in der Bundesrepublik bildeten offenbar einen weiteren Fokus für Timoschkow. Insgesamt sechs Angestellte westdeutscher Stadt- oder

83 Siehe Anlage 1 (unten).

84 Ebenda. Auf Ersuchen der »Freunde« übergab ihm das MfS 1988 einen Trabant zum Schätzpreis von 4 110 Mark für seine Arbeit. Siehe BV KMSt, Aktennotiz, 20.6.1988; BArch, MfS, BV KMSt, Reg.-Nr. XV 2626/84, Bd. 1, Bl. 247.

85 Siehe Anlage 1 (unten).

86 Siehe Anlage 1 (unten).

87 Zu diesen Angaben siehe Anm. 21.

88 Siehe Anlage 1 (unten).

89 Unter »Regimeverhältnisse« verstanden die Geheimdienste die »Gesamtheit der Verhältnisse und Lebensbedingungen eines Landes oder geografischen Raumes (z. B. politische Entwicklungen, administrative Strukturen, kulturelle Besonderheiten, behördliche Sicherheitsvorkehrungen), deren Kenntnis für ein effektives und unauffälliges nachrichtendienstliches Handeln notwendig war. Mit diesen Kenntnissen sollten vor allem das IM-Netz im Westen und der grenzüberschreitende Agentenreiseverkehr geschützt werden.« Zitat in: Das MfS-Lexikon, S. 270.

Gemeindeverwaltungen[90] und ein Polizeibeamter waren ihm im Sicherungsvorgang »Freunde« im November 1989 zugeordnet.[91]

Ein Mitarbeiter der KGB-Dienststelle in Karl-Marx-Stadt wurde 1989 mit zwei Mitarbeiter-Nummern (15 und 76) versehen: Sergej Petrowitsch Siwirinow, der seit 1985 im Bezirk agierte.[92] Wahrscheinlich hatte er die Residenten beziehungsweise inoffiziellen Netze von zwei früheren Mitarbeitern der KGB-Dienststelle übernommen; möglicherweise hat er aber auch selbst aus organisatorischen Gründen eine Aufteilung seiner Arbeit unter zwei Nummern vorgenommen.

Einen zentralen Bestandteil der operativen Basis von Siwirinow im Bezirk bildete die Stadt Freiberg und insbesondere die dort ansässige Bergakademie. Im November 1989 waren vier Studierende an der Bergakademie, zwei ausländische Aspiranten sowie ein Mitarbeiter dieser Bildungsanstalt für ihn erfasst.[93] Fünf weitere Berufstätige in Freiberg, darunter zwei Ingenieure und ein wissenschaftlicher Mitarbeiter des VEB Spurenmetalle, waren ebenfalls für ihn reserviert. Einer der beiden Ingenieure war der hauptamtliche »KGB-Helfer« Helmut Sommer*.[94] Es liegt nahe, dass der VEB Spurenmetalle ein weiterer Schwerpunkt der geheimdienstlichen Arbeit Siwirinows war.

Siwirinow war offenbar auch für das IM-Netz beziehungsweise die Residentur des KGB am Forschungszentrum Werkzeugmaschinenbau des Kombinats »Fritz Heckert« in Karl-Marx-Stadt (FZW) zuständig.[95] Insgesamt sechs Mitarbeiter des FZW waren für ihn im Sicherungsvorgang »Freunde« erfasst, darunter Personen, die Dienstreisen ins westliche Ausland unternehmen durften (»NSW-Reisekader«).[96]

Dank der Verbindungen Siwirinows zum FZW, zur Bergakademie und zu verschiedenen Betrieben im Bezirk eröffneten sich Möglichkeiten zur Anwerbung wissenschaftlich-technischer Fachkräfte aus dem Westen, die in Einzelfällen tatsächlich zum Ziel führten.[97] Unter seinen beiden Nummern wurden Ingenieure und Angestellte von führenden westlichen Firmen wie BASF, Hoechst AG (3 Personen), Dyno-Cyanamid in Rotterdam, AEG Telefunken, Messerschmitt-Bölkow-Blohm (2 Personen), Mannesmann und Shell in Amsterdam erfasst. Dazu kamen wissenschaftliche Fachkräfte im öffentlichen Sektor.[98]

90 Ihre Arbeitsplätze waren das Arbeitsamt Schwäbisch Gmünd, das Ausländermeldeamt Lippe, das Bürgermeisteramt Aichwald, die Gemeindeverwaltung Hövelhof und die Stadtverwaltungen in Kulmbach und Wurmberg. Zu diesen Angaben siehe Anm. 21.

91 Ebenda.

92 Siehe Anlage 1 (unten).

93 Ebenda.

94 Ebenda.

95 Ausführlich hierzu der Aufsatz von Cornelia Jabs »Spionieren unter Freunden – Der KGB im Forschungszentrum Werkzeugmaschinenbau Karl-Marx-Stadt« in diesem Band.

96 Siehe Anlage 1 (unten).

97 Siehe den Fall von IM »Tom« (unten).

98 Siehe Anlage 1 (unten).

Unter den Offizieren der KGB-Dienststelle Karl-Marx-Stadt ergibt sich für Wladimir Demidowitsch Gritzenko (Mitarbeiter-Nummer 130) das deutlichste Bild seiner Tätigkeit. Er kam im Jahre 1987, nach einem Einsatz für den KGB in Afghanistan, nach Karl-Marx-Stadt. Später erzählte er, dass er im Bezirk Karl-Marx-Stadt Deutsche angeworben habe, die nützliche Informationen für die politische oder wissenschaftlich-technische Aufklärung der UdSSR oder Verbindungen nach Westdeutschland hatten. Er habe in der DDR unter der Deckung eines Kontrolleurs der Personalabteilung der SDAG Wismut agiert.[99] Geografisch stand die von Wismut 33 Kilometer entfernte Stadt Zwickau im Zentrum seiner Aufmerksamkeit und vor allem die dortige Ingenieurhochschule (IHS). Im Oktober 1989 waren nicht nur 16 ostdeutsche Studierende der IHS Zwickau im Sicherungsvorgang »Freunde« für Gritzenko erfasst, sondern auch zwei Aspiranten und außerdem fünf Studierende aus dem Nahen Osten. Dazu kamen sieben Angestellte der IHS. Vier weitere Einwohner der Stadt Zwickau sowie sechs Sowjetbürger in Zwickau und Karl-Marx-Stadt waren ebenfalls für ihn erfasst.[100] Als einziger Ermittler und wahrscheinlich auch als Resident für Gritzenko diente Heinrich Graf* vom Volkspolizei-Kreisamt Zwickau.[101] Geografisch betrachtet war das sinnvoll.

Des Weiteren waren noch sieben Bundesbürger und ein in der Bundesrepublik wohnhafter Ingenieur aus dem Nahen Osten Gritzenko zugeordnet. Der ausländische Ingenieur arbeitete bei BASF in Ludwigshafen am Rhein, einer deutschen Firma, deren Technologie für den KGB von besonderem Interesse war. Er hatte offenbar an der IHS Zwickau studiert und war anschließend mit seiner ostdeutschen Ehefrau, die auch für Gritzenko erfasst wurde, in die Bundesrepublik ausgewandert.[102] Es bleibt eine offene Frage, ob der Ingenieur oder seine Ehefrau nach ihrer Übersiedlung jemals Informationen an den KGB lieferten.

Der letzte Mitarbeiter der KGB-Dienststelle, für den im November 1989 Personen im Sicherungsvorgang »Freunde« der MfS-Bezirksverwaltung Karl-Marx-Stadt erfasst waren, war der erst seit April 1988 tätige OSL Dmitrij Trofimowitsch Trjasejkin (Mitarbeiter-Nummer 317).[103] Ein geografischer Schwerpunkt bei Trjasejkins Nutzung der operativen Basis im Bezirk Karl-Marx-Stadt ist nicht erkennbar. Auffällig ist, dass viele Ostdeutsche, die für ihn erfasst waren, beruflich mit dem Ausland und mit Jugendlichen zu tun hatten. Einige waren von ihren Betrieben als »NSW-Reisekader« bestätigt worden und durften also Dienstreisen in den Westen unternehmen; einige von ihnen reisten zugleich mit dem Segen der KGB-Dienststelle in den Westen, so wie der Journalist einer Lokalzeitung oder ein

99 Siehe das Interview mit Gritzenko in: Dmitrij Shilin, Chekisti razgovorilis' [Tschekisten erzählen], Portmone [Portemonnaie], 19.12.2011; https://web.archive.org/web/20200127061835/http://portmone.name/prochee/chekisty-razgovorilis.html (letzter Zugriff: 3.9.2021).

100 Siehe Anlage 1 (unten).

101 Ebenda.

102 Ebenda.

103 Ebenda.

Student der TU Karl-Marx-Stadt. Andere wurden auf offenbare Anforderung des KGB vom MfS für langfristige Auslandseinsätze überprüft – zum Beispiel eine Amtsträgerin der Stadtleitung der Freien Deutschen Jugend und ein Jugendbeauftragter des VEB Barkas-Werke. Auch in der Bundesrepublik waren mehrere Studierende und Jugendliche für Trjasejkin erfasst.[104] Der Schluss liegt nahe, dass einige der Ostdeutschen als Übersiedlungs-IM vorgesehen waren. Sicherlich ging es, wie immer, auch um den Aufbau von IM-Netzen in der Bundesrepublik.

Spionage von der operativen Basis Karl-Marx-Stadt heraus: Der Fall des IM »Tom«

Dank eines Strafverfahrens gegen einen früheren Angestellten des Rüstungs- sowie Luft- und Raumfahrtkonzerns Messerschmitt-Bölkow-Blohm (MBB) in Hamburg, der im November 1989 noch für den KGB-Offizier Siwirinow im Bezirk Karl-Marx-Stadt erfasst war, wissen wir mehr darüber, wie der KGB seine operative Basis in der DDR für die Führung seiner westlichen Quellen eingesetzt hatte. Die für Auslandsspionage verantwortliche Abteilung XV der MfS-Bezirksverwaltung Karl-Marx-Stadt hatte 1983 den MBB-Angestellten während eines Verwandtenbesuches im Bezirk als IM »Tom« angeworben.[105] Ein Jahr später wurde er an die KGB-Dienststelle in Karl-Marx-Stadt übergeben und im April 1985 im »Freunde-Vorgang« für die Mitarbeiter-Nummer 76 registriert.[106] Im November 1985 wurde er, wie die anderen für Mitarbeiter-Nummer 76 erfassten Personen, von dem neuen Mitarbeiter der KGB-Dienststelle Siwirinow übernommen.[107]

Siwirinow hatte keinen direkten Kontakt zu IM »Tom«. Die KGB-Dienststelle warb 1983 den Ostdeutschen L. an, der als Führungsoffizier von »Tom« fungierte. 1983 war L. wegen Nichteignung von einer Kreisdienststelle des MfS im Bezirk Karl-Marx-Stadt als hauptamtlicher Mitarbeiter entlassen worden.[108] Kurz danach erschienen bei ihm zuhause zwei KGB-Offiziere mit einem bereits berenteten, ehemaligen Leiter seiner früheren Kreisdienststelle, und sie verpflichteten ihn erfolgreich als IM des KGB. L. traf sich 14 Tage später in Ostberlin mit einem der beiden Russen, »Nikolaj«. »Nikolaj« teilte L. mit, dass er, L., sich künftig mit einem Bundesbürger (d. h. IM »Tom«) treffen würde, der im Bereich der Luft- und

104 Zu diesen Angaben siehe Anm. 21.

105 Oberlandesgericht (OLG) Celle, Urteil v. 26.1.1999 – Az. 3 StE 2/98. Siehe auch Herbstritt: Bundesbürger, S. 298.

106 Siehe die nicht durchgestrichene Erfassung des Bundesbürgers N. in: BArch, MfS, BV KMSt, SVG XIV/4151/60, Teil II, Bl. 86.

107 Siehe den Eintrag für den Bundesbürger N. in: Erfasste Personen für MA 15/76 – Gen. Siwirinow; BArch, MfS, BV KMSt, SVG XIV/4151/60, Teil III, Bl. 92–94, hier 93. Zu Siwirinow siehe die Diskussion oben sowie Anlage 1.

108 OLG Celle, Urteil v. 26.1.1999 – Az. 3 StE 2/98, Abs. 11.

Raumfahrt arbeite. Zur Vorbereitung auf diese Treffs bekam L. entsprechende westdeutsche Fachzeitschriften.[109]

1984 fand das erste Treffen zwischen L. und IM »Tom« für den KGB statt. Kurz nach einem Vorbereitungstreffen zwischen L., dem Russen »Nikolaj« und dem MfS-Angehörigen »Helmut«, der »Tom« angeworben hatte, trafen sich L. und »Helmut« mit »Tom«. IM »Tom« erklärte sich mit seiner Übergabe an L. einverstanden, der ihn nun für den KGB unter der »fremden Flagge« MfS führte.[110] IM »Tom« ging also davon aus, für das MfS zu spionieren. Er traf sich mit L. regelmäßig zweimal im Jahr, zu Ostern und im Oktober. Zu diesem Zweck reiste er über die Transitautobahn von Hamburg nach Berlin und traf sich mit L. an der Autobahnausfahrt Nauen, wo er ihm Unterlagen aus seiner Firma MBB (und deren Nachfolger ab 1989) übergab. Bei längeren Treffs, die offenbar in konspirativen Wohnungen in der DDR stattfanden und bis zu acht Stunden dauern konnten, arbeitete L. mit »Tom« einen Fragenkatalog ab, den er von seinem sowjetischen Führungsoffizier »Nikolaj« bekommen hatte, und instruierte ihn über die künftig zu beschaffenden Materialien.[111] IM »Tom« lieferte Unterlagen über die Kohlefaserverbundstoff-Technologie, die die Erstellung von superleichten, aber stabilen Flugzeugteilen ermöglicht, und über die verschiedenen Flugzeugtypen des Airbus, an deren Design »Tom« mitarbeitete.[112] Er berichtete seinem Führungsoffizier auch über seine Kollegen und deren persönlichen Verhältnisse, darunter über jene, die an dem Eurofighter-Projekt arbeiteten.[113] Bei jedem Treff kassierte »Tom« die Entlohnung für seine jeweils vorangegangene Lieferung (2 000 bis 5 000 DM) sowie Spesen.[114] L. wurden dagegen nur 200 bis 300 DDR-Mark pro Treff bezahlt.[115]

Die KGB-Dienststelle in Karl-Marx-Stadt erhielt 1987 von der Abteilung »Operative Technik« der BV Karl-Marx-Stadt des MfS ein fiktives Visum für IM »Tom«, das ihm in jenem Jahr ein Treffen mit L. in Karl-Marx-Stadt ermöglichte.[116] Zwischen 1985 und 1987 diente eine Rentnerin aus Karl-Marx-Stadt namens »Erna« als Kurierin bei der Materialübergabe; als Tarnung dienten mehrere Rentnerreisen, die »Erna« zum Besuch ihrer Schwester in Hamburg unternahm. Aus Altersgründen konnte sie ab 1987 nicht mehr eingesetzt werden.[117] Neben »Erna« waren noch weitere Rentner für die »Freunde« im Bezirk Karl-Marx-Stadt

109 Ebenda, Abs. 19.

110 Ebenda, Abs. 20; Herbstritt: Bundesbürger, S. 298.

111 OLG Celle, Urteil v. 26.1.1999 – Az. 3 StE 2/98, Abs. 25.

112 Ebenda, Abs. 48–50.

113 Ebenda, Abs. 51.

114 Ebenda, Abs. 58.

115 Ebenda, Abs. 59.

116 Ebenda, Abs. 17; Karte für N. in: BArch, MfS, BV KMSt, Kartei des Leiters der BV: Für KGB erfasste Personen.

117 OLG Celle, Urteil v. 26.1.1999 – Az. 3 StE 2/98, Abs. 29.

erfasst, und die KGB-Dienststelle beauftragte das MfS des Öfteren mit der Beschaffung von Visa für Rentnerreisen beziehungsweise Reisen in dringenden Familienangelegenheiten in den Westen.[118] Der Schluss liegt nahe, dass die KGB-Dienststelle mehrere dieser Rentner als Kuriere in die Bundesrepublik einsetzte.

Kurz nach dem Mauerfall erfuhr IM »Tom«, dass er eigentlich für den KGB arbeitete, als L. ihm dies auf einem Treff in Berlin mitteilte. Nachdem »Tom« eine neue Verpflichtung unterschrieb, traf er sich von nun an mit dem Nachfolger von »Nikolaj« als KGB-Führungsoffizier.[119] IM »Tom« diente der russischen Aufklärung bis 1995, als er den Kontakt unter anderem wegen unregelmäßiger beziehungsweise unzureichender Zahlungen abbrach.[120] Er flog 1997 auf und wurde 1999 in Celle zu einer Bewährungsstrafe verurteilt.[121]

Problematische Freundschaft: Das MfS, das Ministerium des Innern und die Volkspolizei-Residenten des KGB

Auf seiner Dienstkonferenz zur Zusammenarbeit mit der KGB-Vertretung 1979 unterstrich Mielke die Notwendigkeit,

> systematisch den Zustand zu überwinden, dass sich manche Freunde z. B. im Apparat der DVP [Deutschen Volkspolizei] Residenturen geschaffen haben und sie sich von dieser Seite her IM-Kandidaten tippen lassen bzw. anderweitige Unterstützung zur Gewinnung und zum Einsatz von IM bei den Organen der DVP suchen, anstatt voll die Hilfe unseres Organs in Anspruch zu nehmen.[122]

Diese Forderung hing nicht nur mit dem übergeordneten Ziel Mielkes zusammen, das Zusammenwirken des MfS mit der KGB-Vertretung in geordnete Bahnen zu lenken. Es ging ihm auch darum, die Konspiration der Tätigkeit des KGB und seines Zusammenwirkens mit dem MfS »zu erhöhen und strikt zu wahren«.[123] Dabei hatte er die Unterstützung der Leiter der Bezirksverwaltungen des MfS. In Antwort auf einen Fragenkatalog der Zentralen Auswertungs- und Informationsgruppe (ZAIG) vor der Unterzeichnung der Kooperationsvereinbarung MfS – KGB hatte der Leiter der BV Leipzig, Hummitzsch, sich schon im März 1978 über die VP-Residenturen des KGB beschwert:

118 Zu diesen Angaben siehe Anm. 21.

119 OLG Celle, Urteil v. 26.1.1999 – Az. 3 StE 2/98, Abs. 35 f.

120 Ebenda, Abs. 43, 59.

121 Ebenda, S. 1 f.; Herbstritt: Bundesbürger, S. 298 f.

122 Mielke, Ausführungen des Genossen Minister auf der Dienstkonferenz, o. D. [Sommer 1979], Bl. 69.

123 Ebenda, Bl. 27.

> Es ist dabei zu beachten, dass z. B. die Freunde bei uns in Dienststellen der Volkspolizei haupt- oder nebenamtliche Residenten haben, wodurch Kontakte zu staatlichen und gesellschaftlichen Organisationen bzw. Einrichtungen unter der Flagge VP unterhalten werden.
> Von solchen Kontakten erhalten wir Kenntnis meist im Zusammenhang bei Dekonspirationen oder operativen Pannen.[124]

Wie Hummitzsch erwähnte, schuf die Existenz solcher Residenten mehrere Probleme, sowohl für das MfS als auch für die Volkspolizei. Dekonspirationen waren praktisch vorprogrammiert, insbesondere innerhalb der Volkspolizei. Jedes Jahr traten Fragen zu den haupt- und nebenamtlichen Residenten wegen »Beförderungen über den Stellenplan hinaus (Auszeichnungen, Prämierungen u. a.)« auf.[125] Der KGB wollte, dass seine verdeckten Residenten vom MdI beruflich und finanziell begünstigt würden,[126] aber die Kollegen bei der Volkspolizei stellten Fragen, insbesondere, weil jene ihren Aufgaben für den KGB Priorität einräumten und nicht selten ihre eigentliche Arbeit als Volkspolizisten vernachlässigten.[127]

Die relativ schlechten Arbeitsergebnisse dieser KGB-Residenten und -Ermittler für die Volkspolizei brachten sie also in Erklärungsnot. Nicht wenige dekonspirierten sich deswegen gegenüber ihren Vorgesetzten in der Volkspolizei. Andere hielten sich an ihre Schweigeverpflichtung und nahmen damit das Risiko auf sich, von der Volkspolizei diszipliniert oder bestraft zu werden.[128] Unter ihren

124 Hummitzschs Beschwerde war eine Antwort auf die etwas tendenziöse Frage der ZAIG: »Welche Auffassungen gibt es zu der Vorstellung, dass operative Fragen seitens der sowjetischen Tschekisten im Zusammenhang mit anderen staatlichen bzw. gesellschaftlichen Organen, Einrichtungen usw. grundsätzlich nur über das MfS geregelt werden (Ausräumung eigenständiger Kontaktaufnahmen)?« Generalmajor Hummitzsch, Leiter der BV Leipzig an Oberst Dr. Bausch, ZAIG, 15.3.1978; BArch, MfS, BV Leipzig, Leitung Nr. 1941, Bl. 1–10, hier 7.

125 [Dieter] Pietsch, Oberst der K, Hauptabteilung Kriminalpolizei, stellv. Leiter HA/K und Leiter Abteilung I, an stellv. Leiter der HA VII des MfS, Oberst Krüger, 9.12.1981; BArch, MfS, HA VII Nr. 979, Bl. 2. Pietsch agierte als Leiter der Operativgruppe des MfS im MdI, Hauptabteilung Kriminalpolizei. Siehe Vollnhals, Clemens: Die Kirchenpolitik von SED und Staatssicherheit. Eine Zwischenbilanz. Berlin 1996, S. 97, Anm. 71.

126 Siehe z. B. die Auflistung der verdeckten KGB-Ermittler, deren Auszeichnung bzw. Prämierung die KGB-Dienststelle in KMSt anforderte, in: BArch, MfS, BV KMSt, Abt. VII Nr. 144, Bl. 170.

127 Siehe z. B. OSL Uhlig, Leiter Dez. I, Bezirksverwaltung für Staatssicherheit Karl-Marx-Stadt (sic!), an den Leiter der BV KMSt Generalmajor Gehlert, 3.4.1976; BArch, MfS, BV KMSt, Abt. VII Nr. 144, Bl. 96–98; Brief von Uhlig, Oberstleutnant der Volkspolizei, Dezernat I, Abt. K, BDVP KMSt an Chef der BDVP Generalmajor Rudnick (persönlich), 6.5.1976; BArch, MfS, BV KMSt, KD Zwickau, ZMA Nr. Z836, Bl. 94 f.

128 OSL [Rüdiger] Grabowski, Leiter der Abteilung 1 der HA VII des MfS, Information über Probleme, die sich aus der inoffiziellen Zusammenarbeit von Mitarbeitern bzw. ehemaligen Mitarbeitern der Abteilung I der HA Kriminalpolizei mit der befreundeten Dienststelle ergeben (ohne Berücksichtigung der Mitarbeiter 174), 16.8.1989; BArch, MfS, HA VII Nr. 3934, Bl. 129 f., hier 129.

VP-Kollegen verbreiteten sich Gerüchte über ihre inoffizielle Tätigkeit für die »Sicherheitsorgane«. Nicht selten wurde fälschlich angenommen, sie seien für das MfS tätig, insbesondere weil sie oft unter der »fremden Flagge« MfS unterwegs waren.[129]

Die Probleme des MfS und der Volkspolizei, die aus der Präsenz der VP-Residenturen des KGB erwuchsen, lassen sich wiederum am Beispiel des Bezirks Karl-Marx-Stadt gut veranschaulichen. Der Leiter des Dezernats I der Abteilung Kriminalpolizei der BDVP Karl-Marx-Stadt, OSL W. Uhlig, der auch OibE des MfS war, wandte sich im April 1976 an den Leiter der MfS-Bezirksverwaltung, Siegfried Gehlert, wegen entstandener Probleme mit jenen Mitarbeitern der K I, die neben- oder hauptamtlich als Residenten für den KGB tätig waren. Es ginge ihm um die »allseitige Unterstützung unserer sowjetischen Bruderorgane«, die für ihn »keine formale Angelegenheit, sondern bewiesene uneingeschränkte Herzenssache« sei.[130] Durch Aussprachen mit den Volkspolizisten im Bezirk, die zugleich als KGB-Ermittler fungierten, und von denen innerhalb der BDVP offenbar nur er und der Leiter der BDVP, Erwin Rudnick offiziell Kenntnis hätten, habe er von ihren »Schwierigkeiten und Problemen« erfahren.[131] Wegen der »immer straffer organisierte[n] operative[n] Kontrollen in allen Dienstkollektiven des Arbeitsgebiets I im Bezirk«, so Uhlig, seien Heinrich Graf* in Zwickau und Heinrich Fiedler* in Zschopau aufgefallen.[132] Ihre inoffizielle Arbeit für den KGB hätte »zu akuten Schwierigkeiten in der Lösung ihrer kriminalpolizeilichen Tätigkeit« geführt, und dafür seien sie in ihren Kollektiven kritisiert worden. Heinrich Graf* habe sich anhören müssen, dass »er in seiner Arbeitsgruppe Wirtschaftskriminalität nur ›Ballast‹« sei, und wenn er so viele Aufgaben für »das Dezernat« (eigentlich den KGB) zu lösen habe, solle »er sich doch gleich versetzen lassen«.[133] Offenbar wurde jedoch keine Lösung gefunden, denn drei Jahre später beschwerten sich die Kollegen von Heinrich Graf* im Volkspolizeikreisamt (VPKA) Zwickau weiterhin über »den besonderen Status seiner operativen Tätigkeit«. Er müsse

129 Siehe z. B. das Schreiben von Major Uhlig, BV KMSt, an den Stellvertreter Operativ der BV KMSt Major Böhm mit Anlage, 19.9.1974; BArch, MfS, BV KMSt, Leiter Nr. 165, Bd. 2, Bl. 150–154.

130 Schreiben von Uhlig an Gehlert, 3.4.1976, Bl. 96.

131 Ebenda, Bl. 97.

132 Ebenda. Zu Heinrich Fiedler* und Heinrich Graf* siehe Anlage 1 (unten).

133 Ebenda, Bl. 97. Heinrich Graf* hatte sich früher im Jahr 1976 an Uhlig gewandt. Wegen der vielen Zeit, die er für die Aufgaben des KGB aufgewendet habe, habe er nur »relativ geringe und offen abrechenbare Ergebnisse« für die VP gebracht, die »weder sein Kollektiv noch ihn selbst« befriedigen. Er hatte Uhlig darum gebeten, ihn aus seiner jetzigen Arbeitsgruppe herauszunehmen. Anschließend könne, so Heinrich Graf*, dem Leiter des VPKA Zwickau sowie im Kommissariat I mitgeteilt werden, dass er nur noch Sonderaufgaben im Auftrage des Leiters des Dezernates I der Abteilung K der BDVP KMSt durchführe. Brief von Uhlig, Oberstleutnant der VP, Dezernat I, Abt. K, BDVP KMSt an den Chef der BDVP Generalmajor Rudnick (persönlich), 6.5.1976; BArch, MfS, BV KMSt, KD Zwickau, ZMA Nr. Z836, Bl. 94 f.

nie Arbeitsergebnisse für das VPKA abrechnen, sagten seine Kollegen, aber er sei trotzdem prämiert und befördert worden.[134]

Das offenbar fehlende Verständnis des KGB für die »Regimeverhältnisse« in der DDR selbst – unabhängig von denen im Westen, im sogenannten »Operationsgebiet« – führte auch öfter zu Dekonspirationen der VP-Residenten des KGB. Das war vermutlich einer der Gründe, warum Mielke auf seiner Dienstkonferenz nicht nur das Ziel der Abschaffung solcher Residenturen unterstrich, sondern auch die Notwendigkeit, dass alle Diensteinheiten des MfS die KGB-Offiziere in der DDR »ständig« mit den »aktuellen operativ zu beachtenden Regimeverhältnissen in der DDR, im Operationsgebiet, im grenzüberschreitenden Verkehr u. a.« vertraut machten.[135] Mielke bemerkte in diesem Zusammenhang: »Wir müssen auch bedenken, dass manche in der DDR zum Einsatz kommenden Tschekisten noch nicht lange in der DDR tätig und oft relativ jung – auch an operativer Erfahrung sind.«[136]

Zu den Regeln der »Regimeverhältnisse« in der DDR, die die »KGB-Helfer« öfter missachteten und zu Dekonspirationen führten, gehörten die Vorschriften des MdI für Volkspolizisten. Diese verbaten den Polizisten Kontakte mit Personen aus dem Nichtsozialistischen Ausland (NSA). Nichtsdestotrotz nahmen die »KGB-Helfer« bei der VP in ihrer Eigenschaft als Werber und Agentenführer Kontakte mit solchen Personen auf.[137]

Die Probleme in diesem Zusammenhang lassen sich wiederum am Beispiel des Bezirks Karl-Marx-Stadt gut veranschaulichen. Uhlig führte in einer Aktennotiz das Beispiel des KGB-Residenten Waldemar Preuss*[138] in Karl-Marx-Stadt an. Dieser sei beim Leiter des VPKA in Reichenbach 1976 »aufgelaufen«, weil er

134 Major Kreher, KD Zwickau, Information: Verdacht der Dekonspiration operativer Maßnahmen nach dem Operationsgebiet, 22.6.1979; BArch, MfS, BV KMSt, Leiter Nr. 43, Bd. 1, Bl. 182–185, hier 185.

135 Mielke, Ausführungen des Genossen Minister auf der Dienstkonferenz, o. D. [Sommer 1979], Bl. 33.

136 Ebenda, Bl. 56.

137 Schreiben von Uhlig an Gehlert, 3.4.1976, Bl. 97. Zum Beispiel diente 1989 ein Mitarbeiter der Hauptabteilung Kriminalpolizei in Berlin als Ermittler für die KGB-Vertretung in Karlshorst. Ein MfS-Mitarbeiter schrieb über ihn, dass er »im Auftrag der befreundeten Dienststelle Quellen aus der BRD/WB [Westberlin], ausschließlich Vertreter aus wissenschaftlich-technischen Bereichen« führe. »Dabei weist er sich als Handelsvertreter bzw. Journalist aus. Treffs werden u. a. in Gaststätten bzw. Hotels durchgeführt. Damit ist [er] gezwungen, im Interesse der Aufgabenerfüllung für die befreundete Dienststelle gegen grundlegende Verhaltensanforderungen für einen VP-Angehörigen wie sie in der Geheimhaltungsordnung des MdI aufgeführt sind, zu verstoßen.« OSL [Rüdiger] Grabowski, Leiter der Abteilung 1 der HA VII des MfS, Information über Probleme, die sich aus der inoffiziellen Zusammenarbeit von Mitarbeitern bzw. ehemaligen Mitarbeitern der Abteilung I der HA Kriminalpolizei mit der befreundeten Dienststelle ergeben (ohne Berücksichtigung der Mitarbeiter 174), 16.8.1989; BArch, MfS, HA VII Nr. 3934, Bl. 129 f., hier 130.

138 Siehe Anlage 1 (unten).

im Auftrag der »Freunde« ein Klassentreffen habe organisieren sollen, zu dem auch ehemalige Klassenkameraden aus der Bundesrepublik eingeladen werden sollten.[139] Das geplante Treffen habe offenbar dem Ziel gedient, Bundesbürger für den KGB anzuwerben. Waldemar Preuss* habe aber den fehlerhaften Versuch gemacht, die Frau eines Volkspolizisten in Reichenbach für die Organisation des Klassentreffens zu gewinnen. Ihr Ehemann habe dem Amtsleiter des VPKA Reichenbach über die geplanten Kontakte von Preuss* zu Bundesbürgern Bericht erstattet. Preuss* sei von dem Letzteren vorgeladen worden und habe dann von seinen Plänen Abstand genommen. Uhlig, den Preuss* wegen des Zwischenfalls kontaktiert hatte, habe Preuss* für seine »sehr unkluge und dilettantische Arbeitsweise« gerügt.[140] Die sowjetischen »Freunde« hätten dagegen Preuss* gesagt, dass »er sich taktisch richtig verhalten habe« und wollten trotzdem das geplante Klassentreffen durchführen lassen.[141]

Der Volkspolizist Georg S. im Bezirk Dresden, der in der zweiten Hälfte der 1980er-Jahre als VP-Resident offenbar für Wladimir Putin tätig war, hatte ähnliche Probleme.[142] Georg S., für den Putin 1989 über die Bezirksverwaltung Dresden einen Telefonanschluss beantragte,[143] war dem MfS ebenfalls negativ aufgefallen. 1986 stellte der Leiter der MfS-Kreisdienststelle (KD) jenes Kreises, in dem Georg S. tätig war, diesen als Unsicherheitsfaktor dar. Seine Schulden bei einem IM spielten dabei eine Rolle, aber die stärksten Vorwürfe des KD-Leiters richteten sich gegen die Westkontakte von Georg S., darunter zu einem Verwandten in der Bundeswehr. Dass Georg S. diese Westkontakte im Auftrag des KGB pflegte, wusste der Leiter der MfS-Kreisdienststelle nicht. Aus seiner Sicht verstieß das Vorgehen von Georg S. gegen die Dienstregeln der Volks-

139 OSL Uhlig, Aktennotiz, o. D.; BArch, MfS, BV KMSt, Abt. VII Nr. 144, Bl. 101.

140 Ebenda.

141 Ebenda.

142 Zu Georg S. siehe Crawford, David; Bensmann, Marcus: Putins frühe Jahre. In: Correctiv: Recherchen für die Gesellschaft, 30. Juli 2015, https://correctiv.org/aktuelles/korruption/system-putin/2015/07/30/putins-fruehe-jahre/ (letzter Zugriff: 20.7.2021). Die Angaben über Georg S. in dem Artikel, die hauptsächlich auf ein Interview mit dem ehemaligen Stasi-Offizier Klaus Zuchold zurückgehen, konnten auf Grundlage der bruchstückhaften Überreste über Putins Tätigkeit in der Außenstelle des Stasi-Unterlagen-Archivs in Dresden weder bestätigt noch widerlegt werden.

143 Aufzeichnung des KGB-Verbindungsoffiziers, i. V. Putin, an den Leiter der BVfS Generalmajor Böhm, 7.9.1989; BArch, MfS, BV Dresden, 1. StV des Leiters, Nr. 3, Teil 1, Bl. 4. Die BV Dresden schrieb Putin im September 1989 zur Schaltung des Telefonanschlusses zurück: »Nach jetzt vorliegenden Möglichkeiten soll die Realisierung noch in diesem Jahr erfolgen.« Siehe Oberst Anders, 1. StV des Leiters der BV Dresden an Verbindungsoffizier Genossen Putin i. V., 12.9.1989; ebenda, Bl. 2. Jens Kaiser* wurde am 7.4.1982 im »Freunde-Vorgang« der BV Dresden (Reg.-Nr. XII/2135/74) erfasst. Siehe die Karte unter seinem Klarnamen in: BArch, MfS, BV Dresden, F 16.

polizei.[144] Der KD-Leiter hatte schon 1985 Unregelmäßigkeiten in der Arbeit von Georg S. für die Volkspolizei entdeckt, die wahrscheinlich aus der Arbeit für den KGB entstanden:

> Genosse [Georg S.] [...] hält sich nicht an Weisungen des KD-Leiters, umgeht Kontrollen und gestaltet die Dienstzeit nach eigenem Ermessen. So ist es an der Tagesordnung, dass er regelmäßig zu spät zum Dienst erscheint, die Arbeitszeit in erheblichem Maße zur Lösung privater Probleme nutzt und eine Vielzahl undurchsichtiger privater Kontakte pflegt.
> An den Wochenenden hält er sich regelmäßig, ohne dienstliche Notwendigkeit, in den Diensträumen des Komm. I auf, ohne dass von ihm zu diesem Zeitpunkt operative Arbeit geleistet wird. Er verkehrt regelmäßig in einer Reihe von Gaststätten in Freital und Dresden und pflegt Verbindungen zu negativ angefallenen Personen [...].
> Die Verbindungen zu den Personen St. und L. versucht Gen. [Georg S.] gegenüber den Genossen des Komm. I zu legendieren und konspirieren.[145]

Im November 1987 ging das MfS so weit, ausgewählte IM über Georg S. zu befragen beziehungsweise gegen ihn einzusetzen.[146] Spätestens 1989 wechselte die KGB-Dienststelle offenbar das »Dach« für die Tätigkeit von Georg S. von der Volkspolizei zu einem Volkseigenen Betrieb und nahm ihn somit durch den Wechsel der Arbeitsstelle aus der Schusslinie des MfS, wie aus einer Aufzeichnung Putins hervorgeht.[147]

Putins Kollege in der KGB-Dienststelle in Dresden, Gortanow, hatte ähnliche Probleme mit dem MfS im Falle seines hauptamtlichen IM (und wahrscheinlich Residenten) bei der Dresdener Volkspolizei Ernst Pfeiffer*.[148] Pfeiffer* geriet 1984 bei der MfS-Bezirksverwaltung Dresden unter Verdacht, weil er häufiger selbstständig westdeutsche Reisepässe zur Meldestelle brachte, wo die erforderlichen Aufenthaltsvisa eingetragen wurden, ohne dass die Inhaber den für Bundesbürger geltenden Pflichtumtausch in Höhe von 25,00 D-Mark pro Aufenthaltstag bezahlten. Dies war ein weiteres Beispiel eines Verstoßes gegen die »Regimeverhältnisse« in der DDR durch einen VP-Residenten des KGB. Obwohl diese »Vergehen« von Pfeiffer* wahrscheinlich mit seiner Betreuung von IM und anderen begünstigten Personen der KGB-Dienststelle zusammenhingen, verdächtigte ihn der Leiter der für die Überwachung der Volkspolizei zuständigen Abteilung VII der BV Dresden,

144 Leiter einer KD an den Leiter der BVfS Dresden Generalmajor Böhm, 9.10.1986; BArch, MfS, BV Dresden, AOG 77/95, Bl. 304 f.

145 Leiter einer KD [...], Auskunftsbericht, 5.8.1985; ebenda, Bl. 253–256, hier 254.

146 Handschriftliche Notiz, Autor unlesbar, 10.11.1987; ebenda, Bl. 1.

147 Aufzeichnung von Putin an Böhm, 7.9.1989 (siehe Anm. 143), Bl. 4.

148 Zu Ernst Pfeiffer* siehe Anm. 59. Zu der Beziehung Pfeiffers* zu Gortanow alias Agartanow siehe Oberst Anders, 1. Stellvertreter an den Leiter der BVfS Dresden Generalmajor Böhm, Dekonspiration einer technischen Maßnahme der sowjetischen Tschekisten, 8. Juli 1987 in: BArch, MfS, BV Dresden, 1. StV des Leiters Nr. 3, Bl. 182–184, hier 183.

Major Manfred Böhnisch, sich mit den eigentlich fälligen Umtauschgeldern zu bereichern.[149] Stasi-Offizier Böhnisch hatte vor, die Überwachung von Pfeiffers* Telefon zu beantragen und IM der BV über ihn auszufragen.[150] Doch offenbar passierte nichts, denn Pfeiffer* alias IM »Henry« war auch noch 1987 für den KGB unter dem Dach der Volkspolizei tätig.[151]

Ein weiteres Beispiel hinsichtlich der Missachtung der geltenden Regeln und Vorschriften in der DDR, die zu Enttarnungen von »KGB-Helfern« bei der Volkspolizei führte, war ihr Einsatz außerhalb ihres offiziellen territorialen Zuständigkeitsbereichs.[152] Beispielsweise schickte der KGB mehrere solcher haupt- und nebenamtlichen Mitarbeiter aus der ganzen DDR zur Leipziger Messe, weil dort viele westliche Ausländer – darunter Werbungskandidaten und West-IM des KGB – zugegen waren.[153] Ein besonders pikanter Zwischenfall ereignete sich 1985, als einer der KGB-Ermittler aus dem Bezirk Karl-Marx-Stadt eine Bürgerin im Bezirk Gera bei der Arbeit besucht hatte, um die geplante Einreise und Übersiedlung ihres Verlobten aus der Bundesrepublik zu diskutieren. Für ihren Verlobten interessierten sich die »Freunde« in Karl-Marx-Stadt; dementsprechend war er im Sicherungsvorgang »Freunde« der BV Karl-Marx-Stadt erfasst. Die DDR-Bürgerin war ihrerseits zu Recht überrascht, dass ein Mitarbeiter des Rates des Bezirks Karl-Marx-Stadt mit ihr über ihren Fall sprach, weil doch der Rat des Bezirks Gera für Übersiedlungen in ihren Bezirk zuständig war. Davon erfuhr auch der Leiter der MfS-Bezirksverwaltung Gera Dieter Lehmann und verlangte von seinem Amtsgenossen Gehlert in Karl-Marx-Stadt eine Klärung des Vorfalls.[154]

Der Leiter des Dezernats I der Abteilung Kriminalpolizei der BDVP Karl-Marx-Stadt, Uhlig, drückte in seinem Schreiben an Gehlert 1976 eine weitere Sorge des MfS aus – nämlich, ob die KGB-Ermittler unter dem Dach der Volkspolizei – trainiert als Kriminalisten – überhaupt die fachlichen Qualifikationen für Geheimdienstarbeit hätten.[155] Mielke thematisierte dasselbe Problem 1979 in seiner Rede auf seiner Dienstkonferenz zum Zusammenwirken mit dem KGB und begründete damit seine Zielsetzung, die Arbeit des KGB mit Residenturen innerhalb der DVP einzustellen. Mielke erklärte: »[N]icht die DVP oder andere

149 Schreiben von Major Böhnisch, Leiter der Abteilung VII, an den Leiter der BVfS Dresden Generalmajor Böhm, 16.7.1984; BArch, MfS, BV Dresden, Abt. VII Nr. 1318, Bl. 9–11, hier 9.

150 Ebenda, Bl. 10.

151 Siehe Schreiben von Oberst Anders, 1. Stellvertreter des Leiters an den Leiter der BV Dresden Generalmajor Böhm, 8.7.1987; BArch, MfS, BV Dresden, 1. StV des Leiters Nr. 3, Bl. 182–184.

152 Schreiben von Uhlig an Gehlert, 3.4.1976, Bl. 97.

153 Information von [Rüdiger] Grabowski, 16.8.1989, Bl. 130.

154 Notiz von Münzner an Gehlert, o. D.; BArch, MfS, BV KMSt, Leiter Nr. 4, Bl. 306; Generalmajor Lehmann, Leiter der BV Gera des MfS an den Leiter der BV Karl-Marx-Stadt Generalmajor Gehlert, 22.2.1985; ebenda, Bl. 304; Aufzeichnung v. 18.2.1985; ebenda, Bl. 307.

155 Schreiben von Uhlig an Gehlert, 3.4.1976, Bl. 98.

Organe, sondern wir verfügen über die erforderlichen Kenntnisse und Voraussetzungen, die für eine richtige tschekistische Arbeit notwendig sind.«[156]

Ein Beispiel der oft dilettantischen Arbeitsweise der »KGB-Helfer« unter dem Dach der Volkspolizei lieferte 1979 Heinrich Graf* aus dem Bezirk Karl-Marx-Stadt. Er brachte eine Volkspolizistin dazu, den von ihr früher geführten IM »Ramona« zu überzeugen, den Kontakt zu dem neuen Führungsoffizier im VPKA Zwickau abzubrechen. Die Volkspolizistin übernahm dann im Auftrag von Graf* (und indirekt des KGB) die Steuerung des IM »Ramona«.[157] Graf* verpflichtete »Ramona« unter der »fremden Flagge« MfS, wobei er eine ungewöhnliche Verpflichtungszeremonie vornahm: »Ramona« trank im fahrenden Auto einen Schluck aus einer Flasche Schnaps »als Zeichen ihrer Treue zu den Sicherheitsorganen«. Über die Volkspolizistin setzte Graf* IM »Ramona« auf eine einreisende bundesdeutsche Mitarbeiterin der französischen Handelsvertretung in Düsseldorf an. Die Bundesbürgerin beklagte sich gegenüber IM »Ramona«, dass sie »bereits 1977 unter mysteriösen Umständen von einem angeblichen Musikstudenten« während ihres Besuchs im Bezirk kontaktiert und 1978 von einem »Mitarbeiter im Staatsdienst« aufgesucht worden sei. Die Bundesdeutsche habe sich über die Kontaktversuche aufgeregt und ihre Absicht erklärt, »sich wegen dieser Sache an die zuständigen Behörden der BRD zu wenden«. Der Stellvertreter Operativ der BV Karl-Marx-Stadt, Oberst Böhm, hatte sich über »dieses insgesamt plumpe Vorgehen« von Graf* und der Volkspolizistin sowie die ihm »aus der Vergangenheit [bekannte] ähnliche primitive Kontaktarbeit« Grafs* beim damaligen Verbindungsoffizier im Bezirk, Boris Dimitriewitsch Benewolenskij, beschwert; den damaligen Führungsoffizier Grafs*, Wladislaw Wladimirowitsch Negadow, benannte Böhm dabei als Mitverantwortlichen.[158] Trotz der erneuten Beschwerden gegen Graf* agierte er bis 1989 weiterhin für die KGB-Dienststelle.[159]

Vorwürfe des MfS wegen der dilettantischen Arbeitsweise der VP-Residenten des KGB gingen oft weiter und bezogen sogar deren KGB-Führungsoffiziere ein. Das war der Fall zum Beispiel im Bezirk Dresden im Juni 1987 und richtete sich gegen Putins Kollegen Gortanow alias Agartanow und dessen schon erwähnten »KGB-Helfer« Ernst Pfeiffer* von der Deutschen Volkspolizei. Pfeiffer* führte damals den DDR-IM »Bock« und außerdem eine Bundesbürgerin als IM »Ulla«.

156 Mielke, Ausführungen des Genossen Minister auf der Dienstkonferenz, o. D. [Sommer 1979], Bl. 69.

157 Brief von Oberst Böhm, Stellvertreter Operativ der BV KMSt an Oberst Benewolenskij, 19.7.1979; BArch, MfS, BV KMSt, Leiter Nr. 43, Bd. 1, Bl. 174 f., hier 174.

158 Ebenda, Bl. 175. Benewolenskij war der zuständige VO im Bezirk KMSt von Juli 1978 bis September 1983. Siehe BArch, MfS, BV KMSt, Leiter Nr. 8, Bl. 53, 55–59, 64, 71, 138, 162, 164 f.

159 Siehe Anlage 1. Die Mitarbeiterin der französischen Handelsvertretung wurde ihrerseits erst am 12.5.1983 aus dem SVG »Freunde« gestrichen. Sie war seit dem 11.11.1976 für Negadow erfasst. BArch, MfS, BV KMSt, SVG XIV/4151/60, Teil I, Bl. 3.

Abb. 8: Zeichen der Verbundenheit: Der KGB-Major und spätere russische Präsident Wladimir Putin erhält die Ehrennadel der Gesellschaft für Deutsch-Sowjetische Freundschaft in Gold.[160]

Als »Ulla« kurzfristig in die DDR zu »Bock« reiste, brachte Gortanow vorab eine Wanze an der unteren Seite der Couch des IM »Bock« an. Gortanow beabsichtigte, auf diese Weise von seinem Auto heraus das Gespräch zwischen »Bock« und »Ulla« abzuhören. (Solche Maßnahmen zur Kontrolle der Vertrauenswürdigkeit von IM waren gängige Praxis für das MfS und den KGB.) Der Sohn der »Ulla«, so stellte das MfS später fest, habe die Wanze jedoch entdeckt. »Bock« habe »Ulla« und ihren Sohn daraufhin aber offenbar davon überzeugt, dass das Abhörgerät von der Kriminalpolizei zur Aufklärung von Kriminalität in seinem Haus installiert worden sei und nichts mit seiner Person oder mit ihnen zu tun habe. Nachdem seine Gäste wieder gegangen waren, habe »Bock« Pfeiffer* telefonisch aufgefordert, »dieses Ding« abzuholen. Mit der Genehmigung der KGB-Dienststelle habe Pfeiffer* dies schließlich mitten in der Nacht getan.[161]

160 Die Auszeichnung übereichte der 1. Sekretär des Bezirksvorstands Dresden der Gesellschaft für DSF, Kurt Kranke (links, in Weiß), im Rahmen des »Ball[s] der Waffenbrüderschaft«, der anlässlich des 70. Jahrestages der Oktoberrevolution im Saal der Bezirksverwaltung Dresden am 21.11.1987 stattfand. Zwischen Kranke und Putin: Horst Böhm, Leiter der BVfS Dresden; rechts von Putin der damalige KGB-Major und spätere einflussreiche Geschäftsmann und Manager Sergej Wiktorowitsch Tschemesow, dem damals dieselbe Auszeichnung überreicht wurde.

161 Oberst Anders, 1. Stellvertreter an den Leiter der BVfS Dresden Generalmajor Böhm, Dekonspiration einer technischen Maßnahme der sowjetischen Tschekisten, 8. Juli 1987 in:

Abb. 9: Mitarbeiter des KGB und der MfS-Bezirksverwaltung Dresden auf einem gemeinsamen Erinnerungsfoto beim Besuch des Museums der 1. Gardepanzerarmee, 1989. 2. v. l.: Wladimir Putin, sitzend 4. v. l.: Horst Böhm, Leiter der BVfS Dresden[162]

Die BV Dresden erfuhr nur von dem Zwischenfall, weil sie über die Vermittlung Gortanows das Einverständnis von »Bock« eingeholt hatte, seine Wohnung als »Stützpunkt« für die Aufklärung von Hausbewohnern zu nutzen und im Anschluss sein Telefon angezapft hatte. Ein MfS-Offizier hatte von »Bock« einen Schlüssel zu seiner Wohnung bekommen, und dieser hatte Gortanow hereingelassen, damit er sein Abhörgerät installieren konnte. Die BV Dresden fühlte sich offenbar durch den Vorfall angeschwärzt, weil »Bock« vermutlich deren Offizier, der seinen Schlüssel hatte, der dilettantischen Installation der Wanze verdächtigte. Dazu kam die Tatsache, dass Pfeiffer* den IM »Bock« unter der »fremden Flagge« MfS führte.[163] Im Anschluss bat der 1. stellvertretende Leiter der MfS-Bezirksverwaltung Dresden den zuständigen Verbindungsoffizier und Leiter der KGB-Dienststelle in Dresden, Lasar Matwejew, um die Aufklärung

BArch, MfS, BV Dresden, 1. StV des Leiters, Nr. 3, Bl. 182–184.

162 Anlass des gemeinsamen Museumsbesuchs bildete der kurz zuvor begangene 71. Jahrestag der Gründung der »Tscheka«, des Vorläufers des KGB. Die 1. Gardepanzerarmee bildete einen Teil der »Gruppe der Sowjetischen Streitkräfte in Deutschland« und war in Dresden stationiert. Sie war 1944 gebildet worden und nahm 1944/45 an den Kämpfen gegen die deutsche Wehrmacht in Polen, Pommern und um Berlin teil.

163 BArch, MfS, BV Dresden, 1. StV des Leiters, Nr. 3, Bl. 182–184.

des Falles. Matwejew habe zugegeben, dass die Entdeckung des Senders, dessen Einbau »in Abstimmung mit Genossen von Karlshorst« erfolgt sei, »auf eine unqualifizierte Arbeit seines Mitarbeiters zurückzuführen« sei. Matwejew habe den Leiter der KGB-Vertretung, Gennadij Fjodorowitsch Titow, während eines Besuchs in Dresden Mitte Juni 1987 über den Zwischenfall informiert.[164] Ob es weitere Konsequenzen für Gortanow oder die KGB-Dienststelle in Dresden gab, bleibt unklar. Die BV Dresden nahm zumindest von ihrem Vorhaben Abstand, den KGB-IM »Bock« und seine Wohnung als Stützpunkt zu nutzen.[165]

Ein anderer Sachverhalt, der auf das ungenügende geheimdienstliche Training der »KGB-Helfer« (und indirekt deren KGB-Führungsoffiziere) verwies, führte indes viel häufiger zu Beschwerden seitens von MfS-Offizieren. Sie waren irritiert, dass der KGB in der DDR lebende Personen für eine inoffizielle oder hauptamtliche Mitarbeit auch dann noch nutzte, wenn das MfS ihn auf eine offenkundige Dekonspiration hinwies. Mielke hatte in der Rede auf seiner Dienstkonferenz 1979 die Leiter aller MfS-Diensteinheiten verpflichtet, den KGB über solche Dekonspirationen zu informieren.[166]

Im September 1985 warnte zum Beispiel der Leiter der MfS-Kreisdienststelle Döbeln im Bezirk Leipzig, OSL Horst Schmidt, dass ein aus der Sowjetunion stammender Arzt, wohnhaft in der Region Leipzig, der wahrscheinlich »Aufklärungsaufgaben im Auftrag der [sowjetischen] ›Freunde‹ im Gebiet der BRD realisiert«, wegen der »ungenügenden Abdeckung« seiner Reise in die Bundesrepublik »gefährdet« sei.[167] OSL Schmidt behauptete dies, obwohl der Arzt als »nicht erfasst« gelten sollte.[168] Der Leiter der Kreisdienststelle schrieb an den für Auslandsspionage zuständigen Leiter der Abteilung XV der BV Leipzig, Oberst Claus Brüning:

> Seit 1983 gibt es wiederholt Feststellungen, dass [der Arzt] in Zeiträumen von 8–14 Tagen aus dem Territorium verschwindet, wo von seinen Angehörigen Auskünfte gegeben werden, dass er sich allein im Urlaub befindet und während dieser Zeit seine Freunde und Bekannten in der DDR aufsucht. Sein Aufenthalt wäre nicht feststellbar, da er seine Reiseroute willkürlich festlegt und dadurch eine Nachforschung nicht möglich wäre. Mit dem Verhalten des [Arztes] und diesen Erscheinungen befassen sich eine Vielzahl von Bürgern, vor allem seine Patienten und in der … [Klinik] tätigen Personen.[169]

164 Ebenda, Bl. 184.

165 Ebenda.

166 Mielke, Ausführungen des Genossen Minister auf der Dienstkonferenz, o. D. [Sommer 1979], Bl. 63.

167 Schreiben von OSL [Horst] Schmidt, Leiter der KD Döbeln der BV Leipzig an Oberst Brüning, Leiter der Abt. XV, BV Leipzig, 11.9.1985; BArch, MfS, BV Leipzig, Leitung Nr. 898, Bl. 54.

168 Ebenda.

169 Ebenda.

Der KD-Leiter bat darum, diese Informationen an die »Auftraggeber« des Arztes zu übergeben, »damit bessere Abdeckungslegenden bzw. -varianten gesucht werden«.[170]

Offenbar passierte nichts dergleichen, denn der KD-Leiter OSL Horst Schmidt wandte sich im März 1987 mit neuen Einzelheiten an die BV Leipzig. Über die Informationen von 1985 hinaus sei zwischenzeitlich bekannt, dass sich der Einsatzbereich des Arztes auf München beziehe, wohin er im Auftrag der »Freunde« weitere Fahrten unternommen habe. Inzwischen wollten die Familienmitglieder des Arztes ihre Verwandten in der Bundesrepublik besuchen, aber ihre Anträge wurden vom MfS abgelehnt. Nach eigenen Angaben des Arztes habe ein Familienmitglied gedroht, seine »Reisetätigkeit nach München bekanntzugeben, soweit er seine Verbindungen zur Polizei und zur Staatssicherheit nicht nutzt, für sie eine Reisegenehmigung herbeizuführen«.[171] Doch der Leiter der KD Döbeln beabsichtigte, den Antrag des nahen Verwandten weiterhin abzulehnen. Er riet dem Arzt, der zu ihm gekommen war, das Problem mit »seinen sowjetischen Kontaktpartnern« zu besprechen.[172]

Über die tagtäglichen Probleme der Deckung und der Dekonspiration der KGB-Ermittler hinaus gab es auch kein einheitliches System für die Zahlung der Gehälter jener Volkspolizisten, die als hauptamtliche Residenten des KGB unter dem Dach der Volkspolizei arbeiteten. Mehrere von ihnen wurden vom KGB über die Hauptabteilung Kriminalpolizei des DDR-Innenministeriums bezahlt.[173] Andere bekamen ihre Gehälter verdeckt von den Bezirksverwaltungen des MfS.[174] Weil das MfS von der Existenz mancher haupt- und nebenamtlichen Ermittler des KGB bei der Volkspolizei offenkundig nichts wusste,[175] liegt der

170 Ebenda.

171 OSL Schmidt, Leiter der KD Döbeln an den StV Operativ der BV Leipzig, Gen. OSL Müller, 24.3.1987; BArch, MfS, BV Leipzig, Leitung Nr. 898, Bl. 55 f., hier 55.

172 Ebenda, Bl. 56.

173 Schreiben von [Dieter] Pietsch, Oberst der K, Hauptabteilung Kriminalpolizei, Stellv. Leiter HA/K und Leiter Abteilung I, an stellv. Leiter der HA VII des MfS, Oberst Krüger, 9.12.1981; BArch, MfS, HA VII Nr. 979, Bl. 2 sowie der Anhang »MA [Mitarbeiter] d. AR [Arbeitsrichtung] I, die für die Freunde arbeiten, 1981«; ebenda, Bl. 1.

174 Siehe z. B. die Ausgaben für die Monatsgehälter für den IM »Referent« der »Freunde« für das Jahr 1984 im Verwahrbuch der Abteilung (Abt.) Finanzen der BV Leipzig für 1984; BArch, MfS, BV Leipzig, Abt. Finanzen Nr. 457, Bl. 55 f. »Referent« war der KGB-Deckname für einen Mitarbeiter des Bezirkskabinetts für Kulturarbeit Leipzig. Siehe BArch, MfS, BV Leipzig, OT 166, Teil 7, Bl. 7–10. Er bekam von der Abt. OT der BV Leipzig des MfS auf Anfrage des KGB nicht nur einen fiktiven RdB-Ausweis unter seinem Klarnamen (ebenda), sondern auch RdB- und Kripo-Ausweise unter einem Aliasnamen (BArch, MfS, BV Leipzig, OT 166, Teil 6, Bl. 5–7, 23 f.) sowie einen RdB-Ausweis unter einem weiteren Aliasnamen (BArch, MfS, BV Leipzig, OT 166, Teil 10, Bl. 4–6). Bis zu seiner Übernahme durch den KGB wurde er als IM »Kultur« der Abteilung XV der BV Leipzig erfasst. Siehe BArch, MfS, RoHo F 16 u. F 22, Reg.-Nr. XV/1564/75.

175 Schreiben von [Dieter] Pietsch, 9.12.1981, Bl. 2.

Schluss nahe, dass der KGB zumindest einige dieser Ermittler über das MdI oder die BDVP bezahlte. Die Besetzung von Planstellen durch KGB-Residenten konnte Spannungen innerhalb der BDVP auslösen, weil die Kriminalpolizei sie lieber mit den eigenen Ermittlern besetzen wollte.[176] Innerhalb des MfS wurden über die Jahre mehrere Lösungsmöglichkeiten diskutiert, wie die KGB-IM am besten getarnt und bezahlt werden sollten,[177] aber der KGB hatte offenbar kein Interesse daran.[178] Die KGB-Vertretung in Karlshorst wollte Mitte der 1970er-Jahre sogar ihre inoffiziellen Kapazitäten unter der Deckung der Abteilung I der Kriminalpolizei erweitern.[179]

Die Ad-hoc-Lösungen für die haupt- und nebenamtlichen ostdeutschen Mitarbeiter des KGB in den Kreisen und Bezirken der DDR mussten nicht auf eine fehlende Systematik des sowjetischen »Bruderorgans« zurückgehen, wie mehrere MfS-Mitarbeiter offenbar meinten. Stattdessen dienten sie dazu, die haupt- und nebenamtlichen Mitarbeiter zumindest zum Teil gegenüber dem MfS zu konspirieren.[180] Im Allgemeinen erfuhr das MfS vom Interesse des KGB für eine gegebene Person nur, wenn das sowjetische »Bruderorgan« einen Suchauftrag (F 10) auslöste[181] oder um operative Hilfe (z. B. Visum oder Genehmigung einer Übersiedlung) bat. Sonst versuchte der KGB sein operatives Interesse für einzelne Personen vor dem MfS zu verheimlichen. Gortanow alias »Usolzew« schreibt dazu in seinen Erinnerungen:

> Aber das ›gewaltige‹ Netz der Stasi nutzten wir nur sehr selten. Am meisten nutzten wir es, wenn wir Angaben über Personen brauchten, die uns interessierten, und wir benötigten diese Hilfe, wenn es galt, Leute von uns in die BRD zu schicken. Wir wussten, dass wir unsere Agenten in Gefahr brachten, wenn wir uns an unsere Freunde

176 OSL Uhlig, Dez. I, KMSt, Aktennotiz, 19.7.1985; BArch, MfS, BV KMSt, Abt. VII Nr. 144, Bl. 56 f., hier 56.

177 Dieter Pietsch schlug z. B. nach Rücksprache bei der Abteilung K des MdI vor, die KGB-Ermittler in den Bezirken unter dem Dach der Dienststelle I/U (Beobachtung) der DVP zu dislozieren. Weil der Stellenplan für I/U direkt und unmittelbar vom Minister des Innern und Chef der DVP bestätigt wurde, »wären Fragen der Geheimhaltung bzw. Abstimmungen mit anderen Bereichen nicht erforderlich«. Schreiben von Pietsch, 9.12.1981, Bl. 2. Zu der Konspiration innerhalb der Abteilung I/U siehe Die Landesbeauftragten für die Unterlagen des Staatssicherheitsdienstes der ehemaligen DDR Berlin und Sachsen. Der Beitrag des Arbeitsgebietes I der DDR-Kriminalpolizei zur politischen Überwachung und Repression. Dresden 1996, S. 57.

178 Pietsch beschwerte sich 1985, dass er seit 8 Jahren versuchte, das Problem der Deckung der KGB-Residenten zu lösen und »diese Frage in saubere Bahnen zu bringen«, aber »keiner im MdI würde das Problem einer Klärung zuführen«. OSL Uhlig, Aktennotiz, 19.7.1985, Bl. 56.

179 Siehe Bericht von Major Lange, Leiter der Abt. VII der BV KMSt, 19.6.1975; BArch, MfS, BV KMSt, Abt. VII Nr. 144, Bl. 104 f.

180 So behauptet es Gortanow alias Usolzew. Usolzew: Mein Kollege Putin, S. 161.

181 Abt. XII, Informationsaufgaben der Abteilung XII für das sowjetische Bruderorgan, [16.12.1986]; BArch, MfS, Abt. XII Nr. 4465, Bl. 1 f., datiert in: BArch, MfS, Abt. XII Nr. 7607, Bl. 104 f.

wandten, deshalb nutzten wir diese Hilfe nur in den Fällen, in denen eine Enttarnung keinen großen Schaden bedeutete.[182]

Man sieht das am Beispiel des oben genannten Führungsoffiziers L., der den bei MBB in Hamburg beschäftigten IM »Tom« führte. L. war nicht im »Freunde-Vorgang« der BV Karl-Marx-Stadt registriert,[183] weil der KGB offenbar weder das ostdeutsche »Bruderorgan« über seine Werbung informierte noch um operative Dokumente für ihn gebeten hatte.

Der KGB hatte das MfS offenbar auch nicht informiert, als er 1970 den DDR-Bürger Alexander Dittrich alias Jack Barsky anwarb. Dittrich wurde erst 1980 von der BV Karl-Marx-Stadt in deren »Freunde-Vorgang« erfasst,[184] weil der Verbindungsoffizier Benewolenskij damals einen neuen Personalausweis für Dittrich beantragte.[185] Zu diesem Zeitpunkt war er schon in den USA unter der Legende »Jack Barsky« legalisiert.[186] Benewolenskij gab als Arbeitsplatz für Dittrich die Akademie der Wissenschaften der DDR an. Das MfS arrangierte die Ausstellung des Ausweises, aber informierte den KGB, dass Dittrich »von der VP bereits einige Aufforderungen wegen seines abgelaufenen Ausweises erhalten« habe.[187] Die Erfassung Dittrichs im »Freunde-Vorgang« wurde schon im Juli 1981 wieder gelöscht,[188] obwohl er noch für den KGB in den USA tätig war.[189] Diesem Beispiel zufolge kann es wohl sein, dass andere ostdeutsche KGB-»Illegalen«, deren Namen in den Sicherungsvorgängen »Freunde« des MfS durchgestrichen wurden, unentdeckt im Westen unter ihren damaligen Deckidentitäten weiterhin leben und vielleicht sogar für Moskau spionieren.

In mehreren Fällen versuchte der KGB offenbar eine Erfassung seiner IM in den »Freunde-Vorgängen« des MfS zu umgehen, indem er sich wegen der Erstellung operativer Dokumente direkt an das MdI oder die DVP wandte. Das klappte langfristig aber oftmals nicht, weil die Hauptabteilung VII des MfS die Strukturen des MdI und der DVP unter »operativer Kontrolle« hielt. Die

182 Usolzew: Mein Kollege Putin, S. 161.

183 Die Angaben zu L. im Gerichtsurteil von 1999 in Celle passen nicht zu den Personen, die für Siwirinow und die anderen Mitarbeiter der KGB-Dienststelle in KMSt erfasst wurden. Vgl. OLG Celle, Urteil v. 26.1.1999 – Az. 3 StE 2/98 sowie die entsprechenden Auflistungen in: Listen der für die einzelnen Mitarbeiter aufgelisteten Personen in: BArch, MfS, BV KMSt, SVG XIV/4151/60, Teil III, Bl. 96–106.

184 Siehe BArch, MfS, BV KMSt, SVG XIV/4151/60, Teil II, Bl. 103.

185 Siehe die handschriftliche Notiz von Benewolenskij, 17.3.1980; BArch, MfS, BV KMSt, Leiter Nr. 8, Bl. 55.

186 Barsky, Jack: Deep Undercover. My Secret Life and Tangled Alliances as a KGB Spy in America. Carol Stream, IL 2017, S. 167 ff.

187 Handschriftliche Notiz von Benewolenskij, 17.3.1980, mit getippten Bemerkungen der BV KMSt.

188 Siehe BArch, MfS, BV KMSt, SVG XIV/4151/60, Teil II, Bl. 103.

189 Barsky: Deep Undercover, S. 167 ff.

HA VII berichtete zum Beispiel 1983 an Mielke, dass sie und die Abteilung VII der BV Berlin in den Jahren 1980 bis 1982 insgesamt 750 operativ nutzbare Dokumente – darunter 145 Ausweise der Hauptabteilung K (Kriminalpolizei) – im Rahmen der Zusammenarbeit der KGB-Vertretung in Karlshorst mit dem MdI und der DVP vorbereitet hätten.[190] Die HA VII wollte nachforschen, um alle Einzelheiten über solche Anträge der sowjetischen »Freunde« zu erfahren und bereitete einen entsprechenden Befehl Mielkes an alle Diensteinheiten des MfS vor, aber es bleibt unklar, ob Mielke ihn unterzeichnete.[191] Auf jeden Fall war Mielkes Vorhaben gescheitert, dass die Offiziere des KGB und der sowjetischen Militäraufklärung in der DDR vor der Rekrutierung von DDR-Bürgern grundsätzlich Kontakt mit dem MfS aufnehmen sollten und diese Personen in den entsprechenden Sicherungsvorgängen registrieren ließen.[192]

Die »Freunde-Vorgänge« des MfS listen deshalb nicht alle Personen in der DDR auf, für die der KGB sich interessierte oder sogar als IM angeworben hatte, sondern nur die Personen, die der KGB für sich beim MfS erfassen ließ, für die er operative Hilfe des MfS in Anspruch nahm oder die wegen operativer Pannen gegenüber dem MfS dekonspiriert wurden. Genau solche Anlässe versuchte aber das sowjetische »Bruderorgan« zu vermeiden. Ansonsten wurden in den »Freunde-Vorgängen« nur Personen beziehungsweise deren Daten erfasst, die das MfS freiwillig – hauptsächlich von sich aus – als Hinweispersonen oder IM an den KGB übergab.[193] Im Übrigen machte der KGB von der vom MfS eingeräumten Möglichkeit Gebrauch, eigene IM auf dem Territorium der DDR zu werben, und informierte seinen »kleinen Bruder« nur selten darüber, trotz des gemeinsamen Protokolls von 1978.[194]

190 Leiter der HA VII Generalmajor Büchner an Minister Mielke, Information über die Art und Anzahl der den sowjetischen Dienststellen in der DDR zur Verfügung gestellten Dokumente des MdI und des PdVP [Präsidiums der Volkspolizei] Berlin, 18. Februar 1983; BArch, MfS, Sekr. Neiber Nr. 632, Bl. 20 f.

191 Siehe BArch, MfS, Sekr. Neiber Nr. 632, Bl. 22–30, 43.

192 Mielke, Ausführungen des Genossen Minister auf der Dienstkonferenz, o. D. [Sommer 1979], Bl. 67.

193 Man sieht das am Beispiel der Auflistung der Personen, die für Tschuwatin im »Freunde-Vorgang« der BV KMSt im März 1989 erfasst wurden. Darauf gibt es solche handschriftlichen Bemerkungen wie »nicht interess[iert]« bzw. »keine Mögl.«, die auf eine Ablehnung der für ihn durch das MfS erfassten Personen hindeuten. Siehe Erfasste Personen für Gen. Tschuwatin, Stand: 1.3.1989; BArch, MfS, BV KMSt, SVG XIV/4151/60, Teil III, Bl. 107–111.

194 Protokoll über die Regelung des Zusammenwirkens zwischen dem MfS der DDR und der Vertretung des KfS beim Ministerrat der UdSSR beim MfS der DDR, 29.3.1978; BArch, MfS, BdL/Dok. Nr. 1862, Bl. 1–11, hier 8 f., Dokument online: https://www.stasi-unterlagen-archiv.de/informationen-zur-stasi/quellensammlungen/das-mfs-und-die-zusammenarbeit-mit-anderen-kommunistischen-geheimdiensten/ (letzter Zugriff: 20.7.2021).

Fazit

Am Ende scheiterte Mielke mit seinem Vorhaben, die Aktivitäten des KGB auf dem Territorium der DDR auf Grundlage der Vereinbarung von 1978 in geordnete und für das MfS überschaubare Bahnen zu lenken. Das war der Fall, obwohl das MfS dem sowjetischen »Bruderorgan« weiterhin maßgeblich beim Aufbau seines IM-Netzes innerhalb der DDR und in Richtung des westlichen »Operationsgebiets« half. Das MfS diente wie zuvor als Tipper und Werber für den KGB in Berlin und in den Bezirken der DDR und übergab sogar eigene Hinweispersonen, IM, Führungs-IM und Residenten an den KGB. Der Schwerpunkt dieser Werbetätigkeit des MfS für den KGB lag in der wissenschaftlich-technischen Aufklärung, aber unter den vom MfS an den KGB übergebenen Personen waren auch Kandidaten und IM, die für die politische und militärische Spionage sowie für die Aufklärung der Regimeverhältnisse im Operationsgebiet nützlich sein konnten. Das MfS half des Weiteren bei der Konspiration von KGB-IM und Residenten in der DDR, indem es Falschausweise anfertigte und dem KGB eine bevorzugte Behandlung zukommen ließ, wie zum Beispiel die Installation eines Telefon-Anschlusses oder den Kauf eines Autos zum Sonderpreis für geheimdienstliche Aufgaben des KGB.

Trotz dieser Hilfeleistungen des MfS und trotz des in der Kooperationsvereinbarung von 1978 sogar schriftlich bestätigten Rechts des KGB, eigenständig IM in der DDR zu rekrutieren, agierten die Offiziere der KGB-Vertretung – darunter in den KGB-Dienststellen in den Bezirken – bis zum Untergang der DDR nach altbewährten Mustern. Sie nahmen vor der Rekrutierung von DDR-Bürgern nur selten Kontakt mit dem MfS auf, obwohl Mielke das gerne gehabt hätte. So wie in den Jahren vor der Vereinbarung erfuhr das MfS von solchen selbstständigen Werbungen durch den KGB hauptsächlich nur im Falle von operativen Pannen, im Rahmen von Anforderungen des KGB für Falschausweise oder andere operative Dokumente oder aufgrund von Überprüfungen einzelner Personen für den KGB durch das MfS. Nur unter solchen Gegebenheiten oder bei der freiwilligen Übergabe einzelner Personen durch das MfS an den KGB wurden sie in den entsprechenden »Freunde-Vorgang« des MfS eingetragen. Das heißt, der KGB hielt an der Konspiration seiner DDR- und ausländischen Quellen in der DDR gegenüber dem MfS fest.

In vielen Fällen konnte der KGB auf die Hilfe des MfS verzichten, nicht nur weil er durch seine eigenen Residenturen in der DDR operative Möglichkeiten besaß, sondern auch weil er auf ähnliche – wenn nicht gleichwertige – Hilfeleistungen vonseiten des Ministeriums des Innern zählen konnte. Trotz der Zielsetzung Mielkes, solche Strukturen des KGB abzuschaffen, setzte der KGB seine bisherige Praxis fort, Residenturen unter dem Dach der Volkspolizei zu gründen – eine

Praxis, die auf die Zeit vor der Gründung der DDR zurückging.[195] Die KGB-Dienststellen rekrutierten weiterhin für ihre Zwecke ostdeutsche Polizeiangehörige als haupt- und nebenamtliche Ermittler. Diese verfügten entweder von Berufs wegen über Dienstausweise der Volkspolizei, des Rates des Bezirks oder anderer Institutionen, oder sie wurden auf Anordnung des KGB durch das MfS konspirativ damit ausgestattet. Mit Unterstützung dieser ostdeutschen »KGB-Helfer« fanden, warben und führten die Offiziere der KGB-Dienststellen ihre eigenen ostdeutschen, westdeutschen und ausländischen Kontaktpersonen und IM. Diese »VP-Residenturen« des KGB schafften mehrere Probleme für das MfS und das MdI. Die ostdeutschen IM und Residenten des KGB bei der Volkspolizei flogen immer wieder auf, weil sie trotz unzulänglicher Arbeitsergebnisse in ihrer VP-Dienststelle dennoch befördert wurden, weil ihre für den KGB notwendig unterhaltenen Westkontakte gegen die MdI-Dienstvorschriften verstießen oder weil ihnen leichter operative Pannen – unter anderem aufgrund fehlenden geheimdienstlichen Trainings – unterliefen, die dem MfS dann auffielen. Die Beschwerden des MfS in solchen Fällen machten auf die sowjetischen »Freunde« aber wenig Eindruck. Die VP-Residenturen des KGB spielten eine maßgebliche Rolle beim Aufbau weiterer Residenturen und Stützpunkte für den KGB in anderen ostdeutschen Organen, Betrieben und Institutionen. Hochschulen und Universitäten sowie einzelne Betriebe mit Verbindungen zur Wissenschaft und Industrie im Westen dienten als beliebte Schwerpunkte für die geheimdienstliche Arbeit der »Freunde« von der operativen Basis der DDR aus. In mehreren Fällen konkurrierte der KGB mit dem MfS bei der Werbung von Quellen in der DDR und dem Beschaffen geheimdienstlicher Informationen aus dem Westen. Deshalb achtete der KGB darauf, dass das MfS – auch im Falle der VP-Residenturen – ihm nicht in die Quere kam.

Die sowjetischen »Freunde« nutzten sogar eine »Teile- und Herrsche-Taktik« gegenüber dem MfS und dem MdI, um die eigenen Interessen durchzusetzen und ihr eigenes Tun möglichst verdeckt zu halten. Falls das Innenministerium in seinen Dienststellen keine Deckungsmöglichkeiten für einen hauptamtlichen ostdeutschen IM des KGB schuf, wandte sich der KGB hinsichtlich alternativer Möglichkeiten oder Unterstützung gegenüber dem MdI an das MfS. Aber auch die umgekehrte Richtung kam vor, wie ein Beispiel aus dem Bezirk Karl-Marx-Stadt aus dem Jahre 1985 zeigte. Der KGB-Verbindungsoffizier Jurij Wasil'ewitsch Medwedew nutzte die Gelegenheit eines Streits zwischen dem MdI und dem MfS um die Wiederbesetzung einer Planstelle des Dezernats I durch einen KGB-Residenten, um mit dem Leiter des Dezernats I der Kriminalpolizei (und OibE des MfS) Uhlig ins Gespräch zu kommen. Medwedew warb für eine weitere und intensivere Nutzung der Agenturen der Kripo nicht nur für die innere Abwehr,

195 Siehe z. B. die Ausführungen des ehemaligen Volkspolizisten und KGB-Ermittlers Emil N. zu seiner Tätigkeit für den KGB ab 1947 in: BArch, MfS, AU 87/61, Bd. 2, Bl. 106 ff.

sondern auch für den Informationsbedarf des KGB im Operationsgebiet, den er detailliert schilderte. Uhlig, der über das Treffen in einer Notiz an die MfS-Bezirksverwaltung Karl-Marx-Stadt berichtete, stimmte dem Vorschlag Medwedews zu.[196] Doch der Stellvertreter Operativ des MfS der BV Karl-Marx-Stadt, der die Notiz bekam, war offenbar anderer Meinung. Er antwortete mit einer handschriftlichen Bemerkung: »Gen. Uhlig soll Kriminalität bekämpfen!«[197] Das signalisierte, Aufklärung im Operationsgebiet war Aufgabe des MfS und sollte es bleiben. Auch wenn das MfS diesen Vorstoß Medwedews erfolgreich blockierte, liegt der Schluss nahe, dass es ähnliche Fälle gab, von denen das MfS nichts erfuhr, und in denen Medwedew und die anderen KGB-Offiziere in der DDR die Möglichkeiten des MdI in Richtung Westen erfolgreich einsetzten.

Der KGB nutzte also die Möglichkeiten des MfS mit dessen Einverständnis, als wäre er eine Diensteinheit des MfS; parallel hierzu agierte er aber auch eigenständig auf dem Territorium der DDR, als wäre er hier zuhause – das heißt, ohne Rücksprache oder Konsultation mit dem MfS. Wenn der KGB bei der Durchführung seiner geheimdienstlichen Aufgaben mit Problemen oder Einwänden seitens des MfS konfrontiert wurde, nahm er diese in den meisten Fällen wenig ernst, und wann immer das MfS drohte, dessen Tätigkeit zu blockieren, wandte er sich an das MdI oder nutzte seine eigenen operativen Möglichkeiten, um das MfS zu umgehen. Das heißt, der KGB betrachtete und behandelte das MfS keinesfalls als gleichberechtigten Partner. Bestenfalls galt das MfS für den KGB als Assistent und »Juniorpartner« für die Aufklärung nach dem Westen, auch wenn der KGB die Arbeit des MfS und insbesondere der HV A hoch einschätzte. Die oft rücksichtslose Nutzung des Territoriums der DDR durch den KGB für seine geheimdienstliche Arbeit unterstrich die Tatsache, dass der KGB, so wie die sowjetische Partei- und Staatsführung, die DDR bis zu ihrem Untergang nur zum Teil als souveränen Staat betrachteten. Für sie galt die DDR auch als äußerste westliche Provinz des sowjetischen Imperiums in Europa, die Moskau zu gehorchen hatte.[198]

196 Uhlig schrieb: »Beispielhaft brachte er [Medwedew] zum Ausdruck, dass positive zuverlässige Rentner bzw. Reisende in das NSA [nichtsozialistische Ausland] gefragt seien. Überhaupt: – Wer fährt in das NSA, besonders in die BRD? – Merkmale für die Feststellung eines möglichen Überraschungsangriffes der NATO-Streitkräfte. – Wer wohnt in der Nähe interessierender militärischer Objekte im Operationsgebiet? – Wo lässt sich ein Decktelefon bei wem einrichten/nutzen? – Wer könne z. B. als Kurier eingesetzt werden? – Wer könnte als Übersiedlungskandidat (Ehepaar) vorbereitet werden usw.?« OSL Uhlig, Dez. I, KMSt, Aktennotiz, 17.7.1985; BArch, MfS, BV KMSt, Abt. VII Nr. 144, Bl. 56 f.

197 Schreiben des Leiters der Abt. VII der BV KMSt OSL Lange an den StV Operativ Oberst Schaufuß, 8.8.1985, Anlage zu der Aktennotiz des OSL Uhlig vom 17.7.1985; ebenda, Bl. 55.

198 Siehe z. B. Adomeit, Hannes: Imperial Overstretch: Germany in Soviet Policy from Stalin to Gorbachev, 2d. Edition (Internationale Politik und Sicherheit; Vol. 48). Berlin 2016, S. 191 ff.

Anlage 1: Offiziere der KGB-Dienststelle im Bezirk Karl-Marx-Stadt und für sie erfasste Personen, darunter ihre ostdeutschen HM (»KGB-Helfer«)[1]

<table>
<tr><th colspan="5">Mitarbeiter der KGB-Dienststelle[2]</th></tr>
<tr><td colspan="5">Tschuwatin, Major Walerij Wladimirowitsch (Jg. 1954),
Verbindungsoffizier zur BV KMSt ab Nov. 1989, MA-Nr. 599; bis dahin stellv. Leiter der KGB-Dienststelle mit MA-Nr. 422; Ankunft in KMSt: Okt. 1986</td></tr>
<tr><th colspan="2">Erfassungen von DDR-Bürgern und Ausländern wohnhaft in der DDR[3]</th><td colspan="3">51 DDR-Bürger, darunter 21 Angestellte von Volkseigenen Betrieben (VEB)</td></tr>
<tr><th colspan="2">Erfassungen von Bundesbürgern und Ausländern im Operationsgebiet</th><td colspan="3">45 Bundesdeutsche mit Berufsangaben, darunter 12 von der Polizei, 4 vom Militär, 2 vom Verfassungsschutz, 7 im öffentlichen Dienst[4] und 9 in der westdeutschen Industrie</td></tr>
<tr><th colspan="5">Zugeordnete »KGB-Helfer« im Jahre 1989 mit (z. T. fiktiven) Volkspolizei- oder RdB-Ausweisen im Bezirk Karl-Marx-Stadt[5]</th></tr>
<tr><th>Name (Pseudonym)</th><th>Offizielle Stelle</th><th>Tätigkeit für den KGB[6]</th><th>Aliasname(n)[7] für den KGB</th><th>Ausweise ausgestellt von Ref. E/Abt. OT für den KGB</th></tr>
<tr><td>Erhard Grabowski*</td><td>Offizier, Dezernat I der BDVP KMSt</td><td>Ab Juli 1985 als HIM[8]</td><td>»Eckhard Siedler«* (ab 1986)</td><td>Ausweise für »Beratungs- und Betreuungsbüro Ausländer« (1986) und den RdB (1988) für »Eckhard Siedler«*</td></tr>
<tr><td>Georg Maurer*</td><td>Mitarbeiter des RdB KMSt</td><td>1986–1989</td><td>k. A.</td><td>k. A.</td></tr>
<tr><td>Heinrich Müller*</td><td>Inspektor, SDAG Wismut; ehemaliger IM »Hupe« der Abt. XV der BV KMSt bis 1972[9]</td><td>1973–1989</td><td>»Heinrich Poppe«*</td><td>Für »Heinrich Poppe«*: »Forschungsgruppe Internationale Politik« (1972); Personalausweis (1973); Journalistenausweis (1977); Fahrerlaubnis, Kraftfahrzeugbrief und Zulassungsschein für einen Trabant (1979); RdB-Ausweis (1983)</td></tr>
<tr><td>Horst Schmidt*[10]</td><td>Ehemaliger Mitarbeiter der OV »Wismut« des MfS</td><td>1985–1989</td><td>»Horst Treitschke«*</td><td>Für »Horst Treitschke«*: »Forschungsgruppe Internationale Politik« (1985); RdB-Ausweis (1986)</td></tr>
<tr><td>Joachim Ludewig*</td><td>Mitarbeiter des RdK Reichenbach</td><td>1988–1989</td><td>k. A.</td><td>k. A.</td></tr>
</table>

1 Alle Angaben in der Tabelle, wenn nicht anderweitig angegeben, stammen aus: BArch, MfS, BV KMSt, Kartei des Leiters der BV: Für KGB erfasste Personen. Datenschutzrechtliche Bestimmungen geboten es an mehreren Stellen, Personennamen zu pseudonymisieren. Solche Pseudonyme sind mit einem Sternchen* kenntlich gemacht.

2 Für die Angaben zu Vollnamen, Dienstgraden, Geburtsjahren und Ankunft der KGB-Offiziere in KMSt siehe MfS-Dienstausweise für die Freunde, Stand 31.3.1989; BArch, MfS, BV KMSt, Leiter Nr. 8, Bl. 201. Die Mitarbeiter-Nummern (MA-Nr.) stammen von den vom MfS geführten Listen, in denen die Personen eingetragen waren, die für die einzelnen KGB-Mitarbeiter registriert waren, in: BArch, MfS, BV KMSt, SVG XIV/4151/60, Teil III, Bl. 96–106.

3 Die Zahlen dieser und der folgenden Zeile stammen aus der Zusammenführung und Sortierung der Angaben über die aufgelisteten Personen (ebenda) aus einer Sonderkartei des Leiters der BV Karl-Marx-Stadt für KGB erfasste Personen: BArch, MfS, BV KMSt, Kartei des Leiters der BV: Für KGB erfasste Personen.

4 Nämlich ein Staatsanwalt, ein Mitarbeiter des saarländischen Innenministeriums, ein Mitarbeiter einer Gemeinde in Niedersachsen, ein Hauptbrandmeister und 3 Zollbeamte.

5 Die Namen und Aliasnamen, wenn nicht anderweitig angegeben, finden sich in den Auflistungen der für die einzelnen KGB-Offiziere in der KGB-Dienststelle Karl-Marx-Stadt erfassten Personen vom November 1989. Siehe BArch, MfS, BV KMSt, SVG XIV/4151/60, Teil III, Bl. 96–106.

6 Erfasst ist nur der durch Dokumente belegte Zeitraum.

7 Aliasnamen waren Arbeitsnamen, mit denen die Person gegenüber Dritten auftrat und die z. B. für gefälschte bzw. fiktive Dienstausweise gewählt wurden. Bei Aliasnamen war der Vorname oft mit dem echten Vornamen identisch. Aus diesem Grund sind in dieser Tabelle auch Aliasnamen pseudonymisiert.

8 *Erhard Grabowski** diente als Nachfolger von *Peter Frei**. OSL Uhlig, Dez. I, KMSt, Aktennotiz, 19.7.1985; BArch, MfS, BV KMSt, Abt. VII Nr. 144, Bl. 56 f. Zu Peter Frei* siehe Anm. 59 auf S. 88.

9 Siehe BArch, MfS, RoHo F 16 u. F 22, Reg.-Nr. XIV/2014/61.

10 Weitere Angaben zur Person in: BArch, MfS, BV KMSt, KS II 690/82.

<table>
<tr><th colspan="5">Mitarbeiter der KGB-Dienststelle</th></tr>
<tr><td colspan="5">Siwirinow, Major Sergej Petrowitsch (Jg. 1953),
MA-Nr. 15 und 76; Ankunft in KMSt: Nov. 1985</td></tr>
<tr><td colspan="2">Erfassungen von DDR-Bürgern und Ausländern wohnhaft in der DDR</td><td colspan="3">Unter MA-Nr. 15: am FZW des Kombinats »Fritz Heckert«: 5 Angestellte[12] und ein 6. unter MA-Nr. 76[13];
unter MA-Nr. 76: An der Bergakademie Freiberg: 3 ostdeutsche und ein pakistanischer Studierender sowie ein Angestellter, dazu ein chinesischer Aspirant unter MA-Nr. 15; 5 weitere Berufstätige in der Stadt Freiberg, darunter ein wiss. MA des VEB Spurenmetalle</td></tr>
<tr><td colspan="2">Erfassungen von Bundesbürgern und Ausländern im Operationsgebiet</td><td colspan="3">U. a. Ingenieure und Angestellte von führenden westlichen Firmen wie BASF, Hoechst AG (3 Personen), Dyno-Cyanamid in Rotterdam, AEG Telefunken, Messerschmitt-Bölkow-Blohm (2 Personen), Mannesmann und Shell in Amsterdam und wissenschaftliche Fachkräfte im öffentlichen Sektor[14]</td></tr>
<tr><th colspan="5">Zugeordnete »KGB-Helfer« im Jahre 1989 mit (z. T. fiktiven) Volkspolizei- oder RdB-Ausweisen im Bezirk Karl-Marx-Stadt</th></tr>
<tr><th>Name (Pseudonym)</th><th>Offizielle Stelle</th><th>Tätigkeit für den KGB</th><th>Aliasname(n) für den KGB</th><th>Ausweise ausgestellt von Ref. E/Abt. OT für den KGB</th></tr>
<tr><td>Eberhard Klein* (unter MA-Nr. 15)</td><td>Rentner; ehemaliger Offizier der VP (bis 1982)</td><td>1983–1989</td><td>k. A.</td><td>Kripo-Ausweis (Übergabe an die »Freunde« 1983)</td></tr>
<tr><td>Heinrich Fiedler* (unter MA-Nr. 15)</td><td>Offizier der Kriminalpolizei, VPKA Zschopau; Rentner (ab 1980)</td><td>1976–1989</td><td>k. A.</td><td>VP-Ausweis für BDVP KMSt (1980)</td></tr>
<tr><td>Helmut Lange* (unter MA-Nr. 15)</td><td>Abteilungsleiter, SDAG Wismut</td><td>1973–1989</td><td>k. A.</td><td>VP-Helfer-Ausweis (1973–1978, 1981–1990); RdB-Ausweis (1988)</td></tr>
<tr><td>Horst Porst* (unter MA-Nr. 15)</td><td>Rentner; ehemaliger Offizier des VPKA Zwickau</td><td>1985–1989</td><td>k. A.</td><td>VP-Helfer-Ausweis (1985)</td></tr>
<tr><td>Uwe Menzel*[15] (unter MA-Nr. 15)</td><td>Rentner; ehemaliger Mitarbeiter der OV »Wismut« des MfS</td><td>1985–1989</td><td>»Uwe Kiesling«*</td><td>RdB-Ausweis (1985); Ausweis »Forschungsgruppe Internationale Politik« (1985) und RdB-Ausweis (1986) für »Uwe Kiesling«*[16]</td></tr>
</table>

Name (Pseudonym)	Offizielle Stelle	Tätigkeit für den KGB	Aliasname(n) für den KGB	Ausweise ausgestellt von Ref. E/Abt. OT für den KGB
*Helmut Sommer** (unter MA-Nr. 76)[17]	Ingenieur, VEB Spurenmetalle Freiberg	1982–1989	»Peter W.«	RdB-Ausweis für »Peter W.« (1984)
*Siegfried Kühn** (unter MA-Nr. 76)	Volkspolizist, VPKA Zschopau[18]	1984–1989	k. A.	k. A.

12 Darunter waren 2 Gruppenleiter, die Dienstreisen ins westliche Ausland unternehmen durften (»NSW-Reisekader«). Zu den 5 Mitarbeitern gehörten der Ingenieur und NSW-Reisekader *Zacharias Zwei**, den der KGB trotz aller Widerstände des MfS seit mehreren Jahren auf seinem Posten gehalten hatte; ein zweiter Ingenieur, der 1986 als Lieferverordnungs-Kader für die bewaffneten Organe der DDR von der Abteilung XVIII der BV Karl-Marx-Stadt bestätigt wurde und ein wissenschaftlicher Mitarbeiter des Forschungszentrums. Zu *Zacharias Zwei** siehe den Aufsatz von Cornelia Jabs »Spionieren unter Freunden – Der KGB im Forschungszentrum Werkzeugmaschinenbau Karl-Marx-Stadt« in diesem Band.

13 Nämlich der Bereichsdirektor des FZW *Siegfried Sechs**. Zu ihm siehe den Aufsatz von Cornelia Jabs »Spionieren unter Freunden – Der KGB im Forschungszentrum Werkzeugmaschinenbau Karl-Marx-Stadt« in diesem Band.

14 Darunter waren z. B. ein peruanischer Student und ein Elektroniker an der TU in Westberlin sowie ein Mitarbeiter des Instituts für Steuerungstechnik in Stuttgart.

15 Zu *Uwe Menzel** siehe auch BArch, MfS, BV KMSt, KS II 364/84.

16 Siehe Karte unter seinem Aliasnamen in: BArch, MfS, BV KMSt, Kartei des Leiters der BV: Für KGB erfasste Personen.

17 Auf Anfrage des KGB bekam *Helmut Sommer** vom MfS einen ausgesonderten Wartburg 353 zum Schätzpreis von 9 000 Mark. Siehe die Karte unter seinem Klarnamen in: BArch, MfS, BV KMSt, Kartei des Leiters der BV: Für KGB erfasste Personen.

18 *Kühn** erledigte offenbar während der Dienstzeit Ermittlungsaufgaben für die »Freunde«, wie er es schon früher für das MfS getan hatte. Siehe BArch, MfS, AIM 14861/77, Teil I/1.

<table>
<tr><th colspan="5">Mitarbeiter der KGB-Dienststelle</th></tr>
<tr><td colspan="5">**Negadow, OSL Wladislaw Wladimirowitsch (Jg. 1937),**
MA-Nr. 871, Ankunft in KMSt: März 1975[19]</td></tr>
<tr><th colspan="2">Erfassungen von DDR-Bürgern und Ausländern wohnhaft in der DDR</th><td colspan="3">**An der Technischen Universität (TU) Karl-Marx-Stadt:** 29 ostdeutsche Studierende und ein Studierender aus dem Irak, sowie 7 Angestellte[20]; 8 weitere Ostdeutsche, hauptsächlich Lehrkräfte, an anderen Bildungseinrichtungen im Bezirk; 28 Angestellte von Betrieben und Kombinaten im Bezirk</td></tr>
<tr><th colspan="2">Erfassungen von Bundesbürgern und Ausländern im Operationsgebiet</th><td colspan="3">28 westdeutsche Studierende sowie ein US-amerikanischer Studierender an der Universität Tübingen; 22 weitere Bundesbürger, die nicht für das Militär, die Polizei oder andere Sicherheitskräfte arbeiteten</td></tr>
<tr><th colspan="5">Zugeordnete »KGB-Helfer« im Jahre 1989 mit (z. T. fiktiven) Volkspolizei- oder RdB-Ausweisen im Bezirk Karl-Marx-Stadt</th></tr>
<tr><th>Name (Pseudonym)</th><th>Offizielle Stelle</th><th>Tätigkeit für den KGB</th><th>Aliasname(n) für den KGB</th><th>Ausweise ausgestellt von Ref. E/Abt. OT für den KGB</th></tr>
<tr><td>*Hans-Dietrich Thiele**</td><td>Fachangestellter für Bautechnik; legendiert als Wiss. Assistent an der TU KMSt</td><td>1987–1989</td><td>*»Hans-Dietrich Tannenberg«**</td><td>RdB-Ausweis (1984); Dienstausweis für SDAG Wismut (1984); Kripo-Ausweis (1988); PA für *»Hans-Dietrich Tannenberg«** (1988)</td></tr>
<tr><td>*Hartmut Pohl**</td><td>Offizier der Kriminalpolizei, VPKA KMSt[21]</td><td>1982–1989</td><td>k. A.</td><td>RdB-Ausweis (1986)</td></tr>
<tr><td>*Rüdiger Kurz**</td><td>Offizier, Dezernat I der BDVP KMSt; Rentner ab 1985[22]</td><td>1982–1989</td><td>k. A.</td><td>Kripo-Ausweis (1985); RdB-Ausweis (1986)</td></tr>
<tr><td>*Sebastian Franke**[23]</td><td>Sicherheitsbeauftragter, TU KMSt</td><td>1975–1989</td><td>k. A.</td><td>k. A.</td></tr>
<tr><td>*Walter Schwarz**</td><td>Sicherheitsinspektor für einen VEB</td><td>1974–1989</td><td>k. A.</td><td>Kripo-Ausweis (1974)</td></tr>
</table>

19 In Anbetracht der Regeln der I. Hauptverwaltung des KGB, die die Dienstzeit jedes Mitarbeiters an einem Ort in der DDR (wenn auch nicht den Auslandseinsatz insgesamt) auf wenige Jahre begrenzten, ist es unwahrscheinlich, dass Negadow ununterbrochen seit 1975 der KGB-Dienststelle in Karl-Marx-Stadt angehört hatte. Basierend auf den Erfassungen für ihn und den Hinweisen auf ihn in den Akten der MfS-Bezirksverwaltung Karl-Marx-Stadt, war er in der 2. Hälfte der 1970er- und in der 2. Hälfte der 1980er-Jahre in der KGB-Dienststelle Karl-Marx-Stadt eingesetzt.

20 Nämlich 2 Dozenten, 2 wissenschaftliche Assistenten, ein Lektor, ein Sachbearbeiter für Ökonomie und ein Mitarbeiter für Erziehung, Aus- und Weiterbildung.

21 *Hartmut Pohl** war 1989 noch als Kriminalpolizist tätig und wurde 2 Tage pro Woche für die »Freunde« – d. h. Negadow – freigestellt. Siehe die Karte unter seinem Klarnamen in: BArch, MfS, BV KMSt, Kartei des Leiters der BV: Für KGB erfasste Personen.

22 Der Volkspolizist *Rüdiger Kurz** von der BDVP Karl-Marx-Stadt hatte seit 1982 den sowjetischen »Freunden« als Ermittler auf Teilzeitbasis geholfen. Der KGB hatte mit der BDVP vereinbart, dass *Rüdiger Kurz** an 2 Tagen pro Woche für seine Zwecke freigestellt wurde. Nach seiner Pensionierung 1985 hatte er auf eine entsprechende Anfrage des KGB an das MfS hin fiktive Dienstausweise für die Volkspolizei und den Rat des Bezirks bekommen. Siehe die Karte unter seinem Klarnamen in: BArch, MfS, BV KMSt, Kartei des Leiters der BV: Für KGB erfasste Personen.

23 Bis 1974 hatte *Sebastian Franke** als hauptamtlicher Mitarbeiter des MfS in der BV Karl-Marx-Stadt gearbeitet. Seine Entscheidung, eine Frau mit Westverwandtschaft zu heiraten, hatte zu seiner Entlassung geführt. Danach blieb er als IM an die BV Karl-Marx-Stadt angebunden, was er jedoch als Degradierung empfand. Wahrscheinlich deswegen wurde er am 11. Februar 1975 »am Ernst-Thälmann-Stadion in K-M-S [Karl-Marx-Stadt] den sowjetischen Genossen zur weiteren Zusammenarbeit übergeben«. Siehe Oberleutnant John, AG Anleitung und Kontrolle, BV KMSt, Aktennotiz, 12.2.1975; BArch, MfS, BV KMSt, AIM 523/75, Teil I/1, Bl. 76.

<table>
<tr><th colspan="5">Mitarbeiter der KGB-Dienststelle</th></tr>
<tr><td colspan="5">Gritzenko, OSL Wladimir Demidowitsch (Jg. 1940),
MA-Nr. 130, Ankunft in KMSt: Feb. 1987</td></tr>
<tr><td colspan="2">Erfassungen von DDR-Bürgern und Ausländern wohnhaft in der DDR</td><td colspan="3">An der IHS Zwickau: 7 Angestellte[24] und 2 Aspiranten sowie 16 ostdeutsche und 5 weitere Studierende aus dem Nahen Osten; 4 Einwohner der Stadt Zwickau[25]</td></tr>
<tr><td colspan="2">Erfassungen von Bundesbürgern und Ausländern im Operationsgebiet</td><td colspan="3">7 Bundesbürger, darunter ein Beamter in Westberlin, ein Kraftfahrer, ein Polizei-Obermeister in Karlsruhe, ein Student in Westberlin und ein Ingenieur bei BASF in Ludwigshafen sowie seine Ehefrau[26]</td></tr>
<tr><th colspan="5">Zugeordnete »KGB-Helfer« im Jahre 1989 mit (z. T. fiktiven) Volkspolizei- oder RdB-Ausweisen im Bezirk Karl-Marx-Stadt</th></tr>
<tr><th>Name (Pseudonym)</th><th>Offizielle Stelle</th><th>Tätigkeit für den KGB</th><th>Aliasname(n) für den KGB</th><th>Ausweise ausgestellt von Ref. E/Abt. OT für den KGB</th></tr>
<tr><td>Heinrich Graf*</td><td>Offizier der Kriminalpolizei, VPKA Zwickau</td><td>1974–1989</td><td>»Heinrich Lademann«* (1976–1984)</td><td>RdB-Ausweis (1984); Personalausweis für »Heinrich Lademann«* (1976–1984)</td></tr>
</table>

24 Nämlich ein Diplom-Lehrer, ein Dozent, ein allgemeiner Mitarbeiter, eine Sachbearbeiterin, eine Sekretärin, eine Stenotypistin und eine wissenschaftliche Sekretärin.

25 Nämlich ein Rentner, eine Rentnerin, ein Student an der Pädagogischen Hochschule »Ernst Schneller« und eine technische Mitarbeiterin der Stadtbibliothek.

26 Der Ingenieur, der aus dem Nahen Osten stammte, hatte offenbar an der IHS Zwickau studiert und zog später mit seiner ostdeutschen Ehefrau in die Bundesrepublik um.

<table>
<tr><th colspan="5">Mitarbeiter der KGB-Dienststelle</th></tr>
<tr><td colspan="5">Timoschkow, Major Nikolaj Nikolajewitsch (Jg. 1956),
MA-Nr. 422, Ankunft in KMSt: Nov. 1987</td></tr>
<tr><td colspan="2">Erfassungen von DDR-Bürgern und Ausländern wohnhaft in der DDR</td><td colspan="3">An der Technischen Universität (TU) Karl-Marx-Stadt:
19 ostdeutsche und 3 ausländische Studierende sowie 7 Angestellte[27]; 4 Studierende an der IHS Zwickau, darunter einer aus Afghanistan und 2 weitere Studierende aus dem Ausland im Bezirk</td></tr>
<tr><td colspan="2">Erfassungen von Bundesbürgern und Ausländern im Operationsgebiet</td><td colspan="3">6 Angestellte westdeutscher Stadt- oder Gemeindeverwaltungen[28] und ein Polizeibeamter; ein Student an der Freien Universität Berlin und eine Studentin an der Universität Tübingen</td></tr>
<tr><th colspan="5">Zugeordnete »KGB-Helfer« im Jahre 1989 mit (z. T. fiktiven)
Volkspolizei- oder RdB-Ausweisen im Bezirk Karl-Marx-Stadt</th></tr>
<tr><th>Name (Pseudonym)</th><th>Offizielle Stelle</th><th>Tätigkeit für den KGB</th><th>Aliasname(n) für den KGB</th><th>Ausweise ausgestellt von Ref. E/Abt. OT für den KGB</th></tr>
<tr><td>Albrecht Kern*</td><td>Oberreferent/ Ermittler bei der SDAG Wismut; IME »Veit Koch« der OV »W« (Wismut) des MfS;[29] ab 1982 offenbar nur für den KGB tätig</td><td>1975–1989</td><td>k. A.</td><td>Ausweise des RdB KMSt und der DVP (1983)</td></tr>
<tr><td>Dieter Berger*</td><td>Mitarbeiter des RdB Karl-Marx-Stadt</td><td>1980–1989 als HIM</td><td>»Hans-Dieter Gans«* (ab 1980)[30]</td><td>Kripo-Ausweis (1981); Kripo-, Personal- und RdB-Ausweise für »Hans-Dieter Gans«* (1981)</td></tr>
</table>

27 Nämlich 2 wissenschaftliche Mitarbeiter, ein Dozent, ein wissenschaftlicher Sekretär und 3 Hochschullehrer (darunter einer aus der UdSSR).

28 Ihre Arbeitsplätze waren das Arbeitsamt Schwäbisch Gmünd, das Ausländermeldeamt Lippe, das Bürgermeisteramt Aichwald, die Gemeindeverwaltung Hövelhof und die Stadtverwaltungen in Kulmbach und Wurmberg. Siehe Anm. 21 in »Die DDR als operative Basis für die Aufklärung des KGB«.

29 Zu *Albrecht Kern** siehe auch seine Kaderakte (BArch, BV KMSt, KS III 52/84); Notiz von Major Böhm, BV KMSt, 27.10.1983; BArch, MfS, BV KMSt, AKG 2212, Bd. 1, Bl. 90.

30 Auf Anfrage der »Freunde« an das MfS bekam *Berger** sowohl einen Telefonanschluss als auch 1980 einen von der BV KMSt ausgesonderten Pkw Lada. Siehe die Karte zu *»Hans-Dieter G.«** in: BArch, MfS, BV KMSt, Kartei des Leiters der BV: Für KGB erfasste Personen.

<table>
<tr><th colspan="5">Mitarbeiter der KGB-Dienststelle</th></tr>
<tr><td colspan="5">Trjasejkin, OSL Dmitrij Trofimowitsch (Jg. 1936),
MA-Nr. 317, Ankunft in KMSt: April 1988</td></tr>
<tr><td colspan="2">Erfassungen von DDR-Bürgern und Ausländern wohnhaft in der DDR</td><td colspan="3">16 Personen, darunter ein Mitarbeiter der Bezirksstelle der ADN und ein Redaktionsmitarbeiter des Sächsischen Tageblatts, ein Lehrer und eine Lehrerin, eine Mitarbeiterin der FDJ-Stadtleitung, eine Fachkraft bei Intertext, ein Student an der TU KMSt, der Jugendbeauftragte eines VEB und 5 Fachkräfte anderer VEB im Bezirk</td></tr>
<tr><td colspan="2">Erfassungen von Bundesbürgern und Ausländern im Operationsgebiet</td><td colspan="3">24 Personen, darunter 7 Studierende an westdeutschen Universitäten, 2 Angestellte der Siemens AG in München, ein Ingenieur der Firma Martin GmbH in München und eine Mitarbeiterin einer Gewerkschaft in Düsseldorf</td></tr>
<tr><th colspan="5">Zugeordnete »KGB-Helfer« im Jahre 1989 mit (z. T. fiktiven)
Volkspolizei- oder RdB-Ausweisen im Bezirk Karl-Marx-Stadt</th></tr>
<tr><th>Name (Pseudonym)</th><th>Offizielle Stelle</th><th>Tätigkeit für den KGB</th><th>Aliasname(n) für den KGB</th><th>Ausweise ausgestellt von Ref. E/Abt. OT für den KGB</th></tr>
<tr><td>Frank Kramer*</td><td>Kaderleiter, VEB Barkas-Werke</td><td>1987–1989</td><td>»Daniel Baader«*</td><td>Dienstausweise des RdB und des »Beratungs- und Betreuungsbüros Ausland« für »Daniel Baader«* (1987). Legende von »Daniel Baader«*: Konstrukteur beim Werkzeugmaschinenkombinat »Fritz Heckert«</td></tr>
<tr><td>Waldemar Preuss*</td><td>Offizier, Dezernat I der BDVP KMSt</td><td>1966–1989 als Resident; Monatsgehalt 1981: 650 Mark[31]</td><td>»Peter S.« (ab 1973), »Peter M.« (ab 1984)</td><td>Kripo-, RdB- und Personalausweise für »Peter S.« (1973); Kripo-Ausweis für »Peter M.« (1984)</td></tr>
</table>

31 Zum Monatsgehalt siehe MA d. AR I, die für die Freunde arbeiten, 1981; BArch, MfS, HA VII Nr. 979, Bl. 1.

Anlage 2: Ausgewählte IM und HIM des KGB mit Volkspolizei- oder RdB-Ausweisen im Bezirk Leipzig

Name[1] (pseudonymisiert)	Offizielle Stelle	Tätigkeit für den KGB[2]	Aliasname(n) für den KGB[3]	Ausweise ausgestellt von Ref. E/Abt. OT für den KGB	KGB-Deckname[4]
*Ernst Krause**	Volkspolizist, BDVP Leipzig; entlassen 1961 wegen »starken Einflusses von Alkohol« und »Verstößen gegen die StVO«	1965–1987[5]	*»Ernst Rademacher«**	RdB- und Personalausweise (1965); RdB-Ausweis für *»Ernst Rademacher«** (1983)[6]	k. A.
*Willi Kowalski**	Offizier des Dezernats I der BDVP Leipzig	1981–1983 als HIM[7]	k. A.	k. A.	k. A.
*Klaus Kluge**[8]	Offizier des Dezernats I der BDVP Leipzig	1977–1989	*»Klaus Kiefer«**	RdB- und Personalausweise für *»Klaus Kiefer«** (1977)[9]	»Wolf«
*Thorsten Kurth**[10]	Offizier der Kripo, BDVP Leipzig	1973–1984	k. A.	RdB-Ausweis (1973)[11]	k. A.
*Roland Pietsch**	Offizier der Abt. XV der BV Leipzig, 1952–1966[12]	1973–1983	k. A.	RdB-Ausweis (1973)[13]	»Alfred«
*Heinz-Peter König**	k. A.	1981–1989	*»Heinz Rabe«**	Kripo-Ausweis (1981, 1989)[14]; Personal- und RdB-Ausweise für *»Heinz Rabe«** (1987); Kripo-Ausweis für *»Heinz Rabe«** (1989)[15]	»Richter« und »Jürgen«
*Hildegard Prüfer**	Offizierin des Dezernats I der BDVP Leipzig[16]	1981–1987	*»Hildegard Müller«**	Kripo-Ausweis (1981–1987); RdB-Ausweis (1986–1987); Ausweis der Volkssolidarität des Bezirksausschusses Leipzig für *»Hildegard Müller«** (1987)[17]	»Luise«

Name (pseudonymisiert)	Offizielle Stelle	Tätigkeit für den KGB	Aliasname(n) für den KGB	Ausweise ausgestellt von Ref. E/Abt. OT für den KGB	KGB-Deckname
*Friedrich Paul**	Offizier des VPKA Leipzig-Stadt[18]	1978–1987	k. A.	RdB-Ausweis (1978–1987)[19]	»Müller«
*Horst Krumm**	k. A.	1979–1985	k. A.	Kripo- und Personalausweis (1979); Ausweis des Rates der Stadt (1980)[20]	»Dieter«
*Heinrich Mayer**[21]	Angestellter bei der Kulturdirektion Leipzig	1980–1986	»Heinrich Metzler«*	RdB-Ausweis (1980–1986);[22] Kripo-Ausweis für *»Heinrich Metzler«** (1982–1986)[23]	»Otto«
*Hans Krüger**	Wissenschaftlicher Mitarbeiter, RdB Leipzig; IM »Kultur« der Abt. XV der BV Leipzig, 1975–1979[24]	1979–1989	*»Hans Arndt«*, »Hans Fiedler«*	RdB-Ausweis (1980–1989);[25] RdB-Ausweis und VP-Ausweis für *»Hans Arndt«** (1979–1983);[26] Personal- und RdB-Ausweis für *»Hans Fiedler«** (1983–1989)[27]	»Referent«
*Hermann Linke**	k. A.	1979–1989	*»Hermann Müller«**	RdB-Ausweis (1979–1988); Kripo-Ausweis (1981–1989)[28] und RdB-Ausweis (1988–1989) für *»Hermann Müller«**[29]	»Kross«
*Uwe Körner**[30]	Mitarbeiter des MdI in Leipzig	1978–1989	*»Uwe Ploetz«**	Kripo- und RdB-Ausweise (1978);[31] Kripo-Ausweis für *»Uwe Ploetz«** (1981)[32]	»Manfred«
*Wolfgang Lemke**	Rentner; ehemaliger Offizier des MfS seit 1953, in der KD Leipzig 1956–1981[33]	1986–1987	k. A.	RdB- und VP-Ausweise (1986–1987)[34]	»Berg«
*Dieter Köpke**	k. A.	1986–1989	k. A.	Kripo-, RdB- und Personalausweise (1986)[35]	»Walter«

Name (pseudonymisiert)	Offizielle Stelle	Tätigkeit für den KGB	Aliasname(n) für den KGB	Ausweise ausgestellt von Ref. E/Abt. OT für den KGB	KGB-Deckname
*Peter Lau**[36]	Rentner ab 1982; ehemaliger Offizier der Kripo, BDVP Leipzig, Dezernat II, AG Ausländer	1983–1986	k. A.	Kripo-Ausweis (1983)[37]	»Rolf«
*Hans-Peter Brunner**[38]	Rentner; ehemaliger Mitarbeiter der BDVP in Leipzig und IMK/KW »Windmühle« der BV Leipzig, 1961–1983	1986–1988	k. A.	Ausweis des Rates der Stadt Leipzig (1986–1988)[39]	»Friedrich«
*Dieter Koch**[40]	k. A.	1987–1989	*»Dieter Pechert«**	RdB-Ausweis für *»Dieter Pechert«* (1987–1989)[41]	»Richard«
*Wolfram Keller**	Mitarbeiter des MdI in Leipzig (1981–1982); IM »Teiler« der Abt. XV der BV Leipzig (1978–1982)[42]	1983–1986	k. A.	Kripo-Ausweis und Ausweis für Institut für Marktforschung in Leipzig (1983–1986)[43]	»Grunert«

1 Datenschutzrechtliche Bestimmungen geboten es an mehreren Stellen, Personennamen zu pseudonymisieren. Solche Pseudonyme sind mit einem Sternchen* kenntlich gemacht.

2 Erfasst ist nur der durch Dokumente belegte Zeitraum.

3 Aliasnamen waren Arbeitsnamen, mit denen die Person gegenüber Dritten auftrat und die z. B. für gefälschte bzw. fiktive Dienstausweise gewählt wurden. Bei Aliasnamen war der Vorname oft mit dem echten Vornamen identisch. Aus diesem Grund sind in dieser Tabelle auch Aliasnamen pseudonymisiert.

4 Im Unterschied zum Aliasnamen wurde der Deckname nur innerhalb des Geheimdienstes bzw. zwischen IM und Führungsoffizier verwendet. Nur selten lässt der Deckname Rückschlüsse auf die Identität des IM zu. Aus Sicht des KGB handelte es sich bei den hier mit Decknamen versehenen Personen im Regelfall um IM.

5 *Ernst Krause** bekam seinen fiktiven RdB-Ausweis am 18.1.1965; BArch, MfS, BV Leipzig, OT Nr. 166, Bd. 1, Bl. 1 sowie Bd. 4, Bl. 2. Die BV Leipzig bekam den Ausweis am 28.7.1987 zurück. Siehe die Karte unter seinem Klarnamen in: BArch, MfS, BV Leipzig, Abt. OT, Dokument-Zurück.

6 BArch, MfS, BV Leipzig, OT Nr. 166, Bd. 1, Bl. 10, 24 f.

7 MA d. AR I, die für die Freunde arbeiten, 1981; BArch, MfS, HA VII Nr. 979, Bl. 1. *Willi Kowalski** verließ die Volkspolizei 1983 und für die Zeit danach finden sich keine Hinweise für eine weitere Arbeit für den KGB. Siehe den Eintrag unter seinem Klarnamen in: BArch, MfS, BV Leipzig, VSH-Abt. VII.

8 Unterltn. Rößler, Abt. VII, BV Leipzig, Abschlußeinschätzung des IMS »Schwarz«, 26.5.1977; BArch, MfS, AIM 839/77, Bl. 77.

9 BArch, MfS, BV Leipzig, OT Nr. 166, Bd. 4, Bl. 9, 13 sowie Bd. 10, Bl. 3.

10 MA d. AR I, die für die Freunde arbeiten, 1981; BArch, MfS, HA VII Nr. 979, Bl. 1.

11 BArch, MfS, BV Leipzig, OT Nr. 166, Bd. 3, Bl. 7.

12 Siehe die Karte unter seinem Klarnamen in: BArch, MfS, BV Leipzig, VSH-Abt. XX.

13 Der Ausweis wurde zum letzten Mal von der KGB-Dienststelle in Leipzig am 5.9.1983 verlängert. Siehe BArch, MfS, BV Leipzig, OT Nr. 166, Bd. 3, Bl. 6 bzw. Bd. 10, Bl. 25–27.

14 Siehe BArch, MfS, BV Leipzig, OT 166, Bd. 8, Bl. 4 f. und die Karte unter seinem Klarnamen in: BArch, MfS, BV Leipzig, Abt. OT, Dok.-VP.

15 BArch, MfS, BV Leipzig, OT Nr. 166: Bd. 8, Bl. 6; Bd. 14, Bl. 1; Bd. 16, Bl. 11.

16 Zu *Hildegard Prüfer** siehe BArch, MfS, BV Leipzig, AOG 1109/71.

17 BArch, MfS, BV Leipzig, OT Nr. 166, Bd. 13, Bl. 9; Bd. 8, Bl. 16. Siehe auch die Karten unter ihrem Klarnamen und ihrem Aliasnamen in: BArch, MfS, BV Leipzig, Abt. OT, Dok.-Zurück.

18 Zu *Friedrich Paul** siehe BArch, MfS, BV Leipzig, AIM 421/75.

19 BArch, MfS, BV Leipzig, OT Nr. 166, Bd. 5, Bl. 3 und die Karte unter seinem Klarnamen in: BArch, MfS, BV Leipzig, Abt. OT, Dok.-Zurück.

20 BArch, MfS, BV Leipzig, OT Nr. 166, Bd. 6, Bl. 7 f. und die Karte unter seinem Klarnamen in: BArch, MfS, BV Leipzig, Abt. OT, Dok.-Zurück.

21 OSL Schmidt, Leiter der KD Leipzig-Stadt an Abt. XX, BV Leipzig, 12.1.1978; BArch, MfS, BV Leipzig, KD Leipzig-Stadt Nr. 4213, Bl. 161.

22 Siehe BArch, MfS, BV Leipzig, OT Nr. 166, Bd. 7, Bl. 16 und die Karte unter seinem Klarnamen in: BArch, MfS, BV Leipzig, Abt. OT, Dok.-Zurück.

23 BArch, MfS, BV Leipzig, OT Nr. 166, Bd. 9, Bl. 1.

24 Siehe die Einträge unter seinem Klarnamen in: RoHo F 16 u. F 22, Reg.-Nr. XV 1564/75 bzw. in: BArch, MfS, BV Leipzig, Abt. XV, gelöschte Erfassungen.

25 BArch, MfS, BV Leipzig, OT Nr. 166, Bd. 7, Bl. 7–10 und die Karte unter seinem Klarnamen in: BArch, MfS, BV Leipzig, Abt. OT, Dok.-Zurück.

26 BArch, MfS, BV Leipzig, OT Nr. 166, Bd. 6, Bl. 5 f. sowie Bd. 7, Bl. 23 f.; *Hans A.**, in: BArch, MfS, BV Leipzig, Abt. OT, Dok.-Zurück.

27 BArch, MfS, BV Leipzig, OT Nr. 166, Bd. 10, Bl. 4–6; *Hans F.**, in: BArch, MfS, BV Leipzig, Abt. OT, Dok.-Zurück.

28 BArch, MfS, BV Leipzig, OT Nr. 166, Bd. 8, Bl. 1 f.; Bd. 15, Bl. 7 f.; Bd. 16, Bl. 1 f.

29 BArch, MfS, BV Leipzig, OT Nr. 166, Bd. 6, Bl. 14. Siehe auch die entsprechende Karte unter dem Aliasnamen in: BArch, MfS, BV Leipzig, Abt. XV, gelöschte Erfassungen.

30 Siehe BArch, MfS, BV Leipzig, KS III 149/78.

31 BArch, MfS, BV Leipzig, OT Nr. 166, Bd. 5, Bl. 5 f. und der Eintrag unter seinem Klarnamen in: BArch, MfS, BV Leipzig, Abt. OT, Dok.-Zurück.

32 BArch, MfS, BV Leipzig, OT Nr. 166, Bd. 9, Bl. 17 und der Eintrag unter seinem Aliasnamen in: BArch, MfS, BV Leipzig, Abt. OT, Dok.-Zurück.

33 Siehe den Eintrag unter seinem Klarnamen in: BArch, BV Leipzig, KuSch, Kaderkartei-Abgelegte.

34 BArch, MfS, BV Leipzig, OT Nr. 166, Bd. 13, Bl. 4–6 sowie den Eintrag unter seinem Klarnamen in: BArch, MfS, BV Leipzig, Abt. OT, Dok.-Zurück.

35 BArch, MfS, BV Leipzig, OT Nr. 166, Bd. 13, Bl. 12–14; Bd. 14, Bl. 17–19.

36 BArch, MfS, BV Leipzig, AP 1949/85.

37 BArch, MfS, BV Leipzig, OT Nr. 166, Bd. 11, Bl. 1 f. sowie der Eintrag unter seinem Klarnamen in: BArch, MfS, BV Leipzig, Abt. OT, Dok.-Zurück.

38 Zu *Hans-Peter Brunner** bzw. IMK/KW »Windmühle« siehe BArch, MfS, BV Leipzig, AIM 1724/84, Teil I/1.

39 Siehe BArch, MfS, BV Leipzig, OT Nr. 166, Bd. 13, Bl. 15 f. und die Karte unter seinem Klarnamen in: BArch, MfS, BV Leipzig, Abt. OT, Dok.-Zurück.

40 Siehe die Einträge unter seinem Klarnamen in: BArch, MfS, BV Leipzig, VSH, Abt. XIX sowie Abt. XII, F 5 A, SiVo XIII 1420/60.

41 BArch, MfS, BV Leipzig, OT Nr. 166, Bd. 14, Bl. 26 f.; Eintrag unter seinem Aliasnamen in: BArch, MfS, BV Leipzig, Abt. OT, Dok.-Zurück.

42 Siehe die Angaben unter seinem Klarnamen in: BArch, MfS, BV Leipzig, KS II 280/82; RoHo F 16 u. F 22, Reg.-Nr. XV/4217/78 und BArch, MfS, BV Leipzig, Abt. XV, gelöschte Fassungen.

43 BArch, MfS, BV Leipzig, OT Nr. 166, Bd. 10, Bl. 11–14 und der Eintrag unter seinem Klarnamen in: BArch, MfS, BV Leipzig, Abt. OT, Dok.-Zurück.

Cornelia Jabs

Spionieren unter Freunden – Der KGB im Forschungszentrum Werkzeugmaschinenbau Karl-Marx-Stadt

Der langjährige Vorsitzende des sowjetischen Komitees für Staatssicherheit (KGB bzw. KfS), Wladimir Krjutschkow, betonte rückblickend den bedeutenden Nutzen, den die Spionage der »deutschen Freunde aus der Aufklärung« für ganze Industrie- und Wirtschaftszweige in der Sowjetunion hatte. Von den im westlichen Ausland agierenden deutschen Geheimdienstlern seien Materialien aus der Grundlagenforschung, neueste Technologien und technische Muster im Wert von »Dutzenden Milliarden Dollars« kostenlos überlassen worden.[1] Doch die Wirtschaftsspionage des KGB und seiner »deutschen Freunde« war nicht frei von bilateralen Konflikten.

Dieser Aufsatz gibt Einblicke in das spannungsvolle Verhältnis des Ministeriums für Staatssicherheit (MfS) zum KGB auf dem Gebiet der wissenschaftlich-technischen Spionage. Am Beispiel des Forschungszentrums Werkzeugmaschinenbau (FZW oder im Folgenden Forschungszentrum), einer Forschungseinrichtung des Werkzeugmaschinenkombinates »Fritz Heckert« mit Hauptsitz in Karl-Marx-Stadt (FHW KMSt), wird deutlich, wie beide Geheimdienste um die inoffizielle Zusammenarbeit mit den dort tätigen Wissenschaftlern konkurrierten, um deren Kontakte ins westliche Ausland exklusiv für eigene Zwecke zu nutzen. Unterlagen der zuständigen Bezirksverwaltung des MfS in Karl-Marx-Stadt (BV KMSt) zeigen, wie es den Verbindungsoffizieren des KGB gelang, Eigeninteressen gegenüber dem MfS durchzusetzen. Dazu installierte der KGB im Forschungszentrum ein eigenständiges IM-Netz, das gegenüber dem »kleinen Bruder« abgeschirmt und beschützt agieren konnte. Unter diesem Gesichtspunkt stellen sich Fragen nach den Grenzen der deutsch-sowjetischen Freundschaft und deren Schattenseiten. Denn die Überholversuche an den deutschen Freunden vorbei konnten womöglich auch nach DDR-Recht als strafrechtlich relevante Wirtschaftsspionage verstanden werden. Darüber hinaus eröffneten sich dem KGB nach innen in die DDR gerichtete geheimdienstliche Spielräume.

1 Krjutschkow, Wladimir: Litschnoje delo, Bd. 1. Moskau 1996, S. 171 f.

Überholversuche in Wissenschaft und Technik

Studien zur Spionage des MfS in Wissenschaft und Wirtschaft

Spionage wird in erster Linie als politische und militärische Spionage thematisiert. Die Frage, ob und in welchem Ausmaß fremde Geheimdienste in entsprechende Entscheidungsgremien eindringen können, um dort die Interessen ihrer Auftraggeber durchzusetzen, ist existenziell. Demgegenüber geraten Schäden (bzw. Nutzen), die durch Spionage in Wirtschaft und Forschung entstehen, häufig in den Hintergrund. Dabei sind die durch Spionage bedingten Wettbewerbsvorteile bzw. -nachteile im vernetzten internationalen Wirtschaftsraum ebenfalls existenziell bedeutsam. Außerdem lassen sich die einzelnen Spionagefelder nicht exakt voneinander trennen. So bestehen wechselseitige Verflechtungen zwischen Wissenschaft, Wirtschaft und Politik, wie beispielsweise in der Rüstungsindustrie.

Im sogenannten »Wettstreit der Systeme«, dem sich der sozialistische Block gegenüber den kapitalistisch orientierten Industrienationen ausgesetzt sah, war die wirtschaftliche Innovationsfähigkeit und Leistungskraft ein wichtiger Faktor. Der Ehrgeiz der SED-Führung manifestierte sich in der legendären wie utopischen Forderung »überholen ohne einzuholen«. Bekanntlich wurden für dieses Ziel viele Mittel und Wege genutzt, insbesondere die im sogenannten Operationsgebiet vor allem in der Bundesrepublik Deutschland aufwendig betriebene Spionage des MfS. Die zeitgeschichtliche Forschung konzentrierte sich dabei auf einzelne Themenbereiche, Spitzen-Agenten und schillernde Persönlichkeiten wie Alexander Schalck-Golodkowski, den Staatssekretär für Außenhandel und MfS-Offizier im besonderen Einsatz, der mit dem von ihm geleiteten Bereich der »Kommerziellen Koordinierung« (Koko) unter Umgehung des westlichen Handelsembargos unter anderem westliche Technologien und Ausrüstungen beschaffte.[2] Besondere Berücksichtigung fand die wichtige Frage, wie effektiv ausspionierte Daten in das eigene Wissenschaftssystem integriert und Technologien im industriellen Maßstab kopiert werden konnten.[3]

2 Buthmann, Reinhard: Die Arbeitsgruppe Bereich Kommerzielle Koordinierung (AG BKK) (BStU, MfS-Handbuch). Berlin 2004; Judt, Matthias: KoKo – Mythos und Realität. Das Imperium des Alexander Schalck-Golodkowski. Berlin 2015; Pohle, Meinolf: Staatliche Wirtschaftskriminalität im realen Sozialismus der DDR (1966–1990). Wirtschaftsspionage, Embargoverstöße und Vermögensverschiebungen des Bereichs Kommerzielle Koordinierung (KoKo) und des MfS – eine volkswirtschaftliche Untersuchung, Univ. Leipzig Diss. 2004. Neuere Erkenntnisse beziehen sich auf die Rolle der Schweiz. Vgl. Tarli, Ricardo: Die geheimen Geschäfte der Stasi in der Schweiz. Technologieschieber und Devisenbeschaffer im Dienst von Schalck-Golodkowski. In: Gerbergasse 18, 21 (2016) 79, S. 29–32; ders.: Operationsgebiet Schweiz. Die dunklen Geschäfte der Stasi. Zürich 2015.

3 Macrakis, Kristie: Führt effektive Spionage zu Erfolgen in Wissenschaft und Technik? In: Herbstritt, Georg; Müller-Enbergs, Helmut (Hg.): Das Gesicht dem Westen zu … DDR-Spionage

Im MfS war hauptsächlich der »Sektor Wissenschaft und Technik« (SWT) der Hauptverwaltung A (HV A) für die wissenschaftlich-technische, die rüstungstechnische und Wirtschaftsspionage zuständig. In den Bezirksverwaltungen des MfS war die HV A durch ihre Abteilungen (Abt.) XV präsent, die von ihrer regionalen Basis ausgehend Spionageaktivitäten durchführten.[4] Der SWT verfügte über eine eigene Auswertungsabteilung (HV A Abt. V), die ihre Daten in einer weitestgehend entschlüsselten Datenbank dokumentierte.[5] Wichtige Erkenntnisse zum Aufbau und zur Arbeitsweise des SWT wurden durch den Übertritt des ehemaligen Offiziers des SWT Werner Stiller im Jahr 1979 sowie den damit verbundenen Enttarnungen von Agenten bekannt. Mit deutlich anderen Intentionen haben ehemals verantwortliche Offiziere des SWT ihre Sicht auf ihre Tätigkeit dargelegt.[6]

Forschungslücken

Noch wenig bekannt sind die Schnittstellen zwischen dem SWT und dem regulären Wissenschafts- und Forschungsbetrieb. Ausgewählte Wissenschaftler wurden über die fachlich zuständigen Ministerien und staatlichen Einrichtungen vermittelt, um »operativ beschaffte« und geheimzuhaltende Unterlagen und Materialien über neueste wissenschaftlich-technische Entwicklungen und industrielle Technologien sowie Muster embargogeschützter Technik auszuwerten und sie für die eigene Forschungstätigkeit zu verwerten. Die Details zur Auswahl, Verpflichtung und konkreten Arbeitsweise dieser Wissenschaftler bleiben offen. Weiterhin ist über

gegen die Bundesrepublik Deutschland. Bremen 2003, S. 250–278; dies.: Die Stasi-Geheimnisse. Methoden und Technik der DDR-Spionage. München 2009.

4 Grundlegend hierzu Müller-Enbergs, Helmut: Hauptverwaltung A (HV A): Aufgaben – Strukturen – Quellen (BStU, MfS-Handbuch). Berlin 2013, S. 199–205; ders.: Wunschkonzert. Die Wissenschaftsspionage der HV A und ihre Bedeutung für die DDR-Wirtschaft. In: Horch und Guck 21 (2012) 78, S. 16–21; ders.: Die Organisation der Wissenschafts- und Technikspionage der DDR – das Beispiel der Hauptverwaltung A des MfS. In: Max Litzcke, Sven; Müller-Enbergs, Helmut (Hg.): Sicherheit in Organisationen. Frankfurt/M. 2009, S. 49–72.

5 Es handelt sich dabei um die Teildatenbank 11 innerhalb des Systems der Informations-Recherche der HV A (SIRA). Grundlegend hierzu Konopatzky, Stephan: Möglichkeiten und Grenzen der SIRA-Datenbanken. Die Beispiele Günter Guillaume und Werner Stiller. In: Herbstritt; Müller-Enbergs (Hg.): Das Gesicht dem Westen zu ..., S. 112–132. Weiterführende Informationen zu SIRA vgl. https://www.stasi-unterlagen-archiv.de/informationen-zur-stasi/quellensammlungen/das-mfs-und-die-zusammenarbeit-mit-anderen-kommunistischen-geheimdiensten/ (letzter Zugriff: 20.7.2021).

6 Müller, Horst; Süß, Manfred; Vogel, Horst (Hg.): Die Industriespionage der DDR. Die wissenschaftlich-technische Aufklärung der HV A. Berlin 2008. Die Autoren stellen klar, weiterhin geheimdienstliche Verpflichtungen aus ihrer HV-A-Dienstzeit einzuhalten. Zur Sicht des letzten Leiters der HV A vgl. Großmann, Werner; Böhm, Peter: Der Überzeugungstäter. Berlin 2017, hier Kapitel: Die Grenzen der Wirtschaftsspionage, S. 139–150.

den Anteil der Hauptabteilung XVIII des MfS an der wissenschaftlich-technischen Spionage nur wenig bekannt. Ihr Zuständigkeitsbereich war die Sicherung der Volkswirtschaft. Somit war sie vor allem innerhalb der DDR tätig. Doch ihre Abteilung 8 war intensiv in die Embargo-Geschäfte der Koko involviert. Außerdem verfügte die Linie XVIII über zahlreiche inoffizielle Mitarbeiter (IM), die als Reisekader während ihrer Dienstreisen im westlichen Ausland Informationen sammelten und Kontakte herstellten.[7]

Auf dem Gebiet der Spionage in Wissenschaft und Wirtschaft sind viele Fragen der konkreten Zusammenarbeit des MfS mit dem auch als »Freunde« oder »Bruderorgan« bezeichneten KGB offen. Der Informationsabfluss der HVA in Richtung Moskau war generell sehr intensiv.[8] Das galt insbesondere für die Spionage des SWT, die sich auf militärische Themen und die Rüstungsindustrie bezog. Nach Auswertungen der US-Historikerin Kristie Macrakis hatte die Militärspionage für den SWT einen ebenso hohen Stellenwert wie die wissenschaftlich-technische und die Wirtschaftsspionage. Doch der SWT war in militärischer Hinsicht vor allem auch ein Zulieferer für den KGB, denn diese Spionageergebnisse wurden üblicherweise direkt an die »Freunde« weitergeleitet.[9] Wie der ostdeutsche Wirtschaftshistoriker Jörg Roesler schreibt, durften einschlägige sowjetische Forschungsinstitutionen und Betriebe darüber hinaus aus Sicherheitsgründen nicht mit der DDR kooperieren. Vermutlich bestanden Zweifel an der Wirksamkeit der Spionageabwehr des MfS und der Nationalen Volksarmee (NVA).[10]

Ambivalenzen und Rivalitäten zwischen den ungleichen Verbündeten, die sich in der geheimdienstlichen Praxis zeigten, wurden hauptsächlich aus der Sicht ehemaliger HV-A-Offiziere beschrieben.[11] Derartige Erinnerungen sind ebenso wie die eingangs zitierte Einschätzung Krjutschkows mit archivischen Quellen kaum zu überprüfen, denn die HV-A-Unterlagen sind fast vollständig vernichtet und die russischen Geheimdienstarchive weitgehend verschlossen.

7 Haendcke-Hoppe-Arndt, Maria: Die Hauptabteilung XVIII: Volkswirtschaft (BStU, MfS-Handbuch). Berlin 1997, S. 110–112.

8 Die DA Nr. HVA 1/88 regelte generell die Weiterleitung von Informationen der HVA an den KGB. Laut Statistiken zur SIRA-Datenbank der HVA betraf das etwa jede dritte Eingangsinformation der HVA. Vgl. Herbstritt: Bundesbürger im Dienst der DDR-Spionage, S. 56, 299. Im SWT leitete die Auswertungsabteilung HVA V/7 die Informationen an den KGB weiter. Zur Zusammenarbeit des KGB mit dem MfS vgl. Marquardt: Die Kooperation; ders.: Die Zusammenarbeit; Borchert: Die Zusammenarbeit.

9 Macrakis: Führt effektive Spionage zu Erfolgen in Wissenschaft und Technik?, S. 266–268.

10 Roesler, Jörg: Aufholen, ohne einzuholen! Ostdeutschlands rastloser Wettlauf 1965–2015. Ein ökonomischer Abriss. Berlin 2016, S. 46; ders.: Einholen wollen und Aufholen müssen. Zum Innovationsverlauf bei numerischen Steuerungen im Werkzeugmaschinenbau der DDR vor dem Hintergrund der bundesrepublikanischen Entwicklung. In: Kocka, Jürgen (Hg.): Historische DDR-Forschung. Aufsätze und Studien. Berlin 1993, S. 263–285, hier 269, 278.

11 Nehring: Der MfS-Überläufer Werner Stiller beim BND, S. 72–85, insbes. 78–82; Fischer, Bernd: Der große Bruder. Wie die Geheimdienste der DDR und der UdSSR zusammenarbeiteten. Berlin 2012.

Umso bedeutsamer sind jene überlieferten Akten, die zwar fragmentarisch, aber dennoch beispielhaft die Zusammenarbeit des MfS mit dem KGB widerspiegeln.[12] Auch der vorliegende Beitrag bietet auf der Grundlage einer begrenzten Aktenüberlieferung einen dennoch beispielhaften Einblick in die Kooperation beider Geheimdienste und ebenso in deren Konflikte und Konkurrenzverhältnis.

Das Beispiel Werkzeugmaschinenbau

Die Bemühungen in der DDR, den technischen Rückstand in der Mikroelektronik aufzuholen und eine eigene Computerindustrie aufzubauen, sind bekannt.[13] Der Werkzeugmaschinenbau der DDR ist ein weiteres populäres Beispiel für den Kampf der DDR um international wettbewerbsfähige Spitzenprodukte, die dringend benötigte Devisen einbringen sollten. Bisher wurde der hemmende Einfluss wechselnder wirtschaftspolitischer Rahmenbedingungen und Zielvorgaben der SED am Beispiel der Entwicklung numerisch gesteuerter Werkzeugmaschinen im Kontrast zur Bundesrepublik unter anderem von Roesler dargestellt.[14] Die nach seiner Einschätzung »durch Embargo und sowjetische Abschottungsmaßnahmen erzwungene Nachentwicklung westlicher Musterstücke, die durch […] die HVA – beziehungsweise Koko – beschafft worden waren, verfehlte trotz Investitionsaufwendungen in Höhe von 14 Milliarden Mark der DDR und 4 Mil-

12 Zu nennen sind hier in erster Linie die Überlieferungen in den Geheimdienstarchiven der anderen Ostblockstaaten, die wichtige Forschungslücken in der HV-A-Forschung schließen können. So konnten z. B. gemeinsam mit dem KGB durchgeführte sog. »aktive Maßnahmen« wie die Verschwörungstheorie um die Entstehung von AIDS rekonstruiert werden. Vgl. Selvage; Nehring: Die AIDS-Verschwörung.

13 Buthmann, Reinhard: Hochtechnologien und Staatssicherheit. Die strukturelle Verankerung des MfS in Wissenschaft und Forschung der DDR (BStU, Reihe B-Nr. 1/00). 2., durchges. Aufl., Berlin 2000; ders.: Kadersicherung im Kombinat VEB Carl Zeiss Jena. Die Staatssicherheit und das Scheitern des Mikroelektronikprogramms (BStU, Analysen und Dokumente, Bd. 12). Berlin 2010; Barkleit, Gerhard: Mikroelektronik in der DDR. SED, Staatsapparat und Staatssicherheit im Wettstreit der Systeme. Dresden 2000. Aus Sicht des stellv. Ministers für Elektrotechnik und Elektronik der DDR vgl. Nendel, Karl: General der Mikroelektronik. Berlin 2017. Demnach beschafften die Auslandsaufklärer der DDR einen 32-Bit-Prozessor von Intel für den Nachbau. Als die Experten die Halbleiterschichten einzeln zur Analyse abtrugen, fanden sie mikroskopisch kleine Buchstaben in kyrillischer Schrift: »Wann hört Ihr endlich mit dem Klauen auf?«, hatte dort jemand sinngemäß hinterlassen und damit nach Nendels Beurteilung das Potenzial der Sowjetunion wohl weit überschätzt.

14 Vgl Roesler: Aufholen, ohne einzuholen. Vgl. auch Ahrens, Ralf: Eine alte Industrie vor neuen Herausforderungen. Aufbrüche und Niedergänge im ost- und westdeutschen Maschinenbau seit den 1960er-Jahren. In: Plumpe, Werner; Steiner, Andre (Hg.): Der Mythos von der postindustriellen Welt. Wirtschaftlicher Strukturwandel in Deutschland 1960–1990. Göttingen 2016, S. 55–119.

liarden DM ihr Ziel, den Exportzweig Maschinenbau zu modernisieren«.[15] Leider wurden dieser beeindruckende Befund und die erheblichen geheimdienstlichen Einflüsse nicht weiter vertieft.

Das im Jahr 1968 gebildete Werkzeugmaschinenkombinat »Fritz Heckert« hatte in der DDR eine herausragende Bedeutung. Der aus den ehemaligen Wanderer-Werken hervorgegangene Stammbetrieb befand sich in Karl-Marx-Stadt, dem heutigen Chemnitz. Unter der Leitung des Generaldirektors Rudolf Winter waren im Kombinat 36 Betriebe und ein Forschungszentrum (zunächst kurzzeitig Großforschungszentrum, GFZ) unter Leitung von Manfred Speck zusammengefasst.[16] Das FHW galt als der größte Werkzeugmaschinenhersteller im Ostblock. Hauptabnehmer war die Sowjetunion. Das Werk konnte jedoch seine Maschinen und halb- sowie vollautomatisch computergestützten Fertigungsstraßen unter der Marke WMW weltweit verkaufen.[17] Das Forschungszentrum stand in der Tradition des bereits seit 1956 in Karl-Marx-Stadt ansässigen Instituts für Werkzeugmaschinen beziehungsweise des 1970 integrierten (Zentral-)Instituts für Fertigungstechnik des Maschinenbaus.

Im Forschungszentrum des FHW waren 1979 fast 1 700 Beschäftigte tätig, von denen 56 Prozent über eine Hoch- oder Fachschulausbildung verfügten, darunter 81 promovierte Wissenschaftler.[18] Ein Leitungskader wurde wegen Spionageverdachts in einem operativen Vorgang vom MfS »bearbeitet«. Weiterhin waren 122 Beschäftigte beim MfS »politisch-operativ angefallen«, das hieß, gegen sie bestanden aus Sicht des MfS mehr oder weniger belastbare Sicherheitsbedenken oder Verdachtsmomente. Zu dieser Zeit wurden laut MfS im Forschungszentrum insgesamt etwa 400 Forschungs- und Entwicklungsthemen bearbeitet, »davon 42 […] Staatsplanthemen und Themen zentraler Organe, von denen 8 Themen zu Spitzenleistungen führen sollen«. In weiteren 32 Forschungsfeldern wurde der »Welthöchststand« angestrebt. Von den Forschungsergebnissen, so stellte das MfS fest, hänge »in hohem Maße die Exportkraft des Werkzeugmaschinenbaus der DDR und zum Teil der gesamten metallverarbeitenden Industrie«

15 Roesler: Aufholen, ohne einzuholen, S. 57. Die ehemals zuständigen Offiziere des SWT nennen fast keine Beispiele aus dem Maschinenbau. Vgl. Müller; Süß; Vogel (Hg.): Die Industriespionage der DDR, hier S. 55–75, insbes. 72.

16 Nähere Angaben zum FHW vgl. Wilczek, Annette: Einkommen, Karriere, Versorgung. Das DDR-Kombinat und die Lebenslage seiner Beschäftigten. Berlin 2004, S. 30–43. Der Stammbetrieb, in dem 1989 4 300 Mitarbeiter beschäftigt waren, wurde nach mehreren Übernahmen 1997 mit 200 Mitarbeitern als Heckert Werkzeugmaschinen GmbH 1997 neu gegründet und kurze Zeit später von der Starrfräsmaschinen AG, seit 2001 Starrag Heckert GmbH übernommen.

17 Stark, Carsten: Werkzeugmaschinen für die Welt. Der NSW-Export des Werkzeugmaschinenkombinates Fritz Heckert/Karl-Marx-Stadt 1970–1989, Dissertation TU Chemnitz, 2016, https://monarch.qucosa.de/api/qucosa%3A20588/attachment/ATT-0/ (letzter Zugriff: 20.7.2021).

18 Rabe, Abt. XVIII, BV KMSt, Einschätzung der politisch-operativen Lage im FZW, 24.9.1979; BArch, MfS, BV KMSt, Abt. XVIII Nr. 2111, Bl. 1–23. Nachfolgende Zahlen daraus, Zitate Bl. 1 f.

ab. Die wissenschaftlichen Erfolge des Forschungszentrums waren zweifellos von volkswirtschaftlicher Bedeutung. Mit dem »Blick hinter die Kulissen« wird indes lediglich eine weltweit praktizierte Methode der Beschleunigung technischer Entwicklungen in den Mittelpunkt gerückt, die nicht das Gesamtbild der wissenschaftlichen Leistungen und das zugrundeliegende Engagement der dort beschäftigten Wissenschaftler infrage stellen soll und kann.

Wirtschaftsspionage im Freundesland: Rechtliche Aspekte

Nur wenig ist in den Stasi-Dokumenten über DDR-Bürger zu lesen, die für die »Freunde« in konspirativer Weise Aufträge erledigten. Und nur äußerst selten liest man darin, dass diese DDR-Bürger für ihre Dienste von Mitarbeitern des MfS zur Rede gestellt wurden. Noch bemerkenswerter ist es, wenn damit der Vorwurf verbunden war, »gegen bestehende gesetzliche Festlegungen« verstoßen zu haben.[19] Einen solchen Fall dokumentierte im Oktober 1982 der kurz zuvor zum Leiter der Auswertungs- und Kontrollgruppe (AKG) der BV Karl-Marx-Stadt ernannte Major Johannes Seifert in einer Aktennotiz. Seine überraschend kritische Sicht gegenüber dem KGB irritiert. Welche gesetzlichen Festlegungen könnten gemeint sein? Wie konnten zwischen den »befreundeten Bruderorganen« Interessenkonflikte dieser Art überhaupt entstehen und wie wurden sie kommuniziert und gelöst? Major Seifert, der wenige Wochen später zum Oberstleutnant befördert wurde, konkretisierte seinen Vorwurf in der hier zitierten Aktennotiz leider nicht.

Grundsatzvereinbarungen zwischen MfS und KGB

Um Ansätze für mögliche Antworten zu finden, soll ein Blick auf die grundlegenden Vereinbarungen über die Zusammenarbeit zwischen dem MfS und dem KGB und die einschlägige Rechtslage in der damaligen DDR geworfen werden. In den Jahren 1959, 1973 und 1978 fixierten KGB und MfS in bilateralen Vereinbarungen den Rahmen ihrer Zusammenarbeit. In ihnen waren auch die Rechte der im MfS tätigen Vertretung des KGB bezüglich der »Nutzung« von DDR-Bürgern zur geheimen Zusammenarbeit geregelt.[20] Gemäß Artikel VII der

19 Seifert, AKG, BV KMSt, Aktennotiz über Aussprache, 29.10.1982; BArch, MfS, BV KMSt, AKG Nr. 2323, Bl. 22–27, hier 22 bzw. 24.

20 Vereinbarung über die Zusammenarbeit zwischen dem MfS der DDR und dem KfS beim Ministerrat der UdSSR, 6.12.1973; BArch, MfS, ZAIG Nr. 13730, Bl. 1–15, hier 8 f.; Protokoll über die Regelung des Zusammenwirkens zwischen dem MfS der DDR und der Vertretung des KfS beim Ministerrat der UdSSR beim MfS der DDR, 29.3.1978; BArch, MfS, BdL/Dok. Nr. 1862, Bl. 1–11, hier 8 f. Beide Dokumente online: https://www.stasi-unterlagen-archiv.

Abb. 10: KGB-Chef Jurij Andropow (links) und Erich Mielke unterzeichnen die Vereinbarung über die Zusammenarbeit zwischen MfS und KGB, Dezember 1973.

Vereinbarung über die Zusammenarbeit zwischen dem MfS der DDR und dem KGB vom 6. Dezember 1973 war die Werbung und Übernahme von IM »nach entsprechender Übereinkunft mit der Leitung des MfS« möglich, »wenn es im Interesse der staatlichen Sicherheit der UdSSR und der DDR zu Aufklärungs- und Abwehrzwecken im Kampf gegen die Geheimdienste des Gegners erforderlich« war. Artikel VI des Protokolls über die Regelung des Zusammenwirkens des MfS mit der Vertretung des KGB vom 29. März 1978 konkretisierte die derartige »Nutzung« von DDR-Bürgern: Der KGB durfte DDR-Bürger unter anderem heranziehen für »Aufklärungs- und Abwehraufgaben in kapitalistischen Staaten und Westberlin, darunter bei Maßnahmen jenseits der Front in besonderen Perioden sowie für die Erfüllung von Hilfsfunktionen (Ermittler, Verbindungsmann, Inhaber von konspirativen Wohnungen, Deckadressen)« und Aufgaben der Militärabwehr.[21]

de/informationen-zur-stasi/quellensammlungen/das-mfs-und-die-zusammenarbeit-mit-anderen-kommunistischen-geheimdiensten/ (letzter Zugriff: 20.7.2021). Die Vereinbarung aus dem Jahr 1959 enthält dazu keine konkreten Angaben. Vgl. Vereinbarung »Über die Gruppe des Komitees für Staatssicherheit beim Ministerrat der UdSSR zur Koordinierung und Verbindung mit dem MfS der DDR«, o. D. [Oktober 1959]; BArch, MfS, SdM Nr. 423, Bl. 13–18.

21 Protokoll über die Regelung des Zusammenwirkens zwischen dem MfS der DDR und der Vertretung des KfS beim Ministerrat der UdSSR beim MfS der DDR, 29.3.1978; BArch, MfS, BdL/Dok. Nr. 1862, Bl. 8.

Abb. 11: KGB-Chef Jurij Andropow (links) und Erich Mielke feiern die Unterzeichnung ihrer Kooperationsvereinbarung, Dezember 1973.[22]

Die »Freunde« griffen dazu gern auf das Netz an inoffiziellen Mitarbeitern des MfS zurück und übernahmen sowohl aktive IM als auch solche DDR-Bürger, die zu einem früheren Zeitpunkt als IM tätig gewesen waren. Minister Erich Mielke versuchte zwar spätestens ab Februar 1963, die letzte Entscheidungsbefugnis über sein IM-Netz zu behalten, indem er für die Übernahmen einen formalen Dienstweg auf höchster Leitungsebene anwies.[23] Doch in der Praxis war dieser Anspruch schwer durchzusetzen. Im MfS herrschte daher ein ständiger Zwiespalt zwischen der selbstverständlich zu gewährenden Bruderhilfe und dem Schutz des eigenen IM-Netzes.[24] Mielke beklagte außerdem die Eigenmächtigkeiten der »Freunde«, die beispielsweise bei der Rekrutierung ihrer Zuträger in der Deutschen Volkspolizei die vom MfS reklamierte Zuständigkeit missachteten. »Von solchen Kontakten«, so stellte 1978 der Leiter der BV Leipzig, Generalmajor

22 Sektempfang anlässlich der Auszeichnung Mielkes mit dem Lenin-Orden durch Andropow und der Unterzeichnung der Vereinbarung über die Zusammenarbeit zwischen dem MfS und dem KGB im Haus 22 des zentralen Dienstkomplexes des MfS in Berlin-Lichtenberg, Dezember 1973. Rechts hinter Mielke der Leiter der HV A, Markus Wolf.

23 Mielke, Anweisung [bezüglich] Übergabe von inoffiziellen Mitarbeitern des MfS an andere Organe; BArch, MfS, SdM Nr. 311, 6.2.1963, Bl. 14–16; vgl. »Freundschaftsdienste der Abteilung XII des MfS für den KGB« in diesem Band.

24 Vgl. »Freundschaftsdienste der Abteilung XII des MfS für den KGB« in diesem Band.

Manfred Hummitzsch, fest, »erhalten wir Kenntnis meist im Zusammenhang bei Dekonspirationen und operativen Pannen.« Nach Einschätzung des Leiters der BV Karl-Marx-Stadt, Generalmajor Siegfried Gehlert, beeinträchtigte dieses Vorgehen der »Freunde« das Vertrauen zwischen dem MfS und dem MdI.[25]

Das freizügige Agieren des KGB »im und nach dem Operationsgebiet« barg weiteres Konfliktpotenzial, insbesondere, wenn DDR-Bürger, die vom KGB als Agenten selbst rekrutiert wurden, oder vom MfS übernommene IM im sogenannten kapitalistischen Ausland, vor allem in der BRD, für den KGB im Einsatz waren. Die Bemühungen beider Geheimdienste in dieser Hinsicht waren eher von Konkurrenz und gegenseitiger Konspiration als von Kooperation geprägt, was auf gegensätzliche Interessenlagen schließen lässt, wie auch die nachfolgenden Fallbeispiele verdeutlichen.

Wie eigenständig die Verbindungsoffiziere des KGB von dem eingeräumten Recht auf Werbung und Nutzung von DDR-Bürgern Gebrauch machten, lässt sich indirekt aus einschlägigen Ausführungen Mielkes schließen.[26] Es müsse bei den vom KGB zur Werbung vorgesehenen »Kandidaten« erreicht werden, »dass die Freunde bereits vor der Kontaktaufnahme bei uns anfragen«, damit das MfS bei der Beurteilung ihrer politischen Zuverlässigkeit und Eignung unterstützend tätig werden könne und Überschneidungen in der operativen Arbeit vermieden würden. Das gelte vor allem im Hinblick auf Einsätze von IM im Westen, die eine erhöhte Sorgfalt und detaillierte Kenntnisse über das Einsatzland (»Regimekenntnisse«) erforderten. Es dürfe »kein Hinweis unterschlagen werden, wenn ein DDR-Bürger aufgrund seiner Stellung und Funktion oder aus anderen Gründen objektiv für eine inoffizielle Zusammenarbeit – geschweige denn für einen Einsatz im Operationsgebiet – nicht geeignet ist«. Es darf bezweifelt werden, ob der KGB diese gut gemeinten Hilfsangebote des »kleineren Bruders« bei der Auswahl seiner Zuträger in Anspruch nahm.

Die Vereinbarungen hatten allerdings weder Gesetzeskraft noch waren darin die Grenzen der Zusammenarbeit klar und verbindlich definiert. In der Praxis blieben daher weite Interpretationsspielräume.

25 Mielke, Ausführungen des Genossen Minister auf der Dienstkonferenz zu Fragen des Zusammenwirkens zwischen dem MfS und der Vertretung des KfS der UdSSR beim MfS der DDR, o. D. [Sommer 1979]; BArch, MfS, ZAIG Nr. 18738, Bl. 22–92, hier 68 f. Hummitzsch, Notizen zu Fragen des Zusammenwirkens MfS – KfS, 15.3.1978; BArch, MfS, BV Leipzig, Leitung Nr. 01941, Bl. 1–10, 33–36, hier 7. Niederschrift über Ausführungen des Leiters der BV Karl-Marx-Stadt GM Gehlert zu Fragen des Zusammenwirkens MfS – KfS, 13.3.1978; BArch, MfS, BV KMSt, AKG Nr. 2313, Bl. 2–5, 8–11, hier 3.

26 Mielke, Ausführungen des Genossen Minister auf der Dienstkonferenz zu Fragen des Zusammenwirkens zwischen dem MfS und der Vertretung des KfS der UdSSR beim MfS der DDR, o. D. [Sommer 1979]; BArch, MfS, ZAIG Nr. 18738, Bl. 22–92, hier 64–73. Nachfolgende Zitate daraus.

Spionage unter Freunden?

Gab es in der DDR dennoch offizielle gesetzliche Festlegungen, die den ostdeutschen Agenten des KGB Grenzen setzten?

Ein Ansatz könnte der Zweck der Spionage bieten. Im Fall des Werkzeugmaschinenbaus war das Interesse des KGB am internationalen Forschungsstand in erster Linie aus wirtschaftlicher Sicht verständlich. Es ist naheliegend, die Motivation des KGB im Streben nach wirtschaftlichen Vorteilen für die Sowjetunion, ungeachtet möglicher Nachteile für das »Bruderland« DDR, zu sehen. Das Verfolgen derartiger Eigeninteressen ist schwer von Wirtschaftsspionage abzugrenzen. Die in dieser Hinsicht als KGB-Agenten beteiligten DDR-Bürger handelten insofern in einer strafrechtlich relevanten Grauzone, denn auch in der DDR war Wirtschaftsspionage prinzipiell strafbar. Einschlägige Paragrafen in dem 1968 grundlegend erneuerten Strafrecht der DDR waren die Landesverrats-Paragrafen 97 bis 100 des Strafgesetzbuchs (StGB), die sich auf die »klassische Spionage« inklusive der wissenschaftlich-technischen und der Wirtschaftsspionage bezogen, sowie die Regelungen zu den Straftaten gegen die Volkswirtschaft: § 165 StGB zum Vertrauensmissbrauch und § 172 StGB, der die unbefugte Offenbarung und Erlangung wirtschaftlicher Geheimnisse unter Strafe stellte.

Im Laufe der Zeit gab es zur Spionage wichtige Konkretisierungen. Im Strafgesetzbuch von 1968 stellte § 97, Absatz 2 unter anderem die Sammlung und Weitergabe von Forschungsergebnissen oder sonstigen Nachrichten, die im politischen oder wirtschaftlichen Interesse der DDR geheimzuhalten waren, unter Strafe, sofern diese Tätigkeit »für einen imperialistischen Geheimdienst« (oder andere antisozialistische Organisationen) ausgeübt wurde. Eine Tätigkeit für den KGB war demzufolge unproblematisch. Doch das 3. Strafrechtsänderungsgesetz vom 28. Juni 1979 führte an mehreren Stellen Änderungen im Strafgesetzbuch ein. § 97 des StGB stellte Spionage fortan generell unter Strafe. Er beschränkte den Tatbestand nicht mehr auf »imperialistische« Geheimdienste, sondern bezog sich allgemein auf die Sammlung und Weitergabe geheimzuhaltender Nachrichten »für eine fremde Macht, deren Einrichtungen oder Vertreter oder für einen Geheimdienst oder für ausländische Organisationen sowie deren Helfer«. 1979 wurde außerdem der Straftatbestand der »landesverräterischen Nachrichtenübermittlung« eingeführt (§ 99 StGB) der auch die Weitergabe nicht geheimer Nachrichten an eine fremde Macht unter bestimmten, weit gefassten Voraussetzungen unter Strafe stellte. In den Vorbemerkungen zu den Landesverrats-Straftaten wird im Kommentar aus dem Jahr 1984 auf die ausnahmslose Treuepflicht aller Staatsbürger der DDR verwiesen, »Staatsgeheimnisse zu wahren, keine Informationen zum Nachteil der DDR zu erteilen, sich nicht für die Interessen einer fremden Macht anwerben zu lassen [und] keine derartigen Verbindungen zum

Nachteil des sozialistischen Staates herzustellen«.[27] Diese Tatbestände richteten sich »vor allem«, aber nicht ausschließlich gegen »imperialistische Kräfte«. Zur »fremden Macht« zählten in rechtlicher Abgrenzung zum Inland demnach »alle Staaten, unabhängig von ihrer Staats- und Gesellschaftsordnung«, mit ihren jeweiligen Machtorganen, Geheimdiensten und sonstigen Stellen. Beim Verrat von Geheimnissen, auch von »Forschungsergebnissen und Außenhandelsvorhaben«, war der Straftatbestand der Spionage bereits dann erfüllt, »wenn die verratenen Geheimnisse in irgendeiner Weise zu irgendeiner Zeit zuungunsten der DDR missbraucht werden könnten«. Es kam nicht darauf an, dass ein Schaden für die DDR bereits eingetreten war. Freilich war »die Aufklärung des Charakters der jeweiligen Stellen [...] für den Nachweis bedeutsam, dass die Tat zum Nachteil der Interessen der DDR durchgeführt wurde oder werden sollte«, was bei der Strafzumessung zu beachten sei. Immerhin reichte das Strafmaß seit 1968 unverändert von mindestens fünf Jahren Freiheitsstrafe bis hin zur erst 1987 abgeschafften Todesstrafe für besonders schwere Fälle. Die Strafbarkeit setzte voraus, dass der Übermittler der geheimen Informationen einen solchen Nachteil hätte kennen oder annehmen müssen und vorsätzlich handelte. Eine solche Annahme ergebe sich unter anderem aus der Stellung der Empfänger der geheimen Informationen zur DDR. Da das Bündnis mit der Sowjetunion in der DDR seit 1968 Verfassungsrang hatte, durften Zuträger des KGB in der DDR sich seither geschützt glauben. Sie hatten gute Gründe für die Annahme, dass sie trotz Kollisionen mit einzelnen Strafrechtsparagrafen und möglicher wirtschaftlicher Nachteile für die DDR verfassungskonform handelten und sich daher nicht strafbar machten.

Straftaten gegen die Volkswirtschaft

Eindeutiger waren die Straftaten gegen die Volkswirtschaft gehalten. § 165 StGB stellte den bewussten Missbrauch einer Vertrauensstellung, die sich in der Regel auf der Grundlage eines Arbeitsvertrages oder einer Berufung aus einer leitenden Position, sonstigen Befugnissen oder wissenschaftlichen Fähigkeiten ergab, unter Strafe. Nach Absatz 1 betraf das denjenigen, der »entgegen seinen Rechtspflichten Entscheidungen oder Maßnahmen trifft oder pflichtwidrig unterlässt oder durch Irreführung oder in anderer Weise Maßnahmen und Entscheidungen bewirkt und dadurch vorsätzlich einen bedeutenden wirtschaftlichen Schaden verursacht«.[28] Nach Absatz 2 erhöhte sich das Strafmaß auf zwei bis zehn Jahre

27 Akademie für Staats- und Rechtswissenschaft der DDR Potsdam-Babelsberg (Hg.): Strafrecht der Deutschen Demokratischen Republik. Kommentar zum Strafgesetzbuch. Berlin 1984, S. 268 f. Nachfolgende Zitate daraus.

28 Ebenda, S. 388 f. Frauen waren zumindest sprachlich ausgeschlossen. Zusätzlich wirkte sich wohl »schützend« aus, dass sich die formale Gleichberechtigung der Geschlechter in der

Freiheitsentzug, wenn ein besonders schwerer wirtschaftlicher Schaden verursacht wurde oder die Tat zusammen mit anderen unter Ausnutzung der beruflichen Tätigkeit oder wiederholt gemeinschaftlich begangen wurde. Die strafrechtliche Verantwortlichkeit setzte Vorsatz voraus, das heißt, der Täter musste sich der Folgen seines pflichtwidrigen Verhaltens bewusst gewesen sein.

Die vorsätzliche Verletzung vertraglicher Verschwiegenheitsverpflichtungen durch die unbefugte Offenbarung und Erlangung wirtschaftlicher Geheimnisse war in § 172 StGB explizit auf »geheimzuhaltende wirtschaftliche, technische oder wissenschaftliche Vorgänge, Darstellungen oder andere Tatsachen sowie Informationen über Forschungs- und Entwicklungsergebnisse, Technologien oder Verfahrensweisen« bezogen. Wer hierdurch fahrlässig die Gefahr wirtschaftlicher Nachteile verursachte, musste mit einer Freiheitsstrafe von bis zu 8 Jahren rechnen. Das galt insbesondere, wenn die Informationen durch »unlautere Methoden« erworben wurden, indem sich beispielsweise »Mitarbeiter, die normalerweise keinen Zugang zu […] Entwicklungsergebnissen usw. haben, sich diese aber beschaffen«.[29] Das traf zum Beispiel auf Beschäftigte von Personalabteilungen – in der DDR Kaderabteilungen genannt – zu. Major Seiferts eingangs erwähnter Vorwurf richtete sich gegen einen Mitarbeiter der Kaderabteilung des Forschungszentrums des Werkzeugmaschinenkombinats »Fritz Heckert«. Dieser hatte seine leitende Stellung und Befugnisse nicht klar von seinen geheimgehaltenen Diensten für den KGB abgegrenzt, sodass Seiferts Vorhaltungen sich möglicherweise auf eine Straftat gegen die Volkswirtschaft bezogen.

Geheime Hilfen des MfS im Forschungszentrum Werkzeugmaschinenbau

Bevor das Verhältnis des MfS zum KGB am Beispiel des Forschungszentrums dargestellt wird, sollen zunächst einige der dort anfallenden Aufgaben des MfS kurz umrissen werden.

Überwachung und Kontrolle

Für die geheimdienstliche Überwachung im Werkzeugmaschinenkombinat »Fritz Heckert« einschließlich des Forschungszentrums war insbesondere die Abteilung XVIII der MfS-Bezirksverwaltung Karl-Marx-Stadt zuständig. Sie war vor allem auf die Identifizierung und Bekämpfung vermuteter oder tatsächlicher poli-

DDR nicht in der tatsächlichen Präsenz von Frauen in leitenden Positionen mit entsprechenden Entscheidungsbefugnissen widerspiegelte.

29 Ebenda, S. 410 f.

tischer Abweichler und Gegner der Politik der SED gerichtet. Um wirtschaftlichen Schaden von der DDR, zum Beispiel infolge von sogenannten Republikfluchten oder Geheimnisverrat, möglichst vorsorglich abzuwenden, ergaben sich darüber hinaus weitere Aufgaben: die Bestätigung und permanente Überprüfung von Reisekadern sowie regelmäßige Kontrollen der Einhaltung des innerbetrieblichen Geheimnisschutzes bis hin zur Erkundung innerbetrieblicher Schwachstellen, die aus Sicht des MfS die Planerfüllung hätten gefährden können.[30] Dazu unterhielt die Abteilung XVIII offizielle Kontakte zur Leitungsebene des Kombinats, stützte sich aber vorrangig auf die Zusammenarbeit mit ihren im Forschungszentrum platzierten inoffiziellen Mitarbeitern. Im Oktober 1979 bezifferte sie die Anzahl der im Forschungszentrum eingesetzten IM auf 30, das waren 1,8 Prozent der fast 1 700 Beschäftigten.[31] Andere spezifische Aufgaben wurden gegebenenfalls in Zusammenarbeit mit den jeweils zuständigen »Fach«-Abteilungen in der BV Karl-Marx-Stadt, wie der Abteilung II (Spionageabwehr) oder der Abteilung XV (Auslandsaufklärung), erledigt.

Versorgung mit Spionageinformationen

Dass der Werkzeugmaschinenbau der DDR in wissenschaftlicher Hinsicht von der geheimen Unterstützung des MfS profitierte, wurde bereits einleitend erwähnt.[32]

Ein Bericht der Abteilung XVIII der BV Karl-Marx-Stadt veranschaulicht anhand ausgewählter Beispiele, in welcher Höhe Entwicklungskosten im FHW durch »Erkenntnisgewinne« eingespart werden konnten. Eine Gesamtsumme wird zwar nicht genannt, aber seit 1976 seien hauptsächlich dem Forschungszentrum »insgesamt 1 210 Positionen mit Informationen« vorwiegend auf dem Gebiet der Industrieroboterforschung bereitgestellt worden.[33]

30 Vgl. Berichte über Kontrollen des Geheimnisschutzes im FZW; BArch, MfS, BV KMSt, Arbeitsgruppe Geheimnisschutz (AG G) Nr. 118, Bl. 16–32. Die Akte enthält weiterhin die mit dem MfS abgestimmte Namenliste der »im FZW gebildeten Nomenklaturgruppe zur Erarbeitung der Bereichsnomenklatur für Staatsgeheimnisse« mit Stand vom Juni 1987 (Bl. 34). Vgl. Geheimnisträger-Nomenklatur des FZW mit Stand vom Juli 1987; BArch, MfS, BV KMSt, Abt. XVIII Nr. 1246, Bd 1, Bl. 90–94. Vgl. Bereichsnomenklatur für Staatsgeheimnisse des FHW, incl. FZW, in: BArch, MfS, BV KMSt, Abt. XVIII Nr. 800, Bl. 39–57. Vgl. GVS und VVS-Geheimnisträger im FZW mit Stand November 1971 in: BArch, MfS, BV KMSt, Abt. XVIII Nr. 1256, Bl. 12–14, 30–35.

31 BV KMSt, Abt. XVIII, Betriebsübersicht FZW, 4.10.1979; BArch, MfS, BV KMSt, Abt. XVIII Nr. 294, Bd 4, Bl. 210.

32 Roesler: Aufholen, ohne einzuholen, S. 57.

33 Information über die bisherige Unterstützung des WMW-Kombinats »Fritz Heckert« Karl-Marx-Stadt durch die Bereitstellung operativ beschaffter Informationen und Muster [verm. 1983]; BArch, MfS, BV KMSt, Abt. XVIII Nr. 1288, Bl. 184–189.

Ein maßgeblicher Anteil dürfte auf den Sektor Wissenschaft und Technik der HVA zurückzuführen sein. Das legen Angaben nahe, die die HVA in ihrer »SIRA-Datenbank« speicherte.[34] Das Forschungszentrum erhielt demnach zwischen 1972 und 1989 etwas über 2600 Informationen vom SWT, die es sich in 567 Fällen mit dem KGB teilte. Das Forschungszentrum gehörte damit innerhalb der DDR zu den großen Abnehmern von Informationen und Dokumenten der Wirtschaftsspionage des SWT und war aus dieser Perspektive ein wichtiger Nutznießer derselben.[35] Ähnlich wie in anderen Betrieben und wissenschaftlichen Einrichtungen durften im Forschungszentrum nur ausgewählte Wissenschaftler, die sogenannten »Auswerter«, die häufig vom SWT »operativ beschafften« und geheimzuhaltenden Unterlagen und Materialien über neueste industrielle und häufig embargogeschützte Technologien sowie ausgespähte wissenschaftliche Forschungsresultate auswerten, um sie möglichst für die eigene Forschungstätigkeit und »Nacherfindungen« zu nutzen. Dieser privilegierte Zugang war nicht selten bedarfsgerecht zugeschnitten. Die »Auswerter« konnten Beschaffungswünsche äußern und Bestellungen aufgeben.[36] Dass es sich (auch oder vor allem?) um illegal beschaffte Unterlagen handelte, müsste den »Auswertern« klar gewesen sein. Sie wurden den Wissenschaftlern zwar nur »in neutraler Form« zugänglich gemacht, um den geheimdienstlichen Bezug zu verschleiern. Doch nicht ohne Grund wurden die »Auswerter« des SWT vorab auf ihre politische Zuverlässigkeit überprüft und auf absolute Geheimhaltung verpflichtet, wenngleich dies nicht gegenüber dem MfS geschah, sondern auf Grundlage der Anordnung zum Schutz von Staatsgeheimnissen vom 20. August 1974. Insofern bediente sich der SWT dieser Wissenschaftler des Forschungszentrums, aber sie mussten als »Auswerter« keine IM sein.[37]

34 SIRA steht für »System der Informationsrecherche der Aufklärung«. Es handelte sich um eine Datenbank der HVA. Die HVA verzeichnete darin u. a. in den 1970er- und 1980er-Jahren nach einem bestimmten Schema die Informationen, die ihre Agenten im Rahmen ihrer Spionagetätigkeit im Westen beschafften. Mithilfe der SIRA-Datenbank lässt sich daher heute feststellen, wann die HVA von welchem Agenten welche Informationen, Berichte und Dokumente erhielt. Grundlegend hierzu Konopatzky: Möglichkeiten und Grenzen der SIRA-Datenbanken.

35 BArch, MfS, HVA/MD/2, SIRA-TDB 11, Recherche nach »FZW im Werkzeugmaschinenkombinat K-M-Stadt« bzw. Diensteinheitenschlüssel 706310. Leider sind die Angaben zu den eingegangenen Spionageinformationen in der Datenbank nur schlagwortartig verzeichnet, sodass weitergehende inhaltliche Interpretationen und Zuordnungen der Daten begrenzt sind. Außerdem variierte, mitunter zeitlich versetzt, der Empfängerkreis der Spionageinformationen von Information zu Information. Das Forschungszentrum war in der Regel nicht alleiniger Empfänger.

36 Nach Müller-Enbergs wurden ab 1971 derartige Bestellungen, die er als »Wunschkonzert« und »Quelle-Katalog« charakterisiert, von der in der für Auswertungen zuständigen Abt. V der HVA entgegengenommen und in der SIRA-Datenbank 11 mit der Kennzeichnung »SB« verzeichnet. Von 1959 bis 1971 war die HVA V für die wissenschaftlich-technische Spionage zuständig. Vgl. Müller-Enbergs: Wunschkonzert, S. 16–21, hier 16 f.

37 Vgl. personenbezogener Beispielfall für einen Antrag der HVA/SWT auf Bestätigung der Person als Auswerter sowie Bestätigung und Verpflichtung der Person zum Umgang mit

Die Schnittstellen zwischen dem SWT und den zivilen Wissenschaftlern waren Graubereiche, die im Zusammenhang mit der Abschottung der DDR-Wissenschaftler gesehen werden müssen.[38] Der übliche wissenschaftliche Austausch auf internationaler Ebene und selbst die Kenntnisnahme des aktuellen Forschungsstandes zum Beispiel über Publikationen und Tagungen waren nicht selbstverständlich, sondern von sicherheitspolitischen Aspekten abgesehen auch ein monetäres Problem.[39] Dieser dauerhafte und generelle Missstand führte bereits 1950 zur Einrichtung einer Zentralstelle für wissenschaftliche Literatur und von Informationsstellen in wissenschaftlichen Einrichtungen und Großbetrieben. Im Mai 1955 übernahm das an der Deutschen Akademie der Wissenschaften gegründete Institut für Dokumentation diese Aufgabe. 1963 wurde schließlich das Zentralinstitut für Information und Dokumentation (ZIID) gegründet, das zuletzt dem Ministerium für Wissenschaft und Technik (MWT) unterstand und über 30 Zentrale Leitstellen, weitere circa 180 Leitstellen in den Kombinaten und staatlichen Einrichtungen anleitete und koordinierte, denen wiederum etwa 1 300 Informationsstellen unterstanden. Das ZIID bezog vom SWT regelmäßig und im großen Umfang Unterlagen und Informationen.[40] Das Internationale Zentrum für wissenschaftlich-technische Information in Moskau war eine vergleichbare Einrichtung, die dem Rat für gegenseitige Wirtschaftshilfe des Ostblocks (RGW) zur Verfügung stand.

Das Großforschungszentrum des FHW (das spätere Forschungszentrum Werkzeugmaschinenbau, FZW) schloss mit der im MWT zuständigen Abteilung Wissenschaftlich-Technische Zusammenarbeit (WTZ 3) eine Vereinbarung, die den Umgang und die Auswertung vertraulicher wissenschaftlich-technischer Informationen und Dokumentationen regelte und per Arbeitsordnung im Großforschungszentrum umgesetzt wurde.[41]

vertraulichen wissenschaftlich-technischen Materialien des Ministeriums für Wissenschaft und Technik der Abteilung TIK (vermutlich Technische Information und Kommunikation); BArch, MfS, BV KMSt, Abt. XVIII Nr. 1288, Bl. 14 f., 19. Vgl. auch Muster einer Verpflichtung zum Umgang mit vertraulichen Unterlagen der Abteilung Wissenschaftlich-Technische Zusammenarbeit 3 des Ministeriums für Wissenschaft und Technik, [o. D., verm. Mitte 1960er-Jahre]; BArch, MfS, BV KMSt, Abt. XVIII Nr. 1256, Bl. 8.

38 Vgl. Buthmann: Hochtechnologien und Staatssicherheit.

39 Nachfolgende Darstellung vgl. Roesler: Einholen wollen und Aufholen müssen, S. 269 f.

40 BArch, MfS, HV A/MD/2, SIRA-TDB 11, Recherche zu ZIID. Demnach weisen 10 000 Informationen das ZIID als Empfänger aus. Die Struktureinheit ZIID/Analytik Berlin wird in SIRA jedoch auch als einspeichernde Diensteinheit ausgewiesen, was auf eine enge Verflechtung mit dem MfS schließen lässt.

41 Vereinbarung zwischen MWT/WTZ 3 und GFZ, [Abschrift o. D., verm. 1969]; BArch, MfS, BV KMSt, Abt. XVIII Nr. 1256, Bl. 6 f. Arbeitsordnung zur Vereinbarung zwischen MWT/WTZ 3 und GFZ, [Abschrift o. D., verm. 1969]; ebenda, Bl. 1–5. Muster einer Verpflichtung zum Umgang mit vertraulichen Unterlagen der Abteilung WTZ 3 des MWT, [o. D., verm. 1969]; ebenda, Bl. 8. Liste der Auswerter im GFZ, [o. D., verm. 1969]; ebenda, Bl. 9–11. Die Zuständigkeit im MWT wechselte später von der Abteilung WTZ 3 zur Abteilung »TIK«.

Ein weiterer Quell der wissenschaftlichen wie geheimdienstlichen Aufklärung entsprang unmittelbar aus den dienstlichen Kontakten der Wissenschaftler des Forschungszentrums in das kapitalistische Ausland. Begegnungen mit dort tätigen Wissenschaftlern, Fachexperten und Industrievertretern ergaben sich unabhängig von den alljährlichen Leipziger Frühjahrs- und Herbstmessen auf internationalen Tagungen und sonstigen Dienstreisen in das sogenannte Nichtsozialistische Wirtschaftsgebiet (NSW). Mit dem am 8. September 1987 zwischen der Bundesrepublik Deutschland und der DDR geschlossenen Abkommen über die Zusammenarbeit auf den Gebieten der Wissenschaft und Technik (WTZ-Abkommen) erweiterten sich die Möglichkeiten zum wissenschaftlichen Austausch, wobei das MfS sicher nicht unbegründet befürchtete, der angestrebte Technologietransfer von West nach Ost werde von westdeutscher Seite zum Ideologietransfer genutzt.[42] Auch aus diesem Grund durchliefen alle NSW-Reisekader bekanntlich vor jeder Reise ins westliche Ausland ein mehrstufiges Genehmigungsverfahren, das im Forschungszentrum zuletzt mittels der Weisung 13/85 geregelt war.[43] Akribisch erkundete das MfS die politische Loyalität und Zuverlässigkeit der Reisekandidaten. Mindestens genauso bedeutsam für die Genehmigung war die Rückreisewahrscheinlichkeit, also der hinreichende Ausschluss von Faktoren, die eine »Republikflucht« wahrscheinlich erscheinen ließen. Familiäre Bindungen waren dabei häufig ausschlaggebend. Die Überprüfungen wurden oftmals aktualisiert, denn in der Regel musste jede einzelne Reise beantragt und genehmigt werden.

Im Jahr 1982 gab es im Forschungszentrum insgesamt nur 31 bestätigte NSW-Reisekader, von denen 19 als Geheimnisträger für Vertrauliche Verschlusssachen (VVS) verpflichtet waren.[44] Lediglich 10 der NSW-Reisekader durften häufig nach Westeuropa reisen.[45] Der ausgewählte Kreis Privilegierter musste auf dem Dienstweg nach jeder Reise dem Werkzeugmaschinenkombinat »Fritz Heckert« detailliert über alle bekanntgewordenen Personen und Sachverhalte Bericht erstat-

42 HA XVIII, Information Nr. 120/89 zur gegenwärtigen Entwicklung im Rahmen des WTZ-Abkommens, 11.4.1989; BArch, MfS, BV KMSt, Abt. XVIII Nr. 1246, Bd. 2, Bl. 6–11, hier 7. Zum WTZ-Abkommen vgl. ebenda, Bl. 18–36.

43 Mädler, AG G, Information über Kontrolle des Geheimnisschutzes im FZW KMSt, 19.6.1989; BArch, MfS, BV KMSt, AG G Nr. 118, Bl. 16–23, hier 21. Zu den umfangreichen Kontroll- und Eingriffsrechten des MfS in Wirtschaftsbetriebe der DDR vgl. Schiefer, Mark: Profiteur der Krise. Staatssicherheit und Planwirtschaft im Chemierevier der DDR 1971–1989. Göttingen 2018.

44 Zum Vergleich: 1979 gab es 38 NSW-Reisekader im FZW, insgesamt 16 GVS- (Geheime Verschlusssachen) und 248 VVS-verpflichtete Mitarbeiter, von denen fast 200 aktive Verbindungen in das NSW, vorzugsweise in die BRD, offiziell angaben. Vgl. Rabe, Abt. XVIII, BV KMSt, Einschätzung der politisch-operativen Lage im FZW, 24.9.1979; BArch, MfS, BV KMSt, Abt. XVIII Nr. 2111, Bl. 1–23, hier 3.

45 BV KMSt, Abt. XVIII, Analyse über politisch-operative Schwerpunkte unter den NSW-Reisekadern des Verantwortungsbereichs der Abteilung XVIII, 6.1.1982; BArch, MfS, BV KMSt, Abt. XVIII Nr. 1548, Bl. 225–260, hier 239 f.

ten. Auf diese Reiseberichte konnte das MfS auf verschiedenen offiziellen und inoffiziellen Wegen zugreifen. Außerdem verpflichtete das MfS diese zuverlässigen Kader bevorzugt zur inoffiziellen Zusammenarbeit, um zusätzlich geheimdienstlich interessierende Informationen abzuschöpfen oder sonstige konspirative Aufträge ausführen zu lassen. In dieser Hinsicht weckten vorhandene verwandtschaftliche oder sonstige Kontakte in das kapitalistische Ausland nicht nur den Argwohn des MfS, sondern waren durchaus von Interesse, wenn sie für die Aufklärung des »Feindes im Operationsgebiet« geeignet erschienen – ein Interesse, das das MfS mit dem KGB teilen musste.

Mitbestimmung bei der Kaderauswahl

Nicht unerwähnt darf der Einfluss des MfS auf die Auswahl von Leitungs- und Entscheidungsträgern bleiben, wobei dieser kaum von dem der Staatspartei SED zu trennen ist. Wie Annette Wilczek am Beispiel des Werkzeugmaschinenkombinates »Fritz Heckert« beschreibt, war die Besetzung leitender Funktionen – wie in der gesamten DDR – vom Arbeitskräftemangel und vor allem von politischen Aspekten wie dem sogenannten »Nomenklatur«-Verfahren geprägt. Der Einfluss der SED auf die »Kaderarbeit« im FHW, also dem Personalwesen, erfolgte relativ »basisnah« über die dort tätige Betriebsparteiorganisation und deren Leitung. Die Betriebsparteileitung konnte sich, wie Mitte der 1970er-Jahre im FHW geschehen, direkt an das Zentralkomitee (ZK) der SED wenden, um festgestellte Mängel in der Kaderpolitik mitzuteilen und um Abhilfe zu bitten. Dazu wurden konkrete Änderungen in der Besetzung leitender Positionen vorgeschlagen.[46]

Die Besetzung von Leitungsposten setzte in der Regel die Mitgliedschaft in der Staatspartei SED voraus. Auch im Forschungszentrum beförderte die Mitgliedschaft in der SED deshalb nicht unerheblich den beruflichen Aufstieg.[47] Wenn politische Vorgaben nicht erfüllt wurden, konnten die protegierten Hoffnungsträger von Partei und MfS aber auch in deren Visier geraten, egal wie realistisch die Wunschvorstellungen der SED waren.

46 Vgl. Wilczek: Einkommen, Karriere, Versorgung, hier S. 39–43. Vgl. insbesondere Information [des Zentralkomitees (ZK) der Sozialistischen Einheitspartei Deutschlands (SED)] über die Probleme im Großforschungszentrum des Werkzeugmaschinenbaus bei der Durchführung der Parteibeschlüsse, 27.8.1970; Stiftung Archiv der Parteien und Massenorganisationen der DDR im Bundesarchiv (SAPMO-BA), DY 30/J IV 2/2J/3108; Unterlagen des ZK der SED bzgl. Forschung und Entwicklung im Werkzeugmaschinenbau; SAPMO-BA, DY 30/IV A 2/6.04/265.

47 Im Oktober 1979 waren im Forschungszentrum nach Angaben des MfS von den fast 1 700 Beschäftigten 412 Mitglieder der SED. Vgl. BArch, MfS, BV KMSt, Abt. XVIII Nr. 294, Bd. 4, Bl. 210.

Das KGB-Netz im Forschungszentrum Werkzeugmaschinenbau

Nachfolgend werden anhand von MfS-Akten ausgewählte Mitarbeiter des Forschungszentrums vorgestellt, an deren Zusammenarbeit der KGB interessiert war. Nur anhand solcher Spuren ist es überhaupt möglich, die Präsenz und die Aktivitäten des KGB zu rekonstruieren. Die folgende Darstellung ist daher nicht nur beispielhaft, sondern hat auch dokumentarischen Charakter. Die beschriebenen Biografien verdeutlichen das Vorgehen des KGB bei der Rekrutierung von ostdeutschen Informanten sowie die damit verbundenen Konfliktfelder und Lösungsstrategien. Offene Konflikte mit dem MfS wurden in der Regel vermieden, indem zum Beispiel erst auf einen IM des MfS zurückgegriffen wurde, wenn dieser bereits aus dem Berufsleben ausgeschieden war. Dieser Personenkreis war wegen der relativen Reisefreiheit im Rentenalter durchaus noch von Interesse. Problemlos war auch die erneute Nutzung von IM, mit denen das MfS nicht mehr aktiv zusammenarbeitete, sogenannte »abgelegte« oder »archivierte« IM. Gelegentlich war der KGB bei dieser Entscheidung ungebeten behilflich. Die ausgewählten Beispiele geben darüber hinaus Einblicke, in welcher Weise die Leitung der Bezirksverwaltung die konspirative Arbeit des KGB absicherte. Eine zentrale Bedeutung nimmt dabei ein im Büro der Leitung geführter spezieller Sicherungsvorgang mit der Registriernummer XIV 4151/60 ein, der exklusiv Erfassungen für den KGB vorbehalten war.[48] Daher ist die zeitweise Erfassung in diesem Vorgang meist ein wichtiges gemeinsames Merkmal der Fallbeispiele. Aber es gibt Ausnahmen, die die Grenzen der Interpretation einer solchen Erfassung verdeutlichen.

Im ersten Beispiel interessierte sich der KGB für einen IM des MfS, der darüber hinaus die enge Verflechtung zwischen SED und MfS verdeutlicht.

Professor Dr. Emil Eins* (GMS »Heine«/»Erich«)

Professor Emil Eins*[49] war seit den frühen 1960er-Jahren im Forschungszentrum und seinen Vorgängerinstitutionen in hochrangigen Führungspositionen tätig. Ab 1980 trug er im Forschungsrat der DDR maßgebliche Verantwortung für das Vorhaben der SED, in der DDR eigenständig Industrieroboter (IR) zu produzieren. Nach seiner Berentung Mitte der 1980er-Jahre beabsichtigte der KGB, den Veteranen, der bereits langjährig im Dienst der SED und des MfS

48 Es handelte sich um einen jener »Freunde«-Vorgänge, die im Kapitel »Freundschaftsdienste der Abteilung XII« in diesem Band beschrieben werden.

49 Datenschutzrechtliche Bestimmungen geboten es an mehreren Stellen, Personennamen zu pseudonymisieren. Solche Pseudonyme sind mit einem Sternchen* kenntlich gemacht.

stand, im Operationsgebiet einzusetzen. Wegen seiner 20-jährigen Tätigkeit als Auswerter wissenschaftlich-technischer Unterlagen für die HVA unterstützte Generaloberst Markus Wolf das Vorhaben, ihm die Verdienstmedaille der NVA in Gold zu verleihen.[50] Aus dem gleichen Grund konnte der Leiter der BV Karl-Marx-Stadt, Generalmajor Siegfried Gehlert, jedoch der Übergabe an den KGB nicht uneingeschränkt zustimmen. Nach Rücksprache mit dem stellvertretenden Leiter der HVA, Generalleutnant Werner Großmann, teilte daher Gehlert dem für die BV zuständigen Verbindungsoffizier (VO), Oberst Jurij Wasil'ewitsch Medwedew, mit, der von ihm vorgesehene Einsatz von Emil Eins* im Operationsgebiet müsse wegen seiner noch bestehenden Tätigkeit als Auswerter der HVA abgelehnt werden.[51] Wenige Monate später wurde Emil Eins* von dieser Aufgabe entbunden.[52] Ob dies auf Betreiben der »Freunde« geschah, bleibt offen. Auf jeden Fall wurde Emil Eins* im März 1985 vom KGB übernommen. Interessant ist, dass er zu diesem Zeitpunkt und noch bis 1988 von der Abteilung XVIII der MfS-Bezirksverwaltung Karl-Marx-Stadt aktiv als Gesellschaftlicher Mitarbeiter für Sicherheit (GMS) »Erich« geführt wurde, wenngleich seit März 1985 keine regelmäßigen Treffs mehr stattfanden.[53] Der Vorgang wurde 1988 ohne einen Hinweis auf die erfolgte Übernahme archiviert.[54]

Emil Eins* hatte sich bereits im Juli 1958 gegenüber dem MfS zur konspirativen Zusammenarbeit unter dem Decknamen »Max Heine« beziehungsweise nur »Heine« verpflichtet und wurde seitdem als Geheimer Informator (GI) vom MfS geführt.[55] Die bereits seit 1956 bestehende Verbindung des MfS zu dem stets als zuverlässig eingeschätzten SED-Mitglied war von Beginn an auf die

50 Leiter der BV KMSt, Schreiben an den Stellvertreter des Ministers Generaloberstleutnant Wolf, 25.4.1984 [Kopie]; BArch, MfS, BV KMSt, AGMS 2987/88, Bl. 200.

51 Gehlert, Schreiben an Verbindungsoffizier Oberst Medwedew, 15.3.1985; ebenda, Bl. 203.

52 Harry Hermann, Leiter der Abt. V des Sektors SWT der HVA (HVA/SWT/V), Schreiben an Abt. XVIII bzgl. Beendigung der Tätigkeit des Emil Eins* als Auswerter wiss.-techn[ischer] Unterlagen [mit diesbezüglichen Anträgen und Verpflichtungen], 28.12.1985; ebenda, Bl. 204–211.

53 Gesellschaftlicher Mitarbeiter für Sicherheit (GMS) war eine im Jahr 1968 eingeführte besondere Form der inoffiziellen Zusammenarbeit mit dem MfS, die seit 1980 registrierpflichtig war. GMS waren zumeist offen erkennbare loyale Staatsbürger, deren berufliche und gesellschaftliche Stellung das MfS vorrangig für die Informationsbeschaffung und vorbeugende Sicherungsaufgaben nutzte. Weitere Informationen und zu den einzelnen Kategorien inoffizieller Mitarbeiter vgl. MfS Lexikon, BStU, https://www.bstu.de/mfs-lexikon/detail/gms-akte/ (letzter Zugriff: 20.7.2021), https://www.bstu.de/mfs-lexikon/detail/inoffizieller-mitarbeiter-im/ (letzter Zugriff: 20.7.2021).

54 Wolf, Abt. XVIII der BV KMSt, Abschlußbericht zum Vorgang GMS »Erich«, 2.9.1988; BArch, MfS, BV KMSt, AGMS 2987/88, Bl. 220. Wolf, Abt. XVIII, Archivierungsbeschluss zur Akte zum GMS »Heine«, 9.8.1988; ebenda, Bl. 10.

55 [Verpflichtungs-]Erklärung zur konspirativen Zusammenarbeit mit dem MfS unter dem Decknamen »Max [Heine]«, 24.7.1958; BArch, MfS, BV KMSt, AIM 2319/73, Bl. 31. Geheimer Informator war bis 1968 die geltende Bezeichnung für gewöhnliche IM. Vgl. Müller-Enbergs (Hg.): Inoffizielle Mitarbeiter. Teil 1, S. 62–65.

»Besetzung einer Schlüsselposition«, also auf die Übernahme einer Führungsposition, ausgerichtet. Nach der Abberufung eines hochrangigen Leitungskaders 1958 konnte das Ziel erreicht werden.[56] Emil Eins* war seitdem in die »operative Bearbeitung von Leitungskadern« und anderen »Verdächtigen« einbezogen, das heißt, er lieferte zu Personen aus seinem Arbeitsumfeld teils kompromittierende Informationen und Einschätzungen. Deswegen »beförderte« ihn das MfS im November 1964 zum Geheimen Mitarbeiter (GM).[57] Die Zusammenarbeit beurteilte das MfS dennoch in einigen Punkten nur als »zufriedenstellend«, weil er zwar »gewillt« sei, jedoch wegen »seines politischen Auftretens nicht in negativ operativ interessante Personenkreise eintreten« konnte. Weiterhin nutzte der Experte dem MfS durch seine Tätigkeit in fachspezifischen Kommissionen und Untersuchungen. Außerdem versprach sich das MfS, über ihn Einfluss auf die »Steuerung von Wirtschaftsbeziehungen«, vor allem in Richtung NSW, nehmen zu können.[58] Nachdem Emil Eins* in die Leitung der SED-Grundorganisation des Forschungszentrums gewählt wurde, setzte das MfS ab dem August 1973 die Zusammenarbeit mit ihm wieder als GMS »Heine« und ab Juli 1979 unter dem Decknamen »Erich« fort.[59]

Das parteiliche und geheimdienstliche Engagement des Professors Emil Eins* verhinderte nicht die kritische Begleitung durch SED und MfS bezüglich der Umsetzung vorgegebener Staatsplanaufgaben. Mehrfach wurden vom ZK der SED im (Groß-)Forschungszentrum »hemmende Faktoren« bei der Planerfüllung untersucht, die vorrangig in Leitungsmängeln und Fehlentscheidungen gesehen wurden, die Emil Eins* maßgeblich mit zu verantworten habe. Dies blieb jedoch ohne direkte Konsequenzen für seine Karriere. Bereits im Mai 1970 kontrollierte eine Kommission des ZK der SED das GFZ, in dem Emil Eins* 1. stellvertretender Direktor war. Ein IM berichtete, »die Leitung« habe vorbeugende Gespräche mit allen Mitarbeitern geführt, »damit ›jeder seine Aufgabe kennt‹ und es vermieden wird, dass die Genossen vom ZK einen ›falschen Eindruck‹ erhalten«. Dennoch

56 Stöhrer, KD KMSt, Anwerbungsvorschlag zur Besetzung einer Schlüsselposition, 26.6.1958; ebenda, Bl. 27 f.

57 Abt. XVIII, BV KMSt, Beschluss über die Umgruppierung des GI »Heine« zum GM, 28.11.1964; ebenda, Bl. 99. Als Geheime Mitarbeiter wurden bis 1968 inoffizielle Mitarbeiter mit höherwertigen Aufgaben bezeichnet, die Zugang u. a. zu im westlichen Ausland ansässigen Personen und Organisationen hatten, die vom MfS als feindlich bewertet und deshalb vom MfS operativ bekämpft wurden. Ab 1968 wurde der GM »Heine« als IMV umregistriert. Als IMV bezeichnete das MfS inoffizielle Mitarbeiter, die unmittelbar an der Bearbeitung und Entlarvung im Verdacht der Feindtätigkeit stehender Personen mitarbeiteten. Vgl. Müller-Enbergs (Hg.): Inoffizielle Mitarbeiter. Teil 1, S. 62, 78.

58 Aßmus, Abt. XVIII, BV KMSt, Einschätzung des GI »Heine«, 21.5.1964; ebenda, Bl. 101.

59 Aßmus, Abt. XVIII, BV KMSt, Beschluss zum Einstellen des Vorganges IMV »Heine«, 24.8.1973; ebenda, Bl. 113 f.

seien anonym »unsachliche« Äußerungen und »falsche Meinungen« gegenüber der Kommission vertreten worden.[60]

Die Mitarbeiter des Forschungszentrums führten fortan über die weiterhin bestehenden fachlichen und organisatorischen Mängel inoffizielle »›Listen der Hemmnisse‹«. Aus ihrer Sicht verursachten diese Mängel erhebliche Fehlinvestitionen und einen Rückgang an Erfindungen.[61] Das MfS notierte auch die vermuteten fachlichen Schwächen auf Ebene der verantwortlichen Leiter, die durch häufige Dienstreisen und »überhöhte gesellschaftliche Aktivität« überdeckt würden.[62] Die im Forschungszentrum als »unbequem« empfundene Kritik war für die Abteilung XVIII so bedeutsam, dass sie im August 1975 die SED-Bezirksleitung über den darauf zurückzuführenden Forschungsrückstand informieren wollte.[63] In der letztlich »nicht abgesetzten« Parteiinformation heißt es zum Beispiel, circa 50 Prozent der Patentanmeldungen hätten »aufgrund fehlender Neuheit« abgelehnt werden müssen. Gestützt auf fachliche Einschätzungen anderer IM teilte die Abteilung XVIII mit, dass »für Aufgaben [...], deren Lösungen schon früher erarbeitet worden waren und beim Büro für Schutzrechte im FZW vorlagen«, beträchtliche Mittel verschwendet worden seien.

Das von Emil Eins* und anderen vorangetriebene Forschungsvorhaben zur Entwicklung von Industrierobotern war den Berichten der Abteilung XVIII zufolge unter Fachexperten von Beginn an umstritten. Angeblich ging diese Staatsplanaufgabe auf Forderungen der Sowjetunion zurück, obwohl der auf fünf Jahre geschätzte Entwicklungsrückstand des RGW bekannt war und wegen des bereits etablierten Weltmarktes keine neuen Absatzmärkte zu gewinnen waren, die den vorausgesagten

60 Bericht IM »Jens« über die Prüfung des GFZ durch eine Kommission des ZK der SED, 4.5.1970 [Abschrift]; BArch, MfS, BV KMSt, Abt. II Nr. 1071, Bd. 2, Bl. 76–78, Zitat Bl. 76. Vgl. auch Anm. 46. Die Prüfungen weiterer Großforschungszentren anderer Kombinate (Robotron, Schwedt und Leuna) ergaben ähnlich gravierende Probleme bei den Versuchen, unrealistische Zielvorgaben der SED unter unzureichenden Rahmenbedingungen trotz hoher Aufwendungen umzusetzen. Vgl. Tandler, Agnes Charlotte: Visionen einer sozialistischen Großforschung in der DDR 1968–1971. In: Ritter, Gerhard A. u. a. (Hg.): Antworten auf die amerikanische Herausforderung. Forschung in der Bundesrepublik und der DDR in den »langen« siebziger Jahren. Frankfurt/M. 1999, S. 361–375.

61 Hartling, Abt. XVIII, BV KMSt, Bericht über Leitungsmängel im FZW KMSt, 29.7.1975; BArch, MfS, BV KMSt, AKG Nr. 492, Bd. 2, Bl. 433–436, Zitat Bl. 435, Ausgangsmaterial Bl. 437–465. Vgl. auch Bericht IM »Gärtner« über eine fehlorientierende Aufgabe im FZW, 5.7.1974 [Abschrift]; BArch, MfS, BV KMSt, AGMS 2987/88, Bl. 47–49.

62 [IM »Kurt Gärtner«], Bericht über Probleme im FZW, [verm. Juli 1975]; BArch, MfS, BV KMSt, AKG Nr. 492, Bd. 2, Bl. 437–446, Zitat Bl. 438. Die Einschätzung wurde durch weitere IM geteilt und erweitert. Vgl. BArch, MfS, BV KMSt, AGMS 2987/88, Bl. 78–131, insbes. 78 f., 90 f., 98, 126, 128 f.

63 BV KMSt, Information Nr. 97 a/75 [an die SED-Bezirksleitung] über Leitungsmängel im FZW KMSt, 21.8.1975; BArch, MfS, BV KMSt, AKG Nr. 9328, Bl. 427–433, nachfolgende Zitate Bl. 429.

hohen Entwicklungsaufwand hätten rechtfertigen können.[64] Dennoch beschloss der Ministerrat der DDR die Produktion von 20 Industrierobotern im FHW und weiteren 20 Industrierobotern im Werkzeugmaschinenkombinat »7. Oktober« Berlin bis Ende des Jahres 1980. Emil Eins* setzte sich für die Umsetzung des Beschlusses ein, obwohl er gegenüber dem MfS mit dem Hinweis, »Roboter seien in der DDR Neuland« gewisse Zweifel andeutete, ob die staatlich vorgegebenen Einsparungen durch Reduzierung von Importen aus dem westlichen Ausland in Höhe von 62 Millionen Valuta-Mark möglich seien.[65] Mit seiner Berufung zum Vorsitzenden des beim Forschungsrat Anfang 1980 gebildeten Arbeitskreises war er für dieses Thema maßgeblich verantwortlich.[66] Obwohl die Fristen für die Entwicklung der Industrieroboter erheblich verlängert und dafür umstrittene organisatorische Umstrukturierungen im Forschungszentrum durchgesetzt wurden, war das Ergebnis fragwürdig.[67] Im November 1981 informierte ein IM das MfS über »bekannte Mängel«. Nur 5 der 40 produzierten Industrieroboter seien funktionsfähig und zwar nur deshalb, weil von den Anwendern (Betrieben) »umfangreiche Veränderungen« selbst vorgenommen worden seien. Die vom IM zitierte Reaktion des Emil Eins*, diese Eigeninitiative zeige doch, »wenn sich die Betriebe um die Sache bemühen, dann würde es auch klappen«, kann als Beispiel des sozialistischen Optimismus gelten, verringerte aber nicht den aufgestauten Unmut unter den Fachkollegen im Forschungszentrum, der sich schließlich in einem Brandbrief an die SED entlud. Die fachliche Kritik hielten die Autoren des Briefes für so bedeutsam, dass sie ankündigten, Partei- und Staatschef Erich Honecker informieren zu wollen.[68]

Die weiterhin bestehenden Mängel und das defizitäre Exportvolumen gegenüber der Sowjetunion waren schließlich im März 1983 erneuter Anlass für eine Überprüfung des Forschungszentrums durch das ZK der SED.[69] Mehrere »zuverlässige Quellen« der Abteilung XVIII warnten vor der beabsichtigten Präsentation der

64 Bericht des IM »Heinrich«, 5.6.1974 [Abschrift]; BArch, MfS, BV KMSt, Abt. XVIII Nr. 326, Bl. 22 f.

65 Walther, Abt. XVIII, BV KMSt, Treffbericht GMS »Erich«, 16.8.1979; BArch, MfS, BV KMSt, AGMS 2987/88, Bl. 160–165, Zitat Bl. 164. Vgl. auch Walther, Treffbericht GMS »Erich«, 12.12.1979; ebenda, Bl. 166–169.

66 Walther, Abt. XVIII, BV KMSt, Aktennotiz, 28.3.1980; ebenda, Bl. 173 f.

67 Aktennotiz des FZW über Mängel der IR nach dem Testbetrieb, 13.8.1980; BArch, MfS, BV KMSt, Abt. XVIII Nr. 326, Bl. 57–59. Berichte des IM »Bernd Richter« zu Problemen der IR-Entwicklung und Neustrukturierung im FZW, 16.6.1981, 13.8.1981 und 16.9.1981 [Abschriften]; BArch, MfS, BV KMSt, Abt. XVIII Nr. 236, Bl. 61–68, 71–74. BV KMSt, Information [an die SED-Bezirksleitung] über Konflikte infolge von Strukturveränderungen im FZW KMSt, 15.10.1983; BArch, MfS, BV KMSt, Abt. XVIII Nr. 1246, Bd. 1, Bl. 23–26.

68 Bericht des IM »Bernd Richter« zur Situation der IR-Entwicklung im FZW, 6.11.1981 [Abschrift]; BArch, MfS, BV KMSt, Abt. XVIII Nr. 236, Bl. 88–90, Zitat Bl. 88.

69 Bericht des IM »Bernd Richter« zur Überprüfung des FZW durch das SED-ZK, 7.3.1983 [Abschrift]; ebenda, Bl. 185–187.

Industrieroboter auf der Leipziger Frühjahrsmesse, weil die befürchtete »Blamage für den Werkzeugmaschinenbau der DDR« wohl nicht unbegründet war.[70]

Obwohl SED und MfS über verschiedene IM permanent über fachliche Bedenken und Warnungen hinsichtlich der Industrieroboterentwicklung im Bilde waren oder sein konnten, gelang es nicht, die politischen Zielvorgaben an die sozialistische Realität anzupassen oder konstruktive Konfliktlösungen zu finden. Der politische Wille, den Anschluss an den Weltstandard wieder zu erreichen, überwog alle Argumente und schützte jene, die scheinbar Lösungen für das Unmögliche anboten. Für Emil Eins'* Karriere blieb jegliche Kritik folgenlos, womöglich, weil der als absolut zuverlässig eingeschätzte Genosse »seiner Verpflichtung gegenüber dem MfS stets treu geblieben« war.[71]

Diese Nachsicht traf nicht in gleichem Maß für den unter Professor Emil Eins* für die Entwicklung von Industrierobotern zuständigen Abteilungsleiter im Forschungszentrum zu:

Dr. Zacharias Zwei*

Dr. Zacharias Zwei* erhielt jedoch – vermutlich unerwartete – konspirative freundliche Unterstützung gegen die vonseiten des MfS gegen ihn gerichteten Verdächtigungen und Vorwürfe.

Die Abteilung XVIII griff diverse inoffizielle Berichte über Probleme in der Entwicklung der Industrieroboter auf, die in Dr. Zweis* Verantwortungsbereich fielen. Es mag dahingestellt sein, ob bei diesem Prestigeprojekt der SED überhaupt Korrekturen an den politischen Zielsetzungen möglich waren oder ob illusionäre Vorgaben gegebenenfalls erst durch erfolgsorientierte Wissenschaftler in der Parteispitze geweckt wurden. Die Erklärungen für die ausbleibenden Erfolgsmeldungen dürften jedenfalls auch Dr. Zwei* zunehmend Kreativität abverlangt haben, zumal – wie geschildert – im Forschungszentrum konstruktive Kritik und damit Lösungsansätze nicht selbstverständlich waren. Stattdessen stellte die Abteilung XVIII im Oktober 1981 »erhebliche Störungen in der Planerfüllung« fest, für die Dr. Zacharias Zwei* allein verantwortlich gemacht wurde. Ein IM goß Öl ins Feuer, indem er dazu feststellte, Dr. Zwei* interessiere sich nicht für politische Vorgaben, die zwar im Fall der IR-Entwicklung nicht nur von ihm, sondern allgemein als unrealistisch eingeschätzt worden seien und »allgemeines

70 Herrmann, Abt. XVIII, BV KMSt, Schreiben an HA XVIII, 18.1.1983; ebenda, Bl. 172–175, Zitat Bl. 172. Vgl. Gleisinger, MWT, Information über die Verteidigung des Pflichtenheftes zum IR 2-20, 26.1.1983; ebenda, Bl. 176–182.

71 Abt. XVIII, BV KMSt, Abschlußbericht zum Vorgang GMS »Erich«, 2.9.1988; BArch, MfS, BV KMSt, AGMS 2987/88, Bl. 220.

Gelächter« hervorgerufen hätten, »jedoch tritt keiner dabei offen auf«.[72] Die unterstellte provokative Gleichgültigkeit passte zu weiteren Verdachtsmomenten, die teils lange zurücklagen. Zwar war Dr. Zwei* ab 1966 ein überprüfter NSW-Reiskader und auch für die HVA als Auswerter wissenschaftlich-technischer Unterlagen im Einsatz, aber er unterhalte auch suspekte Kontakte zu politisch unzuverlässigen Kollegen, die wirtschaftsschädigender Handlungen verdächtigt wurden.[73] Die vom MfS vermutete Komplizenschaft führte sogar zu einer konspirativen Wohnungsdurchsuchung bei Dr. Zwei*.[74] Weiterhin habe er sich 1966 während der Messe in Hannover für elf Stunden von den mitreisenden Kollegen abgesetzt und während der Ereignisse in der ČSSR 1968 negative Diskussionen geführt. Darüber hinaus gäbe es bei der »Beflaggung« der Wohnung zu Staatsfeiertagen »Schwankungen, die auch von der Möglichkeit des Kaufes von Waren, zum Beispiel Personenkraftwagen (Pkw), abhängig war[en]«.[75] In der Logik des MfS ergab das in der Summe den Verdacht auf Sabotage. Dem Leiter der Bezirksverwaltung, Generalmajor Gehlert, wurde im Oktober 1981 die systematische Überwachung des Dr. Zacharias Zwei* vorgeschlagen, weil er aus Sicht des MfS die Umsetzung bedeutsamer Parteibeschlüsse gefährde.[76] Diese Auffassung wurde jedoch nicht vom »großen Bruder« geteilt. Die Ermittlungen gegen Dr. Zwei* waren somit nicht ohne Weiteres möglich, denn seit dem Oktober 1976 war er für die »Freunde« in einem speziell für den KGB geführten Sicherungsvorgang (SiVo) mit der Registriernummer XIV 4151/60 aktiv erfasst und zwar »positiv«, wie in einer wiederholten Anfrage des Sektors Wissenschaft und Technik der HVA bezüglich seiner Eignung als Auswerter wissenschaftlich-technischer Unterlagen notiert wurde.[77] Die seit den 1960er-Jahren argwöhnisch vom MfS beobachteten Verdachtsmomente gegen Dr. Zwei* interessierten den KGB offenbar weniger.

72 Berichte des IM »Bernd Richter« zur Situation der IR-Entwicklung im FZW, 13. und 15.10.1981 [Abschriften]; BArch, MfS, BV KMSt, Abt. XVIII Nr. 236, Bl. 75–80, Zitate Bl. 77 f.

73 Vgl. Unterlagen zu NSW-Dienstreisen; ebenda, Bl. 2–18 sowie BArch, MfS, BV KMSt, AP 201/77. Zu Überprüfungen bzgl. der Tätigkeit als Auswerter vgl. BArch, MfS, BV KMSt, AP 201/77, Bl. 39; BArch, MfS, BV KMSt, OfS Nr. 109, Bd. 2, Bl. 144–149; BArch, MfS, BV KMSt, Abt. XVIII Nr. 1288, Bl. 121.

74 Burkert, Abt. XVIII, BV KMSt, Auftrag zur konspirativen Wohnungsdurchsuchung, 23.7.1970; BArch, MfS, BV KMSt, Abt. XVIII Nr. 236, Bl. 20–23. Braun, Abt. VIII, Bericht über konspirative Durchsuchung der Wohnung des S., 31.7.1970; ebenda, Bl. 24–36.

75 Wolf, Abt. XVIII, BV KMSt, Sachstandsbericht, 20.10.1981; BArch, MfS, BV KMSt, Abt. XVIII Nr. 326, Bl. 118 f. Vgl. auch Ermittlungsbericht des IM »Lux«, 25.6.1969; ebenda, Bl. 10 f. Zu Staatsfeiertagen wurden von den DDR-Bürgern Zeichen ihrer Loyalität erwartet, wie das Heraushängen der Staatsflagge der DDR oder von Fahnen der kommunistischen Arbeiterbewegung aus den Fenstern der Wohnungen.

76 Herrmann, Abt. XVIII, BV KMSt, Vorschlag an Ltr. [Leiter der] BV KMSt zur operativen Bearbeitung, 22.10.1981; ebenda, Bl. 69.

77 HVA/SWT, Anfrage bzgl. Eignung als Auswerter wissenschaftlich-technischer Unterlagen, 10.6.1980; BArch, MfS, BV KMSt, OfS Nr. 109, Bd. 2, Bl. 144–149, hier 147. Als »positiv erfasst« bezeichnete das MfS Personen, die für das MfS tätig waren. Vgl. auch Selvage; Nehring:

Damit die »Freunde« Dr. Zwei* in ihrem Sicherungsvorgang erfassen und damit die operative Verantwortung »übernehmen« konnten, musste die zu diesem Zeitpunkt bestehende Erfassung Zweis* in der Abteilung XVIII auf Weisung von Gehlert gelöscht werden. Die Begründung lautete: »Freimachung« für die »Freunde«.[78] Der Sicherungsvorgang wurde im Auftrag von Gehlert im Büro der Leitung vom Offizier für Sonderaufgaben, Oberstleutnant Rolf Münzner, geführt.[79] Die Meinung des KGB hatte Gewicht, wie einer Notiz von Münzner zu entnehmen ist. Mit Bezug auf die im Oktober 1981 vorgeschlagene operative Bearbeitung von Dr. Zacharias Zwei* teilte er Gehlert die ablehnende Haltung der sowjetischen Genossen mit. Die Freunde meinten, er »sei kein Feind und soll in seiner Funktion bleiben«.[80] Der für die Ermittlungen erstellte Maßnahmeplan wurde zwar nach mehreren Wochen von Gehlert genehmigt, jedoch nicht umgesetzt.[81] Die Vorwürfe und Verdächtigungen gegen Dr. Zwei* griff das MfS im Zusammenhang mit der bereits erwähnten Überprüfung durch das ZK der SED im Jahr 1983 erneut auf.[82] In einer Information teilte der Leiter der Abteilung XVIII dem Generaldirektor des FHW und Mitglied im ZK der SED Dr. Rudolf Winter über Dr. Zacharias Zwei* mit, »alle unter seiner Leitung entwickelten Industrieroboter« seien störanfällig und nicht absetzbar. Seit 1979 wären die bekannten Mängel von ihm bagatellisiert worden. Den »Zweckoptimismus«, den das MfS bei Dr. Zweis* Vorgesetztem Professor Eins* tolerierte, wertete es bei Dr. Zwei*

Die AIDS-Verschwörung, hier S. 55. Es ist naheliegend, dass dieser Sprachgebrauch auch für die »Freunde-Vorgänge« galt, doch eindeutig belegt ist dies bislang nicht.

78 Zech, Beauftragter des Leiters [der BV KMSt], Löschung der KK[Karteikarte]-Erfassung und Abverfügung der Unterlagen, 25.1.1977; BArch, MfS, BV KMSt, AP 201/77, Bl. 114–117, hier 117. Dass die Erfassung im SiVo der Freunde bereits seit dem Oktober 1976 bestand, ist bemerkenswert, da Doppelerfassungen im MfS in der Regel ausgeschlossen waren. Ausnahmen, wie die sogenannten »gedeckten Erfassungen« und »spezifische Vorgänge«, waren jedoch möglich und gesondert geregelt. Vor allem in der HVA konnte auf diese Weise zu einer Person eine zweite aktive Erfassung in den Speichern und Karteien des MfS vorgenommen werden und/oder irreführende interne Auskünfte über die Erfassung von Personen (wie z. B. »als »nicht erfasst«) erteilt werden. Es ist nicht ausgeschlossen, dass auch der KGB derartige Erfassungen veranlasste. Vgl. BArch, MfS, Abt. XII Nr. 7607, Bl. 25–59, hier 51, 59.

79 Zur Erfassung von Personen für den KGB durch das MfS vgl. »Freundschaftsdienste der Abteilung XII des MfS für den KGB« in diesem Band. Im SiVo XIV 4151/60 waren im Zeitraum von 1965 bis 1989 mindestens 4730 Personen vom Büro der Leitung der BV KMSt für die in diesem Zuständigkeitsbereich tätigen Verbindungsoffiziere des KGB erfasst. Davon waren zuletzt 627 aktiv erfasst. 1989 ließ der KGB ca. 200 Erfassungen vornehmen. Allein im Oktober 1989 wurden mindestens 270 Erfassungen aus dem Index gestrichen bzw. gelöscht.

80 Notiz Münzner an GM über Ablehnung der Freunde bzgl. des Vorschlags der Abt. XVIII zur Aufnahme der op[erativen] Bearbeitung, [o. D.]; BArch, MfS, BV KMSt, Abt. XVIII Nr. 326, Bl. 70.

81 BV KMSt, Wolf, Abt. XVIII, Maßnahmeplan zur op[erativen] Bearbeitung [gem. § 104 StGB, Sabotage], 13.1.1982; ebenda, Bl. 164–166, 179.

82 Bericht des IM »Bernd Richter« zur Überprüfung des FZW durch das ZK der SED, 7.3.1983 [Abschrift]; BArch, MfS, BV KMSt, Abt. XVIII Nr. 236, Bl. 185–187.

als vorsätzliche Täuschung. Infolgedessen hätten die Automatisierungsvorhaben zu Ehren des XI. Parteitages der SED nicht realisiert werden können und es sei ein hoher volkswirtschaftlicher Schaden entstanden.[83] Doch bis zum Ende der DDR weist nichts in den MfS-Unterlagen auf irgendwelche Konsequenzen oder operative Maßnahmen gegen Dr. Zacharias Zwei* hin, was angesichts der Schwere der Vorwürfe sehr wahrscheinlich auf die schützende Intervention des KGB zurückzuführen ist.[84]

Ob und in welchem Umfang Dr. Zwei* tatsächlich und wissentlich für den KGB tätig war, lässt sich anhand der MfS-Unterlagen nicht eindeutig klären.[85] Es gibt jedoch weitere Hinweise darauf aus den Unterlagen eines seit 1966 in der Personalabteilung des (Groß-)Forschungszentrums tätigen Mitarbeiters. Er war ab 1972 nicht nur als Direktor für Kader und Bildung und Arbeitsökonomie tätig:

Dieter Drei*

Dieter Drei*, so notierte die Auswertungs- und Kontrollgruppe (AKG) der Bezirksverwaltung Karl-Marx-Stadt in einem Vermerk, sei nach eigenen Angaben seit circa 1954 inoffiziell für den KGB tätig. Anlass des Vermerkes war eine außergewöhnliche Aussprache der AKG mit Dieter Drei* im Oktober 1982.[86] Ein Fachabteilungsleiter des Forschungszentrums, Dr. Zandro Zehn*, hatte sich hilfesuchend an das MfS gewandt, weil Dieter Drei* ihn beauftragt habe, während seiner Dienstreise in die BRD Kontakt zu einem Mitarbeiter des Deutschen Instituts für Wirtschaftsforschung aufzunehmen »mit dem Ziel […] der Erlangung wichtiger Informationen, die für den Werkzeugmaschinenbau der DDR von Nutzen sein können«. Zandro Zehn* bat das MfS zu überprüfen, ob es sich möglicherweise um eine strafbare nachrichtendienstliche Tätigkeit handeln könnte.[87] Denn es sei weder ein Bezug zum Aufgabenbereich des Dieter Drei* ersichtlich, noch wollte Drei* den Hintergrund des ominösen Auftrages näher erklären. Die AKG dankte Zandro Zehn* für die Anzeige und wies ihn an, derartige Aufträge abzulehnen.[88]

83 Herrmann, Abt. XVIII, BV KMSt, Information [für Generaldirektor des Kombinates FHW und Mitglied im ZK der SED, Dr. Winter] über Abteilungsleiter Zacharias Zwei*, 25.10.1983 [Abschrift]; ebenda, Bl. 198 f.

84 Zacharias Zwei* war noch am 20.11.1989 für Siwirinow erfasst. Siehe die Auflistung in: BArch, MfS, BV KMSt, SVG XIV/4151/60, Teil III, Bl. 94.

85 Vgl. z. B. Bericht IM »Schneider«, 14.10.1977 [Abschrift]; BArch, MfS, BV KMSt, OfS Nr. 109, Bd. 2, Bl. 149.

86 Seifert, AKG, BV KMSt, Aktennotiz über Aussprache mit Dieter Drei*, 29.10.1982; BArch, MfS, BV KMSt, AKG Nr. 2323, Bl. 22–27, hier 22 f.

87 Richter, BdL, BV KMSt, Aktennotiz, 19.10.1982; ebenda, Bl. 19 f.

88 Seifert, AKG, BV KMSt, Aktennotiz, 1.11.1982; ebenda, Bl. 21. Trotzdem wurde die Erfassung von Zandro Zehn* im SiVo »Freunde« der BV KMSt, die 4 Tage vor seiner Kontakt-

Die anschließende Aussprache der AKG mit Dieter Drei* ist ein Beleg für die Grenzen der Zusammenarbeit zwischen MfS und KGB im geheimdienstlichen Alltag. Die AKG ermittelte im Nachgang zur Anzeige ein ganzes Netz an »Agenturen« im Forschungszentrum, das von Dieter Drei* gesteuert wurde. Als NSW-Reisekader sollten sie geheime Aufträge des KGB erfüllen und zwar zum wirtschaftlichen Nachteil der DDR, wie die AKG wohl nicht ganz zu Unrecht vermutete. Sie untersagte deshalb Dieter Drei* in deutlichen Worten derartige Nebentätigkeiten mit der bereits eingangs zitierten bemerkenswerten Begründung, »diese Handlungsweise verstößt gegen bestehende gesetzliche Festlegungen«.[89] Zu Dieter Drei* bestand zwar ein »guter offizieller Kontakt« und bei »Problemen setzt[e] er sich voll für die Belange des MfS ein«, wie die Abteilung XVIII bescheinigte, die Loyalität gegenüber dem »großen Bruder« schien dennoch größer gewesen zu sein.[90] Dieter Drei* erklärte gegenüber der AKG, er sei

> von seinem Führungsoffizier (wörtlich: ›sowjetischer Freund‹) beauftragt, [...] der ihm als ›Wolodija‹ bekannt sei, [...] über seine 3 inoffiziellen Kräfte [aus den Bereichen Industrieroboter, Mikroelektronik und elektronischer Datenverarbeitung des FZW] Kontakte zu Personen aus NSW-Einrichtungen herzustellen, um Informationen über wissenschaftlich-technische Probleme zu erlangen.

Dazu träfe er sich regelmäßig mit ›Wolodija‹ in konspirativen Objekten und führe selbst »Treffs mit seinen IM [...] unter Ausnutzung der dienstlichen Obliegenheiten« im Forschungszentrum durch. Die AKG verpflichtete Dieter Drei*, »mit keiner Person über die betreffende Problematik zu sprechen«, auch nicht mit ›Wolodija‹.[91]

In der Anlage zur Gesprächsnotiz listete die AKG elf Personen auf, die sie als mögliche weitere Agenturen von Dieter Drei* ermittelte.

Diese inoffiziellen Verbindungen waren in der Bezirksverwaltung jedoch nicht völlig unbekannt. Spätestens ab Juli 1978 wusste ihr Leiter Generalmajor Gehlert, dass Dieter Drei* im Forschungszentrum »›seine Agenturen‹«, zu denen er auch Dr. Zacharias Zwei* zählte, »im Auftrag der Freunde steuere«.[92] Auch

aufnahme mit dem MfS erfolgt ist, erst am 13.1.1986 gelöscht. Siehe BArch, MfS, BV KMSt, SVG XIV/4151/60, Teil II, Bl. 33.

89 Seifert, AKG, BV KMSt, Aktennotiz über Aussprache mit Dieter Drei*, 29.10.1982; ebenda, Bl. 22–27, hier 22 f.

90 Riedel, Abt. XVIII, BV KMSt, Operative Auskunft über Dieter Drei*, 3.7.1978; BArch, MfS, BV KMSt, Leiter Nr. 52, Bd. 2, Bl. 440 f.

91 Seifert, AKG, BV KMSt, Aktennotiz über Aussprache mit Dieter Drei*, 29.10.1982; BArch, MfS, BV KMSt, AKG Nr. 2323, Bl. 22–27, hier 22 f. »Wolodija« ist die Kurzform des Namens »Wladimir«. Der KGB-Führungsoffizier für Dieter Drei* war offenbar Wladimir Jur'ewitsch Tichonow, für den die anderen Quellen im Forschungszentrum zu diesem Zeitpunkt tägig waren. Er war auch der einzige Offizier in der KGB-Dienststelle KMSt zu diesem Zeitpunkt mit dem Vornamen »Wladimir«. Siehe BArch, MfS, BV KMSt, Leiter 8, Bl. 159, 162, 167, 176, 179, 198.

92 Gehlert, BV KMSt, Notiz über inoffizielle Verbindungen und Agenturen [des Dieter Drei*] zu den Freunden, 4.7.1978; BArch, MfS, BV KMSt, AIM 623/80, Teil I/1, Bl. 286.

die zuständige Abteilung XVIII, die Dieter Drei* wegen seiner Leitungsfunktion und der damit verbundenen offiziellen Kontakte in einem Sicherungsvorgang erfasste, war über die »Zusammenarbeit mit [dem] befreundeten Organ« ebenso im Bilde wie die Abteilung II, »hat[te] aber damit nichts zu tun«.[93]

Der Leiter der Abteilung XVIII, Major Reinhard Herrmann, beobachtete das auffallende Engagement für die Freunde kritisch. In einer Information stellte er unter Bezugnahme auf die Berichte mehrerer IM fest, Dieter Drei* interessiere sich

> verstärkt für Informationen aus Fachabteilungen und versucht, unmotiviert Einfluss auf die Vergabe von NSW-Reisen und den Einsatz von NSW-Betreuern zu nehmen. Dabei geht er nicht davon aus, dass die politisch zuverlässigen und fachlich versierten Kader dazu einzusetzen sind, sondern er Mitarbeiter vorgibt mit der Bemerkung, ›die würde er gern im Ausland sehen‹, die teilweise nicht zu den politisch zuverlässigen Personen zählen.[94]

Er vernachlässige seine eigentlichen Aufgaben, stelle ungeeignete Personen ein, leite seine Mitarbeiter nicht an, obwohl in seinem Arbeitszimmer »regelmäßig Aussprachen mit festem Personenkreis« stattfanden. Mit dem Hinweis, dass »er besondere Aufgaben der Genossen ›vom Berg‹ erfülle«, lese er die an die wissenschaftlichen Mitarbeiter gerichtete Post aus dem NSW. Die vorgebliche »überbetonte [...] Materialbeschaffung für das MfS« wirke sich sogar »negativ auf das Ansehen des MfS im FZW aus«. Im Jahr 1983 richtete sich weitere Kritik an Dieter Drei* wegen der »unzureichenden Arbeit mit den Menschen« im Zuge der als intransparent empfundenen Strukturveränderungen im Forschungszentrum. Bereits im Vorfeld seien »alle Diskussionen [...] aggressiv zurückgewiesen und andernfalls Konsequenzen angedroht« worden.[95]

Ein weiteres Jahr später leitete der mittlerweile zum Oberstleutnant beförderte Herrmann eine Anfrage des Direktors des Forschungszentrums zuständigkeitshalber an die »Freunde« weiter.[96] Man beabsichtigte, Disziplinarmaßnahmen gegen Dieter Drei* und eine seiner »Agenturen« einzuleiten, unter anderem wegen unautorisierter Kontakte zu Partnern aus dem NSW. Beide versuchten »ihr

93 Herrmann, Abt. XVIII, BV KMSt, Information über Dieter Drei*,13.11.1982; BArch, MfS, BV KMSt, AKG Nr. 2323, Bl. 28–30, hier 29. Vgl. auch Graupner, Abt. II, Aktenvermerk zur Überprüfung des Dieter Drei* in der Abt. XII, 19.12.1977; BArch, MfS, BV KMSt, AIM 623/80, Teil I/1, Bl. 256.

94 Herrmann, Abt. XVIII, BV KMSt, Information über Direktor für Kader und Bildung Dieter Drei*, 3.12.1982 [Abschrift]; BArch, MfS, BV KMSt, Abt. XVIII Nr. 372, Bd. 2, Bl. 194 f. Nachfolgende Zitate daraus.

95 Herrmann, Abt. XVIII, BV KMSt, Information zur Überprüfung des FZW durch ZK der SED, 14.1.1983 [Abschrift]; BArch, MfS, BV KMSt, Abt. XVIII Nr. 372, Bl. 205; BV KMSt, Information [an die SED-Bezirksleitung] über Konflikte infolge von Strukturveränderungen im FZW KMSt, 15.10.1983; BArch, MfS, BV KMSt, Abt. XVIII Nr. 1246, Bd. 1, Bl. 23–26, hier 26.

96 Herrmann, Abt. XVIII, BV KMSt, Information [an die »Freunde«], 10.8.1984; BArch, MfS, BV KMSt, OfS Nr. 109, Bd. 1, Bl. 514 f. Nachfolgende Zitate daraus.

Verhalten mit Kontakten und Interessen der Sicherheitsorgane zu rechtfertigen«. Der für die Verbindung zum KGB zuständige Oberstleutnant Rolf Münzner bestätigte den »Kontakt durch die Tscheka«, daher sollte die Sache mit den »Freunden« geklärt werden. Hinweise auf Konsequenzen sind den MfS-Akten nicht zu entnehmen. Die »Freunde« nahmen die Sache vermutlich genauso locker wie die spezielle Art, mit der Dieter Drei* seine deutsch-sowjetische Freundschaft gelegentlich zum Ausdruck brachte. So habe er unmittelbar vor der Kondolenz im Generalkonsulat der UdSSR anlässlich des Todes des sowjetischen Partei- und Staatschefs Leonid Iljitsch Breschnew unter Beifall seiner Kollegen demonstrativ ein Glas hochprozentigen Alkohol getrunken und damit Beifallsbekundungen in der Warteschlange provoziert, was zumindest der Leiter der Abteilung XVIII nicht als angemessen empfand.[97]

Nicht so locker nahmen die Tschekisten der Abteilung II der Bezirksverwaltung Karl-Marx-Stadt den von Dieter Drei* initiierten und letztlich erfolgreichen Versuch der »Freunde«, einen ihrer wertvollsten IM im Forschungszentrum zu übernehmen:

Dr. Volker Vier*

Dr. Volker Vier*, ein seit 1955 als absolut zuverlässig eingeschätzter SED-Genosse und »hochgradiger Geheimnisträger«, war ab 1962 im (Groß-)Forschungszentrum als Abteilungsleiter tätig. Seit November 1964 arbeitete er dort inoffiziell für die Abteilung II als IMS »Ingo Teichmann«.[98] Als NSW-Reisekader sollte er »zur Abwehr sowie Aufklärung der ökonomischen Spionage ausgenutzt werden« sowie andere Kollegen und Geheimnisträger überwachen. Er wurde außerdem »in verschiedenen Kommissionen der Volkswirtschaft in leitender Stellung verankert«.[99] Seiner fachlichen Expertise bediente sich des Weiteren der Sektor Wissenschaft und Technik der HVA, der ihn viele Jahre als Auswerter nutzte.[100]

97 Herrmann, Abt. XVIII, BV KMSt, Information über Dieter Drei*, 13.11.1982; BArch, MfS, BV KMSt, AKG Nr. 2323, Bl. 28–30, hier 30.

98 Graupner, Abt. II, BV KMSt, Auskunftsbericht über IMS »Ingo Teichmann«, 11.12.1975; BArch, MfS, BV KMSt, AIM 623/80, Teil I/1, Bl. 9–16, hier 13 f., Verpflichtungserklärung, 19.11.1964; ebenda, Bl. 87. Als IMS wurden ab 1968 inoffizielle Mitarbeiter bezeichnet, die »mit der Sicherung gesellschaftlicher Bereiche oder Objekte betraut« waren. In der IM-Richtlinie von 1979 wurden sie als IM »zur politisch-operativen Durchdringung und Sicherung des Verantwortungsbereiches« definiert. Vgl. Müller-Enbergs (Hg.): Inoffizielle Mitarbeiter. Teil 1, S. 62 f.

99 Fritzsch, Abt. II, BV KMSt, Werbungsvorschlag, 17.11.1964; ebenda, Bl. 74–82, Zitate Bl. 74, 77. Fritzsch, Abt. II, BV KMSt, Beschluss für das Anlegen eines IM-Vorgangs, 14.11.1964; ebenda, Bl. 34 f.

100 Seidel, Abt. II, BV KMSt und Hermann, Leiter der HVA/SWT/V, [wiederholte] Bestätigung als Auswerter operativ beschaffter wissenschaftlich-technischer Unterlagen für die HVA/SWT, 11.10.1976 sowie 11.7.1980; ebenda, Bl. 243, 305.

Ein IM schätzte ihn als Karrieristen mit »einer starken politischen Argumentation« ein, was »von der Mehrzahl der Genossen [...] belächelt [...] und als unnatürlich empfunden wird«.[101] Für seine vom MfS prämierten umfangreichen Dienste und seine nützlichen Verbindungen in das NSW interessierte sich ab März 1977 zum Unmut seines Führungsoffiziers Oberleutnant Dieter Graupner allerdings auch der KGB.[102] Wie genau der Blick des KGB auf Volker Vier* fiel, ist unbekannt. Vielleicht stieß Dieter Drei* bei der von ihm angeforderten Analyse aller NSW-Kader auf ihn.[103] Dieter Drei*, so rekonstruierte später die AKG die Parallelen zum Versuch der Anwerbung von Dr. Zandro Zehn*, beauftragte Dr. Vier*, Kontakt zu einem Mitarbeiter einer in Köln ansässigen Firma aufzunehmen, um Informationen über deren Forschungen zu beschaffen. Dieter Drei* gab sich gegenüber Dr. Vier* wenig Mühe, die »Freunde« als die eigentlichen Auftraggeber zu verbergen.[104] Ebenso wie Dr. Zehn* wandte sich auch Dr. Vier* hilfesuchend an das MfS. Er bat seinen Führungsoffizier wegen Dieter Dreis* unklarer Absichten um Verhaltensinstruktionen.[105] Er habe deshalb die geforderte Informationslieferung bislang abgelehnt, »da die gesamte Angelegenheit mit den offiziellen Dienstaufgaben des Gen[ossen] Drei* nichts zu tun hat« und es sich um vertrauliche Verschlusssachen handelte. Und das, obwohl ihm Dieter Drei* als Anreiz die Beschaffung forschungsrelevanter technischer Geräte »›über seine Leute‹« in Aussicht stellte.[106] Graupner erkannte die Bedeutung der Angelegenheit und alarmierte seine Vorgesetzten. Seinem IM empfahl er, Dieter Drei* die Fachinformationen zwar zu übergeben, sich jedoch nach dem Zweck zu erkundigen.[107] Die Antwort darauf lieferte »Ingo Teichmann« umgehend: Dieter Drei* habe mit Bezug auf die Regeln der Konspiration ausweichend geantwortet. Er würde »jedoch den für ihn zuständigen Stellen die Frage stellen, ob er mich weiterhin näher informieren dürfte«. Gleichzeitig kündigte er an, die begehrte Teilnahme des »Ingo Teichmann« an einer Fachkonferenz in England im Juni 1977 zu »veranlassen«.[108]

101 Bericht IM »Hans Peter«, 13.12.1966 [Abschrift]; ebenda, Bl. 192 f.

102 Vgl. Quittung über Prämie anlässlich des 25. JT [Jahrestages] des MfS und der 10-jährigen IM-Tätigkeit, 28.1.1975; ebenda, Bl. 235.

103 Graupner, Abt. II, BV KMSt, Ergänzung zum Bericht des IM »Ingo Teichmann« vom 22.3.1977, 15.4.1977; ebenda, Bl. 247 f.

104 Riedel, AKG, BV KMSt, Kurzauskunft zum AIM »Ingo Teichmann«, 12.11.1982; BArch, MfS, BV KMSt, AKG Nr. 2323, Bl. 7; Seifert, AKG, BV KMSt, Aktennotiz über Aussprache mit Dieter Drei*, 29.10.1982; ebenda, Bl. 22–27.

105 Graupner, Abt. II, BV KMSt, Treffauswertung, 22.3.1977; BArch, MfS, BV KMSt, AIM 623/80, Teil II/3, Bl. 248 f.

106 Bericht des IM »Ingo Teichmann« über sein Gespräch mit Dieter Drei* während der Leipziger Messe, 22.3.1977; ebenda, Bl. 250–252.

107 Graupner, Abt. II, BV KMSt, Treffauswertung, 22.3.1977; ebenda, Bl. 248 f.

108 Graupner, Abt. II, [2.] Ergänzung zum Bericht des IM »Ingo Teichmann« vom 22.3.1977, 20.4.1977 [Abschrift]; ebenda, Bl. 259.

Einen weiteren Vorstoß unternahm Dieter Drei* Ende Oktober desselben Jahres. Er habe Interesse daran, dass Dr. Vier* den Kontakt zu einem westdeutschen Fachkollegen intensiviere und ihn dazu zu einer bevorstehenden Tagung in Dresden einlade. Zuvor seien »Rücksprachen mit den Kräften, für die er tätig ist, erforderlich«.[109] Erneut bat Dr. Vier* Graupner um Rat.[110] Dr. Vier* teilte mit, er habe gegenüber Dieter Drei* die erbetene Einladung »vorerst abgelehnt, so lange nicht offiziell Gespräche und Anleitungen über den Gesamtkomplex mit der zuständigen staatlichen Dienststelle geführt worden sind«. Und darüber hinaus: »Von mir wurde vorerst jegliches weitere offizielle Auftreten gegenüber [dem westdeutschen Fachkollegen – CJ] abgelehnt, so lange nicht dieses Auftreten entsprechend abgesichert ist.« Graupner legte wiederholt den Bericht seinem Vorgesetzten, dem Leiter der Abteilung II, Oberstleutnant Rudi Seidel, zur Entscheidung vor und notierte auf dem Treffbericht die zunächst mündlich erteilte Weisung des stellvertretenden Leiters der Abteilung II: »Dieter Drei* überprüfen [...] IM muss Dieter Drei* vorerst abblitzen lassen«. Ergänzend heißt es in einem weiteren Vermerk: »[...] auf keine Diskussion einlassen, die über den normalen Rahmen geht. Sofort Dieter Drei* in der Abteilung XII prüfen lassen, dann R[ücksprache]«. Weiterhin wurde die Dekonspiration des IM konstatiert, da Drei* ihm gegenüber geäußert habe: »›Du arbeitest auf deiner, ich auf meiner Strecke – was Konspiration ist, weißt du‹«.[111]

Nachdem der Kontakt zu dem westdeutschen Fachkollegen auf der Tagung in Dresden nicht zustande kam, unternahm Dieter Drei* im Mai 1978 einen neuen Vorstoß, ein Zusammentreffen anlässlich einer Fachkonferenz in London im folgenden Jahr zu arrangieren. Der IM verwies »nochmal auf die Notwendigkeit eines offiziellen Charakters jeder Annäherung an [den westdeutschen Fachkollegen – CJ]«. Drei* stellte ihm in Aussicht, dass sein Einsatz kurzfristig »auch offiziell geregelt« werde.[112] Der Abteilungsleiter Rudi Seidel beurteilte die Sachlage weiterhin noch anders: »Unser IM wurde so beauftragt, dass er sich aus dieser Sache heraushält und die Forderungen [des Dieter Drei* – CJ] ablehnt.«[113] »Ingo Teichmann« habe sich gegenüber Dieter Drei* geäußert, sich

109 Bericht des IM »Ingo Teichmann«, 31.10.1977 [Abschrift]; ebenda, Bl. 286.

110 Graupner, Abt. II, BV KMSt, Treffbericht IM »Ingo Teichmann«, 9.12.77; BArch, MfS, BV KMSt, AIM 623/80, Teil II/4, Bl. 5–9. Nachfolgende Zitate daraus.

111 [Abt. II, BV KMSt], Anweisungen bzgl. der Beauftragung des IM »Ingo Teichmann« durch Dieter Drei*, [Dez. 1977]; BArch, MfS, BV KMSt, AIM 623/80, Teil I/1, Bl. 244 f.

112 Graupner, Abt. II, BV KMSt, Treffbericht und Bericht IM »Ingo Teichmann«, 31.5.1978; BArch, MfS, BV KMSt, AIM 623/80, Teil II/4, Bl. 19–21.

113 Seidel, Abt. II, BV KMSt, Auskunft über IM »Ingo Teichmann«, 29.6.1978; BArch, MfS, BV KMSt, Leiter Nr. 52, Bd 2, Bl. 437 f.

Abb. 12: Der Verbindungsoffizier des KGB bei der BVfS Karl-Marx-Stadt, Oberst Boris Benewolenskij, in seinem Büro, 1983. Das Wandfoto zeigt den damaligen KPdSU-Generalsekretär und früheren KGB-Chef Jurij Andropow.

»auf nichts einzulassen«.[114] Wenige Tage später informierte ihn der Stellvertreter Operativ Oberstleutnant Horst Böhm beiläufig in einer handschriftlichen Notiz, der Verbindungsoffizier des KGB Oberst Boris Dimitriewitsch Benewolenskij sei über die kurzfristig von Generalmajor Gehlert entschiedene Übergabe des IM informiert worden.[115] Nachdem Dr. Volker Vier* »keine Einwände« erhob, fand Ende August der »Kurztreff [...] wegen [der] angewiesenen Übergabe« des »Ingo Teichmann« an Genadij, der bezeichnenderweise nur noch in Klammern als »Freund« bezeichnet wurde, in einem Pkw statt.[116] Graupner konnte nur noch festhalten: »Beim IM dürften in der Zusammenarbeit mit den Freunden

114 Bericht des FIM »Willy Schulze«, 3.7.1978 [Abschrift]; BArch, MfS, BV KMSt, AIM 623/80, Teil II/4, Bl. 23.

115 Gehlert, BV KMSt, Notiz über inoffizielle Verbindungen und Agenturen [des Dieter Drei*] zu den Freunden, 4.7.1978; BArch, MfS, BV KMSt, AIM 623/80, Teil I/1, Bl. 286; Abt. II/2, Vermerk, o. D.; BArch, MfS, BV KMSt, AKG Nr. 2323, Bl. 3.

116 Graupner, Abt. II, BV KMSt, Bericht über Treff mit IMS »Ingo Teichmann« am 17.8.1978, 18.8.1978; BArch, MfS, BV KMSt, AIM 623/80, Teil II/4, Bl. 34 f.; ders., Bericht über Treff mit IMS »Ingo Teichmann«, 25.8.1978; ebenda, Bl. 41 f. Nachfolgende Zitate daraus. Bei Genadij handelt es sich offenbar um den KGB-Verbindungsoffizier Oberst Genadij Wasil'ewitsch Ryshikow, der im Zusammenhang mit der Tarnbezeichnung »Mitarbeiter 15« in den Unterlagen genannt wird.

keine Probleme auftreten. Genadij war vom ersten Eindruck äußerst zufrieden und bedankte sich für unser Entgegenkommen.« Im Beisein des von nun an für Dr. Vier* zuständigen Genadij und Oberstleutnant Münzner wurde zwar vereinbart, »bei operativer Notwendigkeit« Verbindung zum IM aufnehmen zu dürfen, »da der Zeitraum der ›zeitweiligen Zusammenarbeit‹ nicht abzugrenzen ist«. Das war wohl eine realistische Einschätzung. Es finden sich keine Hinweise, dass die Vereinbarung jemals zum Tragen kam. Im Februar 1980 schloss Oberstleutnant Seidel die Akten wegen der »zeitweiligen Zusammenarbeit« des IM mit den »Freunden« und legte sie gesperrt im Archiv ab.[117]

Über hilfreiche und vielseitige Beziehungen nicht nur im NSW verfügte eine weitere von Dieter Drei* benannte und vorgeblich von ihm gesteuerte langjährige »Agentur« der »Freunde«[118]:

Dr. Ferdinand Fünf*[119]

Auch bei Dr. Ferdinand Fünf* nahmen es die »Freunde« mit den geheimdienstlichen Grundregeln der deutschen Kollegen vom MfS nicht ganz so genau. Diese Vermutung legt zumindest der Vorschlag zur operativen Bearbeitung des als Gruppenleiter und SED-Parteiorganisator im Forschungszentrum tätigen Dr. Fünf* vom Juli 1978 nahe.[120] In der an den zuständigen KGB-Verbindungsoffizier Benewolenskij gerichteten Begründung stützte sich der Leiter der BV Karl-Marx-Stadt Gehlert auf schwerwiegende Vorwürfe der Abteilung XVIII, die bereits 1972 zu einem Parteiverfahren gegen Dr. Fünf* geführt hatten.

Ein Ermittlungsbericht aus diesem Jahr deutete bereits Zweifel an der politischen Loyalität an. Obwohl Ferdinand Fünf*, der seit 1963 Mitglied der SED war, eine »positive Einstellung zu unserem Staat« bescheinigt wurde und er »gesellschaftlich sehr aktiv tätig ist und für diese Arbeit [als Parteigruppenorganisator – CJ] sehr viel Interesse aufbringt«, sodass ihm sogar die »Vernachlässigung seiner Arbeit«

117 Seidel, Abt. II, BV KMSt, Beschluss über Einstellen des Vorgangs, 21.2.1980; BArch, MfS, BV KMSt, AIM 623/80, Teil I/1, Bl. 302 f.

118 Gehlert, BV KMSt, Notiz über inoffizielle Verbindungen und Agenturen [des Dieter Drei*] zu den Freunden, 4.7.1978; BArch, MfS, BV KMSt, AIM 623/80, Teil I/1, Bl. 286. Riedel, Abt. XVIII, Operative Auskunft über Dieter Drei*, 3.7.1978; BArch, MfS, BV KMSt, Leiter Nr. 52, Bd 2, Bl. 440 f. Seifert, AKG, BV KMSt, Aktennotiz über Aussprache, 29.10.1982; BArch, MfS, BV KMSt, AKG Nr. 2323, Bl. 22–27, hier 27.

119 Eine in der Akte enthaltene Kopie eines Personalbogens aus dem Jahr 1986 verweist auf ein im Jahr 1979 von Ferdinand Fünf* begonnenes, jedoch bis dahin nicht abgeschlossenes Promotionsverfahren. Vgl. BArch, MfS, HA XVIII, AP 18971/92, Bl. 1–4, 20.

120 Gehlert, BV KMSt, Schreiben an VO Benewolenskij bzgl. des Vorschlags der operativen Bearbeitung des Ferdinand Fünf*, 24.7.1978, mit Anlage: Operative Auskunft der Abt. XVIII zu E., 20.7.1978; BArch, MfS, BV KMSt, Leiter Nr. 52, Bd. 2, Bl. 429–432, hier 431.

unterstellt wurde, war der einschränkende Hinweis, »seine öffentliche Meinung ist nicht immer die persönliche«, sicherlich nicht unwichtig.[121]

Gehlert behauptete nun sechs Jahre später, dass sich Ferdinand Fünf* unter Alkoholeinfluss wiederholt »partei- und gesellschaftsschädigend« verhalten habe, er sich fachlich überschätze und sich auf NSW-Dienstreisen als Professor ausgebe. Er sei unkollegial und lege für einen wissenschaftlichen Mitarbeiter »unübliche Verhaltensweisen« an den Tag. Darüber hinaus berufe er sich gegenüber Kollegen in dekonspirierender Weise auf Treffvereinbarungen mit »Viktor« und seine »›gute[n] Verbindungen [...] zu höheren Stellen‹«, für die er Sonderaufgaben bei Dienstreisen ins NSW erfülle. Im Rahmen eines Untersuchungsvorganges des MfS wegen des Verdachts auf nachrichtendienstliche Tätigkeit werde er außerdem des Verrats von Betriebsgeheimnissen verdächtigt.[122] Die Abteilung XVIII vermutete Bestechlichkeit, weil er bei Gesprächen auf der Leipziger Frühjahrsmesse im Jahr 1974 aus ihrer Sicht verdächtige Gespräche führte. Außerdem habe er Kontakte in die BRD verschwiegen – und das aus gutem Grund, wie sich zeigen sollte.[123]

Die Palette an den aus MfS-Sicht strafrechtlich relevanten Vorhaltungen und Verdächtigungen blieb für Dr. Ferdinand Fünf* dennoch ohne entsprechende Konsequenzen. Seine Karriere wurde stattdessen durch die Berufung in die von Professor Emil Eins* geleitete Arbeitsgruppe des Forschungsrates der DDR zur Entwicklung von Industrierobotern im Jahr 1980 eher noch befördert.[124]

Wahrscheinlich war Dr. Fünf* wegen seiner konspirativen Sonderaufgaben für »Viktor« zu wichtig, um ihn durch Ermittlungen des MfS zu stören. Immerhin war er im Zeitraum von 1968 bis 1984 im Auftrag des KGB mit dem Decknamen »Lars« im NSW unterwegs »zur Beschaffung von Embargo-Erzeugnissen«.[125] Der als kontaktfreudig beschriebene KGB-IM »Lars«, so ist es einer späteren Auskunft über Dr. Fünf* an die deutschen Kollegen zu entnehmen, wurde »ausgenutzt für die Zuführung und Bearbeitung von Westbürgern auf der Linie NTR [*Nautschno-Technitscheskaja Raswedka*]«, der sowjetischen Wissenschaftlich-Technischen Aufklärung. Wegen mehrerer Verstöße gegen Weisungen und Konspirationsregeln sei die Zusammenarbeit jedoch Ende 1984 eingestellt worden, nachdem zwei seiner Kontaktpersonen festgenommen wurden.[126] Es handelte sich dabei

121 Aurich, KD KMSt Land, Ermittlungsbericht, 14.4.1972; BArch, MfS, AP 2976/73, 38–42, hier 41.

122 Gehlert, BV KMSt, Schreiben an VO Benewolenskij bzgl. des Vorschlags der operativen Bearbeitung des Ferdinand Fünf*, 24.7.1978, mit Anlage: Operative Auskunft der Abt. XVIII, 20.7.1978; BArch, MfS, BV KMSt, Leiter Nr. 52, Bd. 2, Bl. 429–432, hier 431.

123 Rabe, Abt. XVIII, BV KMSt, Lageeinschätzung zum FZW, 24.9.1979; BArch, MfS, BV KMSt, Abt. XVIII Nr. 2111, Bl. 1–23, hier 3, 5, 10 f.

124 Vgl. Personalunterlagen; BArch, MfS, AP 18971/92, Bl. 25.

125 Günther Kratsch, Leiter der HA II, Schreiben an HA XX und Ergänzung, 6.6. und 2.7.1986; BArch, MfS, HA II Nr. 26635, Bl. 54 f.

126 Auskunftsbericht mit Übersetzung [aus dem Russischen], [verm. 1986]; ebenda, Bl. 40 f. bzw. 43 f.

um den Waffen- und Embargohändler Hans Jochheim aus Hannover, der, als »Quelle ›Joachim‹« bezeichnet, mit »Lars« zusammenarbeitete. Jochheim wurde 1986 wegen geheimdienstlicher Agententätigkeit in Tateinheit mit verbotenem innerdeutschen Handel durch das Oberlandesgericht Celle zu drei Jahren und vier Monaten Haft verurteilt.[127] Ein weiterer von »Lars« gesteuerter West-IM der »Freunde«, IM »Kraschke«, konnte im Mai 1986 verhaftet werden. Nachdem Dr. Ferdinand Fünf* so »im Zusammenhang mit Aufträgen für die Freunde ins Blickfeld der gegnerischen Abwehr gekommen« war, mussten weitere Reisen in das NSW aus Sicherheitsgründen untersagt werden.[128]

Nicht nur der KGB machte disziplinarische Schwierigkeiten geltend. Ebenfalls im Jahr 1984 wandte sich der Direktor des Forschungszentrums wegen der unautorisierten NSW-Kontakte von Dieter Drei* und Dr. Ferdinand Fünf* an die Abteilung XVIII, da beide »ihr Verhalten mit Kontakten und Interessen der Sicherheitsorgane zu rechtfertigen« versuchten. Zuständigkeitshalber wurde die »Tscheka« um Klärung gebeten.[129]

Die ließ im Januar 1986 den Namen ihres nutzlos gewordenen IM »Lars« aus dem Index ihres von Oberstleutnant Münzner geführten Sicherungsvorgangs streichen.[130] Selbst seine langjährige Tätigkeit als Auswerter für den Sektor Wissenschaft und Technik der HVA wurde ihm entzogen.[131]

Im Index des KGB-Sicherungsvorgangs des MfS war vom März 1974 bis mindestens Februar 1986 ein weiterer leitender Mitarbeiter des (Groß-)Forschungszen-

127 Über den Fall Jochheim wurde mehrfach im Zusammenhang mit seinen umfangreichen Geschäften mit der KoKo des MfS berichtet. Jochheim, der mit mehreren Geheimdiensten zusammengearbeitet haben soll, verfügte über eine schwedische Geburtsurkunde und konnte so seine Embargogeschäfte als schwedischer »neutraler Handelspartner« mithilfe des MfS abwickeln. Laut Andreas Förster konnte er sie auch nach seiner Haftentlassung im Jahr 1987 ungehindert weiterführen. Den »Physik-Professor« Ferdinand Fünf*, legendiert als Mitarbeiter der DDR-Firma Robotron, soll Jochheim auf der Leipziger Messe kennengelernt haben. Vgl. Förster, Andreas: Der »Warnemünder Kreis« sammelte brisante Informationen über Geschäftspartner – auch gegen Barschel? In: Berliner Zeitung v. 18.4.1995; Haverkamp, Christof: Der Fall des Embargo-Händlers Jochheim. Waffenhandel, Stasi, heimliche Geliebte in der DDR. In: Neue Osnabrücker Zeitung v. 8.3.2015, https://www.noz.de/deutschland-welt/politik/artikel/553563 (letzter Zugriff: 20.7.2021).

128 OSL Wolfgang Mauersberger, Leiter der AKG der HA II, Schreiben an StV Operativ der BV KMSt, 20.11.1987; BArch, MfS, HA II Nr. 26635, Bl. 34.

129 Herrmann, Abt. XVIII, Information [an die »Freunde«], 10.8.1984; BArch, MfS, BV KMSt, OfS Nr. 109, Bd. 1, Bl. 514 f.

130 HA II/Mauersberger, Ausgangsinformation der HA III [über Ferdinand Fünf*], 29.5.1986; BArch, MfS, HA II Nr. 26635, Bl. 38 f.

131 Hartling, Abt. XVIII, BV KMSt, Bestätigung des Ferdinand Fünf* für den Einsatz zur Auswertung vertraulicher wissenschaftlich-technischer Unterlagen für die HVA/SWT/Abt. V, 27.8.1973; BArch, MfS, BV KMSt, Abt. XVIII Nr. 1288, Bl. 2, 25.

trums für die russischen Verbindungsoffiziere Major Sergej Petrowitsch Siwirinow und später für Major Wladimir Jur'ewitsch Tichonow »positiv« erfasst[132]:

Dr. Siegfried Sechs*

Dr. Siegfried Sechs* war viele Jahre in einer Vorgängereinrichtung des Forschungszentrums für die SED als Mitglied der Parteileitung und Parteisekretär der Betriebsparteiorganisation der SED tätig.

Im Forschungszentrum beurteilten mehrere IM in seinem Umfeld und seine Vorgesetzten, unter anderem Professor Emil Eins*, ihn in jeglicher Hinsicht als einen hervorragenden wissenschaftlichen Mitarbeiter. Bereits seit 1962 war er in leitenden Positionen tätig und ab 1987 als Direktor für Organisation und Datenverarbeitung eingesetzt. Er gehörte als NSW-Reiskader und VVS-Verpflichteter zur Geheimnisträger-Nomenklatur des Forschungszentrums.[133]

Die Abteilung XVIII versuchte ab Februar 1970, letztlich erfolglos, ihn als IMS »zur Absicherung des Direktorats Autevo [Automatisierte Technische Vorbereitung] im GFZ und zur Einschätzung der Leitungskader im GFZ« anzuwerben.[134] Einen Monat später wurde er als Auswerter wissenschaftlich-technischer Unterlagen für die HVA bestätigt, ohne dass ihm dieser geheimdienstliche Bezug bekanntgegeben wurde.[135] Auch seine Erklärung, »über die Gespräche und Beratungen mit dem Mitarbeiter des MfS Stillschweigen zu wahren«, gab er vor dem Hintergrund seiner Verantwortung für den dienstlichen Geheimnisschutz ab. Sie ist deshalb nicht als Verpflichtung zu einer konspirativen IM-Tätigkeit zu werten, zumal Dr. Siegfried Sechs* kein Deckname genannt wurde.[136] Vielmehr waren seine Gespräche mit dem MfS von der Sorge geprägt, wichtige Staatsplanaufgaben im Maschinenbau der DDR wie das Projekt »Autevo« und das Maschinensystem

132 Index zu BArch, MfS, BV KMSt, SiVo XIV 4151/60, Bd. 1, Bl. 15; ebenda, Bd. 3, Bl. 92, BArch, MfS, BV KMSt, OfS Nr. 109, Bd. 1, Bl. 201–218. Das dort genannte Erfassungsdatum ist der 28.3.1974. Zur Bedeutung der Bezeichnung »positiv erfasst« vgl. Anm. 77.

133 Vgl. BArch, MfS, BV KMSt, AIM 626/74, Bl. 11–50. Vgl. Geheimnisträger-Nomenklatur des FZW, 1987; BArch, MfS, BV KMSt, Abt. XVIII Nr. 1246, Bd. 1, Bl. 90–94 sowie BArch, MfS, BV KMSt, AG G Nr. 118, Bl. 34.

134 Haugk, Abt. XVIII, BV KMSt, Beschluss über das Anlegen eines IMS-Vorlaufes, 23.2.1970; BArch, MfS, BV KMSt, AIM 626/74, Bl. 4 f. Autevo ist die Kurzbezeichnung für ein Großforschungsvorhaben zur Automatisierung. Ab Oktober 1969 waren darin die Forschungsstätten verschiedener Kombinate im Verantwortungsbereich des Ministeriums für Elektrotechnik/Elektronik eingebunden. Vgl. Tandler: Visionen einer sozialistischen Großforschung, S. 361–375, hier 366–369.

135 BArch, MfS, BV KMSt, AIM 626/74, Bl. 53; BArch, MfS, BV KMSt, OfS Nr. 109, Bd. 1, Bl. 214–218.

136 Erklärung [Schweigeverpflichtung] des Siegfried Sechs*, 5.6.1970; BArch, MfS, BV KMSt, AIM 626/74, Bl. 10.

»Prisma 2« abzusichern, beispielsweise durch die Beschaffung von Datenverarbeitungsanlagen aus dem NSW.[137]

Im März 1974 musste die Abteilung XVIII auch diese hoffnungsvolle IM-Vorlaufakte auf Weisung des Leiters der Bezirksverwaltung ohne ersichtliche Begründung einstellen und gesperrt im Archiv ablegen.[138] Offensichtlich stand diese Weisung im Zusammenhang mit der wenige Tage später vorgenommenen Erfassung von Dr. Siegfried Sechs* im KGB-Sicherungsvorgang der MfS-Bezirksverwaltung Karl-Marx-Stadt.[139] Von da an gibt es in den Unterlagen des MfS nur noch wenige weiterführende Hinweise. Sie ergeben sich aus dem Schriftverkehr zu diesem Sicherungsvorgang und den dort abgelegten Überprüfungsanfragen anderer Diensteinheiten des MfS. Mit dem Wechsel der Erfassung waren nunmehr die Mitarbeiter des KGB Siwirinow bzw. später Tichonow für Dr. Sechs* »operativ verantwortlich«. Nunmehr erhielten sie – vermittelt über Oberstleutnant Münzner – alle Anfragen anderer Diensteinheiten des MfS und konnten Entscheidungen über Dr. Sechs* maßgeblich beeinflussen. Mit ihren Auskünften an anfragende deutsche Kollegen hielten sie sich sehr zurück. In einer Notiz zu einer Wiederholungsüberprüfung der Abteilung V der HV A/SWT zu Dr. Sechs* wurde zum Beispiel nur knapp vermerkt, Dr. Sechs* unterhalte dienstliche Kontakte in das NSW und führe dorthin Dienstreisen durch. Wenig überzeugend heißt es weiter, deshalb sei »es unzweckmäßig, ihn für die HV A, Abt. V zu nutzen«.[140] Die russischen »Freunde« wollten offensichtlich von seinen Kontakten zu »Gelehrten und Fachleuten« allein profitieren, wie eine Mitteilung des KGB-Offiziers »MA 602« aus dem Jahr 1982 nahelegt.[141] Darin heißt es, der Fachexperte nutze seine Dienstreisen nach Westberlin zum »Zwecke der Durchführung operativer Aufgaben« und verfüge über einen »fiktiven Reisepass«. Interessenkonflikte gab es nicht nur zwischen MfS und KGB, sondern auch bei Dr. Sechs*. Obwohl »MA 602« meinte, seine politische Einstellung sei »positiv« und er sei auch »politisch gut ausgebildet«, wurden im Januar 1982 »die Beziehungen

137 IM-Berichte [über Siegfried Sechs*] sowie Bandabschriften über Gespräche mit IMS-Vorlauf, [2. Halbjahr 1970]; ebenda, Bl. 46–49, 54–71. Unter dem Namen »Prisma 2« konnte 1971 im FHW die erste Fertigungsstraße in Betrieb genommen werden, die im Gegensatz zum herkömmlichen Fließband weitestgehend automatisiert und durch einen Zentralcomputer gesteuert wurde.

138 Rabe, Abt. XVIII, BV KMSt, Beschluss über das Einstellen des IM-Vorlaufes, 22.3.1974; ebenda, Bl. 72 f.

139 Vgl. Anm. 132.

140 BV KMSt, Notiz über Siegfried Sechs* [in russischer Sprache mit Übersetzung], 29.10.1976; BArch, MfS, BV KMSt, OfS Nr. 109, Bd. 1, Bl. 211 f.

141 BV KMSt, Mitteilung des MA 602 im Auftrag von MA 76 [über Siegfried Sechs*], 23.6.1982; ebenda, Bl. 210. Bei dem MA 602 handelt es sich sehr wahrscheinlich um den Mitarbeiter des KGB Oltn. Jurij Nikolajewitsch Smerdow und bei MA 76 um Tichonow, die beide zu dieser Zeit in Karl-Marx-Stadt eingesetzt waren. Vgl. BArch, MfS, BV KMSt, Leiter Nr. 8, Bl. 138, 151, 153, 159, 162, 167, 176, 179, 198.

zu ihm abgebrochen«, denn »er zeigte bei der Arbeit keine Initiative«. Weiter heißt es: »Bei der Lösung der Fragen entwickelte er keine Aktivität und Bereitschaft.«

Es muss sich jedoch nur um eine kurzzeitige Verstimmung gehandelt haben, denn schon im folgenden Jahr bestätigte Tichonow erneut die positive Erfassung von Dr. Siegfried Sechs*. Der Vorgesetzte von Oberstleutnant Münzner fügte ergänzend hinzu, es liege »keinerlei belastendes Material« vor.[142]

Der letzte Hinweis auf die vom KGB als positiv bewertete Verbindung zu Dr. Sechs* stammt aus dem Februar 1986. Es handelt sich um seine Bestätigung als Lieferverordnungs-Kader (LVO-Kader), womit die Verordnung über Lieferungen und Leistungen an die bewaffneten Organe der DDR gemeint sein wird.[143] Er wurde bis zum Ende der DDR für die »Freunde« in der KGB-Dienststelle Karl-Marx-Stadt erfasst.[144]

Eine weitere Erfassung im KGB-Sicherungsvorgang des MfS steht offensichtlich in direktem Zusammenhang mit den Überprüfungen eines weiteren wissenschaftlichen Mitarbeiters, der für NSW-Einsätze vorgesehen war:

Silvio Sieben*

Silvio Sieben* war ab 1979 im Bereich Rationalisierung der technologischen Fertigungsvorbereitung beschäftigt.

Der Zeitpunkt der Erfassung seiner Daten im KGB-Sicherungsvorgang des MfS im Mai 1982 zeigt erneut, dass die »Freunde« scheinbar einen pragmatischeren Umgang in Fragen der politischen Zuverlässigkeit hatten, denn Sieben* wurde für sie erst interessant, nachdem ihn das MfS als Reisekader kurz zuvor abgelehnt hatte.[145] Wahrscheinlich wurde der KGB erst durch die Überprüfungen auf Silvio Sieben* aufmerksam, möglicherweise durch einen Tipp des Kaderverantwortlichen Dieter Drei*. Über seinen Schreibtisch ging zumindest der an das MfS gerichtete Antrag des Forschungszentrums auf Genehmigung des langfristigen Einsatzes des Silvio Sieben* im NSW, den Dieter Drei* befürwortete.[146] Das MfS

142 Richter, BdL, BV KMSt, Auskunft über Erfassung des Siegfried Sechs*, 1./18.7.1983; BArch, MfS, BV KMSt, OfS Nr. 109, Bd. 1, Bl. 204 f.

143 Münzner, BdL, BV KMSt, Bestätigung des Siegfried Sechs* als LVO-Kader durch die »Freunde« [Genossen Tichonow], 6.2.1986; ebenda, Bl. 202 f.

144 Siehe die Erfassung von Siegfried Sechs* in der Auflistung vom 20.11.1989 für Siwirinow, der zur KGB-Dienststelle in KMSt in der zweiten Hälfte der 1980er-Jahre zurückkehrte und zu dem Siegfried Sechs* erneut zugeteilt wurde. BArch, MfS, BV KMSt, SVG XIV/4151/60, Teil III, Bl. 92. Zu Siwirinow siehe auch den Beitrag von Douglas Selvage zur operativen Basis des KGB in der DDR in diesem Band.

145 Vgl. Index zu BArch, MfS, BV KMSt, SiVo XIV 4151/60, Bd. 2, Bl. 21. Der dort genannte Erfassungszeitraum ist der 12.5.1982–13.1.1986.

146 FZW KMSt, Überprüfungsantrag an MfS, 5.6.1981; BArch, MfS, BV KMSt, AP 1067/84, Bl. 3–17, hier 4–7.

lehnte jedoch ab – und zwar wohl begründet. Denn Silvio Sieben* hatte 1975 einen Mitarbeiter der Abteilung XV verärgert, indem er die von diesem angestrebte Zusammenarbeit erfolgreich unterminierte. Wie einem diesbezüglichen Aktenauszug zu entnehmen ist, musste die kurzzeitige und unter einer Legende zustande gekommene Verbindung abgebrochen werden, weil sich Silvio Sieben* innerhalb der Familie und im Betrieb dekonspirierte. Die SED forderte von ihm die Übernahme einer hauptamtlichen Funktion in der Jugendorganisation Freie Deutsche Jugend (FDJ). Er lehnte das mit Verweis auf seine bereits bestehende Zusammenarbeit mit dem MfS »aus Zeitgründen« ab.[147]

Diese bemerkenswert effektive Art des doppelten politischen Entzugs verzieh ihm der mittlerweile zum stellvertretenden Leiter der Abteilung XV aufgestiegene ehemalige Beinahe-Führungsoffizier nicht. Seine ablehnende Haltung zu den Reiseplänen war für die zuständige Abteilung XVIII durchaus nachvollziehbar: Silvio Sieben* sei »politisch ungefestigt« und könne deshalb kein Auslandskader werden. Der Stellvertreter Operativ der BV bestätigte die Begründung, und schließlich lehnte der Leiter der Hauptabteilung XVIII, Generalmajor Alfred Kleine, gegenüber der Kombinatsleitung des FHW den Antrag des Forschungszentrums endgültig ab.[148]

Weshalb Silvio Sieben* dennoch über mehrere Jahre im Sicherungsvorgang der »Freunde« erfasst blieb, ist erklärungsbedürftig. Eine Erfassung während einer Aufklärungsphase, die üblicherweise einer Werbung vorausging, wäre jedenfalls sehr unwahrscheinlich.

Beim nächsten Beispiel handelt es sich um einen »abgelegten« IM der Abteilung XVIII, der ebenfalls langjährig von April 1975 bis Januar 1986 im KGB-Sicherungsvorgang des MfS erfasst war.[149]

Anton Acht*

Der für den Bereich Information und Dokumentation verantwortliche Leiter baute Ende der 1960er-Jahre im Auftrag des Direktors im (Groß-)Forschungszentrum eine Auswertergruppe (AWG) auf, deren Leitung ihm übertragen wurde.[150] Über

147 Rühlig, Abt. XVIII, BV KMSt, Auszug aus Archivakte AP 2563/75 zu Stefan Sieben*, 17.3.1982; ebenda, Bl. 20.

148 Rühlig, Abt. XVIII, BV KMSt, Aktennotiz, 4.3.1982; ebenda, Bl. 99 (Zitat). Herrmann, Abt. XVIII, Vorschlag [an die HA XVIII] zur Ablehnung des Stefan Sieben* als RK-NSW, 23.3.1982; ebenda, Bl. 100–102. GM Kleine, HA XVIII, Ablehnung des Stefan Sieben* als Auslandskader, 7.4.1982; ebenda, Bl. 103 f.

149 Vgl. Index zu BArch, MfS, BV KMSt, SiVo XIV 4151/60, Bd. 1, Bl. 22. Der dort genannte Erfassungszeitraum ist der 9.4.1975–13.1.1986.

150 Vereinbarung zwischen Ministerium für Wissenschaft und Technik, Abteilung Wissenschaftlich-technische Zusammenarbeit (MWT/WTZ 3) und Großforschungszentrum des Werkzeugmaschinenbaues der DDR im VEB WMW Kombinat »Fritz Heckert« (GFZ/WMW),

ihn lief der Kontakt zur Abteilung Wissenschaftlich-Technische Zusammenarbeit im Ministerium für Wissenschaft und Technik (MWT/WTZ 3).[151] Wie bereits erwähnt, wurden dort einem ausgewählten und verpflichteten Forscherkreis »vertrauliche [...] Unterlagen und [wirtschaftspolitische] Informationen« zur Verfügung gestellt, die »dazu beitragen [sollten], die Vergleichsmöglichkeiten hinsichtlich des Weltstandes [...] zu erweitern [...] zur Unterstützung [der] eigenen Querschnitts-F[orschungs]/E[ntwicklungs]-Aufgaben«.[152] Anton Acht* sichtete unter Beachtung des Quellenschutzes die streng geheimen Unterlagen und legte fest, wer sie in welcher Weise weiter auswerten sollte. Er hatte sicherzustellen, dass vor der »Einleitung der volkswirtschaftlichen Nutzung der übergebenen Unterlagen« das MWT/WTZ 3 entsprechend »umgearbeitete Materialien« freigegeben hatte. Denn es galt, eine besondere Form des Urheberschutzes zu wahren: Die »gewonnene[n] Erkenntnisse [waren] im Interesse der DDR zu nutzen, ohne dabei die Kenntnis über das Vorhandensein und die Herkunft der Unterlagen zu offenbaren«. Das galt vor allem für den Schriftverkehr.[153]

Im Oktober 1970 erklärte sich Anton Acht* auf Basis politischer Überzeugung außerdem bereit, den bereits lange bestehenden offiziellen Kontakt zur Abteilung XVIII auch konspirativ als IMS »Neumeister« zu vertiefen.[154] Zuvor hatte er einen heimlich durchgeführten Eignungstest auf Korruption bestanden: Er lehnte die Bitte eines befreundeten Kollegen ab, unter Umgehung der Vorschriften und zulasten des knappen von Anton Acht* verwalteten Valutakontingents eine westdeutsche Zeitschrift zu abonnieren. Allerdings reichte es hierzu, den vermeintlichen Freund auf die Ausleihmöglichkeiten der Bibliothek der hiesigen Technischen Hochschule zu verweisen.[155]

Neben der Kontrolle der Auswerter und des Geheimnisschutzes interessierte sich die Abteilung XVIII für seine beruflichen Kontakte, die er auf Dienstreisen unter anderem nach England knüpfen konnte. Das MfS schätzte ihn als fachlichen

[Kopie, o. D., verm. 1969]; BArch, MfS, BV KMSt, Abt. XVIII Nr. 1256, Bl. 6 f. Zu diesem Zeitpunkt waren 52 Personen für die AWG vorgeschlagen, von denen 25 vom MfS bestätigt wurden. Vgl. Liste der zur Auswertung wissenschaftlich-technischer Unterlagen vorgesehenen Mitarbeiter des GFZ/WMW, [Kopie, o. D., verm. 1969]; ebenda, Bl. 9–11.

151 Vgl. Anm. 41.

152 Arbeitsordnung zur Vereinbarung zwischen MWT/WTZ 3 und GFZ/WMW, [Kopie, o. D., verm. 1969]; BArch, MfS, BV KMSt, Abt. XVIII Nr. 1256, Bl. 1–5, Zitate Bl. 1.

153 Muster einer Verpflichtung zum Umgang mit vertraulichen Unterlagen der Abteilung WTZ 3 des Ministeriums für Wissenschaft und Technik, [Kopie, o. D., verm. 1969]; ebenda, Bl. 8.

154 Roß, Abt. XVIII, BV KMSt, Vorschlag zur Verpflichtung des Kandidaten als IMS, 13.10.1970; BArch, MfS, BV KMSt, AIM 2643/74, Bl. 113–120, [handschriftliche] Verpflichtungserklärung des IMS »Neumeister«, 19.10.1970; ebenda, Bl. 15.

155 BV KMSt, Abt. XVIII, konspirativer Eignungstest, [Sept./Okt. 1970]; ebenda, Bl. 102–106, 121.

Experten.[156] Er lieferte »gute operative Ergebnisse bzw. [erarbeitete] Hinweise zu ausländischen Personen, Firmen, Konzernen und Hochschulen«.[157] Probleme bereitete nur die Durchsetzung des Geheimnisschutzes unter den Bedingungen des real existierenden Sozialismus. Anton Acht* berichtete über Mängel, die der geforderten Konspiration entgegenstanden. Seine 45 Auswerter im GFZ konnten sie nicht gewährleisten, weil mit Ausnahme der Direktoren »kein Mitarbeiter über ein eigenes Arbeitszimmer verfügt und somit die anderen Arbeitskollegen von der Auswertung derartiger Unterlagen Kenntnis erhalten«. Außerdem waren Panzerschränke Mangelware.[158]

Anton Achts* parteiliches Engagement begrenzte allerdings auch bei ihm den geheimdienstlichen Nutzen. Nach vier Jahren der inoffiziellen Zusammenarbeit mit nur mittelmäßigen operativen Ergebnissen kehrte die Abteilung XVIII wieder zu den offiziellen Kontakten zurück. Der IM-Vorgang wurde »wegen ungenügender operativer Perspektive« zu den Akten gelegt, denn dem IM fehle es dazu an »objektiven Möglichkeiten«, da er »als progressiver und zuverlässiger Genosse bekannt« sei – ein logisches wie unauflösliches Dilemma.[159] Es können allerdings auch andere Gründe eine Rolle gespielt haben. Denn kurz zuvor war sein unmittelbar bevorstehender Einsatz im Moskauer Zentrum des RGW für Information und Dokumentation, den er bereits seit Ende des Jahres 1970 angestrebt hatte, überraschend geplatzt.[160] Vielleicht bewirkten Zweifel an seiner fachlichen Kompetenz und Eignung den Karriereknick. Ein IM wies bereits im Februar 1967 auf einen offenkundigen Widerspruch zwischen seiner Leitungsfunktion und seiner mehrfach vom Institutsdirektor gerügten fachlichen Unkenntnis hin, die er auf Achts* offenbar zu großes Engagement für die SED zurückführte.[161] Infolge einer Umstrukturierung im Forschungszentrum war dann bereits 1972 sein Leitungsposten entbehrlich.[162]

Weshalb Anton Acht* nach über einem halben Jahr nach der Beendigung der inoffiziellen Zusammenarbeit mit der Abteilung XVIII dennoch für den KGB

156 Roß, Abt. XVIII, BV KMSt, Beschluss über Anlegen eines IMS-Vorlaufes »Neumeister«, 24.6.1968; ebenda, Bl. 21 f., ders., Vorschlag zur Verpflichtung des Kandidaten als IMS, 13.10.1970; ebenda, Bl. 113–120.

157 Roß, Abt. XVIII, BV KMSt, Auskunftsbericht über Anton Acht*, 10.5.1971; ebenda, Bl. 141–144, Zitat Bl. 142.

158 Roß, Abt. XVIII, BV KMSt, Bericht über die Kontaktierung des IM-Kandidaten, 11.9.1970; ebenda, Bl. 107–111, Zitat Bl. 108.

159 Fischer, Abt. XVIII, BV KMSt, Begründung der Ablage [der Akte im Archiv], 5.9.1974; ebenda, Bl. 157 f., ders., Beschluss zum Einstellen des Vorganges, 10.9.1974; ebenda, Bl. 159 f.

160 Roß, Abt. XVIII, BV KMSt, Bericht über Verpflichtung, 19.10.1970; ebenda, Bl. 123–125, hier 124, Abt. XVIII/Roß, Vorschlag zur weiteren Nutzung des IMS »Neumeister« [als IMK], 2.4.1974; ebenda, Bl. 148.

161 Bericht des IM »Feldmann«, 5.2.1967 [Abschrift]; ebenda, Bl. 67–69.

162 Fischer, Abt. XVIII, BV KMSt, Auskunftsbericht über Anton Acht*, 17.6.1974 [Kopie]; ebenda, Bl. 149–152.

interessant wurde und dieser ihn bis Januar 1986 für sich erfassen ließ, ist nicht bekannt.

Bei dem letzten Beispiel handelt es sich um einen vom MfS aus einem langfristigen Einsatz aus Syrien abberufenen Reisekader des Forschungszentrums.

Norbert Neun*

Norbert Neun* war als Experte ab September 1975 in Syrien tätig. Das MfS erhielt Hinweise darauf, dass Norbert Neun* dort vertrauliche Kontakte mit der Gegenseite aufgebaut haben soll, die er nicht weisungsgemäß gemeldet habe. Der darauf von der HV A begründete Spionageverdacht führte zu seiner Abberufung.[163] Auch Norbert Neun* konnte jedoch zumindest zeitweise auf die Unterstützung durch den »großen Bruder« bauen. Der KGB ließ ihn nur einen Monat nach seiner unfreiwilligen Rückkehr in die DDR im August 1977 für sich in »seinem« Sicherungsvorgang beim MfS erfassen und das mit klarer Zielvorgabe.[164] Wenige Tage später erfolgte »aufgrund der Erfassung für die »Freunde« [...] die Weisung [vermutlich durch den Leiter der Bezirksverwaltung, Generalmajor Gehlert – CJ], den Neun* ohne Aufklärung als NSW-Reisekader zu bestätigen«. Ohne auf die Bedenken der HV A hinsichtlich der angezweifelten Loyalität und weiterer Kritikpunkte gegen Norbert Neun* einzugehen, folgte zu Beginn des nächsten Jahres zusätzlich die Weisung des Stellvertreters Operativ, keine weiteren Maßnahmen gegen Neun* zu veranlassen.[165]

Als er Mitte 1985 erneut für NSW-Reisen gesperrt wurde, ging er selbstbewusst gegen die Entscheidung vor, zumal derartige Entscheidungen generell nicht begründet werden mussten und er den maßgeblich zugrundeliegenden Bezug zu seinem Syrien-Einsatz somit nur erahnen konnte.[166] Offensiv betonte er im Arbeitsbereich, »er hätte einflussreiche ›Freunde‹, welche ihm Unterstützung und Hilfe gewähren würden. Es wäre ein ›Personenkreis‹, der in der Lage ist, seinen Einsatz als NSW-Reisekader zu ermöglichen.« Er habe »große Hoffnung, [...] bald wieder als NSW-Reisekader tätig zu werden«, könne jedoch aus Konspirationsgründen keine weiteren Nachfragen beantworten.[167] Norbert Neun* ging als

163 HV A/IX/B, Abschlußeinschätzung über »›Rest‹« [Norbert Neun*], 26.10.1977; BArch, MfS, BV KMSt, 1817/86 OPK »Rest«, Bd. 1, Bl. 44–49.

164 Vgl. Index zu BArch, MfS, BV KMSt, SiVo XIV 4151/60, Bd. 1, Bl. 36. Der dort genannte Erfassungszeitraum ist der 14.9.1977–26.4.1985. Die Erfassung erfolgte wahrscheinlich für Tichonow.

165 BV KMSt, Abt. XVIII, Operative Fakten zu Norbert Neun*, 13.6.1985; BArch, MfS, BV KMSt 1817/86 OPK »Rest«, Bd. 1, Bl. 41.

166 Herrmann, Abt. XVIII, BV KMSt, [bestätigter] Vorschlag zur Ablehnung [des Norbert Neun*] als NSW-Reisekader, 4.7.1985; ebenda, Bl. 110 f.

167 Hofmann, Abt. II, BV KMSt, Information eines IM, 10.9.1985; ebenda, Bl. 168.

Abb. 13: Siegfried Gehlert (l.), Leiter der MfS-Bezirksverwaltung Karl-Marx-Stadt, mit dem KGB-Verbindungsoffizier beim MfS Berlin, Oberst Walerij Popow, im Kreis Marienberg (Erzgebirge), Februar 1972. Von Januar bis November 1989 fungierte Popow als KGB-Verbindungsoffizier bei der BVfS KMSt.

ehemaliger Propagandist der SED so wahrnehmbar vor, dass die Abteilung XVIII im Juli 1986 sogar die bestehende Reisesperre in eine operative Personenkontrolle münden ließ, also eine Überwachungsakte zu ihm anlegte.[168] Der alte Spionagevorwurf wurde angereichert durch weitere Verdachtsmomente, die im Zusammenhang mit seinen nachfolgenden Einsätzen in Südostasien standen. Weiterhin unterstellte man ihm diverse verschwiegene Kontakte in das NSW, unter anderem zu republikflüchtigen ehemaligen Kollegen.[169] Im Einleitungsbericht der operativen Personenkontrolle (OPK) wird zwar auf die bis zum April 1985 existierende Erfassung für den KGB hingewiesen, jedoch bestand angeblich laut »operativer Auskunft [...] zu Neun* kein Kontakt« seitens des KGB.[170] Das ist nicht nachvollziehbar, denn der KGB hatte beispielsweise Neuns* Reisen nach Südostasien aktiv durchgesetzt. Das wirft die Frage auf, ob es sich um eine Fehlinformation infolge von Kommunikationsproblemen handelte oder der Kontakt schlicht verleugnet oder gegenüber den deutschen Kollegen konspiriert werden sollte. Die nachfolgenden Auskünfte der »Freunde« über die tatsächlichen Kontakte zu Norbert Neun* blieben jedenfalls widersprüchlich.

So fragte der Leiter der BV Karl-Marx-Stadt Gehlert den russischen Verbindungsoffizier Jurij Wasil'ewitsch Medwedew, ob Norbert Neun* die verdächtigen Kontakte in Syrien gegebenenfalls im Auftrag des KGB unterhielt und verwies auf die Erkenntnisse der HVA zu Neun*.[171] Medwedew antwortete erst ein halbes Jahr später nach einer wiederholten Anfrage. In den Speichern des KfS seien dazu keine Informationen vorhanden. Die Kontaktaufnahme zu Norbert Neun* sei erst nach dessen Syrieneinsatz erfolgt.[172] Weshalb genau der KGB ihn 1977 in das NSW schicken wollte, steht nicht in den Akten. Neun* musste sich jedenfalls mit seiner erneut verhängten NSW-Reisesperre abfinden, vielleicht weil er sich mit seinem Widerstand dagegen zu sehr dekonspirierte. Nach der Streichung des ersten Buchstabens blieben ihm immerhin die anderen beiden. Er war fortan als sogenannter »Marktbearbeiter SW [Sozialistisches Wirtschaftsgebiet]« zuständig für Verhandlungen mit der Sowjetunion. Mitte 1989 stellte das MfS die operativen Maßnahmen gegen Norbert Neun* ergebnislos ein, nachdem er den Betrieb verlassen hatte.[173]

168 Richter, Abt. XVIII, BV KMSt, Einleitungsbericht zur OPK »Rest«, 1.7.1986; ebenda, Bl. 4–8.

169 Ebenda; Richter, Abt. XVIII, BV KMSt, Übersichtsbogen zur operativen Personenkontrolle »Rest«, 4.7.1986; ebenda, Bl. 2, Richter, Abt. XVIII, Auskunftsbericht zu Neun*, 19.6.1986; ebenda, Bl. 9–12.

170 Richter, Abt. XVIII, BV KMSt, Einleitungsbericht zur OPK »Rest«, 1.7.1986; ebenda, Bl. 4–8, Zitat Bl. 7.

171 Gehlert, Anfrage an VO Medwedew zu Kontakten des Norbert Neun*, 6.11.1986; ebenda, Bl. 99–101. Erstanfrage vom 7.7.1986; ebenda, Bl. 14.

172 Medwedew, Auskunft an GM Gehlert über Norbert Neun*, 30.12.1986; ebenda, Bl. 102.

173 Abt. XVIII, BV KMSt, Abschlußbericht zur OPK »Rest« [handschr. Entwurf], 12.7.1989; ebenda, Beiakte, Bl. 1 f.

Zusammenfassung und Fazit

Das Beispiel des Forschungszentrums im Werkzeugmaschinenkombinat »Fritz Heckert« Karl-Marx-Stadt (Chemnitz), einer wirtschaftlich bedeutsamen wissenschaftlichen Einrichtung des Werkzeugmaschinenbaus der DDR, ermöglicht anhand der Unterlagen des Staatssicherheitsdienstes Einblicke in ein konfliktträchtiges Neben-, Mit- und Gegeneinander von MfS und KGB auf der Ebene einer Bezirksverwaltung des MfS.

Das zentrale Interesse beider Geheimdienste bestand in dem offensichtlich eigennützigen Bestreben, über Spionage am wissenschaftlich-technischen Fortschritt auf Weltstandsniveau teilzuhaben. Das bedeutete für beide eine klare Ausrichtung auf das sogenannte kapitalistische Ausland beziehungsweise das nichtsozialistische Wirtschaftsgebiet (NSW). Vor diesem Hintergrund bewerteten die sowjetischen »Freunde« sicherheitspolitische Interessen jedoch nicht mit der gleichen Priorität wie ihre deutschen Partner (Beispiele Zacharias Zwei*, Norbert Neun*). Zweifel an der politischen Loyalität und der Zuverlässigkeit von Mitarbeitern des Forschungszentrums, die beim MfS zu Distanzierungen bis hin zu operativen Maßnahmen führten, waren für den KGB kein zwingendes Hindernis für eine Kooperation mit diesen Personen. Die geheimen Partner des KGB im Forschungszentrum profitierten nicht nur vom protegierten Zugang zu Reisen in das NSW und der bevorzugten Genehmigung wichtiger wissenschaftlicher Kontakte, sondern auch vom Schutz des »großen Bruders« vor den operativen Maßnahmen des MfS sowie vor disziplinarischen Maßnahmen der Betriebsleitung (Beispiele Dr. Zacharias Zwei*, Dieter Drei*, Dr. Ferdinand Fünf*).

Weiterhin zeigt das Fallbeispiel des Forschungszentrums, wie sich die Verbindungsoffiziere des KGB zum eigenen Vorteil am IM-Netz des MfS bedienten, wobei sie sich nicht auf ehemalige IM beschränkten, deren Akten bereits archiviert waren (wie zum Beispiel Professor Emil Eins*, Anton Acht*). Wie das Beispiel Dr. Volker Vier* zeigt, konnten selbst aktive Gegenmaßnahmen des MfS die Übernahme wertvoller IM nicht verhindern. Zur Rekrutierung und Aufklärung der sie interessierenden Personen nutzten die Verbindungsoffiziere des KGB einen leitenden Mitarbeiter der Kaderabteilung des Forschungszentrums, der Zugang zu den Personalakten hatte und maßgeblich am Genehmigungsverfahren bei Dienstreisen in das NSW beteiligt war. Entgegen den wirtschaftlichen Interessen seines Arbeitgebers und diesbezüglichen rechtlichen Verpflichtungen verschaffte dieser Mitarbeiter dem KGB so einen exklusiven Zugang zu geheimen Forschungsergebnissen und ermöglichte Einblicke in sonstige sensible Betriebsinterna. Darüber hinaus fungierte dieser leitende Kadermitarbeiter – offensichtlich vom KGB vor strafrechtlicher Verfolgung geschützt – im Forschungszentrum nicht nur als Verbindungsmann zum KGB, sondern darüber hinaus als faktischer Führungsoffizier gegenüber den mit seiner Hilfe rekrutierten NSW-Reisekadern.

Weil die Unterlagen des KGB nicht zugänglich sind, bleiben die konkreten Details der Informationsgewinnung und die konkrete Verwendungsbreite im Dunkeln.

Die Verbindungsoffiziere des KGB nahmen bei der Durchsetzung ihrer Interessen Konflikte mit dem MfS in Kauf. Diese wurden wohl eher nicht kommuniziert oder in einem geregelten Verfahren ausgetragen. In den hier ausgeführten Beispielfällen wurden sie kurzfristig ohne dokumentierte Begründungen oder Abwägungen der unterschiedlichen Interessen vom Leiter der MfS-Bezirksverwaltung zugunsten des KGB durchgesetzt.

Der KGB schirmte seine Zuträger innerhalb des MfS ab und bediente sich in der Zusammenarbeit mit ihnen selbst gegenüber dem MfS konspirativer Mittel. Dieses Vorgehen wurde von der Leitungsebene der BV Karl-Marx-Stadt gedeckt und hingenommen, die sich insofern den Interessen des KGB ohne erkennbare Widerstände beugte. Erfassungen von Personen, mit denen der KGB zusammenarbeitete oder mit denen eine Zusammenarbeit beabsichtigt war, erfolgten in der MfS-Bezirksverwaltung Karl-Marx-Stadt in einem unter besonderen Geheimhaltungsregeln geführten Sicherungsvorgang. Wie das Beispiel veranschaulicht, war selbst den für das Forschungszentrum operativ zuständigen Diensteinheiten des MfS nicht bekannt, welche Personen konkret mit welchen Aufträgen und in welcher Weise für den KGB arbeiteten. Dass die Erfassung im KGB-Sicherungsvorgang des MfS jedoch nicht zwingend für die Kooperation mit dem KGB erforderlich war, zeigt der Fall des Kadermitarbeiters Dieter Drei*, ebenso wie die in den Karteien des MfS und im Index des KGB-Sicherungsvorgang nicht mehr nachweisbaren Erfassungen von Dr. Volker Vier* und Dr. Ferdinand Fünf*. Andererseits deutet eine langfristige, insbesondere »positive« Erfassung im Sicherungsvorgang auf eine Zusammenarbeit hin, wenngleich diese Erfassung kein eindeutiger Beleg dafür ist (Beispiele Dr. Zacharias Zwei*, Dr. Siegfried Sechs*, Silvio Sieben*, Anton Acht*). Im Vorfeld der Überprüfung sogenannter IM-Kandidaten erfolgten ohne deren Wissen häufig mehrmonatige Erfassungen, ohne dass eine Anwerbung zustande kam. Daher müssen Erfassungen in Sicherungsvorgängen für den KGB im Einzelfall geprüft werden, soweit das anhand der fragmentarisch überlieferten und verfügbaren Akten hinreichend möglich ist.

Das Forschungszentrum Werkzeugmaschinenbau ist ein Beispiel dafür, dass der KGB und das MfS in wirtschaftlicher Hinsicht miteinander konkurrierten und wie sie mit konspirativen Mitteln eigennützige Interessen verfolgten, wobei im Konfliktfall der KGB dominierte. Die neben dem MfS im Forschungszentrum verankerte geheimdienstliche Parallelstruktur verdeutlicht das systematische Vorgehen des KGB.

Matěj Kotalík

»Eine Geburtsurkunde ist vorhanden.«

Die Kooperation des KGB, des MfS und ihrer osteuropäischen Partnerdienste bei der Legalisierung von West-Agenten

Die Arbeit der sogenannten Illegalen außerhalb der Sowjetunion bis 1945 war einer der Eckpunkte der späteren Traditionspflege des sowjetischen Geheimdienstes. Wie Christopher Andrew und Wasilij Mitrochin darlegen, hatten »[d]ie ›Illegalen‹ […] innerhalb des KGB eine beinah mystische Stellung erlangt«.[1] Solche Agenten beziehungsweise »großen Illegalen« wie Arnold Deutsch oder der (auch öffentlich gefeierte) Richard Sorge bildeten mit ihren Erfolgen in den 1930er-Jahren auch die Messlatte für die aktuelle Arbeit des MGB/KGB[2] nach dem Zweiten Weltkrieg, die jedoch – sei es mangels ideologischer Festigkeit der Kandidaten oder aufgrund von schwierigeren Arbeitsbedingungen – weitgehend unerreicht blieb.[3] Ein Bereich, in dem der sowjetische Geheimdienst nach 1945 seine infrastrukturellen Möglichkeiten erweitern und sein operatives Know-how unter Beweis stellen musste, war die Ausstattung seiner im Westen eingesetzten Agenten mit falschen Ausweispapieren oder mit Identitäten lebender oder gestorbener Doppelgänger, einschließlich einer belastbaren Legendierung. Es ging also darum, von vornherein falsche Fährten zu legen und wahre Identitäten zu verschleiern. Diese Methode der Irreführung bezeichnete der KGB mit dem harmlosen, sachlich und korrekt klingenden Begriff der »Dokumentation«. Aus der rechtsstaatlichen Perspektive von heute sowie aus Sicht der Betroffenen betrachtet, ließe sich dieses geheimdienstliche Vorgehen vermutlich besser mit weniger wertfreien Begriffen wie Identitätsmissbrauch oder Identitätsdiebstahl umschreiben.

Schon in Zeiten des Kalten Krieges und der deutschen Teilung sowie im Zuge der publizistischen, juristischen und historischen Aufarbeitung der MfS-Tätigkeit nach 1990 wurde diesem Aspekt der Aufklärungsarbeit einige Beachtung geschenkt.

1 Andrew; Mitrochin: Das Schwarzbuch des KGB, S. 18.

2 Unter den Vorgängern des KGB war das sowjetische Ministerium für Staatssicherheit (*Ministerstwo Gossudarstwennoi Besopasnosti,* MGB) von 1946 bis 1953. Für einen kurzen Zeitraum, 1953–1954, wurde das MGB als Staatssekretariat ins Ministerium des Innern der UdSSR eingegliedert. Wenn hier von MGB/KGB geredet wird, geht es um die sowjetische Staatssicherheit im Allgemeinen seit 1946.

3 Zur Bedeutung und Vorbildrolle der »großen Illegalen« vgl. Andrew; Mitrochin: Das Schwarzbuch des KGB, S. 65, 236, 247, 385 f., 666 f.

Als Beispiele seien die Sachbücher des Publizisten Friedrich-Wilhelm Schlomann oder des langjährigen Richters bei vielen bundesdeutschen Spionageprozessen Klaus Wagner erwähnt. Schlomanns Arbeiten erklären die seinerzeit üblichen Methoden und Techniken der Identitätstäuschung und Dokumentenfälschung und deren große infrastrukturelle Bedeutung für die Spionagearbeit, beschreiben aber auch die diesbezüglichen »Pannen«. Wagners Buch gewährt einzelfallbezogene Einblicke in Agentenbiografien und Legalisierungsverfahren, die er in seiner Richterfunktion beim 5. Strafsenat des Oberlandesgerichts Düsseldorf von 1977 bis 1995 analysieren und rekonstruieren konnte. Auch Studien, die in der Forschungsabteilung der Stasi-Unterlagen-Behörde entstanden, behandelten die Bedeutung von Falschidentitäten, Doppelgängern und Legendierungen als Arbeitsmethode des MfS. Zu nennen sind hier die an der institutionellen und normativen Ebene orientierten Arbeiten von Helmut Müller-Enbergs, die den Aufbau und die Aufgabenteilung der zuständigen Referate innerhalb der HVA beschreiben und das umfangreiche Regelwerk des MfS im Umgang mit »seinen« Übersiedlungs-IM analysieren, ebenso wie die eher praxeologisch ausgerichtete Monografie von Georg Herbstritt zu den Protagonisten der MfS-Westarbeit (»West-IM«), ihren Biografien und Spionagemotiven, die sich zwar knapp der Nutzung von Übersiedlungen und Doppelgänger-Identitäten widmet, aber diejenigen Geheimdienstler, die unter fremder oder falscher Identität im Westen agierten, in die eigene empirische Auswertung nicht mit einbezieht.[4]

Für die systematische Bereitstellung von Falschidentitäten für Spione des KGB gilt wie auch für andere Spezialthemen, dass die Entstehungszeit der ersten damit befassten Standardwerke auch ihre Blindstellen mitbestimmt. Jene Enthüllungsfälle, die in die Arbeiten Schlomanns oder Wagners eingeflossen sind, bilden nur die Spitze eines Eisbergs. Die betreffenden Agenten mit ihren Falschidentitäten sind sichtbar und bekannt geworden, weil sie im Westen enttarnt wurden und man ihnen ihre Spionagetätigkeit gerichtsfest nachweisen konnte. Diese Fälle prägen unser Bild, doch der weitaus größere Teil der für den KGB aktiven Agenten mit Falschidentität wurde wohl nie enttarnt. Die Interna des KGB liefern daher die »andere Seite der Medaille« und ergänzen die Gesamtmenge zum einen um diejenigen, die unentdeckt und ungestört blieben, die vor einer drohenden Enttarnung rechtzeitig abgezogen wurden oder sich absetzten, Verschwiegenheit bewahrten

4 Schlomann, Friedrich-Wilhelm: Operationsgebiet Bundesrepublik. München 1984, insbes. S. 109–117, 134–136 u. 254–257; ders.: Die Maulwürfe. München 1993, insbes. S. 125–127, 187 f.; Wagner, Klaus: Spionageprozesse. Brühl bei Köln 2000, insbes. S. 36–40, 70–74, 95–99, 149 f., 196–198; Müller-Enbergs: Hauptverwaltung A (HVA), insbes. S. 113–115, 122–127; ders. (Hg.): Inoffizielle Mitarbeiter. Teil 2, insbes. S. 142–151, 214–216, 373, 442, 669–673; Herbstritt: Bundesbürger im Dienst der DDR-Spionage, insbes. S. 180–183; exemplarisch zur operativen Verwendung von Falschidentitäten vgl. Müller-Enbergs, Helmut: Die drei Leben des Eberhard Lüttich. Wie sich Suhl in das Geschichtsbuch der Weltspionage eintrug. In: Horch und Guck 15 (2006) 3, S. 1–5.

und mangels Beweises entlassen wurden, zum anderen um Legalisierungswege, auf die trotz minutiöser Vorbereitung und operativen Aufwands aus verschiedenen Gründen schon vor dem eigentlichen Einsatz verzichtet wurde. Auch wenn der Einblick ins Mitrochin-Archiv den bisherigen Forschungsstand auf diesem Spezialgebiet nicht revolutioniert, so kann er doch die bisher bekannte Spannbreite an Legalisierungswegen der West-Agenten um einiges verfeinern oder ergänzen.

Von diesem Erkenntnisstand ausgehend, befasst sich der Aufsatz mit zwei Forschungsfragen:

1. Welche Arbeitsteilung zwischen MfS und MGB/KGB gab es bei den Legalisierungsvorgängen und der Schaffung von Identitäten – einschließlich der Zuarbeit anderer Ostblockländer oder der Arbeit auf deren Territorium?
2. Welche neuen auf Deutschland bezogenen Schemata dieser Identitäts(be)-schaffung und Legalisierung erschließt uns das Mitrochin-Archiv über die seit den 1990er-Jahren bekannten »Strickmuster« hinaus?

Im ersten Teil des Aufsatzes wird – eher allgemein – primär anhand der einschlägigen, auf Deutschland bezogenen Erwähnungen im Mitrochin-Archiv die Arbeitsteilung zwischen dem KGB der UdSSR, dem MfS der DDR und eventuell weiteren Partnerdiensten auf dem Gebiet der Schaffung von Identitäten (»Legalisierung«) für die »Illegalen« (Übersiedlungs-IM) analysiert. Die MfS-Akten werden hierfür ergänzend und illustrativ herangezogen. Im zweiten Teil wird – eher personenbezogen – im Abgleich der Einträge im Mitrochin-Archiv mit den MfS-Akten eine Typologie aufgebaut, die veranschaulicht, welche Schemata die Geheimdienste anwendeten, um aus einer mehr oder weniger erfundenen Biografie eine offiziell und amtlich anerkannte Identität zu schaffen – also einen Agenten zu »legalisieren«. Das reichte von lebendigen und toten Doppelgängern über Mischvarianten mit meist oder teils authentischen Daten bis hin zu ganz fiktiven Identitäten. Die Forschungsergebnisse sollen zum einen den bisherigen Forschungsstand über das MfS durch das Einbeziehen der KGB-Ersatzüberlieferung im Mitrochin-Archiv erweitern (und somit z. B. die bruchstückhafte Aktenüberlieferung der HVA kompensieren), zum anderen sollen sie die bestehenden Forschungslücken der umfangreichen Publikation von Andrew und Mitrochin schließen, da die Autoren einige der auf Deutschland bezogenen »Illegalen« des KGB unberücksichtigt oder die Vorgehensweisen bei der Legalisierung außer Acht gelassen haben.

Begriffsklärung

Da die Ersatzüberlieferung des sowjetischen KGB im Mitrochin-Archiv den Ausgangspunkt der Quellensichtung für den vorliegenden Aufsatz bildet, wird im Folgenden vorwiegend der sowjetische Begriff »Illegale« verwendet. Um die Unterschiede zwischen dem KGB- und dem MfS-Sprachgebrauch zu erklären, sind eingangs einige terminologische Vorbemerkungen angebracht. Das seinerzeit KGB-interne, später von Wasilij Mitrochin selbst edierte und in englischer Übersetzung erschienene Wörterbuch der Aufklärung unterschied zwischen *»Illegalen«* (*»Nelegal«*) und *»Illegal-Agenten«* (*»Agent-nelegal«*). Ein Illegaler wurde in diesem KGB-Lexikon als »[a] specially trained individual (an intelligence officer or agent) who lives under instructions from Intelligence [...] in a specified country with identity documents containing new assumed identifying particulars; [...] thereby creating the conditions for conducting intelligence from illegal positions« definiert. Ein Illegal-Agent hieß dort: »A specially selected and trained agent supplied by Intelligence with foreign identity documents with particulars selected for him [...] and settling on the basis of these documents in a target country [...] in order to carry out intelligence assignments.« Auch wenn diese Definitionen zum Teil mehr Professionalität und Selbstständigkeit beim Illegal-Agenten erahnen lassen (speziell selektierte Kandidaten; eigenes Ausführen geheimdienstlicher Aufträge statt bloß den Boden dafür vorzubereiten), sind Spezialausbildung, befehlsmäßige Aufklärungsgebundenheit und Wirken im Ausland unter fremden Personalien und Papieren die verbindenden Elemente.[5] Die oben zitierte Definition ist jedoch nicht exklusiv. Eine in Mitrochins Abschrift überlieferte Aufgabenstellung der illegalen Aufklärung für das Jahr 1966 differenzierte die Kategorien zum einen nach Staatsbürgerschaft, zum anderen nach Personalien und Papieren. Unter *»Illegalen«* (*»nelegalii«*) verstand sie KGB-Operativmitarbeiter, die zwar Sowjetbürger sind, aber *»als Ausländer getarnt«* (*»pod widom inostranzew«*) ausgeschleust werden. Einen *»Illegal-Agenten«* (*»agent-nelegal«*) definierte sie als tatsächlichen Ausländer, dessen Ausschleusung *»unter legendierten Dokumenten«* (*»po legendirowannym dokumentam«*) bewerkstelligt wird. Die Restkategorie der »Spezial-Agenten« definierte sie durch ihr Wirken unter eigenen Dokumenten und echten Personalien.[6] Die Abschrift eines Befehls über die Gründung des deutschen Abschnitts der für die Illegalen zuständige Verwaltung »S« der Ersten (auch I.) Hauptverwaltung des KGB von 1972 im Mitrochin-Archiv geht in eine ähnliche Richtung, indem sie folgende knappe Unterscheidung zwischen Spezial- und Illegal-Agenten gibt: »Wenn ein auf entsprechende Weise ausgebildeter Agent unter seinen eigenen Papieren tätig ist, dann ist es ein Spezialagent, wenn unter anderen, fremden Papieren, dann ist es ein Illegal-Agent.«[7] Im Sprachgebrauch des MfS bezog sich der Begriff »Illegale« vorwiegend auf die tschekistische Traditionspflege und auf sowjetische Aufklärer vor 1945. Bei DDR-Bürgern, die vom MfS als Agenten ins Operationsgebiet eingeschleust wurden, war anstatt von Illegalen vielmehr von »Übersiedlungs-IM« die Rede. Die mit der Militärspionage betraute Hauptabtei-

5 Mitrokhin, Vasili (Hg.): The KGB Lexicon. The Soviet Intelligence Officer's Handbook. London, Portland 2002, pp. 6 (Eintrag *Agent-nelegal – illegal agent*), 74 (Eintrag *Nelegal – an illegal*).

6 MITN 2/9/2, Bl. 127, Eintrag 471.

7 MITN 2/18, Eintrag 478, Bl. 130.

lung I (HA I) hatte ihre eigene Terminologie und sprach in solchen Fällen eher von »Spezialkadern« (SK).[8] Eine unterschiedliche Bedeutung im Sprachgebrauch von KGB und MfS hatte auch der Begriff »Doppelgänger«. Beim KGB bezeichnete der »Doppelgänger« (auf Russisch *»dwojnik«*) den Menschen, dessen biografische Daten der KGB oftmals ohne Wissen des Betreffenden benutzte, um damit einem »Illegalen« eine neue Identität zu geben. Zutreffender wäre es allerdings gewesen, wenn der »Illegale« als Doppelgänger bezeichnet worden wäre, denn der »Illegale« war ja derjenige, der als Doppelgänger einer realen Person aufgebaut wurde. Das MfS belegte den Begriff des Doppelgängers mit der eher zutreffenden Bedeutung: der reale Mensch, dessen Identität man für einen Agenten verwendete, galt als der »unfreiwillige Identitätsspender«, während der Übersiedlungs-IM, der mit den biografischen Daten des »unfreiwilligen Identitätsspenders« in den Westen reiste, als der Doppelgänger galt. Im Folgenden wird der Begriff des Doppelgängers in der vom KGB verwendeten Bedeutung gebraucht.

Arbeitsteilung der Ostblock-Geheimdienste bei den Legalisierungsvorgängen

Das geteilte Deutschland unter den Bedingungen des Kalten Krieges hatte als Terrain für die Legalisierungsarbeit des KGB und seiner Partnerdienste zwei greifbare Vorzüge. Erstens gab es in der DDR bis 1961 mit Berlin eine noch durchlässige Grenze zum Westen und einen großen Flüchtlingsstrom, was auch operative Schleusungen im geheimdienstlichen Auftrag leichter machte.[9] Zweitens war sie durch die Bundesrepublik der einzige Ostblockstaat, in dem man bei der Überwindung des Eisernen Vorhangs nicht zugleich auf eine sprachliche

8 Zum MfS-Gebrauch des Begriffs »Illegaler« vgl. exemplarisch die Memoiren des Lehrers und Leiters der Schule des Instituts für Wirtschaftswissenschaftliche Forschung (IWF), der Ausbildungsstätte des Vorgängers der späteren HVA: Hanke, Erich: Erinnerungen eines Illegalen. Berlin [Ost] 1974, wo es jedoch mehr um kommunistische Untergrundtätigkeit und weniger um Aufklärungsarbeit im engeren Sinne geht. Zu Hanke siehe auch Müller-Enbergs: Hauptverwaltung A, S. 32, 267; ders.: Die Nachrichtendienstschule. Der I. Kursus der Schule des Instituts für Wirtschaftswissenschaftliche Forschung (IWF). Berlin 2006, S. 22, 31 f., 51. Zum Begriff »Übersiedlungs-IM« vgl. Müller-Enbergs (Hg.): Inoffizielle Mitarbeiter. Teil 2, S. 143–149, 373 (Dok. 6). Zum Begriff »Spezialkader« (SK) vgl. exemplarisch BArch, MfS, HA I Nr. 1621; BArch, MfS, HA I Nr. 5963; BArch, MfS, HA I Nr. 18385. Im MfS-Abkürzungsverzeichnis wird der Terminus »Spezialkader« (SK) lediglich der Verwaltung Aufklärung des Ministeriums für Nationale Verteidigung zugeordnet, auch im MfS-Handbuch wird er im Kontext der HA I und ihrer inoffiziellen Mitarbeiter nicht gesondert erfasst und erwähnt. – Vgl. BStU: Abkürzungsverzeichnis, S. 70, 79; Wolf, Stephan: Hauptabteilung I: NVA und Grenztruppen (BStU, MfS-Handbuch). Berlin [2]2005, S. 44–47, 92–94, 101.

9 Vgl. Andrew; Mitrochin: Das Schwarzbuch des KGB, S. 535, 667.

Barriere stieß.[10] Diese Konstellation prädestinierte die Rolle der DDR in der geheimdienstlichen Arbeitsteilung: Sie diente als Drehscheibe zum Operationsgebiet, ihr Territorium wurde vorrangig zur Ausbildung von Agenten und zu ihrer Ausstattung mit Dokumenten genutzt.[11]

Bevor die Arbeitsteilung zwischen MfS und MGB/KGB im Legalisierungsbereich thematisiert wird, ist der Hinweis angebracht, dass sowohl das MfS als auch die KGB-Vertretung in der DDR über spezialisierte Abteilungen verfügten, die die Aufgaben der »Dokumentation« (hier: Ausstattung von Illegalen mit fremden oder gefälschten Dokumenten) durchführten. Insbesondere in der Hauptverwaltung A (HVA, Aufklärung) des MfS entstanden spezialisierte Referate, die Personen-Grunddaten sammelten, Pässe und Urkunden in Ost und West beschafften oder fälschten und die sich um die Übersiedlung von DDR-IM unter falschen Identitäten und deren legal erscheinende Wohnsitznahme in der Bundesrepublik kümmerten.[12] In technischen Aspekten wurden sie von der Abteilung Operativtechnischer Sektor (OTS) unterstützt.[13] Bei der KGB-Vertretung in der DDR war für die Legalisierungsaufgaben deren Dritte Abteilung zuständig, innerhalb dieser Dritten Abteilung dann wiederum der Dritte Abschnitt. Den Stellenwert dieses Bereichs vermitteln die von Mitrochin erwähnten Mitarbeiterzahlen: während der 1. bis 2. Abschnitt und der 4. bis 8. Abschnitt jeweils in der Personalgröße zwischen zwei Mitarbeitern (8. Abschnitt) und neun Mitarbeitern (7. Abschnitt) rangierten, erweist sich der Dritte Abschnitt für Legalisierungen (»Dokumentation«) mit insgesamt 18 Operativmitarbeitern als derjenige, der die meisten Arbeitskräfte band.[14]

Die Sonderrolle des geteilten Deutschlands zeigt sich im Bereich der Legalisierung von »Illegalen« des KGB schon rein proportional, setzt man die auf Deutschland bezogenen Vorgänge ins Verhältnis zu den übrigen Tätigkeitsgebieten des KGB. Einige (wenn auch für das Gesamtbild fragmentarische) Aufzeichnungen Mitrochins vermitteln hierin einen Einblick. 1954 konnte die zuständige Abteilung der Verwaltung »S« des KGB im »Hauptgegnerland« USA auf 13 Agenten für »Dokumentation« zählen, in Kanada waren es 10 und in Großbritannien 12. Im damaligen Österreich waren es dagegen 28 Agenten und in der Bundesrepublik und in der DDR jeweils 24 (!).[15] Ähnliche Proportionen sind noch ein Jahrzehnt

10 Vgl. Schlomann: Operationsgebiet Bundesrepublik, S. 24; Müller-Enbergs (Hg.): Inoffizielle Mitarbeiter. Teil 2, S. 22.

11 MITN 1/7, Bl. 25.

12 Müller-Enbergs: Hauptverwaltung A, S. 30, 33 f., 113–115, 123–125. Vgl. ders. (Hg.): Inoffizielle Mitarbeiter. Teil 2, S. 214–216.

13 Müller-Enbergs: Hauptverwaltung A, S. 113, 124; Wiedmann, Roland: Die Diensteinheiten des MfS 1950–1989. Eine organisatorische Übersicht. Berlin 2012, S. 160–167. Vgl. BArch, MfS, OTS Nr. 2439, Bericht über durchgeführte Arbeiten [1960], Bl. 17 f.

14 MITN 2/27, Bl. 40.

15 MITN 1/6/2, Bl. 147. Vgl. auch Andrew; Mitrochin: Das Schwarzbuch des KGB, S. 236, 741, Anm. 10.

später festzustellen: 1966 zählte der KGB unter insgesamt 63 Personen in der Legalisierung (*»[n]a dokumentazii«*) zwölf *»Anglo-Amerikaner«* (*»anglo-amerikanzew«*), während die Anzahl der *»Austro-Deutschen«* (*»awstro-germanzew«*) – wohl als Österreicher und Deutsche zusammen zu verstehen – 25 betrug.[16] Dieselbe Sonderrolle Deutschlands und des MfS in den geheimdienstlichen Aktivitäten des KGB und im Verhältnis zu den anderen ihm zuarbeitenden osteuropäischen Partnerdiensten zeigte sich aber auch an den durch die »Aktion Anmeldung« des Bundesamtes für Verfassungsschutz (BfV) erlittenen Schäden.[17] Von jenen 25 Legalisierungsgrundlagen, die von 1961 bis 1976 aufgeflogen sind, waren allein 23 zuvor *»mit Nutzung des Gebiets der DDR«* (*»s ispol'sowaniem territorii GDR«*) ausgesucht und erarbeitet worden.[18] Als 1980 bis 1981 aufgrund ihrer Spionagetätigkeit zugunsten sozialistischer Länder *»33 Personen verhaftet«* wurden, entfielen davon allein 26 auf das MfS der DDR, fünf auf den sowjetischen KGB, und nur jeweils eine Person auf den polnischen und den tschechoslowakischen Geheimdienst.[19]

Die großen Bevölkerungstransfers seit 1944/45, die in der früheren Spionageforschung primär unter dem moralischen Aspekt einer schwindenden Loyalität zum Nationalstaat und des daraus resultierenden wachsenden Verratspotenzials betrachtet wurden,[20] lassen sich ebenso unter dem pragmatischen Aspekt ihrer infrastrukturellen Auswirkungen betrachten. Die Heerscharen von Flüchtlingen und Vertriebenen, *Displaced Persons,* heimkehrenden Kriegsgefangenen aus Ost und West sowie mehrere Wellen politischer Emigration boten im Europa der frühen Nachkriegszeit einen idealen Boden dafür, vorhandene Personendaten zu »operativen« Zwecken zu sammeln, zu verwerten oder im Extremfall gar zu manipulieren. Trotz der sprichwörtlichen preußischen Akribie, auf die Mitrochin beim Thema wissenschaftlich-technische Aufklärung mit einem Aphorismus eingeht (die Systemkonkurrenz der Sowjets mit den USA habe erfordert, *»amerikanische Sachlichkeit, deutsche Sorgfalt und russische Wucht zu verbinden«*[21]), musste man infolge verheerender Kriegsschäden in der »Zusammenbruchgesellschaft«

16 MITN 1/6/2, Bl. 154.

17 Die »Aktion Anmeldung« war in den 1970er- und 1980er-Jahren eine großangelegte Such- und Verhaftungsmaßnahme des Bundesamtes für Verfassungsschutz, die sich auf gezielte Auswertung auffällig rekurrenter Merkmale in Biografien und in Meldedaten von »Illegalen« der Ostblockdienste stützte. Mehr dazu siehe z. B. Dörrenberg, Dirk: Erkenntnisse des Verfassungsschutzes zur Westarbeit des MfS. In: Herbstritt; Müller-Enbergs (Hg.): Das Gesicht dem Westen zu …, S. 72–111, hier 85–88; Schlomann: Operationsgebiet Bundesrepublik, S. 114 f.

18 MITN 1/6/2, Bl. 163. Die zitierte lakonische Formulierung Mitrochins lässt sich auf zweierlei Weise deuten: als »unter Zuhilfenahme von Daten in der DDR« oder »mit Rückgriff auf Daten von DDR-Bürgern«.

19 MITN 2/16/2, Bl. 55.

20 Mit Verweis auf Boveri, Margret: Der Verrat im 20. Jahrhundert. Reinbek bei Hamburg 1976, S. IX, 31 f., 729 f.; bei Schlomann: Operationsgebiet Bundesrepublik, S. 67, 362.

21 MITN 1/6/3, Bl. 206.

(Christoph Kleßmann)[22] etwa bei der Erfassung der Bevölkerung erst einmal klein anfangen. Unter solchen Bedingungen hatten die östlichen Geheimdienste bei ihren Legalisierungsarbeiten freilich ein leichtes Spiel.

Die Erneuerung des Standesamtswesens für die Flüchtlinge und Vertriebenen nach 1945 wurde zunächst von deren praktischen Bedürfnissen angetrieben. Auch das MfS hat diesen Erneuerungsprozess in der Bundesrepublik aufmerksam verfolgt. Eine Materialsammlung zum Personenstandswesen in der Allgemeinen Sachablage des MfS von 1956 enthält sowohl die Ablichtungen zeitgenössischer westdeutscher Hilfsmittel – *Merkbuch für Urkundenbeschaffung* (1950) und *Verlagerte deutsche Personenstandsregister* (1952) – als auch ein maschinenschriftliches Verzeichnis aller im Standesamt von Groß-Berlin verwalteten Personenstandsregister (Geburten-, Ehe- und Sterbebücher) aus Standesämtern der früheren deutschen Ostgebiete samt Laufzeiten.[23] Von manchen der unerfreulichen Rahmenbedingungen in der Bevölkerungserfassung und im Einwohnermeldewesen etwa im Berlin der frühen Nachkriegszeit wie unüberschaubare Bevölkerungslage, kriegszerstörte Unterlagen oder unqualifiziertes Personal[24] ist zu vermuten, dass sie für die Finessen der Legalisierungsarbeit ganz im Gegenteil eher förderlich waren. Ertönte noch 1954 auf einer VP-internen Cheftagung die Kritik daran, dass manche Mitarbeiter des Pass- und Meldewesens nicht einmal eine Karteikarte ausfüllen könnten,[25] liegt zum Beispiel die Vorstellung nahe, dass in von solchem Personal verwaltete Karteien auch eine vom KGB oder vom MfS gefälschte oder veränderte Karteikarte unerkannt einfließen konnte.

In den Aufzeichnungen von Wasilij Mitrochin finden sich feste Anhaltspunkte dafür, dass der KGB in der DDR eigene Einträge in den Geburten-, Ehe- oder Sterbebüchern getätigt hat:

> Die angesammelte Erfahrung zeigt, dass die Legalisierungsgrundlagen für Drittländer, die Anlegung von Eintragungen nötiger Angaben in den Personenstandsregistern *[v zagsach]*, insbesondere in konkreten Vorgängen, verlässlich und zur Verwendung in

22 Vgl. Kleßmann, Christoph: Die doppelte Staatsgründung. Deutsche Geschichte 1945–1955. Bonn 1991, S. 37–65.

23 Wink, Adolf (Hg.): Merkbuch für Urkundenbeschaffung. Eine Übersicht über verschiedene Möglichkeiten der Urkundenbeschaffung, insbesondere aus den Ostgebieten und ehemaligen deutschen Konzentrationslagern. [Arolsen/Frankfurt/M.] 1950; Klytta, Waldemar (Bearb.): Verlagerte deutsche Personenstandsregister. Ein Verzeichnis. Frankfurt/M. 1952, beide in Ablichtung unter BArch, MfS, AS 78/56, Bd. I, Bl. 2–118, 119–154; Aufstellung, o. D.; BArch, MfS, AS 78/56, Bd. I, Bl. 155–274. Aus der Archiv-Nr. dieser Akte ist anzunehmen, dass sie 1956 angelegt wurde.

24 Mühlbauer, Holger: Kontinuitäten und Brüche in der Entwicklung des deutschen Einwohnermeldewesens. Historisch-Juristische Untersuchung am Beispiel Berlins. Frankfurt/M. u. a. 1995, S. 90 f.

25 Schmelz, Andrea: Migration und Politik im geteilten Deutschland während des Kalten Krieges. Die West-Ost-Migration in die DDR in den 1950er und 1960er Jahren. Opladen 2002, S. 37 f., Anm. 26.

> der Legalisierung durchaus verwendbar sind, [dass] die Ausführung von Eintragungen ein wichtiges Mittel der Schaffung einer Basis zur Legalisierung von Illegal-Aufklärern [ist]. Dies bezieht sich auf die Eintragungen in den Personenstandsregistern der DDR.[26]

Dort, wo Mitrochin diese fiktiven Eintragungen des KGB in den Personenstandsregistern (etwa Personalien KGB-Illegaler oder Einträge ihrer fiktiven Kinder) auch explizit erwähnt und konkret nennt, ergibt ein Abgleich der Orte mit den oben genannten standesamtlichen Hilfsmitteln, dass deren Personenstandsbücher beim Standesamt Berlin I N 54 im Ostsektor der geteilten Stadt aufbewahrt wurden.[27] Das bedeutet, dass die KGB-Gruppe in der DDR ihren operativen Rückgriff auf diese Register sogar unmittelbar in Ostberlin tätigen konnte.

Um eine Doppelnutzung derselben Personendaten durch KGB und MfS zu vermeiden, registrierten die »Freunde« in der KGB-Vertretung in der DDR diese Legalisierungsgrundlagen. Nach einer Regelung, die mit HV-A-Chef Markus Wolf und dem Leiter der für Übersiedlungen und Legalisierungen zuständigen HV-A-Abteilung VI Günter Irmscher vereinbart wurde, oblag es den MfS-Mitarbeitern, Legalisierungsgrundlagen vor ihrer Verwendung erst einmal in diesen Registern der KGB-Vertretung zu überprüfen.[28] Der missbräuchliche Zugriff des KGB auf die in der DDR befindlichen Personenstandsregister vollzog sich grundsätzlich ohne Wissen des ostdeutschen Bruderorgans.[29] Mitrochin zufolge blieb er vom MfS auch weithin unentdeckt: »Über eine, wenn auch nur teilweise, Entschlüsselung der Arbeit des Legalisierungsdienstes an der Ausführung sowjetischer Eintragungen in lokalen Standesamtsregistern durch die Deutschen sind keine Signale eingegangen.«[30] Gleichwohl befürchteten einige Mitarbeiter der Ersten Hauptverwaltung des KGB Mitte der 1970er-Jahre ein Konfliktpotenzial mit dem MfS, falls dieses von den sowjetischen Eingriffen ins DDR-Standesamtswesen erfahren sollte.[31]

Die erwähnte Vereinbarung mit Wolf und Irmscher ist bei Mitrochin nicht näher datiert.[32] Dennoch ist anzunehmen, dass die KGB-Einträge in DDR-Matrikel nicht nur quantitativ von einer Vermehrung solcher Eingriffe, sondern auch qualitativ von einer zunehmenden Professionalisierung und Systematisierung gekennzeichnet waren, die sich aber erst nach und nach entwickelten.

26 MITN 1/6/2, Bl. 169.

27 Z. B. MITN 1/5, Bl. 91 (Heideckshof, Kreis Elchniederung [= Ostpreußen]; Wangerin, Kreis Regenwalde [= Pommern]); MITN 2/9/1, Eintrag 10, Bl. 2 (Penzig, Kreis Görlitz [= Schlesien]). Vgl. Klytta (Hg.): Verlagerte deutsche Personenstandsregister, S. 13, 27, 43, 57.

28 MITN 1/6/2, Bl. 169 f.

29 MITN 2/9/2, Bl. 137.

30 MITN 1/6/2, Bl. 170.

31 MITN 2/9/2, Bl. 137.

32 Es ist insofern eine indirekte Datierung möglich, als Günter Irmscher die für Übersiedlungen und Legalisierungen zuständige HVA VI im Zeitraum von 1968 bis 1980 leitete. Vgl. Müller-Enbergs: Hauptverwaltung A, S. 113.

Mitrochins Notizen legen dies nahe. Bei diesbezüglichen »Sondermaßnahmen« 1968 nahm der KGB zur dokumentarischen Erfassung eingesetzter Illegaler Einträge in 63 Standesämtern der DDR vor. Diese standesamtlichen Eintragungen mit Geburtsdaten der Illegalen sowie mit Geburts-, Ehe- und Todesdaten ihrer legendierten Eltern wurden zusammengetragen und ausgewertet. Eine neue Inventur dieser Eintragungen ein halbes Jahrzehnt später, 1972 bis 1974, schloss dann bereits 143 Standesämter der DDR mit ein.[33] Eine Koordinierung der Arbeit der einzelnen Geheimdienste des »sozialistischen Lagers« auf diesem Spezialgebiet war keineswegs selbstverständlich. Mitrochins Notizen lässt sich entnehmen, dass sie erst in den 1970er-Jahren »nachgeholt« wurde: Gespräche mit Vertretern des ostdeutschen, tschechoslowakischen, ungarischen sowie kubanischen Partnerdienstes ergaben 1975, dass einige dieser Bruderdienste auch selbst im Rahmen ihrer Arbeit von »operativen« Eintragungen in Standesamtsregistern aktiv Gebrauch machten.[34]

Die günstigen Zustände einer mangelhaften Bevölkerungserfassung der frühen Nachkriegszeit wurden nach und nach beseitigt und erschwerten deutlich die Bedingungen der Legalisierung. Die DDR blieb mit ihrer besonderen Eignung für Übergangslegalisierungen eine Ausnahme unter den sozialistischen Staaten. Unter konkreten Schwierigkeiten im Operationsgebiet zählte Mitrochin Faktoren auf wie die Verringerung der Staatenlosigkeit (*»eine solche Bevölkerungskategorie wie die Staatenlosen hat praktisch aufgehört zu existieren«*), die wachsende Einführung von EDV für die Bevölkerungserfassung, die das Durchführen operativer Eintragungen schwieriger mache und den grenzübergreifenden Datenaustausch.[35] In der Beschreibung operativer Fehlschläge, die Mitrochin an anderer Stelle macht, lässt sich unschwer die Bilanz des ersten Erfolges der »Aktion Anmeldung« erkennen: »Im Zeitalter der wissenschaftlich-technischen Revolution und einer zentralisierten Bevölkerungserfassung durch die EDV muss man unermesslich härter arbeiten. Im Juni 1976 erkannte und verhaftete der Geheimdienst der BRD anhand der Suchmerkmale und mithilfe der EDV mehrere Illegale der DDR und ein Ehepaar Agenten-Illegale der Verwaltung ›S‹.«[36]

33 MITN 2/9/2, Bl. 137.

34 Ebenda.

35 MITN 1/6/2, Bl. 151. Im Licht des zuletzt genannten Faktors Datenaustausch (»viele Länder haben untereinander bilaterale und trilaterale Abkommen über den Austausch von Informationen über die Fragen der Wiederverleihung der Staatsbürgerschaft, die Personenstandsregister [sagowskich utschjotach], den Wehrdienst« – ebenda) ist die Annahme von Dirk Dörrenberg, die HVA und der KGB hätten nicht von der Weitergabe der Personalien ihrer Illegalen an die westlichen Partnerdienste des Verfassungsschutzes gewusst (vgl. Dörrenberg: Erkenntnisse, S. 87 f.), zu widerlegen.

36 MITN 1/8, Bl. 35. Zur »Aktion Anmeldung« vgl. Dörrenberg: Erkenntnisse, S. 72–111, insbes. 85–88; Schlomann: Operationsgebiet Bundesrepublik, S. 114 f. Dirk Dörrenberg nennt zum 1. Juni 1976 die Festnahme von 14 Illegalen und 6 ihrer Quellen (Dörrenberg: Erkenntnisse, S. 85). Eine gewisse Publizität unter diesen Festgenommenen erlangten etwa die Ehepaare

Eine Auswertung der »Aktion Anmeldung« mit Änderungsvorschlägen der Arbeitsmethoden fand bei der Unterredung zwischen dem Leiter der HVA des MfS Markus Wolf und dem Leiter der Verwaltung »S« der Ersten Hauptverwaltung des KGB Wadim Alexejewitsch Kirpitschenko am 15. März 1977 statt. Außer Vorschlägen allgemeiner Art (Anforderungen an Kandidaten der illegalen Tätigkeit erhöhen, Quantität der Illegalen zu vergrößern) oder desinformativer Art (den Gegner bei seiner Fahndung auf falsche Fährte bringen) sollte die Methodik der Ausstattung Illegaler mit Dokumenten geändert werden. Als Doppelgänger von Illegalen sollten passive oder unfähige Agenten aus dem Operationsgebiet in die DDR eingeschleust und gezielt Personen in Westberlin und in der Bundesrepublik angeworben werden. Manche Vorschläge orientierten sich direkt an den verdachtserregenden Parametern der Rasterfahndung: Bei Legalisierungsdaten war ein Geburtsort oder früherer Wohnsitz in der DDR oder anderen Ostblockstaaten zu vermeiden. Die Einschleusung von Illegalen aus Drittstaaten in die Bundesrepublik, die mit BRD-Dokumenten ausgestattet waren, sollte beendet werden. Stattdessen sollten mehr Illegale mit Dokumenten der Drittstaaten ausgestattet werden. Der Einsatz Illegaler als BRD-Bürger sollte sich vielmehr in Richtung »Dritte Welt« verlagern, wie die oftmals blockfreien Länder des Globalen Südens damals genannt wurden.[37] Der letztgenannte Ansatz – eine Tätigkeitserweiterung auf die Dritte Welt – wurde seit Ende der 1970er-Jahre verfolgt und zeigt auch eine Arbeitsteilung KGB – MfS bei Legalisierungen. Nach der bei Mitrochin erfassten Mitteilung Horst Jänickes verfügte die HVA über einen Zugang zu Bevölkerungsregistern und zu Archiven in Mosambik, weshalb das MfS 1979 von der Verwaltung »S« des KGB kontaktiert wurde.[38] 1982 wurde die legalisierungsrelevante Aufgabe wiederum vom KGB an das MfS delegiert, Länder auszusuchen, in denen es unvollständige Bevölkerungserfassung gibt und in denen kein Datenabgleich zwischen Geburts- und Sterberegistern vorgenommen wird.[39]

Die Arbeitsteilung zwischen dem MGB/KGB, dem MfS und den Diensten anderer Ostblockländer bei den Legalisierungsvorgängen lässt sich an einigen Beispielen zeigen. Eine der Achillesfersen der DDR in den ersten Jahrzehnten ihrer Existenz war ihre defizitäre offizielle internationale Anerkennung und folglich

Wolfram und Karla Kaune, Gerhard und Rosemarie Sattler, das Trio Lothar und Renate Lutze und Jürgen Wiegel. Vgl. Wagner: Spionageprozesse, S. 37; Das große Flitzen. In: Spiegel 30 (1976) 31, S. 26–28, hier 27; Wie im Tanzlokal. In: Spiegel 31 (1977) 5, S. 46; Immer mitmischen. In: Spiegel 31 (1977) 22, S. 57 f.; Kein Happy-End für Lebers Krimi? In: Der Spiegel 31 (1977) 52, S. 19–26, hier 21.

37 MITN 2/12, Eintrag 163, Bl. 100–102. Zu den Parametern der Rasterfahndung (auffällig rekurrente Merkmale wie Zuzug aus dem Ausland, außerhalb Deutschlands ausgestellter Bundesreisepass, Wohnungswechsel im Bundesgebiet mit anschließender Beantragung neuer Personaldokumente usw.) vgl. Dörrenberg: Erkenntnisse, S. 85 f.

38 MITN 2/12, Eintrag 199, Bl. 127.

39 MITN 2/16/2, Eintrag 462, Bl. 198.

eine eher überschaubare Präsenz ausländischer Vertretungen auf ihrem Gebiet.[40] Dabei konnten gerade Botschaften und der dortige Zugriff auf ausländische Personal- und Reisedokumente ein wichtiges Reservoir von Datensätzen bieten, aus denen sich transnationale Biografie-Legenden und Legalisierungsvarianten mit den entsprechend breiten Reisemöglichkeiten »stricken« ließen.[41] Dort, wo mangels diplomatischer Präsenz operativ interessanter Staaten der Zugriff auf deren Dokumente als Muster oder direkte Unterlage des anzufertigenden Reisedokumentes fehlte, wurden die diesbezüglichen Aufgaben den Geheimdiensten anderer Ostblockländer aufgetragen. Mitrochin zufolge soll ein solcher »Dienstleister« der tschechoslowakische »Bruderdienst« gewesen sein:

> In Prag wurden für die Verwaltung ›S‹ in erster Linie Dokumentenmuster der USA, Großbritanniens, der BRD, Kanadas und Brasiliens […], 1971–1972 ausgestellte Pässe, die in Konsulaten der USA, Großbritanniens, der BRD, Österreichs, der Schweiz, Frankreichs, Mexikos, Italiens, Kolumbiens, Chiles, Argentiniens, Perus, des Irans und der Türkei ausgestellt wurden, sowie andere Dokumentenmuster dieser Länder […] ausgefertigt. […] 1972 verfügten die Tschechen über Möglichkeiten, durch Agenten an [Dokumente] in Konsulaten und Botschaften (in den Botschaften Italiens, Belgiens, der Niederlande, Spaniens und Dänemarks, in den Konsulaten der BRD, Finnlands, Argentiniens) […] zu gelangen.[42]

In den meisten aufgezählten Fällen handelt es sich um Länder, die zu jenem Zeitpunkt noch keine diplomatischen Beziehungen zur DDR pflegten[43] – mit-

40 Vgl. Muth, Ingrid: Die DDR-Außenpolitik 1949–1972: Inhalte, Strukturen, Mechanismen. Berlin 2000, S. 29–31, 234; Herzog, Ulrich; Muth, Ingrid; Neumann, Horst: Die Auslandsvertretungen der DDR und ihre Leiter [Einführungstext]. In: Bock, Siegfried; Muth, Ingrid; Schwiesau, Hermann (Hg.): DDR-Außenpolitik. Ein Überblick. Daten, Fakten, Personen (III). Münster 2010, S. 245–247. Beide Arbeiten fokussieren sich zwar auf die DDR-Vertretungen im Ausland, diplomatische Beziehungen als bilaterale Angelegenheit implizieren aber zugleich die Präsenz von Vertretungen der betreffenden Staaten in der DDR.

41 Dies illustriert die Tätigkeit des KGB in vielen anderen Staaten oder aber deren Auslandsvertretungen. Vgl. MITN 1/6/4, Bl. 350, MITN 1/6/7, Bl. 651-ж (Agentin »Sascha« in der Visa-Abteilung und im *Immigration and Naturalization Service (INS)* im USA-Generalkonsulat Frankfurt/M.); MITN 1/6/8, Bl. 793 (u. a. Mitarbeiter von Konsulaten kapitalistischer Länder als »Ausländer von Interesse« eingestuft); MITN 2/1, Bl. 23 (Agent »Berg« 1962–1968 in der deutschen evangelischen Kirchengemeinde in Monte-Carlo, Argentinien: Aushändigung und Verlängerung der BRD-Pässe, Dokumentation über deutsche Kolonisten); MITN 2/2, Bl. 21 (»Beck« – Mitarbeiter der österreichischen Mission in Westberlin); MITN 2/9/1, Bl. 8–10, Eintrag 58, MITN 2/9/2, Bl. 68 f. (»Dina« – Mitarbeiterin eines lateinamerikanischen Konsulats in Bonn: Ausstellung eines Reisepasses, Übermittlung standesamtlicher Unterlagen); MITN 2/9/2, Bl. 38, Eintrag 227 (»Amigo« – Konsul von Chile in Westberlin: u. a. Übermittlung chilenischer Geburtsurkunden).

42 MITN 1/7, Bl. 150, Anm. 62.

43 Vereinigte Staaten von Amerika: diplomatische Beziehungen [im Weiteren DB] seit 4.9.1974, Vereinigtes Königreich von Großbritannien und Nordirland: DB seit 8.2.1973, Bundesrepublik Deutschland: offizielle Beziehungen seit 14.3.1974, Kanada: DB seit 1.8.1975, Föderative

hin auch keine Botschaften in der DDR hatten, wo ein derartiger Rückgriff auf ausländische Dokumente möglich gewesen wäre.

Diese Arbeitsteilung zwischen der tschechoslowakischen Staatssicherheit *(Státní bezpečnost,* StB) und dem ostdeutschen MfS lässt sich auch anhand konkreter Dokumentationsfälle nachweisen, die Mitrochin beschreibt. Ein solcher Vorgang war die Legalisierung der KGB-Illegalen »Oksana« in den 1960er-Jahren, die 1967 im Vorfeld der olympischen Spiele in Mexiko-Stadt als Sprachmittlerin beim Olympischen Komitee arbeitete. Unter fiktiven Daten einer in Deutschland geborenen Tochter eines mexikanischen Vaters und einer fiktiven deutschen Mutter legendiert, bekam sie von der Volkspolizei in Gera als unterstützendem Organ des MfS eine Aufenthaltsbescheinigung für Staatenlose ausgestellt. »Oksanas« mexikanischer Reisepass wurde 1963 vom tschechoslowakischen Partnerdienst (StB) aus Prag besorgt.[44]

Von den 1950er-Jahren an wirkte das MfS jedoch als »Dienstleister« bei Anfragen und Legalisierungsaufgaben nicht nur für den KGB, sondern auch für die Staatssicherheitsdienste der Tschechoslowakei (StB) und Polens (*Służba Bezpieczeństwa,* SB).

Ersteres zeigt der überlieferte Briefwechsel zwischen der HV A und der Abteilung X (bzw. der Ostberliner Operativgruppe der polnischen SB) von 1957 bis 1958. Wie der polnische Historiker Władysław Bułhak zeigt, steckte in dieser Ära eine selbstständige Arbeit der polnischen SB mit ihren »Illegalen« noch in den Kinderschuhen.[45] Kurz nach der Gründung der Abteilung X des MfS bearbeitete diese etwa Anfragen der polnischen Kollegen über die üblichen Modalitäten der

Republik Brasilien: DB seit 22.10.1973, Republik Österreich: DB seit 21.12.1972, Schweizerische Eidgenossenschaft: DB seit 20.12.1972, Französische Republik: DB seit 9.2.1973, Vereinigte Mexikanische Staaten: DB seit 5.6.1973, Italienische Republik: DB seit 18.1.1973, Republik Kolumbien: DB seit 23.3.1973, Republik Argentinien: DB seit 25.6.1973, Republik Peru: DB seit 28.12.1972, Kaiserreich Iran/Islamische Republik Iran: DB seit 7.12.1972, Republik Türkei: DB seit 1.6.1974, Königreich Belgien: DB seit 27.12.1972, Königreich der Niederlande: DB seit 5.1.1973, Königreich Spanien: DB seit 11.1.1973, Königreich Dänemark: DB seit 12.1.1973, Republik Finnland: DB seit 7.1.1973. Lediglich mit der Republik Chile bestanden die diplomatischen Beziehungen bereits ab 16.3.1971 bis zum 21.9.1973. Vgl. Herzog; Muth; Neumann: Die Auslandsvertretungen der DDR und ihre Leiter, S. 249–251, 253–256, 259, 262, 267, 269–271, 274 f., 278. Siehe auch Muth: Die DDR-Außenpolitik, S. 234–236.

44 MITN 2/8, Bl. 1, Eintrag 2; MITN 2/8, Bl. 56, Eintrag 187.

45 Bułhak, Władysław: Pion »N« wywiadu cywilnego PRL. Ewolucja struktur, uwarunkowania organizacyjno-prawne i przykłady operacji tzw. wywiadu nielegalnego w strukturach Ministerstwa Biezpieczeństwa Publicznego, Komitetu ds. Bezpieczeństwa Publicznego i Ministerstwa Spraw Wewnętrznych [Die Abteilung »N« der zivilen Aufklärung der Volksrepublik Polen. Entwicklung ihrer Struktur, ihrer organisatorisch-gesetzlichen Grundlage und Beispiele der Operationen der sog. Illegalen-Aufklärung in den Strukturen des [polnischen] Ministeriums für Staatssicherheit, des Komitees für Staatssicherheit und des Ministeriums für innere Angelegenheiten]. In: Skóra, Wojciech; Skubisz, Paweł (Hg.): Studia nad wywiadem i kontrwywiadem Polski w XX wieku [Studien zur Aufklärung und Abwehr Polens im 20. Jahrhundert], Bd. 1. Szczecin 2016, S. 607–682, hier 615–617.

Ausstellung eines westdeutschen beziehungsweise Westberliner Personalausweises zwecks Legalisierung in der Bundesrepublik.[46] Ebenfalls interessierte sich die polnische Operativgruppe in Berlin Anfang 1958 dafür, unter welchen Umständen nach dem neuen westdeutschen Personenstandsgesetz verwaiste Personen aus polnischen Westgebieten, den früheren deutschen Ostgebieten, insbesondere bei fehlenden Urkunden, ein Familienbuch beantragen konnten. Wie sich der Antwort vom MfS entnehmen lässt, verlief die Legalisierung dieses Personenkreises damals noch recht niedrigschwellig: als Nachweise für das anzulegende Familienbuch galten neben Personenstandsurkunden, Tauf- und Trauscheinen ersatzweise auch Ernennungsurkunden (d. h. zumeist Urkunden ohne Lichtbild!), die Heimatortskarteien der ehemaligen Ostgebiete wurden nur *»unter Umständen«* konsultiert, bei fehlenden Urkunden wurde die Identität durch eidesstattliche Versicherung des Betroffenen und gegebenenfalls durch Zeugen festgestellt.[47] Diese beratende Tätigkeit des MfS für die polnische SB in den späten 1950er-Jahren im Bereich der Legalisierung ist umso interessanter, als ein breiterer Rückgriff der SB auf volksdeutsche Personalien und auf besondere Personengruppen wie deutsche Kriegswaisen beim Nutzen von Doppelgängern von der polnischen Forschung erst für die 1970er-Jahre belegt wurde.[48]

Letzteres zeigen Vorgänge von 1958 bis 1960, in denen das MfS für die Übersiedlungs-IM aus der ČSR deren Übergangslegalisierung als DDR-Bürger übernahm. Anstatt des für die KGB-Illegalen häufig praktizierten Doppelgänger-Verfahrens (Benutzung lebendiger oder toter Doppelgänger) wurde hier einfacher vorgegangen: Die Personalien (Vor- und Nachname, Geburtsdatum) wurden häufig nur teilverändert, die Biografien zuweilen nur so »frisiert«, als wäre der Übersiedlungs-IM schon früher in die SBZ/DDR gekommen.[49] Daher lag ein

46 BArch, MfS, Abt. X Nr. 2159; Abt. X an HVA: Unterstützung der polnischen Sicherheitsorgane, 9.1.1957, Bl. 11; Fragen, o. D., Bl. 27; Polnische Gruppe in Berlin an MfS der DDR: Auskunft über den westdeutschen Personalausweis, 17.9.1957, Bl. 23 f.; Abt. X an HVA: Unterstützung der polnischen Sicherheitsorgane, 18.9.1957, Bl. 25 f.; Beantwortung der Fragen zum Personalausweis, o. D., Bl. 12–16.

47 BArch, MfS, Abt. X Nr. 2159: Polnische Gruppe in Berlin an MfS der DDR: Auskunft über operativ-technische Arbeitsbedingungen, 27.2.1958, Bl. 30; Abt. X an HVA: Gesetz über die Einführung von einheitlichen Standesamtsakten, 11.3.1958, Bl. 31; Benatwortung (sic!) des Fragenkomplexes, o. D. [20.3.1958], Bl. 33 f.; Schreiben an die Berliner Gruppe des MdI der Volksrepublik Polen: Gesetz über die Einführung von einheitlichen Standesamtakten, 31.3.1958, Bl. 36 f. Zu den örtlich zuständigen Heimatortskarteien vgl. BArch, MfS, Abt. X Nr. 2159, Bl. 35, 39; Wink: Merkbuch für Urkundenbeschaffung, S. 50 f.

48 Vgl. Bułhak: Pion »N« wywiadu cywilnego, S. 638–641.

49 BArch, MfS, AP 11781/73, Bd. 1: Auftrag, 27.2.1958, Bl. 239; Bericht, 27.2.1958, Bl. 242; Bericht, 30.4.1958, Bl. 247; Bericht, 6.5.1958, Bl. 253; BArch, MfS, AP Nr. 11781/73, Bd. 2: Auftrag, 13.11.1958, Bl. 154; Aktennotiz, 22.1.1959, Bl. 164; Arbeitsplan, 22.1.1959, Bl. 165 f.; Bericht, 23.1.1959, Bl. 167 f.; Plan, 4.1.1959, Bl. 222; Zwischenbericht, 1.6.1958, Bl. 252 f.; Auftrag, 27.2.1958, Bl. 320; Bericht, 27.1.1958, Bl. 321; Vorschlag, 21.4.1958, Bl. 331; Bericht, 18.12.1958, Bl. 414–416.

besonderer Schwerpunkt auf der belastbaren Legendierung früherer Arbeits- und Wohnorte: Die Finessen der Legalisierungsarbeit reichten somit im Einzelfall von Plänen ehemaliger SBZ-Flüchtlingslager über Auflistungen bankrottgegangener Privatbetriebe und abgerissener Häuser bis zu operativen Einträgen in die Hauskartei- und Meldekarteikarten.[50] Das MfS störte sich aber mitunter an der mangelhaften Vorarbeit des ČSR-Bruderdienstes, manchmal zu Recht. Ein Legalisierungsvorgang scheiterte zum Beispiel bereits im Vorfeld daran, dass die Übersiedlungskandidatin kein Wort Deutsch sprach und dass die Lichtbilder für ihren provisorischen Personalausweis der DDR (Passersatz- und Meldebescheinigung 12 a) Stempelaufdrucke eines tschechoslowakischen Fotobetriebes auf der Rückseite trugen.[51]

Auf Deutschland bezogene Schemata der KGB-Legalisierung – Versuch einer Typologie

Bei der Typologisierung der vom KGB entwickelten Schemata der Legalisierung bietet es sich an, diese je nach authentischem oder aber fiktivem Charakter der verwendeten Personendaten(sätze) zu klassifizieren und dann in eine Skala (»real ↔ fiktiv«) zu unterteilen. In einer nach diesen Authentizitäts-Kriterien aufgebauten Typologie würden die sogenannten »lebendigen Doppelgänger« ganz links, die völlig erdachten Personen ganz rechts rangieren. Um die Mitte dieser Links-rechts-Skala[52] herum befänden sich dann diverse Mischvarianten. Gerade diese Mischformen lassen sich als eine ganz besondere Stärke des KGB bezeichnen. In ihrer »operativen« Verwendung unterlagen sie einer ähnlichen Handlungsstrategie wie etwa die Durchführung vieler »aktiven Maßnahmen«

50 BArch, MfS, AP 11781/73, Bd. 2: Abgerissene Häuser in Halle-Saale [Notizzettel – o. D.], Bl. 173; [Auflistung der Hausbewohner an der legendierten Anschrift], 30.1.1959, Bl. 175 f.; Bericht, 6.2.1959, Bl. 177 f.; [Hausbuch-Begleitkarten und Personenregisterkarte mit Anweisungen zur Ausfüllung/Ergänzung], Bl. 200–209; Vorschlag, 20.6.1958, Bl. 223; Bericht, 20.6.1958, Bl. 224; Bericht, 20.6.1958, Bl. 225 f.; Aktennotiz, o. D., Bl. 227; [Ablichtung einer Hausbuch-Begleitkarte mit und ohne MfS-Eintrag], Bl. 228 f.; Vorschlag, 22.6.1958, Bl. 230; MfS/KD Karl-Marx-Stadt an MfS/Abt. X: Geplante Räumung von Häusern bzw. Häuserabrisse in Karl-Marx-Stadt, 25.3.1958, Bl. 231 f.; Personen-Register-Karte [1958], Bl. 293 f.; Hausbuch-Begleitkarte [1958], Bl. 295 f.; [Ablichtung einer Hausbuch-Begleitkarte mit und ohne MfS-Eintrag] [1958], Bl. 355–358; [Ablichtung einer Hausbuch-Begleitkarte mit und ohne MfS-Eintrag] [30.7.1958], Bl. 363–366; [Ablichtung einer Hausbuch-Begleitkarte mit und ohne MfS-Eintrag] [30.7.1958], Bl. 373–376.

51 BArch, MfS, AP 11781/73, Bd. 1, [Bericht über Anstellung zu Legalisierungszwecken], 17.9.1958, Bl. 89; Bericht, 30.9.1958, Bl. 95 f.; Passbilder (Bild 97/1, 97/2); Personalbescheinigung mit Passbild [blanko], Bl. 98–103.

52 Das »Links-rechts-Schema« in der Typologie hat mit den in der Politikwissenschaft üblichen Konnotationen gar nichts zu tun, sondern soll lediglich einer besseren Vorstellbarkeit dienen, z. B. zum Zweck einer Visualisierung.

(AM) oder die Anwerbung vieler IM »unter falscher Flagge«. Dies heißt: Zwar manipulativ vorgehen, aber im Kern auf bereits vorhandenen Denkmustern der Zielpersonen beziehungsweise Zielgruppen aufbauen (z. B.: Antiamerikanismus, nationale Gegensätze, postkoloniale Ressentiments, rechtsnationales Gedankengut …).[53] Was Andrew und Mitrochin für Desinformationen betonen,[54] gilt *mutatis mutandis* auch für Deckidentitäten. Wie bei Desinformationen lag auch bei Legalisierungen Reales und Fiktives, Authentisches und Gefälschtes dicht beieinander. Hiervon ausgehend, ließe sich etwa die MfS-bezogene Dreiteilung von Helmut Müller-Enbergs[55] unter Heranziehung des Mitrochin-Archivs wesentlich verfeinern – in einer Typologie nach folgendem Schaubild:

real (R)		↔			**fiktiv (F)**
Lebendiger Doppelgänger (LDG)	Toter Doppelgänger (TDG)	Reale Elternteile – fiktives Kind (R – R – F)	Ein reales Elternteil – ein fiktives Elternteil – fiktives Kind (R – F – F)	Unvollkommene Elternangaben – fiktives (»uneheliches«) Kind (R – ? – F)	gänzlich fiktive Identitäten

53 Für diesbezügliche empirische Beispiele bei Mitrochin siehe MITN 1/6/4, Bl. 345 f. (Antiamerikanismus: 1970–1972 Anwerbung von »Amazone« unter falscher Flagge eines »Deutsch-Französischen Patriotenbundes«, um der USA Wirtschaftspräsenz in West-Europa entgegenzuwirken); MITN 1/6/5, Bl. 424 (Antiamerikanismus, nationale Gegensätze: 1962 Desinformation über BRD-USA-Geschäfte zuungunsten Frankreichs); MITN 1/6/5, Bl. 468 f. (Antiamerikanismus, nationale Gegensätze: 1966 Vorbereitung von AM über Absichten der USA, territoriale Zerstückelung der ČSSR, der VR Polen und der VR Bulgarien zugunsten Österreichs, der BRD und der Türkei vorzunehmen); MITN 1/6/9, Bl. *11 (nationale Gegensätze: 1965 Desinformation über Beanspruchen von Elsass und Lothringen seitens der BRD); MITN 1/7, Bl. 95 (nationale Gegensätze: 1963 Desinformation über Unterstützung Südtiroler Separatisten seitens der BRD); MITN 1/8, Bl. 46 (nationale Gegensätze: 1980 Desinformation über BRD-Revisionsabsichten hinsichtlich der polnischen Westgebiete); MITN 1/9, Bl. 19 (nationale Gegensätze: AM über Absichten einer Eingliederung von Elsass und Lothringen in die BRD); MITN 2/6/2, Bl. 269, Eintrag 859 (nationale Gegensätze: 1968 AM »Achtung-2« über angeblichen Separatismus der deutschen Minderheit in Belgien); MITN 2/9/2, Bl. 206, Eintrag 593 (postkoloniale Ressentiments: 1958 AM über angeblich geplante Atomwaffentests Frankreichs und der BRD in Nordafrika); MITN 2/12, Bl. 89–98, Eintrag 159; MITN 2/16/1, Bl. 13; MITN 2/18, Bl. 104, Eintrag 385 (rechtsnationales Gedankengut: Anwerbung von »Rosie« – Heidrun Hofer – unter falscher Flagge einer Neonazi-Organisation, vgl. Andrew; Mitrochin: Das Schwarzbuch des KGB, S. 552 f.); MITN 2/16/1, Bl. 34–36, Eintrag 139; MITN 2/18, Bl. 105, Eintrag 386 (rechtsnationales Gedankengut: Anwerbung von »Doris« – Margret Höke – unter falscher Flagge einer Neonazi-Organisation; vgl. Andrew; Mitrochin: Das Schwarzbuch des KGB, S. 549–552).

54 »Die Desinformation ist fast immer dann erfolgreich, wenn sie wahre Tatsachen enthält.« (Andrew; Mitrochin: Das Schwarzbuch des KGB, S. 538).

55 »Grundsätzlich konnten DDR-IM bzw. Übersiedlungs-IM unter ihren bürgerlichen, einem fiktiven oder dem Namen einer anderen Person im ›Operationsgebiet‹ zum Einsatz kommen.« (Müller-Enbergs (Hg.): Inoffizielle Mitarbeiter. Teil 2, S. 150).

Legalisierung Illegaler durch »lebendige Doppelgänger«

Die erste und mit dem höchsten Maß an Authentizität ausgestattete Variante der Legalisierung von Illegalen bestand darin, Daten »lebendiger Doppelgänger« zu verwenden. Die Verwendung von Personalien und Papieren lebendiger Doppelgänger galt dem KGB als der verlässlichste Weg noch in Zeiten, als andere Schemata der Legalisierung etwa aufgrund technischen Fortschritts oder verbesserten Datenaustausches bereits überholt waren.[56] Mitrochin widmet diesem Verfahren bei Illegalen des MfS der DDR eine knappe Beschreibung: Im Ausland angeworbene lebendige Doppelgänger wurden in die DDR eingeschleust und zugleich mit deren Daten ausgestattete Illegale aus der DDR in Richtung Westen ausgeschleust.[57] Es gibt Einzelbeispiele, die die beschriebene Vorgehensweise illustrieren: Nachdem »Kurt Mayer« 1965 in der Bundesrepublik angeworben und 1966 in die DDR eingeschleust wurde, reiste der KGB-Illegale »Gert« im selben Jahr 1966 auf dessen Ausweispapiere in die Bundesrepublik aus, wo er in Essen lebte und 1974 wegen Passivität zurückgezogen wurde.[58] Außer diesem an gleichzeitige geheimdienstliche Anwerbung gekoppelten Verfahren gab es jedoch noch andere Weisen, lebendige Doppelgänger als (– zumeist unwissentliche –) Identitätsspender zu gewinnen. Wohlbekannt ist der Fall der HV-A-Agentin Johanna Olbrich, die unter dem Namen Sonja Lüneburg in der Bundesrepublik bis zur Chefsekretärin des Spitzenpolitikers der Freien Demokratischen Partei Martin Bangemann aufstieg, während ihre bundesdeutsche Identitätsspenderin in einer Ostberliner psychiatrischen Klinik zurückgehalten wurde.[59] Das Mitrochin-Archiv enthält weitere Beispiele, die sich folgendermaßen unterteilen lassen.

Der erste Typ waren Bürger, die früher als potenzielle inoffizielle Mitarbeiter ins Blickfeld des MfS geraten waren, bei denen diese Anwerbungsversuche gescheitert waren, zu denen jedoch das MfS aufgrund dieser Anbahnungsversuche ausreichend personenbezogene Daten hatte und darauf zurückgreifen konnte. Zwei Beispiele bieten hierfür »Frederico« und »Poljak«, die als Identitätsspender für »Jorge«/»George(s)« beziehungsweise »Sadler« dienen sollten. Für den ab 1971 in Holland eingesetzten, 1977 in der Bundesrepublik festgenommenen und später in die DDR freigelassenen Illegalen Horst Schadock, der beim KGB unter dem Decknamen »Jorge/George(s)« (»Жорж«) firmierte, diente als lebendiger Doppelgänger der Brasiliendeutsche mit dem Decknamen »Frederico«.[60] Ältere

56 MITN 1/6/2, Bl. 151.

57 MITN 2/14/1, Eintrag 43, Bl. 18 f.

58 MITN 2/27, Bl. 127.

59 Zu Johanna Olbrich alias Sonja Lüneburg siehe z. B. Wagner: Spionageprozesse, S. 95–99; Schlomann: Die Maulwürfe, S. 187 f.

60 Zum Illegalen »Jorge/George(s)« – Schadock siehe MITN 2/6/1, Bl. 11, 18–20; MITN 2/6/2, Bl. 240; Leicht gemacht. In: Spiegel 33 (1979) 17, S. 72, 74, 77, hier 74; Limburgs spionnenechtpaar voor rechter [Limburgs Spionage-Ehepaar vor dem Richter]. In: Leidsch Dagblad v. 26.1.1979,

Literatur identifizierte zwar Schadocks Personalien als falsch, mangels Zugang zu MfS- und KGB-Unterlagen war eine Zuordnung zu einem Doppelgänger jedoch nicht möglich.[61] Hinter »Frederico« verbirgt sich in den Stasi-Akten ein in Brasilien geborener (vermutlich aus diesem Grund operativ interessanter) und in den 1950er-Jahren vom MfS in den Blick genommener Pfarrerssohn aus dem Bezirk Magdeburg, der die Zusammenarbeit mit dem DDR-Geheimdienst 1959 aus Gewissensgründen abgelehnt hatte[62] und dessen Daten ohne sein Wissen missbräuchlich genutzt wurden. Roland Hadler*[63] (KGB-Deckname »Poljak«) diente als Doppelgänger für den 1966 ausgebildeten, zur Verwendung in Kanada bestimmten, aber zunächst nach Frankfurt am Main abgeordneten, aus Schlesien gebürtigen KGB-Illegalen »Sadler«.[64] Laut MfS-Akten war dieser lebendige Doppelgänger Hadler* (MfS-Deckname »Schlange«) ein ebenso aus Schlesien gebürtiger Angehöriger der Kasernierten Volkspolizei, dessen angestrebte Verwendung als geheimer Informator (GI) trotz formeller Verpflichtungserklärung nach spärlichen Treffs und aufgrund seiner Dekonspiration im Sande verlief und dessen GI-Akte von der BV Dresden schon 1955 archiviert wurde.[65]

Der zweite Typ waren die West-Ost-Migranten – die Rückkehrer und Erstzuziehenden in die DDR nach 1961. Die neuere Forschung zur West-Ost-Migration erwähnt die obligatorische Abgabe des Personalausweises und des Reisepasses sowie die wochenlangen Befragungen der Übersiedler als Teil des Alltagslebens in den Aufnahmeheimen der DDR,[66] auch die eventuelle »operative« Verwertung

p. 9. Zum Doppelgänger »Frederico« siehe MITN 2/6/1, Bl. 19. Die Reihenfolge der Vornamen variiert im Mitrochin-Archiv und in der MfS-Akte. – Siehe BArch, MfS, BV Magdeburg, AIM 422/59, Bl. 5, 13. Diese Uneinheitlichkeit wirkte sich nach Mitrochin auch bei der Ausstellung des Reisepasses aus und wurde zum Unsicherheitsfaktor. – Vgl. MITN 2/6/1, Bl. 19.

61 Vgl. Schlomann: Operationsgebiet Bundesrepublik, S. 272.

62 Zur misslungenen Anwerbung von »Frederico« siehe BArch, MfS, BV Magdeburg, AIM 422/59, Abschrift Personalbogen, 16.4.1955, Bl. 5 f.; Abschrift Lebenslauf, 16.4.1955, Bl. 7; Abschrift Bericht, 5.8.1956, Bl. 15; Abschlußbericht, 17.4.1959, Bl. 16. Vgl. MITN 2/6/1, Bl. 19.

63 Datenschutzrechtliche Bestimmungen geboten es an mehreren Stellen, Personennamen zu pseudonymisieren. Solche Pseudonyme sind mit einem Sternchen* kenntlich gemacht.

64 MITN 1/8, Bl. 37.

65 Zu »Schlange« – Hadler* siehe BArch, MfS, BV Dresden, AIM 447/55, Grund der Werbung, o. D., Bl. 3; Abschrift Fragebogen, 21.2.1952, Bl. 4; Aktenauszug, 21.2.1952, Bl. 8; Aktennotiz über die Anwerbung des Informators »Schlange«, 11.2.1952, Bl. 13; [Verpflichtungserklärung], 11.2.1952, Bl. 14, Einschätzung des GI »Schlange«, 18.11.1954, Bl. 23; Beschluss über das Abbrechen der Verbindung, 13.5.1955, Bl. 24. Vorname, Geburtsdatum und Geburtsort in der GI-Akte und im Mitrochin-Archiv weichen leicht voneinander ab. Vgl. BArch, MfS, BV Dresden, AIM 447/55, Bl. 4, 8, 24; MITN 1/8, Bl. 37. Der Ruf- und Zweitname bei Mitrochin lässt nicht ausschließen, dass der KGB beim Erfassen von »Poljak« – Hadler* noch auf weitere Dokumente (Geburtsregister oder Geburtsurkunde) zurückgriff.

66 Fuchslocher, Eva; Schäbitz, Michael (Hg.): Wechselseitig. Rück- und Zuwanderung in die DDR 1949 bis 1989. Begleitbuch zur Ausstellung. Berlin [2016], S. 18 f.

der auf diese Weise erlangten Personalien und Papiere durch das MfS.[67] Diese Praxis kam vermutlich auch dem KGB zugute, aber es kann auch sein, dass der KGB mit Segen des MfS oder sogar selbstständig in den Aufnahmeheimen agierte. Mitrochin zufolge soll ein KGB-Mitarbeiter unter dem Decknamen »Fjodorow«, Fjodor Iljitsch Chilko, den sein Aufwachsen in einer deutschsprachigen Enklave der Südukraine und sein daher akzentfreies Deutsch für die spätere Tätigkeit in Deutschland geradezu prädestinierten, von 1968 bis 1979 unter Abdeckung als Mitarbeiter des MdI der DDR und unter deutschen Personalien direkt in einem Aufnahmeheim für Rückkehrer und Erstzuziehende in Ostberlin gearbeitet und sich mit dem Sammeln von Dokumentenvarianten befasst haben.[68]

Weitere Aspekte der Mitwirkung des sowjetischen KGB auf diesem Terrain blieben bisher unbeleuchtet. So wurde zum Beispiel die Ehefrau und Agentenpartnerin des oben erwähnten Horst Schadock, Marie-Luise Schadock alias »Ewa«, auf die Daten einer 1956 aus der DDR geflüchteten und nach Aufenthalten in der BRD und in der Schweiz in die DDR wieder zurückgekehrten Doppelgängerin Edith Laubach im Westen eingesetzt. Diese kehrte 1967 in die DDR zurück, in demselben Jahr, als auch die Schadocks ihre Vorbereitung begonnen haben, daher lässt sich von einer fast »nahtlosen« geheimdienstlichen Verwendung fremder Ausweisdokumente sprechen.[69] Auch in den 1970er-Jahren wurden Daten der Rückkehrer aus der BRD als Doppelgängerdaten benutzt, so die Personalien eines noch am 12. August 1961, einen Tag vor dem Mauerbau, geflüchteten und 1969 in die DDR zurückgekehrten Mannes, der 15 Jahre später durch seinen Ausreiseantrag nochmals beim MfS aktenkundig wurde, für den Illegalen »Willi« und die Personalien einer anderen Rückkehrerin für seine Agentenbraut »Brigitta«. Beide heirateten 1975 in Westberlin und wurden später zum Schutz vor möglicher Enttarnung in die DDR abgezogen.[70] In manchen Fällen sind die Stasi-Akten aussagekräftiger als die Daten im Mitrochin-Archiv. So wird ein

67 Wunschik, Tobias: Migrationspolitische Hypertrophien. Aufnahme und Überwachung von Zuwanderern aus der Bundesrepublik Deutschland in der DDR. In: Oltmer, Jochen (Hg.): Migration, Staat und Politik (IMIS-Beiträge, Heft 32/2007), S. 33–60, hierzu 58.

68 MITN 2/16/3, Bl. 257–261, hier 258 f. Parallel dazu war »Fjodorow« im Rahmen der »Progress«-Operationen nach 1968 in der ČSSR unterwegs. Vgl. MITN 2/16/3, Bl. 259; Andrew; Mitrochin: Das Schwarzbuch des KGB, S. 363, 369. Zur Biografie vgl. belletristisch Skripnik, Oleksandr: Osobliwa teritorija. Kiew 2013, S. 31–47. Zu den »Progress«-Operationen des KGB siehe auch den Beitrag von Mieszko Jackowiak unter Mitarbeit von Georg Herbstritt »Der rumänische Sonderweg der 1960er- und 1970er-Jahre im Blick von KGB und Stasi« in diesem Sammelband.

69 MITN 2/6/1, Bl. 19 f. Für Personalien und Enttarnung vgl. Schlomann: Operationsgebiet Bundesrepublik, S. 272; Limburgs spionnenechtpaar voor rechter [Limburgs Spionage-Ehepaar vor dem Richter]. In: Leidsch Dagblad v. 26.1.1979, p. 9; Leicht gemacht. In: Spiegel v. 23.4.1979, S. 72–77, hier 74.

70 MITN 2/12, Bl. 20. Für den in der DDR lebenden männlichen Doppelgänger vgl. BArch, MfS, ZKG Nr. 10821, Vorschlag zur Übersiedlung, 6.4.1984, Bl. 51–53. Im Mitrochin-Archiv erscheint der Name unter geringfügig abweichender Schreibweise; Geburtsdatum und Geburtsort stimmen aber mit der Stasi-Akte überein.

Doppelgänger bei Mitrochin nur mit seinen westdeutschen Personalien erfasst und zusammen mit Personalien eines etwa gleichaltrigen Schweizers dem Decknamen »Martin Tentsch« zugeordnet – zwar mit dem Hinweis, dass die Erfassung von der 2. Abteilung der Verwaltung »S« des KGB und von 1983 stammt, aber ohne expliziten Vermerk, dass es um einen Doppelgänger ging.[71] Erst der Abgleich mit dem MfS-Archiv zeigt, dass dieser 1982 aus Liebesgründen als Erstzuziehender in die DDR kam und dass die Abnahme seiner Papiere (Personalausweis, Reisepass) im Aufnahmeheim des Bezirkes Suhl protokolliert wurde.[72]

Der dritte Typ waren in der DDR lebende »Doppelstaatler« oder DDR-Bürger mit Migrationshintergrund. Hierzu zählten unter anderem die in der DDR lebenden Österreicher. Diese bildeten, vor den DDR-Schweizern und den DDR-Schweden, zeitweilig die größte (bi)nationale Minderheit im SED-Staat. Deren Schicksal und Status entwickelte sich zu einem gewichtigen Faktor österreichisch-ostdeutscher Beziehungen.[73] Eine nach dem Mauerbau eingeführte vereinfachte Praxis Österreichs, seinen Staatsbürgern in der DDR die Reisepässe auf dem Postweg zukommen zu lassen,[74] vereinfachte freilich auch die Legalisierungen, und wie sich dem Mitrochin-Archiv entnehmen lässt, wurde sie auch vom KGB bei der Identitäts(be)schaffung für Illegale reichlich ausgenutzt.[75] In der zweiten Hälfte der 1970er-Jahre wurde der mit einem traditionsträchtigen Decknamen versehene »Orlow« unter einem vom KGB als »Siegmund« registrierten, beinahe gleichaltrigen, 1958 als Kind in die DDR gezogenen Österreicher dokumentiert, bei dem die von Mitrochin aufgezeichneten KGB-Daten den wichtigen Vermerk enthielten: *»Der Doppelgänger hat keine Absicht, die DDR zu verlassen.«*[76] Gerade in dieser Hinsicht unterschied sich der verwendete Doppelgänger von vielen anderen DDR-Österreichern, die dem SED-Staat auf Dauer den Rücken kehren wollten

71 MITN 2/13, Bl. 118, Eintrag 425. Die 2. Abteilung der Verwaltung »S« war zuständig für die Legendierung von Illegalen. Siehe das Internetportal des russischen Historikers und ehemaligen KGB-Mitarbeiters Oleg Mozohin: http://shieldandsword.mozohin.ru/kgb5491/structure/1GU/S/2.htm (letzter Zugriff: 20.7.2021).

72 BArch, MfS, KD Suhl, ZMA Nr. 13882, VPKA Suhl/Kriminalpolizei [an] Abt. Pass- und Meldewesen/Reiseverkehr, 27.2.1987, Bl. 13; BArch, MfS, BV Suhl, Abt. VII Nr. 6550, Übergabe-/Übernahme-Protokoll, 15.7.1982, Bl. 11.

73 Zu den DDR-Österreichern ausführlich Graf, Maximilian: Österreich und die DDR 1949–1990. Politik und Wirtschaft im Schatten der deutschen Teilung. Wien 2016, insbes. S. 152–158, 174–198, 346–369. Nach diplomatischen Schätzungen von 1964 lebten in der DDR 8000 bis 10000 Österreicher, 3000 Schweizer und 2400 Schweden. Vgl. ebenda, S. 187.

74 Vgl. Graf: Österreich und die DDR, S. 177.

75 Vgl. MITN 1/6/2, Bl. 164; MITN 1/6/8, Bl. 800; MITN 2/9/1, Bl. 20; MITN 2/9/2, Bl. 34.

76 MITN 2/16/1, Bl. 1, Eintrag 2. »Orlow« war u. a. der CIA-Deckname eines bedeutsamen Doppelagenten aus der Frühzeit des Kalten Krieges. Vgl. Andrew; Mitrochin: Das Schwarzbuch des KGB, S. 252–254.

und dies nach dem Konsularvertrag von 1975 unter einfacheren Bedingungen als zuvor tun konnten.[77]

Zu lebendigen Doppelgängern »mit Migrationshintergrund« im breiteren Sinne kann man in der Frühzeit der DDR sicherlich auch jene Bürger zählen, die durch die Wirren der Kriegs- und Nachkriegsjahre eine längere Zeit im westlichen Ausland (z. B. Frankreich, Großbritannien) zugebracht hatten und aus diesem Grund über operativ verwertbare Biografien und Personaldokumente verfügten. So wurde ein moldawischstämmiger KGB-Illegaler »Wlas« mit Identität und Dokumenten des »Max« ausgestattet – eines in Leipzig geborenen, 1945 bis 1954 als Kriegsgefangener in Frankreich lebenden und erst 1954 mit einem westdeutschen Reisepass in den Osten des inzwischen geteilten Landes heimgekehrten Deutschen Rolf Max Thiemichen. Unter authentischen Ausweispapieren des Doppelgängers »Max« wurden sein Entlassungsschein aus der französischen Kriegsgefangenschaft und seine französische *carte de séjour* (Aufenthaltserlaubnis) verwertet, beide lediglich mit Austausch des Lichtbildes.[78] Ein anderes Fallbeispiel bietet eine vor wenigen Jahren in der ostdeutschen Regionalpresse berichtete Geschichte. Zwei Söhne eines deutschen Kriegsgefangenen Roge, der in Großbritannien Wurzeln geschlagen und geheiratet hatte und 1959 nur aus familiären Gründen mit seiner Familie in die DDR kam, waren beide in Großbritannien geboren worden und verfügten beide über britische Geburtsurkunden. Diese zog das MfS Anfang der 1970er-Jahre ein und benutzte zumindest eine von ihnen zum Dokumentieren seines später 1977 in der Bundesrepublik aufgeflogenen Illegalen »Peter Goslar«.[79]

Die Identitätsspender mussten vom MfS unter Kontrolle gehalten werden, um Enttarnungen ihrer Doppelgänger zu vermeiden. Ein trotz größter Umsicht bleibendes Restrisiko der Verwendung »lebendiger Doppelgänger« blieb deren Kontakt zu Ausländern oder deren nicht lückenlos kontrollierbarer Briefwechsel.[80] Unkontrollierte Korrespondenz mit Behörden als Risikofaktor erwähnt Mitrochin sowohl beim Doppelgänger des oben erwähnten schlesisch-stämmigen KGB-Illegalen »Sadler«,[81] als auch bei einem für den KGB-Illegalen »Orlow« als Doppelgänger benutzten DDR-Österreicher, der wegen eines in Österreich

77 Zum Konsularvertrag 1975 siehe Graf: Österreich und die DDR, S. 346–369, insbes. S. 367 f.

78 MITN 2/16/3, Bl. 279, Eintrag 531; MITN 2/12, Bl. 3 (mit abweichender Schreibweise »Tilschtschichen« oder Тилщихен). »Wlas« wurde 1968 für die »Progress«-Operationen in der ČSSR eingesetzt. Vgl. Andrew; Mitrochin: Das Schwarzbuch des KGB, S. 352 f., 758.

79 Wendler, Simone: Die gestohlene Identität. In: Lausitzer Rundschau v. 11.2.2015 [https://www.lr-online.de/nachrichten/die-gestohlene-identitaet-33337124.html (letzter Zugriff: 7.9.2021)]. Zu diesem Fall, jedoch unter dem Stichwort »Agenten-Ehe« und ohne Ergründung der Personalien, vgl. Schlomann: Operationsgebiet Bundesrepublik, S. 125. Peter Goslars Auffliegen führte zur Verhaftung der Bonner Sekretärin Dagmar Kahlig-Scheffler. – Vgl. Flirt am Strand. In: Spiegel 31 (1977) 21, S. 32 f.; Viel abgeschöpft. In: Spiegel 32 (1978) 36, S. 41, 44, hier 44.

80 MITN 1/7, Bl. 62.

81 MITN 1/8, Bl. 37.

von ihm und seiner Schwester anzutretenden Erbes mit den dortigen Behörden korrespondieren musste.[82]

Fallstudie: Verwendung der »Doppelstaatler« und DDR-Bürger mit Migrationshintergrund aus der Dritten Welt als »lebendige Doppelgänger« für den KGB

Für die meisten von Mitrochin erwähnten Illegalen konnten auch bei der Kombination verschiedener Recherchewege keine entsprechenden persönlichen Daten in den MfS-Akten gefunden werden. Ein seltener Fall, in dem sowohl im Mitrochin-Archiv als auch im Stasi-Unterlagen-Archiv Informationen überliefert sind, betrifft die Geschichte einer Antragstellerin auf Übersiedlung im thüringischen Bezirk Erfurt in den späten 1970er-Jahren, aus der sich nach Mitrochins Aufzeichnungen erschließt, dass sie aufgrund ihrer transnationalen Biografie durch den KGB als »lebendige Doppelgängerin« benutzt wurde. Zu dieser liegen nämlich zugleich mehrere Akten in der MfS-Überlieferung vor, anhand derer sich die Umstände des Falls näher beleuchten und Mitrochins Angaben verifizieren lassen.

Nehmen wir zunächst die Mitrochin'sche Überlieferung zum Ausgangspunkt, findet sich im Eintrag über das sowjetische Illegalen-Paar mit dem Decknamen »Majskis«, dass die legendierten biografischen Daten der weiblichen Illegalen »Majskaja« (»Майская«) auf die aus Südamerika gebürtige Deutsche Petra Schulze* lauteten. Mitrochins Eintrag enthält hier – so wie in etlichen anderen Fällen – nicht nur die konventionellen Personalien wie Vor- und Nachnamen, Geburtstag und -ort, Nationalität, sondern auch einen Hinweis auf die Erfassungsdaten der Doppelgängerin im Geburtsregister – unter welchem Buch, Jahrgang und Nummer die südamerikanische Geburt registriert wurde und nicht zuletzt auch den expliziten Vermerk *»Eine Geburtsurkunde ist vorhanden«*.[83]

Beim Abgleich mit den Unterlagen aus der MfS-Überlieferung lässt sich die Geschichte der lebendigen Doppelgängerin beziehungsweise unfreiwilligen Identitätsspenderin besser kontextualisieren. Kurz nachdem Petra Schulze* am 17. Juni 1977 beim Ministerium für Auswärtige Angelegenheiten der DDR einen Antrag auf Übersiedlung nach Südamerika stellte, unterzog sie die MfS-Kreisdienststelle ihres thüringischen Wohnortes einer operativen Personenkontrolle (OPK), um

82 MITN 2/16/3, Eintrag 545, Bl. 298.

83 MITN 2/16/2, Bl. 187, Eintrag 448. Für echte Personalien des Illegalen-Ehepaares »Majskij« – »Majskaja« vgl. MITN 2/13, Bl. 157, Eintrag 580. Für andere Einträge Mitrochins mit genauen standesamtlichen Erfassungsdaten der Doppelgänger vgl. MITN 1/6/2, Bl. 170 (lebendiger Doppelgänger »Bob«); MITN 2/6/1, Bl. 19 (lebendiger Doppelgänger »Frederico«); MITN 2/14/1, Bl. 130, Eintrag 257 (Mutter-Grundlage für »Trema«); MITN 2/16/1, Bl. 14 (toter Doppelgänger für »Edwin«); MITN 2/16/2, Bl. 192, Eintrag 452 (lebendige Doppelgängerin »Storch«).

damit diese angestrebte Ausreise zu erschweren.[84] Erst im Februar 1980, nach insgesamt zehn (von den Behörden teilweise ignorierten) Ausreiseanträgen, gelang Frau Schulze* und ihrem Ehemann die ständige Ausreise aus der DDR.[85] Das Typische und Allgemeine zum einen ist hier die Geschichte der Eheleute Schulze* als Teil einer Antragstellerbewegung. Das Atypische und Besondere zum anderen ist die über deutsch-deutsche Migration hinausgehende familiäre Vorgeschichte sowie der Fakt, dass Frau Schulze* Doppelstaatlerin mit DDR-Staatsbürgerschaft und Staatsbürgerschaft eines südamerikanischen Landes war.

Ihre Eltern wanderten 1950/51 aus Süddeutschland nach Südamerika aus, wo Frau Schulze* kurz darauf zur Welt kam – mithin gemäß dem Geburtsortsprinzip Staatsbürgerin ihres Geburtslandes wurde. 1959 wanderte die Familie nach Deutschland zurück – zuerst wieder in die Bundesrepublik, bald darauf in die DDR.[86] 1973 nutzten die inzwischen über 60-jährigen Eltern die gelockerten Reisebestimmungen unter anderem für Rentner und Invaliden und reisten legal aus der DDR aus. Nachdem die Volkspolizei Frau Schulze* 1975 (noch vor dem Inkrafttreten der KSZE-Schlussakte von Helsinki) eine Besuchsreise zum Vater versagt[87] und nachdem sich die internationale Großwetterlage verändert hatte, wagte Frau Schulze* 1977, durch ihre Eltern unterstützt und vermutlich auch durch

84 BArch, MfS, ZKG Nr. 348, Sachstandsbericht, 28.5.1979, Bl. 169–175; BArch, MfS, BV Erfurt, AOPK 245/80, Bd. I, Übersichtsbogen zur operativen Personenkontrolle, 22.7.1977, Bl. 4; Schulze* an MfAA der DDR: Antrag auf Erteilung eines (Wieder-)Ausreise-Visums, 17.6.1977, Bl. 248 f.; Schulze* an MfAA der DDR: Antrag auf Erteilung eines (Wieder-)Ausreise-Visums, 18.6.1977, Bl. 253–255.

85 BArch, MfS, ZKG Nr. 348, Zur Prüfung an BKG [Bezirkskontrollgruppe] Erfurt, 6.2.1980, Bl. 180; BArch, MfS, BV Erfurt, AOPK 245/80, Bd. II, Abschlußbericht, 18.2.1980, Bl. 122; Abverfügung zur Archivierung, 29.2.1980, Bl. 123. Zur Abfolge der Anträge vgl. BArch, MfS, BV Erfurt, AOPK 245/80, Bd. I; Schulze* an MfAA der DDR: [1.] Antrag auf Erteilung eines (Wieder-)Ausreise-Visums, 17.6.1977, Bl. 248 f.; Schulze* an Honnecker (sic!): 6. Antrag auf Erteilung eines (Wieder-)Ausreisevismus (sic!), 30.9.1978 (Abschrift), Bl. 326–328; BArch, MfS, BV Erfurt, AOPK 245/80, Bd. II; Schulze* an Generalsekretär des ZK der SED: 8. Antrag auf Erteilung eines (Wieder-)Ausreisevisums, 9.5.1979, Bl. 52; Schulze* [an] Honnecker (sic!): 9. Antrag auf Erteilung der Genehmigung der (Wieder-)Ausreise, 25.6.1979, Bl. 86–90; Schulze* und Schulze* an Honnecker (sic!): 10. Antrag auf Erteilung einer Genehmigung zur (Wieder-)Ausreise (Abschrift), 22.8.1979, Bl. 94 f.

86 BArch, MfS, BV Erfurt, AOPK 245/80, Bd. I, Brief an MdI der DDR: Gesuch um Aufnahme, 29.9.1959, Bl. 273–276. Vgl. BArch, MfS, BV Erfurt, AOPK 245/80, Bd. I, Protokoll, 20.10.1959, Bl. 277 f.; Lebenslauf, 4.10.1959, Bl. 279 f.

87 BArch, MfS, BV Erfurt, AOPK 245/80, Bd. I, Abschlußbericht zur OPA/Sicherheitsüberprüfung, 3.6.1975, Bl. 214; Ermittlungsbericht, 12.7.1977, Bl. 245 f.; Op[erative] Personenkontrolle, 22.7.1977, Bl. 268. Zu erleichterten Ausreisebedingungen für Rentner und Invaliden siehe z. B. Hürtgen, Renate: Ausreise per Antrag. Der lange Weg nach drüben. Eine Studie über Herrschaft und Alltag in der DDR-Provinz. Göttingen 2014, S. 10, 59, 62; Eisenfeld, Bernd: Geschichte und Vielfalt der Ausreisebewegung. In: Seeck, Anne (Hg.): Das Begehren, anders zu sein. Politische und kulturelle Dissidenz von 68 bis zum Scheitern der DDR. Münster 2012, S. 68–81, hier 68; Hanisch: Die DDR im KSZE-Prozess 1972–1985, S. 145.

das Vorbild eines nahen Verwandten angeregt, den Schritt zum Ausreiseantrag.[88] Ein Jahrzehnt zuvor hatte sie ihre Teilnahme an der Jugendweihe verweigert und die Entgegennahme ihres ersten DDR-Personalausweises um drei Jahre hinausgezögert, um ihre qua Geburt erlangte Staatsbürgerschaft nicht zu gefährden.[89] Nun, nach der KSZE-Schlussakte, konnte sie ihren Doppelstaatler-Status direkt ins Spiel bringen. In der Hoffnung auf einen günstigen Umweg formulierte sie ihre ersten Anträge auf ständige Ausreise als »*Antrag auf Erteilung eines (Wieder-) Ausreise-Visums aus der DDR* zwecks Rückkehr (Wohnsitzrückverlegung) in ihr Geburts- und Heimatland« und nahm darin wie die anderen Antragsteller direkt Bezug auf die internationalen Menschenrechtskonventionen; wie die anderen Antragsteller wurde auch sie mit jedem abgelehnten Ausreiseantrag in ihrem Duktus immer heftiger und immer politischer.[90]

Mit ihrem offensiven Auftreten als Südamerikanerin begegnete Frau Schulze* zuerst ähnlichen Widerständen wie früher die zahlreichen DDR-Österreicher: Für den ostdeutschen Staat galt sie nämlich im Sinne des Abstammungsprinzips *nur* als DDR-Bürgerin.[91] Erst im Laufe der Auseinandersetzungen um die Genehmigung ihrer legalen Ausreise wurde sie im Mai 1978 auf Anweisung der BDVP Erfurt als Doppelstaatlerin mit einer südamerikanischen *und* der DDR-Staatsangehörigkeit

88 BArch, MfS, ZKG Nr. 348, Sachstandsbericht, 28.5.1979, Bl. 169, 172–175; BArch, MfS, BV Erfurt, AOPK 245/80, Bd. I; Schulze* an MfAA der DDR: Antrag auf Erteilung eines (Wieder-)Ausreise-Visums, 17.6.1977, Bl. 248 f.; Schulze* an MfAA der DDR: Antrag auf Erteilung eines (Wieder-)Ausreise-Visums, 18.6.1977, Bl. 253–255; Bericht, 21.10.1977, Bl. 302; BArch, MfS, BV Erfurt, AOPK 245/80, Bd. II, Abschlußbericht, 18.2.1980, Bl. 116, 119–121.

89 BArch, MfS, BV Erfurt, AOPK 245/80, Bd. I; Schulze* an MfAA der DDR: Antrag auf Erteilung eines (Wieder-)Ausreise-Visums, 18.6.1977, Bl. 253 f.; Brief an 37. POS Leipzig, 25.3.1967, Bl. 265; Brief an 37. POS Leipzig, 31.3.1967, Bl. 266; BArch, MfS, BV Erfurt, AOPK 245/80, Bd. II; Schulze* an VPKA: Beweisführung, 1.3.1979, Bl. 41; Schulze* [an] Honnecker (sic!): 2. Beschwerde/9. Eintrag, 25.6.1979, Bl. 88, 90.

90 Zitierte Überschrift dem 1. Antrag entnommen: BArch, MfS, BV Erfurt, AOPK 245/80, Bd. I; Schulze* an MfAA der DDR: Antrag auf Erteilung eines (Wieder-)Ausreise-Visums, 17.6.1977, Bl. 248 (Unterstreichung im Original); vgl. auch BArch, MfS, BV Erfurt, AOPK 245/80, Bd. I; Schulze* an MfAA der DDR: Antrag auf Erteilung eines (Wieder-)Ausreise-Visums, 18.6.1977, Bl. 253 f.; Schulze* an Honnecker (sic!): 6. Antrag auf Erteilung eines (Wieder-)Ausreisevismus (sic!), 30.9.1978, [Abschrift], Bl. 326 f.; BArch, MfS, BV Erfurt, AOPK 245/80, Bd. II; Schulze* an Generalsekretär des ZK der SED: 8. Antrag auf Erteilung eines (Wieder-)Ausreisevisums, 9.5.1979, Bl. 52; Schulze* [an] Honnecker (sic!): 2. Beschwerde/9. Eintrag, 25.6.1979, Bl. 86 f., 89 f.; Schulze* und Schulze* an Honnecker (sic!): 10. Antrag auf Erteilung einer Genehmigung zur (Wieder-)Ausreise, 22.8.1979) [Abschrift], Bl. 94 f. Zur Bezugnahme auf Menschenrechtskonventionen und zur wachsenden Politisierung der Antragsteller vgl. Hürtgen: Ausreise per Antrag, S. 62, 68, 71 f., 94, 104, 155–160, 193; Hanisch: Die DDR im KSZE-Prozess, S. 147 f., 169 f., 236 f.

91 BArch, MfS, ZKG Nr. 348, Sachstandsbericht, 28.5.1979, Bl. 173; Information, 29.3.1979, Bl. 178; BArch, MfS, BV Erfurt, AOPK 245/80, Bd. II; BVfS Erfurt [an] MfS/HA II/3, 20.6.1979, Bl. 75; Abschlußbericht, 18.2.1980, Bl. 120. Hierzu bei den DDR-Österreichern vgl. Graf: Österreich und die DDR, S. 157 f., 174–176, 346 f.

überhaupt offiziell registriert.[92] Während der zweieinhalbjährigen Wartezeit der Antragstellerin beschränkte sich die örtliche Volkspolizei als verlängerte Hand des MfS dennoch auf einfachere Druckmittel wie Ordnungsstrafen und Aussprachen.[93] Zu weiterreichenden Einschüchterungen oder Drangsalierungen ging die Staatssicherheit nicht über und entwickelte die operative Personenkontrolle (OPK) nicht zum operativen Vorgang (OV) weiter – sei es, weil Frau Schulze* ihren Antrag jenseits öffentlicher Netzwerke eher als »Alleinkämpferin« nur mithilfe ihrer Familie durchzog, sei es, weil sie in ihr Anliegen vorsorglich von Anfang an die diplomatische Vertretung ihres Geburtslandes als zweite Anlaufstelle mit einschaltete.[94] Es entbehrt nicht einer gewissen Pikanterie, dass die verantwortliche MfS-Kreisdienststelle in ihrer Abschlussbilanz den Ausgang der OPK als Erfolg verbuchte: »Mit der Übersiedlung des Ehepaares in die BRD ist das Ziel der operativen Personenkontrolle erreicht«. Dabei handelte es sich aus lokaler Perspektive eher um einen Misserfolg. Eines der Ziele war ja ursprünglich die »Verhinderung eines ungesetzlichen Verlassens der DDR durch die Sch.* sowie deren Ehemann« gewesen![95] Aus globaler Perspektive handelte es sich allenfalls um einen »Etappensieg«. (Je länger Frau Schulze* ihre Ausreise aus der DDR verwehrt blieb, desto länger konnte die sowjetische Illegale unter Frau Schulzes* Personalien in Brasilien ungestört agieren.)

Die Geschichte von Frau Schulze* als Antragstellerin ist im MfS-Archiv vergleichsweise gut dokumentiert. Die Geschichte ihrer Verwendung als »lebendige Doppelgängerin« vom KGB, auf die Mitrochins Archiv hindeutet, verläuft dagegen nur im Nebenstrang und konkrete Hinweise auf die Mitwirkung des KGB fallen in den MfS-Akten äußerst spärlich aus. Einen Suchauftrag zur Antragstellerin haben die *»Freunde«* am 20. Oktober 1977 aufgegeben.[96] MfS-Recherchen und telefonische Rücksprache ergaben, dass Frau Schulze* nicht nur bei der Abteilung M der Berliner Zentrale, sondern auch bei der DDR-Gruppe des KGB in Postkontrolle gestanden hatte.[97] Sonst täuschte die KGB-Filiale dem MfS der DDR gegenüber,

92 BArch, MfS, BV Erfurt, AOPK 245/80, Bd. II; BVfS Erfurt [an] MfS/HA II/3, 20.6.1979, Bl. 76.

93 BArch, MfS, BV Erfurt, AOPK 245/80, Bd. II, Bericht, 6.4.1979, Bl. 50; BVfS Erfurt [an] MfS/HA II/3, 20.6.1979, Bl. 75 f.

94 BArch, MfS, ZKG Nr. 348, Sachstandsbericht, 28.5.1979, Bl. 169, 173 f.; BArch, MfS, BV Erfurt, AOPK 245/80, Bd. I, Bericht, 21.10.1977, Bl. 302 f.; Schulze* [al] S[eño]r. Cónsul, 19.2.1978, Bl. 315 f.; BArch, MfS, BV Erfurt, AOPK 245/80, Bd. II, Abschlußbericht, 18.2.1980, Bl. 116, 120 f.

95 BArch, MfS, BV Erfurt, AOPK 245/80, Bd. II, Abschlußbericht, 18.2.1980, Bl. 116, 122. Vgl. BArch, MfS, BV Erfurt, AOPK 245/80, Bd. I, Übersichtsbogen zur operativen Personenkontrolle, 22.7.1977, Bl. 4.

96 BArch, MfS, BV Erfurt, AOPK 245/80, Bd. I, Suchauftrag – Durchschrift, 20.10.1977, Bl. 296 f.

97 Bei der Abt. M steht der Termin »Postkontrolle« direkt. Im anschließenden Satz über die Sowjets steht nur »PK«, was sich jedoch kontextbezogen und in Anbetracht derselben Wendung

zumindest offiziell, eher Desinteresse an der jungen Südamerikadeutschen vor: Vonseiten der Sowjets gab es der Absprache nach »kein operatives Interesse«, es sollten »aber auch keine aktiven Maßnahmen durchgeführt werden«.[98]

Ein Abgleich der MfS-Überlieferung mit dem Mitrochin-Archiv ergibt dennoch direkte und indirekte Anhaltspunkte dafür, dass die Identität der Antragstellerin vom KGB operativ ausgenutzt wurde. Ein handfestes Indiz bietet Frau Schulzes* südamerikanische Geburtsurkunde. Die bei Mitrochin genau erwähnten Erfassungsdaten aus dem einschlägigen Geburtsregister[99] finden sich wieder in den Dokumenten, die Frau Schulze* als Anlagen ihrem ersten Ausreiseantrag vom 17./18.6.1977 beigefügt hat: sowohl in der Geburtsurkunde im spanischen Original[100] als auch in deren vom DDR-Fremdsprachendienst »Intertext« beglaubigter deutscher Übersetzung.[101] Indirekte Indizien für eine KGB-Nutzung des Geburtsdokumentes neben dem oben zitierten Mitrochin'schen Vermerk *»eine Geburtsurkunde ist vorhanden«* (*»est' swidetel'stwo o roshdenii«)*[102] sind in den MfS-Akten erstens der handschriftliche Vermerk »Für OP« auf der Intertext-Übersetzung,[103] in dem man das Kürzel OP als »Originalperson« auflösen kann – nach MfS-Abkürzungsverzeichnis »Person, deren Personalien für geheimdienstliche Zwecke gebraucht wurden, z. B. für Doppelidentitäten«,[104] zweitens die Tatsache, dass die Intertext-Übersetzung in der OPK-Akte noch in drei Kopien vorliegt.[105] Auch die Erfassung der südamerikanischen Namensform mit Vater- und Mutternamen und des Vaternamens mit beiden Vornamen im Mitrochin-Archiv, die in Frau Schulzes* Geburtsurkunde stehen, in den anderen MfS-Akten jedoch kaum

(»in Postkontrolle stand« vs. »in PK stand«) am plausibelsten ebenso als »Postkontrolle« auflösen lässt. BArch, MfS, ZKG Nr. 348, Sachstandsbericht, 28.5.1979, Bl. 173; BArch, MfS, BV Erfurt, AOPK 245/80, Bd. II, Abschlußbericht, 18.2.1980, Bl. 120. Vgl. Abkürzungsverzeichnis, S. 62. Zur eigenständigen Postkontrolle des KGB-Apparats in der DDR siehe MITN 2/10, Bl. 92, Eintrag 114.

98 BArch, MfS, ZKG Nr. 348, Sachstandsbericht, 28.5.1979, Bl. 173; BArch, MfS, BV Erfurt, AOPK 245/80, Bd. II, Abschlußbericht, 18.2.1980, Bl. 120.

99 *»Die Geburt wurde im örtlichen Standesamt unter der Nummer [za №] 25 im Buch [v knige] 43 für 1951 erfasst.«* (MITN 2/16/2, Bl. 187, Eintrag 448).

100 »PARTIDA # 25 – LIBRO 43 de 1.951« (BArch, MfS, BV Erfurt, AOPK 245/80, Bd. I, Anlage 2 [Geburtsurkunde im spanischen Original], 14.4.1966, Bl. 256).

101 »Urkunde Nr. 25 – Buch 43 von 1951« (BArch, MfS, BV Erfurt, AOPK 245/80, Bd. I, [Geburtsurkunde in deutscher Übersetzung], o. D., Bl. 258).

102 MITN 2/16/2, Bl. 187, Eintrag 448.

103 BArch, MfS, BV Erfurt, AOPK 245/80, Bd. I, [Geburtsurkunde in deutscher Übersetzung], o. D., Bl. 258 (doppelte Unterstreichung im Original).

104 Abkürzungsverzeichnis, S. 59.

105 BArch, MfS, BV Erfurt, AOPK 245/80, Bd. I, [Geburtsurkunde in deutscher Übersetzung], o. D., Bl. 259–261.

vorkommen,[106] sprechen drittens zugunsten der Annahme, dass der KGB direkt auf die südamerikanische Geburtsurkunde zurückgriff.

Der Eintrag über Frau Schulze* als lebendige Doppelgängerin im Mitrochin-Archiv enthält leider keinerlei Zeitangaben, was Anfang und Zeitraum der KGB-Erfassung der Person betrifft. Deshalb bleibt es unklar und lediglich Vermutung, *wann genau* sie aufgrund ihrer transnationalen Biografie als geeignete Doppelgängerin ins Blickfeld des KGB geriet. Als *terminus ante quem* könnte unter Umständen der 17. Mai 1976 gelten, an dem laut Mitrochin für »Majskaja« ein Reisepass des südamerikanischen Landes auf geheimdienstlichem Wege erlangt wurde. Die Mitrochin'sche Überlieferung weist Frau Schulze* noch als *»Angestellte«* auf und gibt zum realen Wohnort ihres Vaters im Jahre 1973 eine Kleinstadt im Süden der BRD an.[107] Wie sich aus den Stasi-Akten ergibt, schied die junge Südamerikadeutsche bereits vor ihrer Antragstellung 1977 aus dem Angestelltenverhältnis aus. Der genannte süddeutsche Wohnort ihres Vaters war dagegen 1973 in der Tat eine Zwischenstation von Schulzes* Eltern nach ihrer legalen Übersiedlung in die Bundesrepublik.[108] Die Tatsache, dass Frau Schulze* bei Mitrochin mit ihrem Mädchennamen erfasst ist, dürfte auf den Umstand zurückzuführen sein, dass sie als lebendige Doppelgängerin für ein Agenten-Ehepaar vorgesehen war,[109] denn bei diesen stand ohnehin eine fingierte Eheschließung an.

Die dargestellte Fallstudie ist in zweierlei Hinsicht typisch. Zum einen veranschaulicht sie an einem konkreten Beispiel genau jene Ausstattung der Illegalen mit Dokumenten der Drittländer und jene Tätigkeitserweiterung der Legalisierungen auf die Dritte Welt, mit der das MfS und der KGB seit Ende der 1970er-Jahre auf die »Aktion Anmeldung« reagierten.[110] Zum anderen illustriert sie die damit verbundenen Unwägbarkeiten. Indem die Antragstellerin mit ihrem Ehemann ausreisen durfte, waren es nicht nur zwei Bürger, die der Kontrolle des MfS entglitten, sondern auch eine Doppelgängerin, die durch ihre nunmehr weltweite Reisefreiheit für eine in Brasilien arbeitende KGB-Illegale[111] zum Enttarnungsrisiko wurde. Die Ausreise war somit eine doppelte Niederlage: sowohl für das MfS als auch für den KGB.

106 MITN 2/16/2, Bl. 187, Eintrag 448. Vgl. BArch, MfS, BV Erfurt, AOPK 245/80, Bd. I, Anlage 2 [Geburtsurkunde im spanischen Original], 14.4.1966, Bl. 256, [Geburtsurkunde in deutscher Übersetzung], o. D., Bl. 258.

107 MITN 2/16/2, Bl. 187, Eintrag 448.

108 BArch, MfS, ZKG Nr. 348, Sachstandsbericht, 28.5.1979, Bl. 170; BArch, MfS, BV Erfurt, AOPK 245/80, Bd. I, Ermittlungsbericht, 12.7.1977, Bl. 244; BArch, MfS, BV Erfurt, AOPK 245/80, Bd. II; Schulze* [an] Honnecker (sic!): 2. Beschwerde/9. Antrag, 25.6.1979, Bl. 86, 89; Abschlußbericht, 18.2.1980, Bl. 117. Zum Wohnort in Süddeutschland vgl. BArch, MfS, BV Erfurt, AOPK 245/80, Bd. I, Bericht zu einem Vorkommnis [1973], Bl. 151.

109 MITN 2/16/2, Bl. 187, Eintrag 448.

110 Vgl. MITN 2/12, Eintrag 163, Bl. 100–102; MITN 2/12, Eintrag 199, Bl. 127.

111 Vgl. MITN 2/16/2, Bl. 187, Eintrag 448.

Legalisierung Illegaler durch »tote Doppelgänger«

Was bei den »lebendigen Doppelgängern« aufgrund von deren Mobilität und schwerer Kontrollierbarkeit ein Enttarnungsrisiko darstellte, entfiel bei einer weiteren Variante der Legalisierung von Illegalen, nämlich der Verwendung sogenannter »toter Doppelgänger«. Bereits in der älteren Literatur sind Fälle erwähnt, bei denen etwa die Opfer des Stalinismus auch als Quelle biografischer Daten herhalten mussten. Friedrich-Wilhelm Schlomann schreibt von der Verwendung der Papiere von nach dem Ersten Weltkrieg aus den USA ins Baltikum zurückgekehrten und zwei Jahrzehnte später im Zuge der sowjetischen Besatzung ermordeten Amerika-Litauern für operative Zwecke.[112] Dieses Verfahren scheint auch lange nach 1940 üblich gewesen zu sein. Als tote Doppelgänger diente dem KGB eine breite Palette von Personen, die aufgrund der Vielfalt ihrer Todesumstände mindestens illustrativ zu erwähnen sind. Der 1963 bis 1967 in Brasilien eingesetzte Illegale »Schagunow« – Iwan Wasil'ewitsch Jurkow – wurde unter dem Doppelgänger »Schaprow«, einem 1926 in New York geborenen und noch im Säuglingsalter auf der Überfahrt von den USA nach Deutschland gestorbenen Deutschen als Heinz Voigt dokumentarisch erfasst.[113] Für den ab 1959 in der Bundesrepublik eingesetzten und nach dem Übertritt des KGB-Majors Anatolij Golizyn zur CIA 1961 abgezogenen estnischen Illegalen »Sadko« – Iwan Karlowitsch Josenson – diente als Legalisierungsvariante »Bard«, ein 1919 in Kanada geborener, späterhin in die Sowjetunion gekommener und dort 1944 gefallener Finne Valte Urho Kataja; nach Mitrochins Angaben wurden aber die zur kanadischen Legalisierung nötigen Dokumente (bis auf die kanadische Geburtsurkunde) in der DDR besorgt und auch die biografische Legende in der DDR erarbeitet.[114] Dem KGB-Sonderreservisten[115] »Boris« diente als toter Doppelgänger (»Bill«) der aus Leipzig gebürtige und 1947 tödlich verunglückte Seiltänzer Franz Harry Biljak/Bilek.[116]

In einigen Fällen musste der KGB bei einem Legalisierungsvorgang aufgrund entstandener Schwierigkeiten umdisponieren. So sollte der sowjetische Illegale »Hermann« vor seiner Einschleusung in die Bundesrepublik 1961 zunächst als der aus Ostpreußen stammende, 1952 in Berlin an Tuberkulose gestorbene Deutsche Kurt Nieswart legalisiert werden. Nachdem es zu einer Teilenttarnung durch die

112 Schlomann: Operationsgebiet Bundesrepublik, S. 367.

113 MITN 1/4, Eintrag 7, Bl. 107–109; MITN 2/9/2, Eintrag 495, Bl. 134.

114 MITN 1/8, Bl. 30–31 A. Zu Golizyns Übertritt vgl. Andrew; Mitrochin: Das Schwarzbuch des KGB, S. 254, 264 f., 461. Zu »Sadkos« späterem Einsatz für die »Progress«-Operationen in der ČSSR 1968 vgl. ebenda, S. 352–354, 758 (Anm. 26).

115 Die I. Hauptverwaltung des KGB benutzte den Begriff »Sonderreservist« bzw. »Reservist« für Offiziere, die für die Aufklärung im Ausland trainiert wurden bzw. schon in der Aufklärung tätig waren.

116 MITN 2/16/2, Eintrag 464, Bl. 200 f. Die Schreibweise des Nachnamens variiert.

Volkspolizei gekommen war, wich der KGB in eine fiktive Legalisierungsvariante aus. In diesen neuen Personalien des Illegalen wurde aber nur ein zweiter Vorname hinzugegeben (Willi Kurt Nieswandt) und ein späteres Geburtsdatum gewählt (1926 statt 1923), der Rest blieb gleich.[117] Dass ein Identitätsraub überhaupt Aufmerksamkeit der VP erweckte, war aber angesichts der damaligen chaotischen Zustände im polizeilichen Meldewesen Ostberlins eher ein Zufall als die Regel.[118]

Bei Illegalen-Ehepaaren musste für beide Partner nicht zwingend ein und dasselbe Legalisierungsschema verwendet werden. Nach Mitrochins Angaben gab es auch Mischformen. Während der sowjetische Illegale »Wlas« unter einem aus französischer Kriegsgefangenschaft zurückgekehrten lebendigen Doppelgänger »Max«, Rolf Max Thiemichen, legalisiert wurde, diente als Identitätsspenderin für seine Ehefrau »Lara« eine aus Fürstenwalde stammende tote Doppelgängerin, Elizabeth Anna Hofedank, die in Mitrochins Aufzeichnungen unter dem Decknamen »Foch« firmierte.[119]

Legalisierung Illegaler durch fiktive Identitäten mit teils realem Hintergrund

Reale Elternteile – fiktives Kind (R – R – F)

Andere Schemata der Legalisierung von Illegalen waren Mischvarianten, bei denen zwar fiktive Identitäten geschaffen, diese jedoch in reale Verwandtschaftsverhältnisse beziehungsweise genealogische Zusammenhänge »eingeflochten« wurden. In manchen Fällen wurden existierende (reale) Personen der vom KGB legendierten (fiktiven) Person als »Eltern« zugedacht. Die genealogische Kombination konnte sogar zwei Generationen vor dem Illegalen, das heißt bis hin zu seinen »Großeltern« zurückreichen. So hat der KGB auf der genealogischen Grundlage eines 1893 geborenen, in Offenbach am Main lebenden Parteiveteranen der Kommunistischen Partei Deutschlands Friedrich Heinrich Schmidt und seines Sohnes Johannes Heinrich Schmidt, der 1932 in die Sowjetunion emigriert war, dort 1937 eine Russin geheiratet hatte und kurz darauf im Zuge des »Großen Terrors« von 1938 hingerichtet wurde, einen Sohn beziehungsweise Enkel Albert Genrichowitsch Schmidt legendiert. Unter diesen fiktiven Personalien hat sich

117 MITN 2/16/2, Eintrag 449, Bl. 188 f.; MITN 2/16/2, Eintrag 467, Bl. 203. Die Schreibweise des Nachnamens variiert in den beiden Einträgen.

118 Vgl. Schmelz: Migration und Politik, S. 37 f., Anm. 26.

119 MITN 2/16/3, Einträge 531 f., Bl. 279–282; MITN 2/12, Bl. 3; MITN 2/9/2, Bl. 52. Die Schreibweise der Doppelgänger-Klarnamen (Thiemichen, Hofedank) und des Decknamens der Illegalen-Ehefrau (»Lara«) variiert in den Akten und lautet dort auch Thiemchen bzw. Hofendank. In Andrews und Mitrochins Buch werden sie als Rolf Max Thiemichen und als »LIRA« erwähnt. Vgl. Andrew; Mitrochin: Das Schwarzbuch des KGB, S. 758.

nach der Anfrage des »Großvaters« beim Roten Kreuz über das Schicksal seines vermissten Sohnes ein KGB-Illegaler (Decknamen »Leonow« alias »Lenz« alias »Anton«) bei diesem »Großvater« gemeldet. Nach mehrjährigem Briefwechsel mit und kurzem Besuch bei seiner Offenbacher »Verwandtschaft« (April 1973), deren Vertrauen er gewann, wurde er von dieser eingeladen, kam 1974/75 mit dem obligaten Zwischenstopp im Notaufnahmelager Friedland als deutscher Spätaussiedler im Wege der Familienzusammenführung in die Bundesrepublik, wo er 1981 die US-Luftwaffenbasis in Frankfurt am Main beobachtete sowie umfangreiche wissenschaftlich-technische Dokumentationen zur Nutzung von Atomkraftwerken beschaffte.[120]

Einer als Illegal-Agentin eingesetzten DDR-Bürgerin »Janson«, deren Ehemann (»Ingo«) über die Personalien eines in der DDR lebenden Doppelgängers verfügte, wurde auf der Grundlage realer Eltern eine Geburt unter portugiesischem Namen Cristina Gil de Matos in der Hauptstadt des ehemals portugiesischen Guinea-Bissau bescheinigt, und diese fiktive Geburt von 1950 wurde unter Austausch einer Seite auch in den einschlägigen Geburtsregistern der Stadt Bissau vom KGB eigens verzeichnet. Dieser Seitenaustausch, bei dem ein Mitarbeiter der Ersten Hauptverwaltung des KGB eine reale Geburt »verschwinden« ließ, um unter derselben Nummer die fiktive Geburt der Illegalen einzutragen, ist bei Mitrochin genau beschrieben. Um »Jansons« mangelnde Portugiesisch-Kenntnisse zu begründen, wurde ihre frühzeitige Adoption in die Bundesrepublik Deutschland legendiert. Bei der Ausstellung eines portugiesischen Reisepasses für die Illegale 1980 soll Mitrochins Aufzeichnungen zufolge auch der damalige Mitarbeiter der Botschaft Portugals in Ostberlin als KGB-Agent (»Valdes«) behilflich gewesen sein. »Janson« und »Ingo« wurden für die Arbeit in Peru vorgesehen, aber während der »Aktion Anmeldung« in die DDR zurückgerufen.[121] Auch beim Illegalen-Ehepaar »Dubrawin – Dubrawina«, bei dem die Dokumentation der Frau, Tatjana Borisowna Koslowa, auf eine Rückkehrerin aus der BRD lief,[122] wurde für den Mann, Aleksej Michajlowitsch Koslow, eine fiktive Identität mit schwedisch-deutschem Hintergrund als Erich Albert Svensson legendiert. Als Eltern von »Dubrawin« dienten eine gebürtige Deutsche und ein 1955 in der DDR gestorbener Schwede. Beide hat es als Einzelpersonen zwar real gegeben, deren Eheschließung wurde aber vom KGB erfunden. Der sowjetische Geheimdienst hat zudem die Einträge über diese fiktive Eheschließung und Geburt des Illegalen in den standesamt-

120 MITN 1/6/8, Bl. 791–791 A; MITN 2/6/1, Bl. 54; MITN 2/6/2, Eintrag 700, Bl. 209. Zu »Leonow«/»Lenz«/»Anton« vgl. auch MITN 1/6/8, Bl. 799, 803.

121 MITN 2/16/2, Einträge 376–378, Bl. 141 f. Für »Valdes« vgl. auch MITN 2/16/1, Bl. 37, Eintrag 144; MITN 2/16/1, Bl. 47, Eintrag 210; MITN 2/18, Bl. 48, Eintrag 183.

122 MITN 2/14/1, Bl. 149, Eintrag 276; MITN 2/16/3, Bl. 275 f., Eintrag 527. Schreibweise des Vor- und Nachnamens variiert. Vgl. auch MITN 2/6/1, Bl. 36.

lichen Registern der Stadt Magdeburg untergebracht.[123] Beim Illegalen-Ehepaar »Wiktorow – Wiktorowa« wurde Herr »Wiktorow« einem kinderlosen, 1943 beim Luftangriff auf Leipzig umgekommenen Ehepaar als ausgedachter »Sohn« Walter Kurt Nagel hinzulegendiert und seine erfundene Geburt vom KGB in den Geburtsregistern der Stadt Oschersleben (Bode) zum Jahr 1939 eingetragen.[124] Die Deckidentität der Frau »Wiktorowa« als Ursula Christa Eckert stützte sich dagegen lediglich auf echte Vaterangaben, die Mutterangaben und ihre eigenen waren fiktiv (siehe unten).[125]

Bei der Legalisierung von Illegalen anhand von Mischvarianten ist der Umstand interessant, dass einige dieser Herkunftsschemata auch »auf Vorrat« zum Zweck einer späteren Verwendung erfasst wurden. So sollte der KGB die Personalien eines Spaniers aus dem 1967 postalisch erlangten Auszug aus dem Geburtsregister *»als Herkunftsgrundlage väterlicherseits«* (*»kak kornewuju osnowu otza«*), das heißt als »Vater-Daten«, mit ebenso authentischen »Mutter-Daten« einer Deutschen kombinieren und für eine(n) Illegale(n) verwenden.[126] Desgleichen sollte eine 1937 in Berlin geborene und 1970 ebendort gestorbene Österreicherin, von der der KGB eine Geburtsurkunde und einen österreichischen Reisepass entweder physisch vorliegen hatte oder zumindest über die Daten dieser Dokumente verfügte (Mitrochin erwähnt die Nummer der Geburtsurkunde und das Ablaufdatum des Passes), künftig als »Mutter-Grundlage« für eine(n) Illegale(n) dienen.[127] Bei der Erstellung fiktiver Kombinationen auf realer Datengrundlage (z. B., als bei real, aber voneinander unabhängig gewesenen Personen, deren fiktive Eheschließung und Kindesgeburt legendiert wurde) erstreckte sich die Arbeit des KGB auch auf andere Ostblockstaaten, was Mitrochins minutiöse Beschreibung für die VR Bulgarien zeigt. In den Personenstandsregistern von Sofia und Warna wurden vom Februar bis April 1965 für die späten 1930er- und frühen 1940er-Jahre insgesamt acht Eheschließungen und acht Geburtseinträge anhand *»von Herkunftsangaben«* (*»kornewych dannych«*) eingetragen – zumeist handelte es sich dabei um fremdländische oder binationale Trauungen etwa amerikanischer, argentinischer oder deutscher Herkunft.[128] Einher mit wachsendem Interesse des KGB an einer

123 MITN 2/14/1, Eintrag 276, Bl. 149; MITN 2/16/3, Eintrag 534, Bl. 285; Das Geburtsdatum des schwedischen »Vaters« variiert innerhalb Mitrochins Angaben (Jahrgang 1881 vs. 1886). Zu »Dubrawin« siehe auch MITN 2/16/3, Eintrag 527, Bl. 275; MITN 2/24, Eintrag 277, Bl. 54. »Dubrawin« – Koslow wurde später 1980 in Südafrika festgenommen und im Tausch gegen acht DDR-Häftlinge in die UdSSR freigelassen. Vgl. Pötzl, Norbert F.: Basar der Spione. Die geheimen Missionen des DDR-Unterhändlers Wolfgang Vogel. Hamburg 1997, S. 276 f.

124 MITN 2/9/1, Bl. 27.

125 MITN 2/9/1, Eintrag 10, Bl. 2.

126 MITN 2/18, Eintrag 242, Bl. 66.

127 MITN 2/24, Eintrag 321, Bl. 64.

128 MITN 1/6/2, Bl. 154. Mitrochin schreibt zwar von *»9 Eheschließungseintragungen und 9 Geburtseintragungen«*, in der darauffolgenden Aufzählung kommen aber insgesamt nur jeweils 8 Einträge vor.

Einflussnahme in der Dritten Welt wurden auch Doppelgängerdaten und Herkunftsgrundlagen für Lateinamerika und für die iberische Halbinsel systematisch erfasst – wieder mithilfe von Geburtsregistern der DDR.[129]

Ein reales Elternteil – ein fiktives Elternteil – fiktives Kind (R – F – F)

In anderen Fällen der Legalisierung von Illegalen wurde lediglich ein realer Elternteil verwendet und sowohl für den anderen Elternteil als auch für das »Kind« (das heißt den Illegalen selbst) fiktive Daten genutzt. Beim Illegalen »Philosoph« – Iwan Iwanowitsch Bunyk – einem aus Frankreich gebürtigen und 1947 in die UdSSR repatriierten Ukrainer, diente beim Erstellen seiner deutschen Deckidentität als Vater ein 1946 in Leipzig verstorbener Deutscher (also ein toter Doppelgänger). Die französische Mutter war fiktiv, eine Platzierung ihres Geburtsortes ins ostfranzösische Toul war insofern strategisch, als die Geburtsregister dieser Stadt den Kriegszerstörungen zum Opfer gefallen waren.[130] Die beschriebene Strategie war dabei keineswegs eine KGB-spezifische. Wie es sich aus belletristischen Quellen erschließen lässt, wurde gerade Anfang des Zweiten Weltkrieges in Frankreich bei der Ausstattung damaliger Flüchtlinge mit Papieren ähnlich vorgegangen.[131] »Philosophs« Legendierung als westdeutscher Staatsbürger Louis Paul Peiser mit ostdeutschem Geburtsort Aschersleben scheint mindestens gegenüber dem MfS der DDR »wasserdicht« geblieben zu sein – als er Anfang der 1980er-Jahre für den KGB in Polen operativ tätig war und das MfS auf einer seiner Transitreisen bei der Gepäckkontrolle Solidarność-Druckerzeugnisse einzog, wurde von dem Vorfall nur mit Nennung von »Philosophs« westdeutscher Deckidentität berichtet.[132] Auch die Legalisierungsvariante »Lux«/»Luxe«/»Luchs« für den KGB-Reservisten »Rom« basierte lediglich auf einem realen Vater, einem 1958 in der DDR gestorbenen Luxemburger. Dessen Eheschließung mit einer Deutschen und dessen »Sohn« Rudolf Benz – die eigentliche Deckidentität des Reservisten – waren jedoch erdacht.[133] Auch die Illegale »Wiktorowa« war unter fiktiven deutschen Personalien als Ursula Christa Eckert mit fiktiver Mutter dokumentarisch erfasst, lediglich

129 MITN Bl. 792; MITN 2/16/2, Eintrag 488, Bl. 224–226; MITN 2/16/3, Einträge 503 f., Bl. 242–250; MITN 2/16/3, Eintrag 544, Bl. 295 f.

130 MITN 2/12, Eintrag 146, Bl. 57; MITN 2/12, Eintrag 151, Bl. 67 f.; MITN 2/12, Eintrag 154, Bl. 72 f. Im Jahre 1940 wurde die Altstadt von Toul zu 40 % zerstört. Vgl. https://de.wikipedia.org/wiki/Toul (letzter Zugriff: 20.7.2021).

131 Vgl. Seghers, Anna: Transit. Roman [1951]. Berlin 2007, S. 36.

132 BArch, MfS, AP 7326/84, Anlage zum Schreiben P/234/81, 21.7.1981, Bl. 17. Zu »Philosophs« Einsatz in Polen im Rahmen der »Progress«-Operationen vgl. Andrew; Mitrochin: Das Schwarzbuch des KGB, S. 605 f., 616 f.

133 MITN 1/2, Eintrag 29, Bl. 93. Der Deckname der Legalisierungsvariante heißt im russischen Original »Ljuks« und meint höchstwahrscheinlich eine Anspielung an die Herkunft des toten Doppelgängers (»Lux« für »Luxemburg(er)«), eventuell aber auch an das mit »tsche-

der Vater war ein realer und bereits kurz nach dem legendierten Geburtsdatum seiner »Tochter« aus dem Leben geschiedener toter Doppelgänger. Die Geburt der fiktiven Doppelgängerin von »Wiktorowa« wurde in den Geburtsregistern der ehemals deutschen und 1945 mit der Oder-Neiße-Linie an Polen gefallenen Stadt Penzig (poln. Pieńsk) erfasst, ihre Geburtsurkunde wurde jedoch in der KGB-Zentrale erstellt. Die Geburt der fiktiven Mutter wurde im Geburtenbuch von Bad Freienwalde dokumentiert. Auch hier war der KGB um sorgfältiges Spurenverwischen bemüht, indem er den Wohnort und die Arbeitsstätte dieser fiktiven Doppelgängerin in bereits abgerissene Häuser platzierte.[134]

Unvollkommene Elternangaben – fiktives (»uneheliches«) Kind (R – ? – F)

In anderen von Mitrochin beschriebenen Fällen sind die Angaben zu den Legalisierungsgrundlagen bruchstückhaft, enthalten jedoch zumindest Anhaltspunkte über den einen realen Elternteil und das fiktive »Kind« – die Deckidentität der/des Illegalen selbst. So diente als »Mutter« und Grundlage zur Deckidentität des Illegalen »Sedow«, dessen fiktive Personalien »Erich Berghold, geboren 1927« vom KGB in den Geburtsregistern des sachsen-anhaltischen Bad Dürrenberg registriert wurden,[135] eine in Wirklichkeit ledige, 1949 in Potsdam gestorbene Österreicherin (also eine tote Doppelgängerin). Zum Erhalt seiner österreichischen Dokumente musste »Sedow« 1962 bis 1963 von Naumburg/Saale aus einen mehrmonatigen Briefwechsel mit der steiermärkischen Heimatgemeinde der »Mutter« und mit der österreichischen Mission in Westberlin führen.[136] Eine dokumentarische Erfassung von Deckidentitäten Illegaler als uneheliche Kinder war insofern günstig, als sie keine weiteren belastbaren biografischen Daten als die der »Mutter« erforderlich machte. Wegen der Perspektive der Legalisierung in einem Land mit liberaler Einbürgerungspraxis gewannen hierbei transnationale Biografien wieder an Bedeutung. Eine 1929 in Buenos Aires geborene, 1934 nach Estland übersiedelte und in der Nachkriegszeit in Tartu lebende Estin, Nilla Nilowna Hermann, fand der KGB anhand sorgfältig aufgeschriebener Geburtsregisterdaten zum einen an sich für eine Doppelgängerin verwendbar: *»Diese Angaben können für Dokumente eines weiblichen Illegalen [nelegala shenschtschiny] verwendet werden.«* Zum anderen diente sie als »Mutter-Grundlage« einer fiktiven, angeblich 1948 im brandenburgischen Angermünde geborenen unehelichen Tochter »Trema«, Marita Helene Hermann, deren Daten im Jahre 1964 von der 3. Abteilung des KGB-Apparates in der DDR

kistischen« Eigenschaften ausgestattete aufmerksame und listige Katzentier (»Luchs«) oder an das berühmt-berüchtigte Moskauer Hotel für Politemigranten (»Lux«).

134 MITN 2/9/1, Eintrag 10, Bl. 2.

135 *»Der Eintrag wurde durch den Mitarbeiter der 3. Abteilung des KGB-Apparates in der DDR […] gemacht.«* (MITN 2/9/1, Bl. 20.)

136 Ebenda.

in die Geburtsregister des Angermünder Standesamtes eingetragen wurden.[137] Sowohl die realen Mutter- als auch die fiktiven Tochter-Daten sind vom KGB ohne Wissen der echten Nilla Nilowna Hermann verwendet worden. Eine Art Sonderfall bei der Legendierung unehelicher Kinder bildet der Fall »Kim«. Die Personalien eines späteren KGB-Oberleutnants Klementij Alekseewitsch Korsakow, der 1980 vom KGB festgenommen wurde, nachdem er die Moskauer Botschaften der USA und der BRD mit Informationen beliefert hatte, sind beispielhaft für die sowjetisch-ostdeutschen geheimdienstlichen Verflechtungen und für die tschekistische Selbstrekrutierung – geboren 1948 in Moskau, Vater Russe, Mutter deutsche Illegale. Für ein Leben im Westen wurde dem Illegalen(sohn) jedoch bereits im zarten Kindesalter eine DDR-Deckidentität verpasst. Schon 1952, als dieser gerade einmal vier Jahre alt war (sic!), erfolgte zum Geburtsjahr des realen Identitätsträgers (1948) eine dokumentarische Erfassung: Aus »Kim« wurde anhand des mütterlichen Mädchennamens ein unehelich geborener Clemens Oskar Kuithan und seine fiktive Geburt wurde im Geburtenbuch von Dallgow (heute Dallgow-Döberitz) eingetragen.[138] Dass der Name als Deckidentität von der politischen Öffentlichkeit der Bundesrepublik unerkannt blieb, zeigt die Interpellation des CSU-Bundestagsabgeordneten Hans Graf Huyn nach »Kims« Verhaftung 1980: »Treffen Presseberichte zu, dass der deutsche Staatsbürger Clemens Kuithan von KGB-Agenten an der Ausreise aus der Sowjetunion gehindert worden ist, und welche Schritte hat die Bundesregierung unternommen, um seine unverzügliche Heimkehr nach Deutschland zu ermöglichen?«[139]

Legalisierung Illegaler durch gänzlich fiktive Identitäten

Um die Typologie der Legalisierungsschemata abzuschließen: neben »reinen« Doppelgänger-Varianten und Legalisierungsvarianten auf teils realer biografischer Grundlage wurden für die Illegalen auch vollständig fiktive Identitäten verwendet. Auch diese wurden aber nach Bedarf dokumentarisch erfasst, das heißt in standesamtliche Register eingetragen. Als Fallbeispiel aus der Mitrochin'schen Überlieferung kann hier die Legalisierung des sowjetischen Illegalen »Ognewoj« (»der Feurige«) dienen. Der Aserbaidschan-Deutsche, gelernter Koch und Illegal-

137 MITN 2/14/1, Eintrag 257, Bl. 130. Zur »Trema« siehe auch MITN 2/16/2, Eintrag 488, Bl. 225; MITN 2/16/3, Eintrag 504, Bl. 247 (abweichendes Geburtsdatum 1949).

138 MITN 1/6/7, Bl. 615. Zur Legende und zum späteren Lebensweg von »Kim« siehe auch Andrew; Mitrochin: Das Schwarzbuch des KGB, S. 283 f., die die Schreibweise des Namens als »Klemens Oskar Kuitan« präferieren und den fiktiven Geburtsort vermutlich falsch als »Dalleghof« entziffern.

139 Siehe Deutscher Bundestag, 8. Wahlperiode: Drucksache 8/3692: Fragen für die Sitzungswoche des Deutschen Bundestages am Mittwoch, dem 27. Februar 1980/am Donnerstag, dem 28. Februar 1980, 22.2.1980, S. 16.

Agent des KGB, wurde zwar erst 1957 in der UdSSR geheimdienstlich ausgebildet, seine Ausbildung ging dann aber bis 1960 in der DDR weiter. Noch vor dem Mauerbau 1961 als Flüchtling in die Bundesrepublik eingeschleust, arbeitete er bis zu seiner Heimkehr in die UdSSR mit geringen Arbeitsergebnissen in Aschaffenburg und München. Seine fiktiven biografischen Angaben – »Ernst Paul Karl Klein, geboren am 30.12.1927« – wurden Mitrochin zufolge in der DDR, konkret in den standesamtlichen Registrierbüchern von Neubrandenburg, erfasst.[140]

Zusammenfassung und Forschungsausblick

Die bis 1961 offene Grenze nach Westberlin und die gleichsprachige andere Hälfte des geteilten Deutschlands machten die DDR zum idealen Terrain für Übergangslegalisierungen. Somit wirkte das MfS nicht nur als Akteur der Spionagearbeit, sondern fungierte in der ostblockweiten Arbeitsteilung auch als Dienstleister seiner Partner, vorrangig des sowjetischen KGB, bei der Legalisierung seiner zur Westarbeit bestimmten »Illegalen«. Dieser Fokus auf Deutschland spiegelt sich bereits in den Mitarbeiterzahlen der dafür zuständigen KGB-Teilbereiche wider. Die Kehrseite der Medaille war, dass die für das MfS tätigen oder von der DDR aus legalisierten Illegalen auch die meisten Aufgeflogenen stellten.

Nicht nur die erwähnten politischen Rahmenbedingungen, sondern auch die prekäre Verwaltungsinfrastruktur der Nachkriegszeit war es, die die Legalisierungsarbeit erleichterte: Unüberschaubare Bevölkerungslage, unvollständige Unterlagen und unqualifiziertes Personal machten die Verwaltung der frühen DDR zur »offenen Flanke«, wo der KGB ansetzen konnte. Als spektakulärste Erkenntnis ergibt sich in diesem Kontext anhand des Mitrochin-Archivs, dass die sowjetischen Tschekisten in der DDR dabei bis hin zu eigenmächtigen Einträgen in den ostdeutschen Personenstandsregistern (wie Geburten-, Ehe- und Sterbebüchern) gingen. Im bilateralen Verhältnis KGB – MfS blieb deren Arbeitsteilung von Asymmetrie geprägt: Während das MfS vor seiner Nutzung von Legalisierungsgrundlagen den KGB fragen sollte, geschah der KGB-Zugriff auf die DDR-Personenstandsregister zuerst ohne Wissen des MfS.

An konkreten Beispielen lässt sich zeigen, wie die Arbeitsteilung bei Legalisierungen verlief. Beim Stricken von Biografie-Legenden in den 1960er-Jahren ließ sich der KGB zwar vom MfS helfen, was deutsche Dokumente betraf, Dokumente aus exotischen Drittländern ließ er aber, solange die DDR außenpolitisch isoliert war, etwa von der StB aus der ČS(S)R beschaffen. Wegen seiner Arbeitsroutine, seines Wissensvorsprungs und der Spezifika der DDR unterstützte das MfS schon früh konsultativ und operativ auch die polnische SB und die tschechoslowakische StB: Erstere beriet es 1957 bis 1958 bei der Legalisierung deutscher Vertriebener

140 MITN 2/16/2, Eintrag 340, Bl. 126.

aus Westpolen in der Bundesrepublik, Letzterer half es 1958 bis 1960 mit der Übergangslegalisierung seiner Übersiedlungs-IM als aus der ČSR umgesiedelte DDR-Bürger.

Mit legislativen (Verringerung von Staatenlosigkeit), technischen (EDV) und bürokratischen (internationaler Datenaustausch) Neuerungen stieß die Legalisierung von Illegalen an ganz neue Grenzen. Auf den Kristallisationspunkt dieser Schwierigkeiten – die Verhaftungswelle der »Aktion Anmeldung« 1976 – reagierten der KGB und das MfS in mehrfacher Hinsicht. Die angestrebte Tätigkeitserweiterung der KGB-MfS-Kooperation auf die Dritte Welt bezog sich ab Ende der 1970er-Jahre auch auf Legalisierungen und verlief, wie früher, arbeitsteilig. Das MfS war es, das Zugang zu mosambikanischen Registern hatte oder im KGB-Auftrag gezielt nach Ländern mit unvollständiger Bevölkerungserfassung Ausschau halten sollte. Angesichts der Vorgeschichte fragt es sich, ob die sowjetischen Tschekisten damit nicht parallel zum Aufholen des technischen Fortschritts im Operationsgebiet auch den Weg des geringeren Widerstandes gingen und mit dem Fokus auf meldetechnisch rückständige Länder nicht nach jenen Arbeitsbedingungen suchten, die sie aus der frühen SBZ/DDR gut kannten.

Die auf Deutschland bezogenen Schemata der Legalisierung für seine Illegalen konnte der KGB u. a. dank seinem leichten Rückgriff auf Personendaten in der DDR gut fundieren. Zu einer besonderen Stärke seiner Legalisierungsarbeit entwickelte er Mischformen, in welchen die Übergänge zwischen authentischen und ausgedachten Identitäten fließend waren. In einer Typologie zwischen Realem und Fiktivem eingeteilt, erschließt uns das Mitrochin-Archiv mehr als die klassische Trichotomie von eigenen, fiktiven oder fremden Personalien. Die Auswertung dieser KGB-Ersatzüberlieferung komplementär zu den MfS-Akten ermöglicht in einigen Fällen, mehr über die Entstehungshintergründe der Varianten zu erfahren.

Als »lebendige Doppelgänger« wurden nicht nur die West-Ost-Migranten nach 1961 benutzt (bei deren Auswahl der KGB teils sogar direkt »an der Quelle« in den Aufnahmeheimen saß), sondern auch die Personalien dekonspirierter oder unwilliger IM-Kandidaten wiederverwertet. »Doppelstaatler« oder Personen mit kriegsbedingten Westbiografien waren ebenso begehrt. Die Fallstudie aus der thüringischen Provinz zeigt, dass der KGB beim Auswählen »seiner« Doppelgänger dezentral arbeitete und sich dabei nicht vom MfS in die Karten schauen ließ. Als »tote Doppelgänger« verwendete Personen interessieren zumindest durch die Vielfalt ihrer Todesumstände: Zu diesem Zweck wurden verstorbene Säuglinge oder verunglückte Zirkusakrobaten ebenso genutzt wie Opfer gängiger Volkskrankheiten der frühen Nachkriegszeit. Ein geschicktes Arbeiten des KGB bei Legalisierungsvorgängen schloss gelegentliche Teilenttarnungen durch die VP und einen daraus resultierenden Improvisationsbedarf nicht aus.

Bei Mischformen wurden fiktive Identitäten an reale Vorfahren gekoppelt. So konnte sich ein KGB-Illegaler für den Sohn eines 1938 in der UdSSR umgekommenen Deutschen ausgeben und mithilfe seiner »Verwandtschaft« als Spätaussiedler in die Bundesrepublik kommen. Unverheirateten Personen oder kinderlosen Paaren wurden Ehen und Kinder hinzulegendiert, einher damit gingen wieder Falscheinträge in den jeweiligen Standesamtsregistern der DDR. Der KGB erfasste solche Herkunftsschemata auch »auf Vorrat« zur späteren Verwendung. Manche der gemischten Legalisierungsschemata zu fiktiven Nachkommen realer Personen kamen mit unvollkommenen Elternangaben aus (lediglich ein quellengestütztes Elternteil); dokumentarisch besonders niedrigschwellig waren zum Beispiel Deckidentitäten »unehelicher« Kinder. Die Typologie der Legalisierungen rundet zuletzt die Bildung ganz fiktiver Identitäten ab.

Die oben geschilderten Aktivitäten des KGB in der DDR sowie in anderen europäischen und außereuropäischen Staaten der sowjetischen Hemisphäre, die sich thesenhaft und in Anlehnung an die von Tschekisten so beliebte militärische Metaphorik als »Sturm auf die Personenregister« bezeichnen ließen, gewähren Einblick in die infrastrukturellen Spielräume des KGB außerhalb der Sowjetunion. Im Licht dieser Forschungsergebnisse und auf einer etwas abstrakteren Ebene betrachtet, zeugt die Kooperation zwischen dem KGB und dem MfS bei Legalisierungen erstens von einem asymmetrisch-arbeitsteiligen Verhältnis, in welchem der KGB der ideelle Urheber, Auftraggeber und finale Nutznießer der Legalisierungsvarianten war – mithin die »grobe Richtung« vorgab –, das MfS hingegen als Dienstleister für die verwaltungstechnische Infrastruktur und die Authentizität des Dokumentenmaterials – also für die »Feinheiten« – sorgte. Die seit den 1970er-Jahren angestrebte territoriale Ausweitung von Legalisierungsaufgaben auf die Dritte Welt, das regionale Fallbeispiel einer unfreiwilligen Identitätsspenderin aus der thüringischen Provinz und die Spannbreite der übrigen Legalisierungsverfahren zeigen zweitens, dass diese Kooperation zwischen dem KGB und dem MfS neben dem bevorzugt deutschen Fokus auch globale und lokale Dimensionen hatte, deren Einbeziehung sich auch für künftige Forschungen zu diesem Thema eindeutig lohnt.

Dass sich der sowjetische Geheimdienst das Personenstandswesen der DDR als eine Art »Identitäten-Vorratskammer« oder »Selbstbedienungsladen« zunutze machen konnte, ist wohl nur ein empirisches Beispiel von vielen. Dieses Thema liegt an der Schnittstelle zwischen Geheimdienstgeschichte, Migrationsgeschichte und Genealogie und erweist sich schon dadurch als anschlussfähig. Genealogisch gesehen wäre es trotz datenschutzrechtlicher Hürden interessant, die von Mitrochin erwähnten Einträge mit ihren Originalen in den Standesämtern abzugleichen, um zu erfahren, ob auch Merkmale wie Schrift, Duktus usw. jeweils ein Falsum erkennen lassen. Migrationshistorisch gesehen könnte das als Fallstudie angeschnittene Thema der »Doppelstaatler« vertieft werden, um zu testen, wieweit das von Maximilian Graf erforschte Schicksal der DDR-Österreicher repräsentativ ist, und ob die von Bernd Eisenfeld gezeigten Strategien und Spielräume der

Antragsteller für diese Gruppe gleichermaßen gelten.[141] Aus geheimdiensthistorischer Perspektive würde eine Analyse der Legalisierungsarbeit des KGB und des MfS etwa auf afrikanischem Boden die gegenwärtig florierende Forschung zur tschekistischen Betätigung im Globalen Süden[142] sinnvoll erweitern.

141 Vgl. Graf: Österreich und die DDR 1949–1990, S. 152–158, 174–198, 346–369; Eisenfeld, Bernd: Die Ausreisebewegung – eine Erscheinungsform widerständigen Verhaltens. In: Poppe, Ulrike; Eckert, Rainer; Kowalczuk, Ilko-Sascha (Hg.): Zwischen Selbstbehauptung und Anpassung. Formen des Widerstandes und der Opposition in der DDR. Berlin 1995, S. 192–223.

142 Vgl. Müller, Miriam M.: A Spectre is Haunting Arabia. How the Germans Brought Their Communism to Yemen. Bielefeld 2015 sowie das laufende Dissertationsprojekt von Warda, Anna: »Tschekistische Entwicklungshilfe. Das MfS in der ›Dritten Welt‹« am Zentrum für Zeithistorische Forschung Potsdam. ZZF Potsdam: Jahresbericht 2020, S. 65.

Douglas Selvage

Brüderliche Zusammenarbeit und ihre Grenzen: Stasi, KGB und die Gesellschaft für Menschenrechte

Nach 1975 beriefen sich unterschiedliche Gruppen und einzelne Bürger im Osten auf die Schlussakte der Konferenz für Sicherheit und Zusammenarbeit in Europa (KSZE), um die Einhaltung der Menschenrechte und die Verwirklichung von humanitären Erleichterungen – unter anderem das Recht auf Ausreise – zu fordern. Diese Forderungen wurden nicht nur von einzelnen westlichen Regierungen unterstützt, sondern auch von verschiedenen Nichtregierungsorganisationen (NGOs) im Westen.

Die NGOs gaben den Forderungen Öffentlichkeit, trugen sie westlichen und östlichen Regierungen vor und brachten sie auf den Nachfolgekonferenzen der KSZE ein. Die Sicherheitsorgane der kommunistischen Regierungen, darunter das Ministerium für Staatssicherheit (MfS) und der sowjetische KGB, wurden damit beauftragt, die Aktivisten im Innern zu unterdrücken. Sie hatten auch die Aufgabe, die NGOs im Westen zu unterwandern, zu demoralisieren (»zersetzen«), zu diskreditieren und mundtot zu machen.

Dieser Beitrag analysiert das Vorgehen des MfS und des KGB bei der Bekämpfung einer konservativen Organisation in der Bundesrepublik, die aktiv im KSZE-Prozess für die Einhaltung der Menschenrechte im Osten auftrat. Es handelt sich um die »Gesellschaft für Menschenrechte e. V.« (GfM, später »Internationale Gesellschaft für Menschenrechte«, IGfM). Obwohl die GfM schon längst vor der Unterzeichnung der KSZE-Schlussakte in Helsinki im August 1975 im Visier der östlichen Geheimdienste stand, konzentriert sich dieser Beitrag auf ihre Tätigkeit nach der Unterzeichnung der KSZE-Schlussakte und insbesondere vor und während des KSZE-Nachfolgetreffens in Belgrad von 1977 bis 1978.

MfS, KGB und die Gesellschaft für Menschenrechte (GfM), 1973 bis 1976

Die Gesellschaft für Menschenrechte e. V. wurde 1972 durch Aktivisten des »Russländischen Solidaristenbundes des Arbeitenden Volkes« (*Narodno-Trudowoj Sojus*, NTS) gegründet. Der NTS, der 1930 aus der antibolschewistischen, »weißen« Emigration Russlands entstand, hatte während des Zweiten Weltkrieges auf der Seite Nazideutschlands gegen die Sowjetunion gekämpft und seit den frühen 1950er-Jahren die Amerikaner bei ihrer »Befreiungspolitik« gegenüber Osteuropa unterstützt, vor allem im Bereich der Propaganda und der verdeckten Operationen der CIA.[1] Im Jahr 1973 übernahm Cornelia Gerstenmaier, Tochter des ehemaligen Bundestagspräsidenten und führenden Politikers der Christlich-Demokratischen Union (CDU) Eugen Gerstenmaier, den Vorsitz der GfM. Sie brachte nicht nur ihre Verbindungen zur CDU und deren Schwesterpartei, der bayerischen Christlich-Sozialen Union (CSU) mit, sondern auch zu den sowjetischen Exilkreisen um die Zeitschrift *Kontinent*, die die Dissidenten in der UdSSR unterstützten. Sie wurde damit die vielleicht aktivste westdeutsche Verfechterin für die Anliegen der Dissidenten und die Menschenrechte in Osteuropa.[2] Im Allgemeinen standen die GfM und Gerstenmaier im Zentrum der Verflechtungen in der Bundesrepublik zwischen konservativen Menschenrechtsaktivisten, osteuropäischen Emigrantenorganisationen und östlichen Dissidenten.[3]

Es ist nicht überraschend, dass Gerstenmaier und die GfM im Zentrum der Aufmerksamkeit von KGB und MfS standen. Der KGB betrachtete die GfM praktisch als eine Zweigstelle des NTS und belegte das durch die Tatsache, dass der Geschäftsführer der GfM und erste Stellvertreter Gerstenmaiers, Iwan Agrusow, vom NTS kam. Einige andere leitende Persönlichkeiten kamen ebenfalls von der russischen Exilorganisation.[4] Die bekannte Verbindung zwischen dem NTS und der CIA nutzten der KGB und das MfS, um die GfM als ein Werkzeug der CIA darzustellen.[5]

1 Vgl. Stöver, Bernd: Die Befreiung vom Kommunismus. Amerikanische Liberation Policy im Kalten Krieg 1947–1991. Köln, Weimar, Wien 2002, S. 318–321, 325–328. Ein CIA-Offizier schrieb 1980 an den Associate Deputy Director of Operations der CIA John H. Stein: »PDGIDEON [das heißt eine verdeckte Operation] supports the People's Labor Alliance (NTS), the best organized and most prominent Russian emigre organization. The Agency [CIA] has supported the NTS since 1950 and NTS has long conducted a comprehensive range of operational activities, including book publishing and distribution, internal Soviet mailings, and press placements in Western Europe. Most importantly, the NTS has long carried out a program of smuggling Samizdat manuscripts out of the USSR, arranging for publication in the West and reinfiltrating these proscribed materials back into the Soviet Union. Some 40 000 items were distributed by NTS in FY [fiscal year] 79, including 5 650 books, 14 000 magazines, 10 000 brochures and some 10 000 leaflets and pamphlets.« Memorandum from [deleted], Chief EPDS/OPEG to John H. Stein, 24.3.1980. In: CIA, Freedom of Information Act (FOIA) Electronic Reading Room, https://www.cia.gov/readingroom/document/5197c264993294098d50e112 (letzter Zugriff: 20.7.2021).

2 Wüst, Jürgen: Menschenrechtsarbeit im Zwielicht. Zwischen Staatssicherheit und Antifaschismus. Bonn 1999, S. 56 f., 63 f.

3 Mitrokhin, On Human Rights, Folder 51, Bl. 2–5, online: https://digitalarchive.wilsoncenter.org/document/110120 (letzter Zugriff: 20.7.2021).

4 Der KGB und das MfS behaupteten mehrfach, dass Agrusow während der deutschen Besetzung Pskows Kriegsverbrechen begangen hätte, ohne jedoch dafür irgendeinen Beweis beibringen zu können. Oberst Stolze, Abteilungsleiter HA IX/11 an Hauptabteilung II/AKG, 23.6.1988, in: BArch, MfS, HA IX/11, AV 11/88, Bl. 19 f.

5 Beide Geheimdienste fanden damals keinen Beweis für ihre Vorwürfe. Ein inzwischen von der CIA deklassifiziertes Dokument von 1977 deutet auf eine finanzielle Verbindung des

Nach der Unterzeichnung der Schlussakte der Konferenz für Sicherheit und Zusammenarbeit in Europa (KSZE) in Helsinki im August 1975 folgte die GfM dem Beispiel sowjetischer Dissidenten und berief sich – ebenso wie diese – auf das Menschenrechtsprinzip der Schlussakte, um die Einhaltung der Menschenrechte in Osteuropa vor der internationalen Öffentlichkeit einzufordern. Der GfM sowie den sowjetischen Dissidenten galt das Recht, »ungehindert das eigene Land zu verlassen und wieder zurückkehren zu dürfen, sowie der freien Wahl des Aufenthaltslandes« als fundamentales Menschenrecht. Hier beriefen sie sich auf die Allgemeine Erklärung der Menschenrechte der Vereinten Nationen,[6] nach deren »Zielen und Grundsätzen« die KSZE-Teilnehmerstaaten sich in der Helsinki-Schlussakte verpflichtet hatten zu handeln.[7]

Während die GfM dem KGB wegen ihrer Unterstützung für sowjetische Dissidenten die größten Sorgen bereitete, machte Staatssicherheitsminister Erich Mielke in einer Anweisung an alle Diensteinheiten vom September 1975 klar, dass es bei der Bearbeitung der GfM durch das MfS vor allem um folgende Aspekte ging: ihre Versuche, »DDR Bürger zu beeinflussen, Übersiedlungsanträge zu stellen« und ihre »›Vorschläge oder Hinweise‹« an DDR-Bürger »für die Durchsetzung ihrer Forderung nach Übersiedlung«.[8] Wegen dieser Prioritätensetzung fiel die Bearbeitung der GfM in den Verantwortungsbereich der Abteilung 5 der Hauptabteilung VII des MfS, die für die Hauptabteilungen Innere Angelegenheiten

US-amerikanischen Geheimdiensts zur GfM. Darin steht, dass der NTS $200 000 im Fiskaljahr 1977 von der CIA bekam. Der NTS, schrieb die CIA, »engages in procurement, publication and clandestine distribution of literature and socio-political commentary in the Russian language, and in some political activity in the USSR«. In demselben Fiskaljahr gab die CIA $105 000 für »a human rights activity which uses a small number of activists in Western Europe to publicize Soviet and Eastern European abuses of human rights« aus. Siehe Paper Prepared in the Central Intelligence Agency for the Special Activities Working Group, 4.2.1977. In: Ashley, Carl; Munteanu, Mircea (Hg.): Foreign Relations of the United States, 1977–1980, Vol. XX, Eastern Europe, 1977–1980. Washington: Government Printing Office, 2015, S. 4–8, hier 5 f. Verfügbar online: https://history.state.gov/historicaldocuments/frus1977-80v20 (letzter Zugriff: 20.7.2021). Nach einer Aufzeichnung eines CIA-Mitarbeiters an seinen Vorgesetzten 1980 erhielt NTS 2/3 seines Haushalts von der CIA. Siehe Memorandum from [deleted], Chief EPDS/OPEG to John H. Stein, 24.3.1980. In: CIA, Freedom of Information Act (FOIA) Electronic Reading Room, https://www.cia.gov/readingroom/docs/QRPLUMB%20%20%20VOL.%203%20%20%28DEVELOPMENT%20AND%20PLANS%2C%201978-81%29_0016.pdf (letzter Zugriff: 20.7.2021).

6 Vereinte Nationen, G. A. ReS. 217 A (III), 10. Dezember 1948, Artikel 13, https://www.un.org/depts/german/menschenrechte/aemr.pdf (letzter Zugriff: 20.7.2021).

7 Schlussakte der Konferenz über Sicherheit und Zusammenarbeit in Europa (KSZE) in Helsinki, 1. August 1975, Para. 1 a (VII), https://www.1000dokumente.de/index.html?c=dokument_de&dokument=0024_ksz&object=translation&l=de (letzter Zugriff: 20.7.2021).

8 Mielke an alle Diensteinheiten, Aktivitäten der »Gesellschaft für Menschenrechte e. V.«, Frankfurt/M. und Einleitung geeigneter politisch-operativer Maßnahmen, 17.9.1975, in: BArch, MfS, BdL/Dok. Nr. 04877, Bl. 1–9, hier 8 f. Alle solche Hinweise sollten an die zuständige HA VII gehen, die mit der »Koordinierung aller politisch-operativen Aufgaben und Maßnahmen« zur GfM beauftragt wurde.

und Pass- und Meldewesen der Deutschen Volkspolizei (DVP) zuständig war, wo ausreisewillige DDR-Bürger ihre Anträge stellten.[9] Die Prioritätensetzung spiegelte die Tatsache wider, dass für die DDR nach Helsinki solche Übersiedlungsersuchen die größte Herausforderung waren und nicht zunehmende Dissidenz wie in der UdSSR oder in den anderen kommunistischen Ländern.

Die besondere Stellung der GfM für das MfS bei seiner Bekämpfung der »Menschenrechtsdemagogie« im Westen im Zusammenhang mit dem KSZE-Prozess beweist die Tatsache, dass die einzige Dienstkonferenz des MfS zum KSZE-Nachfolgetreffen in Belgrad fast ausschließlich der GfM gewidmet wurde.[10] Besonders besorgniserregend für das MfS waren Berichte, dass die GfM auf dem Belgrader KSZE-Treffen Beobachterstatus beantragen wolle und beabsichtige, eine »umfassende Dokumentation zur ›Verletzung der Menschenrechte in den sozialistischen Staaten‹« vorzubereiten, die an die Regierungen der USA und der Niederlande mit der Bitte weitergeleitet würde, sie »als offizielles Konferenzdokument« einzubringen.[11] Die GfM wolle sich mit Blick auf Belgrad aber besonders auf die DDR und die Ausreiseproblematik konzentrieren. »Vorrangig« plane sie, so ein MfS-Bericht, »Beweise für sog[enannte] ›Zwangsadoptionen‹ in der DDR« zu erarbeiten, »da diese besonders geeignet erscheinen, die DDR zu diskreditieren und in Belgrad zu verleumden«.[12] Das SED-Regime wurde von westlichen Journalisten sowie der GfM beschuldigt, Kinder von Eltern, die aus politischen Gründen – darunter wegen versuchter Ausreise oder Flucht nach dem Westen – verurteilt wurden, gegen den Willen der Eltern zur Adoption an regimetreue DDR-Bürger freizugeben.[13]

9 Siehe Wunschik: Hauptabteilung VII, S. 64 f. Am 26. April 1976 legte die HA VII ihre Konzeption zur Bearbeitung der GfM der Stasi-Führung vor. Siehe Konzeption zur politisch-operativen Aufklärung und Bearbeitung der Feindorganisation, 26.4.1976, in: BArch, MfS, AOP 6072/91, Bd. 3, Bl. 127.

10 Siehe Material zur zentralen Dienstkonferenz des 1. Stellvertreters des Ministers Genossen Generalleutnant Beater am 28. April 1977, 6.5.1977, in: BArch, MfS, ZKG Nr. 6348, Bl. 1–26.

11 ZAIG, Information über die »Gesellschaft für Menschenrechte« in der BRD, o. D., in: BArch, MfS, ZAIG Nr. 25854, Bl. 1–3, hier 2. Die Einzelinformation (EI), die keinen Verteiler aufweist, wurde nach ihrem Inhalt einer Eingangsinformation der HVA zugeordnet: HVA, Information zur Tätigkeit der GfM, o. D., markiert »E 1924/77«, in: BArch, MfS, ZAIG Nr. 30566, Bl. 17–23. Nach SIRA-TDB 12, unter »Reservemerkmal« 1924 befindet sich unter dem Jahre 1977 eine Eingangsinformation SE7703278 mit dem Titel »Gesellschaft für Menschenrechte e. V. Information zur Zielrichtung der Arbeit, Strukturelle und Personelle Angaben« vom 28.3.1977. Siehe BArch, MfS, HVA/MD/3, SIRA-TDB 12, SE7703278. Die mit »II« eingeschätzte Information kam von IM »Keil« der HVA/IV, Reg.-Nr. XV/2725/76. Unter dem IM-Vorgang wurde 1976 ein Westberliner Student erfasst. Siehe Rosenholz (RoHo), F 16 u. F 20, Reg.-Nr. XV/2725/76. Nach SIRA-TDB 12 lieferte »Keil« 22 Eingangsinformationen zur GfM/IGfM zwischen 1976 und 1989 (suche: QUE.RGNR="*/8618/61" UND TXT="*GFM*" und QUE.RGNR="*/2725/76" UND TXT="*menschenr*").

12 Ebenda.

13 Siehe Warnecke, Marie-Luise: Zwangsadoptionen in der DDR. Berlin 2009, passim. Warnecke schlussfolgerte, dass nur in 5 Fällen solche Adoptionen belegt seien. Dazu komme ein

Noch alarmierender für das MfS waren Informationen, die es von seiner Spitzenquelle in der Arbeitsgruppe der GfM in Westberlin erhielt, nämlich dem IM »Wagner« der MfS-Hauptabteilung II/9. »Wagner« war der Deckname von Erich Kobelt, dem Geschäftsführer der Westberliner GfM-Arbeitsgruppe. Er warnte vor einem neuen, öffentlichkeitswirksamen Fall der GfM: Es ging um Dr. Hellmuth Nitsche, der erfolglos einen Übersiedlungsantrag in die Bundesrepublik gestellt hatte. Nitsche hatte einen offenen Brief an US-Präsident Jimmy Carter verfasst, in dem er sein Schicksal vorstellte, die Menschenrechtsverletzungen in der DDR und im Osten im Allgemeinen kritisierte und zumindest indirekt Carter um Unterstützung bat. Kobelt hatte nicht nur Nitsches Brief in seinem Besitz, sondern auch einige Manuskripte von ihm zum gleichen Thema, die im Westen veröffentlicht werden sollten. Kobelt sprach seinem Führungsoffizier gegenüber »die Befürchtung aus, dass er aus Kenntnis der gesamten Problematik die Schlussfolgerung abzuleiten hat, dass diese Person für die DDR sehr gefährlich werden könnte und sich zu einem zweiten Havelmann [sic! gemeint: Robert Havemann] entwickeln würde«.[14] Das MfS nahm den neuen Fall sehr ernst und sandte am 2. April 1977 einen detaillierten Bericht zu dem Fall an Erich Honecker.[15] Das MfS versicherte Honecker, dass Nitsches Brief an Carter und andere Manuskripte »gegenwärtig einer konkreten Prüfung und strafrechtlichen Einschätzung unterzogen« würden.[16] Nachdem »verleumderische Passagen« von Nitsches Brief an Carter am 5. April 1977 »in der Westpresse« erschienen waren,[17] wurde Nitsche »wegen des dringenden Verdachts der Sammlung von Nachrichten und der staatsfeindlichen Hetze« festgenommen.[18] Als Antwort

versuchter Fall. Obwohl mehr Fälle nicht auszuschließen seien, könne man nicht von Tausenden von Fällen sprechen, wie früher in der Presse und andernorts kolportiert worden sei. Nach ihrer Fallanalyse sei »kein durchgängiges bzw. überwiegend praktiziertes formell- und materiellrechtliches Verfahrensmuster von Behörden und Gerichten erkennbar«. Ebenda, S. 341.

14 Notiz von Oberstleutnant Dietel, HA II, an Leiter der HA II, Gen. Kratsch, 22.3.1977, in: BArch, MfS, AIM 2076/91, Bd. 13, Bl. 167–172, hier 170. Siehe auch die Tonbandabschrift des ursprünglichen Berichts von IM »Wagner«: HA II, Leipzig, Bericht: Dr. Hellmuth Nitsche aus der Hauptstadt der DDR, 14.3.1977, in: ebenda, Bl. 217 f.

15 Information Nr. 207/77 über erste Überprüfungsergebnisse zu den in der Westpresse erfolgten Veröffentlichungen über Dr. Nitsche, 2.4.1977. In: Bispinck, Henrik (Bearb.): Die DDR im Blick der Stasi 1977. Die geheimen Berichte an die SED-Führung. Göttingen 2012. Verfügbar online https://www.ddr-im-blick.de/jahrgaenge/jahrgang-1977/report/westdeutsche-pressemeldungen-zum-uebergesiedelten-lehrer-nitsche-1/ (letzter Zugriff: 20.7.2021).

16 Ebenda.

17 Information Nr. 211 a/77 über weitere Überprüfungsergebnisse zu den in der Westpresse erfolgten Veröffentlichungen über Dr. Nitsche, o. D. In: Bispinck (Bearb.): DDR im Blick, 1977, https://www.ddr-im-blick.de/jahrgaenge/jahrgang-1977/report/westdeutsche-pressemeldungen-zum-uebergesiedelten-lehrer-nitsche-2/ (letzter Zugriff: 20.7.2021).

18 Information Nr. 211 b/77 über erste Ergebnisse der Untersuchungen im Zusammenhang mit den gegen den Dr. phil. Nitsche und dessen Ehefrau eingeleiteten Ermittlungsverfahren, o. D., in: ebenda, https://www.ddr-im-blick.de/jahrgaenge/jahrgang-1977/report/westdeutsche-pressemeldungen-zum-uebergesiedelten-lehrer-nitsche-3/ (letzter Zugriff: 20.7.2021).

darauf veröffentlichte die GfM über den Axel-Springer-Inlandsdienst (ASD) Auszüge aus einem Schreiben Nitsches, »Helsinki: enttäuschte Hoffnung« in der Tagespresse der Bundesrepublik und Westberlins.[19]

Obwohl die Führung der regierenden Sozialistischen Einheitspartei Deutschlands (SED) keine Einwände gegen die Pläne des MfS haben konnte, die GfM härter und zielgerichteter zu bekämpfen, entschied sie am Vorabend der Belgrader Nachfolgekonferenz, sowohl Nitsche als auch den Verfasser der Riesaer Petition 1977, Karl-Heinz Nitschke, aus der Haft nach Westberlin zu entlassen.[20] In einer »Petition zur völligen Erlangung der Menschenrechte« hatten Nitschke als Verfasser und 33 Unterzeichner im sächsischen Riesa die DDR-Regierung aufgefordert, ihre bisher abgelehnten Ausreisen auf Grundlage der Menschenrechtserklärung der Vereinten Nationen (*United Nations Organization*, UNO) und der KSZE-Schlussakte u. a. zu genehmigen. Nachdem die GfM Kopien der Petition an die westdeutsche Presse weitergegeben hatte, hatte der Minister für Staatssicherheit Erich Mielke SED-Generalsekretär Erich Honecker persönlich über die entstandene »Hetz- und Verleumdungskampagne gegen die DDR« in der Bundesrepublik informiert.[21] Der Grund für die Freilassung Nitsches und Nitschkes sowie der Oppositionellen Jürgen Fuchs und Gerulf Pannach und deren Abschiebung beziehungsweise Ausreise in den Westen zu diesem Zeitpunkt lag nah – nämlich, den entsprechenden Kampagnen in der westdeutschen und der Westberliner Presse den Wind aus den Segeln zu nehmen und potenzielle Kritik an der DDR auf der KSZE-Nachfolgekonferenz in Belgrad zu verhindern.

Die Freilassung Nitschkes und Nitsches erwies sich für die SED als Bumerang. Denn sie setzten sich gemeinsam mit der GfM in der westdeutschen Öffentlichkeit und während des Belgrader Treffens für andere Ausreisewillige in der DDR ein.[22] Beide wurden von Gerhard Löwenthal im ZDF-Magazin zu ihren eigenen Fällen und den allgemeinen Menschenrechtsverletzungen in der DDR interviewt.[23] Die

19 200 000 Bürger der DDR stellten Antrag auf Ausreise. In: Die Welt v. 25.4.1977.

20 Ebenso wie Jürgen Fuchs und Gerulf Pannach wurden Nitsche und Nitschke von der DDR auf die III. Freikaufliste der Bundesrepublik für das Jahr 1977 nachgetragen. Nitsche und Nitschke wurden auf der Liste der Freilassungen über den Häftlingsfreikauf vom 14.9.1977 mit der Abkürzung »H III/77 NT« bezeichnet. BArch, MfS, HA IX, Bd. 23403, Bl. 97–103, hier 101. Siehe auch »DDR« schiebt fünf prominente Kritiker in den Westen ab. In: Die Welt v. 29.8.1977.

21 Information Nr. 624/76 über die bisherigen Ergebnisse der Untersuchungen zu einer feindlich-negativen Konzentration von Bürgern der DDR, die im Zusammenhang mit ihrer Antragstellung auf Übersiedlung nach der BRD eine »Petition zur Erlangung der vollen Menschenrechte« unterzeichneten, 7.9.1976. In: Suckut, Siegfried (Hg.): Die DDR im Blick der Stasi 1976. Die geheimen Berichte an die SED-Führung. Göttingen 2009, S. 209–212, hier 209 f.

22 Siehe z. B. Körber, Wilhelm: Nitschke: Riesaer Petition löste in der »DDR« Bürgerinitiative aus. In: Die Welt v. 4.10.1977; Nitsche: Kein Wesenswandel des Regimes. In: Frankfurter Allgemeine Zeitung (FAZ) v. 9.9.1977; Der Bürgerrechtler Nitschke erinnert die DDR-Führung an ihre Verpflichtung zur Verwirklichung der Menschenrechte. In: FAZ v. 4.10.1977.

23 ADN-Information: Aus der Sendung »ZDF-Magazin«, 14.9.1977, in: BArch, MfS, BV Dresden, AOP 2437/78, Bd. I, Bl. 121–126.

MfS-internen Analysten der »Zentralen Auswertungs- und Informationsgruppe« (ZAIG) hatten vor einer solchen Möglichkeit gewarnt. Im Fall Nitsche prophezeiten sie, dass er sich nach einer Übersiedlung »fest in das System der feindlichen Organisationen und Einrichtungen und der von diesen ausgehenden Angriffen gegen die DDR und andere sozialistische Staaten integrieren würde«.[24]

Vor Ort in Belgrad hatten das MfS, der KGB und ihre »Bruderorgane« nur zum Teil Erfolg bei ihrer Zielsetzung, öffentlichkeitswirksame Aktivitäten der GfM während des Vorbereitungs- bzw. des Nachfolgetreffens der KSZE zu verhindern. Während des Vorbereitungstreffens im Sommer 1977 hatten die »jugoslawischen Organe« jegliche Demonstrationen verhindert, indem sie unter anderem 19 Ausländer festnahmen, die die Menschenrechtslage im Osten durch die Verteilung von Flugblättern und Petitionen oder andere Demonstrationen publizieren wollten. Dafür ernteten die jugoslawischen Sicherheitskräfte das Lob Mielkes. Doch am Tag nach der Eröffnung des Haupttreffens am 4. Oktober 1977 traf eine fünfköpfige Delegation der GfM in Belgrad ein und gab drei Tage später eine Pressekonferenz in einem Belgrader Hotel. Sie kritisierte Menschenrechtsverletzungen in der Sowjetunion, der Tschechoslowakei, Polen und im Gastgeberland Jugoslawien als Verstöße gegen die KSZE-Schlussakte. Im Falle der DDR verurteilte die GfM-Delegation auch die Verweigerung der Ausreise von angeblich mehr als 100 000 Ostdeutschen als Verstoß gegen die KSZE-Schlussakte.[25]

Der KGB, das MfS und die aktive Maßnahme »Raskol« (Spaltung)

Folgt man den Notizen des ehemaligen KGB-Archivars Wasilij Mitrochin, die dieser sich anhand der ihm zugänglichen KGB-Akten angefertigt hatte, so arbeiteten KGB und Stasi nach dem KSZE-Nachfolgetreffen in Belgrad noch enger zusammen, um die GfM zu bekämpfen. Nach der Darstellung des KGB, wie Mitrochin sie überliefert hat, waren diese gemeinsamen Bemühungen recht erfolgreich. Sie hätten 1978 zur Abspaltung der Westberliner Arbeitsgruppe von der GfM und ihrer Neugründung als Arbeitsgruppe für Menschenrechte e. V. (AfM) und im Allgemeinen zu einer Schwächung der GfM geführt. Mitrochin notierte aus KGB-Dokumenten:

24 Information Nr. 211 a/77 über weitere Überprüfungsergebnisse zu den in der Westpresse erfolgten Veröffentlichungen über Dr. Nitsche, o. D. In: Bispinck (Bearb.): DDR im Blick, 1977, https://www.ddr-im-blick.de/jahrgaenge/jahrgang-1977/report/westdeutsche-pressemeldungen-zum-uebergesiedelten-lehrer-nitsche-2/ (letzter Zugriff: 20.7.2021).

25 Für Einzelheiten siehe Selvage; Süß: Staatssicherheit und KSZE-Prozess, S. 255–258. Im Dezember 1977 traten die jugoslawischen Behörden wieder restriktiver auf und untersagten der in 2 Bussen anreisenden GfM-Arbeitsgruppe Düsseldorf an der Grenze die Einreise. Ebenda.

> Zusammen mit dem Ministerium für Staatssicherheit der DDR entwickelte der KGB eine langfristige Maßnahme unter dem Decknamen ›Raskol [Spaltung]‹, um die Gesellschaft für Menschenrechte zu diskreditieren und zu spalten. Hauptamtliche Mitarbeiter des KGB-Apparats in der DDR vom Dienst ›A‹ der I. Hauptverwaltung des KGB nahmen an diesen Aktionen teil […].
> Der Vorgang zur Spaltung der Führung der GfM, der im Dezember 1977 mit dem Ausscheiden der Arbeitsgruppe für Menschenrechte (AfM) begann, wurde in den Jahren 1978 bis 1979 mit dem Rechtsstreit zwischen der GfM und der AfM abgeschlossen. Der Vorsitzende der westdeutschen GfM [Hellmuth] Nitsche wurde in den Augen des BfV [Bundesamtes für Verfassungsschutz] und der Mitgliedschaft der GfM als Agent der Sicherheitsorgane der DDR diskreditiert. Zwischen der Führungsgruppe der GfM und dem Bundesministerium für innerdeutsche Beziehungen entwickelte sich eine Atmosphäre gegenseitigen Misstrauens, wobei die Mitglieder der GfM zunehmend das Ministerium als ›praktisch eine Zweigstelle des Ministeriums für Staatssicherheit der DDR‹ betrachteten. Das BfV leitete eine ernste Revision der Gesellschaft für Menschenrechte ein, um den Grad seiner [sic!] Unterwanderung durch Agenten der Staatssicherheitsdienste der DDR festzustellen. […]
> Die Maßnahmen in ›Raskol‹ von 1977 bis 1980 erreichten die folgenden Ergebnisse: Der Vorstand der GfM, ihr Aktiv, ihre Aktivisten und die Mitglieder in ihren Arbeitsgruppen (insbesondere in Westberlin) sind von internen Schwierigkeiten, Streitigkeiten, Rechtsstreiten, Ermittlungen durch das BfV und Spannungen mit dem BMB [Bundes-Ministerium für innerdeutsche Beziehungen] belastet. […][26]

Obwohl die von Mitrochin beschriebene Spaltung der GfM zwar stattfand, muss die Frage gestellt werden: Inwieweit waren die geschilderten Streitigkeiten innerhalb der GfM und zwischen der GfM, der AfM und dem BMB durch die aktiven Maßnahmen des KGB und des MfS verursacht? Wurden die GfM, die AfM und die konservativen Menschenrechtsaktivisten in der Bundesrepublik im Allgemeinen durch diese Streitigkeiten maßgeblich geschwächt? Und wie eng war die Zusammenarbeit zwischen dem MfS und dem KGB wirklich? Nach der heutigen Aktenlage im Stasi-Unterlagen-Archiv war alles etwas komplizierter, als Mitrochin und die durch ihn überlieferten KGB-Dokumente nahelegen.

Im Jahr 1976, lange vor der Abspaltung der AfM von der GfM, begann eine Welle aktiver Maßnahmen des KGB und des MfS gegen die GfM. In diesen früheren Aktionen wurden hauptsächlich der fehlende Einsatz der GfM für Menschenrechte in der Bundesrepublik und ihre angeblichen geheimdienstlichen und NS-Verbindungen thematisiert.

Die I. HV des KGB verschickte zum Beispiel 1976 eine gefälschte Petition der Organisation wegen angeblicher Menschenrechtsverletzungen in der Bundesrepublik an Bundespräsident Walter Scheel.[27] Die für Desinformation zuständige Abteilung X der HVA begann offensichtlich zur gleichen Zeit mit eigenen

26 Mitrokhin: On Human Rights, Folder 51, Bl. 3 f.
27 Ebenda, Bl. 3.

aktiven Maßnahmen.[28] Eine Welle gefälschter Schreiben wurde im Westen im Umlauf gebracht, die, wie die gefälschte Petition an Scheel, Menschenrechtsverletzungen in der Bundesrepublik und indirekt den fehlenden Einsatz der GfM dagegen thematisierten. Zum Beispiel erschien Ende 1977 ein Brief mit der gefälschten Unterschrift von Agrusow an ausländische Arbeitnehmer und verschiedene Ausländerverbände, die Soforthilfe für diskriminierte Ausländer anboten. Das Schreiben ging auch an Mitglieder der GfM, die sich hauptsächlich für die Menschenrechtslage im Osten interessierten.[29] Im Mai 1978 ging ein gefälschtes Rundschreiben der GfM an türkische Verbände, das sie bei der Verletzung von Arbeitnehmerrechten in der Bundesrepublik aufforderte, sich an die GfM zu wenden. Obwohl »beide Aktionen die Handschrift des MfS« oder sogar des KGB trugen, können die Urheber der gefälschten Briefe bis heute nicht identifiziert werden, da ein Teil des operativen Vorganges des MfS gegen die GfM vernichtet wurde und die entsprechenden Akten im Archiv des ehemaligen KGB unzugänglich sind.[30]

Während der Ursprung dieser früheren Fälschungen unklar bleibt, gibt es Anzeichen eines Zusammenwirkens des KGB mit dem MfS im Falle eines Interviews zweier sowjetischer Journalisten der Tageszeitung *Izvestija* mit GfM-Geschäftsführer Agrusow in Frankfurt am Main im April 1979. Einer der sowjetischen Journalisten, Leonid Kolosow, gab später zu, damals auch als Oberst in der für die Bekämpfung der »politisch-ideologischen Diversion« zuständigen V. Verwaltung des KGB tätig gewesen zu sein.[31] Mit der Genehmigung des Leiters der V. Verwaltung Filipp Denisowitsch Bobkow reiste Kolosow 1979 mit dem »sauberen« *Izvestija*-Korrespondenten Wadim Kassis in die Bundesrepublik, um Vertreter der »übelsten Zentren« der »politisch-ideologischen Diversion« zu interviewen. Sein offensichtliches Ziel war es, diffamierende Artikel über seine Gesprächspartner in der Verpackung objektiver Interviews zu veröffentlichen.[32] Der KGB betrachtete die

28 Ende Juli 1976 bat Oberstleutnant Hans Knaust, stellv. Leiter der HV A/X, Schierhorn um detaillierte Informationen, u. a. über Personalien von Mitgliedern, Meinungsunterschiede innerhalb der GfM und angebliche Verbindungen der GfM oder ihrer Mitglieder zu westlichen Geheimdiensten. Siehe Knaust an Schierhorn, HA II/9, Fragespiegel zur »Gesellschaft für Menschenrechte e. V.« Frankfurt/M. (insbesondere Arbeitsgruppe Westberlin), 26.7.1976; BArch, MfS, TA 152/85, Bd. 12, Bl. 201 f.

29 Wüst: Menschenrechtsarbeit im Zwielicht, S. 164 f.

30 Ebenda, S. 165 f.

31 Kolosow, Leonid: Sobkor KGB. Sapiski raswedtschiki i shurnalista [Korrespondent des KGB. Notizen eines Aufklärers und Journalisten]. Moskau 2001, S. 361 f.

32 Ebenda. Nach den Notizen von Mitrochin aus den KGB-Akten waren die Interviews von Kolosow und Kassis Bestandteil der aktiven Maßnahmen des KGB gegen Radio Freies Europa/Radio Freiheit (Radio Free Europe, Radio Liberty, RFE/RL). Siehe Mitrokhin Collection, Churchill Archives Centre, Churchill College, Cambridge University: Manuscript Extracts from KGB First Chief Directorate Files (nachfolgend als »Mitrokhin Collection, Cambridge University« bezeichnet): MITN 2/25, Dissidents, Item 55.

Interviews als Bestandteil seiner aktiven Maßnahmen gegen Radio Freies Europa/ Radio Freiheit (Radio Free Europe/Radio Liberty, RFE/RL) (Objekt »Ring«).[33] Obwohl Kolosow und Kassis versprachen, ihr Interview mit Agrusow »möglichst korrekt« wiederzugeben,[34] streuten sie über den ganzen Text verteilt Zitate aus einem Artikel ein, der 1975 in den *Blättern für deutsche und internationale Politik (BdiP)* erschienen war, also in einem Monatsheft des von der HV A/X subventionierten Pahl-Rugenstein-Verlags in Köln.[35] Jener Artikel hatte die sowjetische und ostdeutsche Propagandalinie zur GfM wiedergegeben und war vermutlich von der HV A/X lanciert oder zumindest gefördert worden.[36] Zwischen Zitaten von Agrusow wiederholte das »Interview« Vorwürfe aus dem *Blätter*-Artikel – unter anderem, dass die GfM nicht von ihren Mitgliedern und Privatspendern, sondern von der NTS und westlichen Geheimdiensten finanziert werde.[37] Die Journalisten warfen Agrusow vor, nach der deutschen Besetzung seiner Heimatstadt Pskow im Zweiten Weltkrieg als 16-jähriger »Werwolf« in »Hitlers Gendarmerie« gedient zu haben und mit seinen NTS-Kollegen »Kriegsverbrechen« begangen zu haben.[38] In Antwort auf Agrusows Fragen zur Verhaftung von Menschenrechtlern in der UdSSR erklärten die beiden Journalisten, dass die verhafteten Dissidenten von der Moskauer Helsinki-Gruppe Jurij Orlow, Aleksandr Ginsburg und Anatolij Schtscharanskij »Kriminelle« und »Schmarotzer« seien. Der Westen sei über ihre Tätigkeit von dem »antisowjetischen« Sacharow falsch informiert worden.[39] Kolosow und Kassis veröffentlichten ähnliche »Interviews« mit Vertretern von Radio Freies Europa/Radio Freiheit (Radio Free Europe/Radio Liberty, RFE/

33 Siehe Mitrokhin Collection, Cambridge University: MITN 2/14/1, Directorate »K«, Item 78.

34 GfM, Presseerklärung: Zwei einflussreiche sowjetische Journalisten besuchen die Geschäftsstelle der GfM in Frankfurt, 26.4.1979; BArch, MfS, HA II, Bd. 45124, Bl. 296–300, hier 300. Interessanterweise sprach die Presseerklärung der GfM von einem Interview eines »Vertreters« ihrer Organisation mit den sowjetischen Journalisten, anstatt Agrusow namentlich zu nennen.

35 Bohnsack, Günter: Hauptverwaltung Aufklärung. Die Legende stirbt. Das Ende von Wolfs Geheimdienst. Berlin 1997, S. 111.

36 Wiener, Norman R.: Gesellschaft für Menschenrechte e. V., NTS und andere. In: BdiP 12/1975, S. 1300–1303. Nach der Notiz zu den Autoren auf dem Umschlag der Zeitschrift war Wiener (geb. 1902) »deutsch-amerikanischer Publizist, Mitarbeiter amerikanischer Rundfunkanstalten« gewesen. In *BdiP* wurden 2 weitere Artikel von ihm veröffentlicht, die RFE/RL entsprechend der damaligen östlichen Propagandakampagne angriffen: ders.: Relikte des Kalten Krieges. In: BdiP 10/1975, S. 1116–1125 und ders.: Wellenreiten mit toten Seelen. In: BdiP 8/1976, S. 910–915. Ein 4. Artikel Wieners war gegen das Schutzkomitee Freiheit und Sozialismus gerichtet. Siehe ders.: Ein problematisches Schutzkomitee. In: BdiP 4/1977, S. 401–403.

37 Kassis, W.; Kolosow, L.: Oboroten' [Werwolf]. In: Izvestija v. 23.6.1979, S. 6; Wiener: Gesellschaft für Menschenrechte, S. 1301.

38 Kassis; Kolosow: Oboroten', S. 6.

39 GfM: Presseerklärung, 26.4.1979, Bl. 298. Kolosow und Kassis nannten die sowjetischen Bürgerrechtler nicht namentlich. Sie schrieben stattdessen von einer »erbärmliche[n] Handvoll Renegaten und kriminellen Elementen«. Kassis; Kolosow: Oboroten', S. 6.

RL)[40] und dem Possev-Verlag der NTS[41] in der *Izvestija*. Die aktive Maßnahme wurde vom KGB als Erfolg eingeschätzt, denn sie habe zu »erhöhten Konflikten zwischen verschiedenen Fraktionen der Emigration und zum Kompromittieren ihrer einzelnen Anführer« beigetragen.[42]

Trotz der koordinierten oder zumindest gleichzeitigen Bemühungen des MfS und des KGB, die GfM durch aktive Maßnahmen zu diskreditieren, bleibt die Rolle beider »Bruderorgane« bei der Abspaltung der Westberliner Arbeitsgruppe der GfM unklar. Obwohl die treibende Kraft dahinter ein IM des MfS war – der Geschäftsführer der Westberliner Arbeitsgruppe der GfM Erich Kobelt alias IM »Wagner« – vermitteln die über ihn im Stasi-Unterlagen-Archiv verbliebenen Akten, darunter seine IM-Akte, den Eindruck, dass er selbstständig und teilweise sogar gegen die Anweisungen seines Führungsoffiziers bei der Abspaltung agierte. Dass Kobelt hinter dem Rücken seines Führungsoffiziers heimlich durch die HVA oder den KGB instruiert wurde, ist nicht auszuschließen.

Die MfS-Hauptabteilung II/9 hatte mehrere Gründe, gegenüber ihrem IM Erich Kobelt misstrauisch zu sein. 1956 wurde er als DDR-Bürger wegen »Kriegs- und Boykotthetze« verurteilt. Nach seiner vorzeitigen Entlassung im Jahr 1957 sei er »illegal« nach Westberlin übergesiedelt und dort als Werber für »die Dienststelle des amerikanischen Geheimdiensts in Berlin-Dahlem« tätig gewesen.[43] 1958 habe er ohne Erfolg versucht, Kontakt mit dem MfS beziehungsweise zu den Sicherheitsorganen der sozialistischen Länder aufzunehmen. Nach seiner Kontaktaufnahme mit dem MfS im Jahr 1959 in Ostberlin wurde er verhaftet und wegen Spionage im schweren Falle zu zehn Jahren Zuchthaus verurteilt.[44] Nach seiner vorfristigen Entlassung 1965 ging er als »Selbststeller« zum MfS[45] und wurde von seinem künftigen Führungsoffizier in der für Spionageabwehr zuständigen Hauptabteilung II, Major Erhard Schierhorn, als Geheimer Mitarbeiter (GM) »Wagner« verpflichtet.[46] Schierhorn berichtete seinen Vorgesetzten wie folgt über die Werbung:

> Es muss eingeschätzt werden, dass der Kandidat [Kobelt] zu dem Kreis von Personen zu zählen ist, die ohne eine nachrichtendienstliche Tätigkeit nicht leben können. […] Der Kandidat muss unter Ausnutzung materieller und persönlicher Interessiertheit

40 Kassis, W.; Kolosow, L.: Rasgowor bes swidetelej. Dwa dnja w stane radio diwersantow [Gespräch ohne Zeugen. Zwei Tage im Lager der Radio-Saboteure]. In: Izvestija v. 17.5.1979, S. 5.

41 Kassis, W; Kolosow, L.: Swidanie bes swidetelej [Abschied ohne Zeugen]. In: Izvestija v. 30.5.1977, S. 5.

42 Siehe Mitrokhin Collection, Cambridge University: MITN 2/14/1, Directorate »K«, Item 78.

43 Major Schierhorn, HA II, Vorschlag zur Werbung eins GM, 16.10.1965; BArch, MfS, AIM 1185/91, Teil I/1, Bl. 71–78, hier 71, 73.

44 Ebenda, Bl. 74.

45 Ebenda, Bl. 72.

46 Verpflichtungserklärung Erich Kobelts, 20.7.1965; BArch, MfS, AIM 1185/91, Teil I/1, Bl. 61.

> geworben und [es muss] mit ihm weitergearbeitet werden. Politische Gesichtspunkte spielen bei den Motiven des Kandidaten für eine Zusammenarbeit mit dem MfS bisher nur eine untergeordnete Rolle.[47]

Basierend auf der Darstellung Schierhorns und den früheren Erfahrungen des MfS mit Kobelt konnte seine Abwerbung oder eine Doppelagententätigkeit nicht ausgeschlossen werden. Kobelt infiltrierte nun auf Befehl des MfS konservative Einrichtungen und Emigrantenorganisationen (NTS, Deutsch-russische Gesellschaft) in Westberlin.

Dass seine »materielle Interessiertheit« für die Spionagetätigkeit eine maßgebliche Rolle spielte, zeigte sich im Jahr 1974 deutlich. Nachdem das MfS damals den Kontakt zu ihm aus Furcht vor Enttarnung durch »feindliche Dienststellen« zeitweilig unterbrach und aufhörte, ihm eine monatliche Vergütung zu zahlen, ging er zur sowjetischen Botschaft in Ostberlin und bot seine Dienste als Spion gegen »antisowjetische Emigrantenorganisationen« an. Die Sowjets gingen auf seine Forderung ein, sich sofort mit einem Mitarbeiter der KGB-Vertretung in Karlshorst zu treffen. Da dem KGB schnell klar wurde, dass Kobelt schon für das MfS tätig war, erklärte der sowjetische Verbindungsoffizier Wjatscheslaw Michailowitsch Tschernow gegenüber Schierhorn die Bereitschaft seiner Dienststelle, Kobelt als IM zu übernehmen.[48]

Das Treffen mit dem KGB hatte die von Kobelt gewünschte Folge;[49] er bekam weiterhin seine monatliche Zuwendung vom MfS in Höhe von 300 DM. Schierhorn erklärte Tschernow, dass das MfS die Zusammenarbeit mit Kobelt (IM »Wagner«) fortsetzen wolle. Tschernow gab nach, aber Schierhorn musste versprechen, dass die Mitarbeiter in Karlshorst alle Informationen erhalten werden, die sie »besonders interessieren« – das heißt »über antisowjetische und Emigrantenorganisationen«.[50]

Die Offerte Kobelts an den KGB scheint seine Zusammenarbeit mit dem MfS nicht beeinträchtigt zu haben. Anders war es im Frühjahr 1977, als das MfS durch andere IM erfuhr, dass Kobelt persönlich arrangiert hatte, dass Nitsches Dokumentation aus der DDR herausgeschmuggelt wurde. Er hatte das MfS zwar über die Absicht Nitsches informiert, sich an Carter zu wenden, und die gesamte Dokumentation an das MfS übergeben. Vorher hatte er aber Kopien derselben Unterlagen an die *Springer*-Presse weitergegeben, ohne das MfS zu informieren. Aus MfS-Sicht war Kobelt deshalb persönlich verantwortlich für die Inszenierung des Falls Nitsche in den westlichen Massenmedien zum Nachteil

47 Schierhorn, Vorschlag zur Werbung eines GM, 16.10.1965, Bl. 78.

48 OSL Schierhorn, HA II/9, Information, 19.9.1974; BArch, MfS, Teilablage (TA) 152/85, Bd. IX, Bl. 183 f. Zu Tschernow siehe BArch, MfS, Abt. X Nr. 2733, Bl. 224.

49 HA II/9, Tonbandabschrift »Wagner«, 8.11.1974; BArch, MfS, TA 152/85, Bd. IX, Bl. 199 f.

50 Schierhorn, Information, 19.9.1974, Bl. 184.

der DDR.[51] Später gab Kobelt seinem Führungsoffizier Schierhorn gegenüber zu, dass er »gegenüber dem MfS im Zusammenhang mit dem Fall Prof. Dr. Nitsche unehrlich« und deshalb »verantwortlich [...] für die von *Nitsche* entwickelten Aktivitäten« gewesen sei, wie Schierhorn in einem Treffbericht vom Februar 1978 festhielt. Der Stasi-Offizier schrieb weiter: »Sein Verhalten motivierte er damit, dass ihm in der Vergangenheit vom MfS, als er noch als Spion tätig war und er sich selbst stellte, Straffreiheit zugebilligt worden wäre.«[52] Das heißt, 20 Jahre zuvor war das MfS ihm gegenüber demnach nicht ehrlich gewesen.

Aus der IM-Akte Kobelts geht hervor, dass die Initiative zur Spaltung der GfM (oder zumindest der Westberliner Arbeitsgruppe) im November 1977 von ihm ausging. Das MfS hatte schon früher von Spannungen innerhalb der Westberliner Arbeitsgruppe erfahren, aber die Quelle war nicht »Wagner« gewesen, sondern ein zweites der Stasi verpflichtetes AG-Mitglied, Manfred Milde alias IMB »Peter Schäfer« der Abteilung XXII des MfS.[53] Die Leiterin der AG Westberlin der GfM, Jutta von Willich, habe intern über das »Machtstreben« Kobelts geklagt, und die GfM-Zentrale in Frankfurt am Main sei unzufrieden mit der Arbeit ihrer Westberliner Arbeitsgruppe.[54] Wegen der mangelhaften Zusammenarbeit gab es auf einer Sitzung der AG Westberlin im Oktober 1977 Neuwahlen. Kobelt wurde erneut zum Geschäftsführer gewählt, aber der GfM-Vorstand in Frankfurt am Main erklärte die Wahlen für ungültig, weil der Punkt ursprünglich nicht auf der Tagesordnung gestanden habe. Kobelt akzeptierte die Entscheidung der Zentrale nicht. Zur gleichen Zeit brach ein Streit zwischen Kobelt und dem inzwischen aus DDR-Haft entlassenen Hellmuth Nitsche aus, der nun aktiv in der GfM mitarbeitete.[55]

Vor diesem Hintergrund fand Mitte November 1977 auf dringende Bitte Kobelts ein Treffen zwischen ihm und seinem Führungsoffizier Schierhorn statt. Schierhorn vermerkte: »›Wagner‹ berichtete, dass es gegenwärtig erhebliche Spannungen zwischen der Zentrale der GfM und verschiedenen Arbeitsgruppen gibt. Er bat um eine Entscheidung, diese Spannungen zu nutzen, um durch öffentlich-

51 Ohne Verfasser, Kobelt, Erich, o. D.; BArch, MfS, AIM 2076/91, Bd. 14, Bl. 214 f.; OSL Schierhorn, HA II, Auskunft zur Quelle »Wagner«, 17.6.1977; BArch, MfS, AIM 1185/91, Teil I/1, Bl. 308–315, hier 312.

52 OSL Schierhorn, Treffbericht: IM »Wagner«, 20.2.1978; BArch, MfS, AIM 2076/91, Bd. 17, Bl. 51–54, hier 52.

53 Manfred Milde, Verpflichtungserklärung, 17.6.1966; BArch, MfS, AIM 938/91, Bd. I, Bl. 202 f. Milde wurde als IMB von der HA I/Äußere Abwehr rekrutiert, aber sein Vorgang ging zusammen mit seinem Führungsoffizier Helmut Kluge 1976 zur neugegründeten Abt. XXII über.

54 Abt. XXII: Tonbandabschrift, Bericht über die »Gesellschaft für Menschenrechte e. V.«, 3.5.1977; BArch, MfS, AIM 938/91, Bd. 12, Bl. 112–117; Abt. XXII: Operativ-Information über bekanntgewordene Differenzen innerhalb der Leitung der Arbeitsgruppe Westberlins der »Gesellschaft für Menschenrechte e. V.« und Maßnahmen zur Aktivierung ihrer Tätigkeit, 22.5.1977; BArch, MfS, AIM 2076/91, Bd. 15, Bl. 142–144.

55 Wüst: Menschenrechtsarbeit im Zwielicht, S. 70.

keitswirksame Maßnahmen seinen Rücktritt zu erreichen und die Organisation in den Augen der Öffentlichkeit zu diskreditieren.«[56]

Schierhorn war wenig begeistert von Kobelts Plänen. Er notierte: »Nachdem es gelungen war, den IM zu überzeugen, dass er überhaupt zurücktritt, wurde ihm erklärt, dass unsererseits gefordert wird, seinen Rücktritt ohne Einschaltung der Presse zu vollziehen.« Kobelt solle aus persönlichen, gesundheitlichen Gründen zurücktreten, damit er »Verbindungen zu wichtigen Funktionären« der GfM und der GfM selbst aufrechterhalten und »weiterhin in der Organisation tätig« sein könne.[57] Eine größere Sorge Schierhorns war »die drohende Gefahr, die er [Kobelt] jedoch nicht sieht oder nicht sehen will«[58] – nämlich das Auffliegen seiner Tarnung. Das Westberliner Landesamt für Verfassungsschutz war hier 1977 bis 1978 bei der Überprüfung der Westberliner Arbeitsgruppe besonders aktiv, nachdem ein übergesiedelter ostdeutscher Spion, der sie infiltrieren und ausspionieren sollte, festgenommen worden war.[59] Deshalb stellte Schierhorn Kobelt vor eine Entscheidung: Entweder könne er ohne Publicity zurücktreten und weiterhin mit dem MfS zusammenarbeiten oder er könne seine Stelle als Geschäftsführer behalten und seine Zusammenarbeit mit dem MfS aufgeben.[60] Am Ende trat Kobelt im Dezember 1977 zurück, erklärte seine Entscheidung in einem Brief an die Mitglieder der Westberliner Arbeitsgruppe aber mit einem Seitenhieb auf die Frankfurter Zentrale. Es sei ihm »aufgrund von Entscheidungen des Vorstandes in Frankfurt nicht mehr möglich gewesen […], konstruktive Arbeit zum Wohle der bedrängten Menschen in der DDR und in Ostberlin zu leisten«. Trotz des angekündigten Rücktritts sollte Kobelt weiterhin als Geschäftsführer der AG agieren.[61] Diese Entwicklungen führten zu »harten Auseinandersetzungen« zwischen Kobelt und Schierhorn bei ihrem nächsten Treff im Dezember 1977. Man habe »Wagner« »eindeutig darauf hingewiesen, dass er sich aus seiner Öffentlichkeitswirksamkeit, bedingt durch seine leitende Funktion, zurückzuziehen« habe.[62] Am

56 OSL Schierhorn, HA II/9, Treffbericht: IM »Wagner«, 18.11.1977; BArch, MfS, AIM 2076/91, Bd. 15, Bl. 315–317, hier 316.

57 Ebenda.

58 Ebenda, Bl. 317.

59 OSL Schierhorn, HA II, Auskunft zur Quelle »Wagner«, 17.6.1977, in: BArch, MfS, AIM 1185/91, Teil I/1, Bl. 308–315, hier 313, 315; ASD, Für Ost-Berlin die CDU und Menschenrechts-Verfechter ausgespäht. In: Welt v. 15.6.1977. Es gab zudem einen Hinweis eines weiteren Stasi-IM in der AG Westberlin, dass Kobelt vom Bundesamt für Verfassungsschutz (BfV) enttarnt worden sei und von ihm unter »operativer Kontrolle« gehalten werde. Oberst Brückner, Leiter, Abt. Äußere Abwehr, HA I, MfS, an HA II/9, 27.10.1977, in: BArch, MfS, AIM 2076/91, Bd. 15, Bl. 218–220, hier 219.

60 Oberst Brückner, Leiter, Abt. Äußere Abwehr, HA I, an HA II/9, 27.10.1977; BArch, MfS, AIM 2076/91, Bd. 15, Bl. 218–220, hier 219.

61 Brief von Kobelt an die Berliner Mitglieder der GfM, 2.12.1977; BArch, MfS, AIM 2076/91, Bd. 17, Bl. 86 f.

62 OSL Schierhorn, HA II/9: Treffbericht: IM »Wagner«, 14.12.1977; BArch, MfS, AIM 2076/91, Bd. 16, Bl. 388–396, hier 390.

Ende ist Kobelt eine schwere Entscheidung erspart geblieben. Im Januar 1978 wurde ein neuer Vorsitzender der Westberliner Arbeitsgruppe gewählt: Wolfgang Mleczkowski, der 1976 aus der DDR nach Westberlin übersiedelt war.[63]

Trotzdem habe sich Kobelt, so sein Führungsoffizier Schierhorn im Februar 1978, »nicht an die ihm gegebene Verhaltenslinie« gehalten. Er entwickele »gegenwärtig in Westberlin bedeutende Aktivitäten, um gemeinsam mit weiteren Personen die Arbeitsgruppe Westberlin der ›Gesellschaft für Menschenrechte‹, wie er sich selbst äußerte, zu ›zerschlagen‹«.[64] Am 23. Februar 1978 gründete Kobelt gemeinsam mit Gabriele Yonan-Püschel, die den Einsatz der GfM-Zentrale für zwangsadoptierte Kinder als ungenügend kritisierte, eine Vereinigung für Menschenrechte (VfM) in Westberlin, die offensichtlich als Verein für ehemalige oder unzufriedene Mitglieder der GfM dienen sollte.[65]

Die exponierte Tätigkeit Kobelts wurde nicht nur von Schierhorn missbilligt,[66] sondern auch vom Leiter der Hauptabteilung II Günther Kratsch, der eine Enttarnung Kobelts fürchtete.[67] Kobelt bekam während eines Treffs mit Schierhorn im Juli 1978 eine letzte Verwarnung: Er habe sich »auch weiterhin jeglicher gegen die DDR gerichteter aktiver politischer Tätigkeit innerhalb der ›GfM‹, ›VfM‹ und anderer Organisationen zu enthalten« und »vorläufig oder vorerst circa 1 Jahr in Westberlin keine besonderen operativen Aktivitäten zu entwickeln«. Sonst würde das MfS den Kontakt zu ihm abbrechen und aufhören, ihm finanzielle Vergünstigungen zukommen zu lassen.[68] Im Dezember 1978 wurde Kobelt vom Frankfurter Vorstand aus der GfM ausgeschlossen,[69] aber er hielt sich offenbar bis Ende 1980 an die Verhaltenslinie des MfS.[70]

63 Wüst: Menschenrechtsarbeit im Zwielicht, S. 72.

64 OSL Schierhorn, Treffbericht: IM »Wagner«, 20.2.1978; BArch, MfS, AIM 2076/91, Bd. 17, Bl. 51–54, hier 52.

65 Information: Bildung einer neuen Organisation zur Förderung der Menschenrechte, o. D.; BArch, MfS, AOP 6797/85, Bd. 5, Bl. 8; OSL Schierhorn, Treffbericht: IM »Wagner«, 20.2.1978, in: BArch, MfS, AIM 2076/91, Bd. 17, Bl. 51–54, hier 53.

66 OSL Schierhorn, Treffbericht: IM »Wagner«, 3.4.1978, in: BArch, MfS, AIM 2076/91, Bd. 16, Bl. 448 f., hier 449.

67 EI 202/78, Information über die Lage und die Tätigkeit der »Gesellschaft für Menschenrechte e. V.« (GfM), 14.4.1978; BArch, MfS, AIM 2076/91, Bd. 17, Bl. 135–139. Kratschs hs. Notiz steht auf dem Begleitbogen (Bl. 134) und der ersten Seite (Bl. 135). Nach SIRA stammte die EI von der HV A. Siehe BArch, MfS, HV A/MD/3, SIRA-TDB 12, SA7802711. Die Information ging an Mielke, Beater, Mittig, Kratsch und den Leiter der Bezirksverwaltung Berlin.

68 OSL Schierhorn, HA II/9: Treffbericht, IM »Wagner«, 13.7.1978; BArch, MfS, AIM 2076/91, Bd. 17, Bl. 169 f., hier 170.

69 Wüst: Menschenrechtsarbeit im Zwielicht, S. 70.

70 Siehe z. B. Schwarzbach, HA II/2: Treffbericht IMV »Wagner«, 16.7.1979; BArch, MfS, AIM 2076/91, Bd. 19, Bl. 41 f. Im Februar 1980 beantragte Schierhorn, nun Leiter der HA II/2, eine Reisesperre in die DDR gegen Kobelt, nachdem der IM in einem Artikel im *Stern* im Zusammenhang mit Nitsche genannt wurde. Siehe Oberstleutnant Schierhorn, Leiter, HA II/2 an Genossen Oberst Emilius: Begründung zur Bestätigung einer Reisesperre, 12.2.1980; BArch, MfS, AIM 1185/91, Teil I/1, Bl. 401.

Es kann nicht ausgeschlossen werden, dass Kobelt hinter dem Rücken der Hauptabteilung II/9 gleichzeitig für den KGB tätig war. Wie zuvor erwähnt, hatte der KGB sich schon 1974 für eine Übernahme Kobelts interessiert. Seine Bemühungen zur Zerschlagung der GfM passten zu den Plänen des KGB, die Mitrochin aus den internen Unterlagen herauslas. Zu dem Zeitpunkt, als die HA II/9 erneut drohte, ihre Zusammenarbeit mit Kobelt abzubrechen, bekam das MfS Informationsersuchen vom KGB zur Lage in der GfM, die als potenzielle Quelle »Wagner« namentlich nannte.[71] Das Interesse des KGB an Kobelt bestand also weiter.

Selbst wenn man die Tätigkeit Kobelts zur Spaltung der GfM als eine Auftragsarbeit der östlichen »Bruderorgane« betrachten möchte – obwohl seine IM-Akte beim MfS eher dagegenspricht – waren für die Spaltung im Jahr 1978 vermutlich Querelen, Rivalitäten und Meinungsunterschiede innerhalb der GfM entscheidend. Das heißt, auch ohne eine Einflussnahme des MfS beziehungsweise des KGB wäre es vermutlich dazu gekommen. Cornelia Gerstenmaier zum Beispiel trat wegen Meinungsunterschieden mit Agrusow auf der Jahreshauptversammlung im Februar 1978 als Vorsitzende zurück. Sie übernahm einen neu geschaffenen Posten als Ehrenvorsitzende. Ihr Rücktritt und die Wahl des zuvor aus der DDR entlassenen Hellmuth Nitsche zu ihrem Nachfolger deuteten auf eine Neuausrichtung der GfM hin: dass sich die Organisation stärker auf Menschenrechtsverletzungen in der DDR, darunter Fragen der Ausreise, fokussieren würde. Die Wahl des ehemaligen DDR-Bürgers Wolfgang Mleczkowski als Vorsitzender der Westberliner Arbeitsgruppe der GfM im Januar 1978 führte zu einer Neuausrichtung, die der Frankfurter Zentrale nicht passte. Während die GfM eng mit der CDU/CSU verbunden war, suchte Mleczkowski die Nähe zur Freien Demokratischen Partei, wobei er eigene politische Ambitionen hegte. Die Abspaltung der Westberliner Arbeitsgruppe und ihre Neugründung durch Mleczkowski als Arbeitsgruppe für Menschenrechte (AfM) im Juni 1978 ergab sich unter anderem aus der Rivalität Mleczkowskis mit Nitsche und Agrusow und aus dem Vorhaben Mleczkowskis, enger als die GfM mit dem Bundesministerium für Innerdeutsche Beziehungen (BMB) zusammenzuarbeiten.

Mleczkowski verdächtigte Nitsche, für das MfS tätig zu sein.[72] Er erstattete im Juli 1978 sogar Strafanzeige gegen ihn, damit Ermittlungen gegen den GfM-Vorsitzenden wegen Spionagetätigkeit in Wiesbaden eingeleitet wurden.[73] Kobelt hatte schon länger entsprechende Gerüchte gegen Nitsche verbreitet – zum Beispiel in einem Brief an Cornelia Gerstenmaier und gegenüber einem Journalisten des

71 Übersetzung aus dem Russischen, 215/78, 21.2.1978; BArch, MfS, AIM 2076/91, Bd. 16, Bl. 368; Übersetzung aus dem Russischen, 282/78, 9.3.1978; BArch, MfS, AIM 2076/91, Bd. 17, Bl. 111 f.

72 HA XX, Bericht 6/77, 11.8.1978; BArch, MfS, ZKG, Bd. 16613, Bl. 249–251. Siehe auch Heimreich, Bernhard: Wer ist hier wirklich Agent? In: FAZ v. 29.7.1978.

73 Information G/2404/5/79, o. D.; BArch, MfS, HA II, Bd. 45124, Bl. 307–311, hier 308.

Axel-Springer-Dienstes.[74] Kobelt lieferte Mleczkowski auch Materialien, die er im Prozess gegen Nitsche hätte nutzen können.[75] Kobelt hatte Schierhorn zudem vorgeschlagen, Verdächtigungen gegen Nitsche wegen seiner Vergangenheit in der DDR auszunutzen. Kobelt hatte berichtet, dass er einen Brief »einer DDR-Bürgerin« besitze, »die durch die politische Tätigkeit des Nitsche [als SED-Parteisekretär – DS] ihre Arbeitsstelle verloren hat und sich diesbezüglich an den RIAS [Rundfunksender im amerikanischen Sektor] wandte«. Kobelt vertrat die Auffassung, »wenn die Möglichkeit bestünde, bestimmten Westberliner Stellen Kenntnis von der politischen Tätigkeit des Nitsche in der DDR zu geben, sei dies dessen sicherer Untergang«.[76] Später warfen zwei weitere ehemalige DDR-Bürgerinnen im Westen Nitsche vor, dass er für das MfS gespitzelt habe. Nitsche verklagte eine der beiden, zog aber die Klage wieder zurück.[77] Vorsicht war ja geboten, weil er sich 1966 als IM für die HVA verpflichtet hatte, wobei seine Zusammenarbeit für die HVA am Ende fast nur Probleme mit sich gebracht hatte.[78] Nicht zuletzt wegen dieser früheren Verpflichtung war die HVA in

74 Wüst: Menschenrechtsarbeit im Zwielicht, S. 72, Anm. 63.

75 Information G/2404/5/79, o. D., Bl. 308.

76 Bericht von »Wagner«, 3.4.1978; BArch, MfS, AIM 2076/91, Bd. 16, Bl. 450–453, hier 452 f.; OSL Schierhorn, HA II/9, Treffbericht: IM »Wagner«, 14.12.1977; BArch, MfS, AIM 2076/91, Bd. 16, Bl. 388–396, hier 392.

77 Interessanterweise kehrten beide Frauen später wieder in die DDR zurück. Wüst: Menschenrechtsarbeit im Zwielicht, S. 73.

78 Nitsche wurde 1966 von der Abteilung IV der HVA als inoffizieller Mitarbeiter zur Sicherung der Konspiration und des Verbindungswesens (IMK) unter dem Decknamen »Peter Kersten« verpflichtet. Siehe Verpflichtungserklärung, 10. September 1966, in: BArch, MfS, AIM 1302/77, Teil I/1, Bl. 167. Nitsche willigte damals ein, dass die HVA sein Zuhause als konspirative Wohnung (KW) für Treffs mit ihren Quellen während seines Auslandseinsatzes für das Ministerium für Hoch- und Fachschulwesen in Kairo (1966–1967) und Ungarn (1967–1970) nutzen durfte. Er habe auch zugestimmt, die HVA bei »abwehrmäßigen Aufgaben« zu unterstützen. Siehe Oberleutnant Köhler, HVA/IV, Bericht, 2.9.1966; ebenda, Bl. 151 bzw. HA XX/3, Vermerk, 24.9.1976, in: ebenda, Bl. 56–63, hier 56. Nach seiner Rückkehr in die DDR 1971 hatte die HVA/IV vor, Nitsche als Werber für das MfS zu nutzen und registrierte ihn dementsprechend um. Siehe Hptm. Staub, HVA/IV, Vorlage zur Ausbildung des IM »Kersten« als Werber mit der Perspektive des Einsatzes im op. [Operations-]Gebiet, 16.4.1971, in: ebenda, Bl. 176 f. bzw. Hptm. Staub, HVA/IV, Aktenvermerk: DDR-Werber IM »Kersten«, 13.8.1973, in: ebenda, Bl. 223 f. Nitsche durfte aber seine Tätigkeit als Dozent an der Humboldt-Universität – offenbar aus politischen Gründen – nicht wieder aufnehmen. Vgl. HA XX/3, Vermerk, 24.9.1976, Bl. 56 f.; Nitsche, Hellmuth, in: Munzinger Online/Personen – Internationales Biographisches Archiv, URL: http://www.munzinger.de/document/00000015357 (letzter Zugriff: 20.7.2021). Die HVA/IV schätzte 1976 zu seiner inoffiziellen Tätigkeit ein: »Von dieser Zielstellung [seine Wohnung als KW zu nutzen – DS] musste aus operativen Gründen Abstand genommen werden. Aufgrund der bei dem IM eingetretenen Konfliktsituation [nach seiner Rückkehr in die DDR – DS] wurden Arbeitsergebnisse nicht realisiert.« Major Staub, Abschlußbericht, 20.10.1976; ebenda, Bl. 237–239, hier 237. 1976 wurde Nitsche aus dem Staatsdienst entlassen und verlor seine Mitgliedschaft in der SED, nachdem er und seine Frau einen Ausreiseantrag stellten. Siehe Nitsche, in: Munzinger Online/Personen.

die Gerüchtekampagne gegen Nitsche involviert, auch wenn sich ihre Rolle noch nicht völlig klären ließ. Auf jeden Fall waren die Vorschläge Kobelts im April 1978 an die HV A weitergeleitet worden, die damals »kompromittierende Maßnahmen« gegen Nitsche vorbereitete.[79] Doch nicht nur Nitsche stand im Westen unter MfS-Verdacht. Wegen der Rolle Mleczkowskis bei der Abspaltung der Westberliner Arbeitsgruppe hegte Agrusow seinerseits den (unbegründeten) Verdacht, dass der AfM-Vorsitzende im Oktober 1976 im Auftrag des Ostens in den Westen übergesiedelt sei.[80]

Die HV A/X, der KGB und der Objektvorgang (OVO) »Natter«

Obwohl die Spaltung in der GfM und die Konflikte zwischen der GfM, der AfM und anderen Menschenrechtsorganisationen weitgehend ohne Intervention des MfS zustande gekommen sind, versuchte die DDR-Staatssicherheit in Koordination mit dem KGB die Zerwürfnisse zu vergrößern und die unterschiedlichen Gruppen gegeneinander aufzuhetzen und zu demoralisieren (»zersetzen«).[81] Sie wollte auch die Meinungsverschiedenheiten zwischen den einzelnen Organisationen und dem Bundesministerium für innerdeutsche Beziehungen (BMB) verstärken, damit die westdeutsche Regierung die Tätigkeit der Menschenrechtsorganisationen erschweren oder verbieten würde. Gemeinsam mit der 2. Abteilung der für Abwehr zuständigen Direktion »K« der I. Hauptverwaltung des KGB führte die HV A/X/2 entsprechende aktive Maßnahmen als Bestandteil des Objektvorgangs (OVO) »Natter« unter der Führung von Hauptmann Günther Jäpel durch.[82] Jäpel koordinierte seine Maßnahmen sowohl mit der MfS-Hauptabteilung VII/5 (ab

79 Bericht von »Wagner«, 3.4.1978, Bl. 453.

80 HA XX, Bericht 6/77, 11.8.1978; BArch, MfS, ZKG, Bd. 16613, Bl. 249–251, hier 249. Siehe auch Heimreich: Wer ist hier wirklich Agent?

81 Siehe z. B. HV A/X, Vorlage zur Aktion »Natter«, 13.6.1979; BArch, MfS, AOP 6072/91, Bd. 29, Bl. 545–548. Die Vorlage wurde von Jäpel verfasst, da sie mit seiner Mitarbeiternummer »555« versehen wurde.

82 Objektvorgang (OVO) »Natter«; BArch, MfS, RoHo, F 22, Reg.-Nr. XV/78/78. Zu Jäpel siehe seine Karte in den Kaderkarteikarten der Hauptamtlichen Mitarbeiter (KA HM): Jäpel, Günther; BArch, AR 2, HA KuSch/AKG-KA HM und seine Besoldungsstammkarte; BArch, AR 2, Abt. Finanzen, Abt. 6-BSK/MfS. Die HV A/X/2 war für aktive Maßnahmen zuständig, die »Zwietracht in Fragen der Abrüstung im Ausland, in der bundesdeutschen Innenpolitik und in den Parteien« säen sollte. Siehe Müller-Enbergs: Hauptverwaltung A, S. 173. Der KGB betrachtete »Natter« seinerseits als seine gemeinsame Operation mit dem MfS. Siehe Mitrokhin Collection, Cambridge University: MITN 2/14/1, Directorate »K«, Item 88. Die 2. Abteilung der Direktion »K« der I. Hauptverwaltung des KGB war zuständig sowohl für die KGB-Residenturen in Wien, Bonn, Hamburg und Köln als auch die 2. Abteilung der KGB-Vertretung in Karlshorst. Die Abteilung war verantwortlich für die Bearbeitung der Geheimdienste der USA, der Bundesrepublik, Österreichs, Englands, Frankreichs und der VR China, die Sicherung von

1983: ZKG/5), die den Feindobjektvorgang und später den Zentralen Operativen Vorgang (ZOV) »Zentrale« gegen die GfM führte, als auch mit den sowjetischen »Freunden«.[83]

Die erste nachweisbare, wirksame aktive Maßnahme gegen GfM und AfM wurde im Mai 1979 lanciert, wobei noch unklar ist, ob sie bereits Bestandteil von »Natter« war. Das MfS verfasste einen Brief, der den Eindruck erweckte, von der AfM zu kommen, und es versandte diese Fälschung an ausgewählte Mitglieder der GfM. Der Frankfurter Zentrale der GfM wurden darin »diktatorischer« Führungsstil und »schlampige Arbeitsweise« vorgeworfen. Unterlagen in der Frankfurter Zentrale seien verschwunden, so der Brief, und Personen in der DDR damit »grob gefährdet« worden. Gelder für den Kampf um die Menschenrechte seien »in die Taschen der Mitarbeiter der [Frankfurter] Geschäftsstelle« geflossen. Der Brief enthielt auch den alten Vorwurf gegen Agrusow einer Geheimdienstarbeit für die USA. Alle, die an einem »echten Kampf für Menschenrechte« interessiert seien, sollten Mitglieder der AfM werden, weil dort die Menschenrechte in »besseren Händen« seien.[84] Die Fälschung hatte Wirkung. Das MfS erfuhr durch seine Quellen, dass »die leitenden Vertreter der ›Gesellschaft für Menschenrechte‹ diese Fälschungen als einen ›Racheakt‹« durch die AfM betrachteten.[85] Mleczkowski gab eine Presseerklärung heraus, in der der Brief als Fälschung enttarnt wurde, und die AfM stellte Strafanzeige gegen Unbekannt.[86] Die AfM benachrichtigte Agrusow persönlich über die Fälschung.[87] Vermutlich weil die Leitung der GfM das nicht glauben wollte und sich entsprechend äußerte, erstattete ein führendes AfM-Mitglied im Anschluss eine Strafanzeige wegen Verleumdung gegen die GfM.[88]

Im Juni 1979 bereitete Jäpel »in Absprache [mit] und unter Mitwirkung« des KGB einen zweiten gefälschten Brief der AfM als Bestandteil des Objektvorgangs »Natter« vor. Der Brief, der Ende Juni 1979 an UNO-Generalsekretär Kurt Waldheim versandt werden sollte, führte Beschwerde darüber, dass »die GfM in ihren Publikationen widerrechtlich die Symbolik der UNO benutzt, um damit den Eindruck zu erwecken, als würden die Aktivitäten der GfM von der UNO gefördert beziehungsweise gebilligt«. Jäpel schrieb: »Ziel der Maßnahme ist es, die GfM international zu diskreditieren, ihre Mitglieder zu verunsichern, die

geheimen Informationen und die Stärkung des Agenturapparats innerhalb der Geheimdienste »des Feindes«. Ebenda, Item 101.

83 Siehe z. B. HV A/X, Vorlage zur Aktion »Natter«, 13.6.1979; BArch, MfS, AOP 6072/91, Bd. 29, Bl. 545–548, hier 545.

84 Brief (Fälschung) von Hildegard Reynen-Kaiser, Dépendance Düsseldorf der AfM, an alle Arbeitsgruppen der GfM, 4.9.1979; BArch, MfS, AOP 6797/85, Bd. 5, Bl. 443–445.

85 Information G/2404/5/79, o. D.; BArch, MfS, HA II, Bd. 45124, Bl. 307–311, hier 307.

86 Presseerklärung von Mleczkowski, AfM-Sitz Berlin, 3.5.1979; BArch, MfS, AOP 6797/85, Bd. 5, Bl. 442.

87 Brief von Mleczkowski und Reynen-Kaiser an Agrusow, 5.5.1979; ebenda, Bl. 446.

88 Information G/2404/5/79, o. D.; BArch, MfS, HA II, Bd. 45124, Bl. 307–311, hier 307.

vorhandenen Differenzen zwischen der GfM und der AfM zu vertiefen sowie entsprechend der Reaktion des UNO-Generalsekretärs der Bundesregierung weitere Möglichkeiten eines Vorgehens gegen die GfM zu liefern.«[89] Die Fälschung thematisierte die angeblichen Verbindungen der GfM zum NTS, der im Zweiten Weltkrieg aufseiten Deutschlands gekämpft habe und deshalb Kriegsverbrechen beschuldigt wurde. Die AfM habe, so der Brief, die GfM mehrmals vor der Nutzung der UNO-Symbole gewarnt.[90] Die zweite Fälschung führte zu einer Reaktion seitens der AfM, die das MfS sicher nicht erwartet hatte. Mleczkowski schrieb in einem offenen Brief an das MfS: »Die Briefe vom April und September, die Sie zwar nicht in unserem Auftrag, doch mit unserem Namen und Absender auf altem Briefpapier kreuz und quer in der Bundesrepublik Deutschland versandten, sind Ihrem Ruf nicht würdig.« Er schickte als Anlage zu dem Schreiben einige Exemplare des Briefkopfes der AfM an das MfS.[91] Trotz der Enttarnung der beiden aktiven Maßnahmen führte Jäpel den Objektvorgang »Natter« bis zur Auflösung des MfS weiter, in Koordination mit der HA VII (später der ZKG) und mit dem sowjetischen »Bruderorgan«. Die Maßnahmen im Rahmen des Vorgangs »Natter« trugen nicht nur zu Spannungen zwischen der GfM und der AfM bei, sondern auch zwischen ihnen, den »Hilferufen von Drüben«, dem BMB und anderen Menschenrechtsaktivisten in der Bundesrepublik. Das MfS bediente sich immer wieder derselben Methode: der Lancierung von gefälschten Schreiben von unterschiedlichen Organisationen, die andere Organisationen oder die Bundesregierung kritisierten.[92]

Die aktiven Maßnahmen gegen die GfM beziehungsweise AfM unter »Natter« waren zum Teil taktisch erfolgreich – zum Beispiel beim Säen von Misstrauen innerhalb und zwischen der GfM, der AfM und anderen konservativen Menschenrechtsgruppen und Einzelpersonen im Westen oder bei der Klage der AfM gegen die GfM. Strategisch gesehen, erreichten sie aber sogar aus Sicht des MfS wohl wenig, wenn es um die Zurückdrängung der Tätigkeit der konservativen

89 HVA/X, Vorlage zur Aktion »Natter«, 13.6.1979; BArch, MfS, AOP 6072/91, Bd. 29, Bl. 545–548, hier 545. Jäpels Mitarbeiter-Nummer (»555«) wurde als Verfasser angegeben.

90 Ebenda, Bl. 546–548.

91 Wenn Sie schon unsere Briefe fälschen, dann nehmen Sie doch bitte auch unser Briefpapier! In: Berliner Zeitung (Westberlin) v. 3.10.1979.

92 Siehe z. B. Wüst: Menschenrechtsarbeit im Zwielicht, S. 173–190; Emde, Heiner: Das Gift der »Natter«. In: Focus v. 11.11.1996, S. 110–115 und die Unterlagen in: BArch, MfS, ZKG Nr. 15880, Bd. 1, Bl. 88–95 und in AOP 6072/91, Bd. 29, Bl. 309–315, 347 f., 377–381, 386 f., 399–410. Wüst bezeichnet »Natter« aber fälschlich als »operativen Vorgang« (OV) statt als »Objekt-Vorgang« (OVO). Jäpel schrieb eine Diplomarbeit für seinen Abschluss als Jurist an der Juristischen Hochschule des MfS über das Zielobjekt seiner Arbeit. Siehe Jäpel, Günther: Imperialistische Menschenrechtsaktivitäten im Rahmen der ideologischen Diversion insbesondere gegen die DDR – dargestellt vor allem am Beispiel der Feindorganisation »Internationale Gesellschaft für Menschenrechte e. V.«. Frankfurt/M., 1.3.1984; BStU, MfS, Juristische Hochschule (JHS) Nr. 20134, Bl. 1–69.

Menschenrechtsaktivisten ging. Das heißt, die Abspaltung der Westberliner Arbeitsgruppe und ihre Neugründung als AfM waren nicht der große Erfolg, als den der KGB sie intern dargestellt hatte. In der Jahresanalyse für 1978 der für die Bekämpfung der GfM zuständigen HA VII/5 hieß es: »Die ›Gesellschaft für Menschenrechte‹ konnte insgesamt ihre Position und Aktivität wesentlich ausbauen. Dies ist operativ umso bedeutsamer, da vor allem nach der Jahreshauptversammlung im Februar 1978 die bereits seit 1977 mehr oder weniger verdeckt geführten inneren Auseinandersetzungen offen zutage traten.«[93]

Im August 1979 wurde der Vorgang der HA VII/5 gegen die GfM in einen Zentralen Operativen Vorgang (ZOV) transformiert. Zentrale Operative Vorgänge wurden gegen Personen, Gruppen und Organisationen angelegt, die vom MfS als besonders »gesellschaftsgefährlich« betrachtet und von mehreren Diensteinheiten des MfS bearbeitet wurden. Die Führung des ZOV blieb (zeitweilig) bei der HA VII/5.[94] Auch die abgespaltene AfM entwickelte solche »verstärkten feindlichen Aktivitäten« gegen die SED-Diktatur. Im Jahre 1980 wurde der ZOV »Wühler« gegen sie angelegt.[95] Nun gab es zwei Organisationen für MfS und KGB zu bekämpfen, anstatt nur eine.

Darüber hinaus trug die AfM zu einer weiteren Internationalisierung der Tätigkeit der Menschenrechtsorganisationen im Westen gegen die DDR, die Sowjetunion und ihre Verbündeten bei. Die HV A hatte schon im Oktober 1978 berichtet:

> Der Abspaltung der Arbeitsgruppe Westberlin und der gleichzeitigen Gründung der ›Arbeitsgruppe für Menschenrechte – Sitz Berlin‹ (AfM) gingen intensive Kontakte mit den Initiatoren für die Gründung einer sog[enannten] Europäischen Helsinki-Gruppe (EHG) voraus. Die EHG, deren Vorbereitungskomitee sich am 21.2.1978 in Zürich konstituierte, soll die erste subversive Menschenrechtsorganisation auf internationaler Ebene werden […]. Mit dieser Entwicklung der ›Menschenrechtsorganisationen‹ der BRD wird eine neue Stufe der Angriffe gegen die sozialistischen Staaten sichtbar. In Zukunft sollen vorrangig auf internationaler Ebene Angriffe gegen einzelne sozialistische Länder inszeniert werden.[96]

Auf dem Gründungstreffen der EHG im Februar 1979 in Vaduz waren die AfM, die GfM und andere konservative Organisationen aus der Bundesrepublik und

93 HA VII/5, Jahresanalyse 1978, 2.1.1979; BArch, MfS, ZKG, Bd. 16091, Bl. 151–159, hier 151 f.

94 Major Dorday, Referatsleiter, HA VII/5: Beschluss über das Anlegen eines Zentralen Operativ-Vorganges, ZOV »Zentrale«, gegen die Feindorganisation »Gesellschaft für Menschenrechte«, 7.8.1979; BArch, MfS, AOP 6072/91, Beifügung 1, Bl. 1. Zur Erklärung des Begriffs »ZOV« siehe den Eintrag »Zentraler Operativer Vorgang« in: Das MfS-Lexikon, S. 389.

95 Siehe ZOV »Wühler«, Reg.-Nr. XV/5076/80; BArch, MfS, AOP 6797/85.

96 HV A/VII, Zu internen Vorgängen in der »Gesellschaft für Menschenrechte e. V.« (GfM), 5.10.1978; BArch, MfS, ZKG, Bd. 16612, Bl. 139–142, hier 140 f. Dieser HV-A-Bericht basiert auf Auskünften des IM »Keil«. Vgl. BArch, MfS, HV A/MD 3, SIRA-TDB 12, SE7820957.

Westberlin vertreten. Sie planten in Vorbereitung auf das Madrider Nachfolgetreffen der KSZE, das 1980 begann, gemeinsame Dokumentationen über Menschenrechtsverletzungen im Osten zusammenzustellen. Die Materialien wurden dann an Radio Free Europe und Radio Liberty (RFE/RL) weitergegeben, wo sie für Sendungen nach dem Osten verwendet wurden. In Reaktion auf einen Brief des sowjetischen Exil-Dissidenten Wladimir Bukowskij planten sie auch, sich für einen Boykott der Olympischen Sommerspiele 1980 in Moskau einzusetzen. Wenn ein Boykott nicht erreicht werden konnte, wollten die Organisationen andere Maßnahmen entwickeln, um während der Spiele das Schicksal von sowjetischen Dissidenten und Menschenrechtsverletzungen in der UdSSR im Allgemeinen öffentlich zu machen.[97] Sie lancierten damit Ideen in der westlichen Öffentlichkeit, die von US-Präsident Carter später aufgegriffen wurden.

Die Einstellung der Tätigkeit der AfM im Jahr 1981 stand dieser weiteren Internationalisierung und der weiteren Arbeit der konservativen Menschenrechtsaktivisten nicht im Wege. Die Arbeitsgruppe Westberlin der GfM wurde in der Folgezeit wieder aktiver, und im selben Jahr übernahm das Gründungsmitglied Reinhard Gnauck von Nitsche den Vorsitz der GfM. Auf der Jahreshauptversammlung 1981 entschied die GfM ihre eigene Internationalisierung, um Zugang zum Europarat und zur UNO zu erhalten. Sie benannte sich deshalb ab Februar 1981 in Internationale Gesellschaft für Menschenrechte (IGfM) um.[98] Die IGfM und die zunehmend international vernetzten Menschenrechtsaktivisten im Westen im Allgemeinen gewannen während des Madrider Nachfolgetreffens der KSZE an Öffentlichkeit und Einfluss.[99]

Zusammenfassung

Sowohl der KGB als auch das MfS betrachteten die westlichen NGOs, die sich auf die KSZE-Schlussakte zur Förderung der Menschenrechte in Osteuropa beriefen, als »Feindorganisationen«, die mit geheimdienstlichen Mitteln zu bekämpfen waren. Das operative Interesse beider »Bruderorgane« beschränkte sich aber hauptsächlich auf die NGOs, die sich direkt mit der Lage in ihren jeweiligen Ländern befassten. Die Zusammenarbeit von MfS und KGB gegen die Gesellschaft für Menschenrechte stellte daher eine Ausnahme dar. Aus den Notizen Mitrochins und zerstreuten Hinweisen im ZOV »Zentrale« des MfS gegen die

97 EI 95/79, Information über die »Tagung« eines sogenannten Vorbereitungskomitees für die Europäische Helsinki-Gruppe vom 25. bis 27. Januar 1979 in Aarau (Schweiz), 25.2.1979; BArch, MfS, ZAIG Nr. 2927, Bl. 1–6, hier 1, 3–5. Herrmann, Hager, Fischer, Mittig, Wolf, Neiber, den KGB (bezeichnet mit »AG« für »Arbeitsgruppe«), HA XX, Abt. XXII, die BV Berlin und die HVA.

98 Wüst: Menschenrechtsarbeit im Zwielicht, S. 78, 99 f.

99 Siehe Selvage; Süß: Staatssicherheit und KSZE-Prozess, S. 337–344.

GfM kann man schlussfolgern, dass es eine engere Koordination zwischen beiden »Bruderorganen« bei der Bekämpfung der GfM gegeben hat. Aufgrund der äußerst lückenhaften Aktenüberlieferung bleiben viele Einzelheiten aber immer noch im Dunkeln. Im Zentrum der Zusammenarbeit standen offenbar die aktiven Maßnahmen der Hauptverwaltung A des MfS und der I. Hauptverwaltung des KGB, die gefälschte Briefe unter dem Namen der GfM beziehungsweise der AfM in Umlauf brachten, um Funktionäre beider Organisationen gegeneinander aufzuhetzen. Beide Geheimdienste versuchten auch Presseberichte zu lancieren oder zumindest zu beeinflussen, um den Ruf beider Organisationen und ihrer Leiter zu beschädigen. Der Fall GfM zeigt, wie die HV A an der »Zersetzung« von Zielpersonen bzw. -gruppen des MfS im Westen aktiv teilnahm, entgegen der Legendenbildung um die HV A als ein reines Aufklärungsorgan, dessen Tätigkeit zudem angeblich nur dem »Frieden« diente. Die durch Mitrochin überlieferten KGB-Berichte über die gemeinsame Operation gegen die GfM sind zugleich ein weiteres Beispiel dafür, wie der KGB (weniger das MfS) die Wirksamkeit der aktiven Maßnahmen übertrieben einschätzte. Die internen Rivalitäten behinderten ohnehin die Aktivitäten der GfM. Und trotz der Spaltung, zu der es womöglich auch ohne geheimdienstliche Maßnahmen gekommen wäre, wurden die GfM sowie die AfM nach Einschätzung des MfS in ihrer Kritik an der Menschenrechtslage in der DDR, insbesondere im Zusammenhang mit dem Recht auf Ausreise, noch öffentlichkeitswirksamer.

Die Tatsache, dass Erich Kobelt 1974 Kontakt mit den sowjetischen »Freunden« aufnahm und 1978 weitere Schritte zur Spaltung (»Raskol«) der GfM unternahm, obwohl sein Stasi-Führungsoffizier von ihm damals absolute Zurückhaltung verlangt hatte, wirft die Frage auf, ob er nicht doch gleichzeitig für Moskau arbeitete. Kobelts Spaltertätigkeit in der GfM entsprach mehr der Zielsetzung des KGB als seiner Aufgabenstellung vonseiten des MfS. Für eine KGB-Tätigkeit Kobelts gibt es in den bislang zugänglichen Unterlagen allerdings keinen eindeutigen Beweis, im Gegensatz zu seiner Zusammenarbeit mit der Stasi. Der Druck des KGB auf das MfS, Kobelt weiterhin als IM zu nutzen, nachdem er hinter dem Rücken seines Führungsoffiziers seine Dienste an den KGB angeboten hatte, zeigte aber, wer unter den »Bruderorganen« letztlich das Sagen hatte. Um eine Übergabe an den KGB zu vermeiden, ließ das MfS Kobelt trotz der gefährlichen »operativen Lage« und seiner Missachtung der Anweisungen seines Führungsoffiziers weiterhin als Spion agieren.

Douglas Selvage

KGB, MfS und Andrej Sacharow 1975 bis 1980

Der vielleicht wichtigste Verfechter der Menschenrechte im Zusammenhang mit der Schlussakte der Konferenz für Sicherheit und Zusammenarbeit in Europa (KSZE), die am 1. August 1975 von den Staats- und Regierungschefs Europas, Kanadas und den USA unterzeichnet wurde, war der »Vater« der sowjetischen Wasserstoffbombe Andrej Sacharow. Der promovierte Kernphysiker war schon früher zum Friedens- und Menschenrechtsaktivisten geworden. Anfang der 1970er-Jahre war er einer jener Oppositionellen in der Sowjetunion, die von ihrer Regierung gefordert hatten, die in der eigenen Verfassung garantierten Menschenrechte zu verwirklichen. Nach vielen Rückschlägen für die Dissidenten in der UdSSR sah Sacharow in dem Menschenrechtsprinzip (Prinzip 7) und den Grundsätzen für humanitäre Erleichterungen (»Korb 3«) der KSZE-Schlussakte eine neue Möglichkeit, seine Anliegen durchzusetzen. »Korb 3« der KSZE-Schlussakte sah beispielsweise vor, menschliche Kontakte und den Informationsfluss zwischen Ost und West zu erleichtern. Sacharow versuchte die sowjetische Regierung unter Berufung auf die Abmachungen in der KSZE-Schlussakte unter Druck zu setzen, um sie zur Verwirklichung der Menschenrechte zu zwingen. Sacharow begann schon vor der Gründung der Moskauer Helsinki-Gruppe (MHG) 1976 damit, diese Taktik einzusetzen, welche die MHG anschließend auch verfolgte. Obwohl Sacharow nie Mitglied der MHG wurde, zum Teil aus taktischen Gründen, koordinierte er seine Menschenrechtsarbeit und seine öffentlichen Erklärungen häufiger mit ihr, nicht zuletzt weil seine Frau, Jelena Bonner, zu deren Gründungsmitgliedern zählte.

Die Tätigkeit Sacharows im Zusammenhang mit der KSZE forderte die sowjetische Partei- und Staatsführung heraus und wurde deshalb auch zu einem Thema für den sowjetischen Geheimdienst, das Komitee für Staatssicherheit (*Komitet gosudarstvenoi bezopasnosti,* KGB). Dieses Kapitel untersucht die geheimpolizeilichen und nachrichtendienstlichen Maßnahmen des KGB und seines ostdeutschen »Bruderorgans« MfS zur Verunsicherung und Diskreditierung Sacharows und Bonners und zur Vereitelung ihrer Menschenrechtsinitiativen in den Jahren 1975 bis 1980. Das MfS wurde gegen Sacharow 1975 zunächst nur deshalb aktiv, weil der KGB es um geheimdienstliche Unterstützung bat. Doch schon ab 1976 hatte es eigene Gründe, gegen Sacharow vorzugehen, nachdem dieser und seine Unterstützer im Westen begonnen hatten, Menschenrechtsverletzungen in der

DDR öffentlich zu machen. Die für Aufklärung zuständige Hauptverwaltung A (HV A) des MfS spielte in diesem Kampf eine zentrale Rolle.

Sacharows Kampf für die Menschenrechte

Die Auseinandersetzung um die Menschenrechte zwischen den sowjetischen Machthabern und den Dissidenten begann schon lange vor der KSZE. Schon in den 1960er-Jahren hatten sich Dissidenten in der UdSSR auf die Garantien der individuellen Menschenrechte in der sowjetischen Verfassung und der Gesetzgebung berufen, um gegen Menschenrechtsverletzungen in ihrem Land offiziell und öffentlich zu protestieren.[1] Zu diesem Zweck wurde 1970 unter Mitarbeit Sacharows auch ein Komitee für Menschenrechte in der UdSSR gegründet. Bis 1973 wurde die Dissidentenbewegung aber systematisch demoralisiert und zermürbt, nachdem die Mitbegründer der Initiativgruppe zur Verteidigung der Menschenrechte (1969), Pjotr Jakir und Viktor Krasin, verhaftet und verurteilt wurden.[2] Andere Verhaftungen folgten, darunter der Ukrainer Leonid Pljuschtsch, der 1971 einen Protestbrief der Initiativgruppe gegen den politischen Missbrauch der Psychiatrie in der UdSSR an den V. Internationalen Kongress der Psychiater geschickt hatte. 1973 wurde er wegen »Unzurechnungsfähigkeit« infolge angeblicher Schizophrenie in eine psychiatrische Sonderanstalt in Dnipropetrowsk zwangseingewiesen.[3] 1974 wurde Sergej Kowaljow, der sich der Initiativgruppe 1969 angeschlossen hatte, verhaftet und 1975 zu sieben Jahren Arbeitslager verurteilt, weil er 1974 die sowjetische Sektion von Amnesty International (AI) mitgegründet hatte.[4]

Die KSZE und die Unterzeichnung der Schlussakte in Helsinki im August 1975 brachten neue Hoffnung für die sowjetischen Dissidenten. Die westliche Seite hatte durchgesetzt, dass die »Achtung der Menschenrechte und Grundfreiheiten« als ein verbindliches Prinzip in die Schlussakte aufgenommen wurde. Somit konnten die Dissidenten mit ihren Appellen zur Einhaltung der Menschenrechte von nun an nicht nur an die Sowjetregierung herantreten, sondern auch ganz offiziell an die westlichen KSZE-Teilnehmerstaaten, die die Einhaltung derselben auf den

1 Vgl. Nathans, Benjamin: The Dictatorship of Reason. Aleksandr Vol'pin and the Idea of Rights under ›Developed Socialism‹. In: Slavic Review, 66:4 (2007), S. 630–663.

2 Savranskaya, Svetlana: Human rights movement in the USSR after the signing of the Helsinki Final Act and the reaction of Soviet authorities. In: Nuti, Leopoldo (Hg.): The Crisis of Détente in Europe: From Helsinki to Gorbachev, 1975–1985. London, New York 2009, S. 26–40, hier 29 f.

3 Zacharow, Jewhen: Łeonid Pluszcz [Leonid Pljuschtsch]. In: Słownik dysydentów. Czołowe postacie ruchów opozycyjnych w krajach komunistycznych w latach 1956–1989 [Dissidentenlexikon. Führende Persönlichkeiten oppositioneller Bewegungen in den kommunistischen Ländern, 1956–1989], Bd. II. Warschau 2007, S. 658 f.

4 Mitrochin, Nikołaj: Siergiej Kowalow [Sergej Kowaljow]. In: ebenda, S. 456–458, hier 457.

Nachfolgetreffen der KSZE überprüfen durften. Die Dissidenten konnten sich auch auf die KSZE-Schlussakte berufen, um die internationale Öffentlichkeit über die Menschenrechtslage in der Sowjetunion zu informieren.

Unter den ersten, die die Möglichkeiten der KSZE-Schlussakte für die Forderung nach Einhaltung der Menschenrechte in der UdSSR nutzten, war Andrej Sacharow. Schon in den Wochen vor dem Gipfeltreffen in Helsinki Ende Juli/Anfang August 1975 hatte er das bevorstehende Treffen für seine Ziele genutzt: Er hatte der sowjetischen Führung gedroht, am ersten Tag der Konferenz alle seine staatlichen Auszeichnungen – unter anderem den Lenin-Preis und drei Auszeichnungen als Held der Sozialistischen Arbeit – zurückzugeben, wenn sie nicht endlich die wiederholten Anträge seiner Frau Jelena Bonner auf eine Reise nach Rom für eine dringend notwendige Augenoperation genehmigte. Das sowjetische Politbüro gab plötzlich nach, damit sich Sacharow nicht mit »öffentlichen politischen Spekulationen am Vorabend der europäischen Konferenz« hervortun würde.[5]

Sacharow erwartete aber sehr viel mehr von der Konferenz. Er forderte den Westen auf, von der Schlussakte Gebrauch zu machen, um die Sowjetunion zu einer Verbesserung der Menschenrechtslage im Innern zu bewegen. Kurz nach Helsinki erschien im Westen sein Buch *Mein Land und die Welt.* In einem Vorwort, das er am 1. Oktober 1975 telefonisch an Bonner in Rom durchgab, rief er das westliche Publikum auf, sich für die Menschenrechte in der UdSSR einzusetzen:

> Ich erhoffe von meinen Lesern im Ausland, dass sie das Leben in den sozialistischen Ländern ständig beobachten und sich entschieden für die Verteidigung der Menschenrechte einsetzen. […] Die Beschlüsse der Konferenz [von Helsinki – DS] umfassen wichtige Verpflichtungen bezüglich der Meinungsfreiheit, der Freiheit des Austausches von Informationen und anderer Menschenrechte. […]
> In den seit der Beendigung der Konferenz vergangenen Monaten haben sich die Ergebnisse von Helsinki auf die Politik der Führung unseres Landes noch nicht im Geringsten ausgewirkt, vor allem nicht, was die Menschenrechte betrifft. […]
> Ich rufe meine Leser im Westen auf, der Einhaltung dieser Grundsätze ihre ständige Aufmerksamkeit zu schenken.[6]

Sacharow nannte dann einzelne Personen, für die sich die westlichen Leser einsetzen sollten – unter anderem Leonid Pljuschtsch, »dem geistige Vernichtung durch die Behandlung in einer psychiatrischen Sonderklinik droht«; Wladimir Bukowskij, ein langjähriger Dissident, der schon durch die sowjetische Psychiatrie gegangen war und 1972 zu sieben Jahren Arbeitslager verurteilt wurde und

5 Andropow an das ZK, 18.7.1975. In: Rubenstein, Joshua; Gribanov, Alexander (Hg.): The KGB File of Andrei Sakharov. New Haven, London 2005, S. 187 f.

6 Vorwort an meine Leser im Ausland. In: Sacharow, Andrej: Mein Land und die Welt. Wien, München, Zürich 1975, S. 5 f.

»die verhafteten und auf das Gerichtsurteil wartenden Mitglieder von ›Amnesty International‹«, Sergej Kowaljow und Andrej Twerdochlebow.[7]

Sacharows Position wurde für Moskau noch komplizierter, nachdem ihm am 9. Oktober 1975 das Nobelkomitee des norwegischen Parlaments den Friedensnobelpreis zugesprochen hatte. In der Ankündigung verband das Komitee die Preisverleihung mit der Helsinki-Schlussakte: Sacharow habe sich für »die Achtung der Menschenwürde« als notwendige Vorbedingung eines dauerhaften Weltfriedens eingesetzt, und in Helsinki seien die Teilnehmerstaaten vor Kurzem eine »Verpflichtung« zu solcher Achtung »freiwillig eingegangen«.[8] Moskau kritisierte die Preisverleihung an Sacharow als Belohnung des Westens für Sacharows »antisowjetische Tätigkeit« und verbot seine Ausreise zur Preisverleihung nach Oslo.[9] Am Ende erhielt aber Jelena Bonner, die noch in Rom war, eine Verlängerung ihres Visums für eine Reise nach Oslo, um den Friedensnobelpreis im Namen Sacharows entgegenzunehmen.

Kurz nach der Preisverleihung fand eine »Sacharow-Anhörung« im Gebäude des dänischen Parlaments in Kopenhagen statt. Die Anhörung wurde von sowjetischen Emigranten und ihren westlichen Unterstützern organisiert. Sie ging auf eine Anregung Sacharows nach der Ausbürgerung Aleksandr Solschenizyns 1974 zurück, die Tätigkeit der sowjetischen Geheimpolizei offenzulegen und »ein internationales öffentliches Tribunal zu bilden, um die begangenen Verbrechen zu untersuchen«.[10] Bei der umstrittenen und teilweise stürmischen Anhörung berichteten die zumeist aus der Sowjetunion ausgewanderten Zeugen über die Menschenrechtslage in der UdSSR – vor allem über die unmenschlichen Bedingungen in sowjetischen Gefängnissen und Lagern, den politischen Missbrauch der Psychiatrie, die Repressionen gegen nationale Minderheiten und die Unterdrückung von Gläubigen.[11] Diese Themen, zusammen mit dem Recht auf Aus- und Rückreise, hatte Sacharow selbst für die Anhörung gewählt.[12] Sowohl in seiner Grußbotschaft an die Versammlung wie auch in seiner Rede

7 Ebenda. Zu Bukowskij siehe Mitrochin, Nikołaj: Władimir Bukowski. In: Słownik dysydentów, Bd. II, S. 385–387.

8 Sacharow, Andrej: Ausgewählte Texte, mit einem Vorwort von Lew Kopelew. München 1986, S. 82.

9 Stevens, Edmund: Soviet campaign to vilify Dr. Sakharov. In: Times (London) v. 16.10.1975, S. 6.

10 Hardmann, Josef; Wippermann, Gerhard (Hg.): 24 Zeugen. Dokumente des Terrors. Sacharow-Hearing Kopenhagen. Würzburg 1977, S. 11.

11 Ebenda, passim; Telegramm 3099 von der US-Botschaft in Kopenhagen an das Department of State (1975COPENH03099), 21.10.1975. In: Central Foreign Policy Files (CFPF), 1973–1979; Record Group (RG) 59, General Records of the Department of State; U.S. National Archives (NARA) at College Park, MD [herunterladen von Access to Archival Databases at www.archives.gov] (letzter Zugriff: 20.7.2021). Im Folgenden bezeichnet als: CFPF, 1973–1979; RG 59, NARA, AAD.

12 Hardmann; Wippermann (Hg.): 24 Zeugen, S. 12.

zur Verleihung des Friedensnobelpreises, die Bonner im Dezember 1975 in Oslo vortrug, verkündete er erneut seinen Aufruf für eine allgemeine Amnestie für alle politischen Gefangenen in der Sowjetunion und gegebenenfalls in der ganzen Welt und für westliches Engagement für die Menschenrechte in der UdSSR.[13] In der Nobelpreis-Rede wiederholte er seine Feststellung vom Oktober 1975, dass es seit Helsinki in der UdSSR »keine wirkliche Verbesserung« gebe und die Forderung, dass der Westen Druck auf die Sowjetunion ausüben solle, um sie zur Einlösung ihrer Verpflichtungen in der Schlussakte bezüglich der Menschenrechte und der Informations- und Reisefreiheit zu bewegen.[14]

Persönlich und über Jelena Bonner hatte Sacharow durch Kontakte in den Westen, beispielsweise zu Journalisten und Massenmedien, durch Pressekonferenzen – zum Beispiel bei der Nobelpreis-Verleihung – und durch Verbindungen zu anderen nichtstaatlichen Akteuren wie den Organisatoren der Sacharow-Anhörung in Dänemark, große Teile der westlichen Öffentlichkeit und einige westliche Regierungen für die Sache der Menschenrechte und seine Auslegung der KSZE-Schlussakte gewonnen. Die Gründung der Moskauer Helsinki-Gruppe (MHG) am 13. Mai 1976 mit Jurij Orlow als Vorsitzender trug erheblich zur weiteren internationalen Vernetzung der sowjetischen Dissidenten und ihrer Menschenrechtsaktivitäten bei. Die neue Gruppe wollte die Implementierung der Schlussakte im Bereich der Menschenrechte und der menschlichen Kontakte durch die sowjetische Regierung kontrollieren und darüber der internationalen Öffentlichkeit berichten. Kurz darauf folgte die Gründung weiterer Helsinki-Gruppen in anderen sowjetischen Republiken – zum Beispiel die Ukrainische Helsinki-Gruppe (UHG) unter der Führung von Mykola Rudenko und die litauische unter der Leitung von Viktoras Petkus.[15]

Die Helsinki-Gruppen wandten sich nicht nur an westliche Journalisten und Botschaften, sondern bedienten sich auch eines besonderen Kanals: der am 3. Juni 1976 gegründeten Commission for Security and Cooperation in Europe oder »Helsinki-Kommission« des amerikanischen Kongresses. Sie sollte die Implementierung der Helsinki-Schlussakte hauptsächlich im Bereich der Menschenrechte vor allem in der Sowjetunion und Osteuropa kontrollieren.[16]

13 Sacharow, Andrej: Grußbotschaft an das Sacharow-Hearing. In: Hardmann; Wippermann (Hg.): 24 Zeugen, S. 17–21, hier 18 f.; ders.: Rede zur Verleihung des Friedens-Nobelpreises 1976. In: Sacharow: Ausgewählte Texte, S. 81–106, hier 97–104.

14 Ebenda, S. 97–99.

15 Alexeyeva, Ludmilla: Soviet Dissent. Contemporary Movements for National, Religious, and Human Rights. Middletown 1987, S. 80, 339.

16 Savranskaya: Human rights movement, S. 41–46, 57–59.

Grenzen der Repression: der KGB, Leonid Breschnew und Andrej Sacharow 1975 bis 1977

Als in der Sowjetunion im Jahr 1975 erneut eine Dissidentenbewegung entstand, wollte der KGB entschieden gegen diese vorgehen. Sacharow stand dabei an erster Stelle. Im April 1975 äußerte der Leiter der für die Bekämpfung der Dissidenz (»politisch-ideologischen Diversion«) zuständigen V. Verwaltung des KGB Filipp Denisowitsch Bobkow gegenüber seinem ostdeutschen Amtskollegen Paul Kienberg, Leiter der MfS-Hauptabteilung XX, »dass nach der Ausweisung [Aleksandr] Solschenizyns aus der UdSSR der Gegner mit großer Intensität eine neue derartige Figur in der UdSSR sucht«, der »die oppositionellen Kräfte in der UdSSR zusammenführt«. Der »Gegner« habe Sacharow für diese Rolle auserkoren.[17] Die »Vorgangsbearbeitung gegen Sacharow« habe aber für den KGB »eine komplizierte Lage« ergeben, da er »dreifacher Held der sozialistischen Arbeit und Erfinder der Kernwaffen« der Sowjetunion sei. Er dürfe nicht zur »gejagten Figur« oder zum »Märtyrer« gemacht werden.[18] Weil eine Verhaftung oder eine Einweisung in die Psychiatrie nicht infrage kam, konzentrierte sich der KGB auf Sacharows Isolierung.[19]

Nachdem Sacharow sich im Herbst 1975 wegen der Verstöße der UdSSR gegen das Menschenrechtsprinzip der KSZE-Schlussakte an die internationale Öffentlichkeit gewandt hatte, unternahm der KGB weitere Maßnahmen, um ihn, seine Frau und ihre gemeinsame Tätigkeit zu diskreditieren.[20] KGB-Vorsitzender Jurij Andropow unterbreitete dem ZK der Kommunistischen Partei der Sowjetunion (KPdSU) am 15. Oktober 1975 einen Maßnahmenplan zur »Diskreditierung der Entscheidung des Nobelkomitees, Sacharow den Friedenspreis zu verleihen«. Die öffentliche Propaganda sollte die Preisverleihung an Sacharow kritisieren, weil er angeblich gegen die Entspannung aufgetreten sei und reaktionäre Kräfte in Chile, Vietnam, Kambodscha und im Nahen Osten unterstütze.[21] Vor und

17 MfS, HA XX, Beratung am 8.4.1975 im Komitee für Staatssicherheit der UdSSR in Moskau, 15.4.1975; BArch, MfS, HA XX/AKG Nr. 778, Teil 2, Bl. 381–404, hier 388.

18 Ebenda, Bl. 387.

19 Bobkow erklärte Kienberg: »Das generelle Ziel in der operativen Bearbeitung des Sacharow besteht darin, ihn weiter zu ›lokalisieren‹.« Ebenda, Bl. 387 f.

20 Vgl. Andrew; Mitrokhin: Das Schwarzbuch des KGB, S. 415–418.

21 KGB an das ZK der KPdSU, O merach po komprometazii reschenija Nobelewskogo komiteta o prisuschtschdenii Premii Mira *Sacharowu* [Über Maßnahmen zur Kompromittierung der Entscheidung des Nobel-Komitees, den Friedenspreis an *Sacharow* zu vergeben], 15.10.1975. In: Bukovsky, Vladimir (Hg.): The Bukovsky Archives: Communism on Trial, https://bukovskyoldarchive.files.wordpress.com/2015/07/15-oct-75-4-pp-andropov.pdf (letzter Zugriff: 20.7.2021). (Diese und andere Dokumente auf dem angegebenen Internet-Portal wurden von Bukovsky heimlich in sowjetischen Archiven gescannt, als er 1992 auf Einladung vom Präsidenten Boris Jelzin zurückkehrte, um im Prozess gegen die KPdSU auszusagen. Siehe The Bukovsky Archives: Communist Party & KGB secret documents, https://www.vladimirbukovsky.com/soviet-archives

während der Sacharow-Anhörung versuchte der Resident des KGB in Kopenhagen Sacharow, Bonner und die Anhörung in Verruf zu bringen – vor allem durch die Lancierung von kritischen Briefen und Artikeln in der dänischen Presse und durch Fernsehinterviews mit Vertrauenspersonen des KGB in Dänemark.[22] Der KGB versuchte auch, zwischen Sacharow und den »entspannungsfeindlichen Kräften« im Westen, die ihn sonst unterstützten, Spannungen zu erzeugen. Bobkow berichtete Kienberg, da Sacharow »gern öffentliche politische Erklärungen ab[gebe] ohne entsprechendes fundiertes politisches Wissen«, spiele ihm der KGB Materialien zu – zum Beispiel über die Kurden in der Türkei oder die chilenische Junta –, damit er öffentlich auf eine Weise auftritt, »die international bei den Feinden der UdSSR weniger Anklang« findet.[23] Der KGB wollte auch Streit zwischen Sacharow und Solschenizyn provozieren und sie und ihre Unterstützer gegeneinander ausspielen – zum Beispiel indem in sowjetischen Emigrantenkreisen in Westeuropa immer wieder die Behauptung lanciert wurde, Sacharow habe die führende Rolle unter den Dissidenten wegen der »völligen Diskreditierung« Solschenizyns im Westen übernehmen müssen.[24]

Der KGB unternahm auch verschiedene »Zersetzungsmaßnahmen« gegen Sacharow und Bonner. Psychoterror war eines der Mittel. Sacharow bekam zum Beispiel kurz nach Bonners Augenoperation in Rom einen Anruf von der angeblichen Frau eines Bekannten im Westen. Die Anruferin behauptete, dass Bonner Herzkomplikationen gehabt habe – eine Lüge, wie sich herausstellte. Im Januar 1976 schubsten zwei Männer Sacharow in Moskau auf offener Straße und stahlen seinen Hut, als er spazieren ging. Daraufhin erschien eine Limousine und der Mann darin bot vergeblich an, Sacharow zum nächsten Polizeirevier mitzunehmen, damit er Anzeige erstatten könne.[25]

Nach der Nobelpreis-Verleihung und der Sacharow-Anhörung wollte der KGB noch weitergehende Maßnahmen ergreifen. Das war insbesondere der Fall,

(letzter Zugriff: 20.7.2021). Andropow genehmigte einen mehr detaillierten Maßnahmeplan für die Residenturen des KGB am 22.11.1975. Vgl. Mitrokhin: The Sakharov-Bonner Case, Folder 44, The Chekist Anthology, S. 16–18. In: Wilson Center Digital Archive, https://digitalarchive.wilsoncenter.org/document/110345 (letzter Zugriff: 20.7.2021). Mitrochin hatte ein Teil seiner getippten Notizen im Online-Portal des Woodrow Wilson International Center for Scholars (WWICS oder Wilson Center) vor der Öffnung seiner Papiere im Archiv des Churchill College der Cambridge University für externe Forscher veröffentlicht. Siehe Wilson Center, The Mitrokhin Archive – A Note on Sources (2004), https://digitalarchive.wilsoncenter.org/document/112821 (letzter Zugriff: 20.7.2021). Siehe auch Aufzeichnung von Andropow und Rudenko an das ZK der KPdSU, 26.12.1979. In: Rubenstein; Gribanov (Hg.): The KGB File of Andrei Sakharov, S. 243–246.

22 Mitrokhin: Sakharov-Bonner Case, S. 2.

23 MfS, HA XX, Beratung am 8.4.1975, Bl. 387 f.

24 Mitrokhin: Sakharov-Bonner Case, S. 17.

25 Telegramm 448 von der US-Botschaft in Moskau an das Department of State (1976 MOSCOW00448), 13.1.1976, in: CFPF, 1973–1979; RG 59, NARA, AAD.

nachdem ein Ausschluss Sacharows aus der Akademie der Wissenschaften der UdSSR im Herbst 1975 am Widerstand ihrer Mitglieder gescheitert war.[26] Im November 1975 unterbreitete Andropow dem Politbüro gemeinsam mit Generalstaatsanwalt Roman Rudenko und Verteidigungsminister Dmitrij Ustinow einen Vorschlag, Sacharow und Bonner in einen für Ausländer »geschlossenen« Teil von Swerdlowsk zu verbannen.[27] Die Troika erklärte in ihrer Vorlage: »Wir müssen davon ausgehen, dass die administrative Umsiedlung von Sacharow und seiner Frau eine antisowjetische Kampagne im Westen auslösen wird. Aber die politischen Kosten werden geringer sein, als Sacharows Taten für die nächste Zukunft unbestraft zu lassen, oder ihn zur strafrechtlichen Verantwortung zu ziehen.«[28] Die offizielle Begründung für die Maßnahme war Sacharows angebliche Preisgabe von »Militärgeheimnissen« zusammen mit seiner sonstigen »antisowjetischen« Tätigkeit.[29] KPdSU-Generalsekretär Leonid Breschnew entschied aber, dass die politischen Kosten zu hoch seien und das sowjetische Politbüro vertagte seine Entscheidung »vorübergehend« – faktisch bis zum Jahr 1980.[30]

Das ZK der KPdSU versuchte, aus der Not eine Tugend zu machen. Es behauptete einfach, »sehr große Duldsamkeit« Sacharow gegenüber zu üben und hoffte, daraus im Westen und im KSZE-Prozess Kapital zu schlagen. In einer Notiz an die »Bruderparteien« vom Januar 1976 über »antisowjetische Hetze« listete es Beispiele dieser »Duldsamkeit« auf: »die Tatsache, dass Sacharow eine ungehinderte Möglichkeit hat, Pressekonferenzen abzuhalten, mit ausländischen Journalisten Kontakte zu unterhalten und [dass] seine Frau, die Ausreisegenehmigung ins Ausland hat, den Geldpreis in Oslo entgegennahm«. Die »Bruderparteien« sollten von dieser »Duldsamkeit« Moskaus Gebrauch machen, um die »bürgerliche Propaganda« hinsichtlich des »Fehlen[s] der demokratischen Freiheit in der UdSSR« zu widerlegen.[31]

Doch für den KGB blieb die relative Straffreiheit Sacharows ein Ärgernis. Auf einem Treffen mit den MfS-Generälen Rudi Mittig und Paul Kienberg im April 1976 konnte Andropows Stellvertreter Generalleutnant Wiktor Tschebrikow wenig mehr über Sacharows »Bearbeitung« sagen als schon Bobkow ein Jahr zuvor. Er entschuldigte sich praktisch dafür, dass Sacharow nicht verhaftet wurde. Wenn ein solcher Versuch unternommen würde, müsste Sacharow, so Tschebrikow,

26 Telegram 57583 von dem Department of State an die US-Botschaften in allen NATO-Hauptstädten (1976STATE057583), 9.3.1976, in: CFPF, 1973–1979; RG 59, NARA, AAD.

27 Andropow, Ustinow und Rudenko an das Zentralkomitee, 16.11.1975. In: Rubenstein; Gribanov (Hg.): The KGB File of Andrei Sakharov, S. 199–204, hier 201.

28 Ebenda, S. 202.

29 Ebenda, S. 200.

30 Rubenstein; Gribanov (Hg.): The KGB File of Andrei Sakharov, S. 197.

31 Information des ZK der KPdSU über die Notwendigkeit des verstärkten Kampfes gegen die antisowjetische Hetze, 18.1.1976; Anlage zum Arbeitsprotokoll des Politbüros vom 27.1.1976. In: Stiftung Archiv der Parteien und Massenorganisationen der DDR im Bundesarchiv (SAPMO-BA), Bestand Sozialistische Einheitspartei Deutschlands (DY 30), J IV 2/21-1946, Bl. 20–39, hier 36 f.

nach sowjetischem Gesetz und den Prinzipien der sowjetischen Psychiatrie für psychisch krank erklärt und vermutlich in eine Sonderanstalt geschickt werden. Die Tatsache, dass Sacharow immer noch Mitglied der Akademie der Wissenschaften war, könnte aber »vom Gegner ausgenutzt werden« und bestimmte »Schwierigkeiten mit sich bringen«.[32] Tschebrikow versicherte den ostdeutschen »Tschekisten«, dass Sacharow trotzdem »unter ständiger operativer Kontrolle« stehe. Tschebrikow sagte ihnen:

> In der operativen Bearbeitung des *Sacharow* gibt es folgende Generallinie:
> Das KfS [KGB] wird nicht gestatten, dass er eine bestimmte Grenze überschreitet.
> Einzuleitende [sic!] Maßnahmen kommt entgegen, dass er nicht arbeitet und seine Autorität sinkt.
> Es wird daran gearbeitet, eine Variante zu finden, um seine feindliche Tätigkeit zu unterbinden und eigenes politisches Kapital daraus zu schlagen.
> Die Grundlinie besteht weiter darin, sich auf keine Provokation einzulassen.[33]

Mit anderen Worten: Der KGB arbeitete daran, Sacharows Autorität zu schmälern, bis die Zeit kommen würde, ihn mundtot zu machen. Das blieb mindestens bis Mitte 1977 die Linie des KGB. Auf einer multilateralen Beratung der »Bruderorgane« über die Bekämpfung der »politisch-ideologischen Diversion« – unter anderem der Dissidenz – in Budapest am 23. Mai 1977 erklärte Tschebrikow zur Bearbeitung Sacharows, dass die Aufgabe des KGB darin bestehe, Sacharow »zu isolieren, ihn vor der Öffentlichkeit bloßzustellen und ihn als politische Figur zu kompromittieren«.[34] Dabei sollten, aufgrund der Entscheidung Breschnews, »Provokationen« vermieden werden, die dem Bild der Sowjetunion international schaden konnten. Aber für Andropow blieb Sacharow noch immer »Staatsfeind Nummer eins«.[35]

32 MfS, HA XX, Beratung mit sowjetischen Tschekisten in der Zeit vom 19.4. bis 24.4.1976 im Gästehaus des MfS Oberseestraße in der Hauptstadt der DDR, Berlin, 29.4.1976; BArch, MfS, HA XX/AKG Nr. 779, Bl. 117–172, hier 142.

33 Ebenda.

34 Tschebrikow: Der Kampf der Organe des KfS gegen die ideologische Diversion der imperialistischen Staaten unter den gegenwärtigen Bedingungen, 26.5.1977. In: BArch, MfS, ZAIG Nr. 5106, Bl. 210–251, hier 232. Zu diesen multilateralen Treffen der Staatssicherheitsdienste des sowjetischen Blocks (außer Rumänien) siehe Süß, Walter: Wandlungen der MfS-Repressionstaktik seit Mitte der siebziger Jahre im Kontext der Beratungen der Ostblock-Geheimdienste zur Bekämpfung der »ideologischen Diversion«. In: Ansorg, Leonore u. a. (Hg.): »Das Land ist still – noch!« Herrschaftswandel und politische Gegnerschaft in der DDR (1971–1989). Köln, Weimar, Wien 2009, S. 111–134.

35 Kalugin, Oleg: Spymaster. My Thirty-Two Years in Intelligence and Espionage against the West. New York 2009, S. 305.

Das MfS und die Diskreditierung Sacharows

Schon 1975 sollte das MfS dem KGB bei der Diskreditierung Sacharows in der internationalen – oder zumindest der westdeutschen und Westberliner – Öffentlichkeit Hilfe leisten. Trotz der großflächigen Vernichtung der HV-A-Akten 1990 gibt es zahlreiche Hinweise darauf, dass insbesondere die Abteilung für aktive Maßnahmen der HVA, die Abteilung »X«, den KGB bei seiner Verleumdungskampagne gegen Sacharow unterstützte. Westdeutsche und Westberliner Publikationen und Publizisten, zu denen die HVA eine enge Verbindung unterhielt, beteiligten sich an dieser Kampagne.

So wurden Artikel, die zu der KGB-Kampagne gegen Sacharow passten,[36] im (West)Berliner *Extra-Dienst* veröffentlicht, der von der HV A/X gelegentlich subventioniert wurde.[37] Der Chefredakteur des Blattes Carl L. Guggomos wurde seit 1972 als »Kontaktperson« und ab 1980 als IM »Gustav« bei der HV A/X geführt.[38]

Der *Extra-Dienst* veröffentlichte im Oktober 1975 zwei anonyme Artikel, die zur Taktik des KGB passten, die Verleihung des Nobelpreises an Sacharow zu diskreditieren. Der erste Artikel vom Oktober 1975 zitierte skandinavische Zeitungen und Politiker, die lieber den sowjetischen Kandidaten, den finnischen Staatspräsidenten Urho Kekkonen, wegen seiner maßgeblichen Rolle in der KSZE ausgezeichnet gesehen hätten. Der anonyme Verfasser kritisierte auch die geplante »Sacharow-Anhörung« in Dänemark, die »mit Sacharow-Thesen als ›Menschenrechtskämpfer‹ die Beschlüsse von Helsinki auf ihre Weise interpretieren will«.[39] Entsprechend den KGB-Plänen, Sacharow wegen seiner Kritik an der Entspannungspolitik und seiner angeblichen Unterstützung von »reaktionären Kräften«

36 KGB an das ZK der KPdSU, O merach po komprometazii reschenija Nobelewskogo komiteta o prisushdenii Premii Mira *Sacharowu* [Über Maßnahmen zur Kompromittierung der Entscheidung des Nobel-Komitees, den Friedenspreis an Sacharow zu vergeben], 15.10.1975. In: Bukovsky, Vladimir (Hg.): Soviet Archives, http://bukovsky-archives.net/pdfs/sakharov/kgb75-2.pdf (letzter Zugriff: 20.7.2021).

37 Das behaupteten die ehemaligen HV-A-Offiziere Günter Bohnsack (HV A/X) und Herbert Brehmer (HV A/IX). Siehe Treffen auf der Parkbank. Die Ex-Stasi-Offiziere Günter Bohnsack und Herbert Brehmer über ihre Tricks gegen Geheimdienste und Medien (II). In: Spiegel v. 22.7.1991, S. 58–63, hier 60. Für eine quellenkritische Analyse der Erinnerungen Bohnsacks und Brehmers siehe Nehring, Christopher: Eine etwas andere Rezension. Die Erinnerungen zweier Stasi-Offiziere im Lichte neuer Archivalien. In: Journal for Intelligence, Propaganda and Security Studies 11 (2017) 1, S. 224–227.

38 Siehe BArch, MfS, RoHo, F 16 u. F 22, Reg.-Nr. XV/1118/67. Nach dem Statistikbogen für »Gustav« (XV/1118/67) war er seit 1972 als Kontaktperson tätig und wurde 1980 förmlich als IM auf »ideologischer Basis« für die HV A/X/4 geworben. Er wurde als »A-Quelle« oder Abschöpfquelle bezeichnet. Siehe BArch, MfS, RoHo, ADS, Reg.-Nr. XV/1118/67. Für den Zeitraum von 1969 bis 1985 lieferte »Gustav« zumindest 85 Informationen an die HVA. Siehe »Suche: QUA.RGNR=*/1118/67« in: BArch, MfS, HV A/MD/3, SIRA-TDB 12. Siehe auch Knabe, Hubertus: Die unterwanderte Republik. Stasi im Westen. Berlin 1999, S. 210–216.

39 Wie zu Sacharows Ehren ein Toter bemüht wird. In: Extra-Dienst v. 17.10.1975, S. 17.

unter anderem in Chile und Vietnam zu diskreditieren,[40] brachte ein zweiter Artikel in derselben Ausgabe entsprechende Zitate von Sacharow aus »westlichen Publikationen« unter dem ironischen, eher sarkastischen Titel »Sacharows Worte für den Frieden«.[41]

Ein zweites, vom KGB bevorzugtes Thema wurde vom *Extra-Dienst* ebenfalls angeschnitten: reale und erfundene Meinungsverschiedenheiten und Debatten zwischen einheimischen und Exildissidenten, insbesondere zwischen Sacharow und Solschenizyn. Ein Artikel im *Extra-Dienst* vom Dezember 1975 thematisierte sie. Neben dem Artikel wurde eine Karikatur mit drei männlichen Dissidenten abgedruckt, von denen einer mit einem Vollbart wie Solschenizyn mit einem zweiten kämpfte und seinen Bart ausriss, während der Dritte in seinen Arm biss. Sacharow wurde im Artikel als »Widerstandskämpfer« bezeichnet, »der nach bürgerlichen Zeitungsberichten im Westen täglich mit einem Dienstwagen samt Chauffeur der Sowjetakademie transportiert wurde und zur Strafe auf ein Monatsgehalt von 2 500 DM herabgestuft worden ist«.[42] Im Februar 1977 zitierte der *Extra-Dienst* Vorwürfe der *Nowosti*-Presse-Agentur (*Agentstwo petschati Nowosti*, APN) gegen Sacharows Stieftochter Tatjana Semjonow wegen angeblichem Betrug – eine offensichtliche »Zersetzungsmaßnahme« des KGB gegen die Familie Sacharow – Bonners.[43]

Der von der HV A beziehungsweise der DDR subventionierte Pahl-Rugenstein-Verlag[44] leistete 1976 ebenfalls einen Beitrag zur Kampagne gegen Sacharow. Im Februar 1976 veröffentlichten seine *Blätter für deutsche und internationale Politik (BdiP)* einen Artikel von Hans Apel, emeritierter Professor der University of Bridgeport in Connecticut, USA, mit dem Titel: »Zwanzig Fragen an Andrej Sacharow. Ein Offener Brief«.[45] Der Artikel war Apels Antwort auf einen vom *Spiegel* veröffentlichten Auszug aus Sacharows *Mein Land und die Welt,* der unter anderem die wirtschaftliche Lage in der Sowjetunion kritisierte.[46] Die Redaktion der *BdiP* stellte klar, dass es hier nicht um die gegensätzlichen Auffassungen Sacharows und Apels über die sowjetische Wirtschaft und Gesellschaft ging, sondern um die Wirkung von Sacharows verschiedenen Appellen an den Westen. Die Redaktion erklärte in ihrer Einleitung zu Apels Artikel: »Entspan-

40 Über Maßnahmen zur Kompromittierung der Entscheidung des Nobel-Komitees, n. p.

41 Sacharows Worte für den Frieden. In: Extra-Dienst v. 17.10.1975, S. 17 f.

42 Dissidenten: Russische »Systemkritiker« im internen Kampf. In: Extra-Dienst v. 23.12.75, S. 8 f.

43 UdSSR: Sacharow-Tochter droht ein Betrugs-Prozess. In: Extra-Dienst v. 18.2.1977, S. 21. Vgl. Sakharovs living under threats. In: Glasgow Herald v. 30.3.1977, S. 2.

44 Bohnsack: Hauptverwaltung Aufklärung, S. 111; Baron, Udo: Kalter Krieg und Heisser Frieden. Der Einfluss der SED und ihrer westdeutschen Verbündeten auf die Partei ›Die Grünen‹. Münster 2003, S. 56.

45 Apel, Hans: Zwanzig Fragen an Andrej Sacharow. Ein Offener Brief, Blätter für deutsche und internationale Politik (BdiP) 2/1976, S. 173–191.

46 Ebenda, S. 173.

nungskritiker« im Westen hätten die Verleihung des Nobelpreises an Sacharow als »nachhaltige Aufwertung ihrer traditionellen, von Sacharow aufgegriffenen These begrüßt«: »Die gegenwärtige Entspannungspolitik sei verfehlt, da mit der Sowjetunion nur von einer ›Position der Stärke‹ aus verhandelt werden könne.« Noch schlimmer: »Teile auch der liberalen Öffentlichkeit zeigen sich beeindruckt von Sacharows Aufforderung an die Westmächte, durch eine intransigentere Politik gegenüber den sozialistischen Ländern Druck auf diese auszuüben und auf eine Umwandlung ihrer innenpolitischen Verhältnisse hinzuwirken.« Apels Artikel hatte die Funktion, infrage zu stellen, ob »das von Sacharow gezeichnete außerordentlich negative Bild« eigentlich »zur heutigen sowjetischen Realität« passt.[47] Die Redaktion wollte also Sacharows Einschätzungen infrage stellen, um auch die Argumente der »Entspannungskritiker« zurückzuweisen und um zu vermeiden, dass »Liberale« im Westen auf Sacharow hörten und zugunsten der Menschenrechte Druck auf Moskau ausübten. Apel selbst warnte Sacharow – und seine Leser – am Ende des Artikels, dass »bisherige Erfahrungen« gezeigt hätten, dass »Versuche, die öffentliche westliche Meinung als Pressionsmittel gegen die Kreml-Regierung zu mobilisieren«, eine gegenteilige Reaktion ausgelöst hätten.[48]

Apels Artikel fand Widerhall in der sowjetischen Presse. Die amerikanische Botschaft in Moskau berichtete am 21. April 1976, dass die *Literaturnaja gaseta*, die als ein Hauptkanal für die Lancierung von Desinformation durch den KGB diente,[49] eine Übersetzung von Apels Artikel veröffentlicht hatte. Die Botschaft schrieb nach Washington:

> Sacharow wird von Apel als naiv, schlecht informiert und der Nutzung von dubiosen Daten und Methodologien schuldig dargestellt. Darüber hinaus sind seine Äußerungen beschrieben als ›bevorzugtes Werkzeug billigster antisowjetischer und antikommunistischer Propaganda‹. […]
> Indem der Artikel seine Kritik nur auf ein enges Stück von Sacharows Ansichten bezieht, und sie als unwürdig darstellt, von einem ›angesehenen‹ westlichen Wissenschaftler ernst genommen zu werden, hofft Litgaz *[Literaturnaja gaseta]* anscheinend, alle seine Ansichten und Aktivitäten zu diskreditieren.[50]

Ob diese Propaganda von einer Initiative der HVA/X, der prosowjetischen Redaktion der *BdiP* oder den rein persönlichen Bemühungen Apels ausging, lässt sich nicht klären. Es gibt keinen Grund zu der Annahme, dass Apel für das MfS

47 Ebenda.

48 Ebenda, S. 191.

49 Oleg Kalugin, ehemaliger Leiter der Linie »K« (Abwehr) der I. HV des KGB, schreibt: »In all den Jahren, während ich in der Auslandsabwehr war, war ›*Literaturnaja gaseta*‹ unser Hauptkanal in der sowjetischen Presse für Propaganda und Desinformation.« Kalugin: Spymaster, S. 178.

50 Telegramm 6232 von der US-Botschaft in Moskau an das Department of State (1976 MOSCOW06232), 21.4.1976, in: CFPF, 1973–1979; RG 59, NARA, AAD.

tätig war, obwohl seine Publikation vom Pahl-Rugenstein-Verlag beziehungsweise der sowjetischen Auslandspropaganda für deren eigene Zwecke genutzt wurde.

Der *Extra-Dienst* arbeitete 1977 weiter an der Diskreditierung Sacharows und anderer sowjetischer Dissidenten. In einem Artikel vom 14. Januar 1977 machte sich die linke Zeitung einen besonders heiklen Fall der sowjetischen Propaganda gegen die Moskauer Helsinki-Gruppe und Sacharow zu Eigen. Am 8. Januar hatte es einen Bombenanschlag auf die Moskauer Metro gegeben. Ein darauffolgender Pressebericht im Westen zitierte die Meinung sowjetischer Funktionäre, dass Dissidenten hinter dem Anschlag standen. Der Berichterstatter Victor Louis war ein in England tätiger Journalist[51], der von dem KGB-Offizier Wjatscheslaw Keworkow als Agent geführt wurde.[52] Sacharow antwortete auf die Andeutungen von Louis mit einem Brief, in dem er den Verdacht äußerte, dass der KGB selbst hinter dem Anschlag stand und erinnerte an »die streng loyalen, sich auf Öffentlichkeit und Gewaltverzicht gründenden Aktivitäten der Bürgerrechtler in der UdSSR«.[53] Er übergab den Brief zusammen mit einer sanfteren Stellungnahme der MHG an westliche Korrespondenten, unter anderem an den Amerikaner George Krimsky von *Associated Press (AP)*.[54] Nachdem Sacharows Brief im Westen veröffentlicht und von der sowjetischen Presse zurückgewiesen worden war, wurde der Verfasser auf Empfehlung Andropows von der Generalstaatsanwaltschaft vorgeladen und offiziell verwarnt, dass seine Erklärung nach sowjetischem Gesetz strafbar sei.[55] Der KGB traf außerdem Vorbereitungen, Krimsky wegen angeblicher Kontakte zur Central Intelligence Agency (CIA) und Verstößen gegen sowjetische Währungsgesetze aus der UdSSR auszuweisen.[56]

Mit Blick auf das Belgrader KSZE-Nachfolgetreffen stellte Guggomos in seinem Artikel über den Bombenanschlag seine eigene Verschwörungstheorie über westliche Geheimdienste und sowjetische Dissidenten auf. Im Gegensatz zu Louis beschuldigte er nicht die Dissidenten des Angriffs, sondern – sowjetische

51 Sacharow, Andrej: Mein Leben. 2. Aufl., München 1991, S. 545 f.

52 Posledni Romantik [Letzter Romantiker], Itogi 49 (756), 6.12.2010, http://www.itogi.ru/kultura/2010/49/159665.html (letzter Zugriff: 20.7.2021). Keworkow war auch der damals zuständige KGB-Offizier für den von Andropow initiierten »geheimen Kanal« zwischen Breschnew und Bundeskanzler Helmut Schmidt, der über Egon Bahr lief. Siehe Keworkow, Wjatscheslaw E.: Der geheime Kanal. Moskau, der KGB und die Bonner Ostpolitik. Berlin 1995. Der Kanal diente zu dieser Zeit u. a. dazu, Bonn vor Carters Menschenrechtspolitik zu warnen. Siehe Vermerk des Bundesgeschäftsführers der SPD [Sozialdemokratischen Partei Deutschlands] Bahr über das Gespräch mit dem Kontaktmann der sowjetischen Führung Lednew, 16.1.1977. In: Dokumente zur Deutschlandpolitik (DzD), Reihe VI, Bd. 5: 1977–1978, S. 13–15, hier 14.

53 Sacharow: Mein Leben, S. 546.

54 Ebenda, S. 547; Memorandum from Andropov, Gromyko and Rudenko to the Central Committee: A bomb in the Moscow subway and the expulsion of George Krimsky, 18.1.1977. In: Rubenstein; Gribanov (Hg.): The KGB File of Andrei Sakharov, S. 221 f.

55 Sacharow: Mein Leben, S. 548; Memorandum Andropow, Gromyko und Rudenko, 18.1.1977.

56 Memorandum Andropow, Gromyko und Rudenko, 18.1.1977.

Quellen zitierend – »von westlichen Geheimdiensten bezahlte Agententrupps«. Das Ziel des Westens sei, »die sowjetische Staatsmacht« dazu zu provozieren, »den im Westen so ersehnten totalen Polizeistaat zu installieren, der die stundenlangen Telefongespräche der ›Dissidenten‹ mit dem westlichen Ausland, ihre Cocktailempfänge und Pressekonferenzen endlich unterbindet, die das gemalte Terrorgemälde [der Sowjetunion durch den Westen – DS] noch stören«. Eine solche Repressionswelle würde der schon begonnenen »Generalmobilmachung von Agitation und Propaganda« durch die »bürgerliche« Presse vor dem Belgrader Treffen dienen. Ähnlich wie Moskau und Ostberlin beschuldigte auch Guggomos den Westen der »Produktion« von Dissidenten und Ausreisewilligen.[57]

Obwohl die Anschuldigungen von Guggomos haltlos waren, erwies sich seine Voraussage über mögliche Repressionen Moskaus als prophetisch. Am 20. Januar 1977, demselben Tag, an dem der Bürger- bzw. Menschenrechtsaktivist Jimmy Carter seinen Amtseid als neuer US-Präsident ablegte, präsentierten Andropow und Roman Rudenko dem Sekretariat des ZK einige »entschiedenere Schritte« gegen die »aktivsten antisowjetischen Dissidenten«. Auf ihren Wunsch genehmigte das ZK-Sekretariat die Festnahme, Anklageerhebung und Verurteilung (!) von Aleksandr Ginsburg von der MHG wegen antisowjetischer Agitation und Propaganda, von Mykola Rudenko von der Ukrainischen Helsinki-Gruppe wegen desselben Vorwurfs und Orlows wegen Staatsverleumdung. Andropow und der Generalstaatsanwalt rechtfertigten die Maßnahmen, indem sie den Dissidenten eine Verbindungsaufnahme mit den »Geheimdiensten und ideologischen Zentren des Feindes« vorwarfen.[58]

Die Verhaftungen wurden von einer vom KGB inszenierten öffentlichen Verleumdungskampagne begleitet, um den Ruf der Menschenrechtsaktivisten zu beschädigen und das Wort »Dissident« in Verruf zu bringen. Zu diesem Zweck arrangierte der KGB zum Beispiel die Veröffentlichung eines Leserbriefs des Schriftstellers und früheren politischen Häftlings Aleksandr Petrow-Agatow in der *»Literaturnaja gaseta«*[59] unter dem Titel *»Lügner und Pharisäer«* am 2. Februar

57 CLG [Carl L. Guggomos], Spiel mit Menschen und Menschenleben vor Belgrad. In: Extra-Dienst v. 14.1.1977, S. 4 f.

58 Resolution des Sekretariats des ZK der KPdSU, 20.1.1977, Übersetzung ins Englische von Svetlana Savranskaya. In: National Security Archive Electronic Briefing Book Nr. 191, http://www.gwu.edu/~nsarchiv/NSAEBB/NSAEBB191/index.htm (letzter Zugriff: 20.7.2021).

59 Der stellvertretende KGB-Vorsitzende Tschebrikow erklärte auf der multilateralen Beratung der »Bruderorgane« wegen »politisch-ideologischer Diversion« im Mai 1977 in Budapest: »Der Verhaftung *Orlows* und *Ginsburgs* ging, wie Sie wissen, eine Wortmeldung der *›Literaturnaja gaseta‹* voraus, die das Wesen ihrer verbrecherischen Tätigkeit umfassend enthüllte. Dabei war es wichtig, dass in diesem Fall ein Mann aus dem gleichen Milieu auftrat. Für Sie ist es natürlich kein Geheimnis, dass *Petrow-Agatow* unser IM war, doch wir gingen davon aus, dass sein öffentliches Auftreten in diesem Fall günstiger ist als sein Einsatz von inoffiziellen Positionen aus.« Tschebrikow: Der Kampf der Organe des KfS gegen die ideologische Diversion der impe-

1977.[60] Der Leserbrief stellte die Mitglieder der MHG als bezahlte Agenten des Westens, Vertreter der Dekadenz und gewöhnliche Kriminelle dar. Diese Charakterisierung passte zu dem KGB-internen Feindbild von den Dissidenten. Für Andropow waren sie ein »jämmerlicher Haufen« und für Tschebrikow »eine sehr kleine Gruppe von Abtrünnigen, unter denen Personen sind, die ein parasitäres Leben führen und von den Almosen der unterschiedlichsten westlichen Stiftungen leben«. »Viele von ihnen« – behauptete Tschebrikow – »sind geisteskrank«.[61]

Der Leserbrief Petrow-Agatows sowie die Schreiben des KGB an die sowjetische Führung und an die »Bruderorgane« deuteten auf bestimmte Taktiken hin: Dazu gehörte zum einen, vor allem die Menschenrechtsaktivisten und ihre Kontaktpersonen und Unterstützer im Westen als Kriminelle,[62] Agenten westlicher Geheimdienste[63] und Terroristen (wie im Falle des Anschlags auf die Moskauer Metro) zu verleumden. Ein zweiter wichtiger Bestandteil war die Darstellung der Tätigkeit östlicher Menschenrechtsaktivisten als völlig vom Westen gesteuert.[64] Andropow erklärte Mielke im Juni 1977 höchstpersönlich: »Dissidenten ist nicht das richtige Wort. Dies sind antisowjetische Elemente, die sich einen Anzug angezogen haben. Wir müssen diesen Anzug zerreißen und aufzeigen, dass es konterrevolutionäre Elemente, die mit dem Ausland in Verbindung stehen, Agenten oder Spione sind.«[65]

Nach der Verhaftungswelle 1977 gehörten Sacharow und Bonner zu der schwindenden Anzahl sowjetischer Dissidenten, die in der Sowjetunion auf freiem Fuß geblieben sind.

rialistischen Staaten unter den gegenwärtigen Bedingungen, 26.5.1977, in: BArch, MfS, ZAIG, Nr. 5106, Bl. 210–251, hier 248.

60 Petrow (Agatow), Aleksandr: Lzhetsi i Farisei. In: Literaturnaja gaseta v. 2.2.1977, S. 13.

61 Rede Tschebrikows, 26.5.1977, Bl. 239.

62 Siehe z. B. Rede Tschebrikows, 26.5.1977, Bl. 224.

63 Siehe z. B. Rede des Leiters der Delegation der KPdSU, Genossen B. N. Ponomarjow, auf der Beratung der Sekretäre für ideologische und internationale Fragen der Zentralkomitees der Bruderparteien sozialistischer Länder in Sofia, 3.3.1977; BArch, MfS, SED-KL Nr. 831, Bl. 72–94, hier 85 f.

64 Resolution des Sekretariats des ZK der KPdSU, 20.1.1977, Übersetzung ins Englische von Svetlana Savranskaya. In: National Security Archive Electronic Briefing Book Nr. 191, http://www.gwu.edu/~nsarchiv/NSAEBB/NSAEBB191/index.htm (letzter Zugriff: 20.7.2021); Was verbirgt sich hinter dem Geschrei über »Menschenrechte«? (Nachdruck von *Prawda*). In: Neues Deutschland (ND) v. 15.2.1977, S. 6.

65 Notiz über die Besprechung zwischen dem Genossen Minister und dem Vorsitzenden des KfS, Genossen *Andropow* am 25.6.1977, 10.00 bis 12.30 Uhr in Moskau, o. D., in: BArch, MfS, Abt. X, Nr. 1858, Bl. 2–33, hier 15.

Eigeninteressen des MfS an der Diskreditierung Sacharows ab 1976: Die Sacharow-Anhörungen und die Berliner »Arbeitsgemeinschaft 13. August«

Die DDR und das MfS entwickelten ein eigenes Interesse an der Bekämpfung Sacharows, als das dänische Komitee des Sacharow-Hearings entschied, im August 1976 eine Anhörung über »15 Jahre Mauer: Menschenrechtsverletzungen der DDR seit dem 13.8.1961« in Kopenhagen abzuhalten. Ihr Partner für das Vorhaben war die Arbeitsgemeinschaft (AG) 13. August e. V., eine Westberliner Nichtregierungsorganisation (NGO) unter dem Vorsitz von Dr. Rainer Hildebrandt, die unter anderem das Haus am Checkpoint Charlie betrieb.

Hildebrandt war schon lange im Visier der Stasi: zuerst als Gründer der Kampfgruppe gegen Unmenschlichkeit (KgU) im Jahr 1949, die als Suchdienst für von den Sowjets verschleppte oder verhaftete Westberliner und westdeutsche Bürger fungierte und später auch als Zulieferer von Informationen über die sowjetische Besatzungszone an die CIA und den Nachrichtendienst der US-Armee, das Counter Intelligence Corps. Obwohl Hildebrandt die KgU 1952 aus Protest gegen deren Pläne für gewaltsame Aktionen endgültig verließ,[66] betrachtete das MfS ihn weiter als »Terroristen«. Er und die kurz nach dem Bau der Berliner Mauer gegründete AG 13. August wurden zuerst von der für »Agentenzentralen« und »Republikflucht« zuständigen HA XX/5 des MfS[67] und ab 1981 im OV »Extremist« der für Terrorismusabwehr zuständigen Abteilung XXII bearbeitet.[68] Dank Manfred Milde alias IMB »Peter Schäfer«[69] war das MfS bestens über die Geschehnisse in der AG 13. August informiert, auch über ihre Beteiligung an der Sacharow-Anhörung 1976. Milde hatte als DDR-Bürger seinen Wehrdienst in den Grenztruppen der Nationalen Volksarmee abgeleistet, flüchtete aber im Dezember 1965 aus privaten Gründen nach Westberlin. Im folgenden Jahr rekrutierte ihn das MfS als IM. Im Auftrag des MfS bewarb er sich, mit Erfolg, auf eine Stelle als Mitarbeiter in der AG 13. August, die er ausspionierte. Er wurde ab 1976 auch zu einer der wichtigsten Quellen des MfS in der Westberliner

66 Vgl. Merz, Uwe: Kalter Krieg als antikommunistischer Widerstand. Die Kampfgruppe gegen Unmenschlichkeit 1948–1959. München 1987; Engelmann, Roger: Die Kampfgruppe gegen Unmenschlichkeit. In: Henke, Klaus-Dietmar; Steinbach, Peter; Tuchel, Johannes (Hg.): Widerstand und Opposition in der DDR. Köln u. a. 1999, S. 183–192.

67 Auerbach, Thomas u. a.: Hauptabteilung XX: Staatsapparat, Blockparteien, Kirchen, Kultur, »politischer Untergrund« (BStU, MfS-Handbuch). Berlin 2008, S. 111, http://www.nbn-resolving.org/urn:nbn:de:0292-97839421301343 (letzter Zugriff: 20.7.2021).

68 OV »Extremist«, Reg.-Nr. XV/4615/81; BArch, MfS, AR 2, HA XXII/OV. Siehe auch Wunschik, Tobias: Die Hauptabteilung XXII: »Terrorabwehr« (BStU, MfS-Handbuch). Berlin 1996, S. 32 f., http://www.nbn-resolving.org/urn:nbn:de:0292-97839421301414 (letzter Zugriff: 20.7.2021).

69 Manfred Milde, Verpflichtungserklärung, 17.6.1966; BArch, MfS, AIM 938/91, Bd. I, Bl. 202 f. Milde wurde als IMB von der HA I/Äußere Abwehr rekrutiert, aber sein Vorgang ging zusammen mit seinem Führungsoffizier Helmut Kluge 1976 zur neugegründeten Abt. XXII über.

Arbeitsgruppe der Gesellschaft für Menschenrechte (GfM) und ab 1978 ihrer Nachfolgeorganisation, der Arbeitsgruppe für Menschenrechte (AfM).[70]

Auf der Grundlage eines Berichts von Milde[71] informierte sein Führungsoffizier Major Helmut Kluge von der Abteilung XXII die MfS-Führung im Juni 1976 über Hildebrandts Pläne für die Anhörung in Dänemark, unter anderem die Ausstellung des Selbstschussgeräts SM-70, das die DDR für ihre Grenzsicherung nutzte.[72] Hildebrandt sollte es vor der Anhörung von dem ehemaligen politischen Häftling der DDR und Fluchthelfer Michael Gartenschläger für 3000 DM bekommen. Es war die zweite SM-70, die Gartenschläger an der deutsch-deutschen Grenze abmontiert hatte. Die erste hatte er an das Nachrichtenmagazin *Der Spiegel* gegeben, um eine öffentliche Behauptung von DDR-Außenminister Fischer als Lüge zu entlarven, dass es keine solchen Anlagen an der Grenze gebe. Für die SM-70 und seine Lebensgeschichte hatte Gartenschläger vom *Spiegel* ein Honorar von 12000 DM erhalten. Die SM-70, die Gartenschläger für Hildebrandt vorgesehen hatte, wurde aber von der Staatsanwaltschaft Lübeck beschlagnahmt, bevor er sie Hildebrandt liefern konnte, denn die Lübecker Staatsanwälte ermittelten gegen Gartenschläger wegen eines potenziellen Verstoßes gegen das Waffengesetz.[73] Als Gartenschläger am 1. Mai 1976 versuchte, von westdeutscher Seite herkommend eine weitere SM-70 an der DDR-Grenze zu demontieren, wurde er ohne Vorwarnung erschossen. Seine Leiche wurde in die DDR verschleppt, vermutlich um Beweise für seine Tötung zu beseitigen. Seit Tagen hatte eine Einsatzkompanie des MfS mit dem Befehl »festzunehmen bzw. vernichten« auf ihn gewartet, um ihn »unschädlich« zu machen.[74] Gartenschläger hatte vorgehabt, die dritte SM-70 sichtbar an der Tür der Ständigen Vertretung der DDR in Bonn zu befestigen.[75] Weil die zweite SM-70 von Gartenschläger im Besitz der Staatsanwaltschaft Lübeck

70 Abt. XXII, Auskunftsbericht über den IMB »Peter Schäfer«, o. D.; BArch, MfS, AIM 938/91, Bd. 1, Bl. 14–28, hier 16–18, 21–23.

71 Abschrift: Bericht über den Leiter der »Arbeitsgemeinschaft 13. August e. V.«, Rainer Hildebrandt, bez. »Peter Schäfer«, 4.6.1976; BArch, MfS, AIM 938/91, Bd. 11, Bl. 18–20.

72 Abt. XXII, Operativ-Information Nr. 38, 4.6.1976; ebenda, Bl. 21–23, hier 21 f.

73 Siehe [IMB »Peter Schäfer«], Ergänzung zu meinem Bericht über Gartenschläger, 29.4.1976; BArch, MfS, AIM 938/91, Bd. 10, Bl. 163–165; Abt. XXII, Operativ-Information Nr. 25/76 über Pläne und Aktivitäten der »Arbeitsgemeinschaft 13. August e. V.« im Zusammenhang mit dem Diebstahl von Geräten 501/Minen SM-70 an der Staatsgrenze West der DDR, 30.4.1976; ebenda, Bl. 168 f.; Abt. XXII, Operativ-Information Nr. 37/76 über feindliche Aktivitäten des Leiters der »Arbeitsgemeinschaft 13. August e. V.« im Zusammenhang mit der Grenzprovokation des Gartenschläger, 22.5.1976; BArch, MfS, AIM 938/91, Teil II/11, Bl. 11; Major [Helmut] Kluge, Abt. XXII, Bericht über den am 22.5.1976 mit der Quelle »Peter Schäfer« in der Hauptstadt der DDR durchgeführten Treff, 23.5.1976; ebenda, Bl. 2–5. Zur Biografie Gartenschlägers siehe Klier, Freya: Michael Gartenschläger. Kampf gegen Mauer und Stacheldraht. Leipzig ^{2}2012.

74 Vgl. Marxen, Klaus; Wehrle, Gerhard (Hg.): Strafjustiz und DDR-Unrecht. Dokumentation, Bd. 6: MfS-Straftaten. Berlin 2006, S. 472–475. Siehe auch DzD, Reihe 6, Bd. 4: 1975–1976, S. 744, Anm. 5.

75 Ebenda, S. 476.

blieb, kaufte Hildebrandt von einer dritten Person ein Exemplar für 3 000 DM.[76] Obwohl die dänische Regierung die Einfuhr der Waffe für die Anhörung verbot, hielt Hildebrandt an seinem Plan fest, die Waffe in Kopenhagen zu präsentieren, wie das MfS von Milde erfuhr.[77] Auf Befehl seines Führungsoffiziers bemühte sich Milde, von Hildebrandt herauszubekommen, auf welchem Weg der Transport nach Dänemark erfolgen sollte, offensichtlich, damit das MfS ihn verhindern konnte. Doch Milde hatte keinen Erfolg.[78] Es stellte sich heraus, dass drei Teilnehmer der AG 13. August Einzelteile der SM-70 über die dänische Grenze brachten. Nachdem die dänischen Gastgeber die Anwesenden über das Einfuhrverbot informiert hatten, stellte Hildebrandt die einzelnen Teile aus.[79]

Weil Milde als Zeuge für die AG 13. August bei der Anhörung über den geheimen Schießbefehl aussagte, den er als Grenzsoldat der DDR mündlich erteilt bekommen hatte,[80] konnte er leicht der Forderung seines Führungsoffiziers Helmut Kluge nachkommen, über die Einzelheiten der Anhörung und ihre Teilnehmer zu berichten.[81] Lothar Lienicke, ein ehemaliger politischer Häftling in der DDR und Freund von Gartenschläger, berichtete bei der Anhörung aus erster Hand über die Demontage der SM-70 durch Gartenschläger und erklärte, dass sein Tod eine Hinrichtung gewesen sei, weil es weder einen Warnschuss noch eine versuchte Festnahme gegeben habe.[82] Dr. Wolfgang Dietrich berichtete, wie seine Kinder in ein staatliches Heim anstatt in die Obhut von Verwandten gegeben wurden, nachdem er und seine Frau nach einem gescheiterten Fluchtversuch aus der DDR verhaftet worden waren. Seine Frau bekam die Kinder nach ihrer Entlassung erst zurück, nachdem er im Gefängnis mit einem achttägigen Hungerstreik dafür

76 Abt. XXII, Operativ-Information Nr. 38, 4.6.1976; ebenda, Bl. 21–23, hier 22 f.; Abt. XXII, Operativ-Information Nr. 46/76 über Aktivitäten des Leiters der »Arbeitsgemeinschaft 13. August e. V.«, Dr. Rainer Hildebrandt, in Vorbereitung und Durchführung des Sacharow-Hearings am 12.8.1976 in Kopenhagen anläßlich der 15-jährigen Wiederkehr der Errichtung des antifaschistischen Schutzwalles, 17.8.1976; BArch, MfS, AIM 938/91, Teil II/11, Bl. 122–128, hier 124.

77 Major [Helmut] Kluge, Abt. XXII, Bericht über den am 12.7.1976 mit der Quelle »Peter Schäfer« in der Hauptstadt der DDR durchgeführten Treff, 16.7.1976; BArch, MfS, AIM 938/91, Teil II/11, Bl. 72–77, hier 73.

78 Ebenda, Bl. 75; Major [Helmut] Kluge, Bericht über den am 7.8.1976 mit der Quelle »Peter Schäfer« in der Hauptstadt der DDR durchgeführten Treff, 10.8.1976; ebenda, Bl. 78–81, hier 79.

79 Abt. XXII, Operativ-Information Nr. 46/76, Bl. 125–128.

80 15 Jahre Mauer: Menschenrechtsverletzungen der DDR seit dem 13.8.1961. Berichte und Dokumente zu dem Hearing für die Presse und Gäste veranstaltet von dem Komitee des Sacharow Hearing, Kopenhagen und der Arbeitsgemeinschaft 13. August e. V. Berlin am 12. August 1976 im Hotel d'Angleterre in Kopenhagen. Berlin [West] 1976, S. 9–11. Eine Kopie der öffentlichen Publikation in: BArch, MfS, HA XXII, Bd. 17064, Bl. 32–62. Siehe auch Sacharow-Komitee fordert von der »DDR« Freilassung aller politischen Gefangenen. In: Berliner Morgenpost v. 13.8.1976.

81 Abt. XXII, Operativ-Information Nr. 46/76, Bl. 125–128; [Helmut] Kluge, Bericht über den am 7.8.1976 […] durchgeführten Treff, Bl. 79 f.

82 15 Jahre Mauer: Menschenrechtsverletzungen, S. 29–31.

gekämpft hatte.[83] Am Ende der Anhörung gab das Sacharow-Komitee einen Appell heraus, der die Freilassung aller politischen Gefangenen in der DDR forderte und sowohl den Schießbefehl als auch die Aufstellung der SM-70-Todesautomaten an der Grenze als Verstöße gegen das Völkerrecht verurteilte.[84] Die Anhörung stieß zwar in der westdeutschen und Westberliner Presse auf einen gewissen Widerhall, doch beeinflusste sie die dänische beziehungsweise die internationale KSZE-Politik anscheinend wenig. Der Vorsitzende des Sacharow-Komitees, Øjvind Feldsted Andersen, prangerte öffentlich das Einfuhrverbot der dänischen Regierung für die SM-70 an, und die Opposition im dänischen Parlament kritisierte »den fehlenden dänischen Protest« gegen die »Missachtung des Helsinki-Abkommens und Verletzung der Menschenrechte« durch die DDR.[85]

Das DDR-Außenministerium protestierte in Kopenhagen offiziell gegen die Anhörung als »provokatorische Veranstaltung auf dänischem Territorium«, die »dem Geist von Helsinki und der Entspannungspolitik widerspricht«. Die dänische Regierung antwortete mit dem Hinweis, dass sie »keine gesetzliche Handhabe für eine Verhinderung dieser Veranstaltung« besitze, dass »keine offizielle dänische Beteiligung erfolgt [sei] und diese Veranstaltung sich nicht auf die Beziehungen DDR – Dänemark auswirken möge«.[86] Für die AG 13. August war die Anhörung zumindest ein taktischer Erfolg, da sie zu den künftigen Sacharow-Hearings eingeladen wurde, um über die Verstöße der DDR gegen die KSZE-Schlussakte und die Menschenrechte zu berichten. So nahm sie auch an der Sacharow-Anhörung in Rom im November 1977 teil, die eine größere internationale und geheimdienstliche Aufmerksamkeit auf sich zog.

Die Biennale der Dissidenz in Venedig und die Sacharow-Anhörung in Rom, 1977

Alle »Bruderparteien« und »Bruderorgane« in Osteuropa wurden von der Sowjetunion wegen zwei weiteren Vorhaben Sacharows und seiner Unterstützer im Westen im Jahre 1977 mobilisiert: eine »Biennale der Dissidenz« von November bis Dezember 1977 in Venedig[87] und ein weiteres Sacharow-Tribunal über Men-

83 Ebenda, S. 27–29.

84 Ebenda, S. 35; Sacharow-Komitee fordert von der »DDR« Freilassung aller politischen Gefangenen. In: Berliner Morgenpost v. 13.8.1976.

85 Thomsen, Jens: Staatsminister bei zweitem Sacharow-Hearing angeklagt, Übersetzung aus der dänischen Zeitung *Berlingske Tidende* v. 13.8.1976; BArch, MfS, HA XXII, Bd. 17064, Bl. 66–69.

86 [MfAA], Zur Vorbereitung einer provokatorischen Veranstaltung anläßlich des 13. August in Kopenhagen, o. D.; BArch, MfS, HA XXII, Bd. 17064, Bl. 15 f.

87 Obwohl die Idee der Biennale nicht von Sacharow kam, wurde er von den Organisatoren zur Teilnahme eingeladen. Der DDR-Botschafter in Moskau Harry Ott berichtete über die Meinung Moskaus dazu: »Es wird angenommen, dass Frau Sacharow [Bonner], zzt. in Italien wegen

schenrechtsverletzungen in Osteuropa, vom 25. bis 28. November 1977 in Rom. Die sowjetische Parteiführung, das Außenministerium und der KGB hatten sich im Frühjahr und Sommer 1977 bemüht, beide Veranstaltungen zu verhindern oder wenigstens deren Einfluss, insbesondere auf das parallel laufende KSZE-Nachfolgetreffen im benachbarten Jugoslawien sowie auf die Kommunistische Partei Italiens (KPI), zu begrenzen. Sie forderten ihre Gesprächspartner in den anderen »Bruderländern« – darunter die SED, das Ministerium für Auswärtige Angelegenheiten (MfAA) und das MfS – auf, eigene, aber möglichst koordinierte Gegenmaßnahmen einzuleiten.

Schon Anfang Februar 1977 beschuldigte die sowjetische Tageszeitung *Iswestija* die Organisatoren der »Biennale«, durch unzulässige Einmischung die »Verpflichtungen von Helsinki zu unterminieren«; am 2. März forderte der sowjetische Botschafter die christdemokratische Regierung Italiens auf, das geplante Programm zu streichen. Der Protest erwies sich für Moskau als Bumerang. Außenminister Arnaldo Forlani konterte den Protest vor dem italienischen Parlament, indem er Italiens Verpflichtungen für Freiheit und Menschenrechte unterstrich und gegen die (sowjetische) Doktrin der begrenzten Souveränität argumentierte. Die KPI ihrerseits wurde durch die Beschwerde Moskaus herausgefordert, Stellung zu nehmen. Zuerst protestierte sie gegen die sowjetische Einmischung in die inneren Angelegenheiten Italiens, doch später wandte sie sich gegen die Einseitigkeit des geplanten Programms für die Biennale der Dissidenz.[88] Der Leiter der Biennale, Carlo Ripa di Meana, trat aus Protest gegen die sowjetische Einmischung zurück. Er wurde aber bald erneut zum Leiter ernannt. Und um die sowjetische Intervention deutlich zurückzuweisen, genehmigte das italienische Parlament eine Subventionierung der Ausstellung, die bis dahin Finanzierungsprobleme gehabt hatte.[89]

Augenbehandlung, Aufenthalt nutzt, um als Aufwieglerin aufzutreten – wird als geistige Urheberin [der] Provokation angesehen.« Telegramm VVS 169/77 von Botschafter Harry Ott, Moskau, an Axen, Markowski, Fischer, Dr. Krolikowski, Ziebart (SU) und Wolfgang Meyer (Presse), 5.10.1977, mit Kopie an Dr. Grunert/HAID; BArch, MfS, HA XX, Bd. 1819, Bl. 15–18, hier 16.

88 Biennale: Fahren Sie heim. In: Spiegel 12 v. 14.3.1977, S. 128 f. Siehe auch Telegramm des polnischen Botschafters in Rom, Stanisław Trepczyński, an den Vizepremier der Volksrepublik Polen, Józef Tejchma, über die Film-Biennale in Venedig, 4.3.1977. In: Majewski, Piotr M. (Hg): Polskie Dokumenty Dyplomatyczne (Polnische Diplomatische Dokumente, PDD) 1977. Warschau 2009, S. 202 f.; Telegramm von der US-Botschaft in Rom an das Department of State (03581ROME1977), 4.3.1977; CFPF, 1973–1979; RG 59, NARA, AAD. Zu Forlanis Stellungnahme siehe Telegramm von der US-Botschaft in Rom an das Department of State (04392ROME1977), 17.3.1977; ebenda.

89 Telegramm von der US-Botschaft in Rom an das Department of State (04392ROME1977), 17.3.1977; CFPF, 1973–1979; RG 59, NARA, AAD; Telegramm von dem US-Konsulat in Triest an das Department of State (00374TRIESTE 1977), 29.11.1977; CFPF, 1973–1979; RG 59, NARA, AAD.

Di Meana verteidigte die Programmplanung der Biennale, die Ausstellungen zu Kunst, Theater, Kino, Musik, Büchern (hauptsächlich Samisdat), Literatur, Geschichte, Religion und Wissenschaft vorsah. So wie frühere Biennalen einen kritischen Blick auf das Leben und die Kunst im Westen und insbesondere in westlichen Diktaturen geworfen hätten, würde die »Biennale der Dissidenz« dasselbe für das Leben und die Kunst in den kommunistischen Ländern tun. Er hoffe auf diese Weise,

> nicht nur maßgeblich zum Geist der Entspannung beizutragen, sondern auch, dass wir in der Lage sein werden – da die Biennale gleichzeitig mit der Schlussetappe der Belgrader Verhandlungen stattfindet – konkrete Maßnahmen vorzuschlagen, um exzessive Härtefälle zu mildern und die allgemeine Atmosphäre zu verbessern, in der die Beziehungen zwischen den europäischen Staaten stattfinden.[90]

Als Mitglied der Sozialistischen Partei Italiens (*Partito Socialista Italiano*, PSI) und Verbündeter ihres Generalsekretärs Bettino Craxi hatte di Meana politische Hintergedanken. Craxi versuchte die PSI gegenüber der KPI zu profilieren und damit attraktiver für Regierungskoalitionen mit Parteien des politischen Zentrums zu machen.[91] Die Frage der Dissidenz in kommunistischen Ländern, die auch Konflikte innerhalb der KPI hervorrief, war für diesen Zweck geeignet.

Im August 1977 informierten der Leiter der Informationsabteilung des sowjetischen Außenministeriums Latyp Maksudowitsch Maksudow und sein erster Stellvertreter Jurij Borisowitsch Kaschlew die Presse-Attachés der »Bruderländer« in Moskau über die geplante Biennale in Venedig wie auch über die Pläne des »Komitees für die Sacharow-Anhörungen« in Dänemark, während des Belgrader Treffens ein neues Tribunal in Rom über Menschenrechtsverletzungen in den sozialistischen Ländern abzuhalten.[92]

Bei einem zweiten Treffen mit den Presse-Attachés Anfang Oktober stellten Maksudow und Kaschlew die geplanten Schritte vor: die Vorbereitung und Veröffentlichung in sowjetischen Zeitschriften und die Verbreitung einer »breiten Palette von Materialien (Broschüren, Artikel etc.) in Italien zur Entlarvung [der] ›Dissidenten‹« sowie beider Veranstaltungen und ihrer Organisatoren; die Entsendung von Vertretern der systemloyalen sowjetischen Intelligenz in verschiedenen

90 Di Meana, Carlo Ripa: News from the Biennale. In: New York Review of Books v. 15.9.1977. Verfügbar online: http://www.nybooks.com/articles/archives/1977/sep/15/news-from-the-biennale/ (letzter Zugriff: 20.7.2021).

91 Telegramm des US-Konsulats in Trieste an das Department of State (00045Trieste1977), 19.2.1977; CFPF, 1973–1979; RG 59, NARA, AAD; CIA, Intelligence Memorandum, Italy: Prospects for Bettino Craxi's Socialists, März 1981. In: CIA, Freedom of Information Act (FOIA) Electronic Reading Room, https://www.cia.gov/readingroom/document/0001144805 (letzter Zugriff: 20.7.2021), 6 S., hier 1 f.

92 Telegramm der polnischen Botschaft in Moskau über Propaganda-Aktionen in Italien (polnisch), 4.8.1977. In: PDD 1977, S. 516 f.

Delegationen nach Italien, auch der Gesellschaft für italienisch-sowjetische Freundschaft, die der italienischen Öffentlichkeit ein positives (Gegen-)Bild der Sowjetunion vermitteln sollten; Auftritte dieser Personen im italienischen Rundfunk und Fernsehen und die Organisierung einer »Woche des sowjetischen Films« im Dezember 1977 in verschiedenen Städten Italiens, zusammen mit der Entsendung einer Film-Delegation und der Veranstaltung von Pressekonferenzen.[93] Alle diese Maßnahmen wurden Ende September 1977 vom Sekretariat des ZK der KPdSU genehmigt.[94]

Es war kein Zufall, dass die Informationsabteilung des sowjetischen Außenministeriums (*Ministerstwo inostrannych del,* MID) die propagandistischen Gegenmaßnahmen vor ihren ausländischen Partnern anschnitt. Innerhalb des MID war sie zuständig für die Verbindungen zu den Institutionen der sowjetischen Auslandspropaganda (APN, TASS, Rundfunk und Fernsehen). Sie vertrat die UdSSR auch auf internationalen Foren wie UNESCO, UNO und KSZE, wo sie gegen die westlichen Konzeptionen des »freien Informationsflusses«, der individuellen Menschenrechte und des Korbes III kämpfte.[95] Seitdem Kaschlew im Jahr

93 Telegramm VVS 169/77 von Botschafter Harry Ott, Moskau, an Axen, Markowski, Fischer, Dr. Krolikowski, Ziebart (SU) und Wolfgang Meyer (Presse), 5.10.1977, mit Kopie an Dr. Grunert/HAID; BArch, MfS, HA XX, Bd. 1819, Bl. 16. Siehe auch Telegramm von der polnischen Botschaft in Moskau über die Notwendigkeit der Koordinierung der Propagandakampagne der sozialistischen Staaten (polnisch), 5.10.1977. In: PDD, S. 643 f.

94 Plan informazionnych i propagandistskich merporijatii w zeljach protiwodejstwija antisowestkim akzijam w Italii [Plan für informatorische und propagandistische Gegenmaßnahmen gegen die antisowjetischen Aktionen in Italien], o. D.; Anlage Nr. 4 zu »Postanowlenie o merach protiwodejstwija antisowetskoj kampanii w Italii [Beschluss (des Sekretariats des ZK der KPdSU) über Maßnahmen gegen die antisowjetische Kampagne in Italien]«, 27.9.1977. In: Bukovsky (Hg.): Soviet Archives, http://bukovsky-archives.net/pdfs/dis70/ct74a-77.pdf (letzter Zugriff: 20.7.2021).

95 Kaschlew diente als Sprecher für die sowjetische Delegation auf der UNESCO-Generalkonferenz in Nairobi 1976. Er kritisierte die USA und andere westliche Länder auf einer Pressekonferenz wegen der Ablehnung eines sowjetischen Deklarationsentwurfs über »grundsätzliche Prinzipien in Bezug auf die Rolle der Massenmedien bei der Stärkung des Friedens und der internationalen Verständigung sowie bei der Bekämpfung von Kriegspropaganda, Rassismus und Apartheid«. Der Entwurf beinhaltete eine Stellungnahme gegen »freien Informationsfluss« und passte zur sowjetischen Auslegung der KSZE-Schlussakte, wonach der Informationsfluss zwischen den Ländern und die Berichterstattung von Journalisten auf friedensfördernde und der Völkerfreundschaft dienliche Inhalte beschränkt werden sollten. Siehe Telegramm von der US-Botschaft in Nairobi an das Department of State (1976NAIROBI13211), 25.11.1976; CFPF, 1973–1979; RG 59, NARA, AAD; Roth, Paul: Die neue Weltinformationsordnung. Argumentation, Zielvorstellung und Vorgehen der UdSSR (I), Berichte des Bundesinstituts für ostwissenschaftliche und internationale Studien 44/1982, S. 24–26. Zu Kaschlews weiterer propagandistischer Tätigkeit, siehe z. B. Kaschlew, Jurij: Die friedliche Koexistenz und der geistige Verkehr zwischen den Völkern. Moskau 1974; Kashlev, Yuri: The All-European Conference Benefits all Peoples. Moskau 1975; Kaschlew, Jurij: Was ist im dritten Korb? In: Neue Zeit 25/1977, S. 4–6; ders.: Mnogolikaja Diplomatija. Ispowed' posla [Die vielen Gesichter der Diplomatie. Bekenntnisse eines Botschafters]. Moskau 2007, S. 238.

1971 zusammen mit 104 anderen sowjetischen Diplomaten aus Großbritannien ausgewiesen worden war,[96] hatte er für die IA (Informationsabteilung) die maßgebliche Rolle im KSZE-Prozess gespielt. Als stellvertretender Abteilungsleiter diente er den sowjetischen Delegationen bei den Genfer KSZE-Verhandlungen und auf dem Belgrader Treffen als Experte für Informationsfragen zu Korb III.[97] Auch als Autor beteiligte er sich an der sowjetischen Auslandspropaganda über den KSZE-Prozess.[98]

Moskau verlangte von den »Bruderländern«, ebenfalls Konterpropaganda gegen die Biennale und die Sacharow-Anhörungen in Italien zu organisieren und sie mit Moskau zu koordinieren. Das war die Botschaft des Sekretariats des ZK der KPdSU an die »Bruderländer« Ende September 1977,[99] und eine solche Erwartung wurde auch von Maksudow und Kaschlew gegenüber den Presse-Attachés der sozialistischen Länder geäußert. Eine solche Kampagne sei im Eigeninteresse der »Bruderländer«. Maksudow und Kaschlew warnten, dass beide Veranstaltungen Menschenrechtsverletzungen und Verstöße gegen die KSZE-Schlussakte nicht nur in der UdSSR, sondern auch in den anderen sozialistischen Ländern thematisieren würden. Vertreter von dem polnischen »Komitee zur Verteidigung der Arbeiter« (*Komitet Obrony Robotników*, KOR), Charta 77 und ein »Autor aus der DDR« würden zusammen mit Exilanten sowjetischer Helsinki-Gruppen als Zeugen vor dem Sacharow-Tribunal aussagen,[100] und unter den geplanten Teilnehmern an der Biennale seien unter anderem der von der DDR »ausgebürgerte« Wolf Biermann, der tschechoslowakische Exildissident Jiří Pelikán und der in die USA emigrierte polnische Schriftsteller Jan Kott.[101] Maksudow und Kaschlew schlugen vor, dass Polen, die DDR, die Tschechoslowakische Sozialistische Republik (*Československá*

96 Siehe Telegramm von der US-Botschaft in Moskau an das Department of State (1973 MOSCOW13766), 2.11.1973; CFPF, 1973–1979; RG 59, NARA, AAD; The Spies Who are Out in the Cold. In: Time v. 4.10.1971, verfügbar online: http://content.time.com/time/magazine/article/0,9171,905432,00.html (letzter Zugriff: 20.7.2021).

97 Savranskaya, Svetlana: Unintended Consequences. Soviet Interests, Expectations and Reactions to the Helsinki Final Act. In: Bange, Oliver; Niedhart, Gottfried (Hg.): Helsinki 1975 and the Transformation of Europe. New York, Oxford 2008, S. 179; Kaschlew: Mnogolikaja Diplomatija, S. 23.

98 Siehe z. B. Kaschlew: Die friedliche Koexistenz; Kashlev: The All-European Conference; Kaschlew: Was ist im dritten Korb?, S. 4–6.

99 Telegramm an die sowjetischen Vertreter in den Bruderländern, o. D.; Anlage 3 zu »Postanowlenie o merach protiwodejstwija antisowetskoj kampanii w Italii [Beschluss des Sekretariats des ZK der KPdSU über Maßnahmen gegen die antisowjetische Kampagne in Italien]«, 27.9.1977. In: Bukovsky (Hg.): Bukovsky Archives, https://bukovsky-archive.com/2017/06/03/27-september-1977-st-746/ (letzter Zugriff: 20.7.2021).

100 Telegramm der polnischen Botschaft in Moskau über Propaganda-Aktionen in Italien (polnisch), 4.8.1977. In: PDD 1977, S. 516 f.

101 Telegramm VVS 169/77 von Botschafter Harry Ott, Moskau, an Axen, Markowski, Fischer, Dr. Krolikowski, Ziebart (SU) und Wolfgang Meyer (Presse), 5.10.1977, mit Kopie an Dr. Grunert/HAID; BArch, MfS, HA XX, Bd. 1819, Bl. 16.

socialistická republika, ČSSR) und Ungarn dem Beispiel Moskaus folgen sollten, indem sie »Touristengruppen« aus der systemloyalen Intelligenz ihrer Länder nach Italien entsandten.

Die SED beschließt Maßnahmen gegen die Menschenrechtsveranstaltungen in Italien

Die SED entsprach Moskaus Wünschen. Auf einer Sitzung am 19. Oktober 1977 bestätigte das Sekretariat des ZK der SED eine Reihe von Maßnahmen gegen die »Dissidenten-Biennale« und das »Sacharow-Tribunal«, die von verschiedenen Partei- und Staatsorganen durchgeführt werden sollten. Die Hauptabteilung Information und Dokumentation im DDR-Außenministerium, die von dem MfS-Offizier im besonderen Einsatz Rudolf Nitsche geleitet wurde,[102] berichtete im Dezember 1977 über die realisierten Maßnahmen:

> In Verwirklichung des Beschlusses wurden u. a. in der Provinz Bari (Süditalien) eine DDR-Freundschaftswoche mit 52 Veranstaltungen und ein Kolloquium über das sozialistische Recht in der DDR in Rom durchgeführt. Im Zusammenhang mit dem 60. Jahrestag der Oktoberrevolution fand in der Provinz Neapel eine gemeinsame Filmwoche der sozialistischen Länder statt. Diese Veranstaltungen ermöglichten es DDR-Repräsentanten (Dr. Toeplitz,[103] Konrad Wolf[104], Kommunalpolitikern aus Halle und Dresden), Fragen wie die Verwirklichung der Menschenrechte, der sozialistischen Demokratie und des geistig-kulturellen Lebens im Sozialismus offensiv darzulegen und gleichzeitig in Gesprächen mit Funktionären der IKP [Italienischen Kommunistischen Partei], Kulturschaffenden und Kommunalpolitikern unseren Standpunkt zu den geplanten Veranstaltungen zu erläutern. Delegationen der FDGB-Bezirksvorstände Berlin und Potsdam nutzten ihren Aufenthalt in Italien im Sinne der festgelegten Zielsetzung. Weiterhin wurden Maßnahmen zur verstärkten Darstellung des real existierenden Sozialismus in der italienischen Öffentlichkeit, insbesondere in den Massenmedien, eingeleitet. […]
> Dazu gehören Einladungen von Journalisten und Kulturschaffenden zur VIII. Kunstausstellung, die Vorbereitung einer DDR-Buchausstellung in Mailand, die Entsendung des Schriftstellers Paul Wiens zu Kolloquien und Foren sowie die Herausgabe einer

102 Vgl. seine Autobiografie: Nitsche, Rudolf: Als Diplomat im besonderen Einsatz. Eine DDR-Biographie. Schkeuditz 1994 und BArch, MfS, KS 335/84 zu OibE »Siegbert« (Reg.-Nr. XV 10957/61).

103 Heinrich Toeplitz war stellvertretender Vorsitzender der Ost-CDU, Präsident des Obersten Gerichts und des Verbands der Juristen der DDR sowie Präsident der Freundschaftsgesellschaft DDR – Italien. Müller-Enbergs, Helmut: Toeplitz, Heinrich. In: Bundesstiftung Aufarbeitung, Wer war wer in der DDR? Online-Ausgabe, https://www.bundesstiftung-aufarbeitung.de/de/recherche/kataloge-datenbanken/biographische-datenbanken/heinrich-toeplitz (letzter Zugriff: 20.7.2021).

104 Konrad Wolf war ein profilierter Filmregisseur, Präsident der Akademie der Künste der DDR und Bruder des HV-A-Chefs Markus Wolf.

Broschüre über das in Rom durchgeführte Kolloquium zu Fragen des sozialistischen Rechts und der sozialistischen Demokratie in der DDR.[105]

Ein weiteres Anliegen der SED war es, die Teilnahme eines ostdeutschen Geistlichen an dem Sacharow-Tribunal zu verhindern. Maksudow und Kaschlew hatten auf dem Treffen im August 1977 von einer solchen Einladung gesprochen, die angeblich von der ostdeutschen Kirchenführung bestätigt worden sei.[106] Nachdem ein Vertreter der sowjetischen Botschaft in Rom eine Woche später dieselbe Behauptung gegenüber dem Staatssekretär für Kirchenfragen Klaus Gysi wiederholte,[107] leitete das für Kirchenfragen zuständige Referat 4 der MfS-Hauptabteilung XX eine Untersuchung ein. »Zuverlässige kirchenleitende IM« seien veranlasst worden, »bei Bekanntwerden entsprechender Einladungen dem MfS sofort Mitteilung zu machen«. Darüber hinaus würden »verstärkt operative Kontroll- und Überwachungsmaßnahmen durchgeführt, um bei Personen, die zum politischen Untergrund gehören beziehungsweise im Bereich der Kunst- und Kulturschaffenden [tätig sind,] Einladungen festzustellen«.[108] Doch am Ende wurden keine Einladungen an »kirchliche Amtsträger« in der DDR festgestellt.[109] Vor dem Sacharow-Tribunal sagte aber ein ehemaliger DDR-Bürger über die Beschränkung der Religionsfreiheit in der DDR aus: der erst kurz zuvor in den Westen übergesiedelte Pfarrer Klaus-Reiner Latk vom Studienkolleg Oskar Brüsewitz und Mitbegründer des vom MfS als »Feindorganisation« eingestuften Brüsewitz-Zentrums in der Bundesrepublik. Vielleicht war dieser Sachverhalt missverstanden worden und bildete damit den Anlass für die sowjetische Meldung.

105 MfAA, Hauptabteilung Information und Dokumentation (HAID), Außenpolitische Tagesinformation (ATI), Sonderausgabe A7246, Antisozialistische Veranstaltungen in Italien (»Dissidenten-Biennale« und »Sacharow-Tribunal«), 2.12.1977; BArch, MfS, HA XXII, Bd. 17064, Bl. 115–120, hier 118. Die Information ging an alle Mitglieder und Kandidaten des SED-Politbüros, an Markowski, an die Leiterin der Kulturabteilung des ZK der SED Ursula Ragwitz, Außenminister Fischer und seine Stellvertreter.

106 Telegramm der polnischen Botschaft in Moskau über Propaganda-Aktionen in Italien (polnisch), 4.8.1977. In: PDD 1977, S. 516 f.

107 Telegramm 240/77 vom Staatssekretär für Kirchenfragen Gysi, Rom, an Paul Markowski (ZK), Manfred Feist (ZK-Abteilung Auslandsinformation), Herbert Plaschke (Abteilung Westeuropa, MfAA) und Wolfgang Meyer (Presseabteilung, MfAA), 11.8.1977; BArch, MfS, HA XX/4, Bd. 2626, Bl. 20 f., hier 21. Kopien gingen an Fischer und die stellvertretenden Außenminister Herbert Krolikowski, Kurt Nier und Horst Grunert sowie die HAID des MfAA.

108 HA XX/4, Überprüfung des Inhalts des vorliegenden Telegramms über Einladungen zum Sacharow-Kongress vom 25. bis 27.11.1977 in Rom, 11.8.1977; BArch, MfS, HA XX/4 Nr. 2626, Bl. 14 f.

109 Aufzeichnung von Rudi Bellmann, AG Kirchenfragen, ZK der SED, an Honecker über Axen, 12.8.1977; SAPMO-BA, DY 30, IV B 2/14, Bd. 16, Bl. 30.

Der KGB, das MfS und die »Hetzveranstaltungen« in Italien

Nicht nur die KPdSU und das sowjetische Außenministerium waren bemüht, die Durchführung der Sacharow-Anhörung und der Biennale in Italien zu verhindern oder ihren Einfluss wenigstens zu begrenzen, sondern auch der KGB. Eine aus Sicht des KGB zentrale Frage war die Reaktion der sowjetischen Regierung auf einen Visumsantrag Jelena Bonners für eine weitere Augenoperation in Italien, noch vor den beiden Veranstaltungen. Moskau nahm an, dass sie an der Planung für eine oder vielleicht beide Veranstaltungen teilnehmen würde.[110] Obwohl Bonner die Reise für »provokative Erklärungen« und »antisowjetische Angriffe« nutzen würde, so Andropow, riet er dem ZK der KPdSU von einer Ablehnung ihres Visumantrags ab. Die »Ablehnung einer Reise für medizinische Behandlung« würde »hohe Kosten aus propagandistischer Sicht mit sich bringen«. Ihre frühere Reise hatte aus Andropows Sicht eine »positive Rolle« gespielt: »Die Welt- und sowjetische Öffentlichkeit sah das wahre Gesicht von Bonner und durch sie von Sacharow.« Dies habe zur »weiteren Isolierung von Sacharow, insbesondere unter der sowjetischen wissenschaftlichen Intelligenz« geführt.[111] Die Reisegenehmigung für Bonner konnte insofern für weitere »Zersetzungsmaßnahmen« gegen Sacharow genutzt werden. In diesem Sinne schrieb Andropow 1978 in einer Empfehlung an das ZK der KPdSU zur Genehmigung der Reise von Bonner: »So eine Entscheidung ist taktisch gerechtfertigt, weil die Genehmigung Argwohn und Neid gegenüber ihr und Sacharows Komplizen weckt, und das führt zu mehr Zwietracht und Anfeindungen innerhalb ihres Milieus.«[112] Moskau verweigerte aber eine Verlängerung ihres Visums über den September 1977 hinaus, damit sie an den »Hetzveranstaltungen« nicht persönlich teilnehmen konnte.[113] Der KGB versuchte Bonners Reise auch auszunutzen, um Sacharow zu erpressen. Durch die Agenten »Nowyj« und »Leonid« und offizielle Briefe der sowjetischen Akademie der Wissenschaften sollte er gewarnt werden, dass seine Unterstützung für die geplanten Anhörungen »unerwünschte Konsequenzen für ihn und seine Familie« haben könnte – zum Beispiel eine Verweigerung der Rückkehr von Bonner in die UdSSR.[114]

110 Telegramm der polnischen Botschaft in Moskau über Propaganda-Aktionen in Italien (polnisch), 4.8.1977. In: PDD 1977, S. 516 f.

111 Aufzeichnung von Andropov an das ZK der KPdSU, 20.7.1977. In: Rubenstein; Gribanov (Hg.): The KGB File of Andrei Sakharov, S. 228 f., hier 228.

112 Aufzeichnung von Andropov an das ZK der KPdSU, 14.12.1978. In: Rubenstein; Gribanov (Hg.): The KGB File of Andrei Sakharov, S. 237.

113 CIA, National Intelligence Daily Cable, 25.11.1977 (15 S.); CIA FOIA Electronic Reading Room, https://www.cia.gov/readingroom/docs/CIA-RDP79T00975A030400010070-6.pdf (letzter Zugriff: 20.7.2021), S. 7.

114 Maßnahmeplan gegen das Sacharow-Komitee (Russisch), Oktober 1977, genehmigt von Bobkow, Krjutschkow und Andropow. In: Mitrokhin: The Sakharov-Bonner Case, S. 29.

Der KGB bereitete weitere Maßnahmen gegen beide Veranstaltungen vor.[115] Der sowjetische Geheimdienst teilte dem MfS in der letzten Augustwoche 1977 zum Sacharow-Tribunal mit:

> Aufgrund der besonderen Schärfe der erwähnten feindlichen Aktion des Gegners, die während der Belgrader Konferenz durchgeführt werden soll, wird durch uns gemeinsam mit den Organen im Innern ein Maßnahmeplan zur Durchkreuzung der Absichten ihrer Organisatoren zur Lokalisierung der negativen Auswirkungen und Entlarvung des reaktionären Charakters des ›Hearings‹ in den Augen der Weltöffentlichkeit ausgearbeitet.[116]

Der Maßnahmeplan wurde von Andropow am 24. Oktober 1977 genehmigt und an die Residenturen des KGB weitergeleitet. Er sah unter anderem vor: die Lancierung von Artikeln in der sowjetischen und ausländischen Presse zur Diskreditierung des Sacharow-Komitees und seines Vorsitzenden Andersen; die Diskreditierung von Simon Wiesenthal, dem Leiter des Dokumentationszentrums des Bundes Jüdischer Verfolgter des Naziregimes in Wien und Teilnehmer der Anhörung, durch Briefe von sowjetisch-jüdischen Emigranten in Wien an das italienische Parlament und die Organisierung einer Briefkampagne von »sowjetischen Bürgern« an die italienische Botschaft mit »scharfen Protesten« gegen die »Provokation« in Rom. In den verschiedenen Maßnahmen sollten das Sacharow-Komitee, Andersen und Wiesenthal beschuldigt werden, Verbindungen zu westlichen Geheimdiensten zu haben.[117] Der KGB plante, anscheinend mit Erfolg, auch eine Neuauflage der diffamierenden APN-Broschüre *Die sowjetischen Dissidenten: Wer sind sie?* im Vorfeld der Anhörung auf Italienisch.[118] In Rom organisierte der KGB den Druck und die Verteilung von 6000 Flugblättern in der Nähe des Kongresspalasts, wo die Anhörung stattfand, und in einem Arbeiterviertel der römischen Hauptstadt. Das Flugblatt warf den USA vor, die Anhörung organisiert zu haben, um von der Vernachlässigung der sozialen Menschenrechte in den USA abzulenken. In einem typischen Manöver arrangierte der KGB eine anonyme, telefonische Bombendrohung gegen die Anhörung, die erhöhte Sicherheitsmaßnahmen für die Veranstaltung zur Folge hatte.[119]

115 Rubenstein; Gribanov (Hg.): The KGB File, S. 228.

116 [KGB], Information 1940/77, Übersetzung, o. D.; BArch, MfS, HA XX, Bd. 1819, Bl. 24 f., hier 25. Die Information wurde mit Eingangsdatum 29.8.1977 von der HVA in SIRA eingetragen. Siehe BArch, MfS, HVA/MD/3, SIRA-TDB 12, SE7705975.

117 Maßnahmeplan gegen das Sacharow-Komitee, Oktober 1977, S. 29 f.

118 Mitrokhin: The Sakharov-Bonner Case, S. 9. Eine entsprechende Auflage erschien 1977 im Verlag »Napoleone«: Chi sono i dissidenti sovietici? Articoli e documenti della stampa sovietica [Wer sind denn die sowjetischen Dissidenten? Artikel und Dokumentationen aus der sowjetischen Presse]. Rom 1977.

119 Mitrokhin: The Sakharov-Bonner Case, S. 8.

Auch Petrow-Agatow, den Tschebrikow als »unseren IM« bezeichnet hatte,[120] war wieder aktiv. Er veröffentlichte zur Biennale einen Artikel in der *Literaturnaja gaseta*, der als Nachfolgeartikel zu seinem berüchtigten Leserbrief gegen die Moskauer Helsinki-Gruppe *Lügner und Pharisäer* gelten kann. Petrow-Agatow beschuldigte die Biennale des »Antikommunismus unter dem Deckmantel ›inoffizieller Kultur‹« und »entlarvte« einen sowjetischen Exilkritiker der fehlenden religiösen Freiheit in der UdSSR als angeblichen Befürworter des gewaltsamen Umsturzes der sowjetischen Regierung.[121] Zur Koordinierung aller aktiven Maßnahmen vor Ort wurde Wasilij Pawlowitsch Schadrin, Leiter der Abteilung 9 der V. Verwaltung des KGB, zuständig für die Bekämpfung von Dissidenten, nach Rom entsandt.[122]

So wie die KPdSU Hilfeleistungen von den »Bruderparteien« gegen die »Hetzveranstaltungen« in Italien wünschte, erwartete der KGB dasselbe von den »Bruderorganen«, zumindest gegen die Sacharow-Anhörung. Der KGB schrieb in der letzten Augustwoche an das MfS: »Wir bitten, entsprechend vorhandener Möglichkeiten, Maßnahmen zur Erarbeitung weiterer Informationen über die Vorbereitung des erwähnten ›Hearings‹ einzuleiten und uns über Möglichkeiten zur Durchführung operativer und aktiver Maßnahmen gegen die Organisatoren und Teilnehmer der feindlichen Aktion Mitteilung zu machen.«[123] Die HV A entsprach der sowjetischen Bitte. Mitte Oktober 1977 unterhielten sich Mitarbeiter der für Desinformation zuständigen HV A/X mit ihren tschechoslowakischen Amtskollegen über die Vorbereitungen für aktive Maßnahmen gegen das Sacharow-Tribunal. Ihre Prager Kollegen notierten: »Sie [die Mitarbeiter der HV A/X] haben vor, das Argument zu nutzen, dass das Tribunal gegen das Belgrader Treffen gerichtet ist, und deshalb im Widerspruch zu den Interessen aller Teilnehmerländer steht. Sie planen, hauptsächlich in Italien aktiv zu werden, wo es zusätzliche Möglichkeiten in der Presse gibt.« Gegen die Biennale plante die HV A/X dagegen keine aktiven

120 Tschebrikow: Der Kampf der Organe des KfS gegen die ideologische Diversion der imperialistischen Staaten unter den gegenwärtigen Bedingungen, 23.5.1977; BArch, MfS, ZAIG Nr. 5106, Bl. 210–251, hier 248.

121 Petrow-Agatow, Aleksandr: Chertowshchina [Teufelei]. In: Literaturnaja gaseta v. 28.12.1977, S. 9.

122 Maßnahmeplan gegen das Sacharow-Komitee, Oktober 1977, S. 30. Mitrochin notierte »W. N. Schadrin«, aber das war offenbar ein Schreibfehler. Wasilij Pawlowitsch (das heißt »W. P.«). Schadrin wurde von KGB-Offizier Leonid Kolosow im Zusammenhang mit seiner Arbeit für die V. Verwaltung zu genau diesem Zeitpunkt genannt. Siehe Kolosow: Sobkor KGB. (Zu Kolosow siehe meinen Beitrag in diesem Band: »Brüderliche Zusammenarbeit und ihre Grenzen. Stasi, KGB und die Gesellschaft für Menschenrechte«). W. P. Schadrin avancierte 1984 zum stellvertretenden Leiter der V. Verwaltung. Siehe HA XX, Arbeitsberatung mit einer Delegation des KfS der UdSSR vom 25. bis 29.6.1984 in Berlin in: BArch, MfS, ZAIG Nr. 5176, Bl. 49–51, hier 49. Vgl. auch das Internetportal des russischen Historikers und ehemaligen KGB-Mitarbeiters Oleg Mozohin: http://shieldandsword.mozohin.ru/kgb5491/structure/5U_67.htm (letzter Zugriff: 20.7.2021).

123 [KGB], Information 1940/77, Bl. 25.

Maßnahmen. Sie stimmte mit ihrem Prager Pendant trotzdem überein, »die Lage weiterhin zu überwachen und Informationen zu sammeln«.[124]

Weil die meisten Akten der HVA 1990 beseitigt wurden, lassen sich die einzelnen Maßnahmen des Referats X gegen das Sacharow-Tribunal nicht mehr genau rekonstruieren. Allerdings haben sich Datenbanken der HVA erhalten, und manche HV-A-Dokumente finden sich in den Akten anderer MfS-Abteilungen. Anhand dieser Überlieferungen ist es möglich, einige der damaligen Aktivitäten der HVA/X nachzuvollziehen.

Die HVA unterhielt in den meisten ostdeutschen Botschaften einen getarnten Spionagestützpunkt. Auch in Rom hatte sie eine sogenannte legal abgedeckte Residentur, die nun im Zusammenhang mit den Menschenrechtsveranstaltungen in Italien besonders aktiv wurde. Die Residentur verfügte über zwei wertvolle Mitarbeiter vor Ort. Der erste war der Resident der HVA in der Botschaft der DDR in Rom: Ingolf Hähnel (Offizier im besonderen Einsatz oder OibE »Mungo«).[125] Nach seiner Rückkehr aus Genf, wo er als Resident der HVA und Berater der DDR-Delegation in den KSZE-Verhandlungen diente,[126] wurde er nach Rom entsandt. Dem Auftrag des KGB an das MfS entsprechend, konnte er wertvolle Informationen über die Vorbereitung und die Organisatoren des Sacharow-Tribunals

124 Zentren der PiD [Politisch-ideologischen Diversion] in der BRD und verwandte Probleme (tschechisch), Anlage Nr. 2 zu Oberst Jan Ostrovský, Ph. D., Abt. 36, I. HV, Föderatives Ministerium des Innern der ČSSR, Aufzeichnung über die Verhandlungen mit der Aufklärung der DDR, 21.12.1977; Archiv bezpečnostních složek, Prag, Archivní číslo 81282/107, Bl. 45–47, hier 46.

125 Es bleibt unklar, welche diplomatische Deckung Hähnel in der römischen Botschaft der DDR hatte. In der entsprechenden Kartei des MfS wurde er als »IM« in der Botschaft von Mai 1975 bis April 1978 bezeichnet. BArch, MfS, AR 2, HA II/Abt. 14-VSH. Es gibt mehrere Indizien, dass er wie früher in Genf Resident der HVA war. Nach den Richtlinien der HVA durfte der Resident Berichte von verschiedenen Quellen seiner Residentur zusammenfassen und unter eigener Registriernummer an die Zentrale in Berlin schicken. Siehe MfS, Durchführungsbestimmung zur Richtlinie 1/68 und 2/68, 1.8.1972. In: Müller-Enbergs (Hg.): Inoffizielle Mitarbeiter. Teil 2, S. 445–464, hier 463. In den 2 gefundenen Informationen unter Hähnels Registriernummer zur Sacharow-Anhörung wurden Informationen von anderen IM und Kontaktpersonen in Italien zusammengefasst. Siehe HVA III/7-06, Interne Information über das italienische »Zentrum für sozial-ökonomische Untersuchungen« als Mitorganisator des für Ende November 1977 in Rom geplanten »Sacharow-Hearings«, 28.9.1977; BArch, MfS, HA XX, Bd. 1819, Bl. 3–5 und HVA III/7-06, Interne Information zum »Sacharow-Tribunal«, 5.10.1977; ebenda, Bl. 7–9. In dem Zeitraum (Mai 1975 bis März 1978) als Hähnel in der römischen Botschaft der DDR tätig war, bekam die HVA/VII 201 Eingangsinformationen von der HVA/III mit dem Länderhinweis »Italien«. (Suche: LHW="ITA" UND EDT>"19750501" und EDT<"19780401" UND ABS.DEBE="1030") Von diesen 201 Eingangsinformationen kamen nach ihren Titeln 102 aus Italien. Von diesen 102 Eingangsinformation wurden 28 mit der Registriernummer Hähnels (XV/326/71) versehen. Die zweitwichtigste Quelle mit 13 Eingangsinformationen (IM »Martin«, Reg.-Nr. XV/1933/75) war vermutlich ein italienischer bzw. westlicher Staatsbürger, da es keine entsprechende F 22 in »Rosenholz« gibt. Die höhere Anzahl von Berichten aus Italien unter Hähnels Registriernummer deutet weiter auf seine Stellung als Resident hin.

126 Zu Hähnel siehe Selvage; Süß: Staatssicherheit und KSZE-Prozess, S. 78–81, 86.

erlangen. Er fand heraus, dass der rechte Flügel der Sozialistischen Partei Italiens (PSI) durch das mit der Partei eng verbundene »Zentrum für sozial-ökonomische Untersuchungen« (*Centro studi economici e sociali,* CESES) eine wichtige Rolle bei der Finanzierung der Sacharow-Anhörung spielte. Sein Bericht dazu deutete auf eine Rolle der CIA am Zustandekommen des Sacharow-Tribunals und der Biennale hin. Biennale-Organisator di Meana sei 1967 Mitarbeiter des CESES gewesen, und das Zentrum bekäme Gelder von der CIA.[127] Hähnels Information fasste das MfS zu einem Bericht zusammen, der an den KGB und an Honecker ging.[128] Vielleicht trug der Bericht zur Entscheidung des KGB bei, die Diskreditierung des stellvertretenden Vorsitzenden des CESES in der westlichen Presse als Bestandteil seines Maßnahmenplans gegen die »Hetzveranstaltungen« in Italien aufzunehmen.[129] In einem zweiten Bericht fasste Hähnel Informationen von DDR-IM und anderen »zuverlässigen Quellen« über das Programm der Sacharow-Anhörung und die unterschiedlichen Stellungnahmen innerhalb der KPI zu der Veranstaltung zusammen.[130] Dieser Bericht wurde anscheinend nicht an die SED-Führung weitergeleitet, sondern er ging nur an die HV A/X zur Nutzung in künftigen aktiven Maßnahmen.[131]

Dasselbe galt für einen Bericht zur Vorbereitung der Sacharow-Anhörung, den der zweite wichtige HV-A-Mitarbeiter in Italien zu Fragen der »Hetzveranstaltungen« ablieferte: der inoffizielle Mitarbeiter »Letzien« des Referats 3 der für aktive Maßnahmen zuständigen HV A/X (HV A/X/3).[132] Die Aufgabe dieses Referats war »das Führen von inoffiziellen Mitarbeitern und Stützpunkten im Medienbereich, auch als […] Multiplikatoren bezeichnet«, die vornehmlich Informationen lancierten, »deren DDR-Hintergrund nicht erkannt werden sollte«.[133] In dem IM-Vorgang »Letzien« führte die HV A Gerhard Helmut Feldbauer, ein damaliger Korrespondent für den Allgemeinen Deutschen Nachrichtendienst

127 HV A III/7-06, Interne Information über das italienische »Zentrum für sozial-ökonomische Untersuchungen«, Bl. 4. Zu Verbindungen des CESES zu westlichen Geheimdiensten siehe Scott-Smith, Giles: Western Anti-Communism and the Interdoc Network. Cold War Internationale. Basingstoke 2012, S. 129–131.

128 Kurzbericht »Zur Haltung der Italienischen Sozialistischen Partei zum geplanten ›Sacharow-Tribunal‹ vom 25. bis 27. November 1977 in Rom«. In: Aktuelle Informationsübersicht 43/77, 24.10.1977; BArch, MfS, HV A Nr. 83, Bl. 88.

129 Maßnahmeplan gegen das Sacharow-Komitee, Oktober 1977, S. 30.

130 HV A III/7-06, Interne Information zum »Sacharow-Tribunal«, 5.10.1977, Bl. 7–9.

131 Auf beiden Berichten stand: »[HV] A X ist diese Inform[ation] für aktive Maßnahmen zur Kenntnis zu geben.« Ebenda, Bl. 7; HV A III/7-06, Interne Information über das italienische »Zentrum für sozial-ökonomische Untersuchungen«, 28.9.1977, Bl. 3.

132 HV A/III/7-06/3109, Zur Vorbereitung des »Sacharow-Tribunals« in Rom, 12.10.1977; BArch, MfS, HA XX/1819, Bl. 10–13. Als Quelle wurde die Registriernummer von »Letzien« angegeben: XV/4447/65. Zu »Letzien« siehe RoHo, F 22, Reg.-Nr. XV/4447/65; BArch, MfS, HV A/MD/6, SIRA-TDB 21, ZV8257443.

133 Müller-Enbergs: Hauptverwaltung A, S. 175.

(ADN) in Italien.[134] Zwischen 1974 und 1979 trafen bei der HVA mindestens 23 Informationen von »Letzien« ein, die in neun Fällen in Informationsberichte des MfS an die ostdeutsche Partei- und Staatsführung einflossen. Es handelte sich demnach um durchaus hochwertige Informationen. Sie fokussierten auf die innenpolitische Lage Italiens und besonders die KPI.[135]

Die Aktivitäten von »Letzien«, Hähnel und den von Hähnel geführten IM beschränkten sich nicht auf Berichterstattung. Sie führten auch »Einflussgespräche« mit Politikern der PSI und der KPI und mit Vertretern des Vatikans. Im Sprachgebrauch der HVA zählten solche Gespräche auch zu den aktiven Maßnahmen. Ein »DDR-IM« brachte zum Beispiel die Frage des Sacharow-Tribunals »in einem persönlichen vertraulichen Gespräch mit einer Vertrauensperson aus der IKP-Führung in Rom« auf. Hähnel konnte das Einflussgespräch als Erfolg für seine Residentur verbuchen, weil das »Ziel des vertraulichen Gesprächs [...] die direkte Information des Genossen [Enrico] Berlinguers«, Generalsekretär der KPI, war, »mit dem unsere Vertrauensperson in den nächsten Tagen nach Ungarn und in die SFRJ [Sozialistische Föderative Republik Jugoslawiens] reist«. Die Einflussnahme der DDR-Residentur auf die KPI-Führung erfolgte auf Bitten der sowjetischen »Freunde«. Hähnel kommentierte: »Die SU-Botschaft in Rom hat den gleichen Schritt gegenüber Gen[ossen] [Antonio] Tato, persönlicher Sekretär des Genossen Berlinguer, unternommen, um zu informieren bzw. zu konkreten Schritten gegen die IKP-Mitwirkung zu veranlassen.«[136]

Ein »DDR-IM« versuchte auch den Deutschlandreferenten im vatikanischen Staatssekretariat für öffentliche Angelegenheiten der Kirche, Nuntius Angelo Sodano, gegen die geplanten »religiösen Vorhaben« im Sacharow-Tribunal zu beeinflussen. Hähnel berichtete:

> Sodano führte aus: Der Vatikan habe Verständnis für die Besorgnis der DDR über einen möglichen politischen Missbrauch religiöser Probleme auf dem ›Sacharow-Tribunal‹. Der Vatikan sei gegen eine Belastung der gegenwärtig guten kirchlichen Beziehungen zwischen dem Vatikan und der DDR und Ungarn bzw. des Verhältnisses katholische Kirche – Staat in beiden genannten Staaten.
> Der Vatikan betrachte echte Glaubensprobleme als Hauptfrage seines weiteren Vorgehens und lehne negative politische Positionen einiger christdemokratischen Parteien Westeuropas und deren ›Instrumentalisierung von Religionsfragen‹ ab.[137]

134 RoHo, F 16, Reg.-Nr. XV/4447/65.

135 Ergebnis der Suchfrage: QUA.RGNR="*/4447/65" in: BArch, MfS, HVA/MD/6, SIRA-TDB 12.

136 HVA III/7-06, Interne Information zum »Sacharow-Tribunal«, 5.10.1977; BArch, MfS, HA XX, Bd. 1819, Bl. 8.

137 HVA III/7-06, Interne Information über das italienische »Zentrum für sozial-ökonomische Untersuchungen«, 28.9.1977; BArch, MfS, HA XX, Bd. 1819, Bl. 5.

Obwohl sich der Beeinflussungsversuch als überflüssig herausstellte, war die Distanzierung des Vatikans von der Sacharow-Anhörung eines der obersten Ziele Moskaus. Zu diesem Zweck sprach eine Delegation der Russisch-Orthodoxen Kirche unter der Leitung von Erzbischof Kirill diese Frage während eines Besuchs im Vatikan im November 1977 an. Nach einem KGB-Bericht hätte der Vatikan sich von Äußerungen distanziert, die der Großerzbischof der ukrainischen griechisch-katholischen Kirche und Kardinal der römisch-katholischen Kirche, Jossyf Slipyj, auf der Veranstaltung gemacht habe.[138] Slipyj hatte 1963 nach 18 Jahren Deportation in Sibirien nach Italien übersiedeln dürfen.

»Letzien« wollte anscheinend auch Aldo Ajello, Mitglied der PSI-Führung und Außenpolitischer Sprecher der Fraktion im italienischen Senat, gegen das Sacharow-Tribunal beeinflussen, aber ohne Erfolg.[139]

Der im IMA-Vorgang »Letzien« geführte Feldbauer trug unter seinem bürgerlichen Namen auch zu einer ostdeutschen Propagandakampagne bei, die Menschenrechtsverletzungen im Westen anprangerte. Am 21. April 1977 veröffentlichte die *Berliner Zeitung* unter der Überschrift »Menschenwürde mit Füßen getreten. Bedrückende Schicksale im kapitalistischen Alltag« entsprechende Berichte der ADN-Korrespondenten aus Paris, Rom und Bonn, wobei Feldbauer mit einem Beitrag über Kinderarbeit in Italien vertreten war.[140] Und am 9. August veröffentlichte das *Neue Deutschland* einen Artikel Feldbauers über »Ausbeutung« und »Diskriminierung« italienischer Gastarbeiter in der Bundesrepublik.[141] Es gibt keinen Beleg dafür, dass Feldbauers Berichterstattung in der DDR-Presse von der HV A beeinflusst oder gefördert wurde; es konnten hier einfach politisch identische Zielstellungen zugrunde gelegen haben.

Trotz der Interventionen des sowjetischen Außenministeriums und der propagandistischen Tätigkeit der Bruderländer und Bruderorgane fanden sowohl die Biennale wie auch das Sacharow-Tribunal wie geplant statt. Die Biennale wurde am 15. November 1977 mit einer vom Tonband abgespielten Botschaft Sacharows an di Meana eröffnet, in der er für die Einladung zu der Veranstaltung, die er nicht wahrnehmen könne, dankte. Der sowjetische Wissenschaftler kritisierte die Unterdrückung des kulturellen Lebens in den kommunistischen Ländern

138 Mitrokhin: The Sakharov-Bonner Case, S. 8.

139 HV A/III/7-06/3109, Zur Vorbereitung des »Sacharow-Tribunals« in Rom, 12.10.1977, Bl. 13.

140 Der Artikel begann: »Die imperialistische Propaganda kann nicht genug Töne der ›Entrüstung‹ über die angebliche Verletzung der Menschenrechte in den Ländern des Sozialismus finden, ihre Hasstiraden nehmen kein Ende. Die tatsächliche, tägliche Verletzung dieser Rechte in den Staaten des Kapitals wird jedoch totgeschwiegen, verleugnet, beschönigt.« Menschenwürde mit Füßen getreten. Bedrückende Schicksale im kapitalistischen Alltag. In: Berliner Zeitung v. 21.4.1977, S. 5. Siehe auch Rassismus, Kinderarbeit und düstere Obdachlosenasyle. ADN-Korrespondenten über kapitalistischen Alltag. In: Neue Zeit v. 21.4.1977, S. 2.

141 Feldbauer, Dr., Gerhard: Das »Gastarbeiterlos« des 30jährigen Italieners Luigi. Gleich Tausenden anderen in der BRD ausgebeutet und diskriminiert. In: ND v. 9.8.1977, S. 6.

und pries die inoffiziellen Arbeiten auf der Biennale als Beiträge des Ostens zur Weltkultur.[142] Auf der Biennale gab es drei Ausstellungen zu Kunst und Samisdat, einige Seminare mit berühmten Exil-Dissidenten (u. a. Pljuschtsch, Wladimir Maksimow, Natal'ja Natalia Gorbanewskaja, Shores Medwedew, Andrej Amalrik, Wiktor Nekrasow, Andrej Sinjawskij und Josef Brodskij aus der UdSSR; Leszek Kołakowski und Jan Kott aus Polen und Jiří Pelikán aus der ČSSR) und Konzerte unter anderem von Wolf Biermann und dem sowjetischen Exilanten und Liedermacher Aleksandr Galitsch.[143] Interessanterweise wurden zwei kommunistische Länder durch Regimekritiker vertreten, die nicht in die Emigration gegangen waren: Ungarn durch den Schriftsteller György Konrád[144] und Polen durch Jacek Kuroń vom KOR.[145] Carlo Ripa di Meana nahm die Verweigerung von Ausreisevisa für fünf eingeladene Gäste für die Biennale – neben Sacharow die Dissidenten Adam Michnik aus Polen, Václav Havel aus der Tschechoslowakei und Milovan Djilas aus Jugoslawien sowie die ungarische Philosophin Ágnes Heller – zum Anlass, nach Belgrad zu reisen und bei der italienischen Delegation auf der KSZE-Nachfolgekonferenz und vor der anwesenden Presse Protest einzulegen.[146]

Die Sacharow-Anhörung fand in Rom vom 25. bis 28. November 1977 unter Vorsitz von Simon Wiesenthal, Leiter des Dokumentationszentrums des Bundes Jüdischer Verfolgter des Naziregimes in Wien, statt. Wie die Biennale wurde sie mit einer – in diesem Falle gefilmten – Botschaft von Sacharow eröffnet. Er »forderte das Komitee auf, alle Meldungen über die Verletzungen der Menschenrechte und die internationalen Normen für Gefangene zu analysieren«. Sacharow erklärte in seiner Botschaft: »Die Anhörungen finden während der Konferenz von Belgrad statt, und diese Tatsache erhöht ihre Bedeutung.«[147]

142 Di Meana, Ripa; Mecucci, Gabrièlla: L'ordine di Mosca. Fermate la Biennale del Dissenso. Una storia mai raccontata [Der Auftrag Moskaus. Die Biennale des Dissenses stoppen. Eine nie erzählte Geschichte]. Rom 2007, S. 22.

143 Ebenda, S. 23 f.; Dissens-Biennale trotz Pressionen. In: Spiegel v. 21.11.1977, S. 217.

144 Ebenda.

145 Di Meana; Mecucci: L'ordine di Mosca, S. 23. Zum KOR vgl. Polnisch: Komitet Samoobrony Spoleczny – Komitet Obrony Robotników (Komitee für Gesellschaftliche Selbstverteidigung – Komitee zur Verteidigung der Arbeiter). Zur Geschichte des KSS – KOR siehe Dehnert, Gunter: »Eine neue Beschaffenheit der Lage«. Der KSZE-Prozess und die polnische Opposition 1975–1979. In: Altrichter, Helmut; Wentker, Hermann (Hg.): Der KSZE-Prozess. Vom Kalten Krieg zu einem Neuen Europa 1975 bis 1990. München 2011, S. 87–98; Lipski, Jan Jósef: KOR. Worker's Defense Committee in Poland, 1976–1981, Berkeley, Los Angeles, London 1985, passim; Kamiński, Łukasz; Waligóra, Grzegorz: Wstęp [Einleitung]. In: Kamiński, Łukasz; Waligóra, Grzegorz (Hg.): Kryptonim »Gracze«. Służba bezpieczeństwa wobec Komitetu Obrony Robotników i Komitetu Samoobrony Społecznej »KOR« 1976–1981 [Deckname »Spieler«. Der Staatssicherheitsdienst gegen das Komitee zur Verteidigung der Arbeiter und das Komitee für Gesellschaftliche Selbstverteidigung »KOR« 1976–1981], S. 27–50.

146 Ebenda, S. 26 f.

147 Ap-al, Sacharow-Komitee setzte Beratungen fort, 25.11.1977; BArch, MfS, HA XX/4 Nr. 2627, Bl. 24.

Viele der von KGB und MfS Verfolgten im Exil nahmen an den Anhörungen als Zeugen teil – unter anderem aus der DDR: der Schriftsteller Siegmar Faust, ehemaliger DDR-Häftling Hellmuth Nitsche und der Pfarrer Klaus-Reiner Latk von dem Brüsewitz-Zentrum; aus der Sowjetunion: Gründungsmitglied der Moskauer Helsinki-Gruppe Ljudmila Alekseewa, der Initiator der Moskauer Sektion von Amnesty International Walentin Turtschin und Gründungsmitglied der Litauischen Helsinki-Gruppe Tomas Venclova. Eine besondere Sitzung wurde verhafteten sowjetischen Menschenrechtsaktivisten – unter anderem Ginsburg, Orlow, Rudenko und Schtscharanskij – gewidmet. Rechtsanwälte aus den USA und Frankreich, die sie als Mandanten freiwillig vertraten, sagten über ihre Fälle aus. Unter den Fragestellern waren Cornelia Gerstenmaier von der GfM, Rainer Hildebrandt von der AG 13. August, Irving Brown von der US-amerikanischen Gewerkschaft »American Federation of Labor – Congress of Industrial Organizations« (AFL – CIO) – und der erst kurz zuvor emigrierte Schwiegersohn und »offizielle Vertreter« von Sacharow, Efrem Jankelewitsch.[148] Manfred Milde von der AG 13. August (IMB »Peter Schäfer«) sprach bei dieser Anhörung über den Schießbefehl und die SM-70. Parallel dazu lieferte er seinem Führungsoffizier auftragsgemäß Informationen über die Planung und Durchführung des Treffens sowie eine zweisprachige Dokumentation, die die AG 13. August für die Anhörung auf Deutsch und Englisch vorbereitet hatte und die den Titel trug *Die gravierendsten Menschenrechtsverletzungen in der DDR*.[149] Aus seinen Berichten entstanden mindestens zwei Operativ-Informationen an die MfS-Führung.[150]

148 Siehe das Programm von der Anhörung auf Italienisch in: BArch, MfS, HA XXII Nr. 17062, Bl. 291–294. Zu Gerstenmaier und Hildebrandt siehe u. a. meinen Beitrag »Brüderliche Zusammenarbeit und ihre Grenzen. Stasi, KGB und die Gesellschaft für Menschenrechte« in diesem Band.

149 [AG 13. August]: Die gravierendsten Menschenrechtsverletzungen in der DDR/The Gravest Violations of Human Rights in the GDR, herausgegeben für das II. Internationale Sacharow Hearing in Rom (25.–27.11.1977), DDR-Teil. O. O., o. D.; Photokopie in: BArch, MfS, HA XXII, Bd. 17062, Bl. 114–170. Die Dokumentation wurde an die MfS-Führung als Anlage zu der folgenden Information geschickt: Abt. XXII, Operativ-Information zur Durchführung des sog. »2. Sacharow-Hearings« durch entspannungsfeindliche Kräfte vom 25. bis 27.11.1977 in Rom, 7.12.1977; BArch, MfS, AIM 938/91, Bd. XIII, Bl. 128–132, hier 132. Zu Milde siehe meinen Beitrag »Brüderliche Zusammenarbeit und ihre Grenzen. Stasi, KGB und die Gesellschaft für Menschenrechte« in diesem Band.

150 Ebenda; Abt. XXII, Operativ-Information über Aktivitäten entspannungsfeindlicher Kräfte zur Verleumdung der sozialistischen Staaten im Rahmen einer Hetzveranstaltung des sog. »Sacharow-Komitees«, Kopenhagen, 10.10.1977; BArch, MfS, AIM 938/91, Bd. XIII, Bl. 90 f.

Die Frage nach der Wirksamkeit der östlichen Interventionen

Es fragt sich, inwieweit die Biennale und das Sacharow-Tribunal öffentlichkeitswirksam waren, besonders mit Blick auf eine mögliche Beeinflussung des Belgrader Treffens? Und wie wirksam waren die Gegenmaßnahmen der Bruderparteien und Bruderorgane bei der Begrenzung ihres Einflusses? Die vom MfS gesteuerte Hauptabteilung Information und Dokumentation (HAID) des MfAA lieferte im Dezember 1977 ihre Einschätzung an die ostdeutsche Partei- und Staatsführung. Was die italienische Politik betrifft, hätten »die Ergebnisse nicht den Erwartungen der Organisatoren« entsprochen. Im Falle der Biennale hätten »führende Persönlichkeiten Venedigs, Verlagshäuser und Kultureinrichtungen [...] bereits in Vorbereitung der Biennale eine Unterstützung« abgelehnt; »an der Eröffnungsveranstaltung nahmen keine Vertreter zentraler staatlicher Institutionen und Parteien (außer Craxi) teil«; und »die anfangs starke Beachtung, die die zentrale Presse, der Rundfunk und das Fernsehen Italiens den Veranstaltungen schenkten«, sei zurückgegangen. Zu einer der zentralen Fragen für Moskau und den Osten im Allgemeinen, die Reaktion der KPI, fand die HAID, dass die »politisch-diplomatischen Gegenmaßnahmen der UdSSR und anderer Bruderstaaten [...] die Wirksamkeit der Hetzveranstaltungen [...] eingeschränkt« hätten. »Führende Genossen« der KPI, darunter Giovanni Cervetti, Leiter der Organisationsabteilung der KPI, hätten die Biennale und die Sacharow-Anhörungen »als schädlich für die Entspannungspolitik und für die IKP« eingeschätzt. Die Parteizeitung der KPI *L'Unita* habe »eigene und sowjetische Beiträge zur Verurteilung des antisowjetischen und antisozialistischen Charakters dieser Veranstaltungen« veröffentlicht. Beide Veranstaltungen hätten auch wenig direkten Einfluss auf das Belgrader Treffen gehabt.[151] Der Protest von di Meana hatte wenig nachweisliche Wirkung auf die italienische Delegation in Belgrad oder darüber hinaus im KSZE-Prozess.[152]

Die Ergebnisse der Sacharow-Anhörung sollten zusammengefasst und an die Delegationen in Belgrad geschickt werden,[153] aber dort gab es keinen großen Widerhall. Einige Exil-Dissidenten hatten hohe Erwartungen an die Anhörung und das Belgrader Treffen, die aber enttäuscht wurden. Walentin Turtschin, der frühere Vorsitzende der sowjetischen Sektion von Amnesty International, hatte auf der Sacharow-Anhörung »die Freilassung aller politischen Häftlinge in der UdSSR als Vorbedingung für weitere Verhandlungen auf der KSZE-Nachfolgekonferenz«

151 MfAA, HAID, ATI, Antisozialistische Veranstaltungen in Italien, 2.12.1977, Bl. 119 f.

152 Siehe z. B. Rothschild, Thomas: »Biennale des kulturellen Dissens« in Venedig. Widerstand des Denkens. In: Die Zeit v. 23.12.1977, http://www.zeit.de/1977/52/widerstand-des-denkens (letzter Zugriff: 20.7.2021); Stehle, Hansjakob: Kongreß gebrannter Kinder. Kultureller Dissens zwischen Kommunisten aus Ost und West. In: Die Zeit v. 23.12.1977, http://www.zeit.de/1977/50/kongress-gebrannter-kinder (letzter Zugriff: 20.7.2021).

153 Telegramm der US-Botschaft in Rom an das Department of State (1977ROME19681), 30.11.1977; CFPF, 1973-1979; RG 59, NARA, AAD.

gefordert.[154] Nach der Anhörung erklärte er: »Es ist ganz klar, dass, wenn diese Menschen nicht bis zum Ende der Belgrader Konferenz befreit werden, die Beschlüsse von Helsinki zu einem leeren Blatt Papier werden.«[155]

Die Hauptabteilung Information und Dokumentation musste einräumen, dass die Reaktionen der europäischen Massenmedien auf die »Hetzveranstaltungen« »unterschiedlich« gewesen seien. Neben der italienischen Presse hätten »insbesondere die Medien der BRD umfangreich, die Presse in der Schweiz, Spanien, Dänemark und Österreich [...] auch relativ breit« über beide Veranstaltungen berichtet.[156] Die DDR und ihr Staatssicherheitsdienst kamen dabei in der westdeutschen Presse relativ schlecht weg. Es gab mehrere Berichte über die Aussage von Siegmar Faust über die Behandlung politischer Häftlinge im Gefängnis von Cottbus.[157] Er sei persönlich mehr als ein Jahr im »Tigerkäfig«, »einer unterirdischen Zelle in Mannesgröße«, festgehalten und mit einer Eisenstange geschlagen worden.[158] Nitsche sprach von seinen Erlebnissen in der Untersuchungshaft: »Wochenlang sei er von der Außenwelt isoliert worden und habe mit keinem Rechtsanwalt über seine rechtliche Lage sprechen können. Mit Drohungen und Erpressungen habe der SSD [Staatssicherheitsdienst] versucht, ihn wegen seines Briefes an US-Präsidenten Jimmy Carter zum Spion abzustempeln.« Gerhard Löwenthal und Fritz Schenk berichteten im ZDF-Magazin über die Anhörung und insbesondere die Aussagen der ehemaligen DDR-Bürger. Sie lobten den von der AG 13. August veröffentlichten »Katalog der gravierendsten Menschenrechtsverletzungen in der DDR«, der auf der Anhörung verteilt worden war. Er stelle wie ein Weißbuch der CDU/CSU-Bundestagsfraktion für das Belgrader Nachfolgetreffen und die Publikationen der GfM »ein unwiderlegbares Zeugnis über die permanente Verletzung der Menschenrechte im Osten« dar.[159]

Eine Einschätzung der HAID muss infrage gestellt werden – nämlich: »Die Wirksamkeit der Hetzveranstaltungen wurde auch durch politisch-diplomatische Gegenmaßnahmen der UdSSR und anderer Bruderstaaten eingeschränkt.«[160] US-Diplomaten in Italien waren gegensätzlicher Meinung. Einer berichtete aus Triest: »Ohne die ungeschickte Einmischung des sowjetischen Botschafters

154 DW [Deutsche Welle], Rom: Anklagen in Rom: Osteuropa lebt in Angst. In: Die Welt v. 28.11.1977.

155 Staatliches Komitee f. Rundfunk, Abt. Monitor: Sacharow-Hearing, 7.12.1977; BArch, MfS, HA IX, Bd. 13988, Bl. 72–74, hier 73.

156 MfAA, HAID, ATI, Antisozialistische Veranstaltungen in Italien, 2.12.1977, Bl. 119 f.

157 Siehe z. B. Deutsche Presseagentur (DPA): DDR-Dissidenten berichten bei »Sacharow-Hearing«, 27.11.1977; BArch, MfS, HA XX/4, Bd. 2627, Bl. 26.

158 Langen-Peduto, Christa: Im »Tigerkäfig« brutal mit einer Eisenstange gequält. In: Westdeutsche Allgemeine Zeitung v. 28.11.1977.

159 Staatliches Komitee für Rundfunk, Abt. Monitor: Sacharow-Hearing, 7.12.1977; BArch, MfS, HA IX, Bd. 13988, Bl. 72–74, hier 74.

160 MfAA, HAID, ATI, Antisozialistische Veranstaltungen in Italien, 2.12.1977, Bl. 119 f.

im letzten Frühling, sogar Ripa di Meana gibt das zu, hätte es keine Biennale gegeben.« Noch mehr:

> Eigentlich jedes Mal, wenn das Interesse an der Biennale zurückgeht oder die örtliche Kritik an die Ripa di Meana neue Höhen erreichte, entfesselte die *Prawda* u. a. ein Trommelfeuer der Kritik in der Presse, das der Biennale vorwirft, ein Werkzeug zion[istischen] Imperialismus, ein Strohmann der CIA usw. zu sein, und das zwingt die Italiener, geschlossen hinter dem Biennale-Präsidenten zu stehen.[161]

Der US-amerikanische Botschafter in Rom Richard Gardner behauptete gegenüber dem State Department sogar, dass die ungünstigen Auswirkungen der sowjetischen Interventionen den »geduldigen« Kurs der US-Botschaft gegenüber der »politischen Dimension« der Biennale bestätigt hätten. In früheren Jahren hatte die ausgestellte Kunst harte Kritik an der amerikanischen Außenpolitik geübt.[162]

Offen bleibt auch die Frage, ob die Interventionen der Bruderparteien und Bruderorgane die KPI in der gewollten Richtung beeinflusst haben. Die HAID musste selbst zugeben, dass Vertreter der KPI am Sacharow-Tribunal teilnahmen und dass das KPI-Parteiorgan *L'Unita* »wiederholt das Programm der Biennale« publizierte und »in Beiträgen die Beteiligung von Vertretern der IKP« tolerierte.[163] Im Februar 1978 kritisierte eine hochrangige Delegation der KPI während ihres Besuchs in der DDR gegenüber Politbüro-Mitglied Hermann Axen erneut die Unterdrückung des Dissens' in den sozialistischen Ländern.[164]

Der KGB greift durch, 1978 bis 1980: Diskreditierung und Verbannung Sacharows

Während der Repressionswelle gegen die sowjetischen Helsinki-Gruppen übernahm Sacharow viele ihrer Aktivitäten – zum Beispiel die Abgabe von Erklärungen an westliche Botschaften und Journalisten, und er versuchte, die politischen Häftlinge durch Öffentlichkeitsarbeit zu unterstützen. Andropow nutzte diese Tätigkeit Sacharows, um ihn gegenüber dem sowjetischen Politbüro noch weiter

161 Telegramm des US-Konsulats in Triest an die US-Botschaft in Rom (1977TRIESTE000374), 29.11.1977; CFPF, 1973-1979; RG 59, NARA, AAD.

162 Telegramm der US-Botschaft in Rom an das Department of State (1977ROME06752), 27.4.1977; CFPF, 1973–1979; RG 59, NARA, AAD.

163 MfAA, HAID, ATI, Antisozialistische Veranstaltungen in Italien, 2.12.1977, Bl. 119 f.

164 Balestracci, Fiammetta: Zwischen ideologischer Diversifikation und politisch-kulturellem Pragmatismus. Die Beziehungen zwischen der Partito Comunista Italiano und der SED (1968–1989). In: Bauerkämper, Arnd; Di Palma, Francesco (Hg.): Bruderparteien jenseits des Eisernen Vorhangs. Die Beziehungen der SED zu den kommunistischen Parteien West- und Südeuropas (1968–1989). Berlin 2011, S. 167–185, hier 183; Martini, Magda: La cultura all'ombra del muro. Relazioni culturali tra Italia e DDR (1949–1989) [Kultur im Schatten der Mauer. Die kulturellen Beziehungen zwischen Italien und der DDR (1949–1989)]. Bologna 2007, S. 265–274.

zu diskreditieren. Andropow zielte offenkundig darauf ab, das Politbüro – und besonders Breschnew – dazu zu bringen, anders als noch 1975 nun endlich einen KGB-Vorschlag für entschiedenere Repressionsmaßnahmen gegen Sacharow zu genehmigen.

Am 26. März 1978 berichtete Andropow der sowjetischen Führung, dass Sacharow immer häufiger Besuche bei den Botschaften kapitalistischer Länder machen würde. Das sei »ein neuer Aspekt seiner Feindtätigkeit«, da seine früheren Besuche nur »für die Übergabe verleumderischer Materialien und den Empfang von Post aus dem Ausland […] unter dem Vorwand« familiärer Angelegenheiten stattgefunden hätten.[165] Nun besuche er die Botschaften »hauptsächlich als ›Führer des Kampfes um die Menschenrechte‹« und unterstütze »ukrainische und baltische Nationalisten, Zionisten, reaktionäre Geistliche und Sektenanhänger und Möchtegern-Emigranten«. Weil Sacharow als Träger von Staatsgeheimnissen galt, könnten solche Besuche, so Andropow, auch für die Übergabe sowjetischer »Staatsgeheimnisse« an »westliche Geheimdienste« dienen.[166]

Die Taktik Andropows zeigte schon Mitte 1978 Wirkung. Auf einer Sitzung des sowjetischen Politbüros am 8. Juni erklärte Breschnew, dass »Genosse Andropow […] mich letztens informierte, dass Sacharow sich wirklich gehen lasse und sich wie ein Hooligan benehme. […] Die Gründe für unsere außerordentlich geduldige Einstellung gegenüber Sacharow sind Euch bekannt. Aber es gibt eine Grenze für alles.« Breschnew zitierte einen Zwischenfall vor dem Gerichtsgebäude in Moskau während des Prozesses gegen Orlow.[167] Als Sacharow versuchte, in das Gebäude für die Urteilsverkündung einzudringen, wurde er mit anderen Anwesenden in einen Milizwagen geschoben und festgenommen. Er hatte einen »KGB-Mann« (so Sacharow)[168] oder einen Milizionär (Andropows Darstellung) geschlagen. Am 26. Mai hatte Andropow an Breschnew und die sowjetische Führung einen tendenziösen Bericht über verschiedene Zwischenfälle zwischen Sacharow/Bonner und »Polizisten« geschickt, die sich seit 1976 ereignet hätten und die ihren »Hooliganismus« beweisen sollten.[169]

Ende Oktober 1978 hieß es in einer Vorlage von Andropow und Generalstaatsanwalt Roman Rudenko für das Politbüro, dass Sacharows Autobiografie, an der er arbeite, Staatsgeheimnisse preisgebe. Deshalb müsse das Manuskript

165 Aufzeichnung von Andropow an das ZK der KPdSU, 26.3.1978. In: Rubenstein; Gribanov (Hg.): The KGB File of Andrei Sakharov, S. 231 f., hier 231.

166 Ebenda, S. 232.

167 Transcript of CPSU CC Politburo Meeting (Excerpt) [Auszug aus dem Protokoll des Treffens des Politbüros des ZK der KPdSU], 8.6.1978. In: Wilson Center Digital Archive, http://digitalarchive.wilsoncenter.org/document/117045 (letzter Zugriff: 20.7.2021).

168 Sacharow: Mein Leben, S. 567 f.

169 Andropow an das ZK der KPdSU, 26.5.1978. In: Rubenstein; Gribanov: KGB File of Andrei Sakharov, S. 232–234.

konfisziert werden.[170] Am 4. November 1978 genehmigte das Politbüro Andropows Vorschlag, und am 29. November wurde das Manuskript aus Sacharows Wohnung in seiner Abwesenheit entwendet.[171]

Erst ein Jahr später, Ende Dezember 1979, schien die Zeit für weitergehende Schritte gekommen: Andropow und Generalstaatsanwalt Rudenko reichten im Politbüro einen Vorschlag für »Maßnahmen zur Beendigung der Feindtätigkeit des Akademiemitglieds Sacharow« ein. Darin wiederholten sie ihre früheren Vorwürfe gegen Sacharow: seine angebliche Weitergabe von »wichtigen Militärgeheimnissen an Vertreter kapitalistischer Länder«, seine »regelmäßigen Kontakte mit Diplomaten kapitalistischer Länder« unter Verstoß gegen »die Regelungen für Zusammenarbeit mit Ausländern«[172] und seine »antisowjetische Agitation und Propaganda« in Form seiner Appelle, Artikel im Westen und Pressekonferenzen, die die Menschenrechtslage in der UdSSR kritisierten.[173]

Ein neuer Vorwurf in der Anklageschrift für das Politbüro war seine Kontaktaufnahme mit »antisozialistischen Elementen« in Polen (KSS – KOR)[174] und der ČSSR[175] (Charta 77).[176] Im November 1978 hatte Sacharow einen Artikel über »die Menschenrechtsbewegung in der UdSSR und Osteuropa« verfasst. Er passte in das Schreckensszenario des KGB und seiner »Bruderorgane« von einer »Internationalisierung« und Zusammenführung der verschiedenen Menschenrechtsgruppen in Ostmitteleuropa nach Helsinki. Im Januar 1979 hatte ein Vertreter von KSS – KOR, Zbigniew Romaszewski, Sacharow in seiner Moskauer Wohnung aufgesucht.[177] Die polnische Gruppe veröffentlichte in ihrem Samisdat nicht nur ein Kommuniqué über das Treffen, sondern im März 1979 auch einen Appell der Moskauer Helsinki-Gruppe für die Freilassung politischer Gefangener in der UdSSR aus Gefängnissen und psychiatrischen Anstalten. In

170 Vorlage von Andropow und Rudenko an das ZK der KPdSU, 31.10.1978. In: Aufzeichnung von Andropow an das ZK der KPdSU, 26.3.1978. In: Rubenstein; Gribanov (Hg.): The KGB File of Andrei Sakharov, S. 235 f.

171 Rubenstein; Gribanov: KGB File of Andrei Sakharov, S. 234 f.

172 Aufzeichnung von Andropow und Rudenko an das ZK der KPdSU, 26.12.1979. In: Rubenstein; Gribanov (Hg.): The KGB File of Andrei Sakharov, S. 243–246, hier 243.

173 Ebenda, S. 244.

174 Polnisch: Komitet Samoobrony Spoleczny – Komitet Obrony Robotników (Komitee für Gesellschaftliche Selbstverteidigung – Komitee zur Verteidigung der Arbeiter). Zur Geschichte des KSS – KOR siehe Dehnert: »Eine neue Beschaffenheit der Lage«; Lipski: KOR. Worker's Defense Committee in Poland; Kamiński; Waligóra: Wstęp [Einleitung].

175 Československá socialistická republika (tschechisch): Tschechoslowakische Sozialistische Republik.

176 Aufzeichnung von Andropow und Rudenko an das ZK der KPdSU, 26.12.1979. Zur Charta 77 siehe Skilling, H. Gordon: Charter 77 and Human Rights in Czechoslovakia. London 1981, passim; Müller, Benjamin: Von der Konfrontation zum Dialog. Charta 77, Menschenrechte und »Samtene Revolution« in der Tschechoslowakei 1975–1989. In: Altrichter; Wentker (Hg.): KSZE-Prozess, S. 99–110.

177 Rubenstein; Gribanov: KGB File of Andrei Sakharov, S. 244, Anm. 8.

derselben Ausgabe erschien eine Erklärung der MHG zur Unterstützung der Menschenrechtsaktivitäten des KSS – KOR. Schon im Sommer 1978 hatte die polnische Gruppe in ihrem »Informationsbulletin« Beiträge über die Prozesse gegen Orlow, Schtscharanskij, Ginsburg und Petkus veröffentlicht. Anfang 1980 gründete Romaszewski, der schon lange Beispiele von Menschenrechtsverletzungen in Polen für KSS – KOR sammelte, ein polnisches »Helsinki-Komitee«, das einen kritischen Bericht über die Menschenrechtslage in Polen für das Madrider Nachfolgetreffen der KSZE verfasste.[178]

Andropow und Rudenko schlussfolgerten für das Politbüro: Sacharows Tätigkeit

> entspricht völlig den Verbrechen nach Punkt (a) von Artikel 64 (Vaterlandsverrat) und Teil 1 von Artikel 70 (antisowjetische Agitation und Propaganda) des Strafgesetzbuches der RSFSR [Russischen Sozialistischen Föderativen Sowjetrepublik]. Sacharow den Prozess zu machen, könnte aber ernste politische Komplikationen nach sich ziehen. Es würde zumindest 2 bis 3 Monate in Anspruch nehmen, den Fall zu untersuchen und den Prozess durchzuführen. In diesem Zeitraum würde der Westen sicherlich laute antisowjetische Kampagnen schüren, die schwer zu kontern sein würden, weil die Strafprozessordnung die Nutzung von Materialien aus Untersuchungsfällen für Propagandazwecke vor dem Abschluss des Verfahrens verbietet. Deshalb scheint es zweckmäßig, im Falle Sacharows administrative Maßnahmen anzuwenden, die das Unterbrechen seiner Kontakte zu Ausländern ermöglichen und seine Feindtätigkeit ernsthaft beeinträchtigen.[179]

Die wichtigste »administrative Maßnahme«, die Andropow und Rudenko dem Politbüro empfahlen, war die Verbannung Sacharows aus Moskau in einen Ort, in dem der KGB und das Innenministerium seine Kontakte zur Außenwelt streng kontrollieren konnten. Andropow und Rudenko schlugen auch die Aberkennung und Rücknahme aller staatlichen Preise und Auszeichnungen für Sacharow vor – unter anderem Held der sozialistischen Arbeit und den Lenin-Preis.[180] Auf der Politbüro-Sitzung am 3. Januar 1980 nannte Andropow konkret die für Ausländer geschlossene Stadt Gorki (heute: Nizhni Nowgorod) als Verbannungsort. Auf derselben Sitzung wurden alle Vorschläge Andropows und Rudenkos gegen Sacharow einstimmig genehmigt.[181] Die Stimmung in der sowjetischen Führung gegen Sacharow wurde dadurch aufgeheizt, dass er in Interviews mit Korrespondenten der *Welt* am 1. Januar 1980 und der *New York Times* am 3. Januar den Rückzug der sowjetischen Truppen aus Afghanistan forderte und

178 Lipski: KOR, S. 265, 279 f., 435 f.; Sowiński, Pawel: Zbigniew Romaszewski. In: Słownik dysydentów, Tom I, S. 687–691, hier 687 f.

179 Aufzeichnung von Andropow und Rudenko, 26.12.1979.

180 Ebenda.

181 Siehe die Auszüge von dem Protokoll der KPdSU-Politbüro-Sitzung am 3. Januar 1980. In: Rubenstein; Gribanov: Andrei Sakharov KGB File, S. 246 f.

einen Boykott der bevorstehenden Olympischen Spiele in Moskau unterstützte.[182] Am 22. Januar wurde Sacharow auf dem Weg zur sowjetischen Akademie der Wissenschaften festgenommen, von der Entscheidung des Obersten Sowjets (die dem Politbüro-Beschluss folgte) über die Rücknahme seiner staatlichen Auszeichnungen und Preise informiert und am selben Tag nach Gorki deportiert. Bonner begleitete ihn zu »ihrer« neuen Wohnung.[183] Er wurde im Anschluss von seinen »Vollzugsbedingungen« in Gorki informiert – unter anderem über das Verbot, »sich mit ausländischen Bürgern und verbrecherischen Elementen zu treffen oder irgendeine Beziehung zu ihnen zu unterhalten«.[184]

Nach der Verbannung Sacharows wurden andere Oppositionelle in der Sowjetunion vom KGB gewarnt, dass diese Angelegenheit seine Bereitschaft zu weitergreifenden Maßnahmen gegen alle Dissidenten zeige. Der KGB behauptete unter anderem, dass er »in ein paar Monaten« die ganze Dissidentenbewegung »erledige«.[185] Es dauerte zwar etwas länger, doch am 6. September 1982 kündigte die Moskauer Helsinki-Gruppe, die neben Sacharow die Welle der Aktivitäten im Osten auf Grundlage der KSZE-Schlussakte eingeleitet hatte, öffentlich ihre Auflösung an.[186]

Nachdem der KGB Sacharow nach Gorki verbannt hatte, beschäftigte sich das MfS kaum noch mit ihm, wie sich aus der überlieferten Aktenlage ergibt. Er spielte für das MfS allenfalls noch im Zusammenhang mit der Bekämpfung westlicher NGOs eine Rolle, die sich für Sacharow einsetzten oder seinen Namen für unterschiedliche Initiativen nutzten – zum Beispiel die (Internationale) Gesellschaft für Menschenrechte in der Bundesrepublik und insbesondere die AG 13. August,[187] die an weiteren Sacharow-Anhörungen teilnahmen, auf denen sie die Menschenrechtsverletzungen in der DDR anprangerten.[188]

182 Rubenstein; Gribanov: Andrei Sakharov KGB File, S. 241; Sacharow: Mein Leben, S. 603 f.

183 Sacharow: Mein Leben, S. 605–613.

184 Ebenda, S. 613.

185 Special Analytical Paper Prepared in the Central Intelligence Agency, o. D. In: Taylor, Melissa Jane (Hg.): Foreign Relations of the United States, 1977–1980, Vol. VI: Soviet Union. Washington 2013, S. 796 f., hier 796.

186 Snyder, Sarah B.: Human Rights Activism and the End of the Cold War. A Transnational History of the Helsinki Network. New York 2011, S. 154.

187 Siehe z. B. Loseblattsammlung von den Gesprächen Mielkes mit KGB-Vorsitzenden Wiktor Tschebrikow, 23.5.1984; BArch, MfS, Abt. X Nr. 2473, Bl. 3–52, hier 44.

188 Weitere Sacharow-Anhörungen fanden in Washington (1979), Lissabon (1983) und London (1985) statt. Siehe Blaser, Arthur W.: How to Advance Human Rights without Really Trying. An Analysis of Nongovernmental Tribunals. In: Human Rights Quarterly 14:3 (1992), S. 339–370, hier 348 f. Nach der heutigen Aktenlage beim BArch wurden diese Anhörungen durch die östlichen »Bruderorgane« keinesfalls so intensiv bekämpft wie im Falle der Anhörung 1977 in Rom.

Fazit

Der Beitrag des MfS zur Kampagne gegen Andrej Sacharow und seine Unterstützer im Westen – insbesondere das Komitee des Sacharow-Hearings – veranschaulicht die übliche Position des ostdeutschen Geheimdienstes als »Diener zweier Herren« – nämlich des KGB und der SED – bei seinen aktiven Maßnahmen. Das MfS wurde in der von Moskau initiierten Verleumdungskampagne gegen Sacharow und das westliche Komitee nur dann besonders aktiv, wenn die DDR von der Tätigkeit des Sacharow-Komitees direkt betroffen wurde oder die Propagandastrukturen des SED-Zentralkomitees an der sowjetischen Kampagne teilnahmen. Diesem Muster entsprach zum Beispiel die Teilnahme des MfS an der von Moskau lancierten Kampagne von Gegenpropaganda zu Fragen der Menschenrechte gegen die USA, nachdem US-Präsident Jimmy Carter die Menschenrechtsverletzungen des Ostens zum Hauptthema seiner KSZE-Politik gemacht hatte.[189]

Die »Verdienste« des MfS an der Kampagne zur Diskreditierung Andrej Sacharows waren anfangs eher begrenzt, als der KGB 1975 seine Hilfe anforderte. Die Veröffentlichung entsprechender Beiträge in linken westdeutschen Zeitschriften wie der *Blätter für deutsche und internationale Politik* und dem Westberliner *Extra-Dienst*, die von der HV A heimlich subventioniert und von mutmaßlichen Kontaktpersonen und IM der HV A/X unterwandert wurden, entsprach der routinemäßigen Unterstützung des MfS für die vom KGB entfachten Kampagnen. Die HV A tat gerade genug, um ihren Verpflichtungen gegenüber dem KGB nachzukommen.

Erst 1976 wurde das MfS bei der Aufklärung und Bekämpfung des Sacharow-Komitees aktiver, als die Westberliner »Arbeitsgemeinschaft 13. August« zum ersten Mal an dessen Anhörungen teilnahm, um Menschenrechtsverletzungen in der DDR öffentlich zu machen. Die Maßnahmen des MfS gegen das Sacharow-Komitee waren in diesem Falle aber eher beiläufige Folgen oder Auswirkungen seiner langjährigen Operationen gegen die AG 13. August. Das MfS fokussierte sich – vergeblich – auf die Verhinderung der Ausstellung des Selbstschussgeräts SM-70, das die DDR für ihre Grenzsicherung nutzte bei der Sacharow-Anhörung in Kopenhagen. Dank Manfred Milde alias IMB »Peter Schäfer« bei der AG 13. August und deren Zusammenarbeit mit der dänischen Gruppe konnte das MfS auch dem KGB bei der Aufklärung des Sacharow-Komitees Unterstützung leisten.

Das MfS engagierte sich erst intensiv in der Kampagne Moskaus gegen Sacharow und das westliche Komitee, als die KPdSU die SED-Führung 1977 um Hilfe bei der Verhinderung der geplanten Anhörung des Komitees in Rom und der von Sacharow unterstützten Biennale der Dissidenz in Venedig bat. Das MfS erhielt nun Aufforderungen von KGB und SED – das heißt von beiden seiner »Herren« –, Maßnahmen zu ergreifen. Der Resident der HV A in Rom Ingolf

189 Siehe Selvage; Süß: Staatssicherheit und KSZE-Prozess, S. 145–157.

Hähnel, die von ihm geführten IM sowie der für die HVA/X als IM erfasste ADN-Korrespondent Gerhard Helmut Feldbauer führten Einflussgespräche mit Vertretern des Vatikans, der KPI und anderen politischen Parteien, um sie von einer Teilnahme an der Sacharow-Anhörung beziehungsweise der Biennale oder anderweitiger Unterstützung abzuhalten. Sie trugen auch zur Aufklärung der Pläne verschiedener Politiker der KPI im Zusammenhang mit der Anhörung sowie der Unterstützung einer der Sozialistischen Partei Italiens nahestehenden Stiftung für die beiden von Moskau ungewollten Veranstaltungen bei. Die Gegenmaßnahmen der »Bruderparteien« und »-organe« hatten nur teilweise Erfolg. Auf der einen Seite führte der Druck des Ostens zu einer offiziellen Distanzierung der KPI-Führung von beiden Veranstaltungen. Anders als von Sacharow sowie den Organisatoren beabsichtigt, übten sie fast keinen Einfluss auf das laufende KSZE-Nachfolgetreffen im benachbarten Jugoslawien aus. Auf der anderen Seite versursachte der politische Druck des Ostens auf Italien eine Gegenreaktion, indem die italienische Regierung gezwungen wurde, beide Veranstaltungen in Schutz zu nehmen und zu unterstützen. Trotz der offiziellen Politik der KPI-Führung nahmen auch viele führende Politiker der KPI an beiden teil.

Nach den Veranstaltungen in Italien und der Verbannung Sacharows und Bonners nach Gorki Anfang 1980 trug das MfS nach heutigen Kenntnissen wenig zur weiteren Diskreditierung Sacharows durch den KGB bei. Die Repressionsmaßnahmen des KGB gegen Sacharow ebenso wie die früheren gegen die sowjetischen Helsinki-Gruppen stellten sich aber als Bumerang heraus. Indem Moskau diese Verfechter der Menschenrechte unterdrückte, machte es aus ihnen Märtyrer, die umso mehr von westlichen Medien und Politikern thematisiert wurden. Die Gegenpropaganda Moskaus und des Ostens insgesamt vermochte damit nicht zu konkurrieren.

Mieszko Jackowiak
unter Mitarbeit von Georg Herbstritt

Der rumänische Sonderweg der 1960er- und 1970er-Jahre im Blick von KGB und Stasi[1]

Das sozialistische Rumänien war seit den frühen 1960er-Jahren bekanntermaßen ein »Sorgenkind« des Ostblocks gewesen. Das Land orientierte sich damals wirtschaftlich in Richtung Westen; im ideologischen Konflikt zwischen der Sowjetunion und China um die Vorherrschaft in der kommunistischen Welt verweigerte es der Sowjetunion die Gefolgschaft, was im April 1964 in einer Art Unabhängigkeitserklärung der Rumänischen Arbeiterpartei (RAP) gipfelte. Im Januar 1967 vereinbarte Rumänien ohne Rücksprache mit seinen Verbündeten und entgegen deren Wollen die Aufnahme voller diplomatischer Beziehungen mit der Bundesrepublik Deutschland. Im August 1968 verurteilte der rumänische Parteichef Nicolae Ceauşescu öffentlich die Militärintervention des Warschauer Pakts in der Tschechoslowakei. Bereits seit Mitte der 1960er-Jahre deutete die rumänische Führung territoriale Ansprüche gegenüber der Sowjetunion in Bessarabien (Moldauische Sowjetrepublik) an. Später äußerte sie immer wieder Austrittsabsichten aus dem Warschauer Pakt, nachdem die sowjetischen Truppen sich schon 1958 aus Rumänien zurückgezogen hatten. Die Sowjetunion als Hegemonialmacht war angesichts dieser Entwicklung herausgefordert, um ihren Einfluss auf das südosteuropäische Land nicht zu verlieren.

Der vorliegende Aufsatz geht der Frage nach, wie das ostdeutsche Ministerium für Staatssicherheit und der sowjetische Geheimdienst KGB auf den rumänischen Sonderweg reagierten und welche Anstrengungen sie unternahmen, um die sowjetische Vormachtstellung gegenüber Rumänien zu sichern. Im Mittelpunkt der Untersuchung stehen auf Rumänien bezogene ostdeutsche Stasi-Akten aus dem Berliner Stasi-Unterlagen-Archiv und KGB-Informationen, die aus den Aufzeichnungen des sogenannten Mitrochin-Archivs stammen.[2] Im Laufe dieser

1 Eine frühere Version dieses Kapitels erschien auf Rumänisch: Jackowiak, Mieszko, unter Mitarbeit von Georg Herbstritt: Cursul deosebit al României anilor 1960 şi 1970 din perspectiva KGB şi Stasi. Perspective din »Arhiva Mitrohin« şi din documentele spionajului din cadrul Ministerului Securităţii Statului (Stasi, MSS) din RDG [Der Sonderweg Rumäniens in den 1960er- und 1970er-Jahren aus Sicht des KGB und der Stasi. Perspektiven aus dem »Mitrohin-Archiv« und aus den Spionagedokumenten des Ministeriums für Staatssicherheit (Stasi, MfS) der DDR]. In: Caietele CNSAS XI (2018) 1 (21), S. 251–298.

2 Dem Autor dieses Beitrages standen die (in russischer Sprache verfassten) Mitrochin-Dokumente fast vollständig zur Verfügung. Lediglich in die Mappen »Socialistic Countries«,

Arbeit wurde deutlich, dass das Mitrochin-Archiv sehr viel mehr Informationen mit Bezug auf Rumänien enthält als bisher bekannt. 1999 erschien in deutscher Sprache das von Christopher Andrew und Wasilij Mitrochin herausgegebene *Schwarzbuch des KGB. Moskaus Kampf gegen den Westen*, das eine breit angelegte Auswertung des Mitrochin-Archivs darstellt. Doch Rumänien wird in diesem Buch nur flüchtig im Zusammenhang mit der KGB-Maßnahme »Progress« in den sozialistischen Ländern erwähnt. Dasselbe gilt auch für andere ehemals sozialistische Länder in Ostmittel- und Südosteuropa.

Die auf Rumänien bezogenen Abschriften und Exzerpte des Mitrochin-Archivs reichen von den 1920er-Jahren bis in die 1980er-Jahre. Der nachfolgende Beitrag beschränkt sich auf die 1960er- und 1970er-Jahre als Untersuchungszeitraum, da in diesen zwei Jahrzehnten der sowjetisch-rumänische Konflikt besonders ausgeprägt war.

Es gibt mindestens zwei Gründe dafür, von einer bilateralen zu einer multilateralen Perspektive zu wechseln: Zum einen lässt sich auf diese Weise erkennen, welche Schritte des KGB Alleingänge und welche mit den verbündeten Geheimdiensten abgestimmt waren, und ob es womöglich auch unterschiedliche Vorgehensweisen von KGB und MfS gegenüber Rumänien gab. Zum anderen dienen die Stasi-Akten dazu, die Mitrochin-Unterlagen quellenkritisch zu prüfen. Zwei Ergebnisse dieser Herangehensweise seien hier vorab kurz genannt: Die Aufzeichnungen Mitrochins erwiesen sich als zuverlässig oder zumindest als plausibel. Zugleich zeigte sich, dass der KGB bei der Informationsbeschaffung teilweise oberflächlich vorging und daher auch Gerüchte und Mutmaßungen in die Mitrochin-Unterlagen Eingang gefunden haben. Zu bedenken ist schließlich noch, dass die Mitrochin-Unterlagen nur bruchstückhaften Einblick in das KGB-Archiv bieten.

Abzug der KGB-Berater aus Rumänien 1963 und weitgehende Einstellung der Zusammenarbeit KGB – Securitate

Im Januar 1963 schickte Sergej Nikolajewitsch Kartaschow aus Bukarest einen Bericht an die KGB-Zentrale nach Moskau. Kartaschow, der sich von September 1960 bis November 1963 als Mitarbeiter der Auslandsspionage des KGB in Rumänien aufhielt, informierte darin über einen heftigen Konflikt mit dem verbündeten rumänischen Geheimdienst, der Securitate. Sein Rapport ist zeitlich das erste Dokument in den Mitrochin-Unterlagen, das von einem Zerwürfnis zwischen KGB und Securitate kündet sowie von dem Streben der Securitate, die

Teil 1 und 2, war ein Einblick bis jetzt nur teilweise möglich. Alle Übersetzungen in diesem Beitrag aus der russischen, rumänischen, polnischen und englischen Sprache ins Deutsche stammen vom Autor dieses Beitrages.

Unterordnung unter den KGB zu beenden.[3] Kartaschows Bericht zufolge habe der rumänische Innenminister und Securitate-Chef Alexandru Drăghici ihm gegenüber in deutlichen Worten sein Missfallen über das Agieren des KGB-Apparates in Rumänien ausgedrückt. Den unmittelbaren Anlass hierfür schilderte Kartaschow wie folgt: Innerhalb der Securitate habe es seit den 1950er-Jahren bis Ende 1962 eine Dokumentationsgruppe gegeben, die im Auftrag des KGB Urkunden und Dokumente besorgt habe, um damit Illegale (Agenten) mit einer neuen Identität auszustatten. Dabei habe es eine kleine Panne gegeben, von der Drăghici 1962 erfahren habe und die er – neben Anderem – nun dazu genutzt habe, ihm, Kartaschow, in einem Gespräch am 11. Januar 1963 schwere Vorwürfe zu machen. Drăghici habe ihm »in einer schroffen Form mit[geteilt], dass er es für äußerst unzulässig und regelwidrig halte, dass die einstige Dokumentationsgruppe [der Securitate] ihre Arbeit ausschließlich auf Befehl eines sowjetischen Offiziers für Sonderaufgaben erfülle. Dieser habe rumänische Offiziere nach eigenem Ermessen befehligt und alle Maßnahmen ohne Drăghicis Wissen durchführen lassen.« Wörtlich habe Drăghici ihm empört gesagt: »Mir ist nicht klar, wie man einem einfachen sowjetischen operativen Mitarbeiter Vertrauen entgegenbringen kann und mir, der einen solchen Posten bekleidet, nicht vertraut.« Im selben Gespräch habe sich Drăghici beklagt, dass rumänische Bürger, die an der Atomforschung beteiligt seien, mithilfe dieser Dokumentationsgruppe von sowjetischen Genossen bearbeitet worden seien. Drăghici habe dies als eine Einmischung in die inneren Angelegenheiten Rumäniens betrachtet.[4]

Kartaschows Bericht zufolge erfuhr der KGB von den beiden operativen Mitarbeitern der Hauptabteilung I (Direcţia I, Auslandsspionage) der Securitate, Modovan[5] und Vidican, dass der Leiter der Abteilung »N«[6] der Securitate Raceu

3 MITN 2/20, Bl. 30–32. Die vom Churchill Archives Centre vorgeschlagene Zitierweise für das Mitrochin-Archiv lautet MITN (als Kurzform des Namens Mitrochin) und wird im Folgenden so zitiert. Zu mehr Details siehe https://archivesearch.lib.cam.ac.uk/repositories/9/resources/1716/collection_organization (letzter Zugriff: 20.7.2021). S. N. Kartaschow war in den 1950er-Jahren für die Kontaktaufnahme zu »Bruderorganen« in den sozialistischen Ländern und die Bearbeitung der in diesen lebenden sowjetischen Kolonien zuständig. Vgl. Pawlikowicz, Leszek: Aparat centralny 1. Zarządu Głównego KGB jako instrument realizacji globalnej strategii Kremla 1954–1991 [Der zentrale Apparat der I. Hauptverwaltung des KGB als Instrument der Realisierung einer globalen Strategie des Kreml 1954–1991]. Warschau 2013, S. 278 sowie Petrow, Nikita: Kto rukowodili organami gosbesopasnosti, 1941–1954. Sprawotschnik [Wer leitete die Staatssicherheitsorgane 1941–1954. Das Lexikon]. Moskau 2010. S. 446.

4 Vgl. MITN 2/20, Bl. 31.

5 Im Original: Модован; denkbar ist allerdings auch die Namensversion »Moldovan«, die im Rumänischen häufiger vorkommt.

6 Die Einheit »N« konnte weder innerhalb der Direcţia I noch in den Strukturen der Securitate identifiziert werden. Möglich ist, dass Mitrochin in seinen Abschriften für Einheiten ausländischer Geheimdienste die lateinische Transkription angewandt hatte; dann wäre aus dem lateinischen »H« ein kyrillisches »N« geworden, das für die für die Chiffrierung zuständige Abteilung stünde. Leiter der angenommenen Abteilung H innerhalb der Direcţia I der Securitate könnte folglich

jüngst beauftragt worden sei, einen Sondervorgang zu eröffnen. In den Sondervorgang seien Materialien und sowjetische Ersuchen auf der Linie »N« eingeflossen. Ohne schriftliche Genehmigungen des rumänischen (Innen-)Ministers hätten keine Maßnahmen auf der Linie »N« durchgeführt werden dürfen. Auf diese Weise seien alle Tätigkeiten der sowjetischen Aufklärung unter rumänische Kontrolle geraten. In seinem Bericht vom Januar 1963 konstatierte Oberst Kartaschow angesichts dieser Entwicklung verzweifelt: »Wir wurden außerstande gesetzt, die Ausführung unserer Maßnahmen zu überwachen und die notwendige Konspiration zu gewährleisten. Dies stellt eine Gefahr für unsere Reservisten[7] dar.« Und weiter: »Alle Aktionen des [rumänischen] Innenministeriums zielen darauf, Vertreter der Staatssicherheitsorgane der UdSSR von operativen Tätigkeiten der eigenen [rumänischen] Organe zu isolieren und Kontakte mit deren Mitarbeitern zu beenden.«[8]

Wie Kartaschow in seinem Bericht weiter meldete, waren bereits am 7. Januar 1963 die beiden KGB-Mitarbeiter Nagarnjak und Jakow Pawlowitsch Skomorochin zum Chef der rumänischen Auslandsspionage Nicolae Doicaru zitiert worden. Auch in diesem Gespräch sei es um eine kleine, schon vier Jahre zurückliegende Operation der Dokumentationsgruppe der Securitate gegangen. Doicaru habe sich im Auftrag Drăghicis über die Arbeit des KGB-Apparats in Rumänien beschwert: »Der [Innen-]Minister ist mit Ihnen unzufrieden!« Als Folge dieser Gespräche sei Nagarnjak abberufen und vom operativen Mitarbeiter Lapkin abgelöst worden.[9]

Dumitru Raceu gewesen sein. Zu dessen Laufbahn siehe auf Rumänisch: http://www.cnsas.ro/documente/cadrele_securitatii/RACEU%20DUMITRU.pdf (letzter Zugriff: 20.7.2021).

7 Bei dem Begriff »Reservisten« handelt es sich im KGB-Jargon um aktive und nicht um in die Reserve zurückgezogene Mitarbeiter des Komitees, wie der Begriff auf Deutsch suggeriert. In seinem Lexikon der KGB-Begriffe unterscheidet Mitrochin zwischen der aktiven und der Sonderreserve des KGB. Zu Details siehe Mitrokhin: The KGB-Lexicon, S. 30, 92, 128. Aus dem zitierten Text geht nicht hervor, welche Art von Reservisten gemeint ist.

8 Vgl. MITN 2/20, Bl. 31 f.

9 Der Wortlaut des Berichts von Kartaschow und der Gespräche Drăghicis und Doicarus mit den KGB-Mitarbeitern in: MITN 2/20, Bl. 30–32. Bei den vorgeladenen KGB-Mitarbeitern handelte es sich um Skomorochin und den nicht näher identifizierbaren Nagarnjak. Obwohl Mitrochin nur den Familiennamen »Skomorochin« notiert, identifizierte der KGB-Überläufer Anatolij Golizyn ihn mit Vor- und Familiennamen als KGB-Mitarbeiter in Rumänien seit 1960. Skomorochin habe den rumänischen »Genossen« mit der Arbeit in Richtung Westen geholfen. Siehe Golitsyn, Anatoli: New Lies for Old: The Communist Strategy of Deception and Disinformation. Atlanta 1990, S. 186, 372. Nach Mitrochin habe Skomorochin während dieser Jahre als eine der Verbindungen für den in Italien tätigen sowjetischen Illegalen »Pik«, Aleksandr Wasil'ewitsch Subbotin, gedient. Im Dezember 1963 habe die rumänische Aufklärung den KGB – vielleicht Skomorochin – gewarnt, dass »Pik« offenbar bei der italienischen Abwehr aufgeflogen war. Subbotin sei anschließend in die Sowjetunion zurückbeordert worden. Siehe MITN 2/16/2, S. 90, Eintrag 285. Ab 1964 war Skomorochin Leiter der 11. Abteilung der I. HV, zuständig für Beziehungen mit den sozialistischen Ländern und von 1968 bis 1973 Leiter der KGB-Verbindungsgruppe »Narew« zum polnischen Innenministerium. Siehe die Angaben von Mozohin (http://shieldandsword.mozohin.ru/personnel/skomorohin_ya_p.htm) (letzter Zugriff:

Kartaschows Bericht in den Mitrochin-Unterlagen fügt sich nahtlos in andere Archivüberlieferungen ein, sodass ihm ein hohes Maß an Glaubwürdigkeit zu bescheinigen ist. Zu erwähnen sind in diesem Zusammenhang vor allem die damaligen Stenogramme und Berichte der Politbürositzungen der RAP. Die rumänischen Historiker Luminiţa und Florian Banu kommen unter anderem auf der Grundlage dieser Stenogramme zu dem Ergebnis, dass Innenminister Drăghici im Laufe des Jahres 1962, der politischen Linie von Parteichef Gheorghe Gheorghiu-Dej folgend, einen Konflikt mit den in seinem Ministerium tätigen KGB-Beratern initiiert habe.[10] Des Weiteren geht aus einem Bericht von Innenminister Drăghici an das Ministerkabinett hervor, dass es am 24. September 1962 zu einem Gespräch zwischen ihm und dem sich in Rumänien gerade zu diesem Zeitpunkt aufhaltenden damaligen Ersten stellvertretenden Leiter des KGB Pjotr Iwanowitsch Iwaschutin kam.[11] In diesem Gespräch wurde der Stand der Zusammenarbeit zwischen den beiden Geheimdiensten erörtert. Dieser war für beide Seiten unbefriedigend. Aus Iwaschutins Formulierungen geht hervor, dass die Zusammenarbeit seitens der Securitate in der letzten Zeit nachließ, während man »in diesem Kampf [gegen den Imperialismus] einig sein [muss] und sich nicht voneinander isolieren [darf], denn dann profitieren die Imperialisten«. Auf diesen Vorwurf reagierte der rumänische Innenminister prompt und fragte Iwaschutin, ob er den Eindruck hätte, dass die Rumänen nicht gegen die Imperialisten kämpfen würden. In die Defensive gedrängt, antwortete Iwaschutin, dies sei nicht der Fall, aber hier »ist nicht die Rede davon, dass Sie nicht arbeiten […], sondern dass der [rumänische Geheimdienst-]Apparat nicht arbeitet wie er soll«. Daraufhin antwortete Drăghici »[W]ir isolieren uns nicht und haben es auch nicht vor.« Er betonte, dass die Rumänen »damit einverstanden [sind], in allen Bereichen unter den Bedingungen der Gleichheit zusammenzuarbeiten«, und er erklärte, er sei »gegen Zustände der Ungleichheit oder fehlender Gegenseitigkeit zwischen unseren Organen«. Er warf Iwaschutin vor, dass der KGB über Kenntnisse des rumänischen Agentennetzes und Decknamen rumänischer

20.7.2021) sowie Bagieński, Witold: The Polish People's Republic and KGB Intelligence Cooperation After 1956. In: Securitas imperii 37 (2020) 2, S. 70–84, hier 74.

10 Banu, Luminiţa; Banu, Florian: Consilierii sovietici şi activitatea organelor represive ale regimului comunist din România [Die sowjetischen Berater und die Tätigkeit der Unterdrückungsorgane des kommunistischen Regimes in Rumänien]. In: Analele Universităţii »Dunărea de Jos« Galaţi, Seria 19, Istorie, Bd. VII, 2008, S. 197–222, hier 216.

11 Den ausführlichen Bericht über das Gespräch fertigte Drăghici am 26.9.1962 an. Ein Original liegt in den Nationalarchiven Rumäniens unter: ANIC, Fond CC al PCR – Secţia Administrativ-Politică, dosar 13/1962 ff. 1–6, vor. Der Inhalt und die im Folgenden angebrachten Zitate aus dem Gespräch stammen aus dem Wortlaut des erwähnten Dokuments, das abgedruckt ist in: Berindei, Mihnea; Dobrincu, Dorin; Goşu, Armand (Hg.): Istoria Comunismului din România. Documente. Perioada Gheorghe Gheorghiu-Dej (1945–1965) [Die Geschichte des rumänischen Kommunismus. Dokumente. Die Ära Gheorghe Gheorghiu-Dej (1945–1965)]. Bukarest 2009, S. 752–755.

Agenten verfüge, was für Drăghici eine klare Überschreitung der Zusammenarbeit zwischen den beiden Organen darstellte. Als ein anderes Beispiel führte er den Fall des zu Doicaru zitierten Mitarbeiters des KGB-Apparats in Rumänien, Skomorochin, an. Dieser habe eine Liste von rumänischen Agenten in New York an KGB-Offiziere preisgegeben, was deren Arbeit gefährden konnte. Des Weiteren sei vier Jahre zuvor ein rumänischer Agent in Österreich aufgeflogen, womöglich wegen Versäumnissen des KGB. Dann erinnerte Drăghici daran, dass der KGB nach 1958 fünf Mann samt dem technischen Apparat in Rumänien belassen habe und äußerte gegenüber Iwaschutin den Verdacht, »wahrscheinlich verfolgen die sowjetischen Genossen hier bestimmte Interessen und bestimmte Angelegenheiten, wovon wir nichts wissen sollen. Wahrscheinlich misstrauen sie uns und aus diesem Grund brauchen sie diesen Apparat hier, denn für uns war dieser nie eine Hilfe und wird es auch nie sein können.«[12]

Luminița und Florian Banu zufolge wurde auch der sowjetische Botschafter in Rumänien Iwan Kus'mitsch Shegalin[13] von der rumänischen Führung in den Konflikt hineingezogen und habe den KGB in Moskau darüber informiert. Der KGB-Vorsitzende Wladimir Semitschastnyj habe Drăghici daraufhin in einem Schreiben mitgeteilt, er sei bereit, die KGB-Berater aus Rumänien abzuziehen. Dazu sei es aber 1962 noch nicht gekommen.[14] Während einer Sitzung des Politbüros der RAP am 13. Mai 1963 habe sich Drăghici zum wiederholten Male über die Arbeit des KGB-Apparates in Rumänien beschwert. Er habe 18 weitere konkrete Fälle angesprochen, in denen der KGB versucht habe, »unsere Arbeit zu stehlen«. Im Anschluss an Dejs Gespräch mit Shegalin betonte Drăghici gegenüber einem der KGB-Berater in Bukarest, dass in der Zusammenarbeit mit dem KGB keinesfalls von Gegenseitigkeit die Rede sein könne.[15] Die Dokumente aus dem rumänischen Parteiarchiv belegen darüber hinaus, dass damals vor allem Innenminister Drăghici die Auseinandersetzung mit dem KGB zu führen hatte, während Parteichef Gheorghiu-Dej sich im Hintergrund halten wollte.[16] Noch im Frühjahr

12 Ebenda, S. 753 f.

13 Iwan Shegalin [rumänische Schreibweise: Jegalin] war von 1960 bis 1965 Botschafter der UdSSR in Rumänien. Vgl. Negru Gheorghe; Negru Elena: »Cursul deosebit« al României și supărarea Moscovei. Disputa sovieto-română și campaniile propagandistice antiromânești din RSSM (1965–1989). Studiu și documente, Vol. 1 (1965–1975) [Der »Sonderkurs« Rumäniens und der Ärger Moskaus. Die sowjetisch-rumänische Auseinandersetzung und die antirumänischen Propagandakampagnen aus der M[oldauischen] SSR 1965–1989. Studie und Dokumente, Bd. 1 (1965–1975)]. Chișinău 2013, S. 14, Anm. 10.

14 Banu; Banu: Consilierii sovietici, S. 216.

15 Vgl. ebenda, S. 216 f. sowie das Sitzungsstenogramm des Politbüros [der Rumänischen Arbeiterpartei] vom 13. Mai 1963 in: Retegan, Mihai: Război politic în blocul comunist. Relații româno-sovietice în anii șaizeci. Documente [Der politische Krieg im kommunistischen Block. Die rumänisch-sowjetischen Beziehungen in den 1960er-Jahren. Dokumente]. Bukarest 2002, S. 241–272, hier 253 f.

16 Vgl. Retegan: Război politic, S. 258.

1963, so Luminița und Florian Banu, verließen die letzten KGB-Berater infolge des rumänischen Drängens schließlich das Land. Auch aus anderen rumänischen Institutionen seien damals die letzten Sowjetberater abgezogen worden; nur im Verteidigungsministerium hätten sie vorerst noch bleiben dürfen.[17]

Vor dem Hintergrund dieser rumänischen Aktenüberlieferung erscheint ein Eintrag in den Mitrochin-Unterlagen aus dem Jahr 1967 plausibel, in dem es heißt:

> Im Juli 1963 wurde auf Wunsch der rumänischen Seite die KGB-Vertretung beim Innenministerium Rumäniens aufgelöst. Danach fand ein knapper Austausch von Informationen in außenpolitischen, militärischen und operativen Fragen statt. Es wurden Glückwünsche und Grüße ausgetauscht, es fand ein Austausch von sich erholenden Mitarbeitern des KGB und des Rates für Staatssicherheit statt.[18]

In den Mitrochin-Unterlagen stehen diese beiden Sätze ohne einen weiteren Kontext. Offenkundig steht dieses Zitat in direktem Zusammenhang mit einer Besprechung der Führungsebenen von KGB und MfS. Diese Schlussfolgerung legt ein Dokument ebenfalls aus dem Jahr 1967 nahe, das sich in den MfS-Unterlagen erhalten hat und inhaltlich identische Feststellungen trifft. Es handelt sich um einen Aktenvermerk von Markus Wolf, dem Leiter der MfS-Auslandsspionage (Hauptverwaltung A). Wolf hatte an der Besprechung der MfS-Führung unter Leitung von Minister Erich Mielke vom 3. bis 6. April 1967 mit der KGB-Führung in Moskau teilgenommen und protokollierte den Gesprächsverlauf. Seitens des KGB nahmen unter anderem dessen Vorsitzender Wladimir Semitschastnyj, die Leiter der I. und II. Hauptverwaltungen Aleksandr Sacharowskij und Sergej Bannikow sowie der KGB-Bevollmächtigte beim MfS und MdI der DDR Iwan Fadejkin teil. Wolfs Aktenvermerk zufolge informierte die KGB-Führung unter anderem über die Beziehungen zur Securitate. Seit 1963 gebe es keinen KGB-Vertreter mehr beim rumänischen Geheimdienst. Die Zusammenarbeit beschränke sich auf einen »sporadischen Informationsaustausch außenpolitischer und militärischer Informationen«, der über die rumänische Botschaft in Moskau abgewickelt werde. Ferner würden je 20 Mitarbeiter des KGB und der rumänischen Staatssicherheit zum Erholungsurlaub in das jeweils andere Land reisen.[19]

Die inhaltliche und zeitliche Übereinstimmung dieser Mitrochin-Aufzeichnung mit dem Aktenvermerk Markus Wolfs belegt wiederum die Zuverlässigkeit der Mitrochin-Überlieferung. Erkennbar wird an dieser Stelle außerdem, dass der

17 Banu; Banu: Consilierii sovietici, S. 217.

18 MITN 2/20, Bl. 94, Eintrag 173. Mit »Rat für Staatssicherheit« wurde zwischen 1967 und 1972 das Führungsgremium der Securitate bezeichnet, rumänisch »Consiliul Securității Statului«.

19 Der Aktenvermerk Wolfs samt vollständiger Teilnehmerliste in: BArch, MfS, SdM Nr. 1432, Bl. 1–11, die oben wiedergegebenen Aussagen über Rumänien ebenda, Bl. 8. Zur Funktion Fadejkins zu diesem Zeitpunkt siehe BArch, MfS, SdM Nr. 1435, Bl. 514. Vgl. auch Herbstritt, Georg: Entzweite Freunde. Rumänien, die Securitate und die DDR-Staatssicherheit 1950–1989. Göttingen 2016, S. 128.

rumänische Sonderweg und die Position der Securitate nicht nur ein bilaterales sowjetisch-rumänisches Problem darstellten, sondern dass auch verbündete Geheimdienste wie das MfS vom KGB darüber in Kenntnis gesetzt wurden.

Wie inzwischen aus der Fachliteratur bekannt ist, stellte der rumänische Sonderweg auch für andere sozialistische Geheimdienste eine Herausforderung dar. Zwei Untersuchungen über die bilateralen Beziehungen der Securitate zum ungarischen beziehungsweise ostdeutschen Geheimdienst kommen unabhängig voneinander zu dem Ergebnis, dass die Zusammenarbeit der Securitate mit diesen beiden Geheimdiensten im Frühjahr 1964 vorübergehend unterbrochen und später nur in begrenztem Umfang wieder aufgenommen wurde, um dann Ende der 1960er-/Anfang der 1970er-Jahre endgültig zum Erliegen zu kommen – von punktuellen Ausnahmen abgesehen. Als Auslöser für diesen Riss von 1964 sehen sie die schon erwähnte Unabhängigkeitserklärung (»Aprildeklaration«) der RAP vom April 1964.[20]

Die Mitrochin-Unterlagen in Verbindung mit der rumänischen Gegenüberlieferung lassen erkennen, dass der Konflikt zwischen Securitate und KGB spätestens 1962 virulent wurde. Und 1963 ist nicht nur das Jahr, in dem die sowjetischen Geheimdienstberater aus Rumänien verwiesen wurden, sondern es stellt eine grundsätzliche Zäsur in der Zusammenarbeit zwischen den Geheimdiensten beider Länder dar. Ausdruck dessen war der Versuch der Securitate, unabhängig vom KGB beziehungsweise auf gleicher Augenhöhe mit diesem zu handeln. Spätere Datierungen für den Abzug der KGB-Berater, die in der Literatur zu finden sind, beziehen sich mit großer Wahrscheinlichkeit auf den Rückzug der sowjetischen Militärberater aus Rumänien.[21]

20 Zum ungarischen Geheimdienst Staatsschutzbehörde (*Államvédelmi Hatóság*, ÁVH) siehe Bottoni, Stefano: »Freundschaftliche Zusammenarbeit«. Die Beziehungen der Staatssicherheitsdienste Ungarns und Rumäniens 1945 bis 1982. In: Halbjahresschrift für südosteuropäische Geschichte, Literatur und Politik 24 (2012) 1–2, S. 5–27, insbes. 17; ders.: Zögernde Spione. Die ungarische Staatssicherheit und Rumänien 1975–1989. In: Halbjahresschrift für südosteuropäische Geschichte, Literatur und Politik 25 (2013) 1–2, S. 5–37. Zum ostdeutschen MfS siehe Herbstritt: Entzweite Freunde, S. 499 f. u. ö. Deutlich früher setzt hingegen Wadim Kirpitschenko, ehemaliger Leiter der Verwaltung »S« [Illegale] des KGB, das Auseinanderdriften von KGB und Securitate an. Er schreibt in seinen Memoiren, dass der KGB bereits seit Ende der 1950er-Jahre über keine regulären Kontakte mehr zum rumänischen Geheimdienst verfügte. Zu Details siehe Kirpitschenko, Wadim: Raswedka. Liza i litschnosti [Die Aufklärung. Gesichter und Persönlichkeiten]. Moskau 2001, S. 230.

21 Der britische Rumänienexperte Dennis Deletant, der sich auf den Securitate-Überläufer Ion Pacepa bezieht, gibt den Dezember 1964 für den Rückzug der sowjetischen Geheimdienstberater aus Rumänien an. Zu Details siehe Deletant, Dennis: Romania under communist rule. Bukarest 1998, S. 144 f. Der Begriff »Berater« wird in vielen Fällen nicht eindeutig gebraucht, doch offenkundig ging es im Dezember 1964 um die sowjetischen Militärberater, derer Anzahl 1958 nach dem Rückzug der sowjetischen Truppen aus Rumänien reduziert wurde, wobei die letzten sowjetischen Militärberater Rumänien 1964 endgültig verließen.

Noch unerforscht ist die Frage, welchen Anteil der KGB daran hatte, dass die Zusammenarbeit der Securitate mit den Geheimdiensten Ungarns und der DDR 1964 unterbrochen wurde. Übte der KGB Druck auf seine Verbündeten aus, entschieden diese selbstständig oder war es gar die rumänische Seite, die sich im Frühjahr 1964 von den »Bruderorganen« zurückzog?

Die hier skizzierte Zäsur markierte jedoch noch keinen vollständigen Bruch der geheimdienstlichen Kontakte. Darauf weisen bereits die beiden Untersuchungen mit Bezug auf Ungarn und die DDR hin.[22] Und in den Mitrochin-Unterlagen belegt der folgende Eintrag weiterbestehende Kontakte:

> Während eines Treffens von Vertretern der Staatssicherheitsdienste sozialistischer Länder in Budapest vom 24. bis 27. Juni [sic!] 1967 wurde die Arbeit gegen den Vatikan erörtert. Aufgrund der isolierten Position der Vertreter des rumänischen Innenministeriums weigerte sich der Vertreter Rumäniens, das Sitzungsprotokoll zu unterzeichnen. Im Nachhinein setzte er doch seine Unterschrift.[23]

Aus dem bulgarischen Geheimdienstarchiv geht hervor, dass die rumänische Seite das Protokoll erst im Februar 1968, nach einer vorherigen Mahnung des bulgarischen KfS, unterzeichnete und an die Bulgaren zurückschickte.[24]

Mitrochins Notiz über dieses Konsultativtreffen weist einerseits darauf hin, dass die Securitate unter den sozialistischen Geheimdiensten die Rolle des Renegaten spielte beziehungsweise spielen wollte. Andererseits ist die Teilnahme der rumänischen Geheimpolizei an diesem Treffen ein Beleg dafür, dass der Bruch der Zusammenarbeit mit den anderen sozialistischen Geheimdienstorganen zu dieser

22 MfS und Securitate beteiligten sich bis Ende der 1960er-Jahre am geheimdienstlichen Urlauberaustausch. Die Securitate lieferte noch bis 1973 sporadisch Informationen an das MfS und Glückwunschtelegramme zum Jahreswechsel oder zu Staatsfeiertagen wurden noch bis in die 1980er-Jahre ausgetauscht. Bis 1973 wurden auch vereinzelt gemeinsame Operationen im Interesse beider Institutionen bzw. Staaten durchgeführt. Herbstritt: Entzweite Freunde, S. 127 f. u. ö. Die Geheimdienste Ungarns und Rumäniens schlossen 1967 und 1972 sogar Kooperationsabkommen, die aber nicht mehr in die Praxis umgesetzt wurden. Vgl. hierzu Bottoni: »Freundschaftliche Zusammenarbeit«, S. 20–23.

23 Vgl. MITN 2/20, Bl. 93, Eintrag 171. Im Original datierte Mitrochin diese Tagung auf den Juni 1967, während sie in Wirklichkeit vom 24. bis 27. Juli 1967 stattfand. Siehe das Protokoll dieses Treffens, abgedruckt auf Russisch in: Komisija sa raskriwane na dokumentite i sa objawjawane na prinadleshnost na balgarski grashdani kam Darshawna sigurnost i rasusnawatelnite slushbi na Balgarskata narodna armija (KRDOPBGDSRSBNA) [Kommission zur Erschließung der Dokumente und zur Erklärung der Zugehörigkeit bulgarischer Bürger zur Staatssicherheit und den Aufklärungsdiensten der Bulgarischen Volksarmee (KRDODPBGDSRSBNA)] (Hg.): Darshawna sigurnost i rasusnawatelnite slushbi na stranite ot Istotschnija blok (1944–1989) [Die Staatssicherheit und die Aufklärungsdienste der Ostblock-Länder (1944–1989)]. Sofia 2015, S. 82 f.

24 Vgl. ebenda auf Russisch, S. 81.

Zeit nicht vollständig war und es Versuche von deren Seite gab, die Securitate in die Kooperation weiterhin beziehungsweise wieder einzubeziehen.[25]

Für die rumänische Seite war der Loslösungsprozess vom KGB mit dem Abzug der KGB-Berater 1963 noch nicht beendet. Eine KGB-Analyse ungefähr aus dem Jahre 1967, die Mitrochin aufzeichnete, skizzierte die rumänische Autonomiepolitik der Jahre 1964 bis 1967. Darin hieß es einleitend: »Die Rumänen handeln in Bezug auf die UdSSR und andere sozialistische Staaten nicht auf der Grundlage des Internationalismus, sondern nach dem Prinzip ›zuerst nationale Interessen – und danach das Interesse des sozialistischen Lagers‹.«[26] Die Analyse erwähnt sodann die Personalpolitik Gheorghiu-Dejs und Ceauşescus in der Parteiführung sowie die mit antisowjetischer Tendenz vorgenommene Rehabilitierung ehemaliger Politbüromitglieder durch Ceauşescu. Sodann heißt es in der KGB-Analyse:

> 1964 wurde im ZK der RKP [Rumänischen Kommunistischen Partei] ein Ausschuss gegründet. Er arbeitete streng geheim und befasste sich damit, den Charakter von Beziehungen zwischen Mitgliedern der [Rumänischen Arbeiter-]Partei mit sowjetischen Beratern vom Moment der Befreiung Rumäniens an bis zum jetzigen Zeitpunkt aufzuklären. Dem Ausschuss gehören Stănescu[27], der Chef der Auslandsaufklärung des Innenministeriums [Nicolae] Doicaru und noch drei andere Mitglieder an. Im Laufe der Untersuchung stellte der Ausschuss Fragen wie: ›Wann und unter welchen Umständen wurde der Kontakt zu sowjetischen Genossen aufgenommen?‹, ›Wer wurde in die Zusammenarbeit mit den sowjetischen Sicherheitsorganen einbezogen?‹, ›Mit wem stehen Sie im Kontakt?‹, ›Wann wurde der Kontakt abgebrochen?‹, ›Welche der sowjetischen Genossen, die eine Sonderarbeit in Rumänien durchführen, sind bekannt?‹ und andere konkrete Fragen. Antworten waren in schriftlicher Form abzugeben.[28]

Die rumänische Parteiführung betrachtete demnach seit 1964 Beziehungen ihrer Parteigenossen zu sowjetischen Stellen mit großem Misstrauen. Rumänische Akten

25 Zu dem Konsultativtreffen von 1967 siehe auch Bottoni, Stefano: A special relationship. Hungarian intelligence and the Vatican, 1961–1978. In: Grúňová, Alexandra (Hg.): »NKVD/KGB Activities and its Cooperation with other Secret Services in Central and Eastern Europe 1945–1989«. Bratislava 2008, S. 147–176, hier 160, Anm. 33; Pawlikowicz: Aparat centralny, S. 273 f. Eine Recherche in den MfS-Unterlagen ergab noch keinen Hinweis auf das Konsultativtreffen von 1967.

26 MITN 2/19/2, Bl. 210 f., Eintrag 514.

27 Mit hoher Wahrscheinlichkeit ist hier Ion Stănescu gemeint, der später, von 1967 bis 1972, den Rat für Staatssicherheit (das heißt die Securitate) leitete. Bereits seit 1955 bekleidete er wichtige Posten im Verteidigungsministerium und Innenministerium Rumäniens im Rahmen der Kaderverwaltung des ZK der RAP. 1964 stieg Stănescu in den Parteistrukturen auf und wurde Erster Sekretär des Regionalparteikomitees der RAP in der Region Oltenien. Vgl. Dobre, Florica (Hg.); Neagoe-Pleşa, Elis; Pleşa, Liviu (Autoren): Securitatea. Structuri – cadre. Obiective şi metode. Vol. II (1967–1989) [Die Securitate. Strukturen, Kader, Ziele und Methoden, Bd. 2 (1967–1989)]. Bukarest 2006, S. 765 f.

28 MITN 2/19/2, Bl. 210 f., Eintrag 514.

sind an dieser Stelle noch konkreter und setzen diesbezüglich zudem bereits 1963 an. Das Protokoll der Politbürositzung der RAP vom 30. August 1963 hielt fest, dass Nicolae Ceauşescu damals das Politbüro über die anhaltenden Aktivitäten des KGB in Rumänien informierte. Der KGB unterhalte weiterhin ein Agentennetzwerk in Rumänien und werbe weiterhin rumänische Staatsbürger an, die sowohl in Rumänien als auch im Ausland zum Einsatz kämen. Die rumänische Seite habe diese Sachverhalte bei einer Begegnung mit Nikita Chruschtschow am 23./24. Juni 1963 angesprochen. Ceauşescu berichtete außerdem davon, dass eine Gruppe von Genossen der RAP und des rumänischen Innenministeriums eine ganze Reihe Gespräche mit Leuten geführt hätten, über die Hinweise vorlagen, dass sie dem sowjetischen Agentennetzwerk angehört hätten.[29] Somit bestätigt diese Überlieferung die zuvor zitierte Passage aus den Mitrochin-Aufzeichnungen. Als der rumänische Ministerpräsident Ion Gheorghe Maurer und Politbüromitglied Emil Bodnăraş im Juli 1964 zu politischen Gesprächen in Moskau weilten, beschwerten sich beide offen über das geheime sowjetische Agentennetzwerk in Rumänien. Ihr Gesprächspartner Nikolaj Podgornyi, Präsidiumsmitglied des Zentralkomitees der Kommunistischen Partei der Sowjetunion (KPdSU), bezeichnete diese Anwürfe als gegenstandslos. Schon 1949 sei die Arbeit des sowjetischen Agentennetzwerkes in Rumänien eingestellt worden. Die sowjetische Seite habe den rumänischen Sicherheitsorganen damals sogar die Namen derjenigen mitgeteilt, die in das Netzwerk eingebunden gewesen seien, sodass die Rumänen sie weiter nutzen konnten. Emil Bodnăraş sei darüber im Bilde gewesen. Seit 1963, so Podgornyi vorwurfsvoll, hätten die rumänischen Spionageorgane jede Zusammenarbeit mit den sowjetischen Spionageorganen eingestellt.[30]

Aus der Sicht des KGB und seiner Verbündeten wirkte sich der rumänische Sonderweg aus verschiedenen Gründen nachteilig aus. So endete beispielsweise für das MfS (vorerst) der Informationsaustausch mit der Securitate. Für den KGB erschwerten sich die Arbeitsmöglichkeiten in Rumänien; er konnte beispielsweise nicht mehr wie selbstverständlich auf rumänische Staatsbürger zugreifen. Es liegt auf der Hand, dass die sowjetische Hegemonialmacht dem rumänischen Autonomiestreben auf verschiedenen Ebenen entgegentrat. Dazu zählte auch die geheimdienstliche Ebene.

29 Protokollauszüge von der Sitzung des Politbüros der RAP am 30.8.1963, in englischer Übersetzung aufrufbar unter: http://digitalarchive.wilsoncenter.org/document/117987 (letzter Zugriff: 20.7.2021). Signatur des Originals in den Nationalarchiven Rumäniens: ANIC, fond Comitetul Central al P.C.R., secţia Cancelarie, dosar nr. 44/1963, file 75–82. Der US-amerikanische Forscher Larry L. Watts beziffert das geheime Agentennetz des KGB in Rumänien im Jahr 1963 auf 149 Personen. Er gibt für diese Zahl aber keine Belege an. Vgl. Watts, Larry L.: With friends like these … The Soviet bloc's clandestine war against Romania. Bukarest 2010, S. 196.

30 Protokollauszüge aus den Gesprächen vom 7. bis 14. Juli 1964, in englischer Übersetzung, aufrufbar unter: http://digitalarchive.wilsoncenter.org/document/116569 (letzter Zugriff: 20.7.2021). Signatur des Originals in den Nationalarchiven Rumäniens: ANIC, fond Comitetul Central al P.C.R., secţia Relaţii Externe, dosar nr. 35/1964, vol. II, filele 1–237.

Der rumänische Vorwurf 1963/64 an den sowjetischen Verbündeten, ein verdecktes Agentennetz in Rumänien zu unterhalten, ist plausibel. Denn es ist unwahrscheinlich, dass die rumänische Seite diesen doch heftigen Vorwurf auf höchster politischer Ebene erhob, wenn sie sich in der Sache nicht sicher war. Ungeklärt ist allenfalls, welche Abteilung der I. Hauptverwaltung (Spionage) des KGB zu diesem Zeitpunkt für das Agentennetz zuständig war. Bis 1963 waren die KGB-Berater in Rumänien Mitarbeiter der Abteilung 11 der I. Hauptverwaltung des KGB (Kontakte zu sozialistischen Ländern) gewesen. Spätestens seit 1976 war die Abteilung 5 der I. Hauptverwaltung des KGB,[31] die bis dahin ausschließlich westeuropäische kapitalistische Länder aufklärte, für die Bearbeitung Rumäniens zuständig. Für die Jahre dazwischen fehlen bislang Angaben.[32]

In den Mitrochin-Aufzeichnungen werden zwei rumänische Spitzenfunktionäre als KGB-Agenten namentlich erwähnt. Aus dem Jahre 1971 findet sich folgende Notiz: »Emil Bodnăraş ist stellvertretender Vorsitzender des Staatsrates der SRR [Sozialistischen Republik Rumäniens]. 1971. Früher war er Agent des KGB.«[33] Und über den ersten Securitate-Chef von 1948 bis 1952, Pintilie, notierte Mitrochin ohne Datumsangabe: »›Pantiuscha‹ – Gheorghe Pintilie, ehemaliger 1. Stellvertreter des Innenministers Rumäniens, Generalleutnant, Agent des KGB«.[34] In welcher Zeitspanne und welcher Form die beiden Genannten für den KGB tätig waren, erschließt sich daraus noch nicht. Ihre frühe Anbindung an die sowjetischen Geheimdienste ist indes nicht erst durch Mitrochins Aufzeichnungen bekannt geworden; vielmehr bestätigen Mitrochins Aufzeichnungen frühere Darstellungen, wie etwa die von Dennis Deletant.[35]

31 Die Abteilung 5 der I. Hauptverwaltung des KGB war seit 1971 für die Spionage in Frankreich, den Benelux-Staaten, Italien, der Schweiz, Spanien und Portugal und ab 1976 auch in Griechenland und Irland sowie den abtrünnigen kommunistischen europäischen Ländern Jugoslawien, Albanien und Rumänien zuständig.

32 Zum Aufbau der I. Hauptverwaltung des KGB und deren organisatorisch-strukturellen Änderungen siehe detailliert in: Pawlikowicz: Aparat centralny, S. 83–104, hier 91–95.

33 MITN 2/19/2, Bl. 215, Eintrag 518. Bodnăraş war von 1967 bis zu seinem Tod 1976 stellvertretender Staatsratsvorsitzender.

34 MITN 2/20, Bl. 93, Eintrag 169. Pintilie hieß ursprünglich Pantelei oder Timofei Bodnarenko und trug den Beinamen »Pantiuşa«.

35 Deletant, Dennis: Ceauşescu and the Securitate. Coercion and Dissent in Romania 1965–1989. London 1995, S. 15 f.

KGB und MfS gründen »legale Residenturen« in Bukarest

Die verdeckte Präsenz des KGB in Rumänien wurde um 1966 institutionalisiert, indem der KGB in Bukarest eine Residentur einrichtete; dieses Jahr nennt Mitrochin.[36] An anderer Stelle ergänzt er, dass die Gründung der KGB-Residentur in Bukarest auf einen Beschluss des Politbüros des Zentralkomitees der KPdSU hin vorgenommen worden sei.[37] Bei dieser Residentur handelte es sich um eine legale beziehungsweise legal abgedeckte KGB-Residentur, also um eine getarnte Niederlassung des KGB. Das bedeutete, dass die KGB-Mitarbeiter dieser Residentur als Mitarbeiter der sowjetischen Botschaft getarnt waren und über einen diplomatischen Status verfügten. Die rumänische Seite sollte von dieser diplomatisch getarnten KGB-Residentur nichts wissen und wurde selbstverständlich nicht um Zustimmung gebeten.

Der rumänische Sonderweg bildete insbesondere für den KGB eine Herausforderung, doch auch die anderen sozialistischen Geheimdienste mussten auf diese Entwicklung reagieren. Es ist bemerkenswert, dass sich in den MfS-Unterlagen Dokumente befinden, die inhaltlich den Aufzeichnungen Mitrochins entsprechen. Das legt die Schlussfolgerung nahe, dass das MfS mit geringer zeitlicher Verzögerung den Schritten des KGB folgte und dessen Einschätzungen teilte. Wie und in welchem Umfang die Abstimmung zwischen KGB und MfS im Hinblick auf Rumänien konkret erfolgte, ließ sich bislang aber noch nicht ermitteln.

Ähnlich wie der KGB um 1967 analysierte im Februar 1969 die HVA, also die Auslandsspionageabteilung des MfS, in einem 35-seitigen Papier die Lage in Rumänien und kam zu sehr ähnlichen Befunden: Einleitend stellte die damalige HV-A-Analyse ebenso wie jene des KGB fest, die rumänische KP verfolge eine »rechtsopportunistische nationalistische Linie« und räume der »nationalen Entwicklung« Vorrang ein vor dem »proletarischen Internationalismus und der internationalen Zusammenarbeit der sozialistischen Länder«. Ceauşescu habe es verstanden, »die internationalistischen Kräfte in der Parteiführung zurückzudrängen«.[38] Die HV-A-Analyse verwies auf den »Antisowjetismus« in der rumänischen Politik und

36 Diese Angabe ist unzuverlässig und bedarf einer weiteren Recherche, denn Mitrochin setzt im Original nach der Jahresangabe 1966 ein Fragezeichen in Klammern, was auf eine Ungewissheit seinerseits hindeuten kann. Jedoch stellt diese Information in seinen Aufzeichnungen den einzigen zeitlichen Hinweis auf die Gründung der KGB-Residentur in Bukarest dar. Siehe MITN 2/19/2, Bl. 198, Eintrag 489.

37 MITN 2/18, Bl. 87, Eintrag 328.

38 MfS, HVA, Berlin, 7.2.1969: Die Lage in der Sozialistischen Republik Rumänien und der imperialistische Einfluss in diesem Land; BArch, MfS, ZAIG Nr. 5481, Bl. 1–38, hier 4. Diese HV-A-Analyse ging an Erich Mielke, seinen ersten Stellvertreter Bruno Beater, den für die Bekämpfung von Kirchen, Untergrund und Opposition zuständigen Mielke-Stellvertreter Fritz Schröder und den Leiter der Abteilung X des MfS Willi Damm, der für die Kontakte zu den befreundeten Geheimdiensten zuständig war.

Gesellschaft und bescheinigte der rumänischen Parteiführung eine »destruktive Haltung [...] zur Zusammenarbeit im Warschauer Vertrag und im RGW [Rat für gegenseitige Wirtschaftshilfe]«. Ähnlich wie der KGB bemerkte auch die HV A, dass die rumänischen Behörden damit begonnen hatten, auch die sozialistischen Geheimdienste in den Blick zu nehmen. Die HV A schrieb darüber: »Im Übrigen werden die Sicherheitsorgane [der SRR] nur allgemein auf ›ausländische‹ Subversions- bzw. Spionagetätigkeit orientiert, ohne zwischen sozialistischen und imperialistischen Ländern zu differenzieren.«[39]

In den Monaten als die HV A diese Analyse verfasste, gründete die Securitate eine neue Abteilung, die als Anti-KGB-Einheit bezeichnet wurde. Ihre Aufgabe bestand darin, die Aktivitäten anderer sozialistischer Geheimdienste in Rumänien zu überwachen und gegebenenfalls abzuwehren. Diese Abteilung konzentrierte sich in erster Linie auf die Abwehr von Operationen des KGB und der sowjetischen Militäraufklärung GRU[40] sowie der ungarischen Spionage und erst in zweiter Linie auf die übrigen sozialistischen Spionagedienste, darunter auch die HV A des MfS.[41]

Die Führung der HV A wurde recht früh über die Überwachung der Aktivität der eigenen Residentur durch die Anti-KGB-Einheit der Securitate in Kenntnis gesetzt. Im März 1971 stattete der Chef der rumänischen Auslandsspionage Nicolae Doicaru Ostberlin einen spontanen Besuch ab. In einem Gespräch mit dem Leiter der HV A Markus Wolf berichtete Doicaru diesem über Kontakte von DDR-Bürgern zur BRD-Botschaft und zur einheimischen Bevölkerung in Rumänien. Indirekt – und von Doicaru womöglich beabsichtigt – erfuhr Wolf hierbei, dass auch die Tätigkeit der HV-A-Residentur in Bukarest unter Beobachtung der Securitate stand. In einer Notiz an den Leiter der für internationale Beziehungen zuständigen Abteilung X des MfS Oberst Willi Damm schrieb Wolf im Nachgang zu dem Gespräch mit Doicaru:

> Die von den rumänischen Sicherheitsorganen übergebenen Hinweise zeigen eindeutig, dass die Tätigkeit der DDR-Vertretung und der eingesetzten DDR-Bürger unter starker Kontrolle stehen. Unsere Kontaktpolitik zu rumänischen Bürgern sowie die Verbindungen zu anderen Mitarbeitern nichtsozialistischer Vertretungen werden ständig verfolgt, wobei Beobachtungen und der Einsatz operativer Abhörtechnik offensichtlich zu den bevorzugten Methoden der rumänischen Sicherheitsorgane gehören.[42]

Ein weiterer Hinweis darauf, dass die Rumänen über die Aktivität der HV-A-Residentur in Bukarest gut informiert waren, stammt aus dem Protokoll von

39 Die angeführten Zitate in: ebenda, Bl. 6–8, 17–22.

40 Russisch: Glawnoe Raswedywatel'noe Uprawlenie oder Hauptverwaltung Aufklärung.

41 Vgl. Herbstritt: Entzweite Freunde, S. 184. Diese Abteilung firmierte bis 1978 als Diensteinheit (»Militäreinheit«) U.M. 0920/A, danach als U.M. 110.

42 BArch, MfS, Abt. X Nr. 247, Bl. 219 f. Schreiben von Markus Wolf vom 14.4.1971 persönlich z. H. des Leiters der Abt. X, Genossen Oberst Willi Damm.

Gesprächen, die der stellvertretende Leiter der HVA Horst Jänicke und der Leiter der für legal abgedeckte Residenturen zuständigen HV-A-Abteilung III Werner Prosetzky im Februar 1976 mit Vertretern der Abteilung XVII der I. Hauptverwaltung des bulgarischen Komitees für Staatssicherheit führten. Die beiden HV-A-Vertreter erläuterten ihren bulgarischen Kollegen damals, dass die Regimeverhältnisse für die HV-A-Spionage in Rumänien noch schwieriger seien als in Jugoslawien. Man spüre die örtlichen Einheiten für Spionageabwehr auf Schritt und Tritt, jegliche Versuche, Kontakte aufzunehmen, stünden unter deren Überwachung. Die Rumänen hätten, so Jänicke und Prosetzky, einen Brief an das MfS der DDR geschickt, in dem die gesamte Arbeit der HV-A-Residentur dargelegt gewesen sei. Des Weiteren hätten die Rumänen über eine Aufzeichnung aus dem Gespräch zwischen einem Vertreter der DDR und einem verantwortlichen rumänischen Parteifunktionär verfügt und diese ebenso an das MfS geschickt.[43] Um welche Gesprächspartner es sich dabei gehandelt haben soll, gibt das Protokoll nicht an.

Die vorhin erwähnte HV-A-Analyse vom Februar 1969 kam nicht aus heiterem Himmel. Rumänien war bereits seit 1967 verstärkt ins Visier des MfS und seiner Hauptverwaltung A geraten. 1967 war das Jahr, in dem Rumänien und die BRD diplomatische Beziehungen aufnahmen, was das politische Verhältnis zwischen Ostberlin und Bukarest gravierend verschlechterte.[44] Des Weiteren positionierte sich Rumänien 1967 im Nahostkonflikt anders als seine Verbündeten: Während die übrigen Warschauer-Pakt-Staaten damals die diplomatischen Beziehungen zu Israel abbrachen, erhielt Rumänien sie aufrecht. Im Laufe des Jahres 1967 sandte die HVA an die Partei- und Staatsführung 14 Informationsberichte (»Einzelinformationen«) über Rumänien. Das ist eine außergewöhnlich hohe Zahl, denn in früheren Jahren spielte Rumänien in den Informationen der HVA an die DDR-Führung praktisch keine Rolle. Von diesen 14 Berichten bezogen sich 13 auf wirtschaftliche und politische Beziehungen zwischen Westdeutschland

43 Protokoll aus den Gesprächen des stellvertretenden Leiters der HVA Horst Jänicke und des Leiters der für »legal abgedeckte Residenturen« zuständigen Abteilung III Werner Prosetzky mit Vertretern der Abteilung XVII der I. Hauptverwaltung des Bulgarischen Komitees für Staatssicherheit, die zwischen dem 9. und 13. Februar 1976 stattfanden. Das Gesprächsprotokoll ist abgedruckt in: [Kommission zur Erschließung der Dokumente und zur Erklärung der Zugehörigkeit bulgarischer Bürger zur Staatssicherheit und den Aufklärungsdiensten der Bulgarischen Volksarmee (KRDODPBGDSRSBNA)] (Hg.): Darshawna sigurnost i rasusnawatelnite slushbi na stranite ot Istotschnija blok (1944–1989) [Die Staatssicherheit und die Aufklärungsdienste der Ostblock-Länder (1944–1989)]. Sofia 2015, S. 343.

44 Zur Haltung Walter Ulbrichts gegenüber der Außenpolitik Rumäniens, insbesondere zur Aufnahme von diplomatischen Beziehungen zwischen Rumänien und der Bundesrepublik, siehe ausführlich Selvage, Douglas: Der Warschauer Pakt und die europäische Sicherheitskonferenz 1964–1969. Souveränität, Hegemonie und die Deutsche Frage. In: Diederich, Torsten; Süß, Walter (Hg.): Militär und Staatssicherheit im Sicherheitskonzept der Warschauer-Pakt-Staaten. Berlin 2010, S. 225–251, hier 229 f.

und Rumänien; fünf von ihnen thematisierten unmittelbar die Aufnahme der diplomatischen Beziehungen zwischen den beiden Ländern. 1968 schickte die HV A elf Berichte über Rumänien an die Partei- und Staatsführung. Fünf davon stammten aus der Zeit nach der – von Rumänien verurteilten – Niederschlagung des Prager Frühlings im August 1968. Im Mittelpunkt dieser Berichte standen Fragen der Innen- und Außenpolitik Rumäniens.[45] Gleichzeitig, spätestens im Juli des Jahres, hörte das MfS auf, Informationen an die Securitate zu liefern.[46]

Die HV A vollzog 1968/69 schließlich noch einen weiteren Schritt des KGB nach und richtete in der DDR-Botschaft in Bukarest eine legal abgedeckte Residentur ein. Der früheste Hinweis in den MfS-Unterlagen auf diesen getarnten Spionagestützpunkt der HV A datiert vom 22. Oktober 1968, also unmittelbar nach den Ereignissen in der Tschechoslowakei. Damals eröffnete die HV A den Objektvorgang »Speicher«[47], in dem sie fortan Informationen über Rumänien erfasste, und der sich einige Zeit später eindeutig der HV-A-Residentur in Bukarest zuordnen lässt. Derzeitigem Kenntnisstand nach war Rumänien somit das einzige Land des Warschauer Paktes, in dem die HV A eine legal abgedeckte Residentur unterhielt.[48]

Im Mitrochin-Archiv befindet sich eine kurze Notiz, die sich mit der MfS-Aktenüberlieferung deckt. Mitrochin hielt in einem Satz die Information fest: »1969 gründete das MfS der DDR je eine Residentur in Belgrad und Bukarest.«[49] Dieser Schritt belegt, dass Rumänien aus Sicht des MfS nun als unsicherer Verbündeter eingestuft wurde. Wie der KGB von der Existenz der HV-A-Residentur erfuhr, geht aus Mitrochins Aufzeichnungen nicht hervor. Doch die Schlussfolgerung liegt nahe, dass die Leitungsebene von MfS oder HV A ihre sowjetischen Kollegen von diesem Schritt in Kenntnis setzten. Womöglich geschah die Gründung der HV-A-Residentur sogar auf Anregung des KGB.

45 Quantitative Recherche zu den Begriffen: »Rumä*«, »SRR«, »VRR« und »Bukarest« in Bezug auf 1967 und 1968 in: BStU: Verzeichnis der Ausgangsinformationen der Hauptverwaltung A des Ministeriums für Staatssicherheit der DDR, Version 6.0, Berlin 2020 (im Internet abrufbar unter https://www.bstu.de/informationen-zur-stasi/publikationen/publikation/verzeichnis-der-ausgangsinformationen-der-hauptverwaltung-a-des-ministeriums-fuer-staatssicherheit/ (letzter Zugriff: 20.7.2021). Ob die HV-A-Quellen direkt in Rumänien saßen oder von einem anderen Land aus über Rumänien berichteten, lässt sich nicht feststellen.

46 Vgl. Herbstritt: Entzweite Freunde, S. 175.

47 BArch, MfS, HV A/MD/6, SIRA-TBD 21, ZV8207161, Recherche nach der Registriernummer XV/1671/68 = Objektvorgang »Speicher«. – 1982 legte die HV-A-Abteilung III zudem unter der Registriernummer XV/6288/82 eine »Residenturakte« mit der Bezeichnung »G/6« für die Legalresidentur in Bukarest an, die jedoch nicht erhalten geblieben ist. Ich danke Douglas Selvage für den Hinweis auf frühere Existenz dieser Residenturakte.

48 Herbstritt: Entzweite Freunde, S. 183, 253 f.

49 MITN 2/19/1, Bl. 122, Eintrag 292. Die Jahresangabe 1969 ist durchaus plausibel, denn es ist gut möglich, dass vom Zeitpunkt der Registrierung des Objektvorgangs »Speicher« am 22.10.1968 bis zur Etablierung der HV-A-Residentur vor Ort in Bukarest einige Monate vergingen.

Die Struktur der legalen Residenturen und die Aufgaben der Aufklärungsdienste des MfS und des KGB

Die Residenturen des KGB und des MfS in Bukarest wurden jeweils von den Auslandsspionage-Abteilungen betrieben, also von der I. Hauptverwaltung des KGB beziehungsweise von der Hauptverwaltung A des MfS. Sie waren durch die sowjetische beziehungsweise die DDR-Botschaft »legal abgedeckt«. Das bedeutete, dass ihre operativen Mitarbeiter über einen diplomatischen Status verfügten. Diese bekleideten offiziell beispielsweise den Posten eines Sekretärs der Botschaft, des Kulturattachés oder einen anderen Posten.

Die KGB-Residentur in Bukarest

Über das Personal der Bukarester KGB-Residentur macht das Mitrochin-Archiv immerhin fragmentarisch einige Angaben. 1974 zählte die KGB-Residentur sieben operative Mitarbeiter, die alle Rumänisch sprachen.[50] Dies lässt vermuten, dass diese KGB-Hauptamtlichen entweder aus der benachbarten, mehrheitlich rumänischsprachigen Moldauischen Sozialistischen Sowjetrepublik (MSSR) stammten oder dass sie für diesen Einsatz gezielt sprachlich geschult wurden. Womöglich verfügten sie über eine Ausbildung an der KGB-Hochschule Nr. 101, wo Mitrochin zufolge seit 1953 an einer Sonderfakultät Spionagekader für Bulgarien, Rumänien, die Tschechoslowakei, Polen, Ungarn, Albanien, die Mongolei und Kuba ausgebildet wurden.[51] Oder sie hatten einen der zahlreichen Sprachkurse an der Dserschinski-Hochschule absolviert.[52]

1974 leitete der KGB-Mitarbeiter Remow die Bukarester KGB-Residentur, wie die Mitrochin-Unterlagen vermerken, ohne nähere Angaben zu seiner Person zu machen.[53] Aus Telegrammen der US-Botschaft in Bukarest an das US-amerikanische Außenministerium geht hervor, dass es in der sowjetischen Botschaft in Bukarest in den Jahren 1976 und 1978 einen Botschaftsrat namens Remow (Remov) gab.[54] Dieser »Remow« könnte wohl Mitrochins KGB-Resident sein. Mitrochin schreibt öfter in seinen Notizen von einem Boris Alexandrowitsch

50 MITN 2/18, Bl. 87, Eintrag 328 und MITN 2/20, Bl. 44, Eintrag 80.

51 MITN 1/6/8, Bl. 750.

52 Mitrochin zählt 29 Sprachen auf, die 1976 an der Dserschinski-Hochschule unterrichtet wurden. Vgl. MITN 1/6/8, Bl. 784.

53 MITN 2/18, Bl. 87, Eintrag 328.

54 Siehe die folgenden Dokumente: Telegramm 279 von der US-Botschaft in Bukarest (1976 BUCHAR00279), 16.1.1976; Telegramm 1275 von der US-Botschaft in Bukarest (1978BUCHAR01275), 1.3.1978; Telegramm 1224 von der US-Botschaft in Bukarest (1978BUCHAR01224), 28.2.1978; alle in: Central Foreign Policy Files (CFPF), 1973–1979; Record Group (RG) 59, General Records of the Department of State; US National Archives (NARA) at College Park, Maryland [heruntergeladen von Access to Archival Databases at www.archives.gov] (letzter Zugriff: 20.7.2021).

Remow, der zum Beispiel 1962 in der KGB-Residentur in Brüssel und 1971 bis 1972 im Libanon für den KGB im Einsatz war. Ob er in Bukarest als KGB-Resident, Botschaftsrat oder beides diente, bleibt noch unklar.[55] Offenbar übernahm der damalige Leiter der 7. Abteilung der I. Hauptverwaltung des KGB Nikolaj Jegorowitsch Kaljagin (zuständig für den Fernen Osten) die Führung der Residentur in Bukarest nicht, obwohl es nach den Aufzeichnungen Mitrochins entsprechende Pläne im Jahre 1974 gegeben habe.[56]

Zu den ersten hauptamtlichen Mitarbeitern der KGB-Residentur in der sowjetischen Botschaft in Bukarest zählte Tudor Botnaru. Botnaru hatte in Chişinău an der philologischen Fakultät der Universität studiert, arbeitete von 1959 bis 1962 bei der sowjetischen Reiseagentur »Intourist« und begann 1963 seine Geheimdienstkarriere in der II. Hauptverwaltung des KGB der Moldauischen SSR (Spionageabwehr). 1966 wechselte er innerhalb des moldauischen KGB in die I. Hauptverwaltung und wurde, wahrscheinlich noch im selben Jahr, von der I. Hauptverwaltung des sowjetischen KGB übernommen. Diese setzte ihn sodann bis 1978 in ihren legal abgedeckten Residenturen in Rumänien, Belgien und Frankreich ein. Offiziell bekleidete er dabei jeweils den Posten eines ersten Sekretärs der Botschaft. In welcher Rolle er in der Residentur tätig war, geht aus den vorliegenden biografischen Angaben nicht hervor. Seine geheimdienstliche Tätigkeit in Bukarest ist ein Beispiel dafür, dass der KGB Bürger der Moldauischen SSR in Rumänien einsetzte. Botnaru war schließlich von 1990 bis zur Unabhängigkeitserklärung der Republik Moldau im August 1991 Leiter des KGB der Moldauischen SSR sowie von 1997 bis 1999 Minister für Nationale Sicherheit der Republik Moldau.[57]

55 Siehe MITN 2/27, Bl. 123, Eintrag 397; MITN 2/16/3, Bl. 285, Eintrag 534; MITN 2/16/2, Bl. 129, Eintrag 347; MITN 2/2, Bl. 42, Eintrag 202.

56 MITN 2/20, Bl. 44, Eintrag 80. Folgt man der Sekundärliteratur, blieb Kaljagin bis 1976 Leiter der 7. Abteilung. Er diente daraufhin als Resident in Bonn von 1977 bis 1980, als Leiter der 11. Linie in der KGB-Vertretung in Karlshorst (1981–1982) und als Leiter der 11. Abteilung der I. HV (zuständig für Kontakte zu sozialistischen Ländern) von 1982 bis 1984. Vgl. die biografischen Angaben zu Kaljagin in russischer Sprache unter: http://shieldandsword.mozohin.ru/personnel/2018/kalyagin_n_e.htm (letzter Zugriff: 20.7.2021).

57 Ebenda. Der russische Historiker Michail Tumschis gebraucht neben der Schreibweise Tudor Botnaru auch Tudor und Fjodor Botnar (im Original: Тудор bzw. Федор Ботнарь). Botnaru selbst veröffentlichte 2004 ein Buch, in dem er sich Teodor Botnaru nennt. Siehe Botnaru, Teodor; Ganenco, Alexandru: Istoria Serviciilor Secrete. Breviar [Die Geschichte der Geheimdienste. Eine kurze Übersicht]. Chişinău 2004, S. 99–103. In diesem von Botnaru mitverfassten Buch wird Botnarus Biografie auf den angegebenen Seiten vorgestellt, jedoch offenkundig lückenhaft. So fehlt darin jeder Hinweis auf seine Tätigkeit in Rumänien bzw. in den legal abgedeckten KGB-Residenturen. Die oben genannten biografischen Daten folgen dem Buch von Tumschis, Michail: Schtschit i metsch Sowetskogo Sojusa. Kratkie biografii rukowoditelej organow gosudarstwennoj besopastnosti SSSR i sojusnych respublik (dekabr' 1922 – dekabr' 1991 gg.) [Schild und Schwert der Sowjetunion. Kurzbiografien von Anführern der Organe für Staatssicherheit der UdSSR und der Unionsrepubliken (Dezember 1922 bis

Ein weiterer Angehöriger der KGB-Residentur in Bukarest war vermutlich Wadim Tikunow. Tikunow hatte von September 1969 bis März 1974 einen Posten als Botschaftsrat an der sowjetischen Botschaft in Bukarest inne. Aufgrund seiner KGB-Vorgeschichte – von 1959 bis 1961 war er stellvertretender KGB-Vorsitzender – liegt die Vermutung nahe, dass er dem KGB auch in Bukarest verbunden blieb und dort auch für die KGB-Residentur arbeitete.[58] In den Mitrochin-Aufzeichnungen gibt es über Tikunows Zeit in Rumänien keine Angaben.

Inwieweit der sowjetische Botschafter in Rumänien Wasilij Iwanowitsch Drosdenko (auf diesem Posten vom 16. März 1971 bis 30. November 1982) in die Arbeit der KGB-Residentur in Bukarest involviert war, bleibt offen. In den Mitrochin-Unterlagen findet er nur einmal Erwähnung: Um 1974 habe er den Vorschlag gemacht, einen KGB-Mitarbeiter für die Betreuung der sowjetischen Kolonie vor Ort nach Rumänien abzuordnen.[59] Ob seinem Vorschlag entsprochen wurde, ist nicht festgehalten.

Was die technische und finanzielle Ausstattung der KGB-Residentur betraf, so verfügte sie unter anderem über einen Abhörposten, der im Auftrag des sowjetischen Geheimdienstes Funkverbindungen abhörte beziehungsweise Funknachrichten abfing, und einen Posten, der für operative und technische (OT) Unterstützung zuständig war.[60] 1975 habe dieser OT-Posten 1 158 fotografische Aufnahmen von der Ausgangspost angefertigt, es seien 1 500 Bilder entwickelt und 640 Blätter von Druckschablonen erzeugt worden.[61] Der Haushalt der KGB-Residentur in Bukarest habe 1975 – 19 800, 1976 – 25 300 und 1977 – 29 200 konvertierbare Rubel betragen. 1976 sei das Budget zusätzlich um 30 000 rumänische Lei erhöht worden.[62]

Die KGB-Residentur hatte ein weites Spektrum an Aufgaben zu erfüllen. Für das Jahr 1979 heißt es dazu in den Mitrochin-Aufzeichnungen:

> Die KGB-Residentur in Rumänien verfolgt sorgfältig die in Rumänien stattfindenden Prozesse und außenpolitische Aktionen. Sie lieferte eine genaue Analyse über bestimmte Aspekte des Sonderkurses der RKP, erkundete und klärte Ceauşescus Kaderpolitik und Umbesetzung von Mitgliedern des Parteiapparates im mittleren und höheren Dienst auf. [Es lassen] sich sowohl die Stimmung der Bevölkerung als auch deren Reaktion auf die internen Ereignisse, ihre Unzufriedenheit mit der schwierigen materiellen Lage,

Dezember 1991)]. Moskau 2016, S. 82. Tumschis' Darstellung legt nahe, dass Botnaru sehr bald nach seiner Übernahme durch die I. HV des sowjetischen KGB in die Bukarester Residentur entsandt wurde; ein genaues Jahr nennt Tumschis nicht.

58 Vgl. Pawlikowicz: Aparat cantralny, S. 59, Tabelle 3. Die naheliegende Vermutung, dass Tikunow der KGB-Residentur angehörte, muss durch weitere Forschung noch eindeutig geklärt werden.

59 MITN 2/18, Bl. 87, Eintrag 328.

60 Ebenda, Bl. 58 sowie MITN 2/18, Bl. 60, Eintrag 225.

61 MITN 2/18, Bl. 58.

62 Ebenda.

mit den Arbeits- und Lebensbedingungen, mit der formellen Haltung der Behörde zu Bedürfnissen des Volkes sowie die von der Partei getroffenen Maßnahmen zu einer Beseitigung dieser Unzufriedenheit ablesen. Es wurde über Ceauşescus Auslandsreisen, über die Problematik der rumänisch-chinesischen Beziehungen und Zusammenarbeit, über rumänisch-amerikanische und rumänisch-sowjetische Beziehungen [...] berichtet.[63]

Agenten und Kontaktpersonen des KGB in Rumänien

Die KGB-Residentur wäre ohne ein Netz an Informanten[64] nicht arbeitsfähig gewesen. Die Mitrochin-Aufzeichnungen geben jedoch keinerlei Auskunft darüber, wie groß dieses Netz war, wie es geführt wurde, wer darin eingebunden war. Andererseits enthalten die Aufzeichnungen die Namen von 47 KGB-Agenten und -Informanten, die zwischen den 1950er- und 1970er-Jahren in Rumänien wirkten und überwiegend auch rumänische Staatsbürger waren. Die meisten von ihnen werden mit ihren bürgerlichen Namen genannt, andere nur mit einem Decknamen. Einige hatten als »illegale Agenten« die Aufgabe, Verbindungen zu Informanten aufzubauen und zu halten. Etwa 20 von ihnen fungierten mit hoher Wahrscheinlichkeit nur als Kontaktpersonen; das bedeutet, sie wurden »abgeschöpft«, ohne den nachrichtendienstlichen Hintergrund ihrer Gesprächspartner zu kennen.

Keiner dieser 47 namentlich genannten KGB-Informanten wird in den Mitrochin-Unterlagen, also mit der KGB-Residentur in Verbindung gebracht. Vielmehr tauchen diese Namen in verschiedenen anderen Zusammenhängen auf oder werden ohne weitere Erläuterungen angeführt.

Neben den bereits erwähnten prominenten Führungsmitgliedern der RAP/RKP Bodnăraş und Pintilie galten Mitrochin zufolge auch die beiden Securitate-Mitarbeiter Petre (Piotr) Petrescu und Constantin Popescu als KGB-Agenten. Petrescu firmierte unter dem Decknamen »Kirim« (»Chirim«) und soll ehemaliger verantwortlicher Mitarbeiter des Rumänischen Aufklärungsdienstes im Rang eines Obersten gewesen sein.[65] Constantin Popescu hatte demnach von 1975 bis 1978 die Funktion eines 2. Sekretärs der rumänischen Botschaft im Iran inne und war Mitarbeiter des rumänischen Geheimdienstes. Er stand in Verbindung

63 MITN 2/19/2, Bl. 232, Eintrag 450.

64 Der Begriff »Informant« wird in dem vorliegenden Aufsatz in einem neutralen Sinne verwendet. Er bezeichnet einen Menschen, von dem ein Geheimdienst Informationen erhielt. Ob der betreffende Mensch bewusst für den Geheimdienst arbeitete oder unbewusst und ungewollt ausgefragt (»abgeschöpft«) wurde, bleibt dabei offen.

65 MITN 2/20, Bl. 93, Eintrag 170 sowie MITN 2/19/2, Bl. 209, Eintrag 513. Petrescus erste Ehefrau Mila war dem Eintrag 513 zufolge eine kommunistische Widerstandskämpferin, die unter Ion Antonescu zum Tode verurteilt worden sei. Später sei sie mit Corneliu Bogdan verheiratet gewesen, der von 1967 bis 1976 rumänischer Botschafter in den USA war.

zum Offizier der dortigen KGB-Residentur An. Eliseewitsch Sasonow, der unter Deckung eines Vize-Konsuls in der sowjetischen Botschaft von 1974 bis 1978 diente und für die Aufklärung US-amerikanischer Geheimdienste zuständig gewesen sei.[66]

Die Mehrzahl der genannten 47 KGB-Agenten und -Informanten wirkte seit 1969 im Rahmen der Maßnahme »Progress« in Rumänien. Wie Christopher Andrew und Wasilij Mitrochin schreiben, startete der KGB diese Maßnahme zunächst in der Tschechoslowakei als eine repressive Reaktion auf den »Prager Frühling« und dehnte sie 1969

> auf […] ganz Osteuropa [aus], um die öffentliche Meinung zu beobachten, subversive Gruppen zu infiltrieren und nach Anzeichen für eine ›ideologische Sabotage‹ westlicher Geheimdienste Ausschau zu halten. Seit 1969 war es dem KGB gestattet, überall in Osteuropa Agenten und vertrauliche Kontakte zu rekrutieren. Gleichzeitig wurden nun auch in den Staaten des Warschauer Paktes zusätzlich zu den bestehenden KGB-Verbindungsbüros Residenturen eingerichtet, die unter diplomatischer Tarnung in den sowjetischen Botschaften operierten.[67]

Eine wesentliche Methode der Maßnahme »Progress« bestand darin, dass der KGB sogenannte Illegale[68] als westliche Touristen tarnte und sie mit den eben zitierten Aufträgen in die sozialistischen Staaten in Ostmittel- und Südosteuropa schickte.[69]

Somit stellte Rumänien nach 1969 keinen Sonderfall für den KGB in dem Sinne dar, dass es nicht mehr das einzige Land des Warschauer Paktes war, in dem der KGB eine geheime, legal abgedeckte Residentur unterhielt.[70] Allerdings verfügte der sowjetische Geheimdienst auch weiterhin nicht über eine offizielle Vertretung in Rumänien, wie es in den anderen Ostblockstaaten bis 1991 der Fall war. In dieser Hinsicht blieb Rumänien ein Sonderfall.[71]

66 MITN 1/2, Bl. 104; MITN 2/27, Bl. 141, Eintrag 457.

67 Andrew; Mitrochin: Das Schwarzbuch des KGB, S. 372. Andrew/Mitrochin lassen offen, ob dem KGB seitens der politischen Führung, seitens der KGB-Spitze oder einer anderen Stelle diese Maßnahmen gestattet wurden.

68 Die »Illegalen« waren KGB-Agenten und überwiegend Sowjetbürger, die im Rahmen der Verwaltung »S« der I. HV des KGB arbeiteten. Für die Unterstützung und Betreuung der Illegalen im Ausland war der stellvertretende Resident bzw. der Gehilfe des Residenten auf der Linie der illegalen Aufklärung bzw. die Gruppe »N« der KGB-Residentur vor Ort zuständig. Siehe MITN 178, Bl. 2 bzw. Andrew; Mitrochin: Das Schwarzbuch des KGB, S. 692. Ob die KGB-Residentur in Bukarest über einen Posten auf dieser Linie verfügte, ist unklar.

69 Andrew; Mitrochin: Das Schwarzbuch des KGB, S. 372.

70 Unklar ist, welche Abteilung der I. HV des KGB für die geheimen Residenturen in diesen Ländern zuständig war. Infrage kommen u. a. die für die illegale Linie zuständige Verwaltung »S«, die für die Kontakte zu sozialistischen Ländern zuständige Abteilung 11 oder eine andere geografisch-thematische Linie der I. HV des KGB.

71 Der russische Historiker und ehemalige Mitarbeiter des KGB Oleg Mozohin schreibt in seinem Internetportal zur Geschichte des KGB: »[Die KGB-Vertretung in Rumänien] wurde Ende der 1980er-Jahre wahrscheinlich wieder aktiviert«. Leiter dieser nach rund 25-jähriger

In den Mitrochin-Unterlagen heißt es, 1971 seien im Rahmen der Maßnahme »Progress« 13 Illegale[72] im Auftrag des KGB in Rumänien tätig gewesen, jedoch nur vier Illegale in Ungarn, fünf Illegale in der Tschechoslowakischen Sozialistischen Republik (*Československá socialistická republika*, ČSSR) und drei in Bulgarien.[73] Christopher Andrew und Wasilij Mitrochin merken hierzu an:

> Obwohl sie [die Illegalen des KGB] alle ähnliche Aufgaben hatten, gab es für den KGB in jedem Land auch besondere Gründe zur Sorge. Dass Rumänien ein derartiges Gewicht beigemessen wurde, sprach für das wachsende Missfallen über die Außenpolitik Ceauşescus, der eine nepotistische Version des Neostalinismus im Inneren mit zunehmender Unabhängigkeit vom Warschauer Pakt nach außen verband.[74]

Mehrere Illegale, die der KGB in den 1970er-Jahren im Rahmen der Maßnahme »Progress« einsetzte, waren in diversen Ostblockstaaten tätig. Folgende Illegale, die in Rumänien aktiv wurden und deren wahre Identität teilweise bekannt ist, werden

Pause angeblich reaktivierten offiziellen KGB-Vertretung in Bukarest war Mozohin zufolge Boris Wolkow. Vgl. http://shieldandsword.mozohin.ru/kgb5491/sovetnik/romania.htm (letzter Zugriff: 20.7.2021). Da Mozohin keine Quelle angibt, lässt sich diese Information nicht überprüfen und ist mit Vorsicht zu lesen. Ein Boris Wolkow war Anfang der 1990er-Jahre KGB-Resident in Paris. Vgl. Faligot, Roger; Guisnel, Jean; Kauffer, Rémi: Histoire politique des services secrets français de la Seconde Guerre mondiale à nos jours [Die politische Geschichte der französischen Geheimdienste vom Zweiten Weltkrieg bis heute]. Paris 2012, S. 623, 626.

72 In seinem »Wörterbuch der Aufklärungsarbeit« regelte der KGB penibel jede Form der Zusammenarbeit seiner Agenten. Ein geringstes Detail machte einen Unterschied aus. Unter dem Begriff »Illegale[r]« verstand der KGB den Mitrochin-Notizen zufolge »operative Mitarbeiter des KGB, sowjetische Bürger, die als Ausländer in kapitalistische Staaten entsandt werden«. (Siehe MITN 2/9/2, Bl. 127, Eintrag 471 und detailliert in Mitrokhin: The KGB-Lexicon, S. 74.) Davon zu unterscheiden sind »illegale Agenten« und »illegale Aufklärer.« Auf die Illegalen trifft im Konkreten die Definition des »illegalen Agenten« zu. Diese waren »Ausländer, die im operativ-technischen Plan extra ausgebildet und durch den [sowjetischen Staatssicherheits-]Dienst mit legendierten Dokumenten in kapitalistische Staaten entsandt wurden« (siehe ebenda). Die illegalen Agenten konnten im Ausland sowohl für lang- als auch kurzfristige Aufklärungsaufträge eingesetzt sein. (Siehe MITN 2/18, Bl. 130, Eintrag 478 und detailliert in Mitrokhin: The KGB-Lexicon, S. 6.) Des Weiteren gab es noch »illegale Aufklärer«, die »hauptamtliche Mitarbeiter des Aufklärungsdienstes [waren] und ihre Aufklärungsarbeit aus illegalen Positionen heraus durchführten«. (Siehe Mitrokhin: The KGB-Lexicon, S. 112.) Da einige dieser Begriffe kein Pendant im Sprachgebrauch des MfS fanden, bleibt offen, welche Form der Zusammenarbeit diese Agenten im Detail ausübten.

73 MITN 2/19/2, Bl. 167, Eintrag 415; vgl. auch Andrew; Mitrochin: Das Schwarzbuch des KGB, S. 372.

74 Andrew; Mitrochin: Das Schwarzbuch des KGB, S. 374.

in den Mitrochin-Unterlagen genannt: »Bogun«[75], »Derewljow«[76], »Filosof«[77], »Fjodorow«[78], »Karskij«[79], »Uskow«[80], das Ehepaar »Wiktorow«/»Wiktorowa«[81] und »Wlas«[82]. Für die nach Rumänien entsandten Illegalen wurde demnach eine Legende wie für kapitalistische Länder ausgearbeitet. Im Fall einer Entlarvung oder einer Festnahme war es ihnen streng verboten, sich zur »Zusammenarbeit mit dem sowjetischen Geheimdienst zu bekennen« und »die Staatsangehörigkeit eines der sozialistischen Ländern preiszugeben«.[83] Sie waren teilweise als westliche Touristen, teilweise als westliche Journalisten oder Forscher in den Ostblockländern unterwegs. Auf diese Weise getarnt, bauten sie unter ihrer Deck-Identität als Bürger eines westlichen Landes ein Netz von Kontaktpersonen unter rumänischen Staatsbürgern auf, die keine Ahnung hatten, dass sie in Wirklichkeit mit KGB-Agenten zu tun hatten. Der Illegale »Derewljow« weilte beispielsweise »mit fiktiven kanadischen Dokumenten in Österreich, Jugoslawien und Rumänien. Er gab sich als Vertreter kanadischer Verlage aus, der sich mit einer Veröffentlichung archäologischer Bücher und von Holzschnittbüchern über die Illyrer befasste.«[84] »Uskow«, der aus der westrussischen Oblast Belgorod stammte, reiste als vermeintlicher Engländer durch Rumänien.[85]

Neben den neun genannten »Illegalen«, die zweifelsfrei im Rahmen der Progress-Maßnahme seit 1969 nach Rumänien reisten, erwähnen die Mitrochin-Aufzeichnungen weitere sieben Illegale des KGB, die in den 1970er-Jahren mit vergleichbaren Aufträgen in Rumänien aktiv wurden und die, als Touristen

75 »Bogun« hieß Mitrochin zufolge Gennadij Pietrowitsch Bljablin, geb. in Moskau, legalisierte sich in der DDR und der BRD. Er war im Rahmen der Maßnahme »Progress« in Ungarn, Polen, Jugoslawien, Rumänien und Bulgarien tätig. Vgl. MITN 2/19/2, Bl. 178, Eintrag 434; MITN 2/19/2, Bl. 185, Eintrag 454; MITN 2/19/2, Bl. 186, Eintrag 456 und MITN 2/9/1, Bl. 15, Eintrag 78.

76 »Derewljow« hieß Mitrochin zufolge Oleg Pjetrowitsch Buren, legalisierte sich in der DDR als Staatenloser und war in Polen, Jugoslawien und Rumänien unterwegs. Vgl. MITN 1/8, Bl. 33.

77 »Filosof« hieß Mitrochin zufolge Iwan Iwanowitsch Bunyk und war Unterleutnant des KGB. Vgl. MITN 2/12, Bl. 64, Eintrag 148, sowie den Beitrag von Kotalík in diesem Band.

78 MITN 2/20, Bl. 58, Eintrag 100 und MITN 2/19/2, Bl. 167, Eintrag 415.

79 »Karskij« hieß Mitrochin zufolge Valentin Danilin und war in der ČSSR, Polen und Rumänien unterwegs. Vgl. MITN 1/7, Bl. 133A.

80 »Uskow« hieß Mitrochin zufolge Nikolaj Nikolajewitsch Ustimenko und hielt sich in Ungarn, Rumänien, der Tschechoslowakei, Bulgarien und Jugoslawien auf. Vgl. MITN 1/7, Bl. 26 f.

81 »Wiktorows« waren laut Mitrochin-Aufzeichnungen Wiktor Nikolajewitsch Tschumatschenko und Ludmila Fjodorowna Tschumatschenko. Sie legalisierten sich in der DDR, waren ab 1979 in Rumänien, der ČSSR, Albanien, Jugoslawien und Polen unterwegs. Vgl. MITN 2/19/2, Bl. 270, Eintrag 549, sowie den Beitrag von Kotalík in diesem Band.

82 »Wlas« hieß Mitrochin zufolge Rolf Max Thiemichen. Weitere Angaben zu »Wlas« in: Andrew; Mitrochin: Das Schwarzbuch des KGB, S. 353, 377, 758 sowie im Beitrag von Kotalík in diesem Band.

83 MITN 2/12, Bl. 64, Eintrag 148.

84 MITN 1/8, Bl. 33.

85 MITN 1/7, Bl. 26 f.

getarnt, ebenfalls versuchten, Kontaktpersonen als Informanten in Rumänien zu gewinnen.[86] Bei einigen liegt die Schlussfolgerung nahe, dass sie ebenfalls in die Progress-Maßnahmen eingebunden waren, bei anderen lassen sich dazu keine Angaben machen.[87]

Die deutsche Minderheit Rumäniens im Fokus des KGB

Zu wie vielen rumänischen Staatsbürgern die Illegalen einen Kontakt aufbauten, ist nicht bekannt. Im Mitrochin-Archiv finden sich für die Zeit zwischen 1969 und 1979 die Namen von mindestens 21 Kontaktpersonen[88]. Die meisten von ihnen wurden im Rahmen der Progress-Maßnahme kontaktiert und waren im Kultur- und Medienbereich beschäftigt. Den Mitrochin-Unterlagen zufolge gehörten zu den Kontaktpersonen mehrere (leitende) Journalisten der Tageszeitung *Scînteia*, der deutschsprachigen Monatszeitschrift *Volk und Kultur*, ferner Mitglieder des Rumänischen Künstlerverbandes, eines Foto(grafen)-Clubs, ein leitender Mitarbeiter des Bukarester Kulturhauses der deutschen Minderheit »Friedrich Schiller« und andere.[89] Interessant sind in diesem Zusammenhang zwei Aspekte: Mehrere der genannten Journalisten oder Redakteure werden als Mitarbeiter der Zeitung *Scînteia* bezeichnet, der Tageszeitung der Rumänischen Kommunistischen Partei.

86 MITN 2/19/2, Bl. 185, Eintrag 454 und MITN 2/19/2, Bl. 194 f., Eintrag 455.

87 Einer der KGB-Illegalen, die als Touristen nach Rumänien geschickt wurden, war »Jurenjew«. Er wird zwar nicht mit »Progress« in Verbindung gebracht, stand aber zum Teil mit denselben Kontaktpersonen in Verbindung wie »Bogun« (s. Anm. 75), von dem es ausdrücklich heißt, dass er im Rahmen der Progress-Maßnahme in Rumänien war. Über »Jurenjew« heißt es noch, er habe sich auf die Problematik Albaniens, Rumäniens und Jugoslawiens spezialisiert. Vgl. MITN 2/16/2, Bl. 71 f., Eintrag 256.

88 Im Spionagejargon der HVA bezeichnete man als »Kontaktpersonen« damals jene Personen, »zu denen […] bereits persönlicher Kontakt hergestellt wurde, […] die operativ abgeschöpft werden, nachdem sich eine Werbung als nicht zweckmäßig oder als aussichtslos erwiesen hat. […] Der Kontakt zu solchen Personen kann […] auch unter Legende oder fremder Flagge [hier: westliche Ausländer] hergestellt werden. Kontaktpersonen sind keine Inoffiziellen Mitarbeiter (IM).« (Detailliert siehe in der IM-Richtlinie 2/68 des MfS vom Januar 1968 Müller-Enbergs (Hg.): Inoffizielle Mitarbeiter. Teil 2, S. 358); die KGB-Aufklärung nutzte Kontaktpersonen als Kategorie der Zusammenarbeit in einem ähnlichen, jedoch breiteren Kontext – detaillierte Erklärungen siehe unter den Begriffen »kontakty« (контакты), »svyaz« (связь) »svyazi« (связи)/ contact(s) in: Mitrokhin: The KGB-Lexicon, S. 54, 122 f.

89 Wie bereits in der vorangegangenen Fußnote erwähnt, war vielen der Personen nicht bewusst, dass sie nicht mit westlichen Ausländern, sondern mit KGB-Agenten sprachen. Aus diesem Grund entsprechen sie nicht der Definition eines IM. Aus datenschutzrechtlichen Gründen und wegen der fehlenden Möglichkeit, die Angaben aus dem Mitrochin-Archiv gegenzuprüfen, wird hier auf die Angabe der bürgerlichen Namen verzichtet. Diese sind zu finden in: MITN 2/13, Bl. 73, Eintrag 252; MITN 2/13, Bl. 95, Eintrag 347; MITN 2/16/2, Bl. 71 f., Eintrag 256; MITN 2/19/2, Bl. 167, Einträge 415, 204; MITN 2/19/2, Bl. 186, Eintrag 456; MITN 2/20, Bl. 104.

Tatsächlich waren die Genannten jedoch leitende Mitarbeiter des *Neuen Wegs* und der *Neuen Literatur*, also von Periodika der deutschen Minderheit; dennoch werden sie lediglich als Mitarbeiter der *Scînteia* geführt. Dies deutet auf eine oberflächliche Berichterstattung der Illegalen hin.[90] Ohnehin ist anzunehmen, dass die KGB-Mitarbeiter, die als westliche Touristen getarnt durch Rumänien reisten, mit dieser Legende keine bedeutenden Informationen bekommen konnten. Zwar brachten viele Einwohner westlichen Touristen Vertrauen entgegen, doch zugleich überwachte die Securitate westliche Ausländer in Rumänien besonders intensiv, und ab 1972 mussten rumänische Staatsbürger aufgrund eines entsprechenden Gesetzes in vielen Fällen Begegnungen mit Ausländern den Behörden melden.[91] In Reaktion auf dieses Gesetz leitete die KGB-Residentur in Bukarest seit 1972 Vorsichtsmaßnahmen im Umgang mit ihren rumänischen und ausländischen Kontaktpersonen ein, wie die Mitrochin-Unterlagen dokumentieren.[92] Es ist davon auszugehen, dass auch die Progress-Maßnahmen davon betroffen waren. Möglicherweise hatten diese für den KGB gelegentlich einen zusätzlichen Nutzen, wenn in dem einen oder anderen Fall die Informationen der »Touristen« für die KGB-Zentrale als Ausgangspunkt dienten, um einen rumänischen Staatsbürger geheimdienstlich anzuwerben. Doch darauf gibt es im Mitrochin-Archiv keine Hinweise. Der zweite bemerkenswerte Aspekt ist, dass immerhin sechs der 21 im

90 Der *Neue Weg* war die Tageszeitung der RKP in deutscher Sprache für die deutsche Minderheit Rumäniens und hatte seine Redaktion, wie die *Scînteia*, im sogenannten Scînteia-Haus (rumänisch »Casa Scînteii«, heute »Haus der freien Presse«) in Bukarest, wo auch weitere Zeitungen und Zeitschriften ihren Sitz hatten. Die KGB-Berichte unterschieden offenbar nicht zwischen dem Scînteia-Haus und der Zeitung *Scînteia*.

91 Comisia prezidențială pentru analiza dictaturii comuniste din România. Raport Final. [Die Präsidialkommission für die Analyse der kommunistischen Diktatur in Rumänien. Abschlussbericht]. Bukarest 2007, S. 507. Bei dem hier angesprochenen Gesetz handelt es sich um das »Gesetz Nr. 23/1971 über den Schutz der Staatsgeheimnisse in der Sozialistischen Republik Rumänien« (Legea nr. 23/1971 privind apărarea secretului de stat în Republica Socialistă România), insbesondere Artikel 13. Das Gesetz trat am 15.2.1972 in Kraft und wurde aufgehoben und ersetzt durch Gesetz 182/2002, https://lege5.ro/Gratuit/gyydgmzs/legea-nr-23-1971-privind-apararea-secretului-de-stat-in-republica-socialista-romania (letzter Zugriff: 20.7.2021). Vermutlich gab es neben dem Gesetz 23/1971 noch weiterreichende, untergesetzliche Regelungen. In einer Analyse seiner Securitate-Akte schreibt Wilfried Heller, der sich in den 1970er-Jahren mehrmals als westdeutscher Wissenschaftler in Rumänien aufhielt: »Kontakte rumänischer Staatsbürger zu Ausländern mussten im Jahr 1974 generell gemeldet werden.« Und »[…] allgemein [waren] in Rumänien per Dekret die Übernachtungsmöglichkeiten in Privatquartieren beschränkt worden […]: Private Unterkunft durfte nur noch Verwandten erstes Grades gewährt werden. Alle anderen mussten in staatlich genehmigten Betrieben übernachten.« Siehe Heller, Wilfried: Von »Horea« zu »Hans«. Irrungen und Wirrungen der Securitate Rumäniens im Spiegel zweier Akten. Hermannstadt 2014, S. 60, 80. Die amerikanische Ethnografin Kathrin Verdery beschreibt ihre entsprechenden Erfahrungen mit der Securitate während ihrer Forschung in Rumänien in den 1970er- und 1980er-Jahren in: Verdery, Kathrin: Secrets and Truths. Ethnography in the Archive of Romania's Secret Police. Budapest, New York 2014, S. 6.

92 MITN 2/19/2, Bl. 198, Eintrag 489.

Mitrochin-Archiv dokumentierten Kontaktpersonen Angehörige der deutschen Minderheit Rumäniens waren.

Für die überproportionale Präsenz der deutschen Minderheit gibt es eine naheliegende Erklärung: Dies widerspiegelt einen der Aufträge, den die Illegalen beziehungsweise die illegalen Agenten des KGB damals zu erfüllen hatten. In den Mitrochin-Aufzeichnungen ist beispielsweise die Aufgabenstellung festgehalten, mit der der KGB-Illegale »Filosof« 1979 im Rahmen der Progress-Maßnahme für einen Monat nach Rumänien entsandt wurde: Er solle »Kontakte zu den intellektuell Schaffenden, den Professoren, den Studenten, den Kulturschaffenden, den Vertretern der jüdischen und der deutschen Gemeinde in Bukarest [...] aufnehmen«.[93] Und der KGB-Illegale »Fjodorow« sollte Anfang der 1970er-Jahre im Rahmen der Progress-Maßnahme »Kontakte zu den Mitarbeitern der Bukarester Zeitschrift *Volk und Kultur* [es folgen die Namen zweier Rumäniendeutscher] entwickeln«, die wiederum zu zwei wichtigen Redakteuren der deutschen Minderheit in Verbindung stünden.[94]

Zielstellungen des KGB in Bezug auf Rumänien

In den Mitrochin-Unterlagen wird an mehreren Stellen darüber berichtet, welche Ziele der KGB mit seiner verdeckten Präsenz in Rumänien verfolgte. Aus den Zielstellungen der Progress-Maßnahme wurde weiter oben bereits zitiert. Andere Eintragungen im Mitrochin-Archiv hinsichtlich der Absichten des KGB lassen hingegen nicht erkennen, ob sie in den Kontext der Progress-Maßnahmen gehörten oder in einem anderen Rahmen verfolgt wurden. Die nachfolgend zitierte Zielstellung, die ungefähr auf das Jahr 1970 zu datieren ist, lässt bestimmte Interessen des KGB erkennen, ist aber nicht ausdrücklich der Progress-Maßnahme zugeordnet:

> Die Aufgaben des illegalen Zentrums [des KGB] in Rumänien [sind es], Informationen über die Lage der Ungarn und der Deutschen in Rumänien, über die Bessarabien- und Nordbukowina-Frage, über die amerikanisch-rumänischen und die rumänisch-chinesischen Beziehungen, über die Aktionen Rumäniens bezüglich einer Aktivierung der balkanischen Zusammenarbeit, über die Lage in der [Rumänischen Kommunistischen] Partei, über den Personenkult Ceaușescus, über die politisch-wirtschaftliche Gruppe[95] gegen die Diktatur großer Mächte, darunter der UdSSR, zu sammeln.[96]

93 MITN 2/12, Bl. 64, Eintrag 148.

94 MITN 2/19/2, Bl. 167, Eintrag 415.

95 Mit der »politisch-wirtschaftliche[n] Gruppe gegen die Diktatur großer Mächte« ist offenkundig die Bewegung der blockfreien Staaten gemeint, der sich Rumänien damals anzunähern versuchte.

96 MITN 2/19/2, Bl. 186, Eintrag 455. Auch wenn diese Zielstellung nicht mit der Progress-Maßnahme in Verbindung gebracht wird, kann man nicht völlig ausschließen, dass sie im

Den ethnischen Minderheiten widmete der KGB offenkundig große Aufmerksamkeit. Das traf sowohl für die in Rumänien lebenden Deutschen, Juden und Ungarn zu, als auch für die ethnischen Rumänen nördlich und östlich der rumänischen Staatsgrenze, also in der sowjet-ukrainischen Nordbukowina als auch im sowjet-moldauischen Bessarabien. Die schwierige Lage der ethnischen Minderheiten in Rumänien war ein Druckmittel Moskaus gegen die territorialen Ansprüche Rumäniens gegen die Sowjetunion.[97] Der sowjetisch-rumänische Streit über die Legitimität der Besetzung Bessarabiens und der Nordbukowina durch die Sowjetunion während des Zweiten Weltkrieges beziehungsweise die Zugehörigkeit zu dieser wurde seit Ende der 1960er-Jahre auch zum Thema von KGB-Berichten im Mitrochin-Archiv. 1969 berichtete der KGB nach Moskau: »In Rumänien entwickelt sich Nationalismus. Seine Urheber und Anhänger sind ebenso die Anführer der Partei und der Regierung. Die Führung der RKP erhebt territoriale Ansprüche nicht offensichtlich. Sie tut alles, um eine historische, ethnische usw. Zugehörigkeit Moldawiens und der Region Czernowitz zu Rumänien zu beweisen.«[98] Ein Jahr später drohte die Lage in diesen Regionen angeblich außer Kontrolle zu geraten: »In Moldawien und in der ukrainischen Region Transkarpatien entzünden sich Konflikte über Bessarabien und die Bukowina. Moldawier rufen zur Einheit mit ihrem rumänischen Brudervolk auf.«[99]

In den Mitrochin-Aufzeichnungen werden die Konflikte des Jahres 1970 nicht näher geschildert. Wahrscheinlich sind damit jedoch jene Ereignisse angesprochen, die der rumänisch-amerikanische Experte für Internationale Studien Nicholas Dima bereits 1982 in einem Buch beschrieb: Im Frühjahr 1970 fand demnach in Kischinau (Chişinău) ein Konzert der rumänischen Rockband »Mondial« statt, zu dem fast doppelt so viele Zuschauer geströmt seien, wie die Kapazität des hauptstädtischen Sommertheaters betragen hätte. Trotz Präsenz der Miliz und Intervention der Sicherheit habe sich der Auftritt der Band um vier Stunden verlängert. Das überwiegend jugendliche Publikum habe während des Konzerts Parolen wie »Brüder!«, »Es lebe Mondial!«, »Es lebe Rumänien!«, »Heimat!« oder »Vereinigung!« skandiert.[100] Im Herbst desselben Jahres seien auf den hauptstädtischen Bürgersteigen, an den Fenstern des Kischinauer Hauses der Presse sowie

selben Rahmen verfolgt wurde. Diese Frage ist aufgrund des fragmentarischen Charakters des Mitrochin-Archivs nicht eindeutig zu klären.

97 1964 wurden die bis dato unveröffentlichten »Notizen über die Rumänen« von Karl Marx publiziert, in denen dieser die Annektierung Bessarabiens durch das zaristische Russland als illegitim darstellte. Seit dieser Zeit stellte die immer stärker nationalistisch gesinnte Führung der RKP territoriale Ansprüche an die UdSSR, mit denen sie eine Rückgabe der Gebiete Bessarabiens und der Nordbukowina an Rumänien forderte.

98 MITN 2/19/2, Bl. 197, Eintrag 487. Mitrochin gebraucht die Bezeichnung Молдавия (Moldawien) für die Moldauische SSR.

99 MITN 2/19/1, Bl. 122, Eintrag 291.

100 Vgl. Dima, Nicholas: Bessarabia and Bukovina. The Soviet-Romanian Territorial Dispute. New York 1982, S. 53.

an den Wänden des moldauischen Innenministeriums, der Universität und des Gymnasiums Nr. 1 in Kischinau Parolen wie »Russen, geht nach Hause!«, »Moldau für Moldauer!« oder »Wir wollen [zusammen] mit Rumänien sein!« aufgemalt worden. Diese Aktionen hätten die Lage in der MSSR verschärft und zu einer verstärkten Repression seitens der örtlichen Sicherheit geführt.[101]

Am 16. November 1970 wurden die Unruhen von Kischinau auf einer Tagung des Büros des ZK der moldauischen KP verurteilt. Infolgedessen wurde der stellvertretende Minister des Ministerrates der MSSR Anatol Corobceanu von seinem Posten entbunden.[102]

Aktive Maßnahmen des KGB gegen Rumänien

Angesichts dieser großrumänischen Tendenzen, die die bestehende sowjetisch-rumänische Grenze infrage stellten, sah der KGB in den ethnischen Minderheiten im rumänischen Landesteil Siebenbürgen (Transsilvanien) ein Instrument, um den rumänischen Nationalismus in die Schranken zu weisen. Die Mitrochin-Unterlagen führen hierzu wörtlich aus, der KGB habe dafür zu sorgen, dass »Transsilvanien [für die Sowjetunion] ein bedeutsames Druckmittel auf die Rumänen bleibt, falls von deren Seite [weitere] Initiativen in der territorialen Problematik ergriffen werden sollten«.[103] Der KGB hatte demnach auch schon konkrete, öffentlichkeitswirksame Maßnahmen geplant, um Rumänien zu diskreditieren:

> In einer bürgerlichen Zeitung soll unter dem Deckmantel eines Briefes aus der ›Heimat‹ von einem ›ungarischen Emigranten‹ ein Artikel über die Verfolgung der ungarischen Bevölkerung in Transsilvanien, über die obligatorische Einführung der rumänischen Sprache durch die [rumänischen] Behörden und das Verbot der ungarischen Sprache in Ausbildungsstätten abgedruckt werden.[104]

Der Maßnahmenkatalog des KGB umfasste noch weitere Aktionen dieser Art. Ob sie umgesetzt wurden, ist offen. Bemerkenswert ist aber schon die Tatsache, dass der KGB nicht nur Informationen sammelte, sondern auch Desinformationskampagnen gegen einen verbündeten Staat plante.

Mit den Spannungen um die moldauische Sowjetrepublik und der Nordbukowina befasste sich selbstverständlich nicht nur der KGB. Vielmehr wurde das Thema auch auf der politischen Ebene verhandelt. Im August 1976 reiste das Ehepaar Ceaușescu offiziell in die Moldauische SSR, was nach außen hin

101 Vgl. ebenda.

102 Zur Tagung des Büros des ZK der moldauischen KP vom 16.11.1970 vgl. Negru, Negru: Cursul deosebit, S. 398–417, hier 412 f. Zur Entscheidung des Büros über Corobceanu siehe ebenda, S. 417 f.

103 MITN 2/20, Bl. 115 f., Eintrag 218.

104 Siehe ebenda.

Entspannung und Normalität in dieser strittigen Frage demonstrieren sollte.[105] Doch der Streit zwischen der Sowjetunion und Rumänien um die Moldau ging weiter, wie auch die Mitrochin-Unterlagen belegen. So gab es 1978 kontroverse Gespräche dazu zwischen dem sowjetischen Botschafter in Rumänien Wasilij Drosdenko und dem ZK-Sekretär für internationale Fragen und rumänischen Außenminister Ştefan Andrei.[106]

Der folgende Fall veranschaulicht erneut, wie geschickt der KGB zu seinen Gunsten mit der Frage der nationalen Minderheiten zu jonglieren wusste. Der KGB beabsichtigte demnach, mit anderen »Bruderorganen« gegen das zwar verbündete, aber doch konfliktfreudige Rumänien zusammenzuarbeiten. In den Mitrochin-Unterlagen gibt es den folgenden Eintrag:

> Im Juli 1974 verhaftete die rumänische Polizei den in der SRR lebenden ungarischen Dichter und Ethnografen Zoltán Kallós wegen Homosexualität. Der tatsächliche Grund für die Verhaftung des Ungarn bestand jedoch darin, dass er die Interessen der ungarischen Minderheit in Rumänien verteidigte. Nach einem Plan der Instanz[107] ließ der ungarische Aufklärungsdienst eine Reihe von Presseartikeln in der österreichischen und westdeutschen Presse veröffentlichen, die Kallós in Schutz nehmen [sollten] und wandte sich an Andropow mit der Bitte, sich für [Kallós] einzusetzen. Auf Andropows Anweisung unternahm die sowjetische Aufklärung eine Reihe von aktiven Maßnahmen.[108]

Zu den aktiven Maßnahmen, die KGB-Chef Andropow anwies, gehörte demnach, dass der KGB Schreiben an die Menschenrechtsorganisation »Amnesty International« initiierte, die (vermeintlich) von Angehörigen der ungarischen Minderheit in Rumänien stammten. In diesen Briefen sollte Kallós' Verhaftung als Ausdruck der Unterdrückung der ungarischen Minderheit dargestellt und »Amnesty International« zur Unterstützung aufgerufen werden. Die für den Kampf gegen die »ideologische Diversion« und die politische Opposition in der Sowjetunion zuständige 5. Verwaltung des KGB sollte den Dissidenten Andrej Sacharow so über den Fall informieren, dass sich auch dieser für Kallós einsetze. Schließlich sollte im Namen der in der BRD und in Österreich lebenden

105 Siehe Brezianu, Andrei; Spânu, Vlad: Historical dictionary of Moldova. Lanham 2010, S. 307.

106 Vgl. MITN 2/21, Bl. 123, Eintrag 166 und MITN 2/21, Bl. 164, Eintrag 206.

107 Der am 30. März 2012 durch Suizid gestorbene ehemalige Chef der Auslandsaufklärung des KGB (vom 6.2.1989 bis 21.9.1991) und kurzfristig amtierende KGB-Leiter (vom 22. bis zum 23. August 1991) Leonid Schebarschin erklärte in seinen *post mortem* herausgegebenen Memoiren den Begriff »Instanz« folgendermaßen: »So hieß die höchste Gewalt der Sowjetunion – das Zentralkomitee der KPdSU.« Im Original siehe in: Schebarschin, Leonid: KGB schutit ... Aforismy ot natschal'nika sowetskoj raswedki [Der KGB scherzt … Aphorismen eines Leiters der sowjetischen Aufklärung]. Moskau 2013, S. 303. Zu Schebarschins Werdegang beim KGB siehe in: Pawlikowicz: Aparat centralny, u. a. S. 76, Tabelle 9 u. S. 118, Tabelle 10.

108 MITN 2/21, Bl. 4, Eintrag 12.

»ungarischen Emigranten« eine Pressekampagne in großen Zeitungen der BRD, Großbritanniens, Frankreichs und Italiens entfacht werden, um die westliche Öffentlichkeit über diesen Fall und somit über die minderheitenfeindliche Politik Rumäniens zu »informieren«. Andropow genehmigte diesen Maßnahmenplan im November 1974.[109] Der KGB versuchte insofern, die durchaus repressive Minderheitenpolitik Rumäniens zu instrumentalisieren, um Rumäniens Ansehen im Westen zu schädigen. Inwieweit der Plan umgesetzt wurde, geht aus den Mitrochin-Unterlagen nicht hervor. Tatsache ist, dass »Amnesty International« in seinem Jahresbericht 1975/76 über Kallós' Verhaftung schrieb.[110] Der Fall Kallós wurde 1975 außerdem zu einem heiklen Thema der sogenannten Hearings vor dem US-Senat, in denen über die Erteilung einer Meistbegünstigungsklausel für Rumänien durch die USA entschieden wurde.[111] Die britische *Financial Times* veröffentlichte in ihrer Ausgabe vom 2. April 1975 unter der Überschrift »Romania's Hungarian Minority. Ethnic Juggling in Transylvania« einen fast halbseitigen Bericht über die Repression gegen die ungarische Minderheit in Rumänien.[112] Der Ausgangspunkt für den Artikel war die Verhaftung von Zoltán Kallós unter dem Vorwand angeblicher Homosexualität (die in Rumänien strafbar war). Ob diese öffentlichen Stellungnahmen zugunsten von Kallós auf den Maßnahmenplan des KGB zurückgehen oder ob der Fall Kallós unabhängig vom Wirken des KGB im angelsächsischen Raum aufgegriffen wurde, lässt sich beim gegenwärtigen Forschungsstand nicht sagen. Die westdeutsche Presse scheint über den Fall Kallós nicht berichtet zu haben.[113] Sollte der KGB tatsächlich damit begonnen haben, seinen Maßnahmenplan umzusetzen, so wäre es ihm jedoch nicht gelungen, die erhoffte Breitenwirkung in der westlichen Welt zu erzielen.

Informationsbeschaffung

In die Informationsbeschaffung aus Rumänien wurden den Mitrochin-Aufzeichnungen zufolge auch die KGB-Apparate aus der Moldauischen und der Ukrainischen SSR einbezogen. Wie es in einem KGB-Arbeitsplan hieß, sollte in diesen Apparaten jeweils eine Linie mit operativen Mitarbeitern geschaffen werden, die sich ausschließlich mit der Bearbeitung Rumäniens befasste. Die bereits in Rumänien weilenden Agenten hatten demnach die Aufgabe, diesen

109 Ebenda.

110 Siehe The Amnesty International Report, 1 June 1975–31 May 1976, S. 165 f.

111 Siehe Romanian Trade Agreement. Hearings before the Committee on Finance, United States Senate, 94. Congress, First Session on S. Con. ReS. 35. Washington D. C. 1975, S. 73 f.

112 Siehe Romania's Hungarian Minority. Ethnic Juggling in Transylvania. In: Financial Times v. 2.4.1975.

113 Internetrecherche des Verfassers in den Zeitungsarchiven von *FAZ, Die Welt, Der Spiegel, Frankfurter Rundschau* im Zeitraum von 1972 bis 1980.

beiden KGB-Apparaten regelmäßig Informationen über die Lage im Land zu liefern. Feindliche Aktionen Rumäniens gegen die Sowjetunion sollten dadurch rechtzeitig aufgedeckt werden. Ferner sollten auch Rumänen als Agenten angeworben und vor Ort eingesetzt werden.[114]

Die weiter oben bereits erwähnten Illegalen des KGB sollten Informationen über breit gefächerte Themen beschaffen. Dazu gehörte es, »das Kräfteverhältnis und die Quantität von antisowjetischen Gruppierungen in der RKP und anderen staatlichen Organen herauszufinden«, zu erfahren, »welche Fraktion im Partei- und Staatsapparat eine prosowjetische Einstellung vertritt und wer es konkret ist [...]«. Der KGB interessierte sich auch für jegliche »Maßnahmen zur Gründung des Balkanischen Bundes, die von der rumänischen Regierung getroffen wurden«, ebenso für westliche Maßnahmen, die den rumänischen Unabhängigkeitskurs unterstützten sowie für die rumänisch-jugoslawischen Beziehungen.[115] Andere Aufgaben der illegalen Linie bestanden darin, »Kontakte unter Intellektuellen, Professoren, Studierenden, kulturschaffenden Vertretern der jüdischen und deutschen Gemeinden in Bukarest herzustellen«.[116] Des Weiteren sollte die illegale KGB-Aufklärung Informationen über »die politische, wirtschaftliche, militärische, wissenschaftlich-technische sowie kulturelle Zusammenarbeit [Rumäniens] mit der VR China, Jugoslawien und kapitalistischen Ländern« gewinnen.[117] Auch die Reaktionen der rumänischen Gesellschaft auf die Gestaltung der Innen- und Außenpolitik durch die RKP und die rumänische Regierung waren den Mitrochin-Unterlagen zufolge Gegenstand der Arbeit der Illegalen des KGB. Sie sondierten die nationalistischen Tendenzen in der Politik der Partei- und Staatsführung, Rumäniens Verpflichtungen im Rahmen der Mitgliedschaft des sozialistischen Lagers und eruierten, ob sich innerhalb des Landes beziehungsweise der RKP eine Opposition herausbildete.[118]

Eine bemerkenswerte Einschätzung Rumäniens traf der KGB in einer Meldung von 1976. Die Einwohner der Oblast Czernowitz (rumänisch: Cernăuți, ukrainisch: Černivci, Nordbukowina, damals Ukrainische SSR) würden rumänische Fernsehsender empfangen und sich diese ansehen. Im rumänischen Fernsehen seien westliche Produktionen gelaufen, was in der Sowjetunion nicht gestattet gewesen sei.[119] Rumänien erscheint hier in der Wahrnehmung des KGB als ein Land, das die sowjetische Medienzensur unterlief und unliebsame Fernsehsendungen in einen zwar kleinen Teil der Sowjetunion ausstrahlte, in dem jedoch eine beachtliche Anzahl Menschen Rumänisch sprachen. In den Mitrochin-

114 MITN 2/19/2, Bl. 195, Eintrag 480.
115 MITN 2/20, Bl. 100, Eintrag 194.
116 MITN 2/12, Bl. 62, Eintrag 148.
117 Ebenda.
118 Ebenda.
119 MITN 2/25, Bl. 133, Eintrag 214.

Aufzeichnungen wird diese Beobachtung mit der Bemerkung kommentiert, »dass wir in einem weniger freien Land als Rumänien leben«.[120]

1978 bestätigte der KGB den fortgesetzten Sonderkurs Rumäniens.

> Die Quellen verweisen auf eine misstrauische Haltung zu den Russen. Diese Haltung wurde in Rumänien zu einer Gewohnheit, in der eine Generation erzogen wurde. Dies ist ein seltener Fall einer Meinungseinheit zwischen einer Führung und einer Bevölkerung. Üblicherweise glauben sehr wenige ihrer Führung, aber dieses Mal sprach Ceauşescu in einem Einklang mit den Gedanken und den Erwartungen der Arbeitenden.[121]

In den letzten Meldungen über Rumänien aus dem Jahre 1979 konzentrierte sich der KGB, dem Mitrochin-Archiv zufolge, überwiegend auf die Vorbereitungen für und die Reaktionen auf den XII. Parteitag der RKP, der vom 19. bis 23. November 1979 in Bukarest stattfand. Der für die vorliegende Studie gewählte Untersuchungszeitraum der 1960er- und 1970er-Jahre endet somit mit einem innenpolitischen Thema. In den Mitrochin-Aufzeichnungen wird er in mindestens drei Einträgen behandelt. Ausgewählt und gehalten worden seien nur solche Reden, die Ceauşescu gefällig gewesen seien.[122] Nur der Altkommunist Constantin Pîrvulescu griff in seiner Rede vor den Parteitagsdelegierten Ceauşescu direkt an und kritisierte dessen Personenkult. Eine derart offene und heftige Kritik war für einen Parteitag absolut unüblich. Der KGB bezeichnete Pîrvulescu den Mitrochin-Aufzeichnungen zufolge als »treue[n] Freund der Sowjetunion«.[123] Dieser habe zu den alten Parteikadern gehört, die »sich gut an die Hilfe der Sowjetunion für Rumänien [erinnern konnten], die immer freundlich eine hilfreiche Hand in schwieriger Lage anbot. Ohne eine solche brüderliche Hilfe hätte Rumänien nie Erfolg in der Errichtung der sozialistischen Wirtschaft und des sozialen Bereiches gehabt«[124], so die Einschätzung des KGB anlässlich Pîrvulescus couragierter Rede auf dem RKP-Parteitag. Unmittelbar nach dem Parteitag kursierten Gerüchte, Pîrvulescu sei ermordet worden. Diese Gerüchte flossen ungeprüft auch in Berichte des KGB ein. Die Mitrochin-Aufzeichnungen über Pîrvulescus Rede vor dem XII. Parteitag enden mit folgenden Sätzen: »Eine solche Anstrengung kostete ihn [Pîrvulescu] das Leben. Nach der Tagung starb er.«[125] Doch entgegen der damals kursierenden Gerüchte fiel Pîrvulescu nach dem XII. Parteitag nicht

120 Ebenda. An dieser Stelle ist nicht eindeutig, ob dieser Kommentar von Mitrochin selbst hinzugefügt wurde oder von den mit Rumänienfragen befassten KGB-Offizieren.

121 Vgl. MITN 2/19/2, Bl. 230 f., Eintrag 549.

122 Vgl. MITN 2/26, Bl. 24, Eintrag 70.

123 Vgl. ebenda, Bl. 25, Eintrag 72.

124 Vgl. ebenda, Bl. 24, Eintrag 70.

125 Vgl. ebenda, Bl. 25, Eintrag 72.

einem Mord zum Opfer, sondern wurde lediglich politisch kaltgestellt.[126] Der KGB beurteilte den XII. Parteitag der RKP folgendermaßen: Die Arbeiter seien der Meinung, dass man das Einschmeicheln gegenüber den Regierungskreisen der USA und der VR China nicht befürworten könne.[127] Trotz der erwähnten Schwierigkeiten sei der XII. Parteitag der RKP jedoch im Großen und Ganzen nach dem Wunsch Ceauşescus verlaufen.

Die HV-A-Residentur in Bukarest

Welches Bild über Rumänien hatte das MfS? Wie funktionierte die Informationsgewinnung über das Land vor Ort? Die nachfolgende, vergleichende Betrachtung soll zum einen dazu dienen, die Mitrochin-Aufzeichnungen auf ihre Plausibilität hin zu überprüfen, zum anderen kann sie Hinweise auf gemeinsames Vorgehen von KGB und MfS geben.[128]

Wie oben bereits ausgeführt, folgte die HV A mit rund zwei Jahren Verzug der I. Hauptverwaltung des KGB und gründete 1968/69 eine eigene Residentur in Bukarest. Was die Arbeit mit solchen »legalen Positionen« angeht, verfügten beide Geheimdienste über verschiedene Erfahrungen und bedienten sich daher auch verschiedener Arbeitsmethoden. Aufgrund der politischen Nichtanerkennung der DDR durch den Westen, wie Christopher Nehring feststellt, habe die HV A bis zur Mitte der 1970er-Jahre nur über »wenig Erfahrung mit der Arbeit aus legalen Residenturen« verfügt, denn die DDR durfte bis dahin nur in ganz wenigen Staaten diplomatische Vertretungen eröffnen. Dagegen habe die I. Hauptverwaltung des KGB im Westen »wesentlich früher diplomatische Vertretungen mitsamt legaler Residenturen einrichten« können. Aus diesem Grund habe das *Agentennetz* für das MfS ein »kennzeichnendes Element einer Residentur« gebildet, während dieses für den KGB zwar auch von Bedeutung war, aber nicht im Vordergrund gestanden habe. Für die sowjetische Aufklärung sei »[w]esentlich entscheidender […] eine feste Organisationsform als Außenposten hauptamtlicher Mitarbeiter«,

126 Tismăneanu, Vladimir: Stalinism for all seasons. A political history of Romanian communism. Barkeley 2003, S. 207, 266. Im März 1989 unterzeichnete Pîrvulescu einen offenen Brief, den sogenannten Brief der Sechs, in dem er und 5 weitere Altkommunisten der RKP die Politik Ceauşescus nochmals auf heftigste Weise u. a. über Radio Freies Europa kritisierten. Pîrvulescu selbst überlebte Ceauşescu und starb 1992 im Alter von 96 Jahren. Siehe ebenda.

127 Vgl. MITN 2/26, Bl. 24, Eintrag 70.

128 Hinsichtlich der MfS-Aktivitäten gegenüber Rumänien stützt sich die folgende Darstellung auch auf die folgenden Arbeiten: Herbstritt: Entzweite Freunde; ders.: Den Balkan im Blick. Die DDR-Staatssicherheit und Rumänien. In: Friis, Thomas Wegener; Müller-Enbergs, Helmut (Hg.): DDR-Spionage in der Welt. Amerika bis Zypern, Bd. 2. Frankfurt/M. [erscheint 2022], ca. S. 332–360, hier 341–349.

die »getarnt in Auslandsvertretungen untergebracht werden konnten«.[129] Da die Regimeverhältnisse in den jeweiligen Operationsgebieten unterschiedlich waren, nahm die Organisationsstruktur der jeweiligen legalen Residenturen in der Praxis auch verschiedene Formen an. In gewisser Weise bildete Rumänien bis zur Anerkennung der DDR durch die westlich orientierten Staaten ein Versuchsgelände für die Arbeit der HVA aus legalen Positionen.

Die Residentur der HVA in Bukarest wurde von der Abteilung III der HVA geleitet, die weltweit für die ausländischen Residenturen der HVA zuständig war. Interessant ist in diesem Fall, dass die Bukarester Residentur einer Gruppe »G« zugewiesen war, der auch andere »abgefallene« sozialistische Länder angehörten. (Neben Rumänien zählten zur Gruppe G Jugoslawien, China, Albanien und, warum auch immer, Kuba.)[130] Während der KGB nach 1969 auch in anderen verbündeten Staaten Legalresidenturen in den sowjetischen Botschaften einrichtete, blieb Rumänien der einzige Mitgliedsstaat des Warschauer Paktes, in dem die HVA eine solche Residentur unterhielt.

Das Agenten- und Informantennetz der HV-A-Residentur

Mit der Gründung ihrer Legalresidentur begann die HVA, Informationen aus und über Rumänien zu gewinnen und die SED-Führung damit zu beliefern. Dazu baute sich die HV-A-Residentur in Bukarest ein kleines Informantennetz vor Ort auf. Während ihrer gesamten Existenzzeit arbeiteten mindestens 21 Mitarbeiter und Informanten für die Residentur.[131] Wie viele genau davon in dem Untersuchungszeitraum 1968/69 bis 1979 für sie tätig waren, lässt sich nicht einschätzen. Da der weitaus überwiegende Teil der HV-A-Akten im Laufe des Selbstauflösungsprozesses 1989/90 endgültig vernichtet wurde, ließen sich die Größe des Informantennetzes und die wahre Identität dieser Personen nur teilweise herausfinden.[132]

Die HV-A-Residentur in Bukarest war im Vergleich zu der Residentur der I. Hauptverwaltung des KGB deutlich kleiner. Sie bestand Mitte der 1970er-Jahre aus zwei hauptamtlichen HV-A-Mitarbeitern, während die sowjetische Residentur,

129 Nehring, Christopher: »Die Zusammenarbeit der DDR-Auslandsaufklärung mit der Aufklärung der Volksrepublik Bulgarien. Regionalfilialen des KGB?« Heidelberg 2016, S. 370. Die Online-Veröffentlichung der Dissertation ist unter http://archiv.ub.uni-heidelberg.de/volltextserver/21918/3/Disseration_Nehring_zumDruck.pdf (letzter Zugriff: 20.7.2021) zu finden.

130 Vgl. BArch, MfS, HVA Nr. 1126, Bl. 32, 35. Die Residentur der HVA in Bukarest erhielt die Nummer 251 und eine Tarnnummer G/6, während Rumänien unter der Tarnbezeichnung 93 verschlüsselt war. Die Zuordnung Kubas zu dieser Gruppe ist unklar und stellt eine Ausnahme dar.

131 Vgl. Herbstritt: Den Balkan im Blick, S. 342.

132 Ebenda, S. 341.

Mitrochin zufolge, zur gleichen Zeit sieben operative [hauptamtliche] Mitarbeiter zählte.[133] Einer der beiden hauptamtlichen HV-A-Mitarbeiter fungierte als Resident. Er tarnte sich nach außen als Botschaftssekretär. Für die 1970er-Jahre ließ sich bislang nur Edgar Gladitz als HV-A-Resident identifizieren, der seit dem Ende dieses Jahrzehnts bis 1983 im diplomatischen Dienst in Rumänien tätig war.[134] Die Aufgabe des Residenten der HVA in Rumänien bestand darin,

> sich regelmäßig mit den Mitarbeitern der DDR-Botschaft zu treffen, die als IM geführt wurden. Dabei sollte der besondere Charakter dieser Treffen vor den anderen Mitarbeitern möglichst geheim gehalten werden. Sie waren auch dafür zuständig, die Verbindungen zur HV-A-Zentrale in Ostberlin aufrechtzuerhalten. Über Kurierpost und chiffrierte Telegramme übermittelten sie zumindest monatlich die Informationen, die ihnen von den inoffiziellen Mitarbeitern und Kontaktpersonen zugegangen waren. Faktisch glich die Arbeit des Residenten in mancher Hinsicht der eines Führungsoffiziers.[135]

Für die 1970er-Jahre ließen sich bislang vier Quellen der HV-A-Residentur in Bukarest identifizieren. Dies waren »Neubert«, »Zobel«, »Spree« und »Berger«, wobei die wahre Identität der beiden zuletzt Genannten bekannt ist.

Unter dem Decknamen »Berger« führte die HV-A-Residentur einen hochrangigen Politiker, Funktionär und Publizisten der Siebenbürger Sachsen in Rumänien als Kontaktperson. Seine Informationslieferungen bewegten sich in einer Grauzone zwischen diplomatischen Gesprächen, persönlichem Gedankenaustausch und geheimdienstlicher Informationsübermittlung. Worüber »Berger« in den 1970er-Jahren berichtete, ließ sich im Rahmen der Recherche bis jetzt nicht feststellen – anders als im Fall der anderen drei Informanten.[136]

Hinter dem Decknamen »Spree« verbarg sich ein DDR-Diplomat, den die HVA als »Offizier im besonderen Einsatz« (OibE) führte. Seit Herbst 1973 war er offiziell »als planmäßiger Sekretär in der ›Politischen Abteilung‹ der DDR-Botschaft« tätig.[137] Zwischen Februar 1974 und Juni 1979 registrierte die HVA von ihm jährlich sechs bis zehn Informationen aus Rumänien, alles in allem waren es 46.[138] Über »Neubert« ist bekannt, dass er zwischen 1972 und 1978 aus

133 Die Zahl von 2 hauptamtlichen Mitarbeitern in der HV-A-Residentur in Bukarest nannten der stellvertretende Leiter der HVA Horst Jänicke und der Leiter der für legal abgedeckte Residenturen zuständigen Abteilung III der HVA Werner Prosetzky im Gespräch mit bulgarischen Kollegen in Sofia im Februar 1976, siehe Anm. 43. Die Stärke der Residentur der I. Hauptverwaltung des KGB geht aus MITN 2/18, Bl. 87, Eintrag 328, hervor.

134 Herbstritt: Entzweite Freunde, S. 260. Wer der zweite HV-A-Mitarbeiter in der Residentur war, ließ sich bislang nicht ermitteln.

135 Ebenda.

136 Nähere biografische Angaben zu »Berger« siehe Herbstritt: Entzweite Freunde, S. 277–281.

137 Eine Kurzbiografie zu »Spree« siehe Herbstritt: Den Balkan im Blick, S. 343 f.

138 Auswertung von Ausdrucken der SIRA-Teildatenbanken zur Quellenregistriernummer XV/3436/72, unter der »Spree« von der HVA geführt war. Ausgewertet wurden die Eingangsinformationen nach naheliegenden Begriffen wie bspw. Außenpolitik = »Außenpolitik«, »Beziehung«,

Rumänien berichtete, während »Zobel« seit 1974 Informationen aus Rumänien für die HVA beschaffte. »Neubert« lieferte unregelmäßig Informationen an die HVA, in sieben Jahren registrierte die HVA insgesamt 18 Berichte von ihm. Seine größte Aktivität verzeichnete die SIRA-Datenbank zwischen 1973 und 1976, als er zwischen drei bis sechs Informationen pro Jahr übermittelte. »Zobel«, dessen Berichte die HVA zum Teil als überdurchschnittlich wertvoll einschätzte, lieferte zwölf Informationen innerhalb von sechs Jahren. Die meisten fielen auf das Jahr 1979; danach wurde seine Zusammenarbeit mit der DDR-Auslandsspionage bis 1985 aus unbekannten Gründen unterbrochen.[139]

Informationsschwerpunkte der IM der HVA

Ein detaillierter Einblick in die SIRA-Datenbank zeigt, was die Schwerpunkte der Berichte von »Spree«, »Neubert« und »Zobel« waren. »Spree« berichtete vor allem über die rumänische Außen- und Innenpolitik sowie über die Wirtschaft. Die innenpolitischen Themen schnitten Bereiche wie die Lage in der RKP, der Regierung und im Staatsapparat sowie die Opposition und die innere Lage in Rumänien an. In den außenpolitischen Bereichen informierte »Spree« vor allem über die Differenzen und Feindseligkeiten zwischen Rumänien und dem sozialistischen Block.

»Zobel« hatte, seinen Berichten nach zu urteilen, vor allem einen Überblick über innenpolitische Themen. Rund zwei Drittel seiner Berichte handelten im Allgemeinen von der Innenpolitik Rumäniens, er verfügte über Kenntnisse über die innere Lage in Rumänien sowie die Situation in der RKP, der Regierung und im Staatsapparat. Außenpolitische Angelegenheiten machten den kleineren Teil seiner Informationen aus.

Auch »Neubert« hatte Einblick in außen- und innenpolitische Themen. Die Hälfte seiner Berichte informierte über die Lage in der RKP, in der rumänischen Regierung und im Staatsapparat genauso wie über die innere Lage in Rumänien.

Alle drei Quellen galten bei der HVA als »zuverlässig« und die von ihnen übermittelten Informationen wurden als »durchschnittlich wertvoll« bis »wertvoll« eingeschätzt.[140]

»Zusammenarbeit« u. Ä. sowie nach Titeln der Eingangs- und Ausgangsinformationen, die von dem Informanten an die HVA übermittelt wurden.

139 Auswertung von Ausdrucken der SIRA-Teildatenbanken zur Quellenregistriernummer XV/320/72 und XV/1709/72, unter denen entsprechend »Zobel« und »Neubert« durch die HVA geführt wurden.

140 Von 15 gelieferten Informationen von »Spree« liegt eine Benotung vor. Demnach wurden 12 dieser Informationen mit einer Einschätzungsstufe III, was für »mittlerer Wert« steht, eingeschätzt, nur 3 Berichte von ihm galten als »wertvoll« (Stufe II). Bei »Zobel« liegen zu 5 Informationen Einschätzungen vor, 3 davon wurden als »mittelwertig« (III) und 2 als »wert-

In welchem Umfang sich Quellen wie der DDR-Diplomat »Spree« ein Informantennetz in Rumänien aufbauten, das über die üblichen diplomatischen Gesprächskontakte hinausreichte, ist nicht bekannt und dürfte angesichts der schlechten HV-A-Aktenüberlieferung auch kaum noch zu ermitteln sein.

Die HVA stellte aus den Informationen, die sie von ihren Quellen weltweit erhielt, fast täglich Berichte zu den verschiedensten Themen zusammen, die sie dann über die »Zentrale Auswertungs- und Informationsgruppe« des MfS an wechselnde Empfänger in der SED-Parteiführung und der DDR-Regierung weiterleitete. Zwischen 1968 bis 1979 befanden sich darunter 101 Informationsberichte über Rumänien.[141] Die meisten Informationen über die innen- und außenpolitische Problematik stammten aber nicht aus der HV-A-Residentur in Bukarest, wie man vermuten könnte, sondern aus westlichen Quellen, vor allem von westlichen IM der HVA mit Zugang zu westdeutschen Regierungskreisen. Über die Jahre waren im Allgemeinen »Aspekte der Außen-, Innen- und Wirtschaftspolitik Rumäniens« das Hauptthema der Berichte. Unmittelbar nach der Eröffnung des Objektvorgangs »Speicher« im Herbst 1968 berichtete die HVA an die Partei- und Staatsführung in der DDR über den Sonderkurs Rumäniens. Einige der ersten Berichte handelten von einem »angeblich bevorstehenden sowjetischen Angriff auf Rumänien« aus der Sicht der NATO und von der »Lage in der Rumänischen Kommunistischen Partei und von einigen innenpolitischen und außenwirtschaftlichen Problemen Rumäniens«.[142] Des Weiteren wurden Äußerungen des rumänischen Botschafters in Warschau Tiberiu Petrescu[143] »zu den Entwicklungen in den sozialistischen Ländern« und »zu einigen Aspekten der Außenpolitik der Sozialistischen Republik Rumänien« ein Thema von Berichten. In einem Gespräch mit westdeutschen Diplomaten vertrat Petrescu im Frühjahr 1968 den rumänischen Sonderweg: »Die Zusammenarbeit im RGW werde rumänischerseits ausschließlich durch die Erfüllung eigener Interessen bestimmt. Die rumänische Regierung sehe keine Veranlassung, nur aus Gründen der Solidarität auf wirtschaftliche Vorteile zu verzichten. Das RGW-Marktsystem sei veraltet und die Qualität der aus dem RGW-Bereich gelieferten Güter unbefriedigend.«

voll« (II) eingestuft. Bei Quellenangabe steht bei jedem der Informanten jedoch »zuverlässig«. Zu Details siehe Ausdrucke aus der SIRA-Datenbank zu seiner Registriernummer unter den Spalten »Quelle« und »Einschätzung«.

141 Quantitative Auswertung von Einzelinformationen zu den Begriffen: »Rumä*«, »SRR«, »VRR« und »Bukarest« in der Zeitspanne von 1968 bis 1979 in: BStU: Verzeichnis der Ausgangsinformationen.

142 Siehe Titel der Einzelinformation EI_1968/1310 und EI_1968/1258 in der SIRA-Datenbank. Inhalte der Berichte sind nicht verfügbar.

143 Tiberiu Petrescu bekleidete das Amt des rumänischen Botschafters in Warschau vom 23. Februar 1966 bis zum 28. Mai 1971. Siehe Crişan, Gheorghe: Piramida puterii, Vol. I. Oameni politici şi de stat, generali şi ierarhi din România (23 august 1944 – 22 decembrie 1989) [Pyramide der Macht, Bd. 1. Politiker und Staatsleute, Generale und Hierarchien Rumäniens (vom 23. August 1944 bis zum 22. Dezember 1989)]. Bukarest 2004, S. 273.

Und weiter zur Entwicklung in der ČSSR äußerte er: »wenn es der tschechoslowakischen Regierung gelingen sollte, eine Unterminierung des Sozialismus zu verhindern, sei die ČSSR im rumänischen Sinne auf dem richtigen Weg«.[144] Wie aus einem anderen Bericht aus dem Jahre 1974 hervorgeht, betonte Ceauşescu gegenüber dem Generalsekretär der Sozialistischen Internationale Hans Janitschek zu den Ereignissen 1968 in Prag erneut die damalige Haltung Rumäniens.[145] Ebenfalls 1974 berichtete die HVA der Partei- und Staatsführung darüber, dass »[d]ie RKP-Führung [...] den von ihr geduldeten und im Wachsen begriffenen, unverhüllten Antisowjetismus [nutze], um den nationalen Zusammenhalt zu fördern. Für Fehler und Mängel in der SRR wird von breiten Bevölkerungskreisen, insbesondere aber von der Intelligenz, die Sowjetunion verantwortlich gemacht.«[146] Während einer Tagung des Politischen Beratenden Ausschusses der Mitgliedsstaaten des Warschauer Vertrages im April des Jahres in Warschau habe die Führung der SRR »größten Wert auf die Garantie und Nichteinmischung in die inneren Angelegenheiten anderer Staaten und die Respektierung ihrer souveränen Rechte [gelegt]«[147], was eine Anspielung auf den Sonderkurs gegenüber der sowjetischen Politik war. Gleichzeitig »[sei] man [...] sich klar darüber, dass Rumänien seine Sonderstellung nur bis zu einem bestimmten Punkt betreiben könne. Insofern sei dieser Politik eine Grenze gesetzt. Das sei Ceauşescu ebenso wie seinen Gegnern klar.«[148]

Ebenso wie der KGB widmete auch das MfS dem XII. Parteitag der RKP im November 1979 seine Aufmerksamkeit. Während die Mitrochin-Aufzeichnungen vom Verlauf des Parteitags handeln, hat sich in den MfS-Akten ein Bericht der HVA erhalten, der die Lage Rumäniens im Vorfeld des XII. Parteitags analysiert. Die HVA schätzte »die innere Sicherheitslage der SRR als stabil [ein], obwohl die Unzufriedenheit in weiten Kreisen der Bevölkerung sichtbar zunimmt«.[149] Diese sei durch die sich verschlechternde Wirtschaftslage des Landes verursacht. Die rumänische Inlandspropaganda habe versucht, »die Ursachen der ökonomischen

144 Die Titel der Berichte stammen aus den Einzelinformationen EI_1968/0497 (BArch, MfS, HVA Nr. 129, Bl. 115–117) und EI_1969/0269 (BArch, MfS, HVA Nr. 143, Bl. 208–210) in der SIRA-Datenbank. Die Äußerungen des Botschafters Petrescu sind in der Information Nr. 497/1968 über die westdeutsch-rumänischen Beziehungen und Äußerungen des rumänischen Botschafters in Warschau zu den Entwicklungen in den sozialistischen Ländern, BArch, MfS, HVA Nr. 129, Bl. 116, zu finden.

145 Information Nr. 110/1974 über einige Probleme der Außenpolitik und Innenpolitik der SR Rumänien; BArch, MfS, HVA Nr. 105, Bl. 350 f.

146 Information Nr. 591/1974 über den Stand und die Perspektiven des Integrationsprozesses in den Europäischen Gemeinschaften; BArch, MfS, HVA Nr. 109, Bl. 95.

147 Vgl. ebenda, Bl. 91.

148 Information Nr. 110/1974 über einige Probleme der Außenpolitik und Innenpolitik der SR Rumänien; BArch, MfS, HVA Nr 105, Bl. 350 f.

149 Information Nr. 654/1979 über die Innen- und Außenpolitik der SR Rumänien vor dem XII. Parteitag der RKP vom 19. bis 24.11.1979; BArch, MfS, HVA Nr. 80, Bl. 358.

Schwierigkeiten auf die anderen sozialistischen Länder, vor allem die UdSSR, aber auch die DDR zu schieben«[150], hieß es weiter im Bericht. Aus diesem Grund diene der rumänische Nationalismus »der rumänischen Führung nicht nur zur Gewinnung der Armee, sondern generell zur Einflussnahme auf die Bevölkerung des Landes«.[151] Die Beziehung Rumäniens zu den anderen sozialistischen Ländern habe sich zwar nicht geändert, es sei jedoch eine Vermeidung der »Zuspitzung der bestehenden Meinungsverschiedenheiten«[152] spürbar. Was die Meinungsverschiedenheiten zwischen Rumänien und der Sowjetunion, teilweise auch mit der Volksrepublik China und den Nahoststaaten angehe, berichtete die HVA, »dass die rumänische Führung tatsächlich nach einer eigenständigen außenpolitischen Linie strebe, deren Kriterium in erster Linie eng begrenzte nationale Vorteile sind«.[153] Die HV-A-Berichte erweisen sich auch rückblickend als überwiegend zutreffende Einschätzungen der rumänischen Politik, ihrer Strategien und Ziele.

In den Mitrochin-Aufzeichnungen wird auch der Umstand erwähnt, dass der KGB von seinen Verbündeten viele Informationen bekam. Das MfS war demnach besonders fleißig, wenn es darum ging, seine Spionageerkenntnisse dem KGB zu übermitteln. Nach Mitrochins Aufzeichnungen stammten 1975 65 Prozent aller Berichte, die der KGB von den Staatssicherheitsdiensten der sozialistischen Ländern erhielt, von der Stasi.[154] Ob die Stasi im Fall Rumäniens der Hauptinformant für den KGB war, lässt sich aufgrund fehlender Informationen im Stasi-Unterlagen-Archiv nicht mehr ermitteln.[155]

Annäherungsversuche und Absprachen zwischen dem KGB und dem MfS

Um die Wende von den 1960er- zu den 1970er-Jahren gab es seitens Rumäniens als auch seiner Verbündeten ansatzweise Versuche, sowohl die politischen als auch die geheimdienstlichen Beziehungen wieder zu verbessern.[156] Doch wie widersprüchlich manche Schritte aufgefasst werden konnten, zeigen Meldungen von HVA und KGB über das Hochwasser, das Rumänien und andere Donauanrainer 1970 heimsuchte. Einem Bericht der HVA zufolge habe »das rumänisch-sowjetische

150 Ebenda, Bl. 360.
151 Vgl. ebenda, Bl. 358.
152 Vgl. ebenda, Bl. 359.
153 Vgl. ebenda.
154 MITN 2/19/1, Bl. 117, Eintrag 273.
155 In der SIRA-Datenbank der HVA lassen sich die Informationsweitergaben der HVA an den KGB lediglich für die Jahre 1980 bis 1989 detailliert nachverfolgen. Demnach übergab die HVA dem KGB in den 1980er-Jahren etwa die Hälfte aller ihrer Informationen mit Bezug zu Rumänien.
156 Einige dieser Versuche beschreibt Herbstritt: Entzweite Freunde, S. 167–172.

Verhältnis durch die Flutkatastrophe eine Zuspitzung erfahren. Rumänien [sei] enttäuscht, dass die Sowjetunion nicht spontan und vorbehaltlos Hilfe leistete«.[157] Ein anderes Licht auf die Situation wirft ein KGB-Bericht im Mitrochin-Archiv:

> Viele seien damit nicht einverstanden, dass Ceauşescu die von der UdSSR [angebotene] Hilfe durch Personalkräfte während der Naturkatastrophe abgelehnt habe. [E]r habe Soldaten der sowjetischen Armee nicht nach Rumänien hineingelassen, wie es Ungarn und Jugoslawien gemacht hatten, die [auch] unter dieser Flut gelitten hatten. Ceauşescu habe befürchtet, dass die sowjetische Armee dann in Rumänien bleibe.[158]

In dem bereits zitierten Bericht der HV A wurden auch Meinungen westdeutscher Regierungskreise zu dieser Lage wiedergegeben. Demnach habe die Zuspitzung zwischen den beiden Ländern einen solchen Punkt erreicht, dass für die Sowjetunion »nun die Zeit gekommen [sei], Rumänien wieder stärker in das sozialistische Lager zu integrieren und die rumänische Notlage nicht ungenutzt verstreichen zu lassen«. Die Prognose für Rumänien war, dass es das Land »[…] schwer haben werde, in allen Punkten seinen Standort zu wahren«.[159]

Die Securitate unternahm in dieser Zeit einige taktisch geprägte Versuche, Kontakte zu ihren Verbündeten zu reaktivieren. Im März 1971 stattete der Leiter der rumänischen Auslandsspionage Nicolae Doicaru dem MfS in Ostberlin einen spontanen Besuch ab. Doicaru bat um ein Gespräch mit Minister Erich Mielke, in dem er eine Wiederbelebung der Zusammenarbeit zwischen der Securitate und dem MfS zur Sprache bringen wollte. Mielke weigerte sich zwar, den Rumänen zu empfangen, doch HV-A-Chef Markus Wolf führte ein langes Gespräch mit Doicaru. Wolf wies jegliche Wiederannäherungsversuche ab, indem er argumentierte, »dass zuerst politische Grundsatzfragen auf der Ebene der beiden Staats- und Parteiführungen geklärt sein müssten«.[160] Markus Wolf befand sich mit seiner ablehnenden Haltung auf einer Linie mit dem KGB. Denn wie es in

157 Information Nr. 782/1970 über eine Einschätzung einiger Aspekte der Außenpolitik Rumäniens durch westdeutsche Regierungskreise; BArch, MfS, HV A Nr. 169, Bl. 151. Dabei ist zu erwähnen, dass US-Präsident Richard Nixon Rumänien 1969 einen Staatsbesuch abstattete, der neben anderem darauf abzielte, Rumänien für seinen Unabhängigkeitskurs zu belohnen und anderen Ostblockländern zu zeigen, dass sich gute Beziehungen zu den USA lohnen. Siehe auf Englisch Pechlivanis, Paschalis: Between Détente and Differentiation: Nixon's visit to Bucharest in August 1969. In: Cold War History 17 (2017) 3, S. 241–258, hier 241, 257 f. In Fortsetzung dieser Politik kamen die USA den Sowjets bei der Flutkatastrophe von 1970 auf dem Balkan mit Hilfeleistungen für Rumänien zuvor. Die amerikanische Hilfe sei von den Rumänen mit offenen Händen angenommen worden. Siehe auf Englisch die Memoranda 194, 196 u. 197 von bzw. an Nixons Berater für Außen- und Sicherheitspolitik, Henry Kissinger. In: Miller, James E.; Selvage, Douglas; Van Hook, Laurie (Hg.): Foreign Relations of the United States, 1969–1976. Volume XXIX – Eastern Europe; Eastern Mediterranean, 1969–1972, S. 475–480.

158 MITN 2/19/2, Bl. 163 f., Eintrag 410.

159 Information Nr. 782/1970 über eine Einschätzung einiger Aspekte der Außenpolitik Rumäniens durch westdeutsche Regierungskreise; BArch, MfS, HV A Nr. 169, Bl. 151.

160 Herbstritt: Entzweite Freunde, S. 188 f.

den Mitrochin-Aufzeichnungen heißt, hatte die Verwaltung »S« der I. Hauptverwaltung des KGB im Juli 1971 vorgeschlagen, »[...] das Zusammenwirken mit den Aufklärungsdiensten der sozialistischen Länder auf der illegalen Linie zu aktivieren«, doch sie hatte die Aufklärungen der ČSSR und Rumäniens davon ausdrücklich ausgenommen.[161] Diese Notiz im Mitrochin-Archiv entspricht auch den Befunden des bulgarischen Historikers Jordan Baev. Baev zufolge unterzeichneten die Staatssicherheitsdienste Bulgariens und Rumäniens im Juni 1968 und Februar 1971 zweiseitige Kooperationsabkommen, doch habe der KGB erfolgreich darauf gedrängt, dass der bulgarische Geheimdienst seine Kontakte zur Securitate spätestens seit Ende 1971 auf Eis lege.[162]

Es liegt auf der Hand, dass das MfS seine Positionen in der rumänischen Frage mit dem KGB absprach. Anhand von MfS-Dokumenten kann belegt werden, »dass die MfS-Führung ihr Verhalten gegenüber der Securitate eng mit dem sowjetischen Verbündeten abstimmte. So sprach Erich Mielke, als er im Mai 1971 sein jährliches Arbeitstreffen mit der KGB-Führung in Moskau durchführte, den Besuch Doicarus direkt an.«[163]

Im Mitrochin-Archiv werden Gespräche zwischen KGB und MfS über Rumänien in den 1970er-Jahren lediglich an einer Stelle erwähnt. Zum selben konkreten Vorgang gibt es außerdem einen Beleg im MfS-Archiv. Beide Überlieferungen ergänzen sich und belegen dadurch auch die Zuverlässigkeit des Mitrochin-Archivs: In den MfS-Unterlagen befindet sich der Jahresplan der HVA für die »Zusammenarbeit mit den Sicherheitsorganen der befreundeten sozialistischen Staaten für das Jahr 1972«.[164] Rumänien kam in diesem Plan nicht vor und galt hier nicht als befreundeter Staat. In diesem Jahresplan von November 1971 sind allerdings die Themen festgehalten, die Markus Wolf bei seiner Jahresberatung 1972 in Moskau mit seinem KGB-Kollegen Fjodor Mortin, dem Leiter der I. Hauptverwaltung des KGB, besprechen wollte. Dazu zählten die »Probleme der operativen Arbeit im Zusammenhang mit der Entwicklung in China, Rumänien und Jugoslawien und evtl. anderen Ländern«.[165] Über den Inhalt des Gespräches selbst geben zwar die MfS-Akten nichts preis, aber dafür enthalten die Mitrochin-Aufzeichnungen einige Angaben über das Gespräch zwischen den beiden Spionagechefs. Mortin informierte Wolf demnach während ihres Treffens in Moskau im November 1972

161 MITN 2/20, Bl. 34, Eintrag 65.

162 Baev, Jordan: KGB v Bălgarija. Sătrudničestvoto meždu săvetskite i bălgarskite taijni službi 1944–1991 [Der KGB in Bulgarien. Die Zusammenarbeit zwischen dem sowjetischen und bulgarischen Geheimdienst 1944–1991]. Sofia 2009, S. 275–277. Vgl. zu diesem Aspekt auch Baev, Jordan; Grozev, Kostadin: Bulgarien. In: Kamiński; Persak; Gieseke (Hg.): Handbuch der kommunistischen Geheimdienste, S. 143–197, hier 156 f., 196.

163 Herbstritt: Entzweite Freunde, S. 193, 238–244.

164 MfS, HVA, Plan der Zusammenarbeit mit den Sicherheitsorganen der befreundeten sozialistischen Staaten für das Jahr 1972, 9.11.1971; BArch, MfS, Abt. X Nr. 2245, Bl. 24–52.

165 Ebenda, Bl. 26 f. Vgl. auch Herbstritt: Entzweite Freunde, S. 193.

über die »Schäden des rumänischen Sonderkurses«.[166] Wolf seinerseits verurteilte im Gespräch mit Mortin

> […] scharf den Sonderkurs der rumänischen Regierung, der den Interessen der sozialistischen Zusammenarbeit einen enormen Schaden zufüge. Er [Wolf] hält es für notwendig, Vorsicht walten lassend, die Arbeit des Sammelns von Informationen über die Tätigkeit der rumänischen Regierung, die Lage im Land und die außenpolitischen Aktionen Rumäniens, vor allem über dessen Beziehungen zur VR China, zu aktivieren, ohne dass man auf eine Anwerbung von Bürgern der sozialistischen Sowjetrepubliken zurückgreifen [muss].[167]

Zusammenfassung und Schlussbetrachtung

Der Sonderkurs Rumäniens hat seine Wurzeln in der Entstalinisierungsphase im Ostblock nach 1956. Während andere kommunistische Parteien innenpolitisch einen vorsichtigen Entspannungskurs einschlugen und damit begannen, mit dem Stalinismus abzurechnen, verweigerte Gheorghe Gheorghiu-Dej sich der Entstalinisierung und verschärfte seinen innenpolitischen Kurs. 1958 verließen die sowjetischen Truppen Rumänien, 1963 folgten ihnen die KGB-Berater im Innenministerium. Rumäniens Positionierung im sino-sowjetischen ideologischen Konflikt mündete im April 1964 in einen offen erklärten Unabhängigkeitskurs gegenüber der Sowjetunion. Von nun an bis Ende 1989 verfolgte das Land in der Gemeinschaft der sozialistischen Staaten einen Sonderkurs, der von der rumänischen Forscherin Ioana Boca als »antisowjetischer Stalinismus« bezeichnet wird.[168] Rumänien war das einzige Mitglied des Warschauer Paktes, dessen Führung sich offen der Hegemonie der Sowjetunion widersetzte und wurde von KGB und MfS daher oft in einer Reihe mit den »abtrünnigen« sozialistischen Ländern Volksrepublik China, Jugoslawien und Albanien genannt.

Das rumänische Autonomiestreben beeinflusste auch auf der geheimdienstlichen Ebene das Verhältnis zwischen Rumänien und seinen Verbündeten. KGB und MfS begannen damit, Rumänien in ihr Visier zu nehmen. Ein Vergleich

166 MITN 2/19/2, Bl. 251, Eintrag 589.

167 Ebenda. Die hier zitierten Aussagen Wolfs gegenüber Mortin stammen Mitrochin zufolge aus einem Schreiben bzw. einem Informationsbericht, den Mortin 1973 an Iwan Anisimowitsch Fadejkin sandte. Fadejkin war zum genannten Zeitpunkt Bevollmächtigter des KGB beim Ministerrat der UdSSR für die Koordinierung und Verbindung zum MfS und MdI der DDR. Siehe: BArch, MfS, SdM Nr. 1435, Bl. 514.

168 Siehe Boca, Ioana: 1956 – un an de ruptură. România între internaționalismul proletar și stalinismul antisovietic [1956 – Ein Jahr des Bruchs. Rumänien zwischen proletarischem Internationalismus und antisowjetischem Stalinismus]. Bukarest 2001. In ähnlicher Diktion schreibt Tismăneanu: Stalinism for all seasons, S. 24–27 über Gheorghiu-Dej und Ceaușescu als »antisowjetische Stalinisten«.

der KGB-Überlieferung im Mitrochin-Archiv mit den MfS-Akten bringt dabei Parallelen und Unterschiede im Handeln beider Geheimdienste zutage: Die I. Hauptverwaltung des KGB gründete um 1966 in der sowjetischen Botschaft in Bukarest eine legal abgedeckte Residentur, und die Hauptverwaltung A des MfS folgte dem Beispiel des KGB zwei bis drei Jahre später. Die Informationsinteressen von KGB und MfS bezüglich Rumäniens waren sehr ähnlich und bezogen sich vor allem auf Aspekte des außenpolitischen Sonderweges sowie der innenpolitischen Stabilität des Landes.

Es gibt aber auch bemerkenswerte Unterschiede: Der KGB interessierte sich sehr für die ethnischen (nationalen) Minderheiten in der Region, während diese für die HV A keinen erkennbaren Interessenschwerpunkt bildeten. Für die Rumäniendeutschen interessierte sich die DDR-Führung nur insoweit, als diese ethnische Minderheit von der Bundesrepublik protegiert wurde und daher deutsch-deutsche Rivalitäten auch in Rumänien ausgetragen wurden. Doch die HV A plante nach derzeitigem Kenntnisstand – anders als die I. Hauptverwaltung des KGB – keine aktiven Maßnahmen gegen Rumänien und hatte von daher keinen Grund, die Lage der ethnischen Minderheiten für eigene Ziele zu instrumentalisieren. Anders als der KGB führte das MfS außerhalb der HV-A-Residentur keine systematischen Spionageoperationen gegen Rumänien durch, wie dies der sowjetische Geheimdienst im Rahmen der Progress-Maßnahmen tat. Erst 1983 vor dem Hintergrund der sich drastisch verschlechternden Wirtschaftslage Rumäniens intensivierte das MfS seine Informationsbeschaffung aus dem Land. Auf Befehl Erich Mielkes waren nun »alle infrage kommenden MfS-Abteilungen [angewiesen], entsprechend ihrer Möglichkeiten umfassend Informationen über die innere Lage Rumäniens zusammenzutragen«.[169] Dieser Schritt geschah allerdings wiederum parallel mit dem KGB und in Absprache mit diesem.[170]

Die Gemeinsamkeiten im Vorgehen beider Geheimdienste gegen Rumänien sind ebenso wie die Unterschiede Ausdruck ihrer jeweiligen Positionen und Interessen. Die Sowjetunion als Hegemonialmacht sowie als Nachbarstaat Rumäniens war durch den rumänischen Sonderweg stärker herausgefordert als die DDR.

In welchem Umfang KGB und MfS bei ihrer Arbeit gegen Rumänien kooperierten, ist den bislang bekannten Akten nur ansatzweise zu entnehmen. Zwei Aufzeichnungen aus dem Mitrochin-Archiv sowie einige MfS-Akten belegen zumindest, dass sich die Führungsebenen beider Geheimdienste in den 1960er- und 1970er-Jahren über den Problemfall Rumänien austauschten. Zu beiden Aufzeichnungen aus dem Mitrochin-Archiv gibt es jeweils korrespondierende oder ergänzende Dokumente in den MfS-Unterlagen. Der Vergleich beider Überlieferungen bietet aus quellenkritischer Sicht eine Grundlage, um die Zuverlässigkeit der Mitrochin-Aufzeichnungen zu überprüfen. Dabei haben diese sich

169 Herbstritt: Den Balkan im Blick, S. 350.

170 Ebenda, S. 351 f.

tatsächlich als zuverlässig herausgestellt. Das Mitrochin-Archiv bietet somit eine der wenigen aktengestützten Möglichkeiten, um aus Moskauer Perspektive etwas über Aktivitäten des KGB zu erfahren. Die Mitrochin-Unterlagen ermöglichen Einblick in die Strategien des KGB, wie der Konflikt mit einem unbotmäßigen Verbündeten ausgetragen wurde; und sie lassen es zu, die Aktivitäten der kleineren Geheimdienste wie etwa des MfS in die Strategien des KGB einzuordnen.

Die Vielfalt geheimdienstlicher Perspektiven lässt aber auch Lücken in den Aktenüberlieferungen der jeweiligen Geheimdienste feststellen. Um diese zu schließen, bedarf es weiterer länderübergreifender Recherchen.

Anhang

Abkürzungsverzeichnis

a. D.	außer Dienst
AAD	Access to Archival Databases (engl.) Zugriff auf Archivdatenbanken
Abs.	Absatz
Abt.	Abteilung
ACNSAS	Arhiva Consiliului Naţional pentru Studierea Arhivelor Securităţii (rumän.) Archiv des Landesrats für das Studium der Securitate-Archive
ADN	Allgemeiner Deutscher Nachrichtendienst
AEG	Allgemeine Elektrizitäts-Gesellschaft
AFL – CIO	American Federation of Labor – Congress of Industrial Organizations (engl.) US-amerikanische Gewerkschaft
AfM	Arbeitsgruppe für Menschenrechte
AG	Arbeitsgemeinschaft, Arbeitsgruppe, Aktiengesellschaft
AG G	Arbeitsgruppe Geheimnisschutz
AGM	Arbeitsgruppe des Ministers
AGMS	Archivierte GMS-Akte
AIM	Archivierter IM-Vorgang
AKG	Auswertungs- und Kontrollgruppe
AM	Aktive Maßnahme(n)
AOG	Archivierte Akte der Operativgruppe der Kriminalpolizei
AOP	archivierter Operativer Vorgang
AOPK	archivierte OPK-Akte
AP	Allgemeine Personenablage, Associated Press
APN	Agentstwo petschati *Nowosti* (russ.) Presseagentur *Nowosti*
AR	Abteilung Archivbestände (beim ehemaligen BStU)
AS	Allgemeine Sachablage
ASD	Axel-Springer-Inlandsdienst
ASt	Außenstelle (des ehemaligen BStU)
ATI	Außenpolitische Tagesinformation
AU	Archivierter Untersuchungsvorgang
Aufl.	Auflage
Ausg.	Ausgabe
Autevo	Automatisierte Technische Vorbereitung
AVH	Államvédelmi Hatóság (ung.) Staatsschutzbehörde
AWG	Auswertergruppe
Az.	Aktenzeichen
BArch	Bundesarchiv
BASF	Badische Anilin- & Soda-Fabrik
BdiP	Blätter für deutsche und internationale Politik
BdL	Büro der Leitung
BdL/Dok.	Büro der Leitung/Dokumentenstelle
BDVP	Bezirksbehörde der Deutschen Volkspolizei
Bearb./bearb.	Bearbeiter/bearbeitet
BfV	Bundesamt für Verfassungsschutz
BKG	Bezirkskontrollgruppe
BKK	Bereich Kommerzielle Koordinierung
BMB	Bundesministerium für innerdeutsche Beziehungen

BND	Bundesnachrichtendienst
BRD	Bundesrepublik Deutschland
BSK	Besoldungsstammkarte
BStU	Der Bundesbeauftragte für die Unterlagen des Staatssicherheitsdienstes der ehemaligen Deutschen Demokratischen Republik
BV	Bezirksverwaltung
BVfS	Bezirksverwaltung für Staatssicherheit
bzgl.	bezüglich
CDU	Christlich-Demokratische Union
CESES	Centro studi economici e sociali (ital.) Zentrum für sozial-ökonomische Untersuchungen
CFPF	Central Foreign Policy Files (engl.)
CIA	Central Intelligence Agency (engl.) US-amerikanischer Auslandsgeheimdienst
CPSU	Communist Party of the Soviet Union (engl.) Kommunistische Partei der Sowjetunion
ČSR	Československá republika (tschech.) Tschechoslowakische Republik, 1945–1960
ČSSR	Československá socialistická republika (tschech.) Tschechoslowakische Sozialistische Republik, 1960–1990
CSU	Christlich-Soziale Union
DA	Dienstanweisung
dän.	dänisch
DDR	Deutsche Demokratische Republik
ders.	derselbe
dies.	dieselben
Diss.	Dissertation
DM	Deutsche Mark
D-Mark	Deutsche Mark
Dok.	Dokument
DPA	Deutsche Presseagentur
durchges.	durchgesehen
DVP	Deutsche Volkspolizei
DzD	Dokumente zur Deutschlandpolitik
e. V.	eingetragener Verein
EDV	Elektronische Datenverarbeitung
EHG	Europäische Helsinki-Gruppe
EI	Einzelinformation
FAZ	Frankfurter Allgemeine Zeitung
FBI	Federal Bureau of Investigation (engl.) Bundeskriminalpolizei der USA
FDGB	Freier Deutscher Gewerkschaftsbund
FDJ	Freie Deutsche Jugend
FHW	Fritz-Heckert-Werk, d. h. das Werkzeugmaschinenkombinat »Fritz Heckert« mit Hauptsitz in Karl-Marx-Stadt
FIM	Führungs-IM
FOIA	Freedom of Information Act (engl.) (US-amerikanisches) Informationsfreiheitsgesetz

FZW	Forschungszentrum Werkzeugmaschinenbau (eine Forschungseinrichtung des Werkzeugmaschinenkombinates »Fritz Heckert« mit Hauptsitz in Karl-Marx-Stadt)
GDR	German Democratic Republic (engl.) Deutsche Demokratische Republik
Gen.	Genosse
GfM	Gesellschaft für Menschenrechte
GFZ	Großforschungszentrum
GHI	Geheimer Hauptinformator
GI	Geheimer Informator (bis 1968 Bezeichnung für bestimmte IM-Kategorien)
GL	Generalleutnant
GM	Generalmajor
GmbH	Gesellschaft mit beschränkter Haftung
GMS	Gesellschaftlicher Mitarbeiter für Sicherheit
GRU	Glawnoe Raswedywatel'noe Uprawlenie (russ.) Hauptverwaltung Aufklärung (militärischer Geheimdienst der UdSSR)
GVS	Geheime Verschlusssache
HAID	Hauptabteilung Information und Dokumentation (des MfAA der DDR)
HIM	Hauptamtlicher Inoffizieller Mitarbeiter
HM	Hauptamtliche Mitarbeiter
Hptm.	Hauptmann
hs.	handschriftlich
HV	Hauptverwaltung
HVA	Hauptverwaltung A (Aufklärung)
HVDVP	Hauptverwaltung Deutsche Volkspolizei
i. A.	im Auftrag
I. HV	Erste Hauptverwaltung (des KGB)
i. V.	in Vertretung, in Vollmacht
I/U	Untergliederung des AG I der Kriminalpolizei für (verdeckte) Beobachtung
IA	Informationsabteilung
IGfM	Internationale Gesellschaft für Menschenrechte
IHS	Ingenieurhochschule
IKP	Italienische Kommunistische Partei
IM	Inoffizieller Mitarbeiter
IMA	Inoffizieller Mitarbeiter für besondere Aufgaben (HVA) oder IM-Akte A, IM-Vorgang mit Arbeitsakte (HVA)
IMB	Inoffizieller Mitarbeiter mit Feindverbindung, IM-Akte B (kombinierte Personal- und Arbeitsakte (HVA))
IME	Inoffizieller Mitarbeiter im besonderen Einsatz, für Ermittlung, Experten-IM
IMK	Inoffizieller Mitarbeiter zur Sicherung der Konspiration und des Verbindungswesens
IMK/KW	Inoffizieller Mitarbeiter zur Sicherung der Konspiration und des Verbindungswesens/Konspirative Wohnung
IMS	Inoffizieller Mitarbeiter zur Sicherung und Durchdringung eines Verantwortungsbereiches
IMV	Inoffizieller Mitarbeiter, der unmittelbar an der Bearbeitung und Entlarvung im Verdacht der Feindtätigkeit stehender Personen mitarbeitet
IR	Industrieroboter
IWF	Institut für Wirtschaftswissenschaftliche Forschung

Jg.	Jahrgang
K I	Arbeitsgebiet I der Kriminalpolizei
K	Kriminalpolizei
KD	Kreisdienststelle
KfS	Komitee für Staatssicherheit (der UdSSR)
KGB	Komitet gossudarstwennoi Besopasnosti (russ.) Komitee für Staatssicherheit
KgU	Kampfgruppe gegen Unmenschlichkeit
K-M-S	Karl-Marx-Stadt
KMSt	Karl-Marx-Stadt
KMU	Karl-Marx-Universität
KoKo	Kommerzielle Koordinierung
KOR	Komitet Obrony Robotników (poln.) Komitee zur Verteidigung der Arbeiter
KP	Kommunistische Partei, Kontaktperson
KPdSU	Kommunistische Partei der Sowjetunion
KPI	Kommunistische Partei Italiens
Kripo	Kriminalpolizei
KS	Kader und Schulung (MfS), Kadersache, Kaderstammakte (archivierte Personalakte)
KSS – KOR	Komitet Samoobrony Społecznej – Komitet Obrony Robotników (poln.) Komitee für gesellschaftliche Selbstverteidigung – Komitee zur Verteidigung der Arbeiter
KSZE	Konferenz für Sicherheit und Zusammenarbeit in Europa
KuSch	Kader und Schulung
LDG	Lebendiger Doppelgänger
lfd. M.	laufende/r Meter
lfd. Nr.	laufende Nummer
LG	Literaturnaja gaseta (russ.) Literarische Zeitung (Sowjetische Wochenzeitung)
Ltg.	Leitung
Ltn.	Leutnant
LVO	Lieferverordnung
M	Mark der DDR
MA	Mitarbeiter
MA-Nr.	Mitarbeiternummer
MBB	Messerschmitt-Bölkow-Blohm
MD	Maschinenlesbare Daten
MdI	Ministerium des Innern
MDN	Mark der Deutschen Notenbank
MfAA	Ministerium für Auswärtige Angelegenheiten
MfS	Ministerium für Staatssicherheit
MGB	Ministerstwo Gossudarstwennoi Besopasnosti (russ.) Ministerium für Staatssicherheit der Sowjetunion (1946–1953)
MHG	Moskauer Helsinki-Gruppe
MI6	Military Intelligence, Section 6 (engl.) britischer Auslandsgeheimdienst
MID	Ministerstwo inostrannych del (russ.) Ministerium für Auswärtige Angelegenheiten der Sowjetunion
MITN	Mitrokhin Collection, Churchill College Archives, Cambridge University
MSSR	Moldauische Sozialistische Sowjetrepublik

MVD/MWD	Ministerstwo wnutrennich del (russ.) Ministerium für Innere Angelegenheiten (der UdSSR)
MWT	Ministerium für Wissenschaft und Technik
n. p.	nicht paginiert
NARA	National Archives and Records Administration (engl.) US-amerikanische Nationalarchive
NATO	North Atlantic Treaty Organization (engl.) Nordatlantikpakt
ND	Neues Deutschland
NGO	non-governmental organizations (engl.) Nichtregierungsorganisationen
NKVD/ NKWD	Narodnyi Komissariat Wnutrennych Del (russ.) Volkskommissariat für innere Angelegenheiten
NS	nationalsozialistisch
NSA	Nichtsozialistisches Ausland
NSW	Nichtsozialistisches Wirtschaftsgebiet
NTR	Nautschno-Technitscheskaja Raswedka (russ.) Wissenschaftlich-Technische Aufklärung
NTS	Narodno-Trudowoj Sojus (russ.) Rußländischer Solidaristenbund des Arbeitenden Volkes
NVA	Nationale Volksarmee
o. D.	ohne Datum
OD	Objektdienststelle
OfS	Offizier(e) für Sonderaufgaben
OibE	Offizier im besonderen Einsatz
OLG	Oberlandesgericht
Oltn.	Oberleutnant
OPA	Operative Personenaufklärung
OPK	Operative Personenkontrolle
OSL	Oberstleutnant
OT	operative Technik
OTS	Operativ-technischer Sektor
OV	Operativer Vorgang, Objektverwaltung
OVO	Objektvorgang
PA	Personalausweis
PB	Politbüro
PCR/P.C.R.	Partidul Comunist Român – (rumän.) Rumänische Kommunistische Partei
PDD	Polskie Dokumenty Dyplomatyczne (poln.) Polnische Diplomatische Dokumente
PET	Politiets Efterretningstjeneste (dän.) Inlandsnachrichten- und Sicherheitsdienst
PiD	Politisch-ideologische Diversion
poln.	polnisch
PSI	Partito Socialista Italiano (ital.) Sozialistische Partei Italiens
PVAP	Polnische Vereinigte Arbeiterpartei
RAP	Rumänische Arbeiterpartei
RdB	Rat des Bezirks
RdK	Rat des Kreises
Reg.-Nr.	Registriernummer

RFE/RL	Radio Free Europe/Radio Liberty (engl.) Radio Freies Europa/Radio Freiheit
RG	Record Group (engl.) Archivbestand
RGANI	Rossijskij gosudarstwennyj archiw nowejschej istorii (russ.) Russisches Staatsarchiv für die Neueste Geschichte
RGW	Rat für Gegenseitige Wirtschaftshilfe
RIAS	Rundfunk im amerikanischen Sektor
RKP	Rumänische Kommunistische Partei
RoHo	Kartei »Rosenholz«
SA	SIRA-Ausgangsinformation
SAPMO-BA	Stiftung Archiv der Parteien und Massenorganisationen der DDR im Bundesarchiv
SB	Służba Bezpieczeństwa (poln.) Sicherheitsdienst
SBZ	Sowjetische Besatzungszone
SDAG	Sowjetisch-Deutsche Aktiengesellschaft
SdM	Sekretariat des Ministers
SE	SIRA-Eingangsinformation
SED	Sozialistische Einheitspartei Deutschlands
SED-KL	SED-Kreisleitung
Sekr.	Sekretariat
SIRA	System der Informationsrecherche der HVA
SiVo	Sicherungsvorgang
SK	Spezialkader
SM	Splittermine
SRR	Sozialistische Republik Rumänien
SSD	Staatssicherheitsdienst
SSR	Sozialistische Sowjetrepublik
Stasi	Staatssicherheit(sdienst)
StB	Státní bezpečnost (tschech.) Staatssicherheit
stellv.	stellvertretend
StGB	Strafgesetzbuch
StV	Stellvertreter
SU	Sowjetunion
SVG	Sicherungsvorgang
SW	Sozialistisches Wirtschaftsgebiet
SWT	Sektor Wissenschaft und Technik (HVA)
TASS	Telegrafnoje Agentstwo Sowetskogo Sojusa (russ.) Nachrichtenagentur der Sowjetunion
TDB	Teildatenbank (SIRA)
TDG	Toter Doppelgänger
Tgb.-Nr.	Tagebuch-Nummer
TIK	(verm.) Technische Information und Kommunikation
Tscheka	Tschreswytschainaja komissija po borbe s kontrrewoljuzijei, spekuljazijei i sabotaschem (russ.) Außerordentliche Kommission für den Kampf gegen Konterrevolution, Spekulation und Sabotage
TU	Technische Universität
UHG	Ukrainische Helsinki-Gruppe
U.M.	Unitate Militară (rumän.) Militäreinheit
UdSSR	Union der Sozialistischen Sowjetrepubliken

UNESCO	United Nations Educational, Scientific and Cultural Organization (engl.) Organisation der Vereinten Nationen für Erziehung, Wissenschaft und Kultur
UNO	United Nations Organization (engl.) Organisation der Vereinten Nationen
US	United States
USA	United States of America
USSR	Union of Soviet Socialist Republics (engl.) Union der Sozialistischen Sowjetrepubliken
VaE	vorläufige aktive Erfassung
VEB	Volkseigener Betrieb
verm.	vermutlich
VfM	Vereinigung für Menschenrechte
VO	Verbindungsoffizier
VP	Volkspolizei
VPKA	Volkspolizeikreisamt/-ämter
VR	Volksrepublik
VRJaN	Vnezapnoe Raketno-Jadernoe Napadenie (russ.) Plötzlicher nuklearer Raketenangriff
VRP	Volksrepublik Polen
VRR	Volksrepublik Rumänien
VSH	Vorverdichtungs-, Such- und Hinweiskartei
VVB	Vereinigung Volkseigener Betriebe
VVS	Vertrauliche Verschlusssache
wiss.	wissenschaftlich(e)
WMW	VVB Werkzeugmaschinen und Werkzeuge
WTZ	Wissenschaftlich-Technische Zusammenarbeit
ZAIG	Zentrale Auswertungs- und Informationsgruppe
ZDF	Zweites Deutsches Fernsehen
ZIID	Zentralinstitut für Information und Dokumentation
ZK	Zentralkomitee
ZKG	Zentrale Koordinierungsgruppe
ZMA	Zentrale Materialablage
ZOV	Zentraler Operativer Vorgang

Literaturverzeichnis

15 Jahre Mauer: Menschenrechtsverletzungen der DDR seit dem 13.8.1961. Berichte und Dokumente zu dem Hearing für die Presse und Gäste, veranstaltet von dem Komitee des Sacharow Hearing, Kopenhagen und der Arbeitsgemeinschaft 13. August e. V. Berlin am 12. August 1976 im Hotel d'Angleterre in Kopenhagen. Berlin [West] 1976.

Adomeit, Hannes: Imperial Overstretch: Germany in Soviet Policy from Stalin to Gorbachev, 2d. Edition (Internationale Politik und Sicherheit; Vol. 48). Berlin 2016.

Ahrens, Ralf: Eine alte Industrie vor neuen Herausforderungen. Aufbrüche und Niedergänge im ost- und westdeutschen Maschinenbau seit den 1960er Jahren. In: Plumpe, Werner; Steiner, Andre (Hg.): Der Mythos von der postindustriellen Welt. Wirtschaftlicher Strukturwandel in Deutschland 1960–1990. Göttingen 2016, S. 55–119.

Akademie für Staats- und Rechtswissenschaft der DDR Potsdam-Babelsberg (Hg.): Strafrecht der Deutschen Demokratischen Republik. Kommentar zum Strafgesetzbuch. Berlin [Ost] 1984.

Alexeyeva, Ludmilla: Soviet Dissent. Contemporary Movements for National, Religious, and Human Rights. Middletown 1987.

Amos, Heike: Die SED-Deutschlandpolitik 1961 bis 1989. Ziele, Aktivitäten und Konflikte. Göttingen 2015.

Andrew, Christopher; Mitrochin, Wassili: Das Schwarzbuch des KGB. Moskaus Kampf gegen den Westen. München 1999.

Andrew, Christopher; Mitrokhin, Vasili: The Mitrokhin Archive. The KGB in Europe and the West. London 1999.

Andrew, Christopher; Mitrochin, Wassili: Das Schwarzbuch des KGB 2. Moskaus Geheimoperationen im Kalten Krieg. Berlin. 2006.

Andrew, Christopher; Mitrokhin, Vasili: Mitrokhin Archive II. The KGB and the World. London 2006.

Apel, Hans: Zwanzig Fragen an Andrej Sacharow. Ein Offener Brief. In: Blätter für deutsche und internationale Politik (BdiP) 2/1976, S. 173–191.

[Arbeitsgruppe 13. August]: Die gravierendsten Menschenrechtsverletzungen in der DDR/The Gravest Violations of Human Rights in the GDR, herausgegeben für das II. Internationale Sacharow Hearing in Rom (25.–27.11.1977), DDR-Teil. O. O., o. D. [1977].

Ashley, Carl; Munteanu, Mircea (Hg.): Foreign Relations of the United States (FRUS), 1977–1980, Vol. XX, Eastern Europe, 1977–1980. Washington: Government Printing Office, 2015.

Auerbach, Thomas u. a.: Hauptabteilung XX: Staatsapparat, Blockparteien, Kirchen, Kultur, »politischer Untergrund« (BStU, MfS-Handbuch). Berlin 2008.

Baev, Jordan: KGB v Bălgarija. Sătrudničestvoto meždu săvetskite i bălgarskite taijni službi 1944–1991 [Der KGB in Bulgarien. Die Zusammenarbeit zwischen dem sowjetischen und bulgarischen Geheimdienst 1944–1991]. Sofia 2009.

Baev, Jordan; Grozev, Kostadin: Bulgarien. In: Kamiński; Persak; Gieseke (Hg.): Handbuch der kommunistischen Geheimdienste, S. 143–197.

Bagieński, Witold: The Polish People's Republic and KGB Intelligence Cooperation After 1956. In: Securitas imperii 37 (2020) 2, S. 70–84.

Balestracci, Fiammetta: Zwischen ideologischer Diversifikation und politisch-kulturellem Pragmatismus. Die Beziehungen zwischen der Partito Comunista Italiano und der SED (1968–1989). In: Bauerkämper, Arnd; Di Palma, Francesco (Hg.): Bruderparteien jenseits des Eisernen Vorhangs. Die Beziehungen der SED zu den kommunistischen Parteien West- und Südeuropas (1968–1989). Berlin 2011, S. 167–185.

Banu, Luminița; Banu, Florian: Consilierii sovietici și activitatea organelor represive ale regimului comunist din România [Die sowjetischen Berater und die Tätigkeit der Unterdrückungsorgane des kommunistischen Regimes in Rumänien]. In: Analele Universității »Dunărea de Jos« Galați, Seria 19, Istorie, Bd. VII, 2008, S. 197–222.

Barkleit, Gerhard: Mikroelektronik in der DDR. SED, Staatsapparat und Staatssicherheit im Wettstreit der Systeme. Dresden 2000.

Baron, Udo: Kalter Krieg und heisser Frieden. Der Einfluss der SED und ihrer westdeutschen Verbündeten auf die Partei ›Die Grünen‹. Münster 2003.

Barron, John: KGB heute – Moskaus Spionageorganisation von innen. Bern 1984.

Barsky, Jack: Deep Undercover. My Secret Life and Tangled Alliances as a KGB Spy in America. Carol Stream, IL 2017.

Barsky, Jack: Der falsche Amerikaner. Ein Doppelleben als deutscher KGB-Spion in den USA. Holzgerlingen 2018.

Berindei, Mihnea; Dobrincu, Dorin; Goșu, Armand (Hg.): Istoria Comunismului din România. Documente. Perioada Gheorghe Gheorghiu-Dej (1945–1965) [Die Geschichte des rumänischen Kommunismus. Dokumente. Die Ära Gheorghe Gheorghiu-Dej (1945–1965)]. Bukarest 2009.

Bispinck, Henrik (Bearb.): Die DDR im Blick der Stasi 1977. Die geheimen Berichte an die SED-Führung. Göttingen 2012.

Blaser, Arthur W.: How to Advance Human Rights without Really Trying. An Analysis of Nongovernmental Tribunals. In: Human Rights Quarterly 14:3 (1992), S. 339–370.

Boca, Ioana: 1956 – un an de ruptură. România între internaționalismul proletar și stalinismul antisovietic [1956 – Ein Jahr des Bruchs. Rumänien zwischen proletarischem Internationalismus und antisowjetischem Stalinismus]. Bukarest 2001.

Boch, Rudolf; Karlsch, Rainer (Hg.): Uranbergbau im Kalten Krieg. Die Wismut im sowjetischen Atomkomplex, Bd. 1. Berlin 2011.

Bogomolow, Alexander: Ohne Protokoll. Amüsantes und Bitteres aus der Arbeit eines sowjetischen Diplomaten in Deutschland. Berlin 2000.

Bohnsack, Günter: Hauptverwaltung Aufklärung. Die Legende stirbt. Das Ende von Wolfs Geheimdienst. Berlin 1997.

Borchert, Jürgen: Die Zusammenarbeit des Ministeriums für Staatssicherheit (MfS) mit dem sowjetischen KGB in den 70er- und 80er-Jahren. Ein Kapitel aus der Geschichte der SED-Herrschaft. Münster 2006.

Botnaru, Teodor; Ganenco, Alexandru: Istoria Serviciilor Secrete. Breviar [Die Geschichte der Geheimdienste. Eine kurze Übersicht]. Chișinău 2004.

Bottoni, Stefano: A special relationship. Hungarian intelligence and the Vatican, 1961–1978. In: Grúňová, Alexandra (Hg.): »NKVD/KGB Activities and its Cooperation with other Secret Services in Central and Eastern Europe 1945–1989«. Bratislava 2008, S. 147–176.

Bottoni, Stefano: »Freundschaftliche Zusammenarbeit«. Die Beziehungen der Staatssicherheitsdienste Ungarns und Rumäniens 1945 bis 1982. In: Halbjahresschrift für südosteuropäische Geschichte, Literatur und Politik 24 (2012) 1–2, S. 5–27.

Bottoni, Stefano: Zögernde Spione. Die ungarische Staatssicherheit und Rumänien 1975–1989. In: Halbjahresschrift für südosteuropäische Geschichte, Literatur und Politik 25 (2013) 1–2, S. 5–37.

Boveri, Margret: Der Verrat im 20. Jahrhundert. Reinbek bei Hamburg 1976.

Brezianu, Andrei; Spânu, Vlad: Historical dictionary of Moldova. Lanham 2010.

BStU: Abkürzungsverzeichnis. Häufig verwendete Abkürzungen und Begriffe des Ministeriums für Staatssicherheit. Berlin 2015.

BStU: Verzeichnis der Ausgangsinformationen der Hauptverwaltung A des Ministeriums für Staatssicherheit der DDR, Version 6.0, Berlin 2020, https://www.bstu.de/informationen-zur-stasi/publikationen/publikation/verzeichnis-der-ausgangsinformationen-der-hauptverwaltung-a-des-ministeriums-fuer-staatssicherheit/ (letzter Zugriff: 20.7.2021).

Bukovsky, Vladimir (Hg.): The Bukovsky Archives. Communism on Trial, https://bukovsky-archive.com/ (letzter Zugriff: 20.7.2021).

Bułhak, Władysław: Pion »N« wywiadu cywilnego PRL. Ewolucja struktur, uwarunkowania organizacyjno-prawne i przykłady operacji tzw. wywiadu nielegalnego w strukturach Ministerstwa Biezpieczeństwa Publicznego, Komitetu ds. Bezpieczeństwa Publicznego i Ministerstwa Spraw Wewnętrznych [Die Abteilung »N« der zivilen Aufklärung der Volksrepublik Polen. Entwicklung ihrer Struktur, ihrer organisatorisch-gesetzlichen Grundlage und Beispiele der Operationen der sog. Illegalen Aufklärung in den Strukturen des [polnischen] Ministeriums für Staatssicherheit, des Komitees für Staatssicherheit und des Ministeriums für innere Angelegenheiten]. In: Skóra, Wojciech; Skubisz, Paweł (Hg.): Studia nad wywiadem i kontrwywiadem Polski w XX wieku [Studien zur Aufklärung und Abwehr Polens im 20. Jahrhundert], Tom 1. Szczecin 2016, S. 60–682.

Bundesministerium des Innern: Verfassungsschutzbericht 1991. Bonn 1992.

Bundesministerium des Innern: Verfassungsschutzbericht 1992. Bonn 1993.

Buthmann, Reinhard: Hochtechnologien und Staatssicherheit. Die strukturelle Verankerung des MfS in Wissenschaft und Forschung der DDR (BStU, Reihe B Nr. 1/00). 2., durchges. Aufl., Berlin 2000.

Buthmann, Reinhard: Die Arbeitsgruppe Bereich Kommerzielle Koordinierung (AG BKK) (BStU, MfS-Handbuch). Berlin 2004.

Buthmann, Reinhard: Kadersicherung im Kombinat VEB Carl Zeiss Jena. Die Staatssicherheit und das Scheitern des Mikroelektronikprogramms (BStU, Analysen und Dokumente, Bd. 12). Berlin 2010.

Chi sono i dissidenti sovietici? Articoli e documenti della stampa sovietica [Wer sind denn die sowjetischen Dissidenten? Artikel und Dokumentationen aus der sowjetischen Presse]. Rom 1977.

Comisia prezidențială pentru analiza dictaturii comuniste din România. Raport Final [Die Präsidialkommission für die Analyse der kommunistischen Diktatur in Rumänien. Abschlussbericht]. Bukarest 2007.

Crawford, David; Bensmann, Marcus: Putins frühe Jahre. In: Correctiv: Recherchen für die Gesellschaft, 30. Juli 2015, https://correctiv.org/aktuelles/korruption/system-putin/2015/07/30/putins-fruehe-jahre (letzter Zugriff: 20.7.2021).

Crişan, Gheorghe: Piramida puterii, Vol. I. Oameni politici şi de stat, generali şi ierarhi din România (23 august 1944–22 decembrie 1989) [Pyramide der Macht, Bd. 1. Politiker und Staatsleute, Generale und Hierarchien Rumäniens (vom 22. August 1944 bis zum 22. Dezember 1989)]. Bukarest 2004.

Czichon, Eberhard; Marohn, Heinz: Das Geschenk. Die DDR im Perestroika-Ausverkauf. Ein Report. Köln 1999.

Dehnert, Gunter: »Eine neue Beschaffenheit der Lage«. Der KSZE-Prozess und die polnische Opposition 1975–1979. In: Altrichter, Helmut; Wentker, Hermann (Hg.): Der KSZE-Prozess. Vom Kalten Krieg zu einem Neuen Europa 1975 bis 1990. München 2011, S. 87–98.

Deletant, Dennis: Ceauşescu and the Securitate. Coercion and Dissent in Romania 1965–1989. London 1995.

Deletant, Dennis: Romania under communist rule. Bukarest 1998.

Deutscher Bundestag, 8. Wahlperiode: Drucksache 8/3692: Fragen für die Sitzungswoche des Deutschen Bundestages am Mittwoch, dem 27. Februar 1980/am Donnerstag, dem 28. Februar 1980 (22.2.1980).

DW [Deutsche Welle], Rom: Anklagen in Rom: Osteuropa lebt in Angst. In: Die Welt v. 28.11.1977.

Di Meana, Carlo Ripa: News from the Biennale. In: New York Review of Books v. 15.9.1977, http://www.nybooks.com/articles/archives/1977/sep/15/news-from-the-biennale/ (letzter Zugriff: 20.7.2021).

Di Meana, Ripa; Mecucci, Gabrièlla: L'ordine di Mosca. Fermate la Biennale del Dissenso. Una storia mai raccontata [Der Auftrag Moskaus. Die Biennale des Dissenses stoppen. Eine nie erzählte Geschichte]. Rom 2007.

Dima, Nicholas: Bessarabia and Bukovina. The Soviet-Romanian Territorial Dispute. New York 1982.

Dobre, Florica (Hg.); Neagoe-Pleşa, Elis; Pleşa, Liviu (Autoren): Securitatea. Structuri – cadre. Obiective şi metode. Vol. II (1967–1989) [Die Securitate. Strukturen, Kader, Ziele und Methoden. Bd. 2 (1967–1989)]. Bukarest 2006.

Dörrenberg, Dirk: Erkenntnisse des Verfassungsschutzes zur Westarbeit des MfS. In: Herbstritt, Georg; Müller-Enbergs, Helmut (Hg.): Das Gesicht dem Westen zu … DDR-Spionage gegen die Bundesrepublik Deutschland. Bremen 2003, S. 72–111.

Eisenfeld, Bernd: Die Ausreisebewegung – eine Erscheinungsform widerständigen Verhaltens. In: Poppe, Ulrike; Eckert, Rainer; Kowalczuk, Ilko-Sascha (Hg.): Zwischen Selbstbehauptung und Anpassung. Formen des Widerstandes und der Opposition in der DDR. Berlin 1995, S. 192–223.

Eisenfeld, Bernd: Geschichte und Vielfalt der Ausreisebewegung. In: Seeck, Anne (Hg.): Das Begehren, anders zu sein. Politische und kulturelle Dissidenz von 68 bis zum Scheitern der DDR. Münster 2012.

Emde, Heiner: Das Gift der »Natter«. In: Focus v. 11.11.1996, S. 110–115.

Engelmann, Roger; Schumann, Silke: Der Ausbau des Überwachungsstaates. Der Konflikt Ulbricht – Wollweber und die Neuausrichtung des Staatssicherheitsdienstes der DDR 1957. In: Vierteljahrshefte für Zeitgeschichte 43 (1995) 2, S. 341–378.

Engelmann, Roger: Diener zweier Herren. Das Verhältnis der Staatssicherheit zur SED und den sowjetischen Beratern 1950–1959. In: Suckut, Siegfried; Süß, Walter (Hg.): Staatspartei und Staatssicherheit. Zum Verhältnis von SED und MfS. Berlin 1997, S. 51–72.

Engelmann, Roger: Die Kampfgruppe gegen Unmenschlichkeit. In: Henke; Steinbach; Tuchel (Hg.): Widerstand und Opposition in der DDR, S. 183–192.

Engelmann, Roger: »Schild und Schwert« als Exportartikel. Die Sowjets und der Aufbau der DDR-Geheimdienste. In: Krieger, Wolfgang (Hg.): Geheimdienste in der Weltgeschichte. Spionage und verdeckte Aktionen von der Antike bis zur Gegenwart. München 2003, S. 248–259.

Engelmann, Roger; Joestel, Frank (Bearb.): Grundsatzdokumente des MfS (BStU, MfS-Handbuch). Berlin 2004.

Engelmann, Roger; Joestel, Frank: Die Zentrale Auswertungs- und Informationsgruppe (ZAIG) (BStU, MfS-Handbuch). Berlin 2009.

Engelmann, Roger: »Keine Maßnahmen sollen getroffen werden gegen die Meinung unserer Freunde«. Die Staatssicherheitspolitik der DDR in den 1950er Jahren zwischen sowjetischer Hegemonie und eigenen Konzepten. In: Diedrich, Torsten; Süß, Walter (Hg.): Militär und Staatssicherheit im Sicherheitskonzept der Warschauer-Pakt-Staaten. Berlin 2010, S. 77–89.

Faligot, Roger; Guisnel, Jean; Kauffer, Rémi: Histoire politique des services secrets français de la Seconde Guerre mondiale à nos jours [Die politische Geschichte der französischen Geheimdienste vom Zweiten Weltkrieg bis heute]. Paris 2012.

Feldbauer, Dr., Gerhard: Das »Gastarbeiterlos« des 30jährigen Italieners Luigi. Gleich Tausenden anderen in der BRD ausgebeutet und diskriminiert. In: ND v. 9.8.1977, S. 6.

Fischer, Bernd: Der große Bruder. Wie die Geheimdienste der DDR und der UdSSR zusammenarbeiteten. Berlin 2012.

Förster, Andreas: Auf der Spur der Stasi-Millionen. Die Wien-Connection. Berlin 1998.

Förster, Andreas: Der »Warnemünder Kreis« sammelte brisante Informationen über Geschäftspartner – auch gegen Barschel? In: Berliner Zeitung v. 18.4.1995.

Förster, Andreas: Der Regisseur fuhr im goldfarbenen Mercedes vor. In: Berliner Zeitung v. 12.6.1995, https://web.archive.org/web/20100614064509/http://www.berlinonline.de/berliner-zeitung/archiv/.bin/dump.fcgi/1995/0612/reporter/0025/index.html (letzter Zugriff: 20.7.2021).

Foitzik, Jan; Petrov, Nikita W.: Die sowjetischen Geheimdienste in der SBZ/DDR von 1945 bis 1953. Berlin 2009.

Friis, Thomas Wegener; Müller-Enbergs, Helmut: Herbstrevolution und Nachrichtendienst. Das stille Ableben der Geheimpolizeien in der DDR im Laufe des Jahres 1989. In: Küsters, Hanns Jürgen (Hg.): Der Zerfall des Sowjetimperiums und Deutschlands Wiedervereinigung. The Decline of the Soviet Empire and Germany's Reunification. Köln, Weimar, Wien 2016.
Fuchslocher, Eva; Schäbitz, Michael (Hg.): Wechselseitig. Rück- und Zuwanderung in die DDR 1949 bis 1989. Begleitbuch zur Ausstellung. Berlin [2016].
Gieseke, Jens: Die Stasi 1945–1990. München 2011.
Golitsyn, Anatoli: New Lies for Old: The Communist Strategy of Deception and Disinformation. Atlanta 1990.
Graf, Maximilian: Österreich und die DDR 1949–1990. Politik und Wirtschaft im Schatten der deutschen Teilung. Wien 2016.
Großmann, Werner; Böhm, Peter: Der Überzeugungstäter. Berlin 2017.
[Guggomos, Carl L.] CLG: Spiel mit Menschen und Menschenleben vor Belgrad. In: Extra-Dienst v. 14.1.1977, S. 4 f.
Haendcke-Hoppe-Arndt, Maria: Die Hauptabteilung XVIII: Volkswirtschaft (BStU, MfS-Handbuch). Berlin 1997.
Hanisch, Anja: Die DDR im KSZE-Prozess 1972–1985. Zwischen Ostabhängigkeit, Westabgrenzung und Ausreisebewegung. München 2012.
Hanke, Erich: Erinnerungen eines Illegalen. Berlin [Ost] 1974.
Hardmann, Josef; Wippermann, Gerhard (Hg.): 24 Zeugen. Dokumente des Terrors. Sacharow-Hearing Kopenhagen. Würzburg 1977.
Haverkamp, Christof: Der Fall des Embargo-Händlers Jochheim. Waffenhandel, Stasi, heimliche Geliebte in der DDR. In: Neue Osnabrücker Zeitung v. 8.3.2015, https://www.noz.de/deutschland-welt/politik/artikel/553563 (letzter Zugriff: 20.7.2021).
Heimreich, Bernhard: Wer ist hier wirklich Agent? In: FAZ v. 29.7.1978.
Heller, Wilfried: Von »Horea« zu »Hans«. Irrungen und Wirrungen der Securitate Rumäniens im Spiegel zweier Akten. Hermannstadt 2014.
Henke, Klaus-Dietmar; Steinbach, Peter; Tuchel, Johannes (Hg.): Widerstand und Opposition in der DDR. Köln u. a. 1999.
Herbstritt, Georg: Entzweite Freunde. Rumänien, die Securitate und die DDR-Staatssicherheit 1950–1989. Göttingen 2016.
Herbstritt, Georg: Bundesbürger im Dienst der DDR-Spionage. Eine analytische Studie (BStU, Analysen und Dokumente, Bd. 29). Göttingen 2007.
Herbstritt, Georg: Den Balkan im Blick. Die DDR-Staatssicherheit und Rumänien. In: Friis, Thomas Wegener; Müller-Enbergs, Helmut (Hg.): DDR-Spionage in der Welt. Amerika bis Zypern, Bd. 2. Frankfurt/M. [erscheint 2022], ca. S. 332–360.
Hertle, Hans-Hermann; Jarausch, Konrad (Hg.): Risse im Bruderbund. Die Gespräche Honecker – Breschnew 1974 bis 1982. Berlin 2006.
Hertle, Hans-Hermann: Die DDR an die Sowjetunion verkaufen? Stasi-Analysen zum ökonomischen Niedergang der DDR. In: Deutschland Archiv 42 (2009) 3, S. 476–495.
Herzog, Ulrich; Muth, Ingrid; Neumann, Horst: Die Auslandsvertretungen der DDR und ihre Leiter [Einführungstext]. In: Bock, Siegfried; Muth, Ingrid; Schwiesau, Hermann (Hg.): DDR-Außenpolitik. Ein Überblick. Daten, Fakten, Personen (III). Münster 2010, S. 245–247.
Hilger, Andreas: Sowjetunion (1945–1991). In: Kamiński; Persak; Gieseke (Hg.): Handbuch der kommunistischen Geheimdienste, S. 43–141.
Hilger, Andreas: Von Banden und Klassenfeinden. Stalins Tschekisten in Deutschland 1945–1955. In: ders. (Hg.): Sowjetisierung oder Neutralität? Optionen sowjetischer Besatzungspolitik in Deutschland und Österreich 1945–1955. Göttingen 2006, S. 143–167.
Horsch, Holger: »Hat nicht wenigstens die Stasi die Stimmung im Lande gekannt?« MfS und SED im Bezirk Karl-Marx-Stadt (BStU, BF Informiert; 19). Berlin 1997.

Hürtgen, Renate: Ausreise per Antrag. Der lange Weg nach drüben. Eine Studie über Herrschaft und Alltag in der DDR-Provinz. Göttingen 2014.

Jackowiak, Mieszko, unter Mitarbeit von Georg Herbstritt: Cursul deosebit al României anilor 1960 şi 1970 din perspectiva KGB şi Stasi. Perspective din »Arhiva Mitrohin« şi din documentele spionajului din cadrul Ministerului Securităţii Statului (Stasi, MSS) din RDG [Der Sonderweg Rumäniens in den 1960er- und 1970er-Jahren aus Sicht des KGB und der Stasi. Perspektiven aus dem »Mitrohin-Archiv« und aus den Spionagedokumenten des Ministeriums für Staatssicherheit (Stasi, MfS) der DDR]. In: Caietele CNSAS XI (2018) 1 (21), S. 251–298.

Jäpel, Günther: Imperialistische Menschenrechtsaktivitäten im Rahmen der ideologischen Diversion insbesondere gegen die DDR – dargestellt vor allem am Beispiel der Feindorganisation »Internationale Gesellschaft für Menschenrechte e. V.«. Frankfurt/M., 1.3.1984; BStU, MfS, Juristische Hochschule (JHS) Nr. 20134.

Jedlitschka, Karsten; Springer, Philipp (Hg.): Das Gedächtnis der Staatssicherheit. Die Kartei- und Archivabteilung des MfS (Archiv zur DDR-Staatssicherheit, Bd. 12). Göttingen 2015.

Johnson, A. Ross: Radio Free Europe and Radio Liberty. The CIA Years and Beyond. Stanford 2010.

Judt, Matthias: KoKo – Mythos und Realität. Das Imperium des Alexander Schalck-Golodkowski. Berlin 2015.

Kalugin, Oleg: Spymaster: My Thirty-Two Years in Intelligence and Espionage against the West. New York 2009.

Kamiński, Łukasz; Persak, Krzysztof; Gieseke, Jens (Hg.): Handbuch der kommunistischen Geheimdienste in Osteuropa 1944–1991. Göttingen 2009.

Kamiński, Łukasz; Waligóra, Grzegorz: Wstęp [Einleitung]. In: Kamiński, Łukasz; Waligóra, Grzegorz (Hg.): Kryptonim »Gracze«. Służba bezpieczeństwa wobec Komitetu Obrony Robotników i Komitetu Samoobrony Społecznej »KOR« 1976–1981 [Deckname »Spieler«. Der Staatssicherheitsdienst gegen das Komitee zur Verteidigung der Arbeiter und das Komitee für Gesellschaftliche Selbstverteidigung »KOR« 1976–1981], S. 27–50.

Karlsch, Rainer: Reparationsäquivalente Leistungen? Stationierungskosten und Zuschüsse für den Uranbergbau. In: Timmermann, Heiner (Hg.): Die DDR – Erinnerung an einen untergegangenen Staat (Dokumente und Schriften der Europäischen Akademie Otzenhausen, Bd. 88). Berlin 1999, S. 159–190.

Kaschlew, Jurij: Die friedliche Koexistenz und der geistige Verkehr zwischen den Völkern. Moskau 1974.

Kaschlew, Jurij: Mnogolikaja Diplomatija. Ispowed' posla [Die vielen Gesichter der Diplomatie. Bekenntnisse eines Botschafters]. Moskau 2007.

Kaschlew, Jurij: Was ist im dritten Korb? In: Neue Zeit (Wochenschrift), Moskau 25/1977, S. 4–6.

Kashlev, Yuri: The All-European Conference Benefits all Peoples. Moskau 1975.

Kassis, W.; Kolosow, L.: Swidanie bes swidetelej [Abschied ohne Zeugen]. In: Izvestija v. 30.5.1977, S. 5.

Kassis, W.; Kolosow, L.: Rasgowor bes swidetelej. Dwa dnja w stane radio diwersantow [Gespräch ohne Zeugen. Zwei Tage im Lager der Radio-Saboteure]. In: Izvestija v. 17.5.1979, S. 5.

Kassis, W.; Kolosow, L.: Oboroten' [Werwolf]. In: Izvestija v. 23.6.1979, S. 6.

Keworkow, Wjatscheslaw E.: Der geheime Kanal. Moskau, der KGB und die Bonner Ostpolitik. Berlin 1995.

Kirpitschenko, Wadim: Raswedka. Liza i litschnosti [Die Aufklärung. Gesichter und Persönlichkeiten]. Moskau 2001.

Kleßmann, Christoph: Die doppelte Staatsgründung. Deutsche Geschichte 1945–1955. Bonn 1991.

Klier, Freya: Michael Gartenschläger. Kampf gegen Mauer und Stacheldraht. Leipzig [2]2012.

Klytta, Waldemar (Bearb.): Verlagerte deutsche Personenstandsregister. Ein Verzeichnis. Frankfurt/M. 1952.

Knabe, Hubertus: Die unterwanderte Republik: Stasi im Westen. Berlin 1999.

Körber, Wilhelm: Nitschke: Riesaer Petition löste in der »DDR« Bürgerinitiative aus. In: Die Welt v. 4.10.1977.

Kolosow, Leonid: Sobkor KGB. Sapiski raswedtschiki i shurnalista [Korrespondent des KGB. Notizen eines Aufklärers und Journalisten]. Moskau 2001.

Komisija sa raskriwane na dokumentite i sa objawjawane na prinadleshnost na balgarski grashdani kam Darshawna sigurnost i rasusnawatelnite slushbi na Balgarskata narodna armija (KRDOPBGDSRSBNA) [Kommission zur Erschließung der Dokumente und zur Erklärung der Zugehörigkeit bulgarischer Bürger zur Staatssicherheit und den Aufklärungsdiensten der Bulgarischen Volksarmee (KRDODPBGDSRSBNA)] (Hg.): Darshawna sigurnost i Schtasi [(Bulgarische) Staatssicherheit und die Stasi], DVD-Ausgabe. Sofia 2014.

Komisija sa raskriwane na dokumentite i sa objawjawane na prinadleshnost na balgarski grashdani kam Darshawna sigurnost i rasusnawatelnite slushbi na Balgarskata narodna armija (KRDOPBGDSRSBNA) [Kommission zur Erschließung der Dokumente und zur Erklärung der Zugehörigkeit bulgarischer Bürger zur Staatssicherheit und den Aufklärungsdiensten der Bulgarischen Volksarmee (KRDODPBGDSRSBNA)] (Hg.): Darshawna sigurnost i rasusnawatelnite slushbi na stranite ot Istotschnija blok (1944–1989) [Die Staatssicherheit und die Aufklärungsdienste der Ostblock-Länder (1944–1989)]. Sofia 2015.

Konopatzky, Stephan: SIRA – System der Informationsrecherche der Hauptverwaltung A des Ministeriums für Staatssicherheit der DDR (Hg. BStU). Berlin 2019, https://www.bstu.de/assets/bstu/de/Publikationen/Verzeichnis_SIRA_Informationsrecherche-HVA_2019_barrierearm.pdf (letzter Zugriff: 20.7.2021).

Konopatzky, Stephan: Möglichkeiten und Grenzen der SIRA-Datenbanken. Die Beispiele Günter Guillaume und Werner Stiller. In: Herbstritt, Georg; Müller-Enbergs, Helmut (Hg.): Das Gesicht dem Westen zu ... DDR-Spionage gegen die Bundesrepublik Deutschland. Bremen 2003, S. 112–132.

Kowalczuk, Ilko-Sascha; Wolle, Stefan: Roter Stern über Deutschland. Sowjetische Truppen in der DDR. Berlin [2]2010.

Kramer, Mark: Die Nicht-Krise um »Able Archer 1983«. Fürchtete die sowjetische Führung tatsächlich einen atomaren Großangriff im Herbst 1983? In: Bange, Oliver; Lemke, Bernd (Hg.): Wege zur Wiedervereinigung. München 2018, S. 129–149.

Krjutschkow, Wladimir: Litschnoje delo [Privatunternehmen], Bd. 1. Moskau 1996.

Kusmin, Iwan N.: Weitgehende Abhängigkeit. Zum Verhältnis von KGB und MfS in der DDR. In: Deutschland Archiv 31 (1998) 2, S. 285–290.

Langen-Peduto, Christa: Im »Tigerkäfig« brutal mit einer Eisenstange gequält. In: Westdeutsche Allgemeine Zeitung v. 28.11.1977.

Limburgs spionnenechtpaar voor rechter. In: Leidsch Dagblad v. 26.1.1979, S. 9.

Lindenberger, Thomas: Volkspolizei. Herrschaftspraxis und öffentliche Ordnung im SED-Staat 1952–1968. Köln 2003.

Lipski, Jan Jósef: KOR. Worker's Defense Committee in Poland, 1976–1981. Berkeley, Los Angeles, London 1985.

Lucht, Roland (Hg.): Das Archiv der Stasi. Begriffe (Archiv zur DDR-Staatssicherheit, Bd. 11). Göttingen 2015.

Lucht, Roland: Karteien, Speicher, Datenbanken. Kern des Informationssystems der Abteilung XII. In: Jedlitschka; Springer (Hg.): Das Gedächtnis der Staatssicherheit, S. 167–198.

Macrakis, Kristie: Führt effektive Spionage zu Erfolgen in Wissenschaft und Technik? In: Herbstritt, Georg; Müller-Enbergs, Helmut (Hg.): Das Gesicht dem Westen zu ... DDR-Spionage gegen die Bundesrepublik Deutschland. Bremen 2003, S. 250–278.

Macrakis, Kristie: Die Stasi-Geheimnisse. Methoden und Technik der DDR-Spionage. München 2009.

Majewski, Piotr M. (Hg): Polskie Dokumenty Dyplomatyczne [Polnische Diplomatische Dokumente] 1977. Warschau 2009.

Mariager, Rasmus M.; Tamm, Ditlev: Politiets efterretningsvirksomhed på det politiske område 1945–1989. Sammenfatning af PET-Kommissionens beretning [Polizei-Geheimdienst im politischen Bereich 1945–1989. Zusammenfassung des Berichts der PET-Kommission]. Kopenhagen 2009.

Marquardt, Bernhard: Die Zusammenarbeit zwischen MfS und KGB. In: Materialien der Enquete-Kommission »Aufarbeitung von Geschichte und Folgen der SED-Diktatur in Deutschland«, Bd. VIII. Deutscher Bundestag (12. Wahlperiode). Baden-Baden 1995, S. 297–361.

Marquardt, Bernhard: Die Kooperation des Ministeriums für Staatssicherheit (MfS) mit dem KGB und anderen Geheimdiensten. In: Materialien der Enquete-Kommission »Überwindung der Folgen der SED-Diktatur im Prozeß der deutschen Einheit«, Bd. VIII, 2. Deutscher Bundestag (13. Wahlperiode). Baden-Baden 1999, S. 1966–2007.

Martini, Magda: La cultura all'ombra del muro. Relazioni culturali tra Italia e DDR (1949–1989) [Kultur im Schatten der Mauer. Die kulturellen Beziehungen zwischen Italien und der DDR (1949–1989)]. Bologna 2007.

Marxen, Klaus; Wehrle, Gerhard (Hg.): Strafjustiz und DDR-Unrecht. Dokumentation, Bd. 6: MfS-Straftaten. Berlin 2006.

Merz, Uwe: Kalter Krieg als antikommunistischer Widerstand. Die Kampfgruppe gegen Unmenschlichkeit 1948–1959. München 1987.

Das MfS-Lexikon: Begriffe, Personen und Strukturen der Staatssicherheit der DDR. Hg. v. BStU. Berlin [3]2016.

Miller, James E.; Selvage, Douglas; Van Hook, Laurie (Hg.): Foreign Relations of the United States, 1969–1976. Volume XXIX – Eastern Europe; Eastern Mediterranean, 1969–1972. Washington 2007.

Mitrokhin, Vasili (Hg.): The KGB Lexicon. The Soviet Intelligence Officer's Handbook. London, Portland 2002.

Mitrokhin, Vasili: »Chekisms« – Tales of the Cheka. A KGB Anthology. London 2008.

Mitrokhin, Vasili: The KGB in Afghanistan (Cold War International History Project Working Paper No. 40). Washington 2009.

Mitrokhin, Vasili: The Sakharov-Bonner Case, Folder 44, The Chekist Anthology, S. 16–18. In: Wilson Center Digital Archive, https://digitalarchive.wilsoncenter.org/document/110345 (letzter Zugriff: 20.7.2021).

Mitrochin, Nikołaj: Władimir Bukowski. In: Słownik dysydentów. Czołowe postacie ruchów opozycyjnych w krajach komunistycznych w latach 1956–1989 [Dissidentenlexikon. Führende Persönlichkeiten oppositioneller Bewegungen in den kommunistischen Ländern, 1956–1989], Bd. II. Warschau 2007, S. 385–387.

Mletschin, Leonid: Rewoljuziju raswedka ne sametila [Die Aufklärung bemerkte die Revolution nicht], Peterburgskij dialog [Petersburger Dialog] 4:12 (Oktober 2019), S. 11.

Mühlbauer, Holger: Kontinuitäten und Brüche in der Entwicklung des deutschen Einwohnermeldewesens. Historisch-Juristische Untersuchung am Beispiel Berlins. Frankfurt/M. u. a. 1995.

Müller, Benjamin: Von der Konfrontation zum Dialog. Charta 77, Menschenrechte und »Samtene Revolution« in der Tschechoslowakei 1975–1989. In: Altrichter, Helmut; Wentker, Hermann (Hg.): Der KSZE-Prozess. Vom Kalten Krieg zu einem Neuen Europa 1975 bis 1990. München 2011, S. 99–110.

Müller, Horst; Süß, Manfred; Vogel, Horst (Hg.): Die Industriespionage der DDR. Die wissenschaftlich-technische Aufklärung der HVA. Berlin 2008.

Müller, Miriam M.: A Spectre is Haunting Arabia. How the Germans Brought Their Communism to Yemen. Bielefeld 2015.

Müller-Enbergs, Helmut (Hg.): Inoffizielle Mitarbeiter des Ministeriums für Staatssicherheit. Teil 1: Richtlinien und Durchführungsbestimmungen. Berlin 1996.

Müller-Enbergs, Helmut (Hg.): Inoffizielle Mitarbeiter des Ministeriums für Staatssicherheit. Teil 2: Anleitungen für die Arbeit mit Agenten, Kundschaftern und Spionen in der Bundesrepublik Deutschland. 2. Aufl., Berlin 1998.

Müller-Enbergs, Helmut: Die Nachrichtendienstschule. Der I. Kursus der Schule des Instituts für Wirtschaftswissenschaftliche Forschung (IWF). Berlin 2006.

Müller-Enbergs, Helmut: Hauptverwaltung A (HV A): Aufgaben – Strukturen – Quellen (BStU, MfS-Handbuch). Berlin 2011.

Müller-Enbergs, Helmut: Die drei Leben des Eberhard Lüttich. Wie sich Suhl in das Geschichtsbuch der Weltspionage eintrug. In: Horch und Guck 15 (2006) 3, S. 1–5.

Müller-Enbergs, Helmut: Die Organisation der Wissenschafts- und Technikspionage der DDR – das Beispiel der Hauptverwaltung A des MfS. In: Litzcke, Sven Max; Müller-Enbergs, Helmut (Hg.): Sicherheit in Organisationen. Frankfurt/M. 2009, S. 49–72.

Müller-Enbergs, Helmut: Wunschkonzert. Die Wissenschaftsspionage der HV A und ihre Bedeutung für die DDR-Wirtschaft. In: Horch und Guck 21 (2012) 78, S. 16–21.

Muth, Ingrid: Die DDR-Außenpolitik 1949–1972: Inhalte, Strukturen, Mechanismen. Berlin 2000.

Nathans, Benjamin: The Dictatorship of Reason. Aleksandr Vol'pin and the Idea of Rights under ›Developed Socialism‹. In: Slavic Review, 66:4 (2007), S. 630–663.

Negru, Gheorghe; Negru, Elena: »Cursul deosebit« al României şi supărarea Moscovei. Disputa sovieto-română şi campaniile propagandistice antiromâneşti din RSSM (1965–1989). Studiu şi documente, Vol. 1 (1965–1975) [Der »Sonderkurs« Rumäniens und der Ärger Moskaus. Die sowjetisch-rumänische Auseinandersetzung und die antirumänischen Propagandakampagnen aus der M[oldauischen] SSR 1965–1989. Studie und Dokumente, Bd. 1 (1965–1975)]. Chişinău 2013.

Nehring, Christopher: Die Zusammenarbeit der HV A mit der bulgarischen Aufklärung. Regionalfilialen des KGB? Dissertation. Heidelberg 2016.

Nehring, Christopher: Kleine Brüder des KGB. Die Kooperation von DDR-Auslandsaufklärung und bulgarischer Staatssicherheit (BStU, BF informiert; 42). Berlin 2019.

Nehring, Christopher: Der MfS-Überläufer Werner Stiller beim BND. Zur Kooperation der sozialistischen »Bruderorgane« in den Aussagen eines Insiders. In: Journal for Intelligence, Propaganda and Security Studies, Vol. 9, Nr. 2/2015, S. 72–85.

Nehring, Christopher: Eine etwas andere Rezension. Die Erinnerungen zweier Stasi-Offiziere im Lichte neuer Archivalien. In: Journal for Intelligence, Propaganda and Security Studies 11 (2017) 1, S. 224–227.

Nendel, Karl: General der Mikroelektronik. Berlin 2017.

Nitsche: Kein Wesenswandel des Regimes. In: Frankfurter Allgemeine Zeitung v. 9.9.1977.

Nitsche, Hellmuth, in: Munzinger Online/Personen – Internationales Biographisches Archiv, URL: http://www.munzinger.de/document/00000015357 (letzter Zugriff: 20.7.2021).

Nitsche, Rudolf: Als Diplomat im besonderen Einsatz. Eine DDR-Biographie. Schkeuditz 1994.

Otto, Wilfriede: Erich Mielke – Biographie. Aufstieg und Fall eines Tschekisten. Berlin 2000.

Pawlikowicz, Leszek: Aparat centralny 1. Zarządu Głównego KGB jako instrument realizacji globalnej strategii Kremla 1954–1991 [Der zentrale Apparat der I. Hauptverwaltung des KGB als Instrument der Realisierung einer globalen Strategie des Kreml 1954–1991]. Warschau 2013.

Pechlivanis, Paschalis: Between Détente and Differentiation: Nixon's visit to Bucharest in August 1969. In: Cold War History, Vol. 17 (2017) No. 3, S. 241–258.

Petrov, Nikita: Die sowjetischen Geheimdienstmitarbeiter in Deutschland. Der leitende Personalbestand der Staatssicherheitsorgane der UdSSR in der Sowjetischen Besatzungszone Deutschlands und der DDR von 1945–1954; Biografisches Nachschlagewerk. Berlin 2010.

Petrov, Nikita: Die Apparate des NKVD/MVD und des MGB in Deutschland (1945–1953). Eine historische Skizze. In: Plato, Alexander von (Hg.): Sowjetische Speziallager in Deutschland 1945 bis 1950. Berlin 1998, S. 143–157.

Petrow, Nikita: Kto rukowodili organami gosbesopasnosti, 1941–1954. Sprawotschnik [Wer leitete die Staatssicherheitsorgane 1941–1954. Das Lexikon]. Moskau 2010.
Petrow (Agatow), Aleksandr: Lshezy i Farisei [Lügner und Pharisäer]. In: Literaturnaja gaseta v. 2.2.1977, S. 13.
Petrow-Agatow, Aleksandr: Chertowshchina [Teufelei]. In: Literaturnaja gaseta v. 28.12.1977, S. 9.
Pötzl, Norbert F.: Basar der Spione. Die geheimen Missionen des DDR-Unterhändlers Wolfgang Vogel. Hamburg 1997.
Pohle, Meinolf: Staatliche Wirtschaftskriminalität im realen Sozialismus der DDR (1966–1990). Wirtschaftsspionage, Embargoverstöße und Vermögensverschiebungen des Bereichs Kommerzielle Koordinierung (KoKo) und des MfS – eine volkswirtschaftliche Untersuchung, Univ. Leipzig Diss. 2004.
Popplewell, Richard J.: The KGB and the control of the Soviet Bloc. The case of East Germany. In: Intelligence and National Security 13 (1998) 1, S. 254–285.
Poslednij Romantik [Letzter Romantiker], Itogi 49 (756) v. 6.12.2010, http://www.itogi.ru/kultura/2010/49/159665.html (letzter Zugriff: 20.7.2021).
Pribylowskij, Wladimir: Rasschifrowanii President. W Dresdene i nemnogo pozsh'e [Entzifferter Präsident. In Dresden und kurz danach], Antikompromat, https://web.archive.org/web/20200220132531/http://www.anticompromat.org/putin/drezden.html (letzter Zugriff: 20.7.2021).
Przybylski, Peter: Tatort Politbüro. Die Akte Honecker. Hamburg 1992.
Ragulin, W.; Tschuschkow, I.: Awantjuristitscheskie plany Pentagona i ZRU [Abenteuerliche Pläne des Pentagons und der CIA]. In: Prawda v. 19.7.1968, S. 4.
Reichardt, Ann-Kathrin: Schmuggler, Spitzel und Tschekisten. Wie Stasi und KGB den Bibelschmuggel in die Sowjetunion bekämpften (BStU, BF informiert; 43). Berlin 2020.
Retegan, Mihai: Război politic în blocul comunist. Relaţii româno-sovietice în anii şaizeci. Documente [Der politische Krieg im kommunistischen Block. Die rumänisch-sowjetischen Beziehungen in den 1960er Jahren. Dokumente]. Bukarest 2002.
Reuth, Ralf Georg; Bönte, Andreas: Das Komplott. Wie es wirklich zur deutschen Einheit kam. München 1993.
Roesler, Jörg: Aufholen, ohne einzuholen! Ostdeutschlands rastloser Wettlauf 1965–2015. Ein ökonomischer Abriss. Berlin 2016.
Roesler, Jörg: Einholen wollen und Aufholen müssen. Zum Innovationsverlauf bei numerischen Steuerungen im Werkzeugmaschinenbau der DDR vor dem Hintergrund der bundesrepublikanischen Entwicklung. In: Kocka, Jürgen (Hg.): Historische DDR-Forschung. Aufsätze und Studien. Berlin 1993, S. 263–285.
Rostowzew, Aleksej: Rezidentura. Ja sluschil wmeste s Putinem [Residentura. Ich diente zusammen mit Putin]. Moskau 2016.
Roth, Paul: Die neue Weltinformationsordnung. Argumentation, Zielvorstellung und Vorgehen der UdSSR (I). Berichte des Bundesinstituts für ostwissenschaftliche und internationale Studien 44/1982. Köln 1982.
Rothschild, Thomas: »Biennale des kulturellen Dissens« in Venedig. Widerstand des Denkens. In: Die Zeit v. 23.12.1977, http://www.zeit.de/1977/52/widerstand-des-denkens (letzter Zugriff: 20.7.2021).
Rubenstein, Joshua; Gribanov, Alexander (Hg.): The KGB File of Andrei Sakharov. New Haven, London 2005.
Sacharow, Andrej: Ausgewählte Texte, mit einem Vorwort von Lew Kopelew. München 1986.
Sacharow, Andrej: Mein Leben. 2. Aufl., München 1991.
Sacharows Worte für den Frieden. In: Extra-Dienst v. 17.10.1975, S. 17 f.
Sakharovs living under threats. In: Glasgow Herald v. 30.3.1977, S. 2.

Savranskaya, Svetlana: Unintended Consequences. Soviet Interests, Expectations and Reactions to the Helsinki Final Act. In: Bange, Oliver; Niedhart, Gottfried (Hg.): Helsinki 1975 and the Transformation of Europe. New York, Oxford 2008.

Savranskaya, Svetlana: Human rights movement in the USSR after the signing of the Helsinki Final Act and the reaction of Soviet authorities. In: Nuti, Leopoldo (Hg.): The Crisis of Détente in Europe: From Helsinki to Gorbachev, 1975–1985. London, New York 2009, S. 26–40.

Savranskaya, Svetlana; Blanton, Thomas: The Moscow Helsinki Group 30th Anniversary. From the Secret Files [National Security Archive Electronic Briefing Book Nr. 191], http://www.gwu.edu/~nsarchiv/NSAEBB/NSAEBB191/index.htm (letzter Zugriff: 20.7.2021).

Schäfer, Bernd: Staat und katholische Kirche in der DDR. 2., durchges. Aufl., Köln u. a. 1999.

Schebarschin, Leonid: KGB schutit ... Aforismy ot natschal'nika sowetskoj raswedki [Der KGB scherzt ... Aphorismen eines Leiters der sowjetischen Aufklärung]. Moskau 2013.

Schiefer, Mark: Profiteur der Krise. Staatssicherheit und Planwirtschaft im Chemierevier der DDR 1971–1989. Göttingen 2018.

Schlomann, Friedrich-Wilhelm: Operationsgebiet Bundesrepublik. München 1984.

Schlomann, Friedrich-Wilhelm: Die Maulwürfe. München 1993.

Schmelz, Andrea: Migration und Politik im geteilten Deutschland während des Kalten Krieges. Die West-Ost-Migration in die DDR in den 1950er und 1960er Jahren. Opladen 2002.

Scott-Smith, Giles: Western Anti-Communism and the Interdoc Network. Cold War Internationale. Basingstoke 2012.

Seghers, Anna: Transit. Roman [1951]. Berlin 2007.

Selvage, Douglas; Nehring, Christopher: Die AIDS-Verschwörung. Das Ministerium für Staatssicherheit und die AIDS-Desinformationskampagne des KGB (BStU, BF informiert; 33). Berlin 2014.

Selvage, Douglas; Süß, Walter: Staatssicherheit und KSZE-Prozess. MfS zwischen SED und KGB (1972–1989). Göttingen 2019.

Selvage, Douglas: Der Warschauer Pakt und die europäische Sicherheitskonferenz 1964–1969. Souveränität, Hegemonie und die Deutsche Frage. In: Diederich, Torsten; Süß, Walter (Hg.): Militär und Staatssicherheit im Sicherheitskonzept der Warschauer-Pakt-Staaten. Berlin 2010, S. 225–251.

Selvage, Douglas: SA – CIA – HVA: Dr. Emil Hoffmann and the »Jungle of the Secret Services« (1934–1985). In: Spiekermann, Uwe (Hg.): The Stasi at Home and Abroad. Domestic Order and Foreign Intelligence (Bulletin of the German Historical Institute Washington, Supplement 9). Washington DC 2014.

Skilling, H. Gordon: Charter 77 and Human Rights in Czechoslovakia. London 1981.

Skripnik, Oleksandr: Osobliwa teritorija [Sonderbereich]. Kiew 2013.

Słownik dysydentów. Czołowe postacie ruchów opozycyjnych w krajach komunistycznych w latach 1956–1989 [Dissidentenlexikon. Führende Persönlichkeiten oppositioneller Bewegungen in den kommunistischen Ländern, 1956–1989], Bd. II. Warschau 2007.

Snyder, Sarah B.: Human Rights Activism and the End of the Cold War. A Transnational History of the Helsinki Network. New York 2011, S. 154.

Sowiński, Pawel: Zbigniew Romaszewski. In: Słownik dysydentów: Czołowe postacie ruchów opozycyjnych w krajach komunistycznych w latach 1956–1989 [Dissidentenlexikon: führende Persönlichkeiten oppositioneller Bewegungen in den kommunistischen Ländern, 1956–1989], Tom I, S. 687–691.

Springer, Philipp: Das Gedächtnis der Staatssicherheit. Entwicklung, Struktur und Funktion der Abteilung XII des MfS. In: Jedlitschka, Karsten; Springer, Philipp (Hg.): Das Gedächtnis der Staatssicherheit. Die Kartei- und Archivabteilung des MfS (Archiv zur DDR-Staatssicherheit, Bd. 12). Göttingen 2015, S. 25–150.

Springer, Philipp: »Müde Einzelgänger« und »ganze Kerle«. Personalstruktur und Lebenswelt hauptamtlicher Mitarbeiter der Abteilung XII. In: Jedlitschka; Springer (Hg.): Das Gedächtnis der Staatssicherheit, S. 199–272.

Stark, Carsten: Werkzeugmaschinen für die Welt. Der NSW-Export des Werkzeugmaschinenkombinates Fritz Heckert/Karl-Marx-Stadt 1970–1989, Dissertation TU Chemnitz, 2016, https://monarch.qucosa.de/api/qucosa%3A20588/attachment/ATT-0/ (letzter Zugriff: 20.7.2021).

Stehle, Hansjakob: Kongreß gebrannter Kinder. Kultureller Dissens zwischen Kommunisten aus Ost und West. In: Die Zeit v. 23.12.1977, http://www.zeit.de/1977/50/kongress-gebrannter-kinder (letzter Zugriff: 20.7.2021).

Stevens, Edmund: Soviet campaign to vilify Dr. Sakharov. In: Times (London) v. 16.10.1975, S. 6.

Stöver, Bernd: Die Befreiung vom Kommunismus. Amerikanische Liberation Policy im Kalten Krieg 1947–1991. Köln, Weimar, Wien 2002.

Süß, Walter: Die Staatssicherheit im letzten Jahrzehnt der DDR. Geschichte der Staatssicherheit (BStU, MfS-Handbuch). Berlin 2009.

Süß, Walter: »Schild und Schwert« – Das Ministerium für Staatssicherheit und die SED. In: Henke, Klaus-Dietmar; Engelmann, Roger (Hg.): Aktenlage. Die Bedeutung der Unterlagen des Staatssicherheitsdienstes für die Zeitgeschichtsforschung. Berlin 1995.

Süß, Walter: Wandlungen der MfS-Repressionstaktik seit Mitte der siebziger Jahre im Kontext der Beratungen der Ostblock-Geheimdienste zur Bekämpfung der »ideologischen Diversion«. In: Ansorg, Leonore u. a. (Hg.): »Das Land ist still – noch!« Herrschaftswandel und politische Gegnerschaft in der DDR (1971–1989). Köln, Weimar, Wien 2009, S. 111–134.

Tandler, Agnes Charlotte: Visionen einer sozialistischen Großforschung in der DDR 1968–1971. In: Ritter, Gerhard A., u. a. (Hg.): Antworten auf die amerikanische Herausforderung. Forschung in der Bundesrepublik und der DDR in den »langen« siebziger Jahren. Frankfurt/M. 1999, S. 361–375.

Tantzscher, Monika: »In der Ostzone wird ein neuer Apparat aufgebaut«. Die Gründung des DDR-Staatssicherheitsdienstes. In: Deutschland Archiv 31 (1998) 1, S. 4–56.

Tarli, Ricardo: Operationsgebiet Schweiz. Die dunklen Geschäfte der Stasi. Zürich 2015.

Tarli, Ricardo: Die geheimen Geschäfte der Stasi in der Schweiz. Technologieschieber und Devisenbeschaffer im Dienst von Schalck-Golodkowski. In: Gerbergasse 18, 21 (2016) 79, S. 29–32.

Taylor, Melissa Jane (Hg.): Foreign Relations of the United States, 1977–1980, Vol. VI: Soviet Union. Washington 2013.

Tismăneanu, Vladimir: Stalinism for all seasons. A political history of Romanian communism. Berkeley 2003.

Tumschis, Michail: Schtschit i metsch Sowetskogo Sojusa. Kratkie biografii rukowoditelej organow gosudarstwennoj besopastnosti SSSR i sojusnych respublik (dekabr' 1922–dekabr' 1991 gg.) [Schild und Schwert der Sowjetunion. Kurzbiographien von Anführern der Organe für Staatssicherheit der UdSSR und der Unionsrepubliken (Dezember 1922 bis Dezember 1991)]. Moskau 2016.

Usolzew, Wladimir: Mein Kollege Putin. Als KGB-Agent in Dresden 1985–1990. Berlin 2014.

Verdery, Kathrin: Secrets and Truths. Ethnography in the Archive of Romania's Secret Police. Budapest, New York 2014.

Vollnhals, Clemens: Die Kirchenpolitik von SED und Staatssicherheit. Eine Zwischenbilanz. Berlin 1996.

Vorläufiges Findbuch zur Abteilung X. »Internationale Verbindungen« des Ministeriums für Staatssicherheit der DDR. Bearb. von Marko Pollack und Doreen Bombitzki (BStU, Abteilung Archivbestände). Münster 2005.

Wagner, Klaus: Spionageprozesse. Brühl bei Köln 2000.

Warda, Anna: »Das Ministerium für Staatssicherheit (MfS) als Entwicklungshelfer« am Zentrum für Zeithistorische Forschung Potsdam. ZZF Potsdam: Jahresbericht 2015.

Warnecke, Marie-Luise: Zwangsadoptionen in der DDR. Berlin 2009.

Watts, Larry L.: With friends like these … The Soviet bloc's clandestine war against Romania. Bukarest 2010.

Wegmann, Bodo; Tantzscher, Monika: SOUD. Das geheimdienstliche Datennetz des östlichen Bündnissystems (BStU, Reihe B Nr. 1/96). Berlin 1996.

Wendler, Simone: Die gestohlene Identität. In: Lausitzer Rundschau v. 11.2.2015 [Online-Ausgabe].

Wettig, Gerhard: Sowjetische Deutschland-Politik 1953 bis 1958. Korrekturen an Stalins Erbe, Chruschtschows Aufstieg und der Weg zum Berlin-Ultimatum. Berlin 2011.

Wiedmann, Roland: Die Diensteinheiten des MfS 1950–1989. Eine organisatorische Übersicht. Berlin 2012.

Wiener, Norman R.: Relikte des Kalten Krieges. In: Blätter für deutsche und internationale Politik 10/1975, S. 1116–1125.

Wiener, Norman R.: Gesellschaft für Menschenrechte e. V., NTS und andere. In: Blätter für deutsche und internationale Politik 12/1975, S. 1300–1303.

Wiener, Norman R.: Wellenreiten mit toten Seelen. In: Blätter für deutsche und internationale Politik 8/1976, S. 910–915.

Wiener, Norman R.: Ein problematisches Schutzkomitee. In: Blätter für deutsche und internationale Politik 4/1977, S. 401–403.

Wilczek, Annette: Einkommen, Karriere, Versorgung. Das DDR-Kombinat und die Lebenslage seiner Beschäftigten. Berlin 2004.

Wink, Adolf (Hg.): Merkbuch für Urkundenbeschaffung. Eine Uebersicht über verschiedene Möglichkeiten der Urkundenbeschaffung, insbesondere aus den Ostgebieten und ehemaligen deutschen Konzentrationslagern. [Arolsen, Frankfurt/M.] 1950.

Wolf, Markus: Spionagechef im geheimen Krieg. Erinnerungen. München 1997.

Wolf, Stephan: Hauptabteilung I: NVA und Grenztruppen (BStU, MfS-Handbuch). Berlin 2005.

Wunschik, Tobias: Die Hauptabteilung XXII: »Terrorabwehr« (BStU, MfS-Handbuch). Berlin 1996.

Wunschik, Tobias: Hauptabteilung VII: Ministerium des Innern, Deutsche Volkspolizei (BStU, MfS-Handbuch). Berlin 2009.

Wunschik, Tobias: Migrationspolitische Hypertrophien. Aufnahme und Überwachung von Zuwanderern aus der Bundesrepublik Deutschland in der DDR. In: Oltmer, Jochen (Hg.): Migration, Staat und Politik (IMIS-Beiträge, Heft 32/2007), S. 33–60.

Wüst, Jürgen: Menschenrechtsarbeit im Zwielicht. Zwischen Staatssicherheit und Antifaschismus. Bonn 1999.

Zacharow, Jewhen: Łeonid Pluszcz [Leonid Pljuschtsch]. In: Słownik dysydentów. Czołowe postacie ruchów opozycyjnych w krajach komunistycznych w latach 1956–1989 [Dissidentenlexikon. Führende Persönlichkeiten oppositioneller Bewegungen in den kommunistischen Ländern, 1956–1989], Bd. II. Warschau 2007, S. 658 f.

Quellenverzeichnis zu den Abbildungen

Abb. 1	BArch, MfS, BV Dresden, Abt. OT, Fo 1191, Bild 314
Abb. 2	BArch, MfS, SdM, Fo 240, Bild 2
Abb. 3	BArch, MfS, SdM, Fo 240, Bild 4
Abb. 4	BArch, MfS, BdL, Fo 213, Bild 2
Abb. 5	BArch, MfS, Abt. XII Nr. 1017, Bl. 29
Abb. 6	BArch, MfS, BV Dresden, Abt. KuSch Nr. 7216, Bild 4 a
Abb. 7	BArch, MfS, BV Dresden, Abt. KuSch Nr. 7216, Bild 4 b
Abb. 8	BArch, MfS, BV Dresden, Leiter der BV, Fo Nr. 11273, Bild 1
Abb. 9	BArch, MfS, BV Dresden, AKG Fo 10852, Bild 2
Abb. 10	BArch, MfS, SdM, Fo 257, Bild 7
Abb. 11	BArch, MfS, SdM, Fo 258, Bild 57
Abb. 12	BArch, MfS, BV Karl-Marx-Stadt, AKG, Fo 425, Bild 4
Abb. 13	BArch, MfS, BV Karl-Marx-Stadt, AKG, Fo 488, Bild 15

Personenregister

Alias- und Decknamenregister

Datenschutzrechtliche Bestimmungen geboten es an mehreren Stellen, Personennamen zu pseudonymisieren. Solche Pseudonyme sind mit einem Sternchen* kenntlich gemacht.

Ortsregister

Verzeichnis der Autorin und Autoren

Dr. Georg Herbstritt, Jg. 1965, Historiker. Er ist wissenschaftlicher Mitarbeiter und Projektleiter in der Abteilung »Kommunikation und Wissen« des Stasi-Unterlagen-Archivs Berlin. Er forscht und publiziert zur »Westarbeit« des MfS und zur Geheimdienstkooperation der sozialistischen Länder mit einem regionalen Schwerpunkt auf den ostdeutsch-rumänischen Beziehungen.

Cornelia Jabs, Jg. 1967, Diplom-Soziologin. Sie ist Mitarbeiterin für Recherche und Forschung in der Abteilung »Kommunikation und Wissen« des Stasi-Unterlagen-Archivs Berlin und an mehreren Forschungsprojekten beteiligt.

Mieszko Jackowiak, Jg. 1981, Historiker und Kulturwissenschaftler, Masterstudium der Kultur und Geschichte Mittel- und Osteuropas an der Europa-Universität Viadrina in Frankfurt/Oder mit Schwerpunkt Rumänien. Er ist Sachbearbeiter für externe Forschungsanträge des Stasi-Unterlagen-Archivs Berlin und war dort bis 2018 Mitarbeiter der Forschungsabteilung im Projekt »MfS und MGB/KGB im sowjetischen Block 1950–1989: Strukturen, Inhalt, und Grenzen ihrer Beziehungen«.

Dr. Matěj Kotalík, Jg. 1984, Historiker und Archivar, Studium der Geschichte in Prag, Wien und Berlin, 2006 bis 2009 Archivar im Nationalen Filmarchiv in Prag, 2018 Promotion zum Dr. phil. an der Universität Potsdam mit der Arbeit »Rowdytum im Staatssozialismus. Ein Feindbild aus der Sowjetunion«. Er ist Archivreferendar im Landesarchiv Sachsen-Anhalt, war 2015 bis 2021 Sachbearbeiter im Stasi-Unterlagen-Archiv Berlin und dort bis 2018 Mitarbeiter im Projekt »MfS und MGB/KGB im sowjetischen Block 1950–1989: Strukturen, Inhalt und Grenzen ihrer Beziehungen«.

Dr. Douglas Selvage, Jg. 1966, Historiker, Ph. D., Yale University, 1998. Er ist seit 2019 als wissenschaftlicher Mitarbeiter an das Institut für Geschichte der Humboldt-Universität zu Berlin abgeordnet; mehrere Veröffentlichungen zur Geschichte des Warschauer Pakts, der ostdeutsch-polnischen Beziehungen, des KSZE-Prozesses, des KGB und der Stasi. Bis 2019 war er Leiter des Forschungsprojekts »MfS und MGB/KGB im sowjetischen Block 1950–1989: Strukturen, Inhalt und Grenzen ihrer Beziehungen« im Stasi-Unterlagen-Archiv.